ज़रूरी काम सबसे पहले

ज़रूरी काम सबसे पहले

कार्य स्थल पर चुनौतियों का
सामना कैसे करें

स्टीफ़न आर. कवी

ए. रोजर मेरिल और रेबेका आर. मेरिल

अनुवाद : विश्वदीप नाग और नितिन माथुर

MANJUL

मंजुल पब्लिशिंग हाउस

MANJUL

मंजुल पब्लिशिंग हाउस

कॉरपोरेट एवं संपादकीय कार्यालय

• द्वितीय तल, उषा प्रीत कॉम्प्लेक्स, 42 मालवीय नगर, भोपाल-462 003

विक्रय एवं विपणन कार्यालय

• सी-16, सेक्टर 3, नोएडा, उत्तर प्रदेश, 201301

वेबसाइट : www.manjulindia.com

वितरण केन्द्र

अहमदाबाद, बेंगलुरू, भोपाल, कोलकाता, चेन्नई,
हैदराबाद, मुम्बई, नई दिल्ली, पुणे

फ्रैंकलिनकवी ट्रेनिंग एंड कंसल्टिंग एलएलपी
प्लॉट नंबर 378, सेक्टर 14, गुड़गांव-122001
हरियाणा, भारत

Tel: +91-9650015233, +91-9650013640
E-mail: connect@franklincovey.co.in

स्टीफ़न आर. कवी, ए. रोजर मेरिल और रेबेका आर. मेरिल द्वारा लिखित मूल अंग्रेजी पुस्तक फर्स्ट *थिंग्स* फर्स्ट का हिन्दी अनुवाद

First Things First by Stephen R. Covey,
A. Roger Merrill and Rebecca R. Merrill- Hindi Edition

यह हिन्दी संस्करण 2023 में पहली बार प्रकाशित

ISBN 978-93-91242-00-8

हिन्दी अनुवाद : विश्वदीप नाग और नितिन माथुर

मुद्रण व जिल्दसाज़ी : न्यूटेक प्रिंट सर्विसेस इंडिया

पुस्तक की प्रशंसा में

"*द 7 हैबिट्स ऑफ़ हाइली इफ़ेक्टिव पीपल* के साथ, स्टीफ़न कवी ने न केवल हमारी संचालन समिति, बल्कि अपने संस्थान के सिद्धांतों और मूल्यों पर केंद्रित रहने में कंपनी की मदद की। अब उन्होंने हमारा ध्यान स्वयं जीवन की सत्यनिष्ठा की तरफ़ केंद्रित किया है, जिसके लिए हम आभारी हैं।"

— होर्स्ट शुल्ज़, प्रेसिडेंट और मुख्य परिचालन अधिकारी
द रिट्ज़-कार्लटन होटल कंपनी

"जो समय बीत जाता है, वह हाथ से निकल जाता है। यह समय ही समान अवसर देने वाला अंतिम नियोक्ता होता है। कवी की टीम ने हमें तेज़ी से बढ़ती दुनिया में आगे रहने के लिए कालातीत सत्य पर आधारित बहुमूल्य दिशासूचक और शानदार, समयोचित निर्देश दिए हैं। यह किताब हमेशा प्रासंगिक रहेगी!"

— डॉ. डेनिस वेटली, *द साइकॉलजी ऑफ़ विनिंग* और *टाइम टु विन* के लेखक

"कवी अमेरिका में डेल कारनेगी के बाद आत्म-सुधार के सबसे शानदार सलाहकार हैं।"

— *यूएसए टुडे*

"यह किताब गहन और प्रभावशाली है, जो समय प्रबंधन तकनीकों के अर्द्ध-अंधकार में जगमगाती लौ के जैसी है। हम अपनी ज़िंदगी की तसवीर को टुकड़ों में देखने की जगह पूरा देख सकते हैं। यह किताब वह प्रभाव उत्पन्न करने का साधन हो सकती है, जो वास्तव में आपके जीवन की दिशा बदल दे।"

— स्कॉट डीकार्मो, मुख्य संपादक, *सक्सेस पत्रिका*

"ऐसा कोई भी लीडर, जो समय प्रबंधन के क्षेत्र से व्यक्तिगत नेतृत्व के क्षेत्र में जाना चाहता है, उसे यह किताब पढ़नी चाहिए, इसके सिद्धांतों को अपनाना चाहिए, और यहाँ दिए गए शानदार साधनों का उपयोग करना चाहिए।"

— द ऑनरेबल हेज़ल ओलेरी, पूर्व प्रेसिडेंट, नॉर्दन स्टेट्स पावर व न्यू जर्सी स्टेट के पूर्व सहायक अटॉर्नी जनरल

“इस किताब के साथ कवी शीर्ष पर पहुँच गए हैं। यह बेहद अहम किताब है। ऐसा शायद कोई नहीं है, जिसे इसे पढ़ने से मदद नहीं मिलेगी।”

— लैरी किंग

“अगर *द 7 हैबिट्स ऑफ़ हाइली इफ़ेक्टिव पीपल* 80 के दशक में व्यक्तिगत विकास की सबसे बेहतरीन किताब थी, तो मेरे लिए यह किताब 90 के दशक के लिए वैसी ही है। *द 7 हैबिट्स ऑफ़ हाइली इफ़ेक्टिव पीपल* पढ़ने वाले मेरे स्नातक विद्यार्थी अब अधिक कठिन व व्यावहारिक सवाल पूछने लगे हैं। यह एक शानदार संसाधन है।”

— डेविड डेवनपोर्ट, प्रेसिडेंट, पेपरडाइन यूनिवर्सिटी तथा अमेरिकन असोसिएशन ऑफ़ प्रेसिडेंट्स ऑफ़ इंडिपेंडेंट कॉलेजिस ऐंड यूनिवर्सिटीज़ के पूर्व प्रेसिडेंट

“समय प्रबंधन हमें साधन प्रदान करता है, लेकिन यह किताब हमें वहाँ ले आती है, जहाँ हम सही फ़ैसले ले सकें। इसका अर्थ प्रभावशाली जीवनदर्शन से प्रेरित ऐसे फ़ैसले, जिसे हमने विरासत के तौर पर जिया है, यानी ऐसा जीवन, जिसका कोई स्थायी अर्थ हो। यह किताब उत्तम धरोहर है! कवी और मेरिल्स ने प्रेमपूर्वक हमें वह राह दिखाई है, जिससे हम लक्ष्य और व्यक्तिगत दर्शन से संपन्न जीवन बना सकें, ताकि हम में से हर एक परिपूर्णता की तसवीर बन सके।”

— मैलडी मैकेंज़ी, *मैनेजिंग योर गोल्स* की सह लेखिका तथा एलेक मैकेंज़ीज़ टाइम टैक्टिक्स की प्रेसिडेंट

“यह समय प्रबंधन पर अंततः एक ऐसी किताब है, जो व्यवहार परिवर्तन के छोटे-छोटे समाधानों से आगे की बात करती है। यह किताब समय के निवेश को हमारी जीवन की गहन प्राथमिकताओं से जोड़ती है। यह प्रेरक और व्यावहारिक है, इसलिए इसे अवश्य पढ़ें।”

— चार्ल्स ए. गार्लफ़ील्ड, पीएचडी, *पीक परफ़ॉर्मर्स : न्यू हीरोज़ ऑफ़ अमेरिकन बिज़नेस* और *सेकेंड टू नन : हाउ अवर स्मार्टेस्ट कंपनीज़ पुट पीपल फ़र्स्ट* के लेखक

“हमारी वृद्ध होती आबादी की सार्वभौमिक चिंता आगामी पीढ़ी के लिए विरासत में एक बेहतर दुनिया छोड़ना है। यह किताब, जिसमें व्यक्तिगत दर्शन और मिशन पर ज़ोर दिया गया है, सुनिश्चित करती है कि इन सिद्धांतों को जीवन आधार के

तौर पर लागू करने वाले वृद्ध व युवा समान रूप से अपने भविष्य के लिए समृद्ध विरासत छोड़ सकें।"

— कर्क एल. स्ट्रॉमबर्ग, डायरेक्टर ऑफ़ स्ट्रैटेजिक प्लानिंग एंड डेवलपमेंट, अमेरिकन असोसिएशन ऑफ़ रिटायर्ड पर्सन्स (एएआरपी)

"अगर आपको *द 7 हैबिट्स ऑफ़ हाइली इफ़ेक्टिव पीपल* पढ़ने में मज़ा आया, तो इस किताब को पढ़ना भी आपको अच्छा लगेगा। कवी का समय प्रबंधन के प्रति सिद्धांत-केंद्रित नज़रिया पाठक को एक ऐसा दिशासूचक प्रदान करता है, जो बताता है कि जीवन में सचमुच क्या अहम है।"

— नोलान डी. आर्चिबाल्ड, चेयरमैन, प्रेसिडेंट व सी.ई.ओ, द ब्लैक ऐंड डेकर कॉर्पोरेशन

"स्टीफ़न कवी की यह नवीनतम किताब व्यावहारिक और बोधगम्य ज्ञान है। जो अपने परिवार को बचाए रखने के लिए ज़रूरी है।"

— डॉ. रॉबर्ट एच. शुलर
रेवरेंड ऑफ़ क्रिस्टल कैथेड्रल एंड आवर ऑफ़ पावर

"स्टीफ़न कवी ऐसा रोडमैप बताते हैं, जो जीवन में सफलता का सूत्र है। जिस कारण आपके आस-पास के लोग गुणवत्तापूर्ण जीवन जीने की शानदार मिसाल देख पाते हैं।"

— डॉ. सोन्या फ्राइडमैन, पीएचडी, "सोन्या लाइव" सीएनएन की होस्ट

"समय प्रबंधन पर अब तक की सर्वश्रेष्ठ किताब। इससे निश्चित ही आपके भीतर ऐसी सच्ची ऊर्जा प्रज्ज्वलित होगी, जिसमें आप जीवन जीने, प्रेम करने, सीखने और विरासत छोड़ने को मामूली बात न समझते हुए इनका महत्त्व समझेंगे और इस दिशाा में काम करेंगे।"

— लॉरेन जे. हल्बर, प्रेसिडेंट व सीईओ, डे-टाइमर्स इंक.

"मैंने जीवन में जो कुछ भी हासिल किया है, उसका श्रेय स्टीफ़न कवी की इस किताब में सिखाए सिद्धांतों को जाता है।"

— स्टीव यंग, क्वार्टरबैक, सैन फ्रांसिस्को फ़ोर्टी-नाइनर्स, और 1992 एनएफ़एल मोस्ट वैल्यूबल प्लेयर

"मुझे समय प्रबंधन प्रणालियाँ पसंद नहीं हैं। सूची बनाना, दिन की योजनाएँ बनाना और विषयानुसार चलना मुझमें खीज पैदा करता है, लेकिन जीवन को सार्थक और उद्देश्यपूर्ण नज़रिया प्रदान करने वाली कवी और मेरिल्स की यह किताब मुझे अच्छी लगी। इसका उपशीर्षक खुद सब कुछ बयान करता है, 'जियो, प्रेम करो, सीखो और विरासत छोड़ जाओ।' इससे आपकी ज़िंदगी दौड़ने लगेगी, बजाय इसके कि काम ज़िंदगी बन जाए। शानदार!"

— **रॉन ज़ेमके, वरिष्ठ संपादक, *ट्रेनिंग मैग्ज़ीन,* तथा *सर्विस अमेरिका* व सस्टेनिंग नॉक योर सॉक्स ऑफ़ सर्विस के सह-लेखक**

"कठोर परिश्रम करने, स्मार्ट रहने और तेज़ी से काम करने की आदत ने हमेशा परिणाम दिए हैं। इस किताब का सिद्धांत-केंद्रित विचार बेहतर रास्ता बताता है। हम पहले ही इस विचारों को पढ़ने, रेखांकित करने और लागू करने लगे हैं।"

— **मिक शैनन, प्रेसिडेंट व सीईओ,**
जोसेफ़ ई. लेक, एक्ज़ीक्यूटिव वाइस प्रेसिडेंट और सीओओ,
चिल्ड्रंस मिरेकल नेटवर्क के सह-संस्थापक

"जैसा डब्ल्यू. एडवर्ड्स डेमिंग ने गुणवत्ता के बारे में कहा है कि यह नई तरह से सोचने, नई तरह की ज़िंदगी जीने का पहला और प्राथमिक तरीक़ा है, जो हर एक व्यक्ति के साथ शुरू होता है। यह किताब व्यक्तिगत चिंतन और बदलाव की प्रक्रिया को प्रारंभ करने का प्रभावी तरीक़ा है। यह समय और जीवन प्रबंधन पर विचार करने का अगला स्तर है।"

— **बारबरा बी. लॉटन**
डब्ल्यू. एडवर्ड्स डेमिंग प्रोफ़ेसर ऑफ़ मैनेजमेंट,
कोलोराडो यूनिवर्सिटी, बोल्डर

"*द 7 हैबिट्स ऑफ़ हाइली इफ़ेक्टिव पीपल, प्रिंसिपल-सेंटर्ड लीडरशिप, फर्स्ट थिंग्स फर्स्ट* आदि किताबों की इस त्रयी को पढ़ने का अर्थ अपने जीवन को महत्त्व देना है। इस त्रयी को समझने का अर्थ बेहतर जीवन का बोध विकसित करना है। इस त्रयी को जीने का अर्थ अपने को जितना संभव हो सके, उतना श्रेष्ठ इंसान और एक-दूसरे पर निर्भर (टीम सदस्य) बनाना है!"

— **विक्टर एन. गोलेट, बोर्ड चेयरमैन व सीईओ,**
इलेक्ट्रॉनिक रिएलटी असोसिएट्स, एलपी तथा बॉब, मैक, टॉम
तथा टीम ईआरए वर्ल्डवाइड

“पढ़ने के बाद मैं कह सकता हूँ कि यह किताब स्टीफ़न कवी और मेरिल्स की एक और श्रेष्ठ कृति है। अब यह त्रयी का हिस्सा है *(द 7 हैबिट्स ऑफ़ हाइली इफ़ेक्टिव पीपल, प्रिंसिपल-सेंटर्ड लीडरशिप, फर्स्ट थिंग्स फर्स्ट)*, लेकिन यह इसके साथ ही सम्मान के ऐसे उच्चतम स्तर पर ले जाती है, जो व्यक्ति के प्राथमिकताएँ तय करने की दुविधा दूर करती है। स्टीफ़न, रॉज़र और रेबेका की सार, ढाँचे और मानवीय मूल्यों को जोड़ने की क्षमता ने मुझे विशेष रूप से हतप्रभ किया, जिसने इसे और भी पढ़ने योग्य बना दिया।”

— जॉन आर. सेफ़्रिन, पीएचडी, एक्ज़ीक्यूटिव वाइस प्रेसिडेंट, अमेरिकन कैंसर सोसायटी

“हम जिन बातों का समर्थन करते हैं, उनसे हमारी ज़िंदगी आकार लेती है। यह किताब इस धारणा को तोड़ते हुए बताती है कि किस तरह हमारा दिल हमें राह दिखाता है और किस तरह हमारी चेतना का दिशासूचक सच्ची सफलता की तरफ़ संकेत करता है। इस किताब को पढ़ें और अपने जीवन में उद्देश्य के दीपक पुनः जला लें।”

— एंथनी रॉबिंस, *अनलिमिटेड पावर* और *अवेकन द जायंट विदइन* के लेखक

“इस किताब ने असभ्य निजतावाद और आत्म-पर्याप्तता के मिथकों पर प्रमाण सहित विराम लगा दिया है। इसने दर्शा दिया है कि हम अपने जीवन को शासक सिद्धांतों के अनुरूप करने पर ही मन और आत्मा की शांति पा सकते हैं। इससे पाठक को सिद्धांत-केंद्रित जीवन जीने की दुनिया का नक़्शा मिल जाता है, जिससे आज़ादी को बिलकुल नया अर्थ मिल जाता है। यह *नव युगीन* दर्शन नहीं है। यह समझने योग्य, पहचानने योग्य और चलन के अनुसार इस्तेमाल होने वाला कालातीत ज्ञान है।”

— ब्रूस एल. क्रिस्टेंसन, पूर्व प्रेसिडेंट, पब्लिक ब्रॉडकास्टिंग सर्विस (पीबीएस)

“इस किताब में वर्णित सिद्धांत स्कूल लीडर्स के लिए ऐसे नए प्रतिमान स्थापित करते हैं, जो उन्हें चुनौती देते हैं कि वे उन सत्यों पर केंद्रित रहें, जो शिक्षा में बदलाव ला सकते हैं।”

— जूडी नैश, डायरेक्टर, एनएएसई प्रोग्रामिंग, अमेरिकन असोसिएशन ऑफ़ स्कूल एडमिनिस्ट्रेशन

“अत्यधिक अनुशंसित। मुझे यह किताब अत्यंत विचारोत्तेजक लगी। बहुत से लोगों के लिए समय- या अत्यधिक व्यस्त रहना- ऐसा दैत्य है, जिससे पार पाने का उन्हें रास्ता नहीं सूझता। यहाँ *द 7 हैबिट्स ऑफ़ हाइली इफ़ेक्टिव पीपल* के लेखक सिद्धांतों और प्राथमिकताओं पर आधारित नक़्शा और तलवार प्रदान करते हैं, जो इस दैत्य का वध करने के लिए ज़रूरी हैं।”

— रिचर्ड बोल्स, *वॉट कलर इज़ योर पैराशूट?* के लेखक

“क्वाड्रंट II, गुणवत्ता का क्वाड्रंट है और जो अधिकारी इस तकनीक में माहिर हो जाते हैं, वे अपने भीतर और संस्था के नेतृत्व में अहम सुधार कर सकते हैं।”

— एन.ई. रिकार्ड, ज़ीरॉक्स बिज़नेस सर्विसेज के प्रेसिडेंट,
तथा क्वालिटी एट ज़ीरॉक्स के सह-संस्थापक

“लेखकों की बात सही है! इस निरंतर बदलती दुनिया में हम सिर्फ़ अपने चयन को नियंत्रित कर सकते हैं। यह किताब इस प्रयास में समझने योग्य साधनों और उपयोगी रूपालंकारों से हमारा मार्गदर्शन करती है। यह हम लोगों में से प्रत्येक को ईमानदारी, साहस और सहयोग से जीने के लिए अग्रसर करती है।”

— कैथलीन डी. रायन, *ड्राइविंग फ़ीयर आउट ऑफ़ द वर्कप्लेस* की सह-लेखिका

“स्टीफ़न कवी ने फिर कर दिखाया। उन्होंने मेरिल्स के साथ मिलकर ऐसी विचारोत्तेजक किताब लिखी है, जो हमें खुद अपनी ज़िंदगी को देखने को मजबूर करती है, और इससे बढ़कर यह किताब सहज ही हमें बुनियादी सिद्धांतों की ओर निर्देशित कर देती है।”

— केन ब्लैंचर्ड, पीएचडी, *द वन मिनट मैनेजर* के सह-लेखक

“हम जो चाहते हैं, उसे पहचानने और फिर उसे पाने की राह तलाशना न केवल अच्छा समय प्रबंधन है, बल्कि आज़ादी भी है। यह किताब परिपूर्णता और आज़ादी के बारे में है- जो समय रद्दोबदल के फ़ौरी इलाज़ों' से नहीं, बल्कि वास्तविक स्थायी बदलावों से संभव होता है।”

— डेव चैकेट्स, प्रेसिडेंट, न्यू यॉर्क निक्स

“यह किताब जीवन और संस्थानों में सिद्धांत व चरित्र आधारित सुरक्षा के गहरे अर्थ प्रकट करती है।”

— जे. मैक्डोनाल्ड विलियम्स, प्रेसिडेंट व सीईओ, ट्रैमल क्रो कंपनी

समर्पण

हमारे जन्मे–अजन्मे नाती–पोतों के लिए,
जो हमेशा हमें ज़रूरी काम पहले
करने के लिए प्रेरित करते हैं।

आभार

हम कृतज्ञतापूर्वक आभार प्रकट करते हैं और उन शानदार लोगों की प्रशंसा करते हैं, जिनके कारण यह प्रोजेक्ट संभव हो सका :

— उन सभी लोगों का आभार, जिनके जीवन और लेखन से युगों पुराना ज्ञान हासिल हो सका। हमने आपकी विरासत से सीखने का प्रयास किया है।

— हमारे सहकर्मी, ग्राहक और सेमिनार सहभागियों का आभार, जिनके गहन अंशदान और सहक्रिया के कारण हम अपनी सोच से भी बहुत आगे जा सके।

— कवी लीडरशिप सेंटर के साथियों का आभार उनकी सहक्रिया और अधिक समर्थन के लिए।

— सिमोन ऐंड शूस्टर के बॉब असाहिना का आभार उनके धैर्य, ज्ञान और मार्गदर्शन के लिए।

— लेखन टीम के सदस्यों - बॉयड क्रेग, ग्रेग लिंक, टोनी हैरिस, ऐडम मेरिल, और केन शेल्टन का आभार उनके महत्त्वपूर्ण योगदान के लिए। बेहद चुनौतीपूर्ण हालात में उन्होंने उस जीवटता और दक्षता का प्रदर्शन किया, जिसके बारे में हमने लिखने का प्रयास किया है।

— सबसे बढ़कर, हमारे तथा टीम के परिवारों का आभार, जिनके प्रेमपूर्ण सहयोग से ही असली अंतर आया है। वे ज़रूरी चीज़ें क्या हैं और वे ज़रूरी क्यों हैं, हमें यह सिखाने के लिए धन्यवाद।

अनुक्रम

खंड चार

सिद्धांत–केंद्रित जीवन की शक्ति और शांति 349

परिशिष्ट

परिचय

यदि मेहनत, समझदारी और तेज़ी से काम करके हल नहीं निकलेगा,
तो कैसे होगा?

अगर आप कुछ क्षण ठहरकर अपने जीवन की तीन या चार ज़रूरी चीज़ों पर गंभीरता से विचार करें, तो वे क्या होंगी?

क्या इन चीज़ों की उतनी सार-सँभाल हो रही है, क्या उन पर उतना ज़ोर दिया जा रहा है, और क्या उनको उतना समय दिया जा रहा है, जितना आपको सचमुच देना चाहिए?

कवी लीडरशिप सेंटर में अपने काम के दौरान हमारा दुनियाभर के बहुत से लोगों से संपर्क हुआ है और उनके काम हमें निरंतर प्रभावित करते रहे हैं। वे सक्रिय, मेहनती, सक्षम और परवाह करने वाले लोग हैं, जो बदलाव के प्रति समर्पित हैं। इसके बावजूद वे लोग हमें अपने दैनिक जीवन में ज़रूरी चीज़ों को पहले रखने के प्रयास में संघर्ष की कहानी बताते हैं। आपका इस किताब को चुनना बताता है कि शायद आप भी वैसा ही महसूस करते हैं, जैसा वे कर रहे हैं।

हम अक्सर अपनी ज़रूरी चीज़ों को ज़रूरी क्यों नहीं रख पाते? हमें वर्षों से ऐसे तरीक़े, तकनीक, साधन व सूचना दी जा रही हैं कि हम अपने समय को कैसे प्रबंधित और नियंत्रित करें। हमें बताया जाता है कि अगर हम कड़ी मेहनत करते रहें, चीज़ों को बेहतर और तेज़ी से करना सीखते रहें। कुछ नए उपकरण और साधन, या फ़ाइलें या व्यवस्थाओं को ख़ास तरीक़े से इस्तेमाल करना सीख सकें, तब हम यह सब कर सकेंगे। इसलिए हम नए प्लैनर ख़रीदते हैं, नई कक्षाओं में जाते हैं, नई किताबें पढ़ते हैं। हम उन्हें सीखते हैं, लागू करते हैं, ख़ूब प्रयास करते हैं और क्या होता है? हम जितने

भी लोगों से मिलते हैं, उनमें से अधिकांश में परिणाम अधिक निराश और ग्लानि करने वाला रहता है।

- मुझे और समय चाहिए!
- मैं अपनी ज़िंदगी का और लुत्फ़ लेना चाहता हूँ। मैं हमेशा दौड़ता-भागता रहता हूँ। मेरे पास अपने लिए कभी समय नहीं होता।
- मेरे दोस्त और परिवार मुझसे ज़्यादा समय चाहते हैं, लेकिन मैं उन्हें ज़्यादा समय कैसे दूँ?
- मैं हमेशा संकट में रहता हूँ, क्योंकि मैं टालमटोल करता हूँ। मैं टालमटोल करता हूँ, लेकिन मैं ऐसा इसलिए करता हूँ, क्योंकि हमेशा संकट में रहता हूँ।
- मेरी व्यक्तिगत और पेशेवर ज़िंदगी में कोई संतुलन नहीं। लगता है कि हर बार जब मैं इनमें से किसी को ज़्यादा समय देता हूँ, तो हालात और ख़राब हो जाते हैं।
- बहुत तनाव है!
- बहुत कुछ करना है, और सभी अच्छा है। मैं इनमें चयन कैसे करूँ?

पारंपरिक समय प्रबंधन सुझाता है कि चीज़ों को अधिक दक्षतापूर्वक करने से अंततः आप अपने जीवन पर नियंत्रण हासिल कर लेते हैं, और यह बढ़ा हुआ नियंत्रण आपको वह शांति और परिपूर्णता प्रदान करेगा, जिसे आप तलाश रहे थे।

हम सहमत नहीं हैं

ख़ुशी के लिए हर चीज़ को नियंत्रित करने की अपनी क्षमता को आधार बनाना व्यर्थ है। हम अपनी चयन क्रिया को नियंत्रित कर सकते हैं, लेकिन हम अपने चयन के परिणामों को नियंत्रित नहीं कर सकते। क़ुदरती क़ानून और सिद्धांत ऐसा करते हैं। इसलिए, हमारे जीवन का नियंत्रण हमारे हाथ नहीं है, लेकिन सिद्धांतों के हाथ में है। हमारा मानना है कि यही वह विचार है, जो जीवन के प्रति पारंपरिक समय प्रबंधन नज़रिया रखने वाले लोगों में निराशा की गहन जानकारी देता है।

इस किताब में, हमने समय प्रबंधन की एक प्रभावशाली भिन्न पद्धति पेश की है। यह सिद्धांत-केंद्रित पद्धति है। यह अपेक्षाकृत तेज़, कठोर और स्मार्ट और इससे भी ज़्यादा के पारंपरिक नुस्खे से बढ़कर है। आपको एक और घड़ी देने की बजाय, यह पद्धति आपको एक दिशासूचक प्रदान करेगी, क्योंकि आप कितनी तेज़ी से जा रहे हैं, इससे महत्त्वपूर्ण यह है कि आप किसी दिशा में जा रहे हैं।

एक मायने में, यह पद्धति नई है, वहीं दूसरी ओर, यह काफ़ी पुरानी है। इसकी जड़ें प्राचीन और कालातीत सिद्धांतों की गहराई में हैं। यह जीवन के प्रति तुरंत समाधान और बिना-काम-कमाई की पद्धति के ख़ासतौर से विपरीत है, जिसका मौजूदा समय प्रबंधन और 'सफलता' साहित्य में अत्यधिक प्रचार किया जाता है। हम आधुनिक समाज में रहते हैं, जिसे शॉर्टकट तकनीकें पसंद हैं, लेकिन सही शॉर्टकट लेने से भी जीवन की गुणवत्ता हासिल नहीं की जा सकती।

कहीं कोई शॉर्टकट नहीं होता है, बल्कि एक रास्ता होता है। यह मार्ग उन सिद्धांतों पर आधारित होता है, जो पूरे इतिहास में पूजनीय रहे हैं। इस ज्ञान से अगर कोई संदेश बटोरा जा सकता है, तो वह यही है कि एक सार्थक जीवन गति या दक्षता का मामला नहीं है। इसमें महत्त्व इसका नहीं कि आप इसे कितनी तेज़ी से करते हैं, बल्कि इसका है कि आप क्या करते हैं और क्यों करते हैं।

हम यहाँ आपको बताना चाहेंगे कि इस किताब से क्या आशा रख सकते हैं :

• **खंड 1:** 'घड़ी और दिशासूचक' में हम, आप जो करते हैं और हमारे लिए जो ज़्यादा ज़रूरी है, उसके बीच के अंतराल की पड़ताल करेंगे। हम पारंपरिक समय प्रबंधन की तीन पीढ़ियों के बारे में बताएँगे, जिसमें दक्षता और नियंत्रण के वर्तमान प्रतिमान शामिल है और इस पर चर्चा करेंगे कि क्यों यह 'पारंपरिक केवल घड़ी' पद्धति अंतर को घटाने की बजाय और बढ़ा देती है। हम नए स्तर की विचार प्रक्रिया की ज़रूरत को तलाशेंगे, उस चौथी पीढी के लिए, जो अलग क़िस्म की है। हम आपको प्रेरित करेंगे कि आप यह जाँच करें कि क्या आप अपने समय को सिर्फ़ आवश्यक चीज़ों को दे रहे हैं या उसे जो आपकी ज़िंदगी के लिए

'महत्त्वपूर्ण' है, और हम तात्कालिकता की लत के परिणामों पर नज़र डालेंगे। अंततः हम 'ज़रूरी चीज़ों', यानी हमारी जीने, प्रेम करने, सीखने और विरासत छोड़ने की बुनियादी आवश्यकताओं और क्षमताओं को देखेंगे और हम यह भी देखेंगे कि अपने आंतरिक दिशासूचक के उपयोग से उन्हें सबसे ज़रूरी कैसे बना सकते हैं, जिससे वे हमारे जीवन का तालमेल 'सच्चे उत्तर' की वास्तविकताओं से बना सकें, जो जीवन की गुणवत्ता को शासित करती हैं।

• **खंड 2**: 'ज़रूरी यह है कि ज़रूरी चीज़ ज़रूरी चीज़ बनी रहे' में हमने क्वाड्रंट II व्यवस्थापन की प्रक्रिया पेश की है, यानी तीस मिनट की ऐसी साप्ताहिक प्रक्रिया, जो घड़ी को दिशासूचक के अधीन बना देती है और आपको इतनी सशक्त बना देती है कि आपका ध्यान 'तात्कालिकता' से 'महत्त्वपूर्ण' की ओर स्थानांतरित हो सके। हम इस प्रक्रिया की जाँच करेंगे, जिससे आपको त्वरित लाभों का भान हो सके। इसके बाद हम प्रक्रिया के हर हिस्से को गहराई से देखेंगे, ताकि आपको वह पूर्णता दिखे, जो आप इससे जीवन में पा सकते हैं। हम इन बिंदुओं का अवलोकन करेंगे।

- अपने मिशन को कैसे पहचानें और भविष्य के लिए सशक्त विज़न कैसे तैयार करें, जो सार्थक और उद्देश्यपूर्ण हो, और जो असल में आपके जीवन का डीएनए बन जाए।
- अपने जीवन की विभिन्न भूमिकाओं में संतुलन और सहक्रिया का निर्माण कैसे करें।
- ऐसे सिद्धांत-आधारित लक्ष्यों को कैसे तय और हासिल करें, जो गुणवत्तापूर्ण जीवन परिणामों की रचना करें।
- ऐसा नज़रिया कैसे बनाएँ, जो आपको ज़रूरी चीज़ें पहले रखने की ताक़त दे।
- चयन के क्षणों में समग्रता सहित कैसे कार्य करें, ताकि यह जानने और फ़ैसला करने योग्य बोध हो कि 'ज़रूरी चीज़ें पहले' रखने का मतलब अपनी योजना पर डटे रहना है या इन्हें बदल लेना है... और आपका जो भी फ़ैसला हो, उस काम को आप पूरे भरोसे और शांति के साथ कर सकें।

• अपने सप्ताहों को सीखने और जीने का स्तर ऊँचा करने की कुंडली में कैसे बदलें।

• **खंड 3**: 'पारस्परिक निर्भरता की सहक्रिया' में हम परस्पर निर्भर रहने की वास्तविकता की समस्याओं और क्षमताओं पर विचार करते हैं, जिसमें हम अपना 80 प्रतिशत समय व्यतीत करते हैं। यह ऐसा क्षेत्र है, जिसे पारंपरिक समय प्रबंधन में नज़रअंदाज किया गया है या पर्याप्त ध्यान नहीं दिया गया है। हम दूसरों के साथ विभिन्न कार्य संपादन और रूपांतरण संवाद के बीच का अंतर देखेंगे। दूसरों को केवल ऐसा संसाधन समझना, जिन्हें काम सौंपकर हम ज़्यादा परिणाम हासिल कर सकते हैं, इसकी बजाय हम देखेंगे कि साझा विज़न और सहक्रियाशील अनुबंध द्वारा शक्तिशाली सहक्रिया कैसे हासिल की जा सकती है। हम सशक्तिकरण को तलाशेंगे - बदलाव वाले बुनियादी आधार- और आपको ऐसे काम करने की जानकारी देंगे, जिससे आप व्यक्तिगत और संस्थागत सशक्तिकरण का पोषण कर सकें और अपने परिवार, कार्य समूह या अन्य संगठनों में बदलाव के उत्प्रेरक बन सकें।

• **खंड 4**: 'सिद्धांत-केंद्रित जीवन की ताक़त और शांति' में हम कुछ वास्तविक-जीवन के उदाहरण लेकर दर्शाएँगे कि किस तरह चौथी-पीढ़ी की पद्धति वस्तुतः आपके जीवन की गुणवत्ता और आप जो करते हैं, उसकी प्रकृति का रूपांतरण कर सकती है। किताब का समापन हम शांति के सिद्धांतों और किस तरह हम परिपूर्णता, सार्थकता और आनंद के जीवन की प्रमुख बाधाओं से बच सकते हैं, आदि बातों पर फोफ़स करके करेंगे।

इस किताब से सर्वाधिक लाभ लेने के लिए आवश्यक है कि आप इसके साथ गहराई से जुड़ें। आप अपने जीवन, अपनी पटकथा, अपने उद्देश्यों, अपनी 'ज़रूरी चीज़ों', और आप जिसका प्रतिनिधित्व करते हैं, उसकी परीक्षा के इच्छुक हों। यह अत्यधिक आत्म परीक्षण वाली प्रक्रिया है। इस किताब को पढ़ते समय, हम चाहते हैं कि आप क्षणभर रुककर अपने मन और दिल की सुनें। इस तरह के गहन आत्म-ज्ञान में गहराई तक डूब जाने के बाद भी बिना बदले निकल आना असंभव है। आप दुनिया को अलग तरह से देखने लगेंगे। आप रिश्तों को अलग तरह से देखने लगेंगे। आप समय को अलग तरह से देखने लगेंगे। आप अपने आपको अलग तरह से देखने

लगेंगे। हमें पूरा विश्वास है कि यह किताब आपको इतना सशक्त बनाएगी कि आपके लिए जो सबसे महत्त्वपूर्ण है और आप जिस तरह समय बिताते हैं, आप उसके बीच का अंतर मिटा सकेंगे।

हम आपको शुक्रिया कहते हैं कि आपने उसमें यक़ीन किया, जिसे हम बेहतर तरीक़ा मानते हैं। अपने अनुभव से हमें यक़ीन है कि सिद्धांतों से निजी शांति और प्रभावशाली परिणाम दोनों ही उत्पन्न होते हैं।

शक्ति, सिद्धांतों में निहित है।

हमें विश्वास है कि इस किताब की सामग्री से आपको घड़ी की 'तानाशाही' से बचने में मदद मिलेगी और आप अपने दिशासूचक को फिर पा सकेंगे। यह दिशासूचक आपको सशक्त बनाएगा कि आप पूरे आनंद सहित जीवन बिताएँ, प्रेम करें, सीखें और महान और चिरस्थायी विरासत छोड़ कर जाएँ।

खंड एक

घड़ी और दिशासूचक

स्टीफ़नः मेरी बेटी मारिया, जिसे हाल ही में तीसरा बच्चा हुआ था, एक शाम मुझसे बात कर रही थी। उसने कहा, "डैडी, मैं बहुत परेशान हूँ। आप जानते हैं कि मैं अपनी बेटी से कितना प्यार करती हूँ, लेकिन मेरा सारा समय इसी में लग जाता है। मैं और कुछ नहीं कर पाती, जिसमें ऐसी और भी चीज़ें शामिल हैं, जो सिर्फ़ मैं ही कर सकती हूँ।"

मैं समझ सकता था कि यह उसे कितना निराश करने वाला रहा होगा। मारिया होशियार और क्षमतावान है, और वह हमेशा कुछ न कुछ अच्छी चीज़ करती रहती है। अच्छी चीज़ें उसे आकर्षित कर रही थीं, जैसे प्रोजेक्ट्स, जो उसे पूरे करने थे, योगदान, जो वह देना चाहती थी, घर के वे काम, जो नहीं हो रहे थे।

जब हम बात कर रहे थे, तभी हमें अहसास हुआ कि उसकी निराशा निश्चित रूप से उनकी उम्मीदों का परिणाम थी। फ़िलहाल के लिए, केवल एक ही चीज़ करनी थी - बच्चे का आनंद लेना।

मैंने कहा, "शांत रहो, और शांति से इस नए अनुभव का आनंद लो। उस शिशु को अपनी माँ के साथ का आनंद महसूस करने दो। कोई भी दूसरा उस बच्चे की उस प्यार से परवरिश नहीं कर सकता, जैसी तुम कर सकती हो। बाक़ी सभी कामों का फ़िलहाल कोई महत्त्व नहीं है।"

मारिया समझ गई कि थोड़े समय के लिए उसका जीवन असंतुलित होने वाला है... और ऐसा होना भी चाहिए। हर चीज़ का अपना वक़्त और मौसम होता है। वह यह भी समझ गई कि जब बच्चा बड़ा होकर अपनी ज़िंदगी

की अगली अवस्था में जाएगा, तब वह अपने लक्ष्यों और योगदान को अन्य प्रभावशाली ढंग से हासिल कर सकती है।

अंत में मैंने कहा, "कोई शिड्यूल मत बनाओ। कैलेंडर को भूल जाओ। यदि आपको सिर्फ़ ग्लानि उत्पन्न होती है, तो योजनाएँ बनाने के अपने उपकरणों को भूल जाओ। फ़िलहाल यह बच्चा ही तुम्हारी ज़िंदगी की सबसे बड़ी प्राथमिकता है। बच्चे का आनंद लो और कोई चिंता न करो। दीवार पर लटकी किसी घड़ी के नहीं, बल्कि अपने भीतरी दिशासूचक के अनुसार चलो।"

हममें से बहुत से लोगों के लिए, दिशासूचक और घंटी अर्थात हमारे लिए जो बहुत ज़्यादा ज़रूरी है, और हम जिस तरह अपना समय बिताते हैं, उसके बीच अंतर होता है। और इस अंतर को 'पारंपरिक समय प्रबंधन पद्धति' से अधिक चीज़ों को तेज़ी से करके नहीं भरा जा सकता, बल्कि हम में से बहुत लोगों को ज्ञात हुआ है कि अपनी गति बढ़ाने से चीज़ें और ख़राब हो जाती हैं।

इस सवाल पर विचार करें : अगर कोई जादू की छड़ी हिलाकर अचानक आपकी कार्यक्षमता को 15 से 20 गुना बढ़ा दे, जैसा कि पारंपरिक समय प्रबंधन वादा करता है, तो क्या इससे आपकी समय प्रबंधन से संबंधित चिंताएँ समाप्त होंगी। शुरुआत में आपके लिए यह बेहद उत्साहवर्द्धक होगा, लेकिन अगर आप भी उन ज़्यादातर लोगों जैसे हैं, जिनके साथ हम काम करते हैं, तो शायद आप इस निष्कर्ष पर पहुँचेंगे कि आप जिन चुनौतियों का सामना कर रहे हैं, उनसे केवल कम समय में ज़्यादा काम करके पार नहीं पाया जा सकता।

इस खंड में, हम पारंपरिक समय प्रबंधन की तीन पीढ़ियों पर गहराई से विचार करेंगे और उस कारण को तलाशेंगे कि वे इस अंतर को पाटने में क्यों विफल रहते हैं। हम आपसे इस पर विचार करने को कहेंगे कि आप ज़िंदगी को बुनियादी प्रतिमानों को 'तात्कालिकता' के तौर पर देखते हैं या महत्त्व के तौर पर। इसके साथ ही हम तात्कालिकता की लत के प्रभावों पर चर्चा करेंगे। हम चौथी पीढ़ी की आवश्यकताओं को तलाशेंगे, जो अलग तरह की होगी। यह समय प्रबंधन से आगे व्यक्तिगत नेतृत्व की पीढ़ी है। यह चीज़ों को सही ढंग से करने से ज़्यादा, सही चीज़ें करने पर केंद्रित है।

अध्याय 3 में हम ज़िंदगी की 'ज़रूरी चीज़ें' कौनसी हैं और उन्हें ज़रूरी बनाने की हमारी क्षमता से संबंधित कठिन सवालों पर विचार करेंगे। यह अध्याय उन तीन मूल विचारों को संबोधित करता है, जो चौथी पीढ़ी की बुनियाद से निकलते हैं। संभवतः यह समय और जीवन के प्रति आपकी सोच को चुनौती देगा। यह अध्याय कुछ गहन आंतरिक कार्य करने की भावनात्मक इच्छा की माँग करता है। हमारा सुझाव है कि आप इन्हें क्रमानुसार पढ़ें, लेकिन अगर आप इसे ज़्यादा उपयोगी बनाना चाहते हैं, तो खंड दो पर जाएँ, और क्वाड्रंट II व्यवस्थापन प्रक्रिया को पढ़ें और उन लाभों को देखें, जिनकी हम बात कर रहे हैं, और इसके बाद अध्याय 3 पर लौटें। हमारी गारंटी है कि इस अध्याय में दिए गए तीन बुनियादी विचारों को समझने और लागू करने से आपके समय और जीवन की गुणवत्ता पर प्रभावशाली असर होगा।

1: कितने लोग मृत्युशय्या पर कामना करते हैं कि काश वे दफ़्तर को ज़्यादा समय देते?

'सर्वोत्तम' का दुश्मन 'अच्छा' होता है।

अपने निजी पलों और व्यावहारिक जीवन में हम हर वक़्त यही चयन करते रहते हैं कि अपना समय कैसे बिताएँ। हम इन चयनों के परिणाम भी भोगते रहते हैं। और हम में से बहुत से लोगों को ये परिणाम पसंद नहीं आते, ख़ासकर तब, जब हमें पता हो कि जैसे हम अपना समय बिता रहे हैं और अपने जीवन में हम जिन चीज़ों को अहम मानते हैं, उनमें अंतर हो।

मैं बहुत व्यस्त रहता हूँ! मैं सारा दिन दौड़ता रहता हूँ- मीटिंग्स, फ़ोन कॉल, पेपर वर्क, अपाइंटमेंट्स। मैं अपनी क्षमता के अनुरूप ख़ूब काम करता हूँ, और थकान से चूर होकर बिस्तर पर लेटता हूँ, और अगले दिन सुबह जल्दी उठ जाता हूँ, फिर वही सब करने के लिए। मेरा आउटपुट बहुत अच्छा है। मैंने बहुत कुछ किया है, लेकिन अंदर से कहीं महसूस होता है, "तो क्या हुआ? तुम ऐसा क्या कर रहे हो, जो महत्त्वपूर्ण हो?" मुझे स्वीकार करना होगा, "मुझे नहीं पता।"

ऐसा लगता है, जैसे मैं बहुत दुखी हूँ। मेरे लिए मेरा परिवार भी उतना ही महत्त्वपूर्ण है, जितना मेरा काम। मुझमें यह संघर्ष निरंतर चलता रहता है। मैं दोनों की माँग पूरी करने का प्रयास करता रहता हूँ। क्या ऐसा सचमुच संभव है कि दफ़्तर और घर दोनों जगह सफल और ख़ुश हो सकूँ?

मेरे पास कुछ और करने का समय नहीं होता। शेयरों के गिरते भावों को लेकर बोर्ड और शेयरधारक मेरे पीछे मधुमक्खी के छत्ते की तरह लगे रहते हैं। मैं अपनी एक्ज़ीक्यूटिव टीम के सदस्यों के बीच सुलह-सफ़ाई करने वाला रेफरी बना रहता हूँ। अपने संस्थान की गुणवत्ता में सुधार की पहलों का नेतृत्व करने के दौरान मुझ पर हमेशा दबाव बना रहता है। हमारे कर्मचारियों का हौसला

न्यूनतम है और मुझे अपराध-बोध रहता है कि मैं उनके पास जाकर उनकी बात नहीं सुन पाता। सबसे बढ़कर, पारिवारिक छुट्टियों में भी मेरा परिवार मुझे नहीं गिनता, क्योंकि मैं कभी वहाँ होता ही नहीं।

मैं ऐसा महसूस नहीं करता कि ज़िंदगी मेरे क़ाबू में है। मैं अहम चीज़ों को तलाशने और उन्हें करने का लक्ष्य तय करने का प्रयास करता रहता हूँ, लेकिन बाकी लोग- मेरे बॉस, मेरे सहकर्मी, मेरी पत्नी- हमेशा इसमें टाँग अड़ाते हैं। मैं जो करना चाहता हूँ, उसमें लोग जो मुझसे करवाना चाहते हैं, वह बाधा बन जाता है। मेरी अहम चीज़ें, उनकी अहम चीज़ों के प्रवाह में बह जाती हैं।

सब मुझसे कहते हैं कि मैं बहुत सफल हूँ। मैंने काम किया, संघर्ष किया और त्याग किया है, तब शीर्ष तक पहुँचा हूँ, लेकिन मैं ख़ुश नहीं हूँ। भीतर कहीं मुझे एक खालीपन महसूस होता है। यह उस गीत जैसा है, 'ये दुनिया अगर मिल भी जाए तो क्या है?'

ज़्यादातर समय मुझे ज़िंदगी में कोई ख़ुशी महसूस नहीं होती। एक चीज़ को करते वक़्त मैं ऐसी दस चीज़ों के बारे में सोचता हूँ, जो मैं नहीं करता हूँ और इससे मुझे अपराध-बोध होता है। मैं जो सब कुछ कर सकता हूँ, इस सोच के बीच मुझे क्या करना चाहिए, इस फ़ैसले का दबाव निरंतर बना रहता है, जिससे मैं हमेशा तनाव में रहता हूँ। मुझे कैसे पता चले कि सबसे अहम क्या है? मैं यह कैसे कर सकता हूँ? मैं इसका आनंद कैसे ले सकता हूँ।

मुझे लगता है कि मुझे इतना तो होश है कि मुझे जीवन में क्या करना चाहिए। मुझे जो कुछ भी सचमुच अहम लगता है, मैं उसे लिख लेता हूँ और इसे पाने के लक्ष्य तय करता हूँ, लेकिन अपनी परिकल्पना और रोज़मर्रा के कामों में मैं भटक जाता हूँ। मैं अपने लिए वास्तव में ज़रूरी कामों को दैनिक जीवन का हिस्सा कैसे बनाऊँ?

ज़रूरी कामों को सबसे पहले रखना जीवन का सूत्र है। हम में से लगभग सभी लोग जो हम करना चाहते हैं, अपने सामने उत्पन्न माँगों और अपने अनेक दायित्वों के बीच अपने आपको बँटा हुआ महसूस करते हैं। हम सभी रोज़ाना व पल-प्रतिपल फ़ैसले लेने की चुनौती का सामना करते हैं, जिसमें हमें अपने समय का सर्वोत्तम उपयोग करना होता है।

फ़ैसला लेना तब ज़्यादा आसान होता है, जब सवाल 'अच्छे' या 'बुरे' का हो। हम आसानी से देख सकते हैं कि कैसे कुछ मामलों में हम न केवल

बेकार और दिमाग़ सुन्न करने वाले, बल्कि विनाशकारी तरह से समय बिताते हैं, लेकिन हम में से अधिकांश लोगों के लिए, यहाँ मामला अच्छे और बुरे के बीच नहीं, बल्कि 'अच्छे' और 'सर्वोत्तम' के बीच होता है। ज़्यादातर समय, 'सर्वोत्तम' का दुश्मन 'अच्छा' होता है।

स्टीफ़न: मैं एक व्यक्ति को जानता हूँ, जिन्हें एक बड़े विश्वविद्यालय में कॉलेज ऑफ़ बिज़नेस का नया डीन बनाया गया। जब वे वहाँ पहले-पहल गए, तो उन्होंने कॉलेज की स्थिति देखी और उन्हें महसूस हुआ कि यहाँ सबसे ज़्यादा ज़रूरत फ़ंड की है। उन्हें अहसास हुआ कि उनमें पैसे जुटाने की क्षमता है, और उन्होंने फंड-जुटाने को अपने प्रमुख कार्य के तौर पर विज़न के रूप में विकसित किया।

इससे कॉलेज में समस्या उत्पन्न हो गई, क्योंकि पिछले डीन का ध्यान पूरी तरह संकाय की रोज़गर्रा की ज़रूरतों को पूरा करने पर केंद्रित रहता था। नया डीन वहाँ कभी नहीं होते थे। वे देशभर में दौड़-दौड़कर शोध, छात्रवृत्ति, और अन्य कार्यों के लिए धन-जुटाने का प्रयास कर रहे थे, लेकिन वे पहले वाले डीन की तरह रोज़मर्रा की चीज़ों पर ध्यान नहीं दे रहे थे। फैकल्टी को उनके प्रशासकीय सहायक के माध्यम से काम करने को विवश होना पड़ता था। यह उनके पदों के अनुरूप नहीं होता था। वे शीर्ष पर बैठे व्यक्ति के साथ काम करने के आदी थे।

फैकल्टी उनकी अनुपस्थिति से इतनी परेशान हो गई कि उन्होंने विश्वविद्यालय के प्रेसिडेंट के पास प्रतिनिधिमंडल भेजा, जिसने नए डीन को नियुक्त करने या उनकी नेतृत्व शैली में बुनियादी परिवर्तन की माँग की। प्रेसिडेंट जानते थे कि डीन क्या कर रहे हैं। उन्होंने कहा, "निश्चिंत रहें। उनके प्रशासकीय सहायक अच्छे हैं। उन्हें थोड़ा समय और दीजिए।"

थोड़े ही समय में फंड मिलना शुरू हो गया और फैकल्टी के लोगों को भी उनका विज़न समझ आने लगा। कुछ ही समय बाद वे जब भी उस डीन को देखते, तो वे कह उठते, "आप यहाँ न रहें। हम आपको देखना नहीं चाहते। आप बाहर जाएँ और फ़ंड एकत्र करें। आपके प्रशासकीय सहायक इस दफ़्तर को किसी भी दूसरे से अच्छा चला रहे हैं।"

बाद में इस व्यक्ति ने मेरे सामने स्वीकार किया कि उन्होंने ग़लती की कि उन्होंने सबको साथ नहीं लिया, उन्हें पूरी बात नहीं बताई, उन्हें यह नहीं बताया कि वे क्या पाने का प्रयास कर रहे थे। मुझे पूरा विश्वास है कि वे

बेहतर कर सकते थे, लेकिन मैंने उनसे एक अहम सबक़ सीखा। हमें ख़ुद से पूछते रहना चाहिए कि क्या करना ज़रूरी है, और मुझमें क्या अनूठी शक्ति है, और मुझमें क्या विशेष गुण हैं?

इस व्यक्ति के लिए दूसरों की तात्कालिक उम्मीदों पर खरा उतरना ज़्यादा आसान रहा होता। उनके विश्वविद्यालय के करियर में बहुत सी अच्छी चीज़ें हो सकती थीं, लेकिन वे वास्तविक ज़रूरतों और अपनी ख़ुद की क्षमताओं दोनों को नहीं पहचान सके, और उस विज़न पर चलते रहे, जो उन्होंने ख़ुद बनाया था। वे ऐसा कुछ हासिल नहीं कर सकते थे, जो उनके ख़ुद के लिए, फैकल्टी के लिए या कॉलेज के लिए *सर्वोत्तम* हो।

आपके लिए 'सर्वोत्तम' क्या है? आपको उस 'सर्वोत्तम' को वह समय और ऊर्जा देने से कौन रोक रहा है, जो आप इसे देना चाहते हैं? क्या 'बहुत सी अच्छी' चीज़ें रास्ता रोक रही हैं? बहुत से लोगों के साथ ऐसा ही है। और परिणाम वह बेचैन करने वाली अनुभूति है कि वे अपने जीवन में ज़रूरी चीज़ों को अहमियत नहीं दे रहे हैं।

घड़ी और दिशासूचक

ज़रूरी काम पहले करने के हमारे संघर्ष को हम अपने को निर्देशित करने वाले दो शक्तिशाली साधनों के बीच के टकराव से वर्गीकृत कर सकते हैं: घड़ी और दिशासूचक (कम्पास)। घड़ी, हमारी प्रतिबद्धताओं, अपाइंटमेंट्स, शिड्यूल, लक्ष्य, गतिविधियों का प्रतिनिधित्व करती है, यानी जो कुछ हम करते हैं और समय का *प्रबंधन* कैसे करते हैं। दिशासूचक हमारे विज़न, मूल्यों, सिद्धांतों, मिशन, विवेक, दिशा को दर्शाता है – हम किसे महत्त्वपूर्ण समझते हैं और हम अपने जीवन को कैसे आगे *बढ़ाना* चाहते हैं।

संघर्ष तब होता है, जब हमें इस घड़ी और दिशासूचक के बीच फ़ासले का बोध हो जाता है कि हम जो कर रहे हैं, उसका हमारे लिए जो ज़रूरी है, उसमें कोई योगदान नहीं है।

हम में से कुछ लोगों के लिए, इस फ़ासले का दर्द काफ़ी गहरा होता है। हमारे लिए यह असहनीय हो जाता है। हम ख़ुद को फँसा हुआ महसूस करते हैं, जो दूसरे लोगों या हालात द्वारा नियंत्रित होता है। हम हमेशा संकटों से निपटते रहते हैं। हम छोटी-बड़ी चीज़ों में फँसे रहते हैं। काम में लगे

रहते हैं और वह काम करने के लिए कभी समय नहीं निकाल पाते, जिससे हम जानते हैं कि फ़र्क़ आएगा। हमें लगता है, जैसे हम अपनी ज़िंदगी दूसरों के लिए जी रहे हैं।

हम में से कुछ लोगों के लिए, यह दर्द अज्ञात असहजता जैसा होता है। हमें समझ नहीं आता कि हमें क्या करना *चाहिए,* हम क्या करना *चाहते* हैं, और हम कुल मिलाकर अंततः वास्तव में *कर* क्या रहे हैं। हम दुविधा में फँस जाते हैं। हम जो नहीं कर पा रहे, उसे लेकर अपराध-बोध से ग्रस्त रहते हैं, और हम जो कर रहे होते हैं, उसका आनंद नहीं ले पाते।

हममें से कुछ लोग खालीपन महसूस करते हैं। हम प्रसन्नता को केवल पेशेवर और वित्तीय उपलब्धियों के तौर पर ही परिभाषित करते हैं, और हमें पता चलता है कि हमारी 'सफलता' से हमें वह संतुष्टि नहीं मिली, जिसकी हमें उम्मीद थी। हम परिश्रमपूर्वक 'एक-एक सीढ़ी' चढ़ते हैं- डिप्लोमा हासिल करते हैं, देर रात तक काम करते हैं, पदोन्नति पाते हैं- और जब सीढ़ी के शीर्ष पर पहुँचते हैं, तो पता लगता है कि सीढ़ी ग़लत दीवार के सहारे लगी है। ऊपर चढ़ने में हमने रिश्ते बिगाड़े या गहरे पलों को अनुभव करने से चूक गए। सीढ़ी पर चढ़ने की दौड़ में हमें वह करने का समय नहीं मिल पाया, जो वास्तव में सबसे अहम था।

कुछ लोग अपने को भूला या भ्रमित महसूस करते हैं। हमें बिलकुल पता नहीं होता कि कौन सी चीज़ें ज़रूरी हैं। हम स्वचालित ढंग से एक से दूसरी गतिविधि करते चले जाते हैं। जीवन मशीन जैसा हो जाता है। कभी-कभी हमें यह भी महसूस होता है कि हम जो कुछ भी कर रहे हैं, उसका कोई मायने भी है या नहीं।

कुछ लोगों को लगता है कि हम संतुलन खो रहे हैं, लेकिन हम अन्य विकल्पों पर यक़ीन नहीं कर पाते या हमें लगता है कि इस बदलाव की क़ीमत बहुत ज़्यादा है। या हम प्रयास करने से डरते हैं। इसलिए आसान यही होता है कि बस इसी असंतुलन के साथ जीना अपेक्षाकृत आसान है।

चेतावनी

हमें इस फ़ैसले की जानकारी काफ़ी नाटकीय तरीक़े से हो सकती है। एक प्रिय व्यक्ति का निधन होता है। उसके अचानक चले जाने से हम अप्रिय वास्तविकता को देखते हैं कि क्या किया जा सकता था, लेकिन ऐसा नहीं

हुआ, क्योंकि हम एक गहरे संतोषजनक रिश्ते को संजोने और पोसने की बजाय 'सफलता की सीढ़ी' चढ़ने में व्यस्त थे।

अगर हमें पता चलता है कि हमारा किशोर उम्र का पुत्र नशीली दवाएँ ले रहा है, तो हमारे दिमाग़ में कई तसवीरें धूम जाएँगी - वह समय, जो हम वर्षों के दौरान साथ गुज़ार सकते थे, वे चीज़ें, जो साथ कर सकते थे, जो कुछ भी साझा कर सकते थे या बेहतर रिश्ते बना सकते थे,... लेकिन हमने ऐसा नहीं किया, क्योंकि हम आय अर्जित कर रहे थे, सही संपर्क बना रहे थे, या बस केवल अख़बार पढ़ रहे थे।

कंपनी अपना आकार घटा रही है और हमारी नौकरी संकट में है या अगर डॉक्टर हमें बताए कि हमारी ज़िंदगी के कुछ ही दिन शेष हैं या हमारा तलाक़ होने वाला हो। कुछ संकट हमें इसके प्रति जागरूक करते हैं कि हम जिस तरह अपना समय बिता रहे हैं और जो करना हमारे लिए महत्त्वपूर्ण है, उनमें काफ़ी फ़र्क़ है।

रेबेका : कुछ साल पहले, मेरे पास अस्पताल में एक ऐसी महिला आई, जो तेईस साल की थी और उसके दो छोटे बच्चे थे। उसे बताया गया था कि उसे लाइलाज कैंसर था। मैंने उसका हाथ पकड़ा और उसे दिलासा देने के लिए कुछ कहने का प्रयास किया। वह रोने लगी, "मैं घर जाकर अपने बच्चों का गंदा डायपर बदलने के लिए कुछ भी देने को तैयार हूँ!"

मैंने इन शब्दों और अपने छोटे बच्चों के साथ खुद के अनुभवों पर विचार किया। मैंने सोचा कि हम दोनों ने कितनी ही बार अपना दायित्व समझकर न केवल तात्कालिकता में, बल्कि कई बार तो इसके कारण अपने व्यस्त जीवन में उत्पन्न असुविधा से परेशान होते हुए डायपर बदले हैं। बजाय इसके कि इन्हें अपनी ज़िंदगी के सुखद और अनमोल क्षण समझें और इन्हें इसलिए प्यार करें कि ये पल फिर कभी नहीं आने वाले।

'यदि ऐसी चेतावनियाँ न हों', तो हम में से ज़्यादातर लोग वास्तव में जीवन की अहम समस्याओं का सामना ही नहीं कर सकेंगे। इसके गहन गंभीर कारण तलाशने की बजाय हम इस तीव्र दर्द के उपचार के लिए बैंड-एड्स और एस्प्रिन जैसे फ़ौरी- इलाज तलाशते रहते हैं, जिससे अस्थायी आराम मिल जाता है, और हम अच्छी चीज़ें करने में व्यस्त से अति-व्यस्त होते जाते हैं, और कभी रुककर अपने से सवाल नहीं करते कि हम जो कर रहे हैं, क्या वह सबसे ज़रूरी है।

समय प्रबंधन की तीन पीढ़ियाँ

अपनी ज़िंदगी में घड़ी और दिशासूचक के बीच का फ़ासला ख़त्म करने के प्रयासों में, हम में से बहुत से लोग 'समय प्रबंधन' के मैदान में पहुँच जाते हैं। अभी तीन दशक पहले तक इस विषय पर कुछ ही दर्जन महत्त्वपूर्ण किताबें होती थीं। अभी हमारे हाल ही के सर्वे में इस पर कुछ सौ किताबें, कुछ सौ लेख, और कई तरह कैलेंडर, प्लैनर, सॉफ्टवेयर और समय प्रबंधन के अन्य साधन मिले हैं। यह 'पॉपकॉर्न घटना' को प्रतिबिंबित करती है, जिसमें सांस्कृतिक दबाव और माँग के कारण साहित्य और साधनों की आपूर्ति तीव्र गति से बढ़ रही है।

यह सर्वे करते हुए हमने समय प्रबंधन की आठ बुनियादी पद्धतियों से संबंधित जानकारियों को पढ़ा, मथा, और सार निकाला। इनमें अधिक परंपरागत 'दक्षता।' आधारित पद्धतियों जैसे *व्यवस्थित बनो, योद्धा पद्धति* और एबीसी या *प्राथमिकता निर्धारण पद्धतियों* से लेकर, कुछ पारंपरिक प्रतिमानों को ठेलने वाली नई पद्धतियाँ आदि शामिल हैं। इसमें कुछ हद तक सुदूर पूर्व की *प्रवाह के साथ बहो पद्धति* भी शामिल है, जो हमें जीवन के स्वाभाविक लय को स्पर्श करने को प्रेरित करती है, जब हम समय के उन कालातीत क्षणों से जुड़ जाते हैं, जहाँ घड़ी की टिकटिक क्षण के आनंद में खो जाती है। इसमें *रिकवरी पद्धति* भी शामिल है, जो दर्शाती है कि किस तरह समय ख़राब करने वालों की टालमटोल और अप्रभावी कार्य-सुपुर्दगी उनकी गहन मनोवैज्ञानिक स्क्रिप्टिंग का परिणाम होती है, और किस तरह परिवेशीय स्क्रिप्टिंग वाले दूसरे लोगों को खुश करने के लिए अस्वीकार्यता या शर्मिंदगी के भय से अति-समर्पण और अधिक-परिश्रम करते हैं।

हमने इनमें से प्रत्येक पद्धति का संक्षेप में विवरण दिया है और इसमें दिलचस्पी रखने वालों के लिए 'परिशिष्ट बी' में ग्रंथ सूची दी है, लेकिन हमने आमतौर पर देखा है कि ज़्यादातर लोग अपने आपको उससे कुछ अधिक जोड़ पाते हैं, जिसे समय प्रबंधन की तीन 'पीढ़ियाँ' कहा जाता है। हर पीढ़ी का निर्माण उससे पिछली पीढ़ी के अनुसार हुआ है और यह अधिक दक्षता व नियंत्रण की ओर बढ़ती है।

पहली पीढ़ी : पहली पीढ़ी रीमाइंडर्स पर आधारित है। यह 'प्रवाह के साथ बहने' का ध्यान रखने का प्रयास है कि आप अपने समय के साथ क्या करना चाहते हैं – रिपोर्ट लिखना, मीटिंग में शामिल होना, कार

ठीक करना, गैराज़ साफ़ करना आदि। इस पीढ़ी को सरल नोट्स और सूचियों में वर्गीकृत किया गया है। अगर आप इस पीढ़ी से हैं, तो आप अपने साथ ऐसी सूची रखते हैं, और इन्हें बीच-बीच में इसलिए देखते रहते हैं कि आप कुछ काम करना भूल न जाएँ। आशा के अनुरूप दिन के अंत तक आप काफ़ी हद तक वे चीज़ें कर लेते हैं, जो आप करना चाहते थे और आप सूची में इनके सामने सही का निशान बना देते हैं। अगर ये काम पूरे नहीं हो पाते, तो आप इन्हें अगले दिन किए जाने वाले कामों की सूची में रख देते हैं।

दूसरी पीढ़ी : दूसरी पीढ़ी योजना बनाने और तैयारी करने वाली है। इसे कैलेंडरों और अपाइंटमेंट पुस्तिकाओं के तौर पर वर्गीकृत किया जाता है। इसमें लक्ष्य तय करने, अग्रिम योजना बनाने और भावी गतिविधियों और कार्यक्रमों के शिड्यूल बनाने में दक्षता, व्यक्तिगत ज़िम्मेदारी और उन्हें हासिल करने को शामिल किया जाता है। अगर आप इस पीढ़ी के हैं, तो आप अपाइंटमेंट्स तय करते हैं, प्रतिबद्धताओं को लिखते हैं। समय-सीमाएँ पहचानते हैं, और नोट करते हैं कि बैठकें कहाँ की जानी हैं। आप इसे किसी कंप्यूटर और नेटवर्क में भी रख सकते हैं।

तीसरी पीढ़ी : तीसरी पीढ़ी पद्धति योजना बनाने, प्राथमिकता तय करने और नियंत्रण करने वाली होती है। अगर आप इस पीढ़ी से हैं, तो आपने संभवतः अपना कुछ समय अपने मूल्य और प्राथमिकताएँ स्पष्ट करने में बिताया होगा। आपने खुद से सवाल किया होगा, "मैं क्या चाहता हूँ?" आप इन मूल्यों को पाने के लिए दीर्घ, मध्यम और लघु-अवधि के लक्ष्य तय किए होंगे। आप अपनी गतिविधियों की दैनिक आधार पर प्राथमिकता तय करते हैं। इस पीढ़ी को विविध भाँति के इलेक्ट्रॉनिक व काग़ज़ी प्लैनर और ऑर्गेनाइज़र रखने वाली पीढ़ी के तौर पर वर्गीकृत किया गया है, जो विस्तृत तरह से दैनिक योजना बनाती है।

कुछ मायनों में, समय प्रबंधन की ये तीन पीढ़ियाँ हमें जीवन में बढ़ी हुई प्रभावकारिता की तरफ़ के लंबे रास्ते पर ले आई हैं। दक्षता, योजना, प्राथमिकता, मूल्यों के वर्गीकरण और लक्ष्य तय करने जैसी चीज़ों से महत्त्वपूर्ण सकारात्मक अंतर आया है।

लेकिन, अधिकांश लोगों के लिए मूल बात यह है कि दिलचस्पी और सामग्री में अत्यधिक वृद्धि के बाद भी वह फ़ासला क़ायम है, जो उनके लिए महत्त्वपूर्ण चीज़ों और वे वास्तव में जिस तरह अपना समय गुज़ार रहे हैं, उसके बीच है। बहुत से मामलों में तो यह काफ़ी बिगड़ा हुआ है। लोग कहते हैं, "हम कम समय में ज़्यादा काम कर रहे हैं, लेकिन रिश्तों में गर्मजोशी, आंतरिक शांति, संतुलन और आत्मविश्वास कहाँ है, जिससे लगे कि जो कुछ भी हम कर रहे हैं, वह ज़रूरी है और हम उसे अच्छी तरह कर रहे हैं?"

रॉज़रः ये तीन पीढ़ियाँ समय प्रबंधन में मेरे इतिहास के कालक्रम को बताती हैं। मेरी परवरिश कैलिफ़ोर्निया के कार्मेल, पेबल बीच क्षेत्र में हुई। कलात्मक, स्वतंत्र-सोच, दार्शनिक वातावरण निश्चित ही पहली पीढ़ी में थे। मैं समय-समय पर उन चीज़ों को संक्षेप में लिखता रहता था, जिन्हें मैं भूलना नहीं चाहता था, ख़ासतौर पर गोल्फ टूर्नामेंट्स, जो मेरे जीवन का बड़ा हिस्सा थे। चूँकि मैं पशु फ़ॉर्मों और क्वार्टर घोड़ों से भी जुड़ा था, इसलिए ऐसे कुछ सीजन व अन्य महत्त्वपूर्ण चीज़ें थीं, जिन्हें मैं भूलना नहीं चाहता था।

जैसे-जैसे मैं आगे बढ़ा, तो कम समय में ज़्यादा करने की आवश्यकता, मैं जो चीज़ें करना चाहता था, उनकी माँगों और अपने आस-पास मौजूद प्रचुर अवसरों के कारण मैं गहराई से दूसरी पीढ़ी में चला गया। मुझे समय प्रबंधन से संबंधित जो भी मिला, मैंने वह पढ़ डाला। सच तो यह है कि कुछ समय तक मेरा कारोबार ही समय प्रबंधन सलाहकार का था। मैं ज़्यादा दक्ष बनने और चीज़ों को अच्छी तरह व्यवस्थित करने, और टेलीफ़ोन पर कैसे और अच्छी तरह बात करें, आदि में लोगों की मदद करता था। मैं उनकी दिनभर की गतिविधियों को देखकर और उनका विश्लेषण करके उन्हें कम समय में अधिक करने के विशिष्ट सुझाव देता था।

समय बीतने के साथ ही, मुझे निराशा के साथ अनुभव हुआ कि वास्तव में मैं आश्वस्त नहीं था कि मैं मदद कर पा रहा था या नहीं। इसके विपरीत मुझे लगने लगा कि मैं लोगों की तेज़ी से विफल होने में मदद कर रहा हूँ। समस्या यह नहीं थी कि वे कितना कर पा रहे थे। समस्या यह थी कि वे क्या करने का प्रयास कर रहे थे और वे क्या हासिल करना चाहते थे। लोग जानना चाहते थे कि वे कैसा कर रहे थे, लेकिन मुझे अहसास हुआ कि मैं उन्हें यह तब तक नहीं बता सकता था, जब तक मुझे यह न पता हो कि वे क्या करने का प्रयास कर रहे थे। इसने मुझे तीसरी पीढ़ी की तरफ़ जाने के लिए प्रेरित किया। सच तो यह है कि मैं और स्टीफ़न दोनों ही ऐसे कामों में शामिल रहे

थे, जिसने इस तीसरी पीढ़ी को शुरू किया और हमने कुछ ऐसे लोगों के साथ काम किया, जो इस क्षेत्र में काफ़ी प्रभावशाली थे। हमारी दिलचस्पी मूल्यों को लक्ष्यों के साथ जोड़ने में थी, जिससे लोग वह कर सकें, जो उनके लिए अनुकूल और प्राथमिकता वाला हो। उस वक़्त यह ऐसा स्पष्ट रास्ता लगता था, जिस पर चला जा सकता था।

लेकिन समय के साथ ही, यह साफ़ होता गया कि लोग जो चाहते हैं और जो उन्हें ज़िंदगी में वास्तव में चाहिए, उसमें काफ़ी फ़र्क़ है। अनेक लोग जितना ज़्यादा लक्ष्य हासिल कर रहे थे, उतना ही कम प्रसन्न व परिपूर्ण महसूस कर रहे थे।

जिसके परिणामस्वरूप, मैंने कुछ बुनियादी प्रतिमानों और मैं इन पर जिस तरह विचार कर रहा था, उन पर सवाल उठाने शुरू किए। मुझे अहसास होने लगा कि समय प्रबंधन की इन तीनों पीढ़ियों के पास इनके जवाब नहीं हैं। वे बुनियादी स्तर के प्रतिमान थे। वे मूल संकल्पनाएँ थीं, जिनसे हम तय करते हैं और नज़रिया बनाते हैं कि हम क्या करने का प्रयास कर रहे हैं।

हर पीढ़ी की ताक़त और कमज़ोरियाँ

अब हम इनमें से प्रत्येक पीढ़ी की ताक़त और कमज़ोरियों पर नज़र डालते हैं, ख़ासकर इस पर कि वे किस तरह से मददगार थीं... लेकिन इसके बावजूद वे गहन आवश्यकताओं को पूरा करने में क्यों विफल रहीं।

पहली पीढ़ी के लोग लचीले होते हैं। वे लोगों और आवश्यकताओं के बदल जाने पर उनके अनुसार बदल जाते हैं। वे चीज़ों को अनुकूलन करने और समस्याएँ हल करने में अच्छे होते हैं। वे अपने टाइम-टेबल के अनुसार काम करते हैं और वही करते हैं, जो वे करना चाहते हैं या जो करना तात्कालिक हालात में ज़रूरी होता है।

लेकिन फिर भी चीज़ें हाथ से निकल जाया करती हैं। अपाइंटमेंट्स याद नहीं रहते, संकल्प पूरे नहीं हो पाते। जीवन-काल के दृष्टिकोण और लक्ष्य निर्धारण के सशक्त बोध के बिना सार्थक उपलब्धि जितनी होनी चाहिए, उससे कम होती है। इस पीढ़ी के लोगों की 'ज़रूरी चीज़ों' में मुख्यतः सामने होने वाली चीज़ें ही रहती हैं।

दूसरी पीढ़ी के लोग योजना बनाते हैं और तैयारी करते हैं। उनमें आमतौर पर परिणामों और संकल्पों के प्रति उच्च स्तर की व्यक्तिगत

ज़िम्मेदारी का भान होता है। कैलेंडर और शिड्यूल न केवल रीमांइडर्स का काम करते हैं, बल्कि पेशेवर दृष्टि से और परिवार, दोस्तों व सहयोगियों के साथ बैठकों और प्रस्तुतिकरण के लिए ज़्यादा बेहतर तैयारी को प्रोत्साहन देने वाले होते हैं। तैयारी करने से दक्षता और प्रभावकारिता में वृद्धि होती है। लक्ष्य निर्धारण और योजना बनाने से प्रदर्शन और परिणाम बेहतर होते हैं।

लेकिन शिड्यूल, लक्ष्य और दक्षता पर केंद्रित रहने से शिड्यूल सबसे अहम हो जाता है। दूसरी पीढ़ी के बहुत से लोग हालाँकि अन्य लोगों और रिश्तों को पूरी गंभीरता से महत्त्व देते हैं, लेकिन शिड्यूल पर केंद्रित रहने से वे ऐसे काम करते हैं, जिनसे अन्य लोग 'दुश्मन' महसूस होने लगते हैं। अन्य लोग शिड्यूल के हिसाब से चलने और तय योजना के अनुसार काम करने में बाधा और ध्यान भटकाने का कारण बन जाते हैं। वे अपने आपको दूसरे के प्रति बेपरवाह रखते हैं या अलग करने लगते हैं, या फिर वे उन्हें मुख्य रूप से अपने व्यक्तिगत लाभ का साधन मानते हुए कार्य सौंप देते हैं। इसके अतिरिक्त, दूसरी पीढ़ी के लोग संभवतः जो चाहते हैं, उन्हें उससे ज़्यादा मिल सकता है, लेकिन उन्हें जो मिल रहा होता है, उससे न तो उनकी आंतरिक आवश्यकताएँ पूरी होती हैं और न ही मन की शांति मिलती है। दूसरी पीढ़ी के लोगों की 'ज़रूरी चीज़ों' में कैलेंडर और लक्ष्य संबंधी गतिविधियाँ शामिल होती हैं।

तीसरी पीढ़ी का बड़ा योगदान यह है कि वह लक्ष्यों और योजनाओं को मूल्यों से जोड़ देती है। इस पीढ़ी के लोग दैनिक नियोजन और प्राथमिकता निर्धारण द्वारा व्यक्तिगत उत्पादकता में बड़ी क़ामयाबी हासिल करते हैं। इनके लिए 'ज़रूरी चीज़ों' में मूल्य और लक्ष्य संबंधी गतिविधियाँ आती हैं।

इस पीढ़ी के परिणाम काफ़ी आशाजनक दिखते हैं। सच तो यह है कि बहुत से लोगों के लिए, 'समय प्रबंधन' की सर्वोत्तम अवस्था तीसरी पीढ़ी ही है। इस पीढ़ी के लोग मानते हैं कि इसमें गहराई तक जाने से वे हर चीज़ में शीर्ष पर पहुँच सकते हैं, लेकिन इस तीसरी पीढ़ी में कुछ गंभीर ख़ामियाँ भी हैं, जो उनकी मंशा में नहीं, बल्कि अपूर्ण प्रतिमानों और अनुपस्थित अहम तत्वों से उत्पन्न परिणामों में होती हैं, जिनकी मंशा नहीं होती। हम इन ख़ामियों का गहराई से आकलन करेंगे, क्योंकि यह पीढ़ी बहुत से लोगों के लिए न केवल आदर्श है, बल्कि पहली और दूसरी पीढ़ी के अनेक लोग इसकी आकांक्षा भी करते हैं।

चलिए, कुछ ख़ास प्रतिमानों, या मानसिकताओं पर विचार करते हैं। ये प्रतिमान नक़्शे के समान हैं। ये अपने आप में सीमाएँ नहीं, बल्कि सीमाओं को परिभाषित करते हैं। और अगर नक़्शा ग़लत है - अगर हम दिल्ली जाना चाहते हैं, हमारे पास नक़्शा भोपाल का है, तो हम जहाँ पहुँचना चाहते हैं, वहाँ जाना मुश्किल हो जाएगा। हम अपना व्यवहार सुधार सकते हैं, अधिक दक्षतापूर्वक यात्रा कर सकते हैं, अच्छी ईंधन क्षमता वाली कार ले सकते हैं, अपनी गति तेज़ कर सकते हैं, लेकिन ज़्यादा तेज़ी से जाकर भी ग़लत जगह ही पहुँचने वाले हैं। हम अपना नज़रिया बदल सकते हैं। हमारे भीतर वहाँ पहुँचने के प्रयास का इतना जुनून हो सकता है कि हम इसकी भी परवाह नहीं करते कि हम ग़लत स्थान पर हैं। वास्तव में इस समस्या का नज़रिये या व्यवहार से कोई लेना-देना नहीं है। समस्या है कि हमारे पास गलत नक़्शा है।

यद्यपि ये प्रतिमान समूचे पारंपरिक समय प्रबंधन पद्धति के आधार हैं, लेकिन तीसरी पीढ़ी इन पर बहुत ज़ोर देती है।

- **नियंत्रण :** तीसरी पीढ़ी के मुख्य प्रतिमानों में से एक नियंत्रण है - योजना बनाना, शिड्यूल का निर्धारण करना और प्रबंधन करना। एक बार में एक क़दम उठाना। कुछ भी छूटने न देना। ऐसे में हम में से ज़्यादातर लोगों को यही लगता है कि अपने जीवन का 'नियंत्रण' अपने हाथ होना बहुत अच्छा है, लेकिन सच तो यह है कि नियंत्रण *हमारे* नहीं, बल्कि *सिद्धांतों* के हाथ में होता है। हम सिर्फ़ अपने चयनों को नियंत्रित कर सकते हैं, लेकिन इसके बाद इन चयनों के परिणामों पर हमारा कोई नियंत्रण नहीं होता। किसी छड़ी को एक सिरे से उठाने पर दूसरा सिरा अपने आप उठ जाता है। नियंत्रण हमारे हाथ में होना एक भ्रम है। इससे हम परिणामों को नियंत्रित करने का प्रयास करने लगते हैं। इसके अलावा, हम दूसरे लोगों को भी नियंत्रित नहीं कर सकते। इसलिए नियंत्रण को बुनियादी प्रतिमान मानने से समय प्रबंधन अनिवार्य रूप से इस वास्तविकता की अनदेखी कर देता है कि हम ज़्यादातर समय उन लोगों के साथ बिताते हैं और काम करते हैं, जिन्हें हम नियंत्रित नहीं कर सकते।

- **दक्षता :** दक्षता का अर्थ है 'कम समय में अधिक' करना। यह सार्थक लगता है। हम अधिक कर पाते हैं। हम निरर्थकता को कम या

पूरी तरह समाप्त कर देते हैं। हम संतुलित रहते हैं। हम तेज़ रहते हैं। हम आगे बढ़ते हैं। उत्पादकता में आश्चर्यजनक बढ़ोतरी होती है, लेकिन इसकी मूल संकल्पना है कि 'अधिक करना' और 'तेज़ होना' बेहतर होता है। क्या यह हमेशा राच है? दक्षता और कार्यसाधकता के बीच काफ़ी अंतर होता है। मान लीजिए, आप हाई-वे पर ड्राइव करते हुए, शानदार मौसम का आनंद ले रहे हैं, और सड़क भी काफ़ी साफ़ है। आप दक्ष हो सकते हैं, लेकिन अगर आप हाई-वे 101 पर दक्षिण की तरफ़ कैलिफ़ोर्निया कोस्ट जा रहे हैं और आपका गंतव्य स्थान न्यू यॉर्क सिटी हो, जो इससे कम से कम तीन हज़ार मील पूर्व में है, तो यहाँ आप अधिक दक्ष नहीं हैं।

इसके अलावा, आप लोगों को लेकर कैसे दक्ष हो सकते हैं? क्या आपने किसी भावनात्मक मुद्दे पर अपने जीवनसाथी, अपनी किशोरवय संतान या किसी कर्मचारी के साथ 'दक्ष' होने का प्रयास किया है? वह कैसा रहा?

"माफ़ करना, तुम अपनी गहरी अनुभूतियाँ व्यक्त नहीं कर सकते। मेरे पास इस इंटरव्यू के लिए सिर्फ़ दस मिनट हैं।"

"मुझे तंग मत करो बेटा। भावनात्मक रूप से आहत और लगातार असहज महसूस कर रहे अपने स्व को कुछ मिनट के लिए कहीं और ले जाओ, जब तक मैं अपनी सूची के ज़रूरी काम निपटा रहा हूँ।"

जहाँ आप चीज़ों को लेकर दक्ष हो सकते हैं, वहीं आप लोगों के साथ प्रभावी तरह से दक्ष नहीं हो सकते।

• **मूल्य :** किसी चीज़ को मूल्य देने का मतलब इसके महत्त्व को बड़ा मानना है। और मूल्य बहुत महत्त्वपूर्ण होते हैं। हमारे मूल्यों से ही हमारे चयन और कार्य तय होते हैं, लेकिन हम कई तरह की चीज़ों को मूल्य दे सकते हैं - प्रेम, सुरक्षा, बड़ा घर, बैंक में जमा धन, सामाजिक स्तर, पहचान और यश। हमारे किसी चीज़ को महत्त्व देने मात्र से वह जीवन में गुणवत्ता बढ़ाने का परिणाम देने वाली नहीं बन जाती। हम जब किसी चीज़ को महत्त्व देते हैं, लेकिन ऐसा करना मन की शांति और जीवन में गुणवत्ता प्रदान करने वाले नैसर्गिक नियमों के उलट होता है, तो हम भ्रम को अपने जीवन का आधार बना लेते हैं और अपनी विफलता की नींव रख देते हैं। हम अपने लिए अलग नियम नहीं बना सकते।

• **स्वावलंबी उपलब्धि :** पारंपरिक समय प्रबंधन में पूरा ध्यान प्राप्ति, पूर्ति, जो चाहते हैं उसे पाने, और किसी चीज़ को बाधा न बनने देने पर केंद्रित रहता है। अन्य लोगों को तत्त्वतः या तो उस साधन के तौर पर देखा जाता है, जिससे आप जो पाना चाहते हैं, उसे ज़्यादा शीघ्रतापूर्वक हासिल कर सकते हैं या उन्हें बाधा या रुकावट के तौर पर देखा जाता है। रिश्ते मूल रूप से पारस्परिक आदान-प्रदान पर आधारित होते हैं, लेकिन सच्चाई यही है कि जीवन में महान उपलब्धियाँ और सर्वाधिक आनंद उन रिश्तों से ही मिलता है, जो *परिवर्तनकारी* होते हैं। अंतःक्रिया की मूल प्रकृति ऐसी होती है कि लोग बदल जाते हैं। उनमें परिवर्तन आ जाता है। वे नए क़िस्म के हो जाते हैं और इसे कोई व्यक्ति इसे नियंत्रित नहीं कर रहा होता है। न ही कोई इसका अनुमान लगा सकता है। यह दक्षता का काम नहीं है। यह समझ, सहजबोध, नए सबक़, और इस सबक़ों से उत्पन्न उत्साह के आदान-प्रदान का कारनामा है। समय और जीवन में गुणवत्ता के परिणामों को पाने के संदर्भ में 'आधार बिंदु से बाहर निकलने का सर्वोत्तम तरीक़ा' यही है कि हम परस्पर सहक्रिया की परिवर्तनकारी शक्ति को हासिल करें।

• **क्रोनोस :** समय प्रबंधन का संबंध यूनानी शब्द *'क्रोनोस'* से है, जिसका अर्थ कालानुक्रमिक समय होता है। क्रोनोस समय को रेखीय और अनुक्रमिक माना जाता है। कोई भी पल किसी दूसरे पल से क़तई महत्त्वपूर्ण नहीं होता है। घड़ी अनिवार्य रूप से हमारे जीवन की लय को क़ाबू में रखती है, लेकिन दुनिया में ऐसी पूरी संस्कृतियाँ हैं, जो *कायरोस*-'सही समय' या 'गुणवत्तापूर्ण समय' के प्रतिमान से चलती हैं। समय *अनुभव* करने वाली चीज़ है। यह घातांकी और अस्तित्ववादी है। कायरोस समय का सार इसमें है कि आप इससे कितना मूल्य हासिल कर लेते हैं, बजाय इसके कि आप इसमें कितना क्रोनोस समय प्रदान करते हैं। जब हम पूछते हैं, "क्या तुमने अच्छा समय बिताया?" तो हमारी भाषा कायरोस की पहचान को प्रतिबिंबित करती है। यहाँ हम किसी ख़ास तरीक़े से व्यय किए क्रोनोस समय की मात्रा की बात नहीं कर रहे, बल्कि उस समय के मूल्य और गुणवत्ता की बात कर रहे होते हैं।

• **सामर्थ्य :** समय प्रबंधन वास्तव में क्षमताओं का योग होता है। इसमें विचार यह होता है कि अगर आप ख़ास क़िस्म की क्षमताएँ विकसित कर

लेते हैं, तो इससे आप जीवन की गुणवत्ता के परिणामों को हासिल कर सकते हैं, लेकिन व्यक्तिगत प्रभावकारिता क्षमता और *आचरण* का कार्य है। लगभग समस्त साहित्यों में अलग-अलग ढंग से कहा गया है कि 'समय ही जीवन' है, लेकिन बीते सत्तर सालों में सफलता के अधिकांश साहित्यों के अनुसार समय प्रबंधन साहित्य दरअसल *हम कौन हैं*, को इससे अलग करता है कि *हम क्या करते हैं*। दूसरी ओर, सदियों का ज्ञान साहित्य, गुणवत्तापूर्ण जीवन के परिणामों को उत्पन्न करने में आचरण विकास के साथ ही क्षमता के चरम महत्त्व को भी वैध ठहराता है।

• **प्रबंधन :** समय प्रबंधन अपने आप में *प्रबंधन* है, न कि *नेतृत्व* का नज़रिया। प्रबंधन प्रतिमानों के भीतर रहकर कार्य करता है। नेतृत्व नए प्रतिमानों का निर्माण करता है। प्रबंधन व्यवस्था के भीतर काम करता है। नेतृत्व व्यवस्था पर काम करता है। आप 'चीज़ों' का प्रबंधन करते हैं, लेकिन लोगों का नेतृत्व करते हैं। अपने जीवन में ज़रूरी चीज़ों को पहले रखने की बुनियाद यह है कि हम प्रबंधन से पहले नेतृत्व को रखें: *क्या मैं चीज़ें सही ढंग से कर रहा हूँ?* की जगह पहले यह रखना चाहिए कि क्या मैं ठीक चीज़ें कर रहा हूँ? समय प्रबंधन की तीन पीढ़ियों की ताक़त और कमज़ोरियों को अगले पृष्ठ पर सार रूप में चार्ट में दिया जा रहा है।

आप जो देखते हैं, वही मिलता है

वे कौन से आधारभूत प्रतिमान हैं, जिनसे दक्षता, नियंत्रण, प्रबंधन, क्षमता, क्रोनोस जैसे परिणाम उत्पन्न होते हैं? क्या वे जीवन के सटीक नक़्शे हैं? जीवन की गुणवत्ता के इर्द-गिर्द जो आकांक्षाएँ वे उत्पन्न करते हैं, क्या वे उनकी पूर्ति करते हैं? हम इन प्रतिमानों के आधार पर तकनीकों और साधनों में अधिकांश प्रयासों का निवेश करते हैं, लेकिन इसके बावजूद बुनियादी समस्या बनी रहती है (जो कई मामलों में तो बिगड़ भी जाती है)। यह बात बुनियादी प्रतिमानों के ग़लत होने का बड़ा संकेत है।

हमने पहले जिन मुद्दों की पहचान की है, उन पर फिर विचार करें।

मैं बहुत व्यस्त रहता हूँ! मैं सारा दिन दौड़ता रहता हूँ – मीटिंग्स, फ़ोन कॉल, काग़ज़ी कार्रवाई, अपाइंटमेंट्स। मैं ख़ूब काम करता हूँ, और थकान से चूर होकर बिस्तर पर लेटता हूँ, और अगले दिन सुबह जल्दी उठ जाता हूँ,

फिर वही सब करने के लिए। मेरा आउटपुट बहुत अच्छा है। मैं बहुत कुछ करता हूँ, लेकिन अंदर से कहीं महसूस होता है, "तो क्या हुआ? तुम ऐसा क्या कर रहे हो, जो वास्तव महत्त्वपूर्ण है?" मैं स्वीकार करूँगा, "मुझे नहीं पता।"

क्लासिक किताब *ऐज़ अ मैन थिंकेथ* के लेखक जेम्स ऐलन कहते हैं, "अंतःकरण लगातार विचार रहित होता जा रहा है। मनुष्य के हृदय की अवस्था के अनुसार ही उसके जीवन के हालात बनते हैं। उसके विचार कर्मों में पुष्पित होते हैं, और उसके कर्म चरित्र और प्रारब्ध के वाहक होते हैं।"

समय प्रबंधन के इन आधारभूत प्रतिमानों को समझना बहुत महत्त्वपूर्ण है, क्योंकि ये प्रतिमान हमारे मन और हृदय के नक़्शे होते हैं, जिनसे हमारा नज़रिया और व्यवहार बनता है और जिसके परिणामस्वरूप हमारा जीवन *विकसित* होता है। इससे 'देखो/करो/पाओ' के चक्र का निर्माण होता है।

हम जिस तरह देखते (अपने प्रतिमानों को) हैं, उसी के अनुसार कार्य करते हैं (हमारा नज़रिया और व्यवहार) और हम जो कार्य करते हैं, हमें जीवन में वैसे ही परिणाम मिलते हैं। इसलिए अगर हम परिणामों में महत्त्वपूर्ण बदलाव लाना चाहते हैं, तो हमें केवल नज़रिया और व्यवहार, पद्धति या तकनीक ही नहीं बदलने होंगे, बल्कि हमें उन बुनियादी प्रतिमानों को भी बदलना होगा, जिनसे ये विकसित हुए हैं। जब हम प्रतिमान को बदले बिना व्यवहार या पद्धति को बदलने का प्रयास करते है, तो अंततः प्रतिमान बदलाव पर हावी हो जाता है। यही कारण है कि संगठनों में संपूर्ण गुणवत्ता को लागू करने या सशक्तिकरण करने के प्रयास विफल हो जाते हैं।

	ताकत	कमज़ोरियाँ
पहली पीढ़ी	• कुछ अधिक महत्त्वपूर्ण होने पर उसके साथ अनुकूलन करने की क्षमता। प्रवाह के साथ बहने का लचीलापन • लोगों के प्रति अधिक संवेदनशील • न अधिक व्यस्त, न अधिक संरचनात्मक • कम तनाव • 'कार्य सूची को ट्रैक करना	• कोई वास्तविक संरचना नहीं • ख़ामियों की वजह से चूक जाना • दूसरों के प्रति प्रतिबद्धताएँ नज़रअंदाज करने या भुला देने वाला, बिगड़ते रिश्ते • तुलनात्मक रूप से कम अर्जित करने वाला • शिड्यूल और संरचना को नज़रअंदाज करने के कारण बार-बार संकटपूर्ण हालात • 'ज़रूरी चीज़ें' करना - जो सामने हों।

	ताकत	कमज़ोरियाँ
दूसरी पीढ़ी	• प्रतिबद्धताओं और अपाइंटमेंट पर दृष्टि रखना • लक्ष्यों व योजना के माध्यम से ज़्यादा उपलब्धियाँ • तैयारी द्वारा अधिक प्रभावशाली बैठकें और प्रस्तुतिकरण	• शिड्यूल को लोगों से अधिक महत्त्व देना। • अपनी *चाह* पर अधिक ध्यान देना - न कि आवश्यकता या परिपूर्ण करने वाली चीज़ों पर। • स्वतंत्र सोच और कार्य - लोगों को लक्ष्य प्राप्ति के साधन या बाधा के तौर पर देखना। • 'ज़रूरी चीज़ें' करना- शिड्यूल में शामिल चीज़ें
तीसरी पीढ़ी	• परिणामों की ज़िम्मेदारी लेना • मूल्यों के साथ जुड़ाव • दीर्घ-मध्यम-लघु आवधिक लक्ष्यों की ताक़त का उपयोग • मूल्यों को लक्ष्यों और कार्यों में बदलना • दैनिक नियोजन और प्राथमिकता से व्यक्तिगत उत्पादकता को बढ़ाना • दक्षता को बढ़ना • जीवन को संरचना और व्यवस्था प्रदान करना • समय और आत्म-प्रबंधन कौशल को मज़बूत करना।	• यह यक़ीन दिला सकता है कि नियंत्रण प्राकृतिक नियमों या सिद्धांतों के नहीं, बल्कि आपके हाथ में है। खुद अपने नियम होने का घमंड। • मूल्यों का अनिवार्य रूप से सिद्धांतों के अनुरूप न होना • विज़न की शक्ति का दोहन न होना • दैनिक नियोजन में अत्यावश्यक, आवश्यक और संकट प्रबंधन की प्राथमिकता से शायद ही कभी पार पाना। • विभिन्न भूमिकाओं के बीच अपराधबोध, अत्यधिक व्यस्तता, और असंतुलन लाना • शिड्यूल को लोगों से ज़्यादा महत्त्व देना और लोगों को वस्तुओं की तरह देखना • कम लचीलापन/सहजता • केवल कौशल से ही प्रभावकारिता और नेतृत्व उत्पन्न नहीं होता - आचरण भी चाहिए। • ज़रूरी चीज़ें, तात्कालिकता और मूल्य से तय होना।

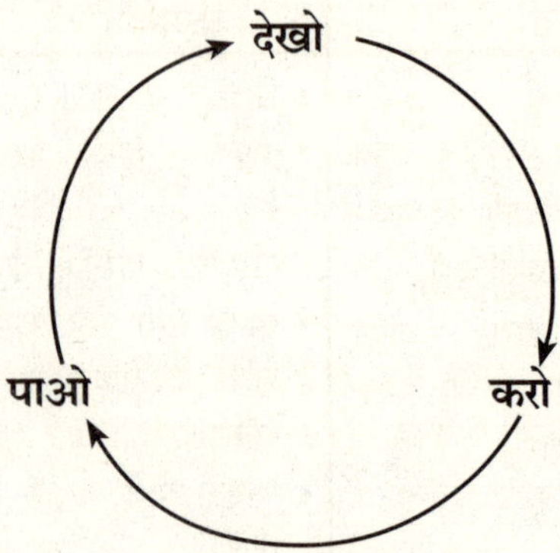

@ 1994 कवी लीडरशिप सेंटर, इंक

इन्हें स्थापित नहीं किया जा सकता, बल्कि इन्हें विकसित करना होता है। ये स्वाभाविक रूप से उस प्रतिमानों से उत्पन्न होते हैं, जिनसे इनकी रचना होती है।

योजना बनाने के उपकरण या तरीक़ों को बदलने से हमें अपने जीवन में मिल रहे परिणामों में कोई महत्त्वपूर्ण परिवर्तन नहीं मिलता- हालाँकि वे ऐसा करने का वादा करते हैं। यहाँ मामला चीज़ों पर अधिक, बेहतर या तेज़ी से नियंत्रण करने का नहीं है, बल्कि यहाँ सवाल नियंत्रण की समूची धारणा पर उठता है।

जैसा कि ऐल्बर्ट आइंस्टाइन ने कहा है :

महत्त्वपूर्ण समस्याएँ सोच के उसी स्तर से नहीं सुलझाई जा सकतीं, जिसने उन्हें जन्म दिया है।

नज़रिये और व्यवहार पर काम करने से ज़्यादा ज़रूरी उन प्रतिमानों की जाँच करना है, जिनसे यह नज़रिया और व्यवहार निकलता है। प्लेटो ने कहा है, "जिसे जाँचा न जाए, वह जीवन व्यर्थ है।" लेकिन हमारे लीडरशिप डेवलपमेंट प्रोग्रामों से निकलने वाले लोग कहते हैं, "हमने वर्षों तक इतनी गहराई से विचार नहीं किया था!" यह काफ़ी चौंका देने वाला है। बतौर मनुष्य हम प्रयास करते हैं - जिसके परिणाम कई बार विनाशकारी भी होते हैं- कि अपना व्यवसाय करें, अपने बच्चों की परवरिश करें, अपने विद्यार्थियों

को पढ़ाएँ, और रिश्ते बनाएँ, बिना उन जड़ों की चिंता किए, जिनसे हमारे जीवन में फल विकसित हो रहे होते हैं। और समय प्रबंधन कुछ मायनों में तकनीकी कौशल जैसा है, जो इन महत्त्वपूर्ण बातों से अलग श्रेणीबद्ध है, जिन्हें करने के प्रयास में हम अपना समय बिताते हैं।

चौथी पीढ़ी की आवश्यकता

एक चीज़ तो तय है: अगर हम जो कर रहे हैं, वह करते रहें, तो हमें वही मिलता रहेगा, जो मिल रहा है। हमारे लिए मूर्खता की परिभाषा 'एक काम को उसी तरह से करते रहना और अलग परिणामों की आशा' करना है। अगर समय प्रबंधन इसका जवाब होता, तो निश्चित ही मात्र अच्छे विचारों की प्रचुरता से अब तक काफ़ी फ़र्क़ पड़ गया होता, लेकिन हम देखते हैं कि जीवन की गुणवत्ता की चिंता समय प्रबंधन का प्रशिक्षण लेने वाले किसी उच्च स्तरीय व्यक्ति को भी उतनी ही *होती* है, जितना यह प्रशिक्षण न लेने वाले को होती है।

समय प्रबंधन- ख़ासकर तीसरी पीढ़ी - सुनने में तो अच्छा लगता है। यह उपलब्धियों का वादा करता है, जिससे आशा बँधती है, लेकिन इससे कुछ हासिल नहीं होता। और बहुत से लोगों को तीसरी पीढ़ी पद्धति का शीर्ष कठोर, ढाँचागत और अस्वाभाविक महसूस होता है। इस प्रबलता को बनाए रखना कठिन होता है। छुट्टियों पर जाने वाला व्यक्ति सबसे पहला काम- तीसरी पीढ़ी के प्रतीक- अपने प्लैनर को घर पर छोड़ने का करता है!

चौथी पीढ़ी की आवश्यकता साफ़ तौर पर नज़र आती है। वह, जिसमें 1, 2 और 3 पीढ़ियों की सभी ताक़तें सम्मिलित हों, लेकिन कमज़ोरियाँ न हों... और यह पीढ़ी उनसे भी आगे बढ़नी चाहिए। इसके लिए ऐसे प्रतिमान और ऐसी पद्धति की आवश्यकता है, जो डिग्री में अलग न हो, लेकिन एक तरह से- सोच और काम करने के कम प्रभावशाली तरीक़ों से बुनियादी रूप से अलग हो।

हमें विकास से ज़्यादा क्रांति की आवश्यकता है। हमें समय प्रबंधन से आगे बढ़कर जीवन नेतृत्व की आवश्यकता है - ऐसी चौथी पीढ़ी, जो ऐसे प्रतिमानों पर आधारित हो, जिनसे बेहतर जीवन गुणवत्ता वाले परिणाम हासिल हो सकें।

2: तात्कालिकता की लत

आवश्यक के प्रति चेतन प्रतिबद्धता न होना
अनावश्यक के प्रति अचेतन प्रतिबद्धता है।

हमारे यह अध्याय शुरू करने से पूर्व, क्षणभर रुककर निम्न सवालों के जवाब दीजिए :

आप ऐसी कौन-सी गतिविधि ***जानते*** *हैं, जिसे अगर आप लगातार और शानदार तरीक़े से करते, तो इससे आपके निजी जीवन में महत्त्वपूर्ण सकारात्मक परिणाम मिल सकते थे।*

आप ऐसी कौन-सी गतिविधि ***जानते*** *हैं, जिसे अगर आप लगातार और शानदार तरीक़े से करते, तो इससे आपके पेशेवर या कारोबारी जीवन में महत्त्वपूर्ण सकारात्मक परिणाम मिल सकते थे।*

अगर आप ***जानते*** *हैं कि इन चीज़ों से महत्त्वपूर्ण फ़र्क़ आ सकता है, तो आप अब उन्हें क्यों नहीं कर रहे हैं?*

अपने जवाबों पर विचार करने के साथ ही, चलिए उन दो प्रमुख कारकों को देखते हैं, जो उन चयनों को प्रेरित करते हैं कि हम अपने समय का उपयोग कैसे करते हैं: *तात्कालिकता* और *महत्त्व*, हालाँकि हम इन दोनों कारकों पर काम करते हैं, लेकिन इनमें से एक वह बुनियादी प्रतिमान है, जिसके माध्यम से हम अपने समय और जीवन को देखते हैं।

चौथी पीढ़ी 'महत्त्व' के प्रतिमान पर आधारित है। वह जानना और करना जो हमारे लिए महत्त्वपूर्ण है, बजाय इसके कि तात्कालिक क्या है, 'ज़रूरी चीज़ों को पहले' रखने का आधार है।

इस अध्याय को पढ़ते समय, हम आपसे अपने प्रतिमानों की पूरी सावधानी से जाँच करने को कहेंगे। भले ही आप तात्कालिकता या महत्त्व

के किसी प्रतिमान के अनुसार काम कर रहे हों, लेकिन जिस तरह के परिणाम आपको जीवन में मिल रहे होते हैं, उन पर इसका गहरा प्रभाव अवश्य पड़ता है।

तात्कालिकता

हम में से बहुत कम लोगों को अहसास होता है कि तात्कालिकता किस ताक़त से हमारे चयनों को प्रभावित करती है। फ़ोन की घंटी बजती है, बच्चा रो रहा है। कोई दरवाज़ा खटखटा रहा है। काम की अंतिम समय-सीमा नज़दीक है।

"मुझे यह *अभी* चाहिए।"

"मैं जाम में फँसा हूँ, क्या तुम यहाँ आ सकते हो?"

"आपको अपाइंटमेंट के लिए देर हो गई।"

तात्कालिकता आपको किस हद तक नियंत्रित करती है? हमारा सुझाव है कि अगले पृष्ठ पर दिए गए तात्कालिकता सूचकांक (अर्जेंसी इंडेक्स) में इस नज़रिये और व्यवहार पर नज़र डालें। इस सूचकांक में दिए विवरणों में से जो भी आपके सबसे नज़दीक होगा, उस डिग्री से आपको अंदाज़ा होगा कि आप जीवन को तात्कालिकता के प्रतिमान पर किस हद तक देखते हैं। हर विवरण को पढ़ने के बाद वह अंक दें, जो आपकी प्रतिक्रिया को सबसे अच्छे ढंग से वर्णित करता हो।

इस सूचकांक को देखने के बाद, अपने कुल स्कोर को जोड़ें और निम्न पैमाने पर अपना आकलन करें :

0-25 न्यून तात्कालिकता वाली मानसिकता

26-45 मज़बूत तात्कालिकता वाली मानसिकता

46+ तात्कालिकता की लत

अगर आपके ज़्यादातर जवाब न्यून हिस्से की तरफ़ होंगे, तो तात्कालिकता का प्रतिमान आपके जीवन में संभवतः बहुत हावी नहीं है। अगर यह मध्यम या उच्च हिस्से की तरफ़ हो, तो इसकी काफ़ी संभावना है कि तात्कालिकता आपका बुनियादी परिचालन प्रतिमान है। अगर आपके सभी जवाब उच्च हिस्से की ओर हों, तो आप हर चीज़ को तात्कालिकता की नज़र से देखते हैं। वास्तव में यह आपकी लत बन गई है।

तात्कालिकता की लत

हम में से कुछ लोग संकट सँभालने के इतने आदी हो जाते हैं कि उत्साहित व ऊर्जित होने के लिए इस पर हमारी निर्भरता बढ़ती जाती है। तात्कालिकता में कैसा महसूस होता है? तनाव? दबाव? बेचैनी? थकान?, जी हाँ, लेकिन ईमानदारी से बताइए। इन सबमें कितना मज़ा आता है। हम खुद को उपयोगी महसूस करते हैं। हम अपने को सफल महसूस करते हैं। हम प्रामाणिक हो जाते हैं। और हम इसमें बेहतर होते जाते हैं। जब भी कोई समस्या आती है, हम घोड़े पर सवार होकर शहर जाते हैं, पिस्तौल निकालते हैं, शिकार करते हैं, पिस्तौल की नली के धुएँ को फूँक़ से उड़ाते हैं, और साँझ ढले एक नायक की तरह लौट जाते हैं। इससे तुरंत परिणाम और तुरंत संतोष प्राप्त होता है।

किसी तात्कालिकता या महत्त्वपूर्ण संकट को सुलझाने में हमें अस्थायी रोमांच का अहसास होने लगता है। अतः जब कोई महत्त्वपूर्ण न हो, तब तात्कालिकता की लत इतनी प्रबल हो जाती है कि हम कुछ भी तात्कालिक करने को प्रेरित हो जाते हैं, ताकि हम काम में जुटे रहें।

तात्कालिकता का सूचकांक (अर्जेंसी इंडेक्स)

इस मैट्रिक्स में बने उस अंक पर गोला बनाएँ, जो बाईं तरफ़ दिए विवरणों के प्रति आपके सामान्य व्यवहार और नज़रिये के सबसे निकट हो (0 = नहीं, 2 = कभी-कभी, 4 = हमेशा)।

	N		S		A
1. मैं तनाव होने पर सबसे अच्छा काम कर पाता हूँ।	0	1	2	3	4
2. मैं अपनी विफलता के लिए अक्सर जल्दबाज़ी और बाहरी कारणों को दोष देता हूँ और अपना गहन आत्मावलोकन करता हूँ।	0	1	2	3	4
3. मैं अक्सर लोगों और अपने आस-पास के धीमेपन से निराश हो जाता हूँ।	0	1	2	3	4
4. काम से छुट्टी लेने पर मुझे अपराधबोध होता है।	0	1	2	3	4
5. मैं हमेशा एक से दूसरे स्थान और इवेंट्स के लिए दौड़ता रहता हूँ।	0	1	2	3	4

N S A

6. मैं हमेशा लोगों से दूर रहता हूँ, ताकि अपना प्रोजेक्ट पूरा कर सकूँ। 0 1 2 3 4

7. अपने दफ़्तर से कुछ मिनट भी संपर्क टूटने पर मैं घबराहट महसूस करता हूँ। 0 1 2 3 4

8. मैं एक काम करते हुए दूसरे के बारे में सोचता रहता हूँ। 0 1 2 3 4

9. मैं संकटपूर्ण स्थितियों को सँभालने में अच्छा हूँ। 0 1 2 3 4

10. मुझे सतत रूप से कोई दीर्घावधिक परिणाम पाने से ज़्यादा संतोषजनक किसी नए संकट का अहसास लगता है। 0 1 2 3 4

11. मैं अपने जीवन के संकटों को सँभालने के लिए परिवार के साथ अच्छा समय बिताने का सुख छोड़ देता हूँ। 0 1 2 3 4

12. मुझे लगता है कि किसी संकटकालीन स्थिति को सँभालने के लिए अगर मैं किसी को निराश करूँ या कोई क़दम उठाऊँ, तो लोग यह बिना बताए समझ जाएँगे। 0 1 2 3 4

13. किसी संकट को सुलझाना मेरे दिन को सार्थक और उद्देश्यपूर्ण बनाता है। 0 1 2 3 4

14. मैं अक्सर लंच या कोई भी अन्य भोजन, काम करते हुए खाता हूँ। 0 1 2 3 4

15. मैं हमेशा यही सोचता हूँ कि एक दिन वह सब करूँगा, जो मैं वास्तव में करना चाहता हूँ। 0 1 2 3 4

16. दिन के अंत तक 'काफ़ी काम' कर लेने पर मैं खुद को वास्तव में उत्पादक अनुभव करता हूँ। 0 1 2 3 4

लोग हमसे व्यस्त रहने और अत्यधिक काम करने की उम्मीद रखते हैं। यह हमारे समाज में प्रतिष्ठा का प्रतीक बन गया है – अगर आप व्यस्त हैं, तो आप ख़ास हैं। अगर व्यस्त नहीं हैं, तो इसे स्वीकार करने में शर्म आती है। व्यस्तता में ही सुरक्षा है। यह प्रामाणिक, लोकप्रिय, और सुखदायी है, साथ ही यह हमारी ज़िंदगी में ज़रूरी चीज़ों से न निपटने का अच्छा बहाना भी है।

मैं आपके साथ अच्छा समय बिताना चाहता हूँ, लेकिन मुझे काम करना है। इसकी समय-सीमा पास है। यह तात्कालिक है। आप समझते ही होंगे।

मेरे पास व्यायाम के लिए समय नहीं है। मैं जानता हूँ, यह महत्त्वपूर्ण है, लेकिन अभी काम बहुत ज़्यादा हैं। शायद काम कम हों, तब कर सकूँ।

तात्कालिकता की लत आत्म-विनाशक व्यवहार है, जो अधूरी आवश्यकताओं से निर्मित शून्य को अस्थायी रूप से भरता है। और इन आवश्यकताओं को पूरा करने की जगह, समय प्रबंधन के साधन और नज़रिया अक्सर इस लत को बढ़ावा देते हैं। वे हमें तात्कालिक दैनिक प्राथमिकता निर्धारण पर केंद्रित रखते हैं।

तात्कालिकता की लत का हर अंश सामान्य रूप से ज्ञात निर्भरताओं जितना ही ख़तरनाक है। गुणों की निम्न सूची ऐसी प्रतिलाभ साहित्य से निकाली गई है, जिसका समय प्रबंधन से कोई संबंध नहीं है। यह मुख्य रूप से रासायनिक पदार्थों, जुआ, और अधिक खाने की लत जैसी चीज़ों से संबंधित है। इसमें समानताएँ देखिए!

लत का अनुभव

1. पूर्वानुमेय, विश्वसनीय संवेदनाओं का उत्पन्न होना।
2. ध्यान का प्रमुख केंद्र बनना और ध्यान खींच लेना।
3. अस्थायी रूप से दर्द और अन्य नकारात्मक संवेदनाओं का उन्मूलन होना।
4. आत्म-महत्त्व, शक्ति, नियंत्रण, सुरक्षा, अंतरंगता, उपलब्धि की कृत्रिम भावना प्रदान करना।
5. निदान तलाशती समस्याओं और अनुभूतियों का बढ़ना।
6. काम करने की स्थिति बदतर होना, रिश्तों का टूटना।

ये विशेषताएँ तात्कालिकता की लत को कितने अच्छे ढंग से परिभाषित करती हैं! और हमारा समाज इनसे भरा पड़ा है। हम चाहें जो भी करें, तात्कालिकता की लत हमारे जीवन और संस्कृति में पकड़ बनाती ही जाती है।

रॉज़रः अपने एक कार्यक्रम में, मैंने एक बहुराष्ट्रीय फ़र्म के कुछ वरिष्ठ अधिकारियों के समूह को तात्कालिकता सूचकांक भरने के लिए कहा। ब्रेक के

दौरान, ऑस्ट्रेलिया का सीनियर मैनेजर व्यंग्यपूर्ण मुस्कान सहित मेरे पास आया। उसने कहा, "मुझे यक़ीन नहीं हुआ! मैं पूरी तरह लत में फँसा हूँ, हमारे बिज़नेस की यही संस्कृति है। हम एक से दूसरे संकट तक काम करते हैं। कोई भी काम तब तक नहीं होता, जब तक कोई उसे तात्कालिक न बता दे।

जब वह यह कह रहा था, तभी उसके परिचालन में दूसरे नंबर का व्यक्ति उसके पीछे आकर खड़ा हो गया और हामी में सिर हिलाने लगा। उन्होंने कुछ क्षण अपने हालात का मज़ाक़ उड़ाया, लेकिन उनके मज़ाक़ में भी गंभीरता का स्वर था। तब वह सीनियर मैनेजर मेरी तरफ़ मुड़ा और बोला, "आपको पता है कि जब यह व्यक्ति हमारी कंपनी में आया था, तब यह ऐसा नहीं था, लेकिन अब यह भी वैसा ही हो गया है।"

तभी उसकी आँखों में हैरानी का अहसास दिखाई दिया और उसने कहा, "पता है मैं सिर्फ़ खुद लती नहीं हूँ, बल्कि दूसरों को भी आदी बना देता हूँ!"

यह समझना ज़रूरी है कि तात्कालिकता अपने आप में कोई समस्या नहीं है। समस्या तब है, जब हमारे जीवन में महत्त्व नहीं, बल्कि यह तात्कालिकता ही मुख्य कारक हो जाए। जब हम तात्कालिक चीज़ों को ही 'ज़रूरी चीज़ें' मानने लगें। हम काम करने में इतने उलझे रहते हैं कि रुककर पूछ भी नहीं पाते कि हम जो कर रहे हैं, वास्तव में उसकी ज़रूरत भी है या नहीं। इसके परिणामस्वरूप, हम घड़ी और दिशासूचक के बीच के अंतराल को बिगाड़ देते हैं। जैसा कि चार्ल्स हमेल ने अपने बुकलेट, टिरनी ऑफ़ द अर्जेंट में लिखा है।

महत्त्व के काम शायद ही आज, या इस हफ़्ते किए जाएँ... तात्कालिक कार्यों पर फ़ौरन कार्रवाई होती है... इन कार्यों का क्षणिक आकर्षण अत्यंत सम्मोहक और महत्त्वपूर्ण प्रतीत होता है, और इसमें हमारी ऊर्जा बर्बाद होती है, लेकिन समय के दृष्टिकोण के आलोक में इनकी मायावी प्रमुखता धुँधला जाती है। हानि को समझने पर हमें वे महत्त्वपूर्ण काम याद आते हैं, जिन्हें हमने किनारे कर दिया था। हम समझ जाते हैं कि हम तात्कालिकता के अन्यायपूर्ण शासन के गुलाम बन गए हैं।

बहुत से पारंपरिक समय प्रबंधन साधन वास्तव में इसी लत को पोषित करते हैं। दैनिक नियोजन और टू-डू लिस्ट हमें अनिवार्य रूप से तात्कालिक

कामों के निर्धारण और इन्हें करने पर केंद्रित रखती है। हमारे जीवन में तात्कालिकता जितनी होगी, महत्त्व उतना ही कम होगा।

महत्त्व

ऐसी बहुत सी महत्त्वपूर्ण चीज़ें होती हैं, जो हमारे कुल उद्देश्य में योगदान देने के साथ ही जीवन को संपूर्णता और अर्थ प्रदान करती हैं, लेकिन ये न तो हमें प्रभावित करती हैं और न दबाव बनाती हैं, क्योंकि वे 'तत्काल' नहीं करनी होतीं। ये वे चीज़ें हैं, जिन पर हमें काम करना चाहिए।

तात्कालिकता और महत्त्व के मुद्दों पर अधिक प्रभावी ढंग से केंद्रित होने के लिए, चलिए हम नीचे दिए समय प्रबंधन मैट्रिक्स को देखते हैं। जैसा कि आप देख सकते हैं कि यह हमारी गतिविधियों को चार क्वाड्रंट्स में वर्गीकृत करता है। हम अपना समय इन चार में किसी तरीक़े से व्यतीत करते हैं :

	तात्कालिक	तात्कालिक नहीं
महत्त्वपूर्ण	**I** • संकट • समस्याओं का दबाव • समय-सीमा से जुड़े प्रोजेक्ट, बैठकें और तैयारियाँ	**II** • तैयारी • रोकथाम • मूल्य स्पष्टीकरण • नियोजन • रिश्ते बनाना • वास्तविक पुनर्निर्माण • सशक्तिकरण
ग़ैर-महत्त्वपूर्ण	**III** • बाधाएँ, कुछ फ़ोन कॉल • कुछ पत्र, कुछ रिपोर्टें • कुछ बैठकें • कई अनुमानित, दबाव बनाने वाले मामले • अनेक लोकप्रिय गतिविधियाँ	**IV** • तुच्छ बातें, व्यस्ततापूर्ण कार्य • जंक मेल • कुछ फ़ोन कॉल • समय ख़राब करने वाले • पलायन की गतिविधियाँ

क्वाड्रंट I उन चीज़ों को दर्शाता है, जो तात्कालिक और महत्त्वपूर्ण दोनों ही होती हैं। इसी में कुपित ग्राहक, समय-सीमा पूरा करना, ख़राब मशीन को ठीक करना, दिल का ऑपरेशन करवाना, या चोट खाकर रोते बच्चे को चुप कराना आता है। हमें इस क्वाड्रंट I में समय बिताना होता है। हम इसी से प्रबंधन करते हैं, उत्पादन करते हैं, जहाँ हम अपनी आवश्यकताओं और चुनौतियों पर अनुभव और विवेक से फ़ैसले लेते हैं। इन्हें अनदेखा करना हमें हानि पहुँचा सकता है, लेकिन हमें यह भी समझना होगा कि टालमटोल से बहुत सी महत्त्वपूर्ण गतिविधियाँ भी तात्कालिक बन जाती हैं, या इसलिए ऐसा होता है, क्योंकि हम पर्याप्त रोकथाम और तैयारी नहीं करते।

क्वाड्रंट II में ऐसी गतिविधियाँ शामिल होती हैं, जो महत्त्वपूर्ण हैं, लेकिन तात्कालिक नहीं हैं। यह गुणवत्ता का क्वाड्रंट है। यहीं पर हम अपनी दीर्घावधिक योजनाएँ बनाते हैं, अनुमान लगाते हैं, समस्याओं को सुलझाते हैं, दूसरों को सशक्त बनाते हैं, अपने मन को विस्तार देते हैं, पढ़ने और सतत पेशेवर विकास से अपने कौशल में वृद्धि करते हैं। यह कल्पना करते हैं कि हम किस तरह अपने संघर्षरत पुत्र या पुत्री को सहायता दे सकते हैं, किसी महत्त्वपूर्ण मीटिंग या प्रस्तुतिकरण की तैयारी करते हैं या गहराई व ईमानदारी से सुनते हुए रिश्तों को प्रगाढ़ बनाते हैं। इस क्वाड्रंट को अधिक समय देने से *हमारी कार्य करने की क्षमता बढ़ती है*। इस क्वाड्रंट को नज़रअंदाज करने से क्वाड्रंट I पोषित और विस्तृत होता है, जो तनाव उत्पन्न करता है, थका देता है, और उस व्यक्ति के लिए गहन संकट का कारण बनता है। वहीं दूसरी ओर, इस क्वाड्रंट में निवेश करने से क्वाड्रंट I संकुचित हो जाता है। नियोजन करने, तैयारी करने, और रोकथाम से बहुत सी चीज़ों को तात्कालिक बनने से रोका जा सकता है। क्वाड्रंट II हमारे लिए काम नहीं करता, बल्कि हमें इस पर काम करना चाहिए। यह निजी नेतृत्व का क्वाड्रंट है।

क्वाड्रंट III तो क्वाड्रंट I की लगभग छाया ही है। इसमें वे चीज़ें आती हैं, जो तात्कालिक होती हैं, लेकिन महत्त्वपूर्ण नहीं। यह धोखे का क्वाड्रंट है। तात्कालिकता का शोर महत्त्वपूर्ण होने का भ्रम उत्पन्न करता है, लेकिन वास्तविक गतिविधियाँ, अगर वे महत्त्वपूर्ण हैं भी, तो किसी दूसरे के लिए महत्त्वपूर्ण होंगी। बहुत से फ़ोन कॉल, बैठकें, और मिलने आए लोग इसी श्रेणी में आते हैं। हम काफ़ी सारा समय क्वाड्रंट III में अन्य लोगों की

प्राथमिकताएँ और उम्मीदें पूरी करने में लगाते हैं, यह मानते हुए कि हम अभी वास्तव में क्वाड्रंट I में ही हैं।

क्वाड्रंट IV उन गतिविधियों तक सीमित है, जो 'न तो तात्कालिक हैं और न ही महत्त्वपूर्ण'। यह बर्बादी का क्वाड्रंट है। निश्चित ही, हमें इसमें क़तई नहीं होना चाहिए, लेकिन हमें क्वाड्रंट I और क्वाड्रंट III में इतने घाव लग चुके होते हैं कि हम अक्सर बच निकलने के लिए क्वाड्रंट IV में पहुँच जाते हैं। क्वाड्रंट IV में कौन सी चीज़ें आती हैं? ये चीज़ें हमेशा दिल बहलाने वाली नहीं होतीं, क्योंकि मनोरंजन वास्तविक अर्थों में महत्त्वपूर्ण पुनः-निर्माण करने वाली क्वाड्रंट II गतिविधि है, लेकिन व्यसनकारी हल्के उपन्यास पढ़ना, आदतन मूर्खतापूर्ण टेलीविज़न शो देखना, या ऑफ़िस में वाटर फाउंटेन के पास गपशप करना क्वाड्रंट IV के समय व्यर्थ करने के पैमाने पर खरे उतरते हैं। क्वाड्रंट IV बचने का रास्ता नहीं है, यह विकृत करने वाला है। शुरुआत में भले ही यह आनंददायक लग सकता है, लेकिन हमें जल्दी ही इनकी व्यर्थता का बोध हो जाता है।

हमारा सुझाव है कि अब आप समय प्रबंधन मैट्रिक्स पर नज़र डालें और अपने बीते हफ़्ते पर विचार करें। अगर आप अपने पिछले हफ़्ते की गतिविधियों को इनमें से किसी भी एक क्वाड्रंट में देखें, तो आप क्या कहेंगे कि आपने अपना ज़्यादातर समय कहाँ बिताया है?

क्वाड्रंट I और III पर सावधानी से विचार करें। किसी चीज़ के तात्कालिक होने पर उसे महत्त्वपूर्ण समझना आसान है। इन दोनों क्वाड्रंट के बीच का अंतर समझने का सबसे त्वरित तरीक़ा अपने आपसे यह पूछना होगा कि क्या यह तात्कालिक गतिविधि किसी महत्त्वपूर्ण उद्देश्य से संबंधित थी। अगर नहीं, तो संभवतः यह क्वाड्रंट III में आती है।

अगर आप उन अधिकांश लोगों में से हैं, जिनके साथ हम काम करते हैं, तो काफ़ी संभावना है कि आप अपना ज़्यादातर समय क्वाड्रंट I और III में गुज़ारते होंगे। और किस क़ीमत पर? अगर आप तात्कालिकता पर काम करते हैं, तो वे कौन सी महत्त्वपूर्ण चीज़ें हैं- जो 'ज़रूरी चीज़ें' भी हो सकती हैं- जिन पर आप समय और ध्यान नहीं दे पा रहे हैं?

इस अध्याय की शुरुआत में दिए अपने जवाबों पर विचार करें :

आप ऐसी कौन-सी गतिविधि जानते हैं, जिसे अगर आप शानदार तरीक़े से लगातार करते, तो इससे आपके निजी जीवन में महत्त्वपूर्ण सकारात्मक परिणाम मिल सकते थे।

आप ऐसी कौन-सी गतिविधि जानते हैं, जिसे अगर आप शानदार तरीक़े से लगातार करते, तो इससे आपके पेशेवर या कारोबारी जीवन में महत्त्वपूर्ण सकारात्मक परिणाम मिल सकते थे।

अपने जवाबों से इसका आकलन करें कि आप किस क्वाड्रंट में हैं। हमारा मानना है कि वे संभवतः क्वाड्रंट II में होंगे। हमने ये सवाल हज़ारों लोगों से पूछे और पाया कि इनमें से ज़्यादातर लोग इन सात प्रमुख गतिविधियों में शामिल थे:

1. लोगों के साथ संवाद में सुधार करना
2. बेहतर तैयारी करना
3. बेहतर नियोजन और व्यवस्था करना
4. अपनी ज़्यादा अच्छी देखभाल करना
5. नए अवसर हासिल करना
6. व्यक्तिगत विकास
7. सशक्तिकरण

ये सभी क्वाड्रंट II में आती हैं, और महत्त्वपूर्ण हैं।

तो लोग ये कर क्यों नहीं रहे? आप ऐसी चीज़ें क्यों नहीं कर रहे, जो उपरोक्त सवालों से ज्ञात होती हैं?

शायद इसलिए, क्योंकि वे तात्कालिक नहीं हैं। ये दबाव डालने वाली नहीं हैं। वे आपके लिए काम नहीं करतीं। आपको उन पर काम करना होगा।

महत्ता का प्रतिमान

स्पष्ट है कि हम जीवन में तात्कालिकता और महत्त्व- दोनों कारकों से निपटते हैं, लेकिन हमारे दैनिक फ़ैसले लेने में, इनमें से एक कारक हावी रहता है।

समस्या तब आती है, जब हम मुख्य रूप से तात्कालिकता के प्रतिमान पर काम करते हैं, बजाय महत्त्व के प्रतिमान पर।

जब हम महत्त्व के प्रतिमान पर काम करते हैं, तो हम क्वाड्रंट I और II में जी रहे होते हैं। हम क्वाड्रंट III और IV से बाहर होते हैं। और चूँकि हम अपना ज़्यादा समय तैयारी, रोकथाम, नियोजन और सशक्तिकरण में देते हैं, तो हम क्वाड्रंट I में संकटों से निपटने को दिए जाने वाले समय को कम कर देते हैं। यहाँ तक कि इससे क्वाड्रंट I का स्वभाव बदल जाता है। ज़्यादातर समय, यह स्वाभाविक नहीं होता, बल्कि हम खुद इसे चुनते हैं। हम किसी चीज़ को तात्कालिक या समय पर करने के लिए इसलिए चुन सकते हैं, क्योंकि वह महत्त्वपूर्ण है।

एक सहयोगी ने अपना यह अनुभव बताया :

अभी हाल ही मेरी एक दोस्त का रिश्ता संकट में था। मैं घर और ऑफ़िस में अत्यधिक व्यस्त था, लेकिन इसके बावजूद अपने लिए प्रमुख कार्यों और व्यक्तिगत समय निकाल ही लेता था। एक दिन, मुझे तीन जगह जाना था, कार की सर्विस, ख़रीदारी और एक ज़रूरी दोपहर का भोजन। तभी मेरी मित्र का फ़ोन आया। मैं समझ गया कि आज उसका दिन अच्छा नहीं है। मैंने फ़ौरन अपने बाक़ी सब कामों को निरस्त किया और एक घंटे ड्राइव करके उसके घर पहुँच गया। मैं जानता था कि मेरा अगला दिन क्वाड्रंट I की गतिविधियों से भरा होगा, क्योंकि इसकी तैयारी में बहुत सी चीज़ें थीं, जो मैं आज नहीं कर पाया, लेकिन यह काम भी महत्त्वपूर्ण था। बहुत-बहुत महत्त्वपूर्ण। मेरा फ़ैसला तात्कालिकता पर आधारित था, लेकिन यह ऐसा फ़ैसला था, जिससे मुझे अच्छा महसूस हुआ।

हमारे सेमिनारों में, हम अक्सर लोगों से विभिन्न प्रतिमानों से संबंधित अनुभूतियों को पहचानने के लिए कहते हैं। जब वे तात्कालिकता की बात करते हैं, तो वे अक्सर इसके साथ 'तनावयुक्त', 'जोश ख़त्म', 'अपरिपूर्ण', और 'थका' होने जैसे शब्दों का उपयोग करते हैं, लेकिन जब वे महत्ता की बात करते हैं, तब वे 'आत्मविश्वास', 'परिपूर्ण', और 'सही मार्ग', 'सार्थक', और 'शांतिपूर्ण' जैसे शब्दों का उपयोग करते हैं। आपको भी स्वयं इसे आज़माना चाहिए। एक प्रतिमान से दूसरे पर जाते हुए आपको कैसा महसूस होता है? ये अनुभूतियाँ आपको उन परिणामों के स्रोत के बारे में बहुत कुछ बता सकती हैं, जो आपको जीवन में मिल रहे हैं।

मैट्रिक्स के बारे में लोगों के सवाल

अब हम जानते हैं कि जीवन वास्तव में हमारे बताए क्वाड्रंट्स जितना स्पष्ट और तार्किक नहीं होता। हर क्वाड्रंट के भीतर और उनके बीच अबाध क्रम होता है। ये एक दूसरे से घुले-मिले होते हैं। ये श्रेणियाँ केवल मात्रा या एक तरह से प्रकार भर हैं।

नीचे ऐसे प्रश्न दिए गए हैं, जो अक्सर लोग मैट्रिक्स के बारे में पूछते हैं :

- ***हमारे सामने की इतनी सारी तात्कालिक और महत्त्वपूर्ण चीज़ों में से हम कैसे पहचानें कि हमें क्या करना है?*** यह दुविधा है, जो जीवनभर जारी रहती है। इसी कारण हमें लगता है कि हम कमर कसें और चीज़ों को अधिक व ज़्यादा तेज़ी से करें, लेकिन लगभग हमेशा ही इन सब में से एक चीज़ ऐसी होती है, जिसे सबसे पहले किया जाना चाहिए। एक मायने में यह क्वाड्रंट I का क्वाड्रंट I, या क्वाड्रंट II का क्वाड्रंट II है। किसी ख़ास समय हमारे के लिए क्या सबसे महत्त्वपूर्ण है, यह हम कैसे तय करेंगे, यह वह प्रमुख मुद्दा है, जिस पर हम इस किताब के आगामी अध्यायों में चर्चा करेंगे।

- ***क्या क्वाड्रंट I में होना बुरा है?*** नहीं, ऐसा नहीं है, बल्कि, बहुत से लोग अपना काफ़ी समय क्वाड्रंट I में बिताते हैं। मुख्य बात यह है कि आप वहाँ क्यों हैं। आपके क्वाड्रंट I में होने का कारण तात्कालिकता है या महत्त्व? अगर तात्कालिकता प्रधान होती है, तो महत्त्व कम हो जाता है, तब आप क्वाड्रंट III में आ जाते हैं- यह तात्कालिकता की लत है, लेकिन अगर आप महत्ता के कारण क्वाड्रंट I में हैं, तो जब तात्कालिकता धूँधली पड़ जाती है, तब आप क्वाड्रंट II में चले जाते हैं। क्वाड्रंट I और क्वाड्रंट II दोनों ही महत्ता का वर्णन करते हैं, बदलता सिर्फ़ समय कारक ही है। वास्तविक समस्या तब आती है, जब आप अपना समय क्वाड्रंट III और क्वाड्रंट IV में बिताते हैं।

- ***मैं क्वाड्रंट II में बिताने का समय कहाँ से निकालूँ?*** अगर आप क्वाड्रंट II में बिताने के लिए समय तलाश रहे हैं, तो क्वाड्रंट III इसे पाने की प्रमुख जगह है। क्वाड्रंट I में बिताया समय तात्कालिक और

महत्त्वपूर्ण दोनों ही हो सकता है- हम जानते हैं कि हमारा वहाँ होना ज़रूरी है। और हम जानते हैं कि हमें क्वाड्रंट IV में नहीं होना है, लेकिन क्वाड्रंट III हमें धोखा दे सकता है। यहाँ प्रमुख बात यह सीखना है कि हमारी सभी गतिविधियाँ महत्त्व पर आधारित हों। तब हम तात्कालिकता के कपट में ख़राब हुए समय की भरपाई कर इसे क्वाड्रंट II में व्यतीत कर सकते हैं।

- ***अगर मैं क्वाड्रंट I वातावरण में हूँ तो क्या करूँ?*** कुछ पेशे स्वभाव से ही ऐसे होते हैं, जो लगभग पूरी तरह क्वाड्रंट I में होते हैं। जैसे कि, अग्निशमन दल, डॉक्टर और नर्सें, पुलिसकर्मी, रिपोर्टर तथा संपादक, जो तात्कालिक और महत्त्वपूर्ण काम करते हैं। इन लोगों के लिए क्वाड्रंट II में समय बिताना और भी ज़रूरी होता है, सिर्फ़ इस कारण कि इससे उनमें क्वाड्रंट I को सँभालने की क्षमता निर्मित होती है। क्वाड्रंट II में बिताया समय काम करने की हमारी क्षमता को बढ़ा देता है।

- ***क्या क्वाड्रंट I में कुछ ऐसा है, जो हमारे लिए काम न करे, और फिर भी तत्क्षण हमारे ध्यान देने की माँग करता हो?*** कुछ चीज़ें ऐसी होती हैं, जो ध्यान न दिए जाने पर संकटों या समस्याओं का निर्माण कर देती हैं। हम इन चीज़ों को तात्कालिक बनाने का फ़ैसला कर सकते हैं। इसके साथ ही, जो गतिविधि किसी संस्थान के लिए क्वाड्रंट II की हो सकती है, जैसे दीर्घावधिक संकल्पना, नियोजन, या संपर्क निर्माण, वह उसके शीर्ष अधिकारी के लिए क्वाड्रंट I की हो सकती है। यह उसका विशिष्ट प्रभार है। इन चीज़ों की आवश्यकता बहुत अधिक होती है। इन चीज़ों को करने या न करने के परिणाम अहम होते हैं। उस अधिकारी के लिए आवश्यकता 'अब' है। यह तात्कालिक है, और इस पर कार्रवाई होनी ही चाहिए।

मैट्रिक्स का मूल्य यह है कि इससे हमें यह देखने में मदद मिलती है कि महत्ता और तात्कालिकता हमारे समय व्यतीत करने के चयन को किस तरह प्रभावित करती हैं। इससे हम यह देख पाते हैं कि हम अपना ज़्यादातर समय कैसे बिताते हैं और हम वहाँ इसे क्यों बताते हैं। साथ ही हम *उस मात्रा को भी देख पाते हैं, जिसमें तात्कालिकता प्रधान है, और वह मात्रा, जिस तक महत्त्व प्रधान नहीं है।*

जटिलता से परे

रासायनिक दुरुपयोग की तरह, तात्कालिकता की लत भी बहुत ज़्यादा उपयोग किए जाने वाले अस्थायी दर्दनाशक जैसी होती है। यह दिशासूचक और घड़ी के बीच के फ़ासले के कारण उत्पन्न तेज़ दर्द को कुछ हद तक कम कर देती है। और इससे कुछ समय के लिए तो राहत मिलती है। यह आकर्षक, लेकिन असाध्य संतोष के जैसी है। यह शीघ्र ही लुप्त हो जाता है। और दर्द रह जाता है। ज़्यादा तेज़ी से काम करने से पुराने कारण, और आधारभूत मुद्दे, यानी दर्द के *कारण* तक पहुँचने का काम रह जाता है। इससे दूसरी (या तीसरी या चौथी) चीज़ें तेज़ हो जाती हैं... लेकिन पुराने दर्द को दूर करने के लिए वास्तव में कुछ नहीं किया जाता, जो ज़रूरी चीज़ें पहले न करने से होता है।

पुराने मुद्दों को हल करने के लिए अलग तरह की सोच की ज़रूरत होती है। यह चिकित्सा में 'रोकथाम' और 'उपचार' के बीच फ़र्क़ जैसा है। उपचार का संबंध रोग के गंभीर या कारक स्तर से है, जबकि रोकथाम का संबंध जीवनशैली के मामलों और स्वास्थ्य की देखरेख से है। ये दो अलग तरह के प्रतिमान हैं, और भले ही चिकित्सक इन दोनों ही प्रतिमानों में काम करे, फिर भी आमतौर पर इनमें से एक प्रतिमान प्रधान होता है।

स्टीफ़न : मैंने ऐसे डॉक्टरों से स्वास्थ्य परीक्षण कराए हैं, जो दोनों ही प्रतिमानों में काम करते हैं, और बिलकुल अलग क़िस्म के हैं। वे भिन्न चीज़ों को तलाश रहे होते हैं। जैसे कि मैं ऐसे डॉक्टरों को जानता हूँ, जो उपचार के प्रतिमान पर काम करते हैं। वे मेरी ब्लड कैमिस्ट्री देखने के बाद कहते हैं कि चूँकि कोलेस्ट्रॉल 200 से कम है, इसलिए मैं ठीक हूँ। मैंने ऐसे डॉक्टरों को भी देखा है, जो रोकथाम के प्रतिमान पर काम करते हैं, वे मेरी ब्लड कैमिस्ट्री ख़ासतौर पर एलडीएल/एचडीएल/टोटल कोलेस्ट्रॉल रेशियो देखकर कहते हैं कि मैं ठीक नहीं हूँ, मैं औसत जोखिम के क्षेत्र में हूँ, और वे मुझे व्यायाम, ख़ान-पान और दवाएँ सुझाते हैं।

हममें से ज़्यादातर लोग जानते हैं कि हमारी स्वास्थ्य समस्याओं का बड़ा कारण जीवनशैली से जुड़ा होता है। हृदयाघात जैसी, चरम चेतावनी के बिना हम में से बहुत से लोग बचाव की कल्पना में जीते रहते हैं। हम जैसे चाहते हैं, वैसे जीते हैं- कसरत बहुत कम या बिलकुल नहीं करते, ख़ान पान ख़राब होता है, और शरीर से ज़रूरत से ज़्यादा काम लेते हैं। और जब

समस्या आती है, तब हम चाहते हैं कि चिकित्सक हमें ठीक कर दें। जहाँ हम दर्द को नुस्खों और चोट-पट्टी से कम कर सकते हैं, लेकिन हम वास्तव में फ़र्क़ लाना चाहते हैं, तो हमें दर्द के आधारभूत मूल कारण को तलाशना होगा। हमें रोकथाम पर गहरे तरीक़े से ध्यान देने की आवश्यकता है।

ऐसा ही जीवन के सभी क्षेत्रों में सच है। जैसा कि ऑलिवर वेंडेल होम्स ने कहा है, "मैं जटिलता के इस तरफ़ सरलता की परवाह नहीं करता, लेकिन जटिलता के दूसरी तरफ़ सरलता के लिए मैं सब कुछ करूँगा।" जटिलता के इस तरफ़ के आसान जवाब उस संपूर्ण वास्तविकता को संबोधित नहीं करते, जिसमें हम हैं। वे त्वरित और सरल होना महसूस करा सकते हैं, लेकिन उनके वादे खोखले होते हैं। और ज़्यादातर लोग यह जानते हैं। हमारा अनुभव है कि लोग बैंड-एड और एस्प्रिन के प्रस्तावित फ़ौरी समाधान और व्यक्तित्व नीति तकनीक से थक चुके हैं। वे गंभीर मुद्दों पर ध्यान देकर इन्हें सुलझाना चाहते हैं, जो इन्हें अपने जीवन में ज़रूरी चीज़ें पहले रखने से रोक रहे हैं।

आगामी अध्याय में, हम उन समस्याओं के तीव्र दर्द से परे जाएँगे, जिन पर हमने अध्याय 1 और 2 में बात की है। इसमें हम पुरानी समस्याओं और उनके कारणों पर चर्चा करेंगे। हम जटिलता के केंद्र से उस पूर्ण वास्तविकता पर जाना चाहेंगे, जो हमारे समय और जीवन की गुणवत्ता को प्रभावित करती है। अध्याय 3 के तीन विचार आपकी सोच को चुनौती दे सकते हैं, लेकिन हम आपको क़ीमत चुकाकर इन विचारों से गहरे निजी स्तर पर संवाद के लिए प्रेरित करेंगे। हमें विश्वास है कि इनसे आपका प्रतिमान में रूपांतरित होने वाला गहन बोध पुष्ट होगा, जिससे आप वह नक़्शा बना सकेंगे, जो इसकी सीमाओं को बिलकुल ठीक ढंग से परिभाषित करेगा।

इन विचारों में से- जटिलता के परे- ऐसे आसान और शक्तिशाली प्रतिमान और प्रक्रियाएँ उभरेंगी, जिससे आप जीवन में ज़रूरी चीज़ें पहले रखने के लिए पहले से ज़्यादा प्रभावी ढंग से सशक्त बन सकेंगे। इनका वर्णन खंड दो में है।

3: जीना, प्रेम करना, सीखना, विरासत छोड़ना

तेज़ी से ज़्यादा चीज़ें करना सही चीज़ें करने का
विकल्प नहीं है

तात्कालिकता से महत्त्व की तरफ़ बढ़ने पर, हमारा एक बुनियादी सवाल से सामना होता है। ये 'ज़रूरी चीज़ें' क्या हैं और हम इन्हें अपने जीवन में पहले कैसे रख सकते हैं?

चौथी पीढ़ी के केंद्र में तीन बुनियादी विचार हैं, जो हमें इस सवाल का जवाब देने के लिए सशक्त बनाते हैं :

1. चार मानवीय आवश्यकताओं और क्षमताओं की पूर्ति
2. 'सही दिशा' के सिद्धांतों की वास्तविकता
3. मानव की चार क्षमताओं की शक्ति

1. चार मानवीय आवश्यकताओं और क्षमताओं की पूर्ति

कुछ ऐसी विशिष्ट चीज़ें होती हैं, जो मानव संतुष्टि के लिए आवश्यक हैं। अगर ये बुनियादी आवश्यकताएँ पूरी नहीं हो पातीं, तो हम अपने को ख़ाली और अधूरा महसूस करते हैं। हम इस शून्य को तात्कालिकता की लत से भरने का प्रयास कर सकते हैं या आंशिक पूर्ति से आत्म संतुष्ट और अस्थायी रूप से संतुष्ट अनुभव कर सकते हैं।

भले ही हम इन आवश्यकताओं को चेतन स्तर पर पूरी तरह स्वीकार न करें या इन पर ध्यान न दें, लेकिन भीतर गहराई में हम जानते हैं कि उनका अस्तित्व है। और ये महत्वपूर्ण हैं। हम अपने अनुभव से इनकी पुष्टि कर सकते हैं। हम दूसरों के अनुभव से भी इनकी पुष्टि कर सकते हैं। हम उन संयुक्त अनुभवों से इनकी पुष्टि कर सकते हैं, जो सर्वत्र जगत और काल में फैले

हैं। इन आवश्यकताओं को विज़्डम लिट्रेचर[1](ज्ञान साहित्य) में भी हर काल में महत्त्वपूर्ण मानव संतुष्टि के क्षेत्रों के तौर पर स्वीकार किया गया है।

इन आवश्यकताओं का सार इस उक्ति में निहित है, "जीना, प्रेम करना, सीखना, विरासत छोड़ना।" जीवन जीने की आवश्यकता हमारी *शारीरिक आवश्यकता* है, जैसे आहार, कपड़े, आवास, आर्थिक सामर्थ्य, स्वास्थ्य। प्रेम की आवश्यकता हमारी *सामाजिक आवश्यकता* है, जैसे लोगों के साथ जुड़ना, उनसे संबंधित होना, प्रेम करना, प्रेम का पात्र बनना। सीखने की आवश्यकता हमारी *मानसिक आवश्यकता* है, जैसे विकास करना और आगे बढ़ना। और विरासत छोड़ने की आवश्यकता हमारी *आध्यात्मिक आवश्यकता* है, जैसे सार्थक, उद्देश्यपूर्ण होने, व्यक्तिगत तालमेल बैठाने और योगदान देने की भावना विकसित करना।

ये आवश्यकताएँ हमारे समय और जीवन की गुणवत्ता को कितनी ताक़त से प्रभावित करती हैं? निम्न सवालों पर विचार करना आपके लिए मददगार साबित होगा :

- क्या आपमें दिनभर सतत ऊर्जा और शारीरिक क्षमता बनी रहती है - या क्या कुछ ऐसी भी चीज़ें हैं, जो आप करना चाहते हैं, लेकिन इसलिए नहीं कर पाते, क्योंकि आप थके और बीमार रहते हैं, या शरीर का आकार उन्हें करने लायक़ नहीं है?
- क्या आप आर्थिक रूप से सुरक्षित हैं? क्या आप अपनी ज़रूरतें पूरी करने के साथ ही भविष्य के लिए संसाधन बचा पा रहे हैं- या आप पर क़र्ज है, आप लंबे समय तक काम करते रहते हैं, और केवल अपनी ज़रूरतें ही पूरी कर पाते हैं?
- क्या दूसरों के साथ आपके रिश्ते गहरे और संतोषजनक हैं? क्या आप समान उद्देश्यों के लिए दूसरों के साथ मिलकर प्रभावी ढंग से काम कर पाते हैं- या आप खुद को सबसे अलग-थलग और अकेला महसूस करते हैं? अपने प्रिय लोगों के साथ अच्छा समय नहीं बिता पाते या दूसरों के साथ काम करने के प्रयास में ग़लतफ़हमी, राजनीति या पीठ पीछे बुराई या दोषारोपण से चुनौतीपूर्ण हालात पैदा हो जाते हैं?

---

1. विज़्डम *लिट्रेचर किसी समाज के क्लासिक, दार्शनिक और धार्मिक साहित्य का वह अंश है,* जो विशेष रूप से जीवन की कला से संबंधित होता है।

- क्या आप निरंतर सीख रहे हैं, आगे बढ़ रहे हैं और नए नज़रिये हासिल कर रहे हैं, नए कौशल प्राप्त कर रहे हैं- या निष्क्रिय महसूस कर रहे हैं? क्या करियर और अन्य चीज़ों में जो आप करना चाहते हैं, उनमें इसलिए आगे नहीं बढ़ पा रहे, क्योंकि आपके पास उचित शिक्षा या कौशल नहीं हैं?
- क्या आपको अपनी दिशा और उद्देश्य स्पष्ट रूप से पता हैं, जो आपको प्रेरणा और ऊर्जा देते हैं- या आप उसे लेकर अनिश्चित महसूस करते हैं, जो आपके लिए महत्त्वपूर्ण है और आप अपने जीवन के साथ वास्तव में क्या करना चाहते हैं, यह साफ़ नहीं है?

इनमें से हर आवश्यकता महत्त्वपूर्ण है। *अगर इनमें से कोई भी एक आवश्यकता पूरी होने से रह जाए, तो जीवन की गुणवत्ता कम हो जाती है।* अगर आप पर क़र्ज़ हो या स्वास्थ्य ख़राब हो, अगर आपके पास पर्याप्त भोजन, कपड़े या आवास न हो, अगर आप अपने को सबसे अलग और अकेला महसूस करते हों, अगर आप मानसिक रूप से निष्क्रिय हों, अगर आपके पास कोई उद्देश्य या सिद्धांत न हो, तो आपके जीवन की गुणवत्ता बुरी तरह प्रभावित होगी। अच्छा स्वास्थ्य, आर्थिक सुरक्षा, समृद्धि, संतुष्टिदायक रिश्ते, सतत व्यक्तिगत और पेशेवर विकास, तथा उद्देश्य और योगदान की गहन अनुभूति और व्यक्तिगत तालमेल जीवन की गुणवत्ता का निर्माण करते हैं।

अगर इनमें से कोई भी एक आवश्यकता पूरी होने से रह जाए, तो वह ऐसा ब्लैक हॉल बन जाती है, जो आपकी ऊर्जा और ध्यान खींच लेती है। अगर आपको वित्तीय समस्या है, या आप तलाक़ जैसे किसी गहन सामाजिक कटु अनुभव से गुज़र रहे हैं, या आपका स्वास्थ्य ख़राब हो रहा है, तो यह अधूरी आवश्यकता तात्कालिक, आपके दिमाग़ पर हमेशा हावी रहने वाली स्थिति और दबाव का कारक बन जाती है, जो आपको निगल जाती है। अन्य आवश्यकताएँ अनदेखी रह जाती हैं और जीवन की गुणवत्ता का हर पहलू कष्ट भुगतता है।

इनमें से कोई भी आवश्यकता, जो अधूरी रह जाए, वह आपको तात्कालिकता की लत की ओर ले जा सकती है। समय के साथ जब आप बार-बार अधूरी आवश्यकताओं को लेकर तात्कालिकता को महत्त्व देने लगते

हैं, तो आप एक शानदार संकट प्रबंधक बन जाते हैं। आप संकटों की प्राथमिकता तय करने लगते हैं और तात्कालिक कार्यों को ज़्यादा प्रभावशाली ढंग से करने लगते हैं। आप यह सोचते हैं कि "अगर मैं व्यस्त हूँ, तो मुझे प्रभावशाली होना ही चाहिए।" और संकटों का निपटारा करने और दूसरों की तात्कालिक माँगों को पूरा करने से आपको ताक़त महसूस होने लगती है, लेकिन इन गतिविधियों से जीवन में अच्छी गुणवत्ता के परिणाम नहीं मिलते। इनसे आधारभूत आवश्यकताएँ पूरी नहीं होतीं। हम तात्कालिक चीज़ें करने का जितना ज़्यादा प्रयास करते हैं, यह लत उतनी ही मज़बूत होती जाती है। अपनी चार बुनियादी आवश्यकताओं को प्रभावशाली ढंग से पूरा करके गहन संतुष्टि पाने की बजाय हम लगातार 'कृत्रिम तात्कालिकता के सुधार' से काम चलाते रहते हैं।

चार आवश्यकताओं में संतुलन और सहक्रिया

ये आवश्यकताएँ वास्तविक, गहन और अत्यधिक अंतर-संबंधित हैं। हम में से कुछ लोगों को अपनी इन आवश्यकताओं के बारे में पता होता है, लेकिन हम इन्हें अपने जीवन के अलग खंडों के तौर पर देखते हैं। हम 'संतुलन' के बारे में सोचते हुए एक क्षेत्र से दूसरे की तरफ़ तेज़ी से दौड़ते हैं, जिससे नियमित रूप से इनमें बने रह सकें।

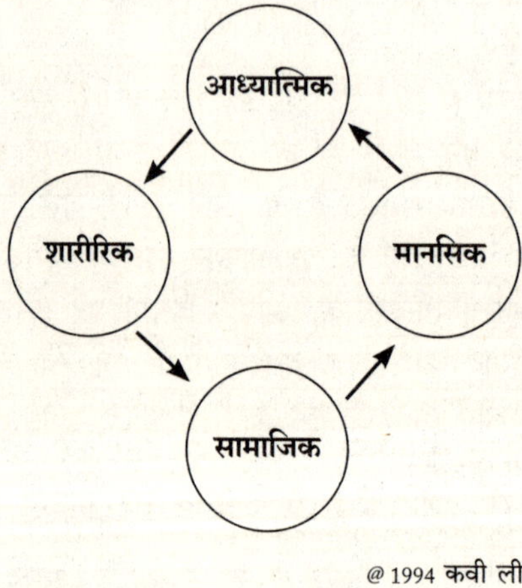

लेकिन 'सिर्फ़ आधार को स्पर्श करने वाला' प्रतिमान इनकी शक्तिशाली सहक्रिया की वास्तविकता को अनदेखा कर देता है। यही वह स्थिति है, जब चार आवश्यकताएँ आपस में मिल जाती हैं, जहाँ सच्चा आंतरिक संतुलन, पूर्णता की गहन संतुष्टि और आनंद मिल सकता है।

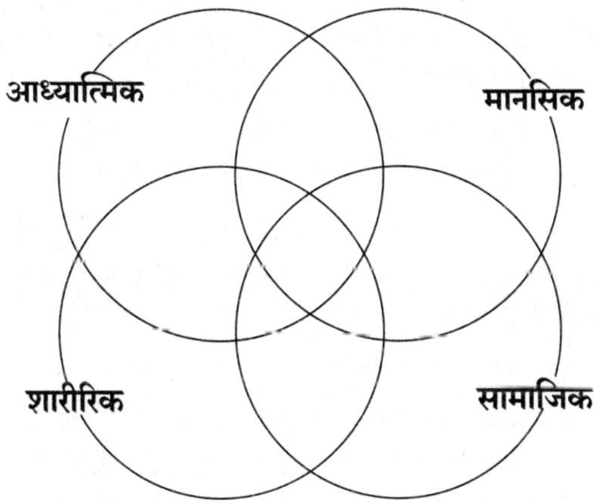

@ 1994 कवी लीडरशिप सेंटर, इंक

इनके बीच फ़र्क़ देखें। अगर हम 'स्पर्श आधार' प्रतिमान के अनुसार काम करते हैं, तो हम आय अर्जन की भौतिक आवश्यकता को समाज में योगदान की आध्यात्मिक आवश्यकता से पृथक करके देखते हैं। हम करने के लिए जो कार्य चुनते हैं, वह एकरस, नीरस और संतुष्टि न प्रदान करने वाला हो सकता है। यहाँ तक कि वह समाज कल्याण की दृष्टि से अनुत्पादक भी हो सकता है।

अगर हम सीखने और विकसित होने की अपनी मनोवैज्ञानिक आवश्यकता को प्रेम करने और प्रेम का पात्र बनने की हमारी सामाजिक आवश्यकता से अलग करके देखेंगे, तो शायद हम यह नहीं सीख सकेंगे कि किसी दूसरे व्यक्ति से वास्तव में गहरा प्रेम कैसे करें। हम अपना अकादमिक ज्ञान तो बढ़ा लेंगे, लेकिन दूसरों के साथ सार्थक रूप से जुड़ने की क्षमता को संकीर्ण करते जाएँगे।

अगर हम अपनी शारीरिक आवश्यकता को बाक़ी सबसे अलग करके देखेंगे, तो हमें पूरी तरह से यह अहसास कभी नहीं हो सकेगा कि स्वास्थ्य

की गुणवत्ता इनमें से प्रत्येक क्षेत्र को किस तरह प्रभावित करती है। जब हम अच्छा महसूस नहीं कर रहे होते, तब स्पष्ट रूप से सोचना, सकारात्मक रूप से दूसरों से जुड़ना, अस्तित्व बचाए रखने की जगह योगदान देने पर केंद्रित होना काफ़ी कठिन होता है।

अगर हम अपनी आध्यात्मिक आवश्यकता को अन्य आवश्यकताओं से अलग करके देखेंगे, तो हमें यह अहसास कभी नहीं होगा कि हम अपने बारे में और अपने उद्देश्य के बारे में जो सोचते हैं, उसका इस पर शक्तिशाली ढंग से असर होता है कि हम किस तरह जीते हैं, किस तरह प्रेम करते हैं और क्या सीखते हैं। जीवन के आध्यात्मिक आयाम को अलग वर्गीकृत करने या नज़रअंदाज करने से अन्य आयामों में से प्रत्येक पर शक्तिशाली ढंग से प्रभाव पड़ता है। अर्थ और उद्देश्य ही अन्य सभी आयामों में परिपूर्णता को संदर्भ प्रदान करते हैं।

इन चार आवश्यकताओं के अंतर-संबंधों और शक्तिशाली सहक्रिया को देखने पर ही हम उनकी पूर्ति में इतने सक्षम हो सकते हैं कि उनमें सच्चे अंतर-संतुलन, गहन मानवीय परिपूर्णता, और आनंद का निर्माण कर सकें। जब कार्य का अर्थ होता है, रिश्तों में गहराई और विकास होते हैं, तो स्वास्थ्य सार्थक उद्देश्यों को हासिल करने का संसाधन बन जाता है।

इन आवश्यकताओं के अंतर-संबंधों को देखने के बाद, हमें अहसास होता है कि अधूरी आवश्यकता को पूरा करने की कुंजी अन्य आवश्यकताओं की अनदेखी करने में नहीं, बल्कि उनकी पूर्ति करने में है।

यह व्यक्तिगत नेतृत्व की शक्तियों में से एक है। जहाँ प्रबंधन समस्या-आधारित होता है, वहीं नेतृत्व अवसर-आधारित होता है। किसी समस्या को खंडित और यांत्रिक रूप में देखने की जगह- वह टूटा हिस्सा, जिसकी मरम्मत आवश्यक है - वह इसे जीवन के अंग, सहक्रियावादी पूर्णता के तौर पर देखता है। इसमें समस्या के आस-पास, उससे संबंधित चीज़ों, उसे प्रभावित करने वाली चीज़ों और इसके अलावा खुद समस्या पर दृष्टि डाली जाती है।

उदाहरण के लिए, अगर आपको शारीरिक क्षेत्र में कोई समस्या है-मिसाल के तौर पर आप पर क़र्ज़ है, या आप किसी तरह के वित्तीय संकट में हैं, तो अपनी सामाजिक, मानसिक और आध्यात्मिक आवश्यकताओं की अनदेखी करने की बजाय आप दूसरों से सलाह-मशविरा कर सकते हैं, धन प्रबंधन तथा समस्या-सुलझाने के विकल्पों के बारे में ज्ञानवर्द्धन कर सकते

हैं, और क़र्ज़ मुक्त होने की इच्छा के कारण को परिभाषित कर सकते हैं, जिससे आपको उस मार्ग पर चलने का अर्थ, संदर्भ और उद्देश्य हासिल होगा, जो आपने चुना है। चूँकि यह शारीरिक आवश्यकता से संबंधित है, इसलिए आप जीवन के इन क्षेत्रों पर ध्यान देकर इस आवश्यकता को सबसे प्रभावशाली ढंग से पूरा करने में सक्षम हो जाते हैं।

अगर आपको सामाजिक क्षेत्र में समस्या है- मिसाल के तौर पर आपका तलाक़ होने वाला है- तब अपने जीवन के शारीरिक, मानसिक, और आध्यात्मिक क्षेत्रों पर ध्यान देने से इससे निपटने की आपकी क्षमता बढ़ जाती है। अपने स्वास्थ्य की देखरेख और क़सरत करने, रिश्तों की प्रकृति के बारे में ज़्यादा अध्ययन करने और सीखने तथा जीवन में सार्थकता और उद्देश्य की भावना को सशक्त बनाने से आप उन अवस्थाओं का पोषण करते हैं, जो आपको सबसे बेहतर तरीक़े से सामाजिक समस्या का सामना करने के योग्य बनाती हैं।

आंतरिक अग्नि

इन चार आवश्यकताओं की एकीकृत ढंग से पूर्ति करना रसायन विज्ञान में तत्वों का मिश्रण करने के समान है। जब हम इस एकीकरण के 'क्रांतिक द्रव्यमान' तक पहुँच जाते हैं, तब हम सहज ज्वलन का अनुभव करते हैं- आंतरिक सहक्रिया का विस्फोट, जो आंतरिक अग्नि को सुलगाकर विज़न, उत्साह, और साहसिक जीवन की भावना प्रदान करता है।

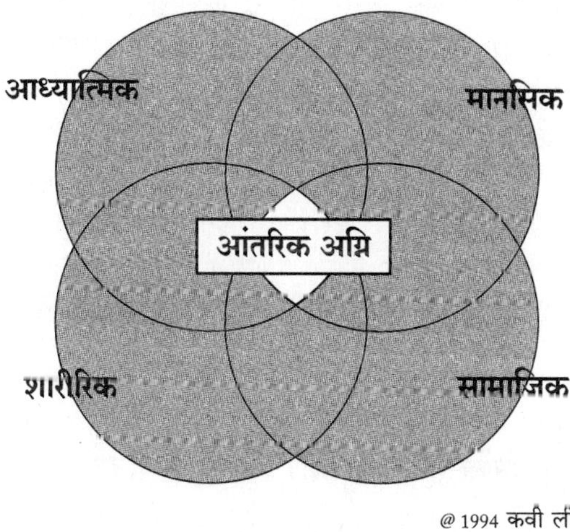

आंतरिक अग्नि की कुंजी हमारी विरासत छोड़ने की आध्यात्मिक आवश्यकता है। *यह अन्य आवश्यकताओं को योगदान की क्षमताओं में बदल देती है।* भोजन, धन, स्वास्थ्य, शिक्षा, और प्रेम आगे आने और अपूर्ण आवश्यकताओं को पूरा करने में दूसरों की मदद करने के संसाधन बन जाते हैं।

समय व्यतीत करने के हमारे तरीक़े और जीवन की गुणवत्ता पर पड़ने वाले उस प्रभाव के बारे में सोचें, जब हम अपनी सभी आवश्यकताओं को प्रभावशाली ढंग से पूरा करने और उन्हें योगदान की क्षमताओं में तब्दील करने में समर्थ होंगे। आधुनिक मनोविज्ञान के जनकों में से एक अब्राहम मास्लो ने 'आवश्यकता अनुक्रम' को विकसित किया, जिसमें उन्होंने 'आत्म-प्रत्यक्षीकरण' को उच्चतम मानवीय अनुभव के तौर पर पहचाना, लेकिन अपने अंतिम वर्षों में उन्होंने अपने पहले वाले सिद्धांत की पुनः समीक्षा की और स्वीकार किया कि चरम अनुभव आत्म-प्रत्यक्षीकरण नहीं, बल्कि आत्म-उत्कृष्टता, या अपने से भी उच्च उद्देश्य के लिए जीना है।

जॉर्ज बर्नार्ड शॉ के शब्दों में कहें तो :

> यही जीवन का वास्तविक आनंद है... किसी ऐसे उद्देश्य के लिए काम आना, जिसे आप स्वयं शक्तिशाली मानते हों... प्रकृति की ताक़त बनना बजाय बीमारियों से ग्रस्त उस संकीर्ण स्वार्थी मूर्ख के, जो हमेशा इस बात की गुहार लगाता हो कि दुनिया उसे खुश करने को समर्पित नहीं होगी ... मेरी राय है कि मेरा जीवन पूरे समाज के लिए है और जब तक मैं जीवित रहूँगा, यह मेरा सौभाग्य होगा कि मैं इसके लिए जो भी संभव हो, वह करूँ। मैं चाहता कि मृत्यु होने से पहले मैं पूरी तरह काम आऊँ। मैं जितनी ज़्यादा मेहनत करूँगा, उतना ही ज़्यादा जीवित रहूँगा। मैं खुद जीवन को लेकर जीवन में आनंदित रहता हूँ। मेरे लिए ज़िंदगी, मोमबत्ती की छोटी लौ नहीं है। यह ऐसी शानदार मशाल है, जिसे मैंने कुछ समय के लिए पकड़ रखा है और मैं चाहता हूँ कि यह जितना संभव हो, उतनी तेज़ दमके, इससे पहले कि मैं इसे अगली पीढ़ी के हवाले करूँ :

रॉज़रः अभी हाल ही हमारे एक सप्ताह चलने वाले सिद्धांत-आधारित नेतृत्व कार्यक्रम (प्रिंसिपल-सेंटर्ड लीडरशिप प्रोग्राम) के दौरान एक व्यक्ति मेरे

पास आया और उसने पूछा कि क्या वह एक चिंता साझा कर सकता है। हमने गलियारे में एक स्थान ढूँढा, जहाँ से ख़ूबसूरत झील और गोल्फ कोर्स साफ़ दिखाई देते थे। हम वहीं बातें करने के लिए बैठ गए।

उस व्यक्ति को देखकर मैं अंदाज़ा नहीं लगा पा रहा था कि वह मेरे साथ किस बात पर चर्चा करना चाहता है। वह काफ़ी प्रभावशाली था - उसकी उम्र पचास के लगभग थी, वह एक बहुराष्ट्रीय कॉर्पोरेशन का वाइस प्रेसिडेंट था और उसका परिवार सुखी था। वह कार्यक्रम के दौरान काफ़ी सक्रिय रहा था और लगता था कि वह सामग्री को अच्छी तरह समझ चुका था।

उसने कहा, "यह हफ़्ता शुरू होने के साथ ही मैं ख़ुद को काफ़ी असहज महसूस कर रहा हूँ। इसकी शुरुआत सोमवार रात से हुई...।"

उसने मुझे अपने अतीत की कुछ बातें बताईं। उसकी परवरिश मिडवेस्ट के छोटे से कस्बे में हुई थी, जहाँ वह खेलों में सक्रिय था, अच्छा विद्यार्थी था और गिरजाघर की गायक मंडली में था। कॉलेज में भी वह कई तरह के क्लबों और कार्यक्रमों से जुड़ा रहा। इसके बाद उसे अपनी पहली बड़ी नौकरी मिली, विवाह हुआ, संतान हुई, विदेश यात्रा की, पदोन्नति मिली, नया घर लिया, दूसरा बच्चा हुआ, और वाइस प्रेसिडेंट के पद पर पदोन्नति हुई। उसकी बातों के साथ ही मैं समस्या को सुनने का भी इंतज़ार कर रहा था। जीवन में उथल-पुथल मचाने वाली कोई मुसीबत, जिसने उसकी सपनों की दुनिया हिला दी हो।

आख़िरकार उसने कहा, "समस्या यह है कि मेरी ज़िंदगी बेहतरीन चीज़ों से भरी है - ख़ूबसूरत घर, ख़ूबसूरत कार, अच्छी नौकरी, व्यस्त जीवन, लेकिन जब आपने हमसे अपने जीवन पर गहराई से विचार करने को कहा, जिससे हम अपने लिए अहम चीज़ों को पहचान सकें, तो मेरी ज़िंदगी में ये अधिक नहीं थीं।

अपने जीवन में - एक किशोर, कॉलेज के विद्यार्थी, युवक के रूप में ज़्यादातर समय मैं किसी न किसी उद्देश्य से जुड़ा रहा। मैं इस दुनिया में वास्तविक बदलाव लाना चाहता था। कुछ सार्थक तरीक़े से योगदान करना चाहता था।

"जब मैंने इस पर विचार करना शुरू किया कि मेरे लिए क्या अहम है, तो मुझे अचानक महसूस हुआ कि बीते वर्षों में वह अहसास, वह उद्देश्य की भावना, कहीं खो गई है। मैं सुरक्षा की भावना के प्रलोभन में आ गया हूँ। मैं कुछ नहीं बदल सका हूँ। मैं अपने बच्चों को भी कुछ बदलना नहीं सिखा सका हूँ। मैं बस जीवन को अपने कंट्री क्लब की बाड़ के पीछे से गुज़रता देखता रहा हूँ।"

मैं पूरी उत्सुकता से उसके बदलते व्यवहार को देख रहा था। उसने कहा, "लेकिन अब मैंने फ़ैसला कर लिया है। मैं उस चैरिटेबल ऑर्गेनाइज़ेशन से फिर जुड़ जाऊँगा, जिसके लिए मैं पहले काम करता था। वे तीसरी दुनिया के देशों में लोगों की मदद का शानदार काम करते हैं। मैं भी उसका हिस्सा बनना चाहता हूँ।"

उसकी आँखों में एक चमक थी। उसके शब्दों में उद्देश्य की भावना थी। वह ऊर्जा से भरपूर था। सेवानिवृत्ति से कुछ वर्ष पहले और बाद में उसके जीवन की गुणवत्ता को देखना आसान था। इसके अलावा दुनिया में बहुत से लोगों की बदलती ज़िंदगी साफ़ दिखाई दे रही थी- जिन पर उस विरासत का शक्तिशाली प्रभाव पड़ने वाला था, जो वह छोड़ने वाला था।

हम चाहें, जिस भी चीज़ को अहम मानते हों, सच तो यह है कि मानवीय परिपूर्णता के इन क्षेत्रों में से प्रत्येक जीवन की गुणवत्ता के लिए अनिवार्य है। क्या आपको कोई अपवाद सूझ रहा है- ऐसा कोई भी व्यक्ति, जिसके पास यह शारीरिक, सामाजिक, मानसिक, और आध्यात्मिक आवश्यकताएँ और क्षमताएँ नहीं हों? क्या आपको कोई अन्य समय प्रबंधन समस्या सूझ रही है, जिसका मूल इन बुनियादी आवश्यकताओं की पूर्ति से जुड़ा हुआ न हो?

2. 'सही दिशा' के सिद्धांतों की वास्तविकता

इन आवश्यकताओं को पूरा करना जितना 'महत्त्वपूर्ण' है, उतना ही महत्त्वपूर्ण वह तरीक़ा है, जिनसे हम इन्हें पूरा करते हैं। जब हम मानव की बुनियादी आवश्यकताएँ पूरी करने की कोशिश करते हैं, तो जीवन की गुणवत्ता का निर्माण करने की हमारी क्षमता वह अवस्था होती है, जहाँ हमारा जीवन बाहरी वास्तविकताओं से अनुकूलित होता है।

क्या आप इसी वक़्त अपनी आँखें बंद करके उत्तर दिशा बता सकते हैं? जब हम सेमिनारों में लोगों से ऐसा करने के लिए कहते हैं, तो वे अपनी आँखें खोलने के बाद तब हैरान रह जाते हैं, जब लोगों को हर दिशा में उँगली उठाए देखते हैं। अपने घर में होने पर आप उत्तर दिशा काफ़ी आसानी से बता सकते हैं, क्योंकि आप उसे और वहाँ रखी चीज़ों को भली-भाँति पहचानते हैं, लेकिन आप कहीं और हों, जहाँ की चीज़ों के बारे में आपको कुछ नहीं पता, तो आपके लिए ऐसा करना आसान नहीं होता।

क्या हमारे लिए 'सही दिशा' पहचानना ज़रूरी है? ज़्यादातर लोग हाँ कहेंगे। अगर हम सैन फ्रांसिस्को से विमान यात्रा के दौरान एक डिग्री भी भटक जाएँ, तो यरुशलम की जगह मास्को पहुँच सकते हैं।

'उत्तर' क्या है? क्या यह सिर्फ़ राय का मामला है? क्या हमें इस पर मतदान करना चाहिए? क्या यह लोकतांत्रिक प्रक्रिया का विषय है? नहीं, क्योंकि 'उत्तर' ऐसी वास्तविकता है, जो हम सबसे स्वतंत्र है।

'सही दिशा' की वास्तविकता हम कहाँ हैं, हम कहाँ जाना चाहते हैं और हम वहाँ कैसे पहुँचेंगे, उसे संदर्भ और अर्थ प्रदान करती है। दिशासूचक, या सितारों या अपने स्थान की सही जानकारी के बिना हमारे लिए इसे पहचानना कठिन है, लेकिन यह हमेशा वहीं होती है।

भौतिक जगत में जितनी वास्तविक 'सही दिशा' है, व्यक्तिगत प्रभावकारिता और मानवीय संवाद के जगत में कारण और प्रभाव के कालातीत नियम भी उतने ही वास्तविक हैं, जो वहाँ परिचालन करते हैं। युगों पुराना सामूहिक ज्ञान इन सिद्धांतों का पुनरावृत्ति के रूप में खुलासा करता है, जो किसी भी सच्चे महान व्यक्ति और समाज की बुनियाद हैं। इसे ध्यान में रखते हुए, हम 'सही दिशा' को मानवीय आयाम में तलाशना पसंद करेंगे और देखेंगे कि किस तरह हम अपने आंतरिक दिशासूचक का निर्माण कर सकते हैं, जो हमारे जीवन को इसके अनुरूप बनाने की दिशा में हमें सशक्त कर सके। 'सही दिशा' को बाहरी वास्तविकताओं और सिद्धांतों की उपमा के रूप में उपयोग करते हुए, हम 'सही दिशा' और 'चुंबकीय उत्तर' तथा 'ग्रिड उत्तर' के बीच के तकनीकी अंतर जैसा अंतर नहीं कर रहे हैं।

जो सिद्धांत नहीं हैं

जब हम सिद्धांतों की बात करते हैं, तो यह जानना ज़रूरी है कि हम किसके बारे में बात नहीं कर रहे हैं और किसके बारे में कर रहे हैं।

यहाँ हम मूल्यों के बारे में बात नहीं कर रहे : बहुत से लोगों को लगता है कि चूँकि हम किसी चीज़ को मूल्यवान समझ रहे हैं, तो इसे हासिल कर लेने भर से जीवन की गुणवत्ता में सुधार हो जाएगा। हमें लगता है कि, "मैं तब खुश और परिपूर्ण हो जाऊँगा, जब मेरे पास ज़्यादा पैसा होगा... जब मेरी प्रतिभा को पहचान मिल जाएगी... जब मेरे पास आलीशान घर होगा या नई कार होगी... जब मैं अपनी कॉलेज की पढ़ाई पूरी कर लूँगा।"

लेकिन मूल्यों पर केंद्रित होना पारंपरिक समय प्रबंधन नज़रिये के सबसे बड़े भ्रमों में से एक है। यह संदर्भ रहित विषय सामग्री है। इससे हम सफलता, लक्ष्य निर्धारण और सीढ़ी चढ़ना जैसे कामों की कल्पना 'सही दिशा' की वास्तविकताओं को समझे बिना करते हैं। प्रभावी होने के लिए प्रयासों को 'सही दिशा' की वास्तविकताओं पर आधारित होना चाहिए। वास्तव में यह कहता है कि, "आपकी प्राथमिकताएँ 'ज़रूरी चीज़ें' हैं।" आप किन चीज़ों को मूल्य देते हैं, यह फ़ैसला कर लेने के बाद इन्हें पाने के लिए प्रभावशाली तरीक़े से जुट जाएँ। यह अहंकार का कारण बन सकता है कि आप अपने आप में क़ानून हैं, और दूसरे लोगों को वस्तुओं या ऐसे संसाधन के रूप में देखने लगें, जिनसे हमें वह पाने में मदद मिले, जो हम करना चाहते हैं।

मूल्यों से जीवन की गुणवत्ता के परिणाम तब तक हासिल नहीं हो सकते... *जब तक कि हम सिद्धांतों को महत्त्व न देने लगें*। चौथी पीढ़ी का एक अहम हिस्सा यह अहसास करने की विनम्रता है कि कुछ ऐसी भी 'ज़रूरी चीज़ें' हैं, जो हमारे मूल्यों से स्वतंत्र हैं। जीवन की गुणवत्ता गतिविधियों की वह सीमा है, जिस तक हम इन 'ज़रूरी चीज़ों' को अपने लिए 'ज़रूरी चीज़ें' बना सकते हैं और इतने सशक्त हो सकते हैं कि इन्हें वास्तव में अपने जीवन में पहले रख सकें। यह पहचानना भी विनम्रता है कि जीवन की गुणवत्ता 'मैं' में नहीं, 'हम' में है। यह भी पहचानना है कि हम पारस्परिक निर्भरता की प्रचुरता और संभावनाओं की ऐसी वास्तविकता में जी रहे हैं, जिसे केवल तभी हासिल किया जा सकता है, जब हम दूसरों के साथ पूरे प्रामाणिक और सहक्रियावादी ढंग से संवाद करें।

सभी इच्छाएँ, बल्कि दुनियाभर के सभी काम यदि वैध सिद्धांतों पर आधारित नहीं होंगे, तो उनसे जीवन की गुणवत्ता के परिणाम उत्पन्न नहीं हो सकते। केवल सपने देखना काफ़ी नहीं है। केवल प्रयास करना ही काफ़ी नहीं है। केवल लक्ष्य तय करना या सीढ़ियाँ चढ़ना ही काफ़ी नहीं है। केवल मूल्य देना ही पर्याप्त नहीं है। प्रयास व्यावहारिक वास्तविकताओं पर आधारित होने चाहिए, जिनसे परिणाम उत्पन्न होते हैं। हम केवल तभी सपने देख सकते हैं, लक्ष्य तय कर सकते हैं, और इन्हें हासिल करने के लिए पूरे विश्वास के साथ काम कर सकते हैं।

हम परिपाटियों की बात नहीं कर रहे : जटिलता के बीच, हम परिपाटियों में सुरक्षा को तलाशने लगते हैं- चीज़ें को करने का विशिष्ट और निर्धारित तरीक़ा। हम परिणामों की जगह परिपाटियों पर केंद्रित रहते हैं। "मुझे बताओ कि क्या करना है। कैसे करना है।" हमें किसी एक स्थिति में किसी ख़ास परिपाटी से सकारात्मक परिणाम मिल सकते हैं, लेकिन अगर हम उसी परिपाटी को अन्य हालात में भी इस्तेमाल करें, तो अक्सर यह काम नहीं करती। जब हमें किन्हीं ऐसी परिस्थितियों का सामना करना पड़ता है, जिसके लिए कोई तय तरीक़ा नहीं है, तो हम अक्सर अपने आपको भ्रमित और अक्षम महसूस करते हैं।

महान इतिहासकार अर्नाल्ड टॉयनबी ने कहा है कि संपूर्ण इतिहास को एक छोटे से फ़ॉर्मूले से लिखा जा सकता है- चुनौती, प्रतिक्रिया। चुनौती की रचना वातावरण से होती है और इसके बाद व्यक्ति, संस्थान, समाज इस पर प्रतिक्रिया देते हैं। इसके बाद फिर एक चुनौती, एक और प्रतिक्रिया। यही फ़ॉर्मूला लगातार दोहराया जाता रहता है।

समस्या यह है कि ये प्रतिक्रियाएँ संहिताबद्ध हो जाती हैं। वे ठोस हो जाती हैं। ये हमारे सोचने और काम करने के तरीक़े का अंग बन जाती हैं। ये अच्छी प्रक्रियाएँ, परिपाटियाँ हो सकती हैं, लेकिन जब हमारे सामने कोई नई चुनौती हो, तो पुरानी परिपाटियाँ किसी काम की नहीं रह जातीं। वे पुरानी हो जाती हैं। और हम सुनसान जंगल में सड़क के नक़्शे के साथ अंधेरे में तीर मारते रहते हैं।

हमारा बँटा हुआ यांत्रिक समाज हमें लगातार बदलती हुई जटिल परिस्थितियों में रखता है। इस कारण हम उन परिपाटियों, संरचनाओं और परिपाटियों से चिपके रहते हैं, जिनमें हमारा जीवन कुछ हद तक पहले से तय रहता है। और धीरे-धीरे चुनौती उन्हें ख़त्म कर देती है। यही मनुष्य और संस्थानों का अपसान है। यहाँ तक कि परिवारों में भी माता पिता यह समझ नहीं पाते कि उनके अपने बच्चे जिन चुनौतियों का सामना कर रहे हैं, वे उनसे काफ़ी अलग हैं, जिनका उन्होंने खुद बड़े होते समय सामना किया था।

सिद्धांतों की शक्ति यह है कि वे सार्वभौमिक और शाश्वत सत्य होते हैं। अगर हम इन सिद्धांतों को समझें और इन्हीं के आधार पर अपना जीवन बिताएँ, तो हम न केवल इन्हें जल्दी अपना सकेंगे, बल्कि इनका हर जगह उपयोग भी कर सकेंगे। अपने बच्चों को परिपाटियों की जगह

सिद्धांत या परिपाटियों के पीछे के सिद्धांतों को सिखाकर हम उन्हें भविष्य की अज्ञात चुनौतियों को सँभालने के लिए बेहतर ढंग से तैयार करते हैं। इसके उपयोग को समझने से उस वक़्त की चुनौती से निपटा जा सकता है, लेकिन सिद्धांत को समझने से मौजूदा चुनौतियों का अधिक प्रभावी ढंग से सामना किया जा सकता है और इसके साथ ही भविष्य में आने वाली हज़ारों चुनौतियों से निपटने के लिए सशक्त भी बना जा सकता है।

हम 'धर्म' की बात नहीं कर रहे : क्योंकि इन सिद्धांतों का संबंध अर्थ और सत्य से है, तो कुछ लोगों में सिद्धांत संबंधी हमारी बातों को अपने धार्मिक संस्थानों या अध्यात्म-ज्ञान से मिले खुद के सकारात्मक या नकारात्मक अनुभवों से जोड़कर देखने की प्रवृत्ति होती है। चूँकि हम दुनिया के विभिन्न हिस्सों में सिखाते हैं, तो हमें ऐसे लोग भी मिले हैं, जिन्होंने 'ईसाई नैतिकता के नवीकरण' या 'बुद्ध की शिक्षाएँ' याद दिलाने या 'भारतीय दर्शन के अति निकट संदेश' देने के लिए हमारी सराहना की है। वहीं दूसरी ओर, कुछ लोग हम जो सिखाते हैं, उसे सुनने के बाद आश्चर्यजनक प्रतिक्रिया भी देते हैं, क्योंकि उन्हें लगता है कि इसमें 'धर्म की बू' आती है, और उनके लिए, 'धर्म' शब्द ऐसा संस्थागत निहितार्थ है, जो अनिवार्य रूप से सकारात्मक नहीं होता। वहीं दूसरा पक्ष देखें तो उसमें ऐसे भी लोग होते हैं, जो इस बात को लेकर हैरान रहते हैं कि हम अपने सिद्धांत-केंद्रित शिक्षण में जो सिखाते हैं, वह मानववादी होने के साथ ही ईश्वर को इससे बाहर रखता प्रतीत होता है।

हम जिसकी बात कर रहे हैं, वह धर्म नहीं है। हम इसमें मोक्ष, मृत्यु के बाद जीवन या इन सिद्धांतों के स्रोत से जुड़े मसलों की भी बात नहीं कर रहे। *हमारा मानना है कि ये महत्त्वपूर्ण मसले हैं, जिन पर हर व्यक्ति को अवश्य ध्यान देना चाहिए,* लेकिन ये मसले इस किताब की सीमा से बाहर हैं। हम इस पर बात नहीं कर रहे कि 'सही दिशा' का अस्तित्व क्यों है, यह कहाँ से आई, या यह कैसे बनी है। हम बस इस तथ्य पर बात कर रहे हैं कि इसका अस्तित्व है और यह हमारे जीवन की गुणवत्ता को शासित करती है। और जहाँ हमें हर प्रमुख धर्म के पवित्र ग्रंथों में इन सिद्धांतों के प्रमाण मिलते हैं, वहीं इनके अंश दुनियाभर और पूरे इतिहास के दार्शनिकों, वैज्ञानिकों, सम्राटों, ग्रामीणों, और संतों के मन, लेखनी, और कहे गए शब्दों से मिले हैं।

इन सिद्धांतों को तब कई बार विभिन्न नामों से भी पुकारा जाता है, जब इनका वर्णन विभिन्न मूल्य व्यवस्थाओं में होता है। जैसे कि एमर्सन ने परोपकारिता के सिद्धांत के बारे में कहा है, "इस भावना से उत्पन्न होने वाली सभी चीज़ों के प्रेम, न्याय, संयम जैसे विभिन्न नाम विभिन्न उपयोगों में वैसे ही होते हैं, जैसे समुद्र को उन विभिन्न किनारों पर अलग नाम दिए जाते हैं, जिनसे यह टकराता है।" इसमें बुनियादी सिद्धांत निहित होते हैं, जिन्हें समय की बड़ी सभ्यताओं में कई बार विभिन्न नामों से पहचाना गया है।

तो हम मूल्यों, परिपाटियों या धर्म की बात नहीं कर रहे। यहाँ हम 'सही दिशा' की वास्तविकताओं पर बात कर रहे हैं, जिन पर जीवन की गुणवत्ता आधारित होती है। ये सिद्धांत उन चीज़ों से संबंधित हैं, जो दीर्घावधि में प्रसन्नता और जीवन की गुणवत्ता के परिणाम प्रदान करते हैं। इनमें सेवा और पारस्परिक आदान-प्रदान जैसे सिद्धांत शामिल हैं। विकास और बदलाव की प्रक्रिया से इनका संबंध होता है। इसमें वे नियम भी शामिल हैं, जो मानव की बुनियादी आवश्यकताओं और क्षमताओं को प्रभावी ढंग से परिपूर्ण करते हैं।

आगामी अध्यायों में हम बहुत से सिद्धांत बताएँगे, जो जीवन की गुणवत्ता को विकसित करने में अहम होते हैं, लेकिन हमारा कुल उद्देश्य विस्तार में जाना नहीं है, बल्कि जीवन के प्रति ऐसे नज़रिये की प्रभावकारिता को पुष्ट करना है, जो इस सतत खोज और प्रयास पर आधारित है कि जीवन इन कालातीत और सशक्त बनाने वाले सत्यों के समानुरूप है।

सिद्धांत क्या हैं : कृषि का नियम

ये बाहरी वास्तविकताएँ किस तरह काम करती हैं, इसे समझने का सबसे अच्छा तरीक़ा कृषि के नियम पर विचार करना है। कृषि में, हम आसानी से देख सकते हैं कि इस कार्य पर प्राकृतिक नियम और सिद्धांत शासन करते हैं और फसल का होना तय करते हैं, लेकिन सामाजिक और कॉर्पोरेट संस्कृति में, हम मान बैठे हैं कि हम नैसर्गिक प्रक्रियाओं की उपेक्षा कर सकते हैं, व्यवस्था से छल कर सकते हैं, और इसके बावजूद जीत सकते हैं। और ऐसे बहुत से प्रमाण भी हैं, जो इस धारणा का समर्थन करते हैं।

जैसे कि क्या आपने कभी स्कूल में 'रट्टा' लगाया है, लेकिन फिर सेमेस्टर में सब गड़बड़ कर दी, फिर आप बड़ी परीक्षा से पहले रातभर

जागकर सेमेस्टर लायक़ ज्ञान अपने दिमाग़ में भरने की कोशिश करते रहे?

स्टीफ़नः मुझे स्वीकार करने में शर्म आ रही है, लेकिन मैंने भी स्कूली दिनों में रट्टा लगाया था और मैं इसे चतुराई मानता था। मैंने व्यवस्था को चकमा देना सीख लिया था, यह पहचानकर कि शिक्षिका मुझसे क्या चाहती थीं। "वह किस आधार पर ग्रेड्स देती हैं? ज़्यादातर लेक्चर के आधार पर? बढ़िया है! अब मुझे पाठ्य पुस्तक पढ़ने की कोई ज़रूरत नहीं। बाक़ी कक्षा का क्या? उसमें तो किताब पढ़नी ही होगी? कोई बात नहीं, क्लिफ नोट्स कहाँ हैं, ताकि इसमें मैं लघु सारांश पढ़ सकूँ।" मैं अच्छे ग्रेड तो चाहता था, लेकिन इसके लिए मैं अपनी जीवनशैली में बदलाव नहीं करना चाहता था।

इसके बाद मैं स्नातक के काम में जुट गया। वहाँ सब बिलकुल अलग था। पहले तीन महीने तक तो मैंने ख़ूब ठूँसने का प्रयास किया, ताकि अंडरग्रेजुएट में चार साल लगातार तक रट्टा लगाने की क्षतिपूर्ति हो सके और मैं अस्पताल पहुँच गया। मुझे अल्सरेटिड कोलाइटस (नासूर के साथ बड़ी आँत में सूजन) हो गया था। मैं प्राकृतिक प्रक्रिया पर बल-प्रयोग का प्रयास कर रहा था, और मुझे ज्ञात हुआ कि आप ऐसा लंबे समय तक नहीं कर सकते। मैंने कई साल उस मूर्खता की भरपाई में लगा दिए, जिसमें मैं अपने को ऐसी मूल्य व्यवस्था में ढालने की कोशिश कर रहा था, जिसका सिद्धांतों से कोई संबंध नहीं था।

क्या आप कृषि कार्य में 'रट्टा' लगाने की कल्पना कर सकते हैं? क्या आप कल्पना कर सकते हैं कि आप वसंत में बीज बोना भूल जाएँ, सारी गर्मी सोते रहें और पतझड़ में फसल काट लें- मिट्टी खोदना, उसमें बीज डालना, पानी देना, और विकसित होना- क्या आप इस तरह एक रात में फसल पकने की उम्मीद कर सकते हैं?

रटना, कृषि जैसी प्राकृतिक व्यवस्था में काम नहीं करता। यह सामाजिक और प्राकृतिक व्यवस्था के बीच का बुनियादी अंतर है। सामाजिक व्यवस्था मूल्यों पर आधारित होती है। प्राकृतिक व्यवस्था सिद्धांतों पर आधारित होती है। सामाजिक व्यवस्था में रटना कुछ समय तक काम करता प्रतीत होता है। आप जल्दी सफलता के इस ऐसे फ़ौरी-समाधान तथा तकनीक का उपयोग कर सकते हैं।

लंबी अवधि में, कृषि का नियम जीवन के हर क्षेत्र को शासित करता है। हम में से कितने लोगों को अब यह लगता है कि काश! उन्होंने स्कूल में

रट्टा न लगाया होता? हमें डिग्री तो मिल गई, लेकिन हम शिक्षित नहीं हुए। समय के साथ हमें स्कूली सामाजिक व्यवस्था और मन को विकसित करने में सफलता, जैसे, तार्किक, रचनात्मक रूप से सोचने, कल्पनाओं के गहन स्तर, बोलकर और लिखकर संवाद की क्षमता, सीमातीत चीज़ों, पुराने ढंग की परिपाटियों से ऊपर उठने और समस्याओं को नए और बेहतर तरीक़ों से सुलझाने के बीच का अंतर समझ आने लगता है।

चरित्र का क्या? क्या आप 'रटने या किन्हीं चीज़ों को ठूँसने' से अचानक ईमानदार, साहसी और दयालु व्यक्ति बन सकते हैं? या शारीरिक स्वास्थ्य? क्या आप आलू चिप्स, चॉकलेट केक, कसरत न करने की वर्षों पुरानी जीवनशैली को मैराथन से बस एक दिन पहले हेल्थ स्पा में वर्कआउट करके बदल सकते हैं?

विवाह का क्या? यह स्कूल के नियम से शासित होता है या कृषि के नियम से, यह इस बात पर निर्भर करता है कि आप इसे कितने लंबे समय तक चलाना चाहते हैं। बहुत से लोग, जो विवाह करते हैं, वे अपनी जीवनशैली को बदलना नहीं चाहते। वे विवाहित सिंगल्स होते हैं। वे समय देकर साझा सपनों, निस्वार्थता, परवाह करना, स्नेहशीलता, और आदर के बीज का पोषण नहीं करते, इसके बावजूद वे खरपतवार उगने पर हैरान हो जाते हैं। समस्या को हल करने के लिए वे जो सामाजिक व्यवस्था फ़ौरी-समाधान और निजी नैतिकता तकनीक स्थापित करने का प्रयास करते हैं, वे काम नहीं करतीं। ये 'समाधान' रोपाई, जुताई और देखभाल के मौसम की जगह नहीं ले सकते।

बच्चों के साथ रिश्तों का क्या? हम शॉर्टकट ले सकते हैं। हम बड़े, स्मार्ट और अधिकारपूर्ण होते हैं। हम उन्हें शर्मिंदा कर सकते हैं, धमका सकते हैं, और अपनी इच्छा थोप सकते हैं। हम उन्हें प्रशिक्षित करने की अपनी ज़िम्मेदारी स्कूलों, गिरजाघरों या डे-केयर केंद्रों पर डाल सकते हैं, लेकिन क्या आगे चलकर इन शॉर्टकट्स से ज़िम्मेदार, परवाह करने वाले, बुद्धिमान वयस्क विकसित हो सकते हैं, जो प्रभावशाली फ़ैसले लेकर ख़ुशनुमा जीवन बिता सकें? क्या ये शॉर्टकट्स हमारे लिए उन लोगों के साथ समृद्ध और ख़ुशनुमा रिश्ते विकसित कर सकते हैं, जिनके हमारा निकटतम मित्र बनने की संभावना है।

थोड़े वक़्त के लिए, भले ही इस फ़ौरी-समाधान से हमें ऊपरी तौर पर सफलता मिल जाए। हम प्रभाव छोड़ सकते हैं, हम मुग्ध कर सकते हैं। हम तकनीकों में फ़ेरबदल करना सीख सकते हैं। कौन सा लीवर खींचा जाए। कौन सा बटन दबाएँ, जिससे इच्छित परिणाम मिल सकें, लेकिन दीर्घावधि में, कृषि का नियम ही जीवन के हर क्षेत्र पर शासन करता है। और नक़ली कृषि का कोई तरीक़ा नहीं होता। जैसा कि डॉ. सिडनी ब्रीमर ने अपनी पुस्तक *स्पिरिट ऑफ़ अपोलो* में लिखा है:

> प्रकृति समान रूप से संतुलित है। हम इसका संतुलन बिगाड़ नहीं सकते, क्योंकि हम जानते हैं कि कारण और प्रभाव का नियम प्रकृति का अमोघ और अनवरत नियम है, लेकिन इसके बावजूद हम बतौर राष्ट्र और व्यक्ति अपना संतुलन तलाशने में विफल होते हैं, क्योंकि हमने अभी तक यह नहीं सीखा है कि यही नियम मानव जीवन में भी उसी अनवरत रूप से काम करता है, जैसे समाज और प्रकृति में करता है। हम जो भी बोते हैं, हमें अनिवार्य रूप से उसी को काटना पड़ता है।

भ्रम बनाम वास्तविकता

जीवन में समस्याएँ तब आती हैं, जब हम बीज एक चीज़ का बोते हैं और फसल बिलकुल अलग तरह की पाने की उम्मीद करते हैं।

हमारे बहुत से बुनियादी प्रतिमान और प्रक्रियाएँ तथा उनसे उत्पन्न आदतें ऐसे परिणाम कभी उत्पन्न नहीं करेंगी, जैसी हमें उनसे उम्मीद होती है। ये प्रतिमान- शॉर्टकट्स की तलाश कर रहे लोगों, विज्ञापन, महीने के प्रशिक्षण प्रोग्रामों और व्यक्तिगत नीतिशास्त्र पर आधारित सफलता के सत्तर वर्षों के साहित्य ने तैयार किए हैं, जो बुनियादी रूप से फ़ौरी-समाधान के भ्रम पर आधारित हैं। इससे न केवल बुनियादी आवश्यकताओं की हमारी जागरूकता, बल्कि इसे पूरा करने के हमारे प्रयास भी प्रभावित होते हैं।

शारीरिक आवश्यकताएँ

अच्छा स्वास्थ्य प्राकृतिक सिद्धांतों पर आधारित होता है। यह समय के साथ नियमित कसरत, समुचित पोषण, पर्याप्त आराम, स्वस्थ मानसिकता, उन पदार्थों से बचने से विकसित होता है, जो शरीर के लिए नुक़सानदेह होते

हैं, लेकिन हम इसकी क़ीमत चुकाने की बजाय दिखावे के भ्रम में फँसे रहते हैं- अच्छे कपड़े, अच्छा मेकअप, वज़न-कम करने वाला फ़ौरी-समाधान (जो सुलझाने की जगह दीर्घावधिक समस्याएँ देता है) हमारी शारीरिक आवश्यकताएँ पूरी कर देंगे। यह खोखला वादा है। इससे कम अवधि का संतोष मिलता है, जो केवल मन की मिठाई भर है। यह वास्तविक नहीं है। यह क़ायम नहीं रहती।

आर्थिक कल्याण किफ़ायत, मेहनत, भविष्य की आवश्यकताओं के लिए बचत, ब्याज देने की जगह कमाने के सिद्धांतों पर आधारित होता है, लेकिन हम इस भ्रम में जीते हैं कि वस्तुओं के होने से आवश्यकता पूरी होती है, फिर भले ही इन्हें क़र्ज़ से लेकर इस तुरंत संतुष्टि वाली मन की मिठाई के लिए कई महीनों या वर्षों तक उसकी क़ीमत दोगुनी क्यों न चुकानी पड़े या। हम लॉटरी या किसी पत्रिका के प्रकाशक की घुड़दौड़ का जुआ जीतने की फंतासी के साथ जीते हैं। हम यह भ्रम पालते हैं कि कोई बाहर से आकर जादू की तरह सभी समस्याएँ सुलझा देगा और हमें वित्तीय मामलों में सक्षमता विकसित करने की आवश्यकता से मुक्त कर देगा।

सामाजिक आवश्यकताएँ

सच तो यह है कि अच्छे रिश्ते सिद्धांतों, विशेष रूप से विश्वास के सिद्धांत पर निर्मित होते हैं। और विश्वास, विश्वसनीयता तथा वादे करने और निभाने के आचरण, संसाधनों को साझा करने, परवाह करने, ज़िम्मेदार होने और बेशर्त प्रेम से विकसित होता है।

लेकिन जब हम अकेले तथा अधूरी आवश्यकताओं के दर्द से पीड़ित होते हैं, तो हमें इसे पाने का प्रयास करने, विश्वास-योग्य बनने और किसी के विश्वास और प्रेम के लायक़ बनने को कहा जाना पसंद नहीं आता। नक़ली आकर्षणों के भ्रमों पर यक़ीन करना काफ़ी आसान हो जाता है, जैसे यौन- संतुष्टि, या ऐसा विचार कि बाहरी रूपरेखा और व्यक्तित्व से प्रेम जीता जा सकता है या हम लेट-नाइट टीवी पर 900 पर फ़ोन कर सकते हैं और आपसे कोई प्रेम से बात करेगा। प्रेम करने योग्य व्यक्ति बनने से ज़्यादा आसान प्रेम तलाशना होता है। और हमारी संस्कृति- संगीत, किताबें, विज्ञापन, फ़िल्में, टीवी प्रोग्राम- सब भ्रम से भरे हैं।

मानसिक आवश्यकताएँ

हम अक्सर दीर्घावधिक तरक़्क़ी और विकास की वास्तविकता की जगह 'रटने या ठूँसने' के भ्रम को चुनते हैं। हम मानते हैं, हमें डिग्री लेनी है... जिससे नौकरी मिल सके... जिससे पैसा आए... जिससे आप चीज़ें ख़रीद सकें... जिससे आप सफल समझे जाएँ, लेकिन ऐसी सफलता से क्या हासिल होगा? क्या वैसा चरित्र या सामर्थ्य, जो लगातार गहराई से अध्ययन और तरक़्क़ी से हासिल होता है?

आध्यात्मिक आवश्यकताएँ

हम उस भ्रम से संतुष्ट हो जाते हैं, जो समाज हमें प्रदान करता है कि सार्थकता आत्म-केंद्रित होने में है- आत्म-सम्मान, आत्म-विकास, आत्म-सुधार- अर्थात "मुझे क्या चाहिए", "मुझे मेरा काम करने दो", "मैं इसे *अपने* तरीक़े से करूँगा।" लेकिन हज़ारों वर्षों का ज्ञान साहित्य हमेशा से उस वास्तविकता को सतत रूप से मान्यता देता रहा है कि हमारे आत्म सुधार की महान पूर्ति दूसरों तक ज़्यादा प्रभावशाली ढंग से पहुँच बनाने और उनकी मदद करने में सशक्त होने में निहित है। जीवन की गुणवत्ता का प्रवाह भीतर से बाहर की ओर होता है। योगदान देने और अपने से ऊपर की किसी चीज़ के लिए जीने में ही जीवन की सार्थकता है। भ्रम के परिणाम और वास्तविकता के बीच अंतर मृत सागर और लाल सागर के जैसे हैं। मृत सागर अपने आप में एक निष्प्रवाह अंत है, जिसका कोई विसर्जन द्वार या जीवन नहीं है, जबकि लाल सागर में निरंतर जल प्रवाहित रहता है और जो अपने रास्ते में आने वाले भरपूर जीवन का पोषण करता है।

समय प्रबंधन क्षेत्र में अनेक तकनीक और परिपाटियाँ इस तरह का स्वांग रचते हैं, मानो वे तात्कालिक समस्याओं के व्यावहारिक, सटीक और अंतिम समाधान हैं, लेकिन उनमें निहित वादे तुरंत-समाधान के भ्रम हैं। इनमें दीर्घकालिक और आधारभूत आवश्यकताओं पर ध्यान नहीं दिया जाता। समाधान उन सिद्धांतों से खंडित करके निकाले जाते हैं, जिनसे जीवन की गुणवत्ता के दीर्घावधिक परिणाम विकसित होते हैं। इस तरह, हम पुनः नक़ली आकर्षणों के संतोष पर लौट आते हैं, और जीवन में प्राप्त होने वाले परिणाम इन्हें प्रमाणित करते हैं।

ऐसा कोई तरीक़ा नहीं है, जिससे इन भ्रमों से जीवन की गुणवत्ता विकसित हो सके। फ़ौरी-समाधानों, तुच्छ बातों और व्यक्तित्व नीतिशास्त्र की तकनीकों से बुनियादी सिद्धांतों पर अतिक्रमण होता है। इनसे जीवन की गुणवत्ता के परिणाम कभी हासिल नहीं किए जा सकते।

तो फिर हम जीवन की गुणवत्ता को शासित करने वाली 'सही दिशा' की वास्तविकताओं को कैसे तलाशें और अपने जीवन को इनके अनुरूप कैसे करें?

3. मानव की चार क्षमताओं की शक्ति

बतौर मानव हमें ऐसी विशिष्ट क्षमताएँ मिली हैं, जो हमें पशु जगत से अलग बनाती हैं। ये क्षमताएँ उत्प्रेरकों और प्रतिक्रियाओं, हमारे साथ घटने वाली घटनाओं और उन पर हमारी प्रतिक्रियाओं के बीच के अंतराल में निहित होती हैं।

स्टीफ़नः कई साल पहले, मैं एक बार विश्वविद्यालय की लाइब्रेरी में किताबों की अलमारियों के बीच घूम रहा था। तभी मैंने एक किताब खोली, जिसमें मुझे मेरा अब तक जाना सबसे शक्तिशाली और शानदार विचार पढ़ने को मिला। जिसका सार है :

प्रेरणा और प्रतिक्रियाओं के बीच, एक अंतराल होता है।
इस अंतराल में हमारी प्रतिक्रियाओं को चुनने की शक्ति होती है।
इन प्रतिक्रियाओं में ही हमारा विकास और मुक्ति निहित है।

मुझ पर इस विचार का बहुत चमत्कारिक असर हुआ। अगले कुछ दिन मैं इस पर बार-बार चिंतन करता रहा। इसका मेरे जीवन के प्रतिमान पर प्रभावशाली प्रभाव पड़ा। उस अंतराल में मुझे सोच-समझकर प्रतिक्रिया चुनने की अपनी ख़ुद की क्षमता के बारे में पता चलने लगा।

इस अंतराल में निहित क्षमताएँ - आत्म-जागृति, विवेक, रचनात्मक कल्पना, और स्वतंत्र इच्छा - हमारी परम मानव मुक्ति की रचना करती हैं: चयन, प्रतिक्रिया और बदलाव की ताक़त। ये ऐसे दिशासूचक का निर्माण करते हैं, जो हमें इस योग्य बनाता है कि हम अपने जीवन को सही दिशा के अनुरूप कर सकें।

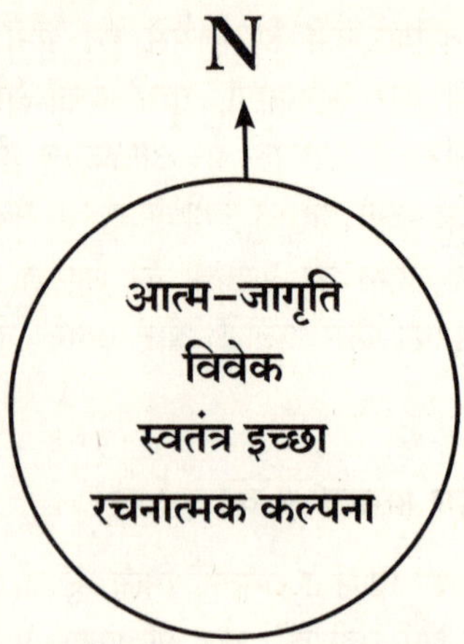

• **आत्म–जागृति** – स्वयं से अलग होकर अपने विचारों, मंतव्यों, इतिहास, अपनी शैली, अपनी गतिविधियों, आदतों और प्रवृत्तियों की जाँच करने की क्षमता आत्म जागृति है। यह क्षमता हमें अपना 'चश्मा उतारकर' इन पर नज़र डालने और उनके आर-पार देखने के योग्य बनाती है। इससे हमारे लिए यह संभव हो पाता है कि हम उन सामाजिक और मानसिक कार्यक्रमों के इतिहास के प्रति जागरूक हों, जो हमारे भीतर हैं। इससे यह भी संभव होता है कि हम उत्प्रेरकों और प्रतिक्रिया के बीच विभाजन को विस्तार दें।

• **विवेक** – यह हमें युगों पुराने ज्ञान और हृदय की प्रज्ञा से जोड़ता है। यह हमारी आंतरिक मार्गदर्शन प्रणाली है। जब हम किसी ऐसे तरीक़े से कोई क़दम उठाते हैं या ऐसा करने का विचार भी करते हैं, जो सिद्धांत के अनुरूप नहीं है, तो यह प्रणाली हमें इसका आभास करा देती है। यह हमें हमारे विशिष्ट उपहारों और मिशन का भी अहसास कर देती है।

• **स्वतंत्र इच्छा** – यह हमारी क़दम उठाने की क्षमता है। यह हमें अपने प्रतिमानों को श्रेष्ठ करने, धारा के विपरीत तैरने, अपने लेखों को फिर से लिखने और भावना या हालात के आधार की जगह सिद्धांतों पर प्रतिक्रिया देने की ताक़त प्रदान करती है। वातावरणीय या आनुवंशिक प्रभाव काफ़ी प्रबल हो सकते हैं, फिर भी वे हमें नियंत्रित नहीं करते। हम इसके शिकार नहीं हैं। हम अपने अतीत का उत्पाद नहीं हैं। हम अपने चयनों

के उत्पाद हैं। हम प्रतिक्रिया- योग्य हैं, यानी प्रतिक्रिया देने में सक्षम, जो अपने मूड और वृत्ति से परे जाकर अलग चयन कर सकते हैं। हमारे पास आत्म-जागृति, विवेक, और विज़न के आधार पर क़दम उठाने की ताक़त है।

• **रचनात्मक कल्पना** – यह भविष्य की स्थिति की कल्पना करने, अपने मन से किसी चीज़ का निर्माण करने और समस्याओं को साथ मिलकर सुलझाने की शक्ति है। यह ऐसी क्षमता है, जिससे हम स्वयं और दूसरों को उससे अलग और बेहतर तरीक़े से देख सकते हैं, जितना वर्तमान में देख पाते हैं। यह हमें अपने व्यक्तिगत मिशन स्टेटमेंट को लिखने, लक्ष्य तय करने और मीटिंग की योजना बनाने में सक्षम बनाती है। साथ ही यह हमें ऐसी शक्ति भी प्रदान करती है, जिससे हम अपने मिशन स्टेटमेंट का सबसे चुनौतीपूर्ण हालात में भी पालन करते और इन सिद्धांतों को नए हालात में प्रभावशाली तरीक़े से लागू करते ख़ुद को देख सकते हैं।

आत्म-सुधार 'गतिविधियाँ' अक्सर इन क्षमताओं को दर्शाती रहती हैं, लेकिन उनमें इन्हें वर्गीकृत करने तथा पृथक रूप से संबोधित करने की प्रवृत्ति होती है।

- **आत्म–जागृति** : यह रिकवरी से जुड़ी गतिविधि, मानसिक-विश्लेषण और मुख्यतः मानसिक उपचार पर केंद्रित है।
- **विवेक** : यह धर्म का केंद्र है। नैतिकता, नैतिक विचार, सार्थकता तथा सही एवं ग़लत जैसे प्रश्नों की दुनिया।
- **स्वतंत्र इच्छा** : इसका मतलब इच्छा शक्ति है। 'साधारण पुरुष होने का नज़रिया'। पूरे उत्साह के साथ जीवन में आगे बढ़कर, जो चाहते हों, वह हासिल करना। 'बिना श्रम किए फल नहीं मिलता'।
- **रचनात्मक कल्पना** : यह कल्पनाशीलता और मन की शक्ति की गतिविधियों पर केंद्रित है, जैसे सकारात्मक सोच, साइकोसाइबरनेटिक्स विश्वास का जादू और न्यूरोलिंग्विस्टिक प्रोग्रामिंग।

जहाँ हर नज़रिये से एक या अधिक मानवीय क्षमताओं का विकास होता है, वहीं इनमें से हर नज़रिया सभी क्षमताओं को आपस में जुड़ी हुईं और परस्पर सहक्रियात्मक पूर्णता के तौर पर पहचानने में विफल रहता है, लेकिन इनमें से हर एक क्षमता और उसकी सहक्रिया जीवन की गुणवत्ता का निर्माण

करने के लिए आवश्यक है। अगर हमारे भीतर बेहतर रास्ता तलाशने की रचनात्मक कल्पनाशीलता और बदलाव करने की स्वतंत्र इच्छा न हो, तो केवल आत्म-जागृति से कुछ नहीं होने वाला, क्योंकि हमें बनाया ही इस तरह गया है कि हमारा अपनी गहन आंतरिक चेतना के साथ कोई तालमेल न हो। अपने जीवन में 'पूरे उत्साह से कार्य' करने की स्वतंत्र इच्छा होना ही काफ़ी नहीं है, अगर हम सही दिशा को तलाशने का विवेक विकसित नहीं करते और हमें मृत-मार्गों पर रखने वाले तर्कों और उन्हें न्यायोचित सिद्ध करने वाली बातों पर हम पार नहीं कर लेते। स्वतंत्र इच्छा के बिना कल्पना एक आदर्श स्वप्नदर्शी का निर्माण कर सकती है। विवेक के बिना कल्पना हिटलर उत्पन्न कर सकती है।

चार क्षमताओं में से प्रत्येक का विकास तथा उनके बीच की सहक्रिया निजी नेतृत्व की बुनियाद है। इसी से हम यह कहने योग्य हो पाते हैं कि, "अपने प्रतिमानों की पड़ताल मैं खुद कर सकता हूँ। मैं इससे उत्पन्न परिणामों को जाँच सकता हूँ। मैं अपने विवेक का उपयोग ऐसे नए मार्गों को तय करने में कर सकता हूँ, जिनका सिद्धांतों और योगदान देने की मेरी अपनी विशिष्ट क्षमता से सामंजस्य हो। मैं अपनी स्वतंत्र इच्छा का उपयोग बदलाव निर्माण के लिए विभिन्न चयन करने में कर सकता हूँ। मैं अपनी रचनात्मक कल्पनाशीलता का उपयोग मौजूदा वास्तविकता के पार नए विकल्पों को तलाशने में कर सकता हूँ।"

अपनी क्षमताओं को कैसे विकसित करें

हम सबमें ये सभी क्षमताएँ मौजूद होती हैं। हम सभी को आत्म-जागृति के क्षण मिलते हैं। हमारे जीवन में कभी-कभी ऐसा समय भी आता है, जब हम किसी आंतरिक आदेश को सुनते हैं और पूरे सामंजस्य से उसके अनुरूप काम करते है। हमें यह अनुभव भी होता है, जब हम भावना या हालात के अनुसार प्रतिक्रिया देने की जगह जो महत्त्वपूर्ण महसूस होता है, उसके अनुसार कार्य करने लगते हैं। हमें विज़न और प्रेरणादायी रचनात्मकता के क्षण भी दिखाई देते हैं।

लेकिन भले ही हम महसूस करें या नहीं, निश्चित ही ऐसे वक़्त भी आते हैं, जब हमें आश्चर्यजनक रूप से कुछ दिखाई नहीं देता। किसी वक़्त हम अपनी आंतरिक मार्गदर्शन प्रणाली की अनदेखी कर देते हैं या उसका प्रतिरोध करते हैं। हम चरम प्रतिक्रियावादी व्यवहार के क्षणों में विज़न या कल्पनाशीलता की अनदेखी कर देते हैं।

सवाल यह है कि हम अपनी विशिष्ट क्षमताओं को कैसे पूरी तरह विकसित कर सकते हैं और हमारे जीवन में सहक्रिया कितनी शक्तिशाली होती है?

हमारी सलाह है कि आप पलभर रुकें और नीचे दिए सवालों पर गंभीरता से विचार करें। आपके जवाब से आपको संकेत मिल जाएगा कि आप किस स्तर तक विकसित हैं और जीवन में किस स्तर तक फ़िलहाल इन क्षमताओं का उपयोग कर रहे हैं।

इन सवालों को पढ़ने के बाद, इन चारों क्षमताओं में प्राप्त अंकों को जोड़ें। इनमें से प्रत्येक सेक्शन में मिले अंकों के लिए निम्न कुंजी को पैमाना बनाएँ :

0-7	निष्क्रिय क्षमता
8-12	सक्रिय क्षमता
13-16	अति विकसित क्षमता

इस मैट्रिक्स के आगे दिए उस अंक पर गोला लगाएँ, जो इसके बाईं ओर दिए विवरण पर आपके सबसे साधारण व्यवहार या नज़रिये को दर्शाता हो (0= नहीं, 2= कभी-कभी, 4= हमेशा)

आत्म-जागृति

	N S A
1. क्या मैं अपने विचारों या अनुभूतियों से अलग हटकर इन्हें जाँच सकता हूँ या बदल सकता हूँ?	0 1 2 3 4
2. क्या मैं अपने बुनियादी प्रतिमानों तथा उनके मेरे नज़रिये और व्यवहार पर पड़ते प्रभाव तथा जीवन में मिलने वाले परिणामों से परिचित हूँ?	0 1 2 3 4
3. क्या मैं अपने जैविक, आनुवंशिक, मानसिक, और सामाजिक अंकन - तथा अपने खुद के गहरे आंतरिक विचारों के बीच अंतर से परिचित हूँ?	0 1 2 3 4
4. मेरे या मेरे किसी काम के प्रति अन्य लोगों की प्रतिक्रिया जब उसे चुनौती देती है, जिस तरह मैं अपने आपको देखता हूँ, तो क्या मैं उससे मिले फ़ीडबैक को अपने गहरे व्यक्तिगत आत्म-ज्ञान द्वारा जाँचकर उससे सबक़ लेता हूँ?	0 1 2 3 4

विवेक

N S A

1. क्या कई बार जब मैं कुछ करने वाला होता हूँ, तो भीतर से ऐसी आवाज़ आती है कि मुझे वह करना चाहिए या नहीं करना चाहिए? 0 1 2 3 4
2. क्या मुझे 'सामाजिक विवेक' यानी समाज ने जिन मूल्यों को मानने के लिए मुझे तैयार किया है और मेरे भीतर से जो निर्देश आ रहे हैं, उनके बीच के अंतर की समझ है। 0 1 2 3 4
3. क्या मैं अंदर से सत्यनिष्ठा और विश्वसनीयता जैसे सही दिशा के सिद्धांतों को समझता हूँ? 0 1 2 3 4
4. क्या मुझे मानवीय अनुभवों का वह पैटर्न दिखाई देता है - उस समाज से कहीं ज़्यादा बड़ा, जिसमें मैं रहता हूँ - जो इन सिद्धांतों की वास्तविकताओं को प्रामाणिक बनाता है? 0 1 2 3 4

स्वतंत्र इच्छा

N S A

1. क्या मैं खुद से और दूसरों से किए वादे पूरे करता हूँ? 0 1 2 3 4
2. क्या मुझमें अपने आंतरिक आदेशों के अनुसार कार्य करने की क्षमता है, तब भी, जब मुझे इसके लिए धारा के विपरीत जाना पड़े? 0 1 2 3 4
3. क्या मैंने अपने जीवन में सार्थक लक्ष्य तय करने और उन्हें हासिल करने की योग्यता विकसित की है? 0 1 2 3 4
4. क्या मैं अपनी प्रतिबद्धताओं के आगे अपनी मर्ज़ी को कम अहम मानता हूँ? 0 1 2 3 4

रचनात्मक कल्पनाशीलता

N S A

1. क्या मैं आगे की सोचता हूँ? 0 1 2 3 4
2. क्या मैं मौजूदा वास्तविकता से आगे के जीवन के बारे में सोचता हूँ? 0 1 2 3 4
3. क्या मैं अपने लक्ष्यों को पुनः पुष्ट करने और उन्हें हासिल करने में अपनी कल्पनाशीलता का उपयोग करता हूँ? 0 1 2 3 4

4. क्या मैं विभिन्न तरह के हालात में समस्याओं को सुलझाने के नए और रचनात्मक तरीक़ों की तलाश करता हूँ तथा दूसरों के मुझसे अलग दृष्टिकोण को महत्त्व देता हूँ? 0 1 2 3 4

इन क्षमताओं का निर्माण करना इनके सतत रूप से पोषण करने और अभ्यास की प्रक्रिया है। इन क्षमताओं के पोषण के अनेक तरीक़े हैं, लेकिन इस अध्याय में हम एक ऐसा शक्तिशाली तरीक़ा बताएँगे, जो इसमें से हर एक क्षमता को विकसित करने के साथ ही इनके बीच सहक्रिया को भी पोषित करेगा।

निजी डायरी रखने से आत्म–जागृति का पोषण

निजी डायरी रखना, क्वाड्रंट II की प्रभावशाली गतिविधि है, जो आत्म–जागृति को काफ़ी हद तक बढ़ाने के साथ ही इन सभी क्षमताओं और इनके बीच सहक्रिया को भी विकसित करती है।

अपनी निजी डायरी में आप क्या चीज़ें लिखेंगे? अगर आपको जीवन में इच्छित परिणाम नहीं मिल रहे हैं, तो इसे दर्ज करें। इन्हें काग़ज़ पर लिखें। देखें कि कृषि का नियम आपके जीवन में किस तरह कार्य करता है। देखिए, किस तरह परिणाम, मूल कारणों से प्रवाहित होते हैं। देखें कि प्रतिमानों, प्रक्रियाओं और आदतों में परिणामों की जड़ें कैसे खोजी जा सकती हैं।

अगर आप इसे लेकर निश्चित नहीं हैं कि वे काम आप क्यों कर रहे हैं, जो खुद आपके लिए नुक़सानदेह हैं, तो इनका विश्लेषण करें, इन्हें संसाधित करें, और इन्हें लिख लें। अगर आपके माता–पिता ने कुछ ऐसा किया था, जिससे आप हताश हुए हों, और आपने स्वयं से कहा हो कि "जब मैं अभिभावक बनूँगा, तो ऐसा कभी नहीं करूँगा!" – और आज आप खुद को वही करता पा रहे हैं, तो इसे लिख लें। यह आपके दिमाग़ी अंकन में जागरूकता उत्पन्न करेगा। इससे आपको ज़्यादा बुद्धिमत्तापूर्ण विकल्प चुनने में मदद मिलेगी।

यदि आपको कोई ऐसा बोध हो या आप कोई सिद्धांत सीखें या ऐसे हालात देखें, जहाँ किसी सिद्धांत से कोई परिणाम उत्पन्न हुए हों, तो इसके बारे में लिख लें। अगर आपको कोई आंतरिक आवाज़ महसूस हो, तो आप या तो इसे सुन सकते हैं या इसकी अनदेखी कर सकते हैं। इसके बारे

में लिखें और यह भी लिखें कि इसका क्या परिणाम हुआ। इस प्रक्रिया से आपको अपनी आंतरिक मार्गदर्शन प्रणाली पर ज़्यादा ध्यान देने में मदद मिलेगी। यह आपके विवेक को मज़बूत और शिक्षित बनाएगा।

अगर आपने स्वयं या किसी दूसरे से कोई वादा किया है, तो अपनी स्वतंत्र इच्छा का उपयोग करके आप इसे कैसे पूरा करेंगे, इस बारे में भी लिखें। अगर आपने हफ़्ते में चार बार कसरत करने की प्रतिज्ञा की है, तो उन कारकों का विश्लेषण करें, जिनकी बदौलत आप ऐसा कर सकेंगे या ऐसा न करने के कारणों की तलाश करें। क्या आपने यह प्रतिज्ञा आधे-अधूरे मन से, उतावलेपन में की अथवा यह अयथार्थवादी थी? क्या 'नींद से जल्दी जागने और पसीना बहाने' की चुनौती स्वतंत्र इच्छा के आपके वर्तमान स्तर से ज़्यादा ऊपर की बात है? क्या आपने खुद से किए वादों को भी उतनी प्राथमिकता दी, जितनी दूसरों से किए वादे को देते हैं? स्वतंत्र इच्छा के प्रति आपकी जागरूकता बढ़ने के साथ ही आपको इसे विकसित करने में मदद मिलेगी।

संभावनाओं का अनुमान लगाएँ और इन्हें लिख लें। सपने देखने से रचनात्मक कल्पनाशीलता निर्मित होती है। अब अपने सपनों की जाँच करें। क्या वे सिद्धांतों पर आधारित हैं? क्या आप इन्हें हासिल करने के लिए क़ीमत चुकाने को तैयार हैं?

अपनी कल्पनाशीलता बढ़ने के साथ ही आप मन ही मन उसके निर्माण में इसका उपयोग कर सकते हैं, जिसकी आप अपने जीवन में रचना करने की आशा रखते हैं। यह मकान बनाने से पहले उसके नक़्शे और नाटक के मंचन से पूर्व उसके निर्देशक के विज़न जैसा है। दीर्घावधिक, मध्यावधिक और लघु-आवधिक लक्ष्य निर्धारित करने से विज़न को वास्तविकता में बदलने में मदद मिलती है।

आपको महसूस हो सकता है कि आप अधूरे सपने लिए जी रहे हैं। संभव है कि आप निराश होकर दूसरे सर्वश्रेष्ठ विकल्प से संतुष्ट होने लगे हों, और सोचने लगे हों कि 'अगर चीज़ें अलग तरह से होतीं' तो आप अपने इन सपनों को पूरा कर सकते थे, लेकिन अगर आप इसकी क़ीमत चुकाते हैं तथा कड़ी मेहनत करते हैं, तो शायद आपको ज्ञात होगा कि आपके सपने भ्रम से ज़्यादा कुछ नहीं हैं- आप ऐसी चीज़ की इच्छा कर रहे हैं और इंतज़ार कर रहे हैं और कामना कर रहे हैं, जिससे जीवन में गुणवत्ता कभी नहीं आएगी।

अपने सपनों से अलग हो जाएँ। इसके बाद इन्हें देखें। इनके बारे में लिखें। इनके साथ तब तक माथापच्ची करें, जब तक आपको यक़ीन नहीं हो जाए कि वे उन सिद्धांतों पर आधारित हैं, जिनसे परिणाम मिल सकते हैं। इसके बाद अपनी रचनात्मक कल्पनाशीलता का उपयोग चीज़ों को करने के नए अनुप्रयोगों और नए तरीक़ों को तलाशने में करें, जो सिद्धांत की शक्ति पर आधारित हों, जिनसे सपनों को सच में बदला जा सके।

निजी डायरी रखने से आप दैनिक आधार पर देख सकेंगे कि आप अपनी क्षमताओं को किस तरह विकसित कर रहे हैं और कैसे उनका उपयोग कर रहे हैं, क्योंकि वास्तव में लिखने से दिमाग़ में पैठ बन जाती है। इससे आपको उन चीज़ों को याद रखने और लागू करने में मदद मिलती है, जो आप करने की कोशिश कर रहे हैं। इसके साथ ही, इससे आपको एक शक्तिशाली प्रासंगिक साधन मिल जाता है, जिसमें आप समय-समय पर - ख़ासतौर पर मिशन स्टेटमेंट पुनर्समीक्षा की क़वायद में- अपनी बीते सप्ताह, माह और वर्षों के अनुभवों को पढ़ सकेंगे। इससे आपको अपने जीवन के दोहराते पैटर्नों और प्रसंगों के बारे में अनमोल ज्ञान भी हासिल होगा।

सीखकर, सुनकर और प्रतिक्रिया देकर विवेक को परिपक्व बनाएँ

हर काल के मनोविज्ञान, समाजशास्त्रीय, धर्म और दार्शनिक साहित्य में विवेक की उपस्थिति सबसे व्यापक स्तर पर स्वीकार्य अवधारणा है। ज्ञान साहित्य की 'आंतरिक आवाज़' से लेकर मनोविज्ञान के 'सामूहिक अवचेतन'- और यहाँ तक कि वॉल्ट डिज़नी के लिए जिमिनी क्रिकेट- में भी इस क्षमता को मनुष्यों के लिए अहम माना गया है। सिगमंड फ्रायड के अनुसार विवेक मुख्य रूप से हमारे बीते जीवन और संस्कृति का उत्पाद होता है। कार्ल यंग सामाजिक विवेक को तो स्वीकार करते हैं, लेकिन इसके साथ ही वे 'सामूहिक अवचेतन' की भी बात करते हैं, जो सभी पुरुषों व स्त्रियों की सार्वभौमिक भावना के लिए लाभकारी है।

मिशन स्टेटमेंट्स को विकसित करने के लिए विभिन्न कंपनियों के साथ काम करते हुए हम 'सामूहिक अवचेतन' को बार-बार प्रमाणित होते देखते हैं। संस्कृति, परवरिश, धर्म या जाति चाहे जो भी हो, लेकिन जब ज़्यादातर लोग गहराई से आंतरिक जीवन जीने लगते हैं, तो ऐसा लगता है कि उनमें जीवन के बुनियादी नियमों की समझ है।

फिर भी, हम में से ज़्यादातर लोग ऐसे वातावरण में रहते या काम करते हैं, जहाँ विवेक का पोषण और विकास नहीं होता। अपने विवेक को साफ़-साफ़ सुनने के लिए हमें अक्सर स्थिर या विचारमग्न, या ध्यानमग्न रहना होता है। और इस अवस्था को हम विरले ही चुनते या पाते हैं। हम गतिशीलता, शोरगुल, सामाजिक और सांस्कृतिक अनुकूलन, मीडिया के संदेशों तथा त्रुटिपूर्ण प्रतिमानों में ही डूबे रहते हैं, जो हमारी संवेदनाओं को उस शांत आंतरिक आवाज़ के प्रति कमज़ोर कर देते हैं, जिनसे हम सही दिशा के सिद्धांतों और उनके साथ अपने तालमेल के स्तर के बारे में सीखते हैं।

लेकिन अगर हम क्षणभर रुककर, पूरी ईमानदारी के साथ गहराई से तलाश करें, तो हम अपने इस आंतरिक ज्ञान के स्रोत का लाभ ले सकते हैं।

स्टीफ़न : कुछ साल पहले, मुझे एक विश्वविद्यालय ने सप्ताहभर जारी रहने वाली एक ऐसी फ़ोरम में शामिल होने के लिए बुलाया, जो मौजूदा समय की बहुत सी समस्याओं और मामलों पर चर्चा से जुड़ी थी। मैं वहाँ आमंत्रित कुछ लोगों में से एक था। इनमें से हर व्यक्ति एक अलग दृष्टिकोण और पृष्ठभूमि का था।

दूसरी रात, मुझे सोरोटी हाउस में 'नवीन नैतिकता' विषय पर बोलने के लिए सोरोटी-फ्रेटर्निटी एक्सचेंज में आमंत्रित किया गया। पूरा हॉल तक़रीबन डेढ़ सौ युवाओं से खचाखच भरा था। वे अगले कक्ष, भोजन कक्ष, गलियारे, और सीढ़ियों पर ऊपर तक बैठे हुए थे। इतनी भीड़ देखकर अभिभूत होने के साथ ही मुझे अपने अकेलेपन का भी आभास हुआ। मैंने अपने विचार रखे कि कुछ तय सिद्धांत हैं, जो सार्वभौमिक हैं और वे किसी भी व्यक्ति से स्वतंत्र रूप से लागू होते हैं। मुझे अपने पूरे वक्तव्य के दौरान अत्यधिक प्रतिरोध और अविश्वास की अनुभूति हुई।

जब सवाल-जवाब सत्र का समय आया, तो दो स्पष्टवादी विद्यार्थियों ने बेबाक़ी से 'नवीन नैतिकता' के अवस्थानुकूल सदाचरण की मज़बूती से पैरोकारी की। 'नवीन नैतिकता' के आधार का विचार यह था कि कोई भी सत्य या पैमाना अंतिम नहीं है, लेकिन हर अवस्था को उसमें शामिल लोगों के साथ ही साथ वहाँ मौजूद अन्य कारकों के आलोक में भी देखना होगा। एक विद्यार्थी ने विशेष रूप से एक मामले का उदाहरण दिया, जिसके बारे में उसे लगता था कि उसमें कुछ भी अंतिम रूप से ग़लत या सही या सिद्धांत नहीं था; लेकिन पुनः यह अवस्था पर निर्भर करता है।

इस नज़रिये को मिलते अत्यधिक समर्थन को भाँप लेने के बावजूद मैंने कृषि के नियम, सत्यनिष्ठा, संयम, आत्म-अनुशासन, स्वामीभक्ति, और ज़िम्मेदारी जैसे सार्वभौमिक सिद्धांतों के बारे में बताना जारी रखा। मैं जानता था कि वे मुझे समझ नहीं पा रहे थे और विद्यार्थी सोच रहे थे कि मैं पटरी से 'उतर गया' हूँ। मैंने यहाँ बताए सिद्धांत को तोड़ने पर मिलने वाले भयानक परिणामों के बारे में बताने का भी प्रयास किया, लेकिन पहली कतार में मौजूद उत्तेजित विद्यार्थी ने इसे स्वीकार नहीं किया। मैंने उनसे सीधे सवाल किया कि अगर कोई व्यक्ति बिना जाने ज़हर पी ले, तो क्या होगा। क्या इसके बुरे परिणाम नहीं होंगे? उसने कहा कि यह ग़लत उपमा है और मैं मनुष्य की स्वतंत्रता को पर्याप्त महत्त्व नहीं दे रहा हूँ।

इस बिंदु पर मुझे समझ आ गया कि यह बहस कहीं नहीं पहुँचने वाली। इसलिए मैंने बाक़ी सबकी तरफ़ देखा और कहा, "हम में से हर व्यक्ति दिल में इस बात की सत्यता को जानता है। हम सबमें विवेक है। हम सब जानते हैं। और अगर आप कुछ समय दें और आपका दिल आपसे जो कह रहा है, उसे पूरी सावधानी से सुनें और विचार करें, तो जवाब आपको पता चल जाएगा।" इस विचार पर उनमें से बहुत से लोग मुँह बनाकर हँसने लगे।

उनके इस मज़ाक़ की प्रतिक्रिया में मैंने एक नई चुनौती दी : मैंने वहाँ मौजूद हर व्यक्ति को इसका प्रयास खुद करने को कहा। और अगर उनमें से किसी को भी एक मिनट के भीतर ही उनके विवेक से उत्तर न मिल जाए, तो वे लोग तुरंत मेरी बात को ख़ारिज कर सकते हैं, और तब मैं उनका और समय ख़राब नहीं करूँगा। इससे माहौल कुछ शांत हुआ और कुछ लोग इसे आज़माने के लिए तैयार हो गए। मैंने उनसे बिलकुल शांत होने और बातचीत बंद करके अपने मन की आवाज़ सुनने के लिए कहा कि "क्या वह विषय, जो अभी इस शाम बताया गया है, सच्चा सिद्धांत है या नहीं?"

शुरुआती कुछ सेकंड, लोग इधर-उधर देखते रहे कि कौन-कौन इसे गंभीरता से ले रहा है, लेकिन तक़रीबन बीस सेकंड में लगभग हर व्यक्ति चुपचाप बैठा था और लगता था कि वह इसे काफ़ी ध्यान से सुन रहे हैं और विचार रहे हैं। कुछ लोगों ने अपना सिर झुका लिया था। एक मिनट के पूर्ण मौन के बाद, जो कुछ लोगों को अनंत के समान लग रहा होगा, मैंने अपने बाईं तरफ़ बैठे व्यक्ति की ओर देखा, जो पहले काफ़ी उत्तेजित और मुखर था, और उससे पूछा, "मेरे दोस्त, ईमानदारी से बताओ, तुमने क्या सुना?"

उसने काफ़ी धीमे, लेकिन साफ़ जवाब दिया, "मैंने जो सुना, वह ऐसा नहीं था, जो मैं कह रहा था।"

फिर मैं एक और व्यक्ति की तरफ़ मुड़ा, जो इस पर असहमत था, मैंने उससे पूछा कि उसे क्या सुनाई दिया?

उसने जवाब दिया, "मुझे नहीं पता। मुझे बिलकुल नहीं पता। मैं अब इस पर निश्चित रूप से कुछ नहीं कह सकता।"

अब वहाँ समूह में एक अलग ही भावना दिखाई दी। इसके बाद वे शांत और मौन रहे। अब वे कम होशियारी दिखा रहे थे और बचाव की मुद्रा में थे। वे ज़्यादा खुले हो गए थे और सीखने को तैयार थे।

सिद्धांत के नियंत्रण के अहसास से हमें इस तरह की विनम्रता का अनुभव होता है कि हमारे बाहर एक ऐसी स्वतंत्र सार्वभौमिक वास्तविकता मौजूद है, जिसकी पुष्टि विवेक करता है।

तो हम विवेक की क्षमता किस तरह विकसित करें?

चलिए, विवेक के विकास की तुलना शारीरिक सामर्थ्य के विकास के साथ करते हैं, जिसमें पाँच हाथों के सेट्स को प्रतीक के तौर पर लिया गया है। पहले सेट में महान कंसर्ट पियानो-वादक है, जो श्रोताओं को अपनी प्रस्तुति से मंत्रमुग्ध कर देती है। दूसरे सेट में एक कुशल सर्जन के हाथ हैं, जो आँख या दिमाग़ के नाजुक ऑपरेशन करता है, जिससे जीवन बचने के साथ ही दृष्टि और विचार प्रक्रिया की भी रक्षा होती है। एक अन्य सेट में महान गोल्फ खिलाड़ी के हाथ हैं, जो दबाव में भी शानदार शॉट लगा कर टूर्नामेंट जीतता है। एक अन्य सेट में दृष्टिहीन व्यक्ति आता है, जो काग़ज़ पर उभरे संकेतों को हाथ से छूकर आश्चर्यजनक तेज़ी से पढ़ सकता है। और पाँचवें सेट में, महान मूर्तिकार के हाथ हैं, जो मार्बल और ग्रेनाइट के ठोस पत्थरों को तराश कर ख़ूबसूरत कलाकृतियाँ बना सकता है।

अत्यधिक शिक्षित विवेक इनमें से किसी भी एक सेट के समान होता है। इसे शिक्षित करने के लिए बड़ी क़ीमत चुकाई गई है। अनेक त्याग किए गए हैं और बाधाओं पर क़ाबू पाया गया है। वास्तव में एक महान मूर्तिकार, गोल्फ खिलाड़ी, सर्जन, ब्रेल पाठक या कंसर्ट पियानो-वादक बनने के मुक़ाबले शिक्षित विवेक को विकसित करने के लिए ज़्यादा अनुशासन, त्याग और ज्ञान की आवश्यकता होती है, लेकिन इससे मिलने वाले प्रतिफल कहीं ज़्यादा होते हैं- शिक्षित विवेक हमारे जीवन के प्रत्येक पहलू को प्रभावित करता है।

हम अपने विवेक को निम्न प्रकार से शिक्षित कर सकते हैं :

- प्राचीन ज्ञान साहित्य को पढ़ना और उस पर विचार करना, जिससे सही दिशा के सिद्धांतों से संबंधित आापकी जानकारी बढ़े, जो हमेशा से समान कथानक पर चलते हैं।
- लिप्त हुए बिना रहना और अपने अनुभव से सीखना।
- दूसरों के अनुभवों का सावधानी से अवलोकन करना।
- कुछ वक़्त स्थिर रहकर गहन आंतरिक आवाज़ सुनने के लिए समय निकालना।
- उस आवाज़ के अनुसार क़दम उठाना।

विवेक को सिर्फ़ सुनना ही काफ़ी नहीं है, बल्कि हमें इसके अनुसार क़दम भी उठाने होंगे। जब हम अपनी इस आंतरिक आवाज़ के साथ तालमेल बैठा कर कार्य करने में विफल हो जाते हैं, तो हम अपने विवेक के आस-पास ऐसी दीवार बनाना आरंभ कर देते हैं, जो इसकी संवेदनाओं और ग्रहणशीलता को अवरुद्ध करने लगती है। जैसा कि सीएस लुईस ने पाया, "विवेक की अवज्ञा विवेक को अंधा बना देती है।"

जब हम प्राचीन ज्ञान और हृदय के ज्ञान से संपर्क बनाते हैं, तब हम सामाजिक दर्पण का अक्स मात्र नहीं रह जाते, बल्कि अच्छा आचरण वाले विवेकवान व्यक्ति हो जाते हैं। हमारी सुरक्षा हमारे साथ लोगों के व्यवहार या दूसरों के साथ अपनी तुलना करने में निहित नहीं होती। यह हमारी मूलभूत सत्यनिष्ठा से आती है।

वादा करने और निभाने से स्वतंत्र इच्छा का पोषण

अपनी स्वतंत्र इच्छा को मज़बूत करने का सबसे अच्छा तरीक़ा वादा करना और इन्हें निभाना है। हर बार जब हम ऐसा करते हैं, तब हम अपने निजी सत्यनिष्ठा के खाते (पर्सनल इंटीग्रेटी अकाउंट) में जमा को बढ़ा लेते हैं। यह ऐसा रूपक है, जो दर्शाता है कि हम खुद अपने आप पर, अपनी क्षमता पर और अपनी बात पर कितना भरोसा करते हैं।

यह अहम है कि शुरुआत छोटे से करें। वादा करें और इसे निभाएँ- भले ही यह सुबह थोड़ा जल्दी उठकर कसरत करना हो। भले ही यह आज रात टीवी न देखना हो। भले ही यह एक हफ़्ते के लिए खाने में स्वाद से ज़्यादा पोषण को तरजीह देना हो।

सुनिश्चित करें कि आप अपने वादे को तोड़ें नहीं और यह भी सुनिश्चित करें कि आप ज़रूरत से ज़्यादा वादा न करें और वादे के अनुरूप कम काम न करें। अपनी निजी सत्यनिष्ठा के खाते से निकासी का जोखिम मत लीजिए। धीरे-धीरे निर्माण करते रहें, जब तक कि आप अपने सम्मान की भावना को अपने मूड से ज़्यादा महान न बना लें। ज़रा अपनी वास्तविकता पर ध्यानपूर्वक विचार करें, और इस ध्यानपूर्वक विचार के आधार पर कहें, "मैं यह करूँगा।" और फिर चाहे, जो भी हो जाए, इसे करें।

धीरे-धीरे, अपने पर आपका भरोसा बढ़ता जाएगा तथा आपने जो करने की ठानी है, अगर वह सिद्धांत-आधारित है, तो आप भी क्रमशः थोड़ा ज़्यादा सिद्धांत-आधारित होते जाएँगे। आप खुद से किया वादा निभाते हैं और आपके स्वयं के सत्यनिष्ठा के खाते में इज़ाफ़ा हो जाता है।

स्टीफ़न : एक बार मेरे पास परामर्श लेने ऐसा व्यक्ति आया हो, जो अपनी ज़िंदगी में टूट चुका था। उसकी ज़िंदगी अस्त-व्यस्त हो चुकी थी और बिखर चुकी थी। उसकी अवस्था उस उड़न मछली जैसी थी, जो कभी तो सूर्य के प्रकाश में झिलमिला रही होती है और अगले ही पल वापस टालमटोल और स्वार्थीपन के जीवन में डूब जाती है। उन सब तात्कालिक चीज़ों में घिरी, जो उसे प्रभावित करती हैं।

मैंने इस व्यक्ति को प्रोत्साहित करते हुए उसे उसकी विशिष्ट मानवीय क्षमताओं का विकास करने, और इसकी शुरुआत बहुत धीरे करने को कहा। मैंने कहा, "क्या आप सुबह उस वक़्त सोकर उठ जाएँगे, जब आप उठने की योजना बनाएँगे? क्या आप सुबह उठ पाएँगे?"

उसने पूछा, "इसका बाक़ी चीज़ों पर क्या असर होगा?"

मैंने कहा, "आपका शरीर एकमात्र वह साधन है, जिसके द्वारा आप काम करते हैं। अगर आप अपने शरीर को नियंत्रित नहीं कर सकते, तो उन अभिव्यक्तियों को कैसे क़ाबू कर सकेंगे, जो आपके शरीर और आपके मन से निकलती हैं?"

अतः वह हर रात सुबह उठने का प्रण करके सोता, लेकिन जल्दी ही सुबह के समय उस पर एक और मानसिकता हावी होने लगती। वह पूर्ण रूप से गुलाम हो गया- वह अपने बिस्तर की पूजा करने लगा।

मैंने फिर प्रयास किया, "क्या आप एक महीने तक रोज़ किसी ख़ास समय पर सोकर उठ सकते हैं?"

उसने कहा, "पता नहीं, मैं कह नहीं सकता।"

तो यह प्रतिज्ञा मत करो। तुम्हारी सत्यनिष्ठा दाँव पर लगी है। आपने स्वीकार किया है कि आपकी ज़िंदगी पूरी तरह बिखर चुकी है। आपको कोई आंतरिक शांति नहीं है। कोई वादा करके वादाख़िलाफ़ी मत करो। किसी छोटी चीज़ से शुरुआत करो। क्या तुम्हें लगता है कि तुम एक सप्ताह ऐसा कर सकते हो?

"हाँ, मेरे ख़याल से मैं एक सप्ताह ऐसा कर सकता हूँ।"

क्या तुम एक सप्ताह तक रोज़ाना उस समय सोकर उठ सकते हो, जितने बजे उठना चाहते हो?

"हाँ"

मैं उससे एक सप्ताह बाद मिला, "क्या तुमने कर लिया?"

"मैंने किया।"

"मुबारक़ हो! तुम्हारी ज़िंदगी अति लघु स्तर पर एकीकृत हो रही है। अब तुम अगली कौन सी चीज़ करने का वादा करते हो?"

धीरे-धीरे, यह व्यक्ति वादा करने और निभाने लगा। किसी दूसरे को उसकी योजना की भनक तक नहीं थी, सिवाय उसके एक दोस्त और मेरे, जो उसे प्रेरित कर रहे थे, लेकिन हमें शानदार बदलाव दिखाई देने लगे। पहले उसका भावनात्मक जीवन उतार-चढ़ाव भरा था। उसके फ़ैसले हालात और मूड पर आधारित होते थे। उसे वादा करना तो अच्छा लगता था, लेकिन जब हालात और मूड निराशाजनक होते थे, तो वह कमज़ोर पड़कर वादा तोड़ देता था। और इसी के साथ उसके भीतर भी कुछ टूट जाता था- उसकी सत्यनिष्ठा।

लेकिन जैसे ही उसने छोटे वादे करने और इन्हें निभाने की प्रक्रिया आरंभ की, वैसे ही उसका भावनात्मक जीवन सामान्य हो गया। उसे ज्ञात हुआ कि अपने आपसे वादा करने और इन्हें निभाने से उसकी दूसरों के साथ वादा करने और निभाने की क्षमता में भी इज़ाफ़ा हुआ है। उसने पाया कि सत्यनिष्ठा की कमी दूसरों के साथ उसके रिश्तों में सबसे बड़ी बाधा थी। उसे निजी जीत के साथ ही सार्वजनिक विजय भी मिलने लगीं।

जैसा कि किसी बुद्धिमान व्यक्ति ने कहा था, "हम अपने सबसे महान युद्ध अपनी आत्मा के मौन प्रकोष्ठों में लड़ते हैं।" हमें अपने आपसे पूछना होगा, "क्या मैं पूरी तरह सत्यनिष्ठ व्यक्ति बनना चाहता हूँ? क्या मैं ग़लती

होने पर क्षमा माँगने, या बिना शर्त प्रेम करने, या किसी दूसरे की ख़ुशी को अपनी ख़ुशी जितना महत्त्व देने की इच्छा रखता हूँ?"

संभवतः हमारा मानसिक अंकन और इतिहास कहता है, "नहीं, मुझे इच्छा नहीं है। मेरी परवरिश इस तरह नहीं हुई है। मेरे आस-पास का माहौल ऐसा नहीं है।" लेकिन हमारी स्वतंत्र इच्छा कहती है, "ज़रा रुको! तुम ऐसा कर सकते हो। इसके लिए तुम्हें अपने मानसिक अंकन के अनुरूप काम करने या सामाजिक आईने का अक्स बनने और दूसरे जिस तरह के मार्ग पर चलते हैं, उस पर काम नहीं करना होगा। अब आपके पास अवसर है कि आप अपने साथ घट रही घटनाओं पर अपनी प्रतिक्रिया चुन सकें। दूसरे लोग ऐसा कर रहे हैं या नहीं, यह अप्रासंगिक है। आपके पास ख़ुद अपनी घटनाओं में शामिल होने, अपनी प्रतिक्रिया देखने, और इसे बदलने की ताक़त है।"

जो लोग कहते हैं, "कम ऑन! क्या आपको पता है बाहर कैसे हालात हैं?" हम कहते हैं, "कम ऑन! क्या आप जानते हैं कि आपके भीतर शक्ति है?" हम आपको नाराज़ नहीं करना चाहते, हम इसे प्यार से कहते हैं। हमारा जीवन हमारे चुने विकल्पों का परिणाम होता है। दूसरे लोगों, वातावरण, या अन्य बाहरी कारकों को दोष देने या कोसने का अर्थ उन चीज़ों को सशक्त बनाना है, जो हमें क़ाबू करती हैं।

यह हमारा चयन है कि हम अपना जीवन अपनी मर्ज़ी से बिताएँ या दूसरों की मर्ज़ी से। अपने आप से और दूसरों से वादे करें और निभाएँ। धीरे-धीरे हम अपनी शक्ति इतनी बढ़ा लेते हैं कि हमारी काम करने की योग्यता उन शक्तियों से ज़्यादा हो जाती है, जो हम पर काम करती हैं।

मानसिक दर्शन से रचनात्मक कल्पनाशीलता बढ़ाएँ

निम्न हालात की कल्पना करें :

पसीने की बूँदें आपके चेहरे पर टपक रही हैं। शत्रुतापूर्ण हालात और युद्ध से तबाह उष्णकटिबंधीय लैटिन अमेरिकी देश की तीव्र गर्मी में श्वास लेना लगभग अंसभव हो रहा है। कीड़ों से भरे गुरिल्ला क़ैदखाने से आपने जिस भयभीत महिला को अभी मुक्त कराया है, वह आपकी बाँहों में है। बुरी तरह घबराई हुई। आपका मिशनः इसे सुरक्षित इसके पिता के पास पहुँचाना, जो राजदूत

हैं। आपके पास कोई हथियार, ख़ाना, यातायात के साधन नहीं हैं और न ही बाहरी दुनिया से संपर्क का कोई तरीक़ा है। आपके चारों ओर दुश्मन के सैनिक हैं। आपको महसूस होता है कि आपके छिपने का स्थान जल्द ही खोज लिया जाएगा।

अब आप क्या करेंगे?

साफ़ कहूँ, हमें नहीं पता कि हम क्या करेंगे। हमें नहीं पता कि आप क्या करेंगे, लेकिन हम यह जानते हैं कि मैक्गाइवर क्या करता।

इसी नाम की टेलीविज़न एडवेंचर सीरीज़ का सितारा मैक्गाइवर चतुराई में माहिर है। ऐसे कोई हालात नहीं, जिसे यह चमत्कारिक पुरुष सँभाल न सकता हो। वह आधुनिक अपराध ड्रामा की पहेली है। हथियार रहित, *दिमाग़ वाला* आदमी। अपने विशद ज्ञान और रचनात्मकता से वह जहाँ छिपा होता है, वहीं झाड़ियों में जली हुई जीप के अवशेषों से परावर्तक अनुवृत्त दर्पण बना लेता है। सूर्य की किरणों को दुश्मन के गोलाबारूद पर केंद्रित करके वह उसमें धमाका करा देता है, जिससे शत्रु का ध्यान उस तरफ़ हो जाता है, और इसी बीच वह तथा उसके साथ वाली महिला एक किसान की खाली पड़ी झोंपड़ी में घुस जाते हैं। झोंपड़ी में मौजूद पुरानी सामग्री के टुकड़ों तथा आम घरेलू रसायनों के मेल से वह भविष्य में सुरक्षा के लिए विस्फोटक हथियार बना लेता है। उसे एक टूटे हुए रेडियो से इतने पुर्ज़े मिल जाते हैं कि वह होमिंग डिवाइस बनाकर बचाव हेलिकॉप्टर को उन्हें वहाँ से निकालने के लिए संकेत भेज देता है।

शानदार? हाँ। ज़ाहिर है फंतासी है, लेकिन आप किस तरह मैक्गाइवर जैसा मार्केटिंग मैनेजर रखना चाहेंगे?

'मैक्गाइवर फैक्टर', जैसे कि हम इसे पुकारते हैं, रचनात्मक कल्पना की ताक़त का ही मूर्त रूप है। यह बोध के साथ ही वह क्षमता है, जिससे इन सिद्धांतों को कई तरह के हालात में कार्यान्वित किया जा सकता है। 'मैक्गाइवर फैक्टर' में आप दो के साथ दो जोड़कर चार प्राप्त करते हैं-लेकिन आप इसमें एक जमा तीन, बानवे घटा अट्ठासी, दो सौ अट्ठाइस भाग सत्तावन और अनंत फ्रिक्शन संयोजन अथवा सोलह के वर्गमूल पर विचार भी कर सकते हैं।

मैक्गाइवर फैक्टर सिद्धांतों की सशक्त बनाने वाली प्रकृति को दर्शाता है। अगर वह सिद्धांतों की जगह परिपाटियों के संदर्भ में सोच रहा होता, तो मैक्गाइवर और राजदूत की बेटी शायद कीड़ों से भरे लैटिन अमेरिकी क़ैदखाने में बैठे होते और इस तथ्य को कोस रहे होते कि उन्हें हैंड ग्रेनेड नहीं मिला।

मैक्गाइवर फैक्टर को समझना सिद्धांत-केंद्रित जीवन के सबसे दिलचस्प और सशक्त बनाने वाले पहलुओं में से एक है। सिद्धांत, दरअसल, जटिलता के दूसरी ओर की सरलता है। अल्फ्रेड नॉर्थ व्हाइटहेड के शब्दों में:

> एक मायने में, बुद्धिमत्ता बढ़ने के साथ ही ज्ञान कम होता जाता है: क्योंकि विवरण, सिद्धांतों में ही निहित हो जाते हैं। ज्ञान के अहम विवरण, जीवन के प्रत्येक उद्यम में तदर्थ रूप से ग्रहण कर लिए जाएँगे, लेकिन इन सुविचारित सिद्धांतों का सक्रिय रूप से उपयोग करने की आदत बुद्धिमत्ता की अंतिम परिणति है।

सिद्धांतों की ठोस समझ विकसित होने से हम आसानी से देख पाते हैं कि कृषि का नियम व्यक्तिगत विकास पर भी उतनी ही सरलता से लागू होता है, जितना टमाटरों के उगने पर होता है- या सहक्रिया का वह सिद्धांत, जिसमें दो बोर्ड साथ मिलकर उससे ज़्यादा वज़न उठा लेते हैं, जो उनके अकेले की भार-वहन क्षमता के जोड़ से भी अधिक होता है, उसी तरह दो लोग मिलकर किसी चीज़ का उससे ज़्यादा अच्छा समाधान निकाल लेते हैं, जितना उन दोनों में से कोई भी एक निकाल सकता है।

हम रचनात्मक कल्पना को विकसित करने में मदद के लिए मानस-दर्शन की प्रक्रिया सुझाते हैं, एक उच्च-लाभकारी मानसिक अभ्यास, जिसका उपयोग विश्वस्तरीय खिलाड़ी और कलाकार करते हैं, लेकिन हमारी सलाह है कि आप इसका उपयोग अपना टेनिस खेल या संगीत विद्या प्रदर्शन को सुधारने में करने की जगह अपनी जीवन की गुणवत्ता को सुधारने में करें।

कुछ वक़्त अकेले रहने के लिए अलग निकालें, किसी भी तरह की बाधाओं से दूर। अपनी आँखें बंद कर लें और किसी ऐसे हालात में होने की कल्पना करें, जो आमतौर पर असहजता या कष्ट का कारण हों। कोई बात आपको भड़काती है। आपका बॉस आप पर चिल्लाता है। आपकी किशोर

बिटिया शिकायत करती है कि आप उसे नए कपड़े नहीं दिलवाते। आपका सहकर्मी आपके बारे में द्वेषपूर्ण अफ़वाह फैलाने लगता है।

अपनी आत्म-जागृति का उपयोग करके खुद को अपने उन आम विचारों और अनुभूतियों से अलग करें, जो हालात से उत्पन्न हुए हैं। अपने मन की आँखों से अपने आपको सामान्य रूप से प्रतिक्रिया देते देखने की जगह अपने को उन सिद्धांतों के आधार पर प्रतिक्रिया देते देखें, जिन्हें लेकर आपको यक़ीन है कि उनसे जीवन की गुणवत्ता प्राप्त हो सकती है। अपने आपको दूसरों के साथ इस तरह संवाद करते देखें, जिसमें साहस और विवेक दोनों मौजूद हों। मैक्गाइवर फैक्टर के उपयोग से देखें कि आप इन सिद्धांतों को विभिन्न हालात में कैसे लागू कर सकते हैं। इस अभ्यास का महत्त्व तब कई गुना बढ़ जाता है, जब आप इसका उपयोग सिद्धांतों और मूल्यों को शक्तिशाली मिशन स्टेटमेंट में अंतर्निहित करने में करते हैं।

अपने भविष्य को बताने का सबसे अच्छा तरीक़ा इसका खुद निर्माण करना है। आप इसी रचनात्मक कल्पनाशीलता की शक्ति का उपयोग करके हासिल करने से पहले ही लक्ष्य को देख सकते हैं या अपनी स्वयं की वास्तविकता की गुणवत्ता का निर्माण करने के लिए किसी बैठक की योजना बना सकते हैं, इससे पहले कि आप वैसी ज़िदगी बिताने लगें।

सिद्धांतों की विनम्रता

सिद्धांतों का अस्तित्व है, इस प्रतिमान से विनम्रता का भाव उत्पन्न होता है- और हम उस सीमा तक प्रभावी रहते हैं, जिस तक हमारा इनके साथ सामंजस्य होता है। हमारा जीवन हमारे नियंत्रण में नहीं है, सिद्धांतों के नियंत्रण में है। हमें यह सोचना बंद करना होगा कि हम अपने आप में नियम हैं। हम शिक्षण का नज़रिया, सतत सीखने की आदत को विकसित कर सकते हैं। हम जीवन के इन नियमों के संग सामंजस्यपूर्वक जीने के साथ ही इन्हें समझने का निरंतर प्रयास करते रहते हैं। हम ऐसे मूल्यों के दंभ में नहीं फँसते, जो हमें आत्म-जागृति और चेतना से दूर कर देते हैं। हमारी सुरक्षा तुलनात्मक सोच के भ्रम पर आधारित नहीं है- कि मैं सुंदर दिखता हूँ, मेरे पास ज़्यादा धन है, मेरे पास अच्छी नौकरी है, या मैं किसी भी अन्य व्यक्ति से ज़्यादा परिश्रम कर सकता हूँ। न ही हमें तब अपने आपको कम सुरक्षित समझना चाहिए, जब हम बहुत सुंदर न हों, या हमारे पास किसी दूसरे से

धन या प्रतिष्ठा कम हो। यह अप्रासंगिक है। हमें सुरक्षा सही दिशा के प्रति हमारी अपनी सत्यनिष्ठा से मिलती है।

जब हम विफल हो जाते हैं या कोई ग़लती करते हैं या किसी सिद्धांत से सीधा-मुक़ाबला करते हैं, तो हम कहते हैं, "मैं इससे क्या सीख सकता हूँ?" हम उस सिद्धांत तक पहुँचते हैं, ताकि हम उससे सीख सकें। और जब उस सिद्धांत के आधार पर हमें ज्ञात हो जाता है कि हम कहाँ ग़लत थे, तब हम अपनी कमज़ोरियों को ताक़त में बदल सकते हैं। हम उस व्यवहार का सामना सत्य के साथ इस तरह करते हैं, जो सत्य में विश्वास के साथ ही हमारी सीखने और बदलने की क्षमता को भी मान्यता देता है।

विनम्रता निश्चित ही सभी सद्गुणों की जननी है। यह हमें 'स्रोत' या मूल की जगह एक पात्र, एक वाहक, एक एजेंट बना देती। यह अन्य सभी ज्ञान, सभी विकास और प्रक्रियाओं को उन्मुक्त करती है। सिद्धांत-केंद्रित रहने से प्राप्त विनम्रता द्वारा हम इतने सशक्त हो जाते हैं कि अतीत से सीख सकते हैं, भविष्य के लिए आशा रख सकते हैं और वर्तमान में पूरे विश्वास के साथ काम कर सकते हैं। यह विश्वास कृषि के नियम पर आधारित आश्वासन है कि पूरी पृथ्वी, संपूर्ण इतिहास और हमारे जीवन में भी इसके प्रमाण हैं कि अगर हम सिद्धांतों के अनुसार काम करेंगे, तो इससे जीवन की गुणवत्ता के बेहतर परिणाम उत्पन्न होंगे।

चौथी पीढ़ी में प्रवेश

यह हमारा अनुभव है कि अपने और दूसरों के अनुभव के बारे में गहराई से सोचने वाले व्यक्तियों को पता होता है कि हम सब में वे बुनियादी आवश्यकताएँ और क्षमताएँ मौजूद हैं, जो मानव परिपूर्णता के लिए मूल रूप से ज़रूरी हैं। उन्हें सही दिशा के सिद्धांतों की कुछ हद तक जानकारी होती है, जिनसे जीवन की गुणवत्ता उत्पन्न होती है। उनका उन क्षमताओं के साथ अनुभव होता है, जिनके उपयोग से उनके लिए अपने जीवन को सही दिशा के साथ अनुकूलित करना संभव हो जाता है। एक मायने में यह अध्याय उन चीज़ों की पुनः याद दिलाने से संबंधित है, जो हमारे भीतर हैं, और हम में से ज़्यादातर लोग, जिनके बारे में पहले से जानते हैं। *यह तथ्य कि हम इनको जानते हैं, इसके बावजूद इनका अपने दैनिक जीवन में उपयोग नहीं कर पाते, यही कुंठा दिशासूचक और घड़ी के बीच का अंतर है।* अगर कहें

तो हमारी समस्या है, जैसा किसी ने कहा है, "हम वह बुद्धिमत्ता पाना चाहते हैं, जो हमारे पास पहले से ही है।"

हमारा यह भी अनुभव है कि ज़्यादातर लोग वस्तुतः चौथी पीढ़ी में रहना चाहते हैं। वे लोगों को शिड्यूल, दिशासूचक को घड़ी पर प्राथमिकता देना चाहते हैं। वे सार्थक और योगदान देने वाला जीवन बिताना चाहते हैं। वे प्रेम और ज्ञान का जीवन जीते हुए संतुलित और आनंदपूर्ण विरासत छोड़ना चाहते हैं।

लेकिन अक्सर पारंपरिक समय प्रबंधन बाधा बन जाता है। कैलेंडर और शिड्यूल व तीसरी-पीढ़ी के प्लैनर हमें महत्त्व की बजाय तात्कालिकता पर ही केंद्रित रखते हैं। शिड्यूल पर क़ायम न रहने या टू-डू लिस्ट के सभी काम पूरे न कर पाने पर वे अपराध बोध की भावना उत्पन्न करते हैं। वे लचीलेपन और सहजता को दबा देते हैं। वे अक्सर जो सचमुच सबसे महत्त्वपूर्ण है और जिस तरह हम अपना दैनिक जीवन गुज़ार रहे होते हैं, उसमें असंतुलन उत्पन्न कर देते हैं। इसी कारण से, बहुत से लोग इन साधनों का उस तरह उपयोग नहीं करते, जिस तरह के उपयोग के लिए ये बने हैं।

निश्चित ही, हम पहली तीन पीढ़ियों से ज़बर्दस्त लाभ लेना चाहते हैं- दक्षता, प्राथमिकता, उत्पादकता, लक्ष्यों की प्राप्ति- लेकिन हमें और भी बहुत कुछ चाहिए। *ज़्यादा चीज़ें तेज़ी से करना सही चीज़ें करने का विकल्प कभी नहीं हो सकता।* हमें सिद्धांतों और साधनों की एक पूरी पीढ़ी चाहिए, जो हमें इतना समर्थ बना सके कि हम संतुलित और सिद्धांत-केंद्रित तरीक़े से अपनी योग्यताओं का उपयोग बुनियादी आवश्यकताओं और क्षमताओं को पूरा करने में कर सकें।

मूल बात यह है कि गुणवत्तापूर्ण जीवन के निर्माण की शक्ति किसी प्लैनर में नहीं होती है। यह किसी तकनीक या साधन में भी नहीं होती है। और न ही यह हमारी दिन की योजना बनाने की योग्यता तक सीमित है। हम में से कोई भी सर्वज्ञ नहीं है। हम नहीं जानते कि जीवन में अगला ही क्षण हमारे लिए कौन से अवसर, चुनौतियाँ, अचंभे, दुःख या अप्रत्याशित आनंद लेकर आने वाला है।

गुणवत्तापूर्ण जीवन के निर्माण की शक्ति हमारे अपने भीतर है- खुद के आंतरिक दिशासूचक के विकास और उपयोग की हमारी क्षमता, जिससे हम

अपने चयन के क्षणों में पूरी सत्यनिष्ठा से काम कर सकें। भले ही वे क्षण सप्ताह की योजना बनाने, संकट को सँभालने, अपनी चेतना पर प्रतिक्रिया देने, रिश्ते बनाने, किसी नाराज़ ग्राहक से व्यवहार करने, या टहलने जाने पर ही ख़र्च क्यों न हों। प्रभावशाली होने के लिए, किसी साधन को वास्तविकता से अनुकूलित होना चाहिए और इससे आंतरिक दिशासूचक के विकास और उसके उपयोग में वृद्धि होना ज़रूरी है।

खंड दो

ज़रूरी यह है कि ज़रूरी चीज़, ज़रूरी चीज़ बनी रहे

इस खंड दो में हम क्वाड्रंट II व्यवस्था की प्रक्रिया को पेश करेंगे- तीन-मिनट की साप्ताहिक प्रक्रिया और साधन, जो आपको आवश्यकताओं, सिद्धांतों और क्षमताओं पर आधारित गुणवत्तापूर्ण जीवन के निर्माण में सक्षम बनाएगी। इस प्रक्रिया के भागों में आगे बढ़ने से पहले हम यहाँ इन प्रश्नों पर विचार करेंगे :

- मान लीजिए, आप दिन बिताने की योजना बना रहे हैं। आप कैसे जानेंगे कि आपके लिए क्या करना वास्तव में सबसे महत्त्वपूर्ण है? आपके लिए 'ज़रूरी चीज़ें' कैसे तय होंगी-तात्कालिकता, मूल्य... या सशक्त बनाने वाला एक विज़न और मिशन, जो सिद्धांतों पर आधारित हो, जिससे गुणवत्तापूर्ण जीवन का निर्माण हो सके।
- जीवन में विभिन्न भूमिकाओं के बीच बँटा महसूस होने पर आप क्या करेंगे, जैसे पेशा और परिवार या योगदान और व्यक्तिगत विकास? क्या 'संतुलन' का मतलब आधारों के बीच इतनी तेज़ी से भागना है कि सभी को स्पर्श कर सकें?
- मान लीजिए, आपने दिनभर के लिए योजना बना ली है, और तभी कोई 'तात्कालिक' काम के साथ आ जाता है, तो आप कैसे जानेंगे कि अपनी प्राथमिकताएँ बदलना 'बेहतर' है या नहीं? क्या आप इन्हें इस विश्वास और तटस्थता से बदल सकते हैं कि आपने ज़रूरी चीज़ों को पहले रखा है?
- मान लीजिए दिन के दौरान आपको एक अप्रत्याशित अवसर मिल जाता है। तब आप कैसे जानेंगे कि इस अवसर को चुनने या आपनी योजना पर अडिग रहने में से क्या 'बेहतर' है?

इस प्रक्रिया से पहली बार गुज़रते ही आपको तुरंत फ़ायदा दिखने लगेगा। आप अपने ध्यान को 'तात्कालिकता' की जगह 'महत्त्व' पर केंद्रित कर सकेंगे, और यह भी सीखेंगे कि ठोस शिड्यूल बनाने की जगह प्रभावशाली फ़ैसले लेने वाले लचीले ढाँचे का निर्माण कैसे करें।

लेकिन आपको इस प्रक्रिया के सबसे अधिक शक्तिशाली स्तर का अनुभव तब होगा, जब हम अध्याय 5 से 10 तक जाएँगे, हम इनमें निम्न विषयों पर बात करेंगे :

- सिद्धांत आधारित विज़न और मिशन की परिवर्तनकारी शक्ति।
- जीवन की विभिन्न भूमिकाओं में संतुलन और तालमेल कैसे स्थापित करें।
- सिद्धांत-आधारित लक्ष्य कैसे बनाएँ और उन्हें कैसे हासिल करें।
- सप्ताह का नज़रिया किस तरह ज़रूरी चीज़ें पहले रखने में अहम होता है।
- दैनिक जीवन में महत्त्वपूर्ण बिंदु आने पर चयन के क्षणों में सत्यनिष्ठा से कैसे कार्य करें।
- सीखने और जीने में ऊर्ध्व सर्पिल रेखा कैसे बनाएँ।

इनमें से प्रत्येक अध्याय के अंत में, आपको विशिष्ट सुझाव मिलेंगे कि आप अपनी साप्ताहिक योजना के निर्माण के दौरान लक्ष्यों को किस तरह तय करें, जिससे इन चीज़ों को जीवन से एकीकृत कर सकें। इनमें से कुछ विचार अन्य की तुलना में आपके लिए ज़्यादा सहायक हो सकते हैं। हम आशा करते हैं कि खुद आप में भी अनके विचार उत्पन्न होंगे। इन अध्यायों को पढ़ने के बाद, आपको यह प्रक्रिया बिलकुल नई तरह की दिखाई देगी। समय के साथ आप देख सकेंगे कि किस तरह क्वाड्रंट II व्यवस्था आपको जीने, प्रेम करने, सीखने और एक महान और चिरस्थायी विरासत छोड़ने में सक्षम बनाएगी।

गुणवत्तापूर्ण जीवन की कुंजी दिशासूचक में है - यह हमारे रोज़ किए जाने वाले चयनों में निहित है। जैसे-जैसे हम उत्तेजना और प्रतिक्रिया के बीच ठहरने और अपने आंतरिक दिशासूचक से सलाह लेना सीख लेते हैं, वैसे-वैसे हम इस बदलाव का सामना पूरे साहस और और विश्वास के साथ करते हैं कि हम सिद्धांत और उद्देश्य के प्रति सच्चे हैं, तथा हम अपने जीवन में ज़रूरी चीज़ों को पहले रख रहे हैं।

4: क्वाड्रंट II व्यवस्था : ज़रूरी चीज़ें पहले रखने की प्रक्रिया

अगर माली नहीं होगा, तो बाग़ भी नहीं होगा

रॉज़र : कुछ साल पहले, मेरा एक दोस्त, जो व्यापार परामर्शदाता है, अपने नए घर में शिफ़्ट हो रहा था। उसने बग़ीचा तैयार करने का काम अपनी एक दोस्त को सौंपने का फ़ैसला किया। उसकी मित्र ने बाग़बानी में डॉक्टरेट किया था और वह बेहद प्रतिभाशाली और ज्ञानवान थी।

मेरे दोस्त ने बग़ीचे को लेकर बहुत कुछ सोचा था, लेकिन चूँकि वह बहुत व्यस्त रहता था और काफ़ी यात्राएँ भी करता था, इसलिए उसका सारा ज़ोर इसी बात पर था कि उसका बग़ीचा ऐसा बनाया जाए, जिस पर उसके ध्यान देने की बहुत कम या बिलकुल ज़रूरत न हो। वह चाहता था कि इसमें स्वचालित स्प्रिंकलर और स्वचालित उपकरणों का उपयोग हो। वह हमेशा यही चाहता था कि उसे इसकी देखरेख में कम से कम समय देना पड़े।

अंत में उसकी महिला मित्र ने उससे कहा, "फ्रेड, मैं तुम्हारी बात समझ गई, लेकिन इस काम में आगे बढ़ने से पहले तुम्हें एक चीज़ समझ लेनी होगी।"

उसने कहा "अगर माली नहीं होगा, तो बाग़ भी नहीं होगा!"

हम में ज़्यादातर लोग यही सोचते हैं कि कितना अच्छा हो कि हम अपने बग़ीचे या अपने जीवन को स्वचालित करके किसी तरह गुणवत्तापूर्ण जीवन के परिणाम हासिल कर लें, जो उन चीज़ों के सावधानीपूर्ण और सतत पोषण से मिलते हैं, जिनसे इनका निर्माण होता है।

लेकिन जीवन इस तरह नहीं चलता। हम कुछ बीजों को उछाल कर वह सब नहीं कर सकते, जो हम करना चाहते हैं और यह उम्मीद नहीं कर सकते कि हमें सुंदर और विकसित बग़ीचा मिलेगा, जो हमारी टोकरी में सेम, मक्का, आलू, गाजर और मटर की भरपूर फसल भरने को तैयार होगा।

यदि हम फसल का सुख उठाना चाहते हैं, तो हमें सिंचाई और जुताई करनी पड़ेगी और नियमित रूप से खरपतवार को हटाना पड़ेगा।

हमारी ज़िंदगी किसी भी तरह परिणाम देगी। चीज़ें धीरे-धीरे बढ़ती हैं, लेकिन बतौर माली हमारी अपनी सक्रिय भागीदारी और अनदेखी का अंतर ही दरअसल एक ख़ूबसूरत बग़ीचे और घास के धब्बे का अंतर है।

इस अध्याय में बाग़बानी की प्रक्रिया के बारे में बताया गया है। इसमें समझाया गया है कि क्या महत्त्वपूर्ण है और यह इसके विकास में मददगार हमारे प्रयास पर केंद्रित है। ये हैं, रोपाई, जुताई, सिंचाई और निराई। यह जीवन में गुणवत्ता का पोषण करने वाले महत्ता के प्रतिमान को लागू करने की प्रक्रिया है। यह ऐसी 'उच्च- प्रभावी' गतिविधि है, जिसे आप हर सप्ताह लगभग तीस मिनट कर सकते हैं। आपकी वर्तमान जीवन की गुणवत्ता चाहे, जैसी भी हो, इस क्वाड्रंट II प्रक्रिया से आपको सार्थक परिणाम प्राप्त होंगे।

एक स्तर पर, यह प्रक्रिया वह उपचारात्मक-पैमाना है, जो तात्कालिकता की लत की समस्या को सुधार सकता है। अगर आपको अपने जीवन की आवश्यकताओं और सिद्धांतों के बारे में गहराई से सोचने का अवसर नहीं मिला है और आप बुनियादी रूप से तात्कालिकता के प्रतिमान के अनुसार काम कर रहे हैं, तो इससे आपको शीघ्र ही तात्कालिकता से महत्त्वपूर्ण विचारों की ओर रूपांतरण करने में मदद मिलेगी। इस प्रक्रिया से गुज़रने भर से आपको अपनी भावनाओं या हालात की जगह महत्त्व के आधार पर प्रतिक्रिया देने में मदद मिलेगी।

एक और स्तर पर, यह ऐसे ढाँचे की रचना करता है, जिसमें आप अपने समय को आवश्यकताओं और सिद्धांतों पर केंद्रित करने के साथ ही अपने जीवन में इन पर काम करना आरंभ कर सकते हैं। इस व्यवस्था प्रक्रिया द्वारा, आप उस क्वाड्रंट II समय की रचना कर सकते हैं, जिससे आप अपने गहन आंतरिक जीवन से जुड़ सकें और अपने लिए एक व्यक्तिगत सिद्धांत-आधारित मिशन स्टेटमेंट बना सकें, जो आपकी सभी चार आवश्यकताओं को पूरा कर सके तथा जीवन की गुणवत्ता पर नियंत्रण करने वाले सिद्धांतों को समझने और इनके साथ तालमेल बनाने की आपकी व्यक्तिगत क्षमता विकसित कर सके।

वहीं एक अन्य स्तर पर, आप इस प्रक्रिया से अपने व्यक्तिगत मिशन स्टेटमेंट को अपने दैनिक जीवन के ताने-बाने में उतारने में समक्ष हो जाएँगे।

मिशन से क्षण तक, यह आपको पूरी ईमानदारी से जीने तथा संतुलित, सिद्धांत-केंद्रित तरीक़े से ज़रूरी काम पहले करने में सक्षम बनाएगा।

इस प्रक्रिया के क़दम बताने के साथ ही हमारी सलाह है कि आप इन पर सावधानी से ध्यान दें। ज़रूरी चीज़ें लिख लें। आप इनसे जितना ज़्यादा जुड़ेंगे, आपका सीखना उतना ही अहम होता जाएगा। हमारी सलाह है कि आप आगामी वर्कशीट देखें तथा इसके बाद आगे बताई गई छह-क़दमों वाली प्रक्रिया के अनुरूप अगला सप्ताह व्यवस्थित करने में इसका उपयोग करें।

इस अध्याय में हमने जिन फॉर्मों का उपयोग किया है, वे हमारी उस व्यवस्था प्रणाली का हिस्सा हैं, जिन्हें हमने क्वाड्रंट II के आधार पर विकसित किया है। हम इस तथ्य पर ज़ोर देना चाहेंगे कि यह प्रणाली कोई 'जादुई उपकरण' नहीं है। इस प्रणाली को क्वाड्रंट II व्यवस्था प्रक्रिया को आगे बढ़ाने के लिए डिज़ाइन किया गया है, लेकिन इसी प्रक्रिया को संशोधित दैनिक प्लैनर, किसी कंप्यूटर, किसी नोटबुक, या पेपर नैपकिन पर भी किया जा सकता है। यह सुनिश्चित करना अहम है कि आप जिस प्रणाली का उपयोग कर रहे हैं, वह उसके अनुरूप है, जो आप करना चाहते हैं। कोई भी प्रणाली, जो अत्यावश्यक क्वाड्रंट I/III की गतिविधियों में प्राथमिकता के निर्धारण पर केंद्रित होगी, वह क्वाड्रंट II में रूपांतरण के आपके प्रयासों में बाधक होगी।

साप्ताहिक वर्कशीट

अगले पृष्ठ पर साप्ताहिक वर्कशीट देखने पर आप इसे अधिकांश योजना साधनों से भिन्न पाएँगे, क्योंकि यहाँ यह पृष्ठ दैनिक नहीं, बल्कि साप्ताहिक है।

सप्ताह संदर्भ की रचना करता है। आपने संभवतः दो या तीन मिनट का वह कमाल का वीडियो क्लिप देखा होगा, जिसमें कैमरा शानदार पहाड़ों और घाटियों पर ऊपर से नीचे पैन होता है, जो उस विशाल भौगोलिक क्षेत्र की दृश्य परिरेखाओं को एक अलग ही नज़रिया प्रदान कर देता है। हर बार कैमरा घूमने के साथ ही हम सोचते हैं कि हम क्या देख रहे हैं। क्या यह ऊँचे क्षेत्रों का चढता-उतरता बंजर पहाड़ है? या किसी सुदूर मरुस्थल का विशाल रेतीला टीला है? कुछ ही क्षण बाद, कैमरा धीरे-धीरे पीछे होता है और पूरा दृश्य एक साथ दिखाई देने लगता है। पहाड़ और घाटियाँ नारंगी रंग की आसानी से पहचानी जाने वाली संरचनाएँ बन जाते हैं!

इसी तरह, दैनिक योजना बनाने से हमें सीमित नज़रिया मिलता है। यह इतना निकट होता है कि अक्सर हम केवल वही देख पाते हैं, जो ठीक हमारे सामने होता है। तात्कालिकता और दक्षता, महत्त्व और प्रभावकारिता का स्थान ले लेते हैं। वहीं दूसरी ओर, साप्ताहिक योजना बनाने से हम वह बड़े पैमाने पर समझ पाते हैं कि हम क्या कर रहे हैं। यह एक बड़ी तसवीर है, जिसमें हम पहाड़ों को उसी रूप में देखते हैं, जैसे वे वास्तव में हैं। साप्ताहिक संदर्भों में देखे जाने पर दैनिक गतिविधियाँ और अधिक उपयुक्त आयाम ले लेती हैं।

पहला क़दम : अपने विज़न और मिशन से जुड़ें

आगामी सप्ताह के लिए योजना बनाना आरंभ करने का पहला क़दम उससे जुड़ना है, जिसे आप अपनी ज़िंदगी में सबसे महत्त्वपूर्ण मानते हों। संदर्भ, अर्थ प्रदान करता है। उस बड़ी तसवीर पर ध्यान दें - जिसकी आपको परवाह है, जो आपके जीवन में क्षणों को सार्थकता देती है। इस जुड़ाव की कुंजी निम्न सवालों के प्रति आपके विज़न की स्पष्टता में निहित है :

- *आपके लिए सबसे महत्त्वपूर्ण क्या है?*
- *आपके जीवन को क्या सार्थक बनाता है?*
- *आप अपने जीवन में क्या बनना और करना चाहते हैं?*

बहुत से लोग इन सवालों के जवाबों को लिखित व्यक्तिगत सिद्धांत या मिशन स्टेटमेंट बना लेते हैं। ये स्टेटमेंट बताते हैं कि आप क्या बनना चाहते हैं और अपने जीवन में क्या करना चाहते हैं और आप किन सिद्धांतों के आधार पर वह बनना या करना चाहते हैं। इसमें स्पष्टता ज़रूरी है, क्योंकि यह हर चीज़ को प्रभावित करती है- आपके लक्ष्य, आपके फ़ैसले, आपके प्रतिमान, आप अपना समय किस तरह बिताते हैं। अब वापस सीढ़ी की उपमा पर लौटते हैं। व्यक्तिगत मिशन स्टेटमेंट यह तय करने का बुनियादी पैमाना प्रदान करता है, जिससे आप यह फ़ैसला कर सकें कि आपको अपनी सीढ़ी किस दीवार से लगानी है।

चूँकि यह इतना प्राथमिक है, इसलिए स्वाभाविक रूप से यह क्वाड्रंट II प्रक्रिया का पहला क़दम है। ऐसी गतिविधियाँ और अपाइंटमेंट्स

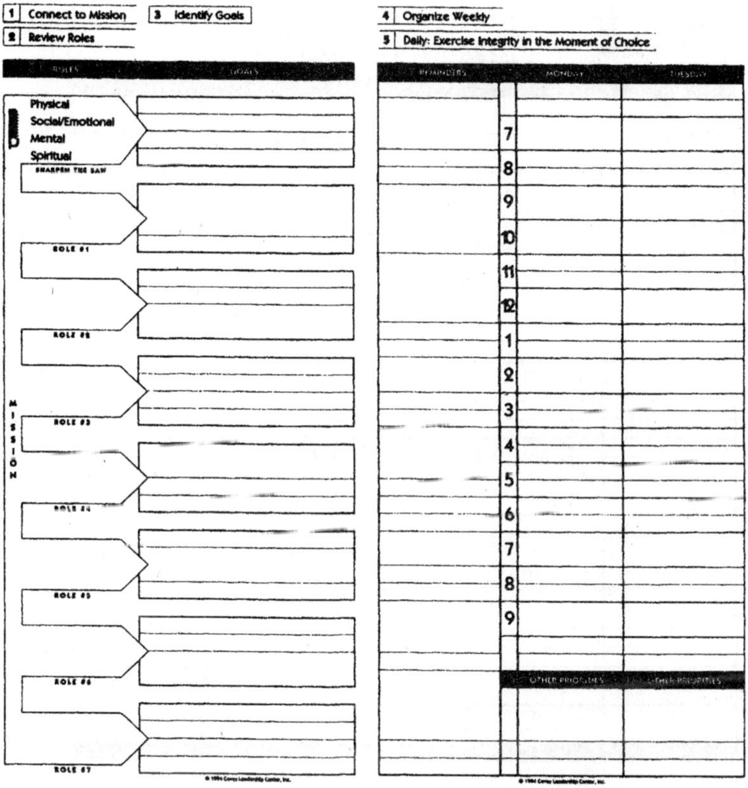

क्यों तय करें, जो आपके उद्देश्य के अनुरूप न हों? अपने व्यक्तिगत मिशन से जुड़ना महत्ता के प्रतिमान पर चलने की बुनियाद है। क्वाड्रंट II प्रक्रिया में बाक़ी काम करने पर इसका प्रभावशाली प्रभाव पड़ता है। अगर आपके मिशन में व्यक्तिगत विकास, पारिवारिक भागीदारी, सत्व के गुण या योगदान के क्षेत्र शामिल हैं, तो इनकी समीक्षा इन 'ज़रूरी चीज़ों' को आपके मन में और गहरे बैठा देगी। इससे आगामी क़दमों के लिए फ़ैसले लेने के शक्तिशाली ढाँचे का निर्माण हो सकेगा।

अध्याय 5 में, हम व्यक्तिगत विज़न और मिशन के क्षेत्र को गहराई से समझेंगे। हम देखेंगे कि किस तरह आप ऐसा सशक्त मिशन स्टेटमेंट तैयार

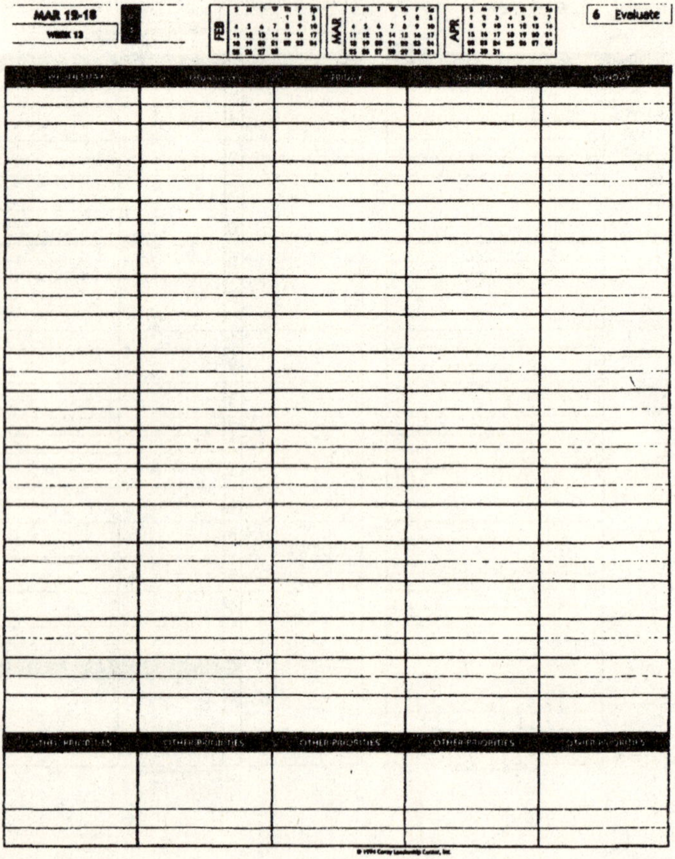

कर सकते हैं, जो गुणवत्तापूर्ण जीवन के परिणाम देने के साथ ही जीवन के प्रति जोश उत्पन्न करे।

अगर अभी आपके पास कोई व्यक्तिगत मिशन स्टेटमेंट नहीं है, तो आप निम्न काम करके यह अवश्य जान सकते हैं कि आपके लिए क्या महत्त्वपूर्ण है:

- ऐसी तीन या चार चीज़ों की सूची बनाएँ, जिन्हें आप अपने जीवन में ज़रूरी चीज़ें मानते हैं।

- अगर आपने कोई दीर्घावधिक लक्ष्य तय किए हैं, तो उन पर विचार करें।
- अपने जीवन के सबसे अहम रिश्ते के बारे में सोचें।
- आप जो योगदान देना चाहते हैं, उस पर विचार करें।
- आप अपने जीवन में क्या महसूस करना चाहते हैं, उसकी पुष्टि फिर करें - शांति, विश्वास, खुशी, योगदान, सार्थकता।
- विचार करें कि अगर आपको पता चले कि आपके जीवन के बस छह माह शेष हैं, तो आप यह हफ़्ता कैसे बिताना चाहेंगे।

स्वयं से निम्न सवाल पूछ कर व्यक्तिगत मिशन स्टेटमेंट का आप पर पड़ने वाले प्रभाव पर विचार करें :

- *सिद्धांतों, मूल्यों और शीर्ष उद्देश्यों का स्पष्ट विज़न होने से समय व्यतीत करने के मेरे तरीक़े में क्या फ़र्क़ आएगा।*
- *अगर मैं जान जाऊँ कि मेरे लिए सबसे ज़्यादा क्या महत्त्वपूर्ण है, तो इसके बाद मुझे अपना जीवन कैसा लगेगा?*
- *क्या जीवन के उद्देश्य का लिखित स्टेटमेंट मेरे लिए मायने रखता है? क्या इससे समय और ऊर्जा का इस्तेमाल करने के मेरे तरीक़े पर कोई असर होगा?*
- *इस स्टेटमेंट से सप्ताह में एक बार जुड़ने पर क्या उन चीज़ों पर असर पड़ेगा, जिनका चयन मैं सप्ताह के दौरान करने के लिए करता हूँ?*

अगर आपका मिशन स्टेटमेंट है, तो इसकी अभी समीक्षा करें- इससे पहले कि अपने जीवन के अगले सात दिन कैसे गुज़ारने हैं, इसको तय करें। जो चीज़ें आपके लिए अति महत्त्वपूर्ण हैं, उनसे गहराई से जुड़ें। अगर आपका मिशन स्टेटमेंट नहीं है, तो कुछ क्षण अपने आंतरिक दिशासूचक से जुड़ें और इस पर विचार करें कि आपके जीवन में वास्तव में क्या महत्त्वपूर्ण है।

दूसरा क़दम : अपनी भूमिका पहचानें

हम अपनी ज़िंदगी भूमिकाओं में जीते हैं। इसमें रोल प्लेइंग जैसा कुछ नहीं होता, बल्कि भूमिका प्रमाणिक हिस्सों में होती है, जिन्हें भरने का विकल्प

हमने चुना है। हमारी अहम भूमिकाएँ, हमारे पेशे, हमारे परिवार, हमारे समुदाय, और जीवन के अन्य क्षेत्रों में से भी हो सकती है। भूमिकाएँ ज़िम्मेदारी, रिश्ते और योगदान के क्षेत्रों का प्रतिनिधित्व करती हैं।

जीवन में हमारे अधिकांश कष्टों का यही कारण है कि हम अपनी एक भूमिका में सफल होने की क़ीमत दूसरी या संभवतः ज़्यादा अहम भूमिकाओं से चुकाते हैं। संभव है कि हम कंपनी के वाइस प्रेसिडेंट के तौर पर अच्छा प्रदर्शन कर रहे हों, लेकिन बतौर माता-पिता या जीवन साथी अच्छा न कर पाएँ। संभव है कि हम अपने ग्राहकों की आवश्यकताओं को पूरा कर पा रहे हों, लेकिन खुद अपने व्यक्तिगत विकास और तरक़्क़ी की ज़रूरतें पूरी नहीं कर पा रहे हों।

भूमिकाएँ स्पष्ट होने से व्यवस्था और संतुलन निर्माण का स्वाभाविक ढाँचा मिल जाता है। अगर आपका मिशन स्टेटमेंट है, तो आपकी भूमिकाएँ इसी के अनुसार होंगी। भूमिकाओं के बीच संतुलन का केवल यह मतलब नहीं है कि आप हर भूमिका को समय दे रहे हैं, बल्कि ये भूमिकाएँ आपका मिशन पूरा करने में साथ मिलकर काम करती हैं।

अध्याय 6 में हम इन भूमिकाओं और इनके बीच के संतुलन पर गहराई से नज़र डालेंगे। फ़िलहाल, आप किसी भी आरामदायक तरीक़े से केवल उन भूमिकाओं की सूची बनाएँ, जो आपके मन में आती हों। इन्हें पहली ही बार में 'सही ढंग' से करने को लेकर ज़्यादा परेशान न हों। आपको यह अहसास होने में कुछ हफ़्ते लग सकते हैं कि वे आपके जीवन के विभिन्न पहलुओं को किसी ऐसे तरीक़े से नियंत्रित करते हैं, जो आपके के लिए काम करता है। ऐसा करने का कोई तय तरीक़ा नहीं है- दूसरा व्यक्ति, जो बिलकुल वही कर रहा है, जो आप कर रहे हैं, लेकिन वह इन भूमिकाओं को अलग तरह से परिभाषित कर सकता है। इसके अतिरिक्त, आपकी भूमिकाएँ अनेक साल बीतने के साथ बदल भी सकती हैं। आप नौकरी बदल सकते हैं, किसी क्लब से जुड़ सकते हैं, शादी कर सकते हैं या माता-पिता अथवा दादा-दादी या नाना-नानी भी बन सकते हैं।

आप अपनी पारिवारिक भूमिका को 'सिर्फ़ सदस्य' के तौर पर परिभाषित कर सकते हैं या आप इसे दो भूमिकाओं में भी बाँट सकते हैं, जैसे 'पति' और 'पिता' या 'पत्नी' और 'माँ', 'बेटी' और 'बहन'। जीवन

के नौकरी जैसे कुछ क्षेत्रों में भी आपकी कई भूमिकाएँ हो सकती हैं : एक प्रबंधन में, एक मार्केटिंग में, एक पर्सनल, और एक दीर्घावधिक योजना बनाने वाला। आप ऐसी भूमिका को भी चुन सकते हैं, जो आपके व्यक्तिगत विकास को दर्शाती हो।

एक प्रोडक्ट-डेवलपमेंट एक्ज़ीक्यूटिव अपनी भूमिका को इस तरह परिभाषित कर सकता है :

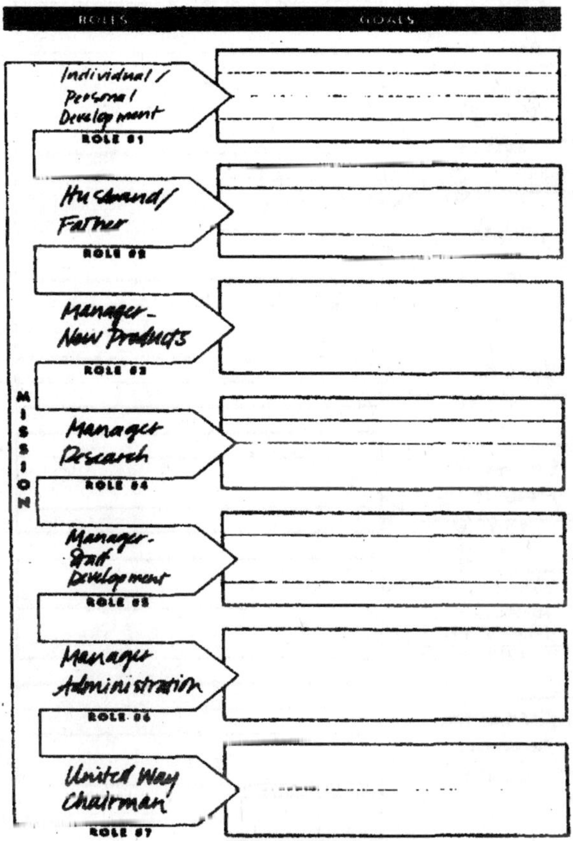

एक अंशकालिक रियल एस्टेट सेल्स कर्मी अपनी भूमिका को निम्न रूप में सूचीबद्ध कर सकता है :

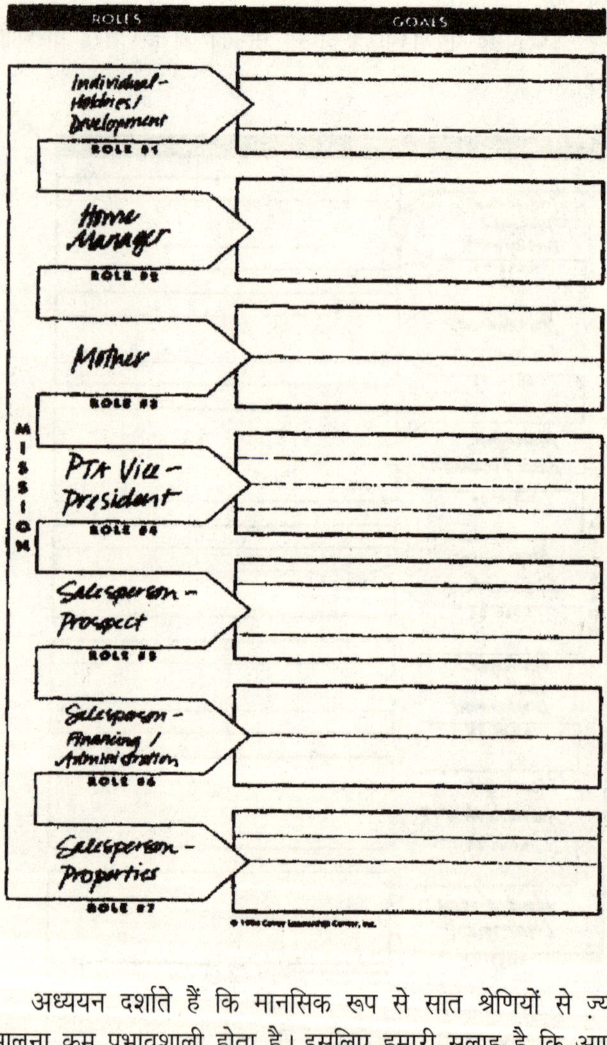

अध्ययन दर्शाते हैं कि मानसिक रूप से सात श्रेणियों से ज़्यादा को सँभालना कम प्रभावशाली होता है। इसलिए हमारी सलाह है कि आप अपने कार्यों को साथ मिलाने का प्रयास करें, जैसे प्रबंधकीय/वित्त या निजी/टीम

निर्माण, जिससे आपकी कुल भूमिकाएँ संख्या सात तक ही रहें। इससे इन भूमिकाओं की मानसिक व्यवस्था करना आसान होगा। वहीं दूसरी ओर, ऐसा मत समझिए कि आपको सात भूमिकाएँ ही लिखनी हैं। आप केवल पाँच या छह भूमिकाएँ भी लिख सकते हैं, यह भी ठीक है। सात की संख्या केवल सुविधाजनक मानसिक प्रक्रिया की अधिकतम सीमा दर्शाने के लिए है।

उन भूमिकाओं को पहचानने से गुणवत्तापूर्ण जीवन की पूर्णता की अनुभूति होती है। जीवन केवल नौकरी, या परिवार, या किसी ख़ास रिश्ते के अलावा और भी बहुत कुछ है। यह इन सबका मिश्रण है। भूमिकाएँ पहचानने से ऐसे 'महत्त्वपूर्ण', 'न कि तात्कालिक क्षेत्र' भी प्रकाश में आते हैं, जो अब तक अनदेखे रहे थे।

आप जिन भूमिकाओं को पहचानेंगे, उनके अलावा हम कुछ अलग और बुनियादी भूमिकाएँ भी सुझाएँगे, जिन्हें 'शार्पन द सॉ' (धार तेज़ करना) भी कहते हैं। हम दो कारणों से इसे अलग भूमिका मानते हैं : 1. यह भूमिका सभी निभाते हैं, और 2. यह हर एक अन्य भूमिका की सफलता की बुनियाद है। आपको यह भूमिका साप्ताहिक वर्कशीट के ऊपरी-बाएँ-हाथ के कोने में मिलेगी।

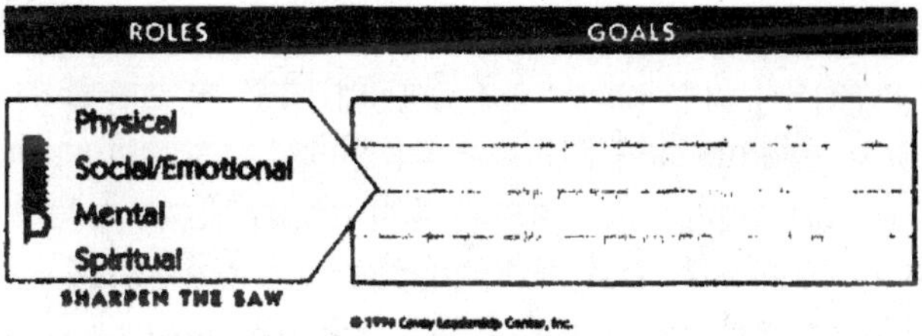

'शार्पन द सॉ' (धार तेज़ करना) ऐसा रूपक है, जो उस ऊर्जा को दर्शाता है, जिसका निवेश हम अपने चार बुनियादी क्षेत्रों- भौतिक, सामाजिक, मानसिक, और आध्यात्मिक में व्यक्तिगत क्षमता बढ़ाने के लिए करते हैं। हम अक्सर 'चीरने' (परिणाम पैदा करने) में इतना व्यस्त हो जाते हैं कि अपनी 'धार तेज़ करना' (भविष्य में परिणाम पाने के लिए अपनी क्षमता को क़ायम रखना या बढ़ाना) भूल जाते हैं। हम कसरत (भौतिक क्षेत्र) को नज़रअंदाज करते हैं, या अहम रिश्ते विकसित करने में विफल रहते हैं (सामाजिक/

भावनात्मक क्षेत्र)। हम अपने इस क्षेत्र (मानसिक क्षेत्र) को ऊर्जित नहीं रख पाते। हमें यह स्पष्ट नहीं होता कि हमारे लिए क्या महत्त्वपूर्ण और सार्थक है (आध्यात्मिक क्षेत्र)। अगर हम इन क्षेत्रों में अपनी व्यक्तिगत क्षमता विकसित करने में विफल रहते हैं, तो इस असंतुलन से हम शीघ्र ही 'सुस्त' पड़ जाते हैं और थक कर टूट जाते हैं। हम अपने जीवन में अन्य भूमिकाओं में प्रभावशाली ढंग से आगे नहीं बढ़ पाते।

हम अक्सर ओलिंपिक खिलाड़ियों की कहानियाँ सुनते हैं, जिन्होंने कई साल ख़ूब प्रशिक्षण लिया और खेल के लिए तैयार हुए। वे मानसिक रूप से अपने प्रदर्शन का पूर्वाभ्यास करते हैं, तथा इसे करने के विवरणों की बार-बार कल्पना करते हैं। वे अपने में ऐसी ताक़त का निर्माण करते हैं, जो उन्हें सफलतापूर्वक प्रतिस्पर्द्धा की क्षमता देती है। ये खिलाड़ी केवल तभी प्रशिक्षण नहीं लेते, जब यह सुविधाजनक या आसान लगे और फिर जीतने की उम्मीद करें। अपने जीवन में शक्ति के स्रोत की परवाह और उससे अनुकूलन किए बिना हम भी ऐसी क्षमता की उम्मीद नहीं कर सकते, जिससे जीवन का पूर्ण आनंद उठा सकें।

आप पाएँगे कि धार तेज़ करने की यह भूमिका उस व्यक्तिगत विकास भूमिका जैसी ही होती है, जिसे आप पहले ही परिभाषित कर चुके हैं। समस्या यह नहीं है। महत्त्वपूर्ण बात यह है कि इन चारों में से कोई भी क्षेत्र नज़रअंदाज़ नहीं होना चाहिए। कुछ लोग 'धार देने' की भूमिका को दैनिक व्यायाम या व्यक्तिगत पठन जैसी साप्ताहिक 'निवेश' गतिविधियों को व्यवस्थित करने में, और अपनी अन्य भूमिकाओं में से एक को कॅरियर के लिए योजना बनाने या शिक्षा जारी रखने जैसे दीर्घावधिक मामलों में उपयोग करते हैं। इसमें मतलब सिर्फ़ इसी बात का है कि आपके लिए सबसे बेहतर क्या है।

यह समझना भी महत्त्वपूर्ण है कि ये सभी रोल जीवन के बहुत अलग विभाग नहीं हैं। ये अत्यधिक अंतर्संबंधित पूर्णता का निर्माण करते हैं। अपनी भूमिका को पहचान कर आप योजना पृष्ठ में अपने जीवन को टुकड़ों में तोड़कर साफ़ छोटे डिब्बों में फिट करने का प्रयास नहीं कर रहे। आप विभिन्न दृष्टिकोणों का निर्माण कर रहे हैं, जिनसे आप अपने जीवन की पड़ताल करके इसमें संतुलन और सामंजस्य सुनिश्चित कर सकेंगे। प्रतिमान हमेशा महत्त्व, पारस्परिक- निर्भरता, और रिश्ते का होता है।

अगर आपने अब तक वर्कशीट पर अपनी भूमिकाएँ नहीं लिखी हैं, तो इन्हें अभी लिखिए।

अब इन सवालों पर विचार करें :

- *क्या मैं अक्सर जीवन की एक या दो भूमिकाएँ निभाने में इतना थक जाता हूँ कि शेष भूमिकाओं को उतना समय और ध्यान नहीं दे पाता,जो मैं उन्हें देना चाहता हूँ?*
- *मेरी ऐसी कितनी 'ज़रूरी चीज़ें' हैं, जो मेरी उन भूमिकाओं में नहीं आतीं, जिनमें मेरा सबसे ज़्यादा समय और ध्यान जाता है।*
- *क्या मैंने जिन भूमिकाओं को चुना हैं, वे मेरा मिशन पूरा करने के लिए साथ मिलकर काम करती हैं?*
- *इन भूमिकाओं पर साप्ताहिक आधार पर विचार करने से मेरे जीवन की गुणवत्ता में कितना बदलाव आएगा, जिससे सुनिश्चित हो सके कि मेरी गतिविधियाँ उचित रूप से संतुलित हैं?*

हम इन सब पर और भूमिका-संबंधित मामलों पर अध्याय 6 में बात करेंगे।

तीसरा क़दम : हर भूमिका के लिए क्वाड्रंट II के लक्ष्य चुनिए

अपने लिए चुनी भूमिकाओं के ढाँचे में खुद से सवाल करें :

> *इस सप्ताह मैं प्रत्येक भूमिका में ऐसी क्या सबसे महत्त्वपूर्ण चीज़ कर सकता हूँ, जिससे सर्वाधिक सकारात्मक प्रभाव मिल सके?*

जब आप इस सवाल का जवाब तलाशें, तब अपनी दिली सोच के साथ ही अपने मन के साथ भी विमर्श करें। आपके अनुसार इनमें से हर एक भूमिका में कौन सा अहम अंतर आता है? आप बतौर जीवनसाथी कैसे हैं? बतौर दोस्त कैसे हैं? बतौर अभिभावक कैसे हैं? बतौर कर्मचारी कैसे हैं? जब आप इनमें से प्रत्येक भूमिका की सबसे अहम गतिविधि को समझ जाएँ, तब आपको अपनी घड़ी की जगह अपने दिशासूचक को इस्तेमाल करना शुरू करना होगा। अपने अंतर्बोध की सुनें। तात्कालिकता की जगह महत्त्व पर ध्यान देना शुरू करें।

अगर आपकी भूमिकाओं में से कोई एक ख़ुद आपके विकास से संबंधित हो, तो आपके लक्ष्यों में व्यक्तिगत एकांत की योजना बनाने, मिशन स्टेटमेंट पर काम करने या स्पीड रिडिंग कोर्स के बारे में जानकारी जुटाने, जैसी चीज़ें भी शामिल हो सकती हैं। यदि आप अभिभावक हैं, तो आपका लक्ष्य अपने बच्चे के साथ समय बिताना भी हो सकता है। अगर आप विवाहित हैं, तो शायद आप अपने पति या पत्नी के साथ डेट पर जाना चाहें। पेशे से संबंधित लक्ष्यों में कुछ समय दीर्घकालिक योजना बनाने के लिए देना, किसी साथी या मातहत को सिखाना, ग्राहकों से मिलने जाना, और अपने बॉस द्वारा साझा की उम्मीदों पर काम करना आदि शामिल हो सकता है।

'धार तेज़' करने के क्षेत्र में, शारीरिक लक्ष्यों में नियमित कसरत करना या उचित आहार लेना शामिल हो सकते हैं। आध्यात्मिक क्षेत्र में, आप ध्यान, प्रार्थना, या प्रेरक साहित्य को पढ़ना शामिल कर सकते हैं। सामाजिक विकास के लिए आप पारस्परिक निर्भरता के सिद्धांत, जैसे हमदर्दी से बात सुनना, ईमानदारी या बेशर्त प्रेम पर काम कर सकते हैं। इसकी कुंजी यही है कि लगातार वह काम करते रहें, जिनसे आपकी इन क्षेत्रों में ताक़त बढ़े और आपकी जीने, और प्रेम करने, सीखने, और विरासत छोड़ने की क्षमता में इज़ाफ़ा हो। दिनभर, 'धार तेज़' करने में बिताया एक भी घंटा ऐसी 'निजी सफलता' का निर्माण करती है, जो सार्वजनिक सफलता को संभव बनाती है।

आप हर एक भूमिका के लिए कुछ लक्ष्यों को जानते होंगे, लेकिन फ़िलहाल के लिए अपने आपको केवल एक या दो लक्ष्यों तक सीमित रखिए, जो आपके लिए सबसे अहम हों। आप अपने आंतरिक दिशासूचक के उपयोग से यह भी महसूस कर सकते हैं कि आपको इस सप्ताह प्रत्येक भूमिका के लिए लक्ष्य तय नहीं करना है। क्वाड्रंट II प्रक्रिया से आपको वह लचीलापन मिल सकता है, जो आपको आपका दिशासूचक यह जानने में उपयोग करने के लिए प्रोत्साहित करे कि आपके लिए सबसे महत्त्वपूर्ण क्या है। अध्याय 7 में, हम देखेंगे कि आप अपनी वृत्तियों (क्षमताओं) का उपयोग यह चयन करने में कैसे कर सकते हैं और किस तरह सिद्धांत-आधारित लक्ष्य तय और हासिल कर सकते हैं, जिनसे गुणवत्तापूर्ण जीवन का निर्माण हो।

अपने लक्ष्यों को 'लक्ष्य क्षेत्र' में या साप्ताहिक वर्कशीट पर लिखें।

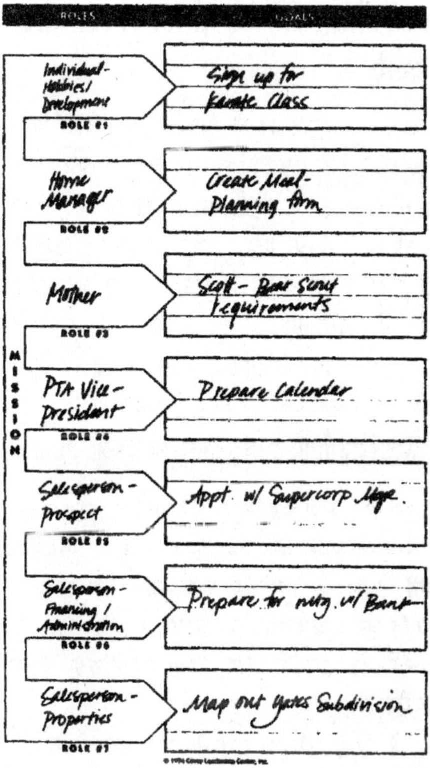

सावधानी से विचार करने पर आप पाएँगे कि आपके लक्ष्य उन गतिविधियों का प्रतिनिधित्व करते हैं, जो आपको अपनी भूमिकाओं को परिपूर्ण करने के लिए आवश्यक महसूस होती हैं।

अब अपने आपसे निम्न सवाल करें :

- *अगर मैं अगले सप्ताह ये काम करूँगा, तो क्या होगा?*
- *मुझे अपनी जीवन गुणवत्ता के बारे में कैसा महसूस होगा?*
- *अगर मैं इनमें से केवल कुछ काम करूँगा, तो क्या होगा?*
- *क्या इससे जीवन में सकारात्मक बदलाव आएगा?*
- *अगर मैं इसे हर हफ़्ते करूँ, तो क्या होगा?*
- *क्या मैं उससे ज़्यादा प्रभावशाली हो सकूँगा, जितना मैं अभी हूँ?*

चौथा क़दम : सप्ताह के लिए फ़ैसले लेने का ढाँचा बनाएँ

अत्यधिक-फलदायी क्वाड्रंट II के लक्ष्यों को एक्शन प्लान में प्रभावशाली ढंग से बदलने के लिए पूरे सप्ताह कारगर ढंग से फ़ैसले-लेने का ढाँचा बनाना होगा। बहुत से लोग अपने पहले से ही अतिव्यस्त क्वाड्रंट I/II शिड्यूल में 'महत्त्वपूर्ण' गतिविधियों के लिए समय निकालने का प्रयास करते रहते हैं। वे कार्यों को इधर-उधर करते हैं, इन्हें दूसरों को सौंपते हैं, रद्द करते हैं, विलंबित करते हैं- बस एक उम्मीद में कि उन्हें ज़रूरी चीज़ें करने का समय मिल सके। लेकिन कुंजी, हालाँकि, अपने शिड्यूल को प्राथमिकता देना नहीं, बल्कि अपनी प्राथमिकताओं का शिड्यूल बनाना है।

हमारे एक सहयोगी ने यह अनुभव साझा किया :

एक बार मैं किसी सेमिनार में शामिल हुआ, जहाँ प्रशिक्षक समय पर व्याख्यान दे रहे थे। एक बिंदु पर, उन्होंने कहा, "अब पहेली का वक़्त है।" उन्होंने अपनी टेबल के नीचे से एक चौड़े-मुँह वाला गैलन जार (मर्तबान) निकाला। उन्होंने इसे टेबल पर एक थाली के पास रखा, जिसमें मुट्ठी के आकार वाले कुछ पत्थर थे। उन्होंने पूछा, "आपके हिसाब से इस मर्तबान में कितने पत्थर आ जाएँगे?"

हम सबके अनुमान लगा लेने के बाद, उन्होंने कहा, "अच्छा, चलिए देखते हैं।" उन्होंने एक पत्थर मर्तबान में डाला... फिर एक और, इसके बाद एक और। मुझे याद नहीं कि उन्होंने कितने पत्थर डाले थे, लेकिन वह मर्तबान पूरा भर गया। इसके बाद उन्होंने पूछा, "क्या मर्तबान भर गया?"

सबने ऊपर तक भरे पत्थरों को देखा और कहा, "हाँ।"

तो उन्होंने कहा, "अच्छा", उन्होंने फिर से टेबल के नीचे हाथ डाला और एक कंकड़ों से भरी बाल्टी निकाली। उन्होंने थोड़े कंकड़ मर्तबान में डाले और उसे हिलाया। कंकड़ बड़े पत्थरों के बीच में से निकलकर नीचे चले गए। इसके बाद वे शरारत से मुस्कराए और एक बार फिर से पूछा, "क्या मर्तबान भर गया?"

इस बार हम उन्हें समझ चुके थे। "शायद नहीं," हम सबने कहा।

बढ़िया है! उन्होंने जवाब दिया। उन्होंने टेबल के नीचे हाथ डाला और रेत से भरी बाल्टी निकाली। उन्होंने इसमें रेत डालनी शुरू की, जो पत्थरों और

कंकड़ो के बीच वाले रिक्त स्थान से होकर नीचे चली गई। उन्होंने एक बार फिर हमारी तरफ़ देखा, और पूछा, "क्या अब मर्तबान भर गया है?"

"नहीं!" हम सब समवेत स्वर में बोले।

अच्छा है! उन्होंने कहा, और एक पानी की सुराही उठाई और उसमें पानी डालना शुरू कर दिया। उन्होंने मर्तबान में कुछ पानी भी भर दिया। अब उन्होंने कहा, "तो, इसका क्या मतलब हुआ?"

किसी ने जवाब दिया, थोड़ी जगह बच ही जाती है। अगर आप कोशिश करें तो आप अपने जीवन में और चीज़ें शामिल कर सकते हैं।

"नहीं, यह बात नहीं है। बात यह है कि अगर आपने पहले बड़े पत्थर नहीं डाले होते, तो क्या आप शेष सब में से कुछ डाल पाते?

'ज़्यादा बेहतर होता है' के प्रतिमान से हम हमेशा अपने समय में जितनी हो सके, उतनी ज़्यादा गतिविधियाँ शामिल करने का प्रयास करते हैं, लेकिन हम आख़िर कितना कर पाते हैं, उसके क्या मायने हैं, अगर हम जो कर रहे हैं, वह हमारे लिए सबसे ज़्यादा मायने न रखता हो?

हमारे क्वाड्रंट II के लक्ष्य 'बड़े पत्थरों' के जैसे हैं। अगर हम शेष गतिविधियों- पानी, रेत, और कंकड़ को- पहले रखेंगे, और इसके बाद बड़े पत्थरों को फिट करने का प्रयास करेंगे, तो ये फिट नहीं हो पाएँगे, और इस प्रक्रिया में आख़िर में हम सब ख़राब कर बैठेंगे।

© 1994 Covey Leadership Center, Inc.

लेकिन अगर हमें पता हो कि ये बड़े पत्थर कौन से हैं और उन्हें पहले रखें, तो यह देखना आश्चर्यजनक होगा कि हम इनमें से कितने रख पाते हैं-

और कितना रेत, कंकड़ और पानी इनके बीच से जा पाता है। इस बात की परवाह किए बिना कि इसमें और क्या शामिल किया जा सकता है, इसमें कुंजी यह है कि बड़े पत्थर- हमारे क्वाड्रंट II के लक्ष्य- सबसे पहले रखे जाएँ। (चित्र देखें)

अपनी साप्ताहिक वर्कशीट में अपने क्वाड्रंट II के लक्ष्य दर्ज करें। आप देखेंगे कि साप्ताहिक वर्कशीट में हर दिन के लिए दो तरह के क्षेत्र दिए गए हैं। पहला विशिष्ट अपाइंटमेंट्स के लिए घंटों में विभाजित है और दूसरा उस दिन की प्राथमिकताओं की सूची के लिए स्थान प्रदान करता है। अपने क्वाड्रंट II के लक्ष्यों को शिड्यूल करने के लिए, कार्य दिवस के दौरान या तो लक्ष्यों के लिए विशिष्ट समय तय कीजिए, या इसे दिन की प्राथमिकता सूची में स्थान दीजिए।

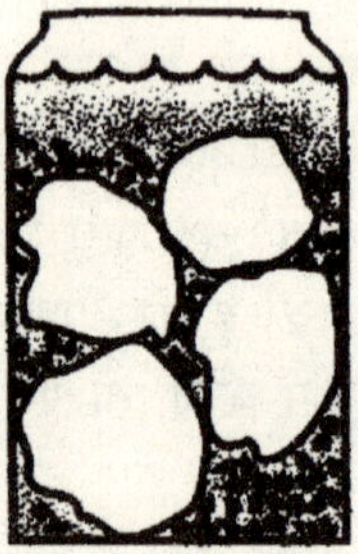

आमतौर पर, विशिष्ट अपाइंटमेंट सबसे प्रभावशाली होता है। आपको महसूस हो सकता है कि सप्ताह के लिए आपके सबसे महत्त्वपूर्ण लक्ष्यों में दीर्घकालिक योजना बनाना, कसरत करना और एक प्रमुख प्रोजेक्ट प्रस्ताव तैयार करना शामिल हो सकते हैं। इन लक्ष्यों पर काम करने को अपने साथ विशिष्ट अपाइंटमेंट रखें, तथा अपने लिए तय हर अपाइंटमेंट के साथ वैसा ही व्यवहार कीजिए, जैसा आप किसी भी अन्य अपाइंटमेंट के साथ करते हैं। इनके अनुसार योजना बनाएँ। अन्य गतिविधियों को संयोजित करें तथा उन्हें अलग समय खंडों में दर्ज करें। अगर इस अपाइंटमेंट को बदलना हो, तो इसे तुरंत पुनर्निर्धारित करें। अपने आपको भी उतना ही महत्त्व दें, जितना आप किसी भी अन्य व्यक्ति को देते हैं।

कुछ मामलों में, यह ज़्यादा प्रभावशाली होता है कि किसी दिन में कोई लक्ष्य किसी ख़ास समय के लिए तय *न* किया जाए, बल्कि इसे प्राथमिकता बनाया जाए। उदाहरण के लिए, अगर आपका लक्ष्य अपनी किशोर उम्र पुत्री के साथ रिश्ता सुधारना है, तो यह समझना ज़रूरी है कि यह अवसर शायद किसी तय समय पर न मिले। सप्ताह के बीच किसी ख़ास गतिविधि की योजना बनाने से यह बेहतर होगा कि आप अपनी पुत्री का नाम अपनी सूची में 'अन्य प्राथमिकताओं' में सबसे ऊपर लिखें, और अवसर का इंतज़ार करें। अगर आप ऐसा सोमवार को करें और कुछ न हो, तो वहाँ से एक तीर का निशान मंगलवार तक बनाएँ। अगर मंगलवार को भी कुछ न हो पाए, तो इसे बुधवार तक बनाएँ। इस तरह, यह प्राथमिकता आपके मन में घर कर लेगी। आप सही अवसर की ताक में रहेंगे। और आप देख सकेंगे कि उस सप्ताह में इस संदर्भ में क्या-क्या हो रहा है।

OTHER PRIORITIES	OTHER PRIORITIES	OTHER PRIORITIES
Time w/	→	→
Sharrie	→	→

तब, बुधवार की शाम को, जब आप अख़बार पढ़ रहे होंगे, तब वह आकर आपसे बात करना चाहेगी। आपके पास वह प्रेरणा पहले से ही है कि आप अपना अख़बार एक तरफ़ रखकर अपनी बेटी की बात सुनने लगेंगे।

निश्चित ही, अपने बच्चों के साथ ख़ास गतिविधियाँ करना भी काफ़ी अहम होता है। अक्सर साथ मिलकर बाउलिंग करने या फ़िल्म देखने से आपस में बातचीत के स्वाभाविक अवसर आते हैं। सबसे महत्त्वपूर्ण बात यह है कि सर्वथा उपयुक्त को तय करने में लक्ष्य की आवश्यकता और लक्ष्य के स्वभाव दोनों के प्रति संवेदनशील रहा जाए।

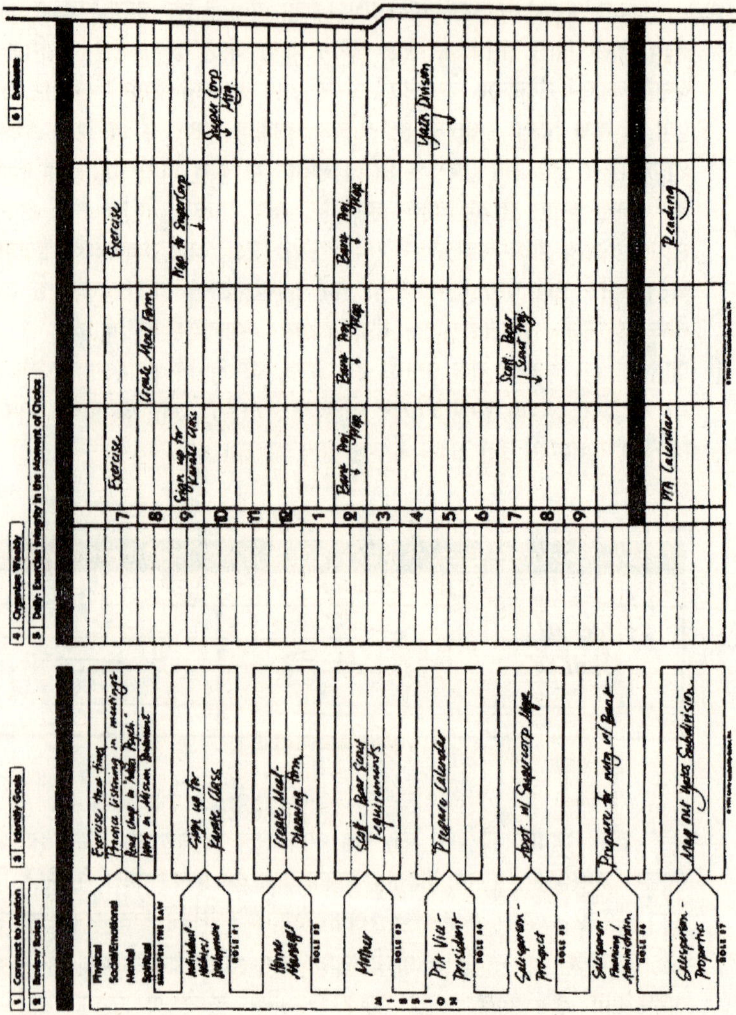
1 Connect to Mission
2 Review Roles
3 Identify Goals
4 Organize Weekly
5 Daily: Exercise Integrity in the Moment of Choice
6 Evaluate
Physical
Social/Emotional
Mental
Spiritual
Sharpen the Saw

अगर इस अध्याय को पढ़ने के बाद आप अपनी साप्ताहिक योजना बनाने जा रहे हैं, तो कुछ समय देकर अपने क्वाड्रंट II के लक्ष्यों की भी सूची बना लें।

क्वाड्रंट II के अहम लक्ष्यों को तय करना ज़रूरी चीज़ें पहले रखने की दिशा में बड़ा क़दम है। यदि हम क्वाड्रंट II की गतिविधियों को पहले नहीं रखते हैं, तो आमतौर पर क्वाड्रंट I और III में एक सप्ताह के दौरान गतिविधियों का ढेर लग जाता है, जो हमारा ध्यान आकर्षित करने के लिए निरंतर शोर मचाती रहती हैं। ऐसे में क्वाड्रंट II की ऐसी गतिविधियों को 'संयोजित करना कठिन' हो जाता है, जिनसे अहम फ़र्क़ आता है।

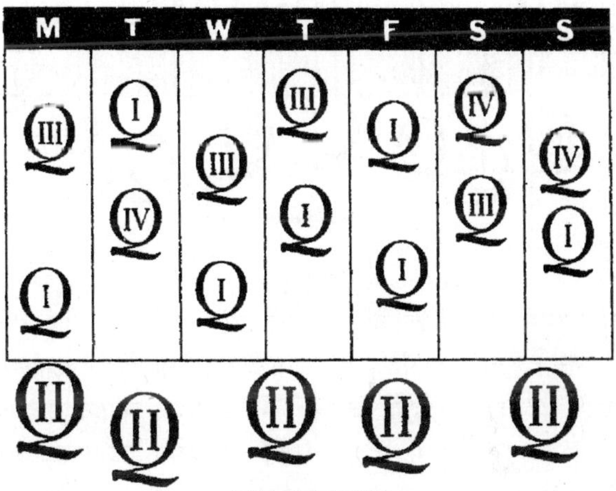

लेकिन अगर हम 'बड़े पत्थर' पहले ही डाल देते हैं, तो हम इस रुख को उलट सकते हैं। हम ऐसा ढाँचा बना सकते हैं, जिससे वह हासिल कर सकें जो हमें अहम महसूस होता है, और तब इसके इर्द-गिर्द हम अन्य गतिविधियों को 'संयोजित' कर सकते हैं।

क्वाड्रंट II में बड़े पत्थर पहले ही डालने से आपके लिए अन्य गतिविधियों को जोड़ना आसान हो जाता है, फिर चाहे वे उस दिन के अपाइंटमेंट्स हों या प्राथमिकताएँ। इस पर ध्यान देना ज़रूरी है कि हर गतिविधि की सावधानी से जाँच करके पहचान की जाए कि वह वास्तव में किस क्वाड्रंट में आती है। यह तात्कालिक *महसूस* हो सकती है। लेकिन क्या

वाक़ई है? या वह केवल इसलिए ऐसी महसूस हो रही है कि कोई दूसरा या कोई अन्य कारण इसके लिए दबाव बना रहा है? क्या यह वाक़ई अहम है? या केवल तात्कालिकता अनुभव होने से यह महत्त्वपूर्ण लग रही है?

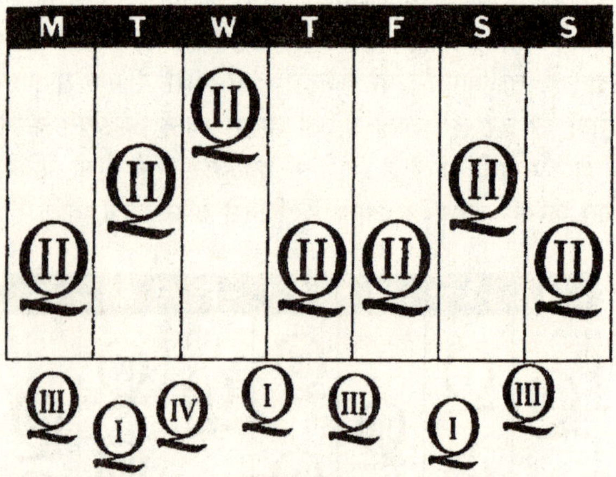

जैसा हमने पहले देखा है कि अगर आपको संकटकालीन अवस्था में रहने की लत है, तो यह सहज ही माना जा सकता है कि आप जो कुछ भी करते हैं, वह लगभग सभी क्वाड्रंट I में आता है, लेकिन सावधानीपूर्वक विश्लेषण से क्वाड्रंट III में बिताए समय का काफ़ी हद तक खुलासा हो सकता है। अगर आपको क्वाड्रंट II में निवेश के लिए समय नहीं मिल रहा है, तो क्वाड्रंट III इसे प्राप्त करने का मुख्य स्थान है।

एक बार जब आप क्वाड्रंट II में समय का निवेश करने लगते हैं, तो अन्य प्रत्येक क्वाड्रंट में बिताए आपके समय की मात्रा पर इसका व्यापक असर होता है। जब आप योजना बनाते हैं, तैयारी करते हैं, रिश्ते बनाते हैं, या अच्छा समय बिताते हैं, तो आप पाएँगे कि आप क्वाड्रंट I के टूटे टुकड़ों को चुनने या क्वाड्रंट III में अन्य लोगों की तात्कालिक माँगों पर प्रतिक्रिया देने में कम समय व्यतीत करेंगे। III और IV को मिटाने की दिशा में काम करना सबसे आदर्श तरीक़ा है। समय को क्वाड्रंट I और क्वाड्रंट II की अहम गतिविधियों पर ख़र्च करना और ज़्यादा से ज़्यादा क्वाड्रंट

II की गतिविधियों की तैयारी, उनके संरक्षण और सशक्तिकरण की ओर मुड़ना ज़रूरी है।

अपने सप्ताह के लिए कार्यक्रम बनाते हुए यह भी समझना होगा कि आप हर दिन के हर एक क्षण को समय-संवेदनशील अपाइंटमेंट्स से *नहीं* भर सकते। इसमें लचीलेपन की अनुमति दें। आप मौजूदा जानकारी के आधार पर आपके लिए जो अहम है, उसके लिए सबसे अच्छी योजना बना सकते हैं, लेकिन तथ्य यह है कि जीवन किसी योजनाबद्ध पृष्ठ का स्वचालित अवतार नहीं है, भले ही वह पृष्ठ कितना भी बढ़िया क्यों न लिखा हो। अप्रत्याशित की अनदेखी करने (अगर यह संभव हो) का अर्थ है अवसर, सहजता और उन ख़ूबसूरत पलों के बिना 'जीवन' बिताना, जिनके लिए यह बना है।

क्वाड्रंट II व्यवस्था की विषय-वस्तु ठोस सूची तय करना नहीं है। इसका उद्देश्य ऐसे *ढाँचे* का निर्माण करना है, जिसमें दिन और क्षण के महत्त्व के आधार पर गुणवत्तापूण फ़ैसले लिए जा सकें।

> अगर आप सप्ताह के लिए योजना बना रहे हैं, तो अपनी अन्य प्रमुख गतिविधियों को अपने क्वाड्रंट II के लक्ष्यों के इर्द-गिर्द रखें और उन्हें अपाइंटमेंट या दैनिक प्राथमिकताओं के तौर पर तय करें।

अपने आपसे निम्न प्रश्न पूछ कर ऐसे साप्ताहिक ढाँचे के मूल्य पर विचार करें :

- *मेरी योजनानुसार मेरा अगला सप्ताह कैसा रहेगा?*
- *अगर मैं हर सप्ताह प्रत्येक भूमिका (अपाइंटमेंट या दैनिक प्राथमिकता) को क्वाड्रंट II के लक्ष्यों के अनुसार तय करूँ, और इनके ही अनुसार काम करूं, तो इससे क्या फ़र्क़ पड़ेगा?*
- *क्या 'बड़े पत्थर' पहले डालने में कोई तर्क नज़र आता है? ऐसा करने से मुझे उन अहम कार्यों को करने में कैसे मदद मिलेगी?*

अध्याय 8 में, हम ऐसे तीन 'परिचालन दृष्टिकोणों' पर निकट से नज़र डालेंगे, जो हमें दैनिक से सप्ताह पर केंद्रित होने के दौरान हासिल होते हैं।

पाँचवाँ क़दम: क्षण में सत्यनिष्ठा का पालन

सप्ताह के लिए अहम क्वाड्रंट II लक्ष्य तय कर लेने के बाद, अब दैनिक काम, दिन के अप्रत्याशित अवसरों और चुनौतियों के बीच से गुज़रते हुए ज़रूरी चीज़ें पहले रखना होता है। सत्यनिष्ठा या संपूर्णता के पालन का अर्थ पूरी शांति और विश्वास के साथ मिशन को क्षण में रूपांतरित करना है, जिसमें ज़रूरी चीज़ें पहले रखने का अर्थ अपनी योजना के अनुसार काम करना या चेतना-निर्देशित परिवर्तन का निर्माण करना है। हमने इस प्रक्रिया में अब तक जो भी क़दम उठाए हैं, उन्हें इस तरह डिज़ाइन किया है, जिससे आपके चरित्र और दक्षता, आपका विवेक, तथा काम को वास्तविक धरातल पर उतारने वाले फ़ैसले-लेने के क्षणों में आंतरिक दिशासूचक तक पहुँचने की आपकी क्षमता में इज़ाफ़ा हो सके।

ऐसी तीन अतिरिक्त चीज़ें हैं, जो आप दिन की शुरुआत में कर सकते हैं। इससे ज़रूरी चीज़ें पहले करने की आपकी क्षमता बढ़ जाएगी :

1. दिन का पूर्वावलोकन : यह पारंपरिक समय प्रबंधन की दैनिक योजना निर्माण से काफ़ी अलग प्रक्रिया है। दिन की शुरुआत में थोड़ा सा समय देकर अपनी सूची पर फिर से नज़र डालें, जिससे आप अपना लक्ष्य पा सकें, अपने दिशासूचक की जाँच करें, दिन को सप्ताह के संदर्भ में देखें, और उस दृष्टिकोण की पुनर्समीक्षा करें, जो आपको अप्रत्याशित अवसरों और चुनौतियों पर सार्थक ढंग से प्रतिक्रिया देने लायक़ सशक्त बना देगा। इस बिंदु पर, कुछ लोग दैनिक पृष्ठ पर काफ़ी अधिक जानकारी के लिए स्थान को प्राथमिकता देते हैं।

2. प्राथमिकताएँ तय करना : इससे पहले कि आप पारंपरिक मायनों में प्राथमिकता तय करना आरंभ करें, क्यू I या क्यू II के तौर पर अपनी गतिविधियों की पहचान करना आपके लिए मददगार साबित हो सकता है। इससे आपको यह सुनिश्चित करने का अतिरिक्त अवसर मिलेगा कि क्वाड्रंट III की गतिविधियाँ आपकी सूची में छद्मवेश में प्रवेश नहीं कर गई हैं। साथ ही यह आपको दिन का *कैरोस* या दिशासूचक संदर्भ क़ायम रखने में भी मदद करेगा- जो आमतौर पर कुछ ज़्यादा ही *कोरोनोस* या

घड़ी-केंद्रित होता है। इससे महत्त्व के प्रतिमान को भी सुदृढ़ बनाने में मदद मिलेगी और यह आपके चयन की प्रकृति के प्रति आपको अधिक जागरूक बनाने में भी मदद करेगा।

अगर आगे और प्राथमिकीकरण से मदद मिलती हो, तो आप हर एक क्यू I या क्यू II गतिविधि की स्थिति पर कुछ संकेत दे सकते हैं। कुछ लोग एबीसी पद्धति इस्तेमाल करने को प्राथमिकता देते हैं, जिसमें हर वस्तु को ए, बी और सी निर्दिष्ट किया जाता है, जो महत्त्व आधारित होता है। इसमें हमेशा ए पर काम होता है। अन्य लोग सरल संख्या प्रणाली को प्राथमिकता देते हैं, जिसके लिए अधिक विशिष्ट प्राथमिकता वाले फ़ैसले लेने की आवश्यकता होती है।

आप अधिक विवरणात्मक प्राथमिकता संकेतकों का इस्तेमाल करें या न करें, हमारी सलाह है कि आप अपने लिए सबसे अहम प्राथमिकता को हाइलाइट करें, इस पर वृत बनाएँ, या इस पर तारा चिह्न लगा दें। इसके लिए आपको क्वाड्रंट II की दो गतिविधियों के बीच में से चयन करना होगा, जिन्हें आपने उस दिन के लिए सूची में रखा है। अगर उस दिन की प्रकृति ऐसी है कि कुछ न किया जा सके, तब भी आपको कम से कम इतना संतोष तो होगा कि आपने वह एक चीज़ तो कर ली, जो आपके लिए सबसे महत्त्वपूर्ण थी।

जब आप प्राथमिकता तय करते हैं, तो यह याद रखना ज़रूरी है कि आपके प्राथमिकता तय करने में केवल वही चीज़ें शामिल हों, जिन्हें आपने अपने साप्ताहिक ढाँचे में रखा है। इसमें अप्रत्याशित अवसरों या चुनौतियों की प्राथमिकता पर ध्यान नहीं दिया जाता। अगर आप अपनी भूमिकाओं और लक्ष्यों पर सावधानी से ध्यान देंगे, तो आपके ढाँचे में जो है, वह सप्ताह के लिए शीर्षस्थ चीज़ को तय करने के आपके सर्वोत्तम प्रयासों को दर्शाता है, लेकिन हम में से कोई भी सर्वज्ञ नहीं है। इस तरह की चीज़ें भी सामने आ सकती हैं, जो वास्तव में उनसे ज़्यादा अहम हों, जिनकी योजना आपने बनाई है। अपने आंतरिक दिशासूचक से जुड़े रहें, जिससे आप उसके प्रति सत्यनिष्ठा से कार्य कर सकें, जो अहम हो। यह ज़रूरी नहीं कि यह आपकी सूची में शामिल हो।

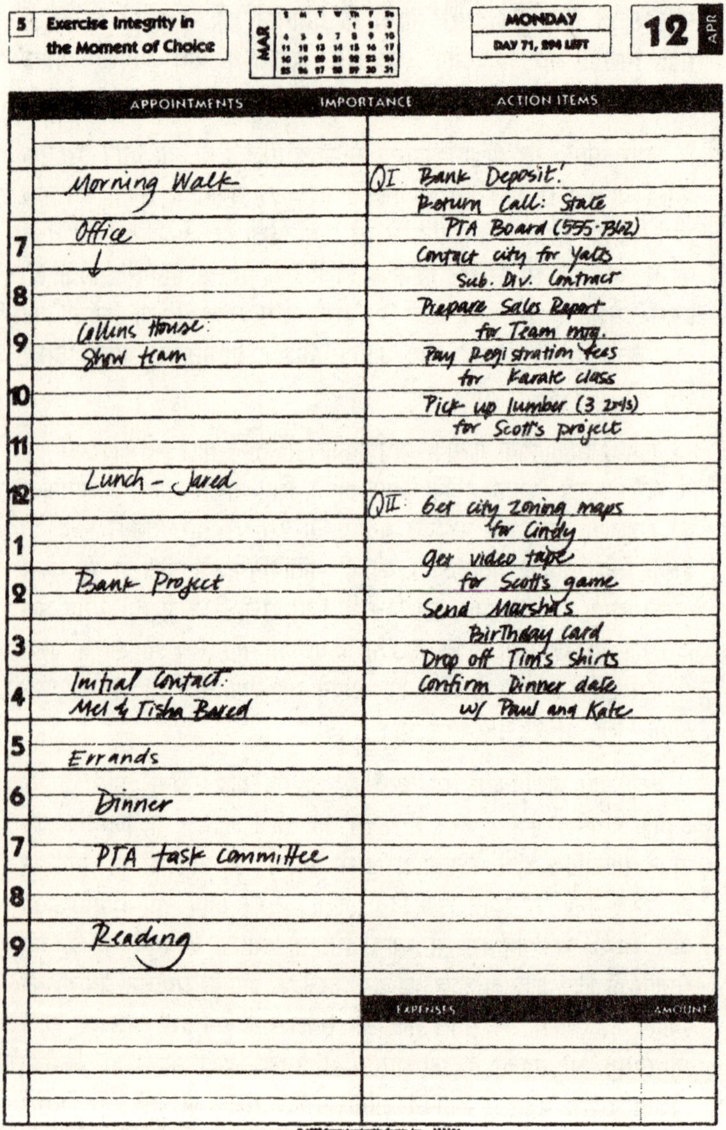

5 Exercise Integrity in the Moment of Choice

MONDAY
DAY 71, 294 LEFT

12 APR

APPOINTMENTS	IMPORTANCE / ACTION ITEMS
Morning Walk	QI Bank Deposit!
	Return Call: State PTA Board (555-7362)
7 Office ↓	Contact city for Yates Sub. Div. Contract
8	Prepare Sales Report for Team mtg.
9 Collins House: Show team	Pay Registration fees for Karate class
10	Pick up lumber (3 2×4s) for Scott's project
11	
12 Lunch - Jared	QII Get city zoning maps for Cindy
1	Get video tape for Scott's game
2 Bank Project	Send Marsha's Birthday card
3	Drop off Tim's shirts
4 Initial Contact: Mel & Tisha Bared	Confirm Dinner date w/ Paul and Kate
5 Errands	
6 Dinner	
7 PTA task committee	
8	
9 Reading	

EXPENSES	AMOUNT

© 1993 Covey Leadership Center, Inc.

3 Exercise Integrity in the Moment of Choice

MAR

S	M	T	W	Th	F	Sa
				1	2	3
4	5	6	7	8	9	10
11	12	13	14	15	16	17
18	19	20	21	22	23	24
25	26	27	28	29	30	31

MONDAY
DAY 71, 294 LEFT

12 APR

	APPOINTMENTS	IMPORTANCE / ACTION ITEMS
	Morning Walk	QI: A1 Bank Deposit!
		A2 Return Call: State PTA Board (555-7362)
7	Office	B1 Contact city for Yates Sub. Div. Contract
	↓	
8		B2 Prepare Sales Report for Team mtg.
9	Collins House: Show team	C1 Pay Registration fees for Karate class
10		C2 Pick up lumber (3 2×4s) for Scott's project
11		
12	Lunch – Jared	QII: A1 Get city zoning maps for Cindy
1		B1 Get video tape for Scott's game
2	Bank Project	B2 Send Marsha's BirThday card
3		B3 Drop off Tim's shirts
4	Initial Contact: Mel & Tisha Bared	C1 Confirm Dinner date w/ Paul and Kate
5	Errands	
6	Dinner	
7	PTA task committee	
8		
9	Reading	

5	Exercise Integrity in the Moment of Choice

MAR

S	M	T	W	Th	F	Sa
				1	2	3
4	5	6	7	8	9	10
11	12	13	14	15	16	17
18	19	20	21	22	23	24
25	26	27	28	29	30	31

MONDAY

DAY 71, 294 LEFT

12 MAR

7

8

9

10

11

12

1

2

3

4

5

6

7

8

9

EXPENSES	AMOUNT

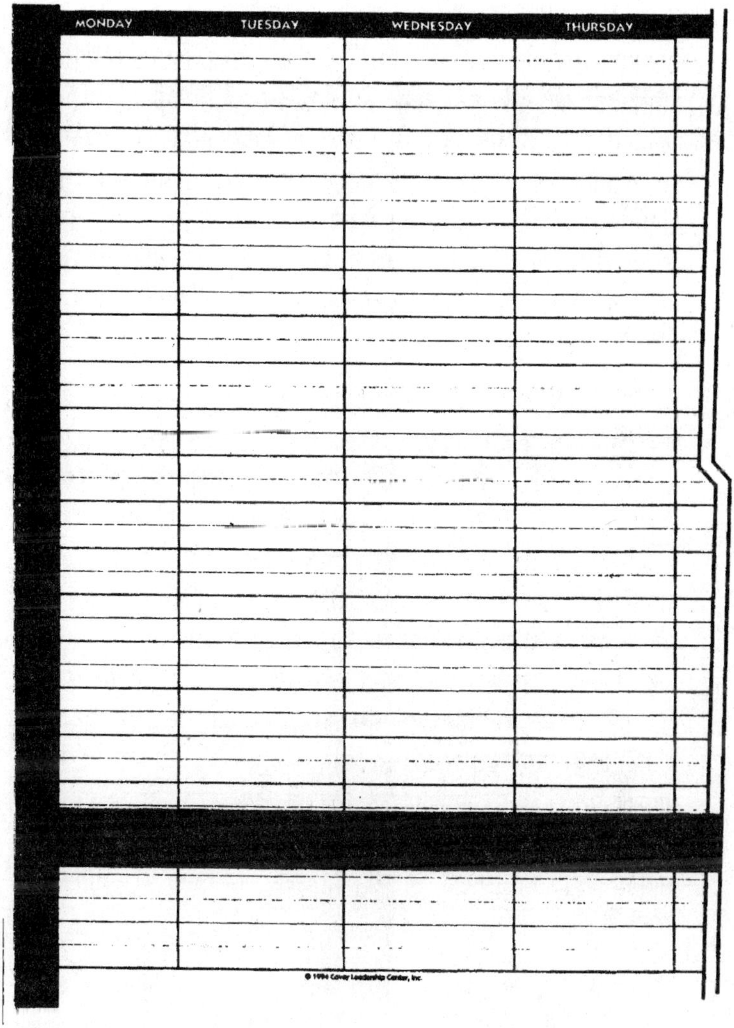
MONDAY
TUESDAY
WEDNESDAY
THURSDAY
© 1994 Covey Leadership Center, Inc.

3. दिन के लिए किसी तरह की टी–प्लानिंग का उपयोग करें : दैनिक शीट पर, मूल ढाँचा ऐसा है, जिसमें आप बाईं तरफ़ 'समय-संवेदनशील' गतिविधियों की सूची बना सकते हैं और उन गतिविधियों को दाईं तरफ़ लिख सकते हैं, जिन्हें दिन में किसी भी समय किया जा सकता है। इस तकनीक को अक्सर 'टी-प्लानिंग' कहा जाता है। समय-संवेदनशील गतिविधियों को शेष सबसे अलग करके, आप अधिक प्रभावशाली सूचीगत फ़ैसले ले सकते हैं और महत्त्वपूर्ण प्रतिबद्धताओं के प्रति संवेदनशील रह सकते हैं। ज़्यादा सघन 'साप्ताहिक वर्कशीट' में ये क्षेत्र ऊपर और नीचे होंगे।

किसी गतिविधि को समय-संवेदनशील तभी माना जाता है, जब उसका मूल्य उस दिन के किसी ख़ास समय से संबंधित हो। उदाहरण के लिए, सुबह 10 बजे डॉक्टर से अपाइंटमेंट का मूल्य सबसे ज़्यादा है, जबकि दोपहर 4:00 बजे इसका कोई मूल्य नहीं है (सिवाय इसके कि उस वक़्त आप डॉक्टर के क्लीनिक में अपनी बारी का इंतज़ार कर रहे हों)। किसी गतिविधि के 'समय संवेदनशील' क्षेत्र में होने मात्र का मतलब अपने आप यह नहीं हो जाता कि जब उसका समय आए, तब आप जो कुछ भी कर रहे हों, उसे छोड़कर अपना ध्यान इस पर केंद्रित कर लें। हो सकता है कि आप उस वक़्त कुछ ऐसा काम कर रहे हों, जो वास्तव में महत्त्वपूर्ण हो। अतः आपको इन्हें फिर से तय करना होगा। इसमें मुख्य बात दो गतिविधियों के बीच अंतर पहचानने और उस वक़्त आपके लिए क्या ज़्यादा ज़रूरी है, इसे पहचानने की आपकी क्षमता है।

दिन बीतने के साथ ही, निस्संदेह ऐसी चीज़ें सामने आती हैं, जिस कारण आपको अपनी गतिविधियों की पुनः समीक्षा करनी होती है, जिनकी आपने योजना बनाई थी- आपके बॉस मीटिंग बुला लें, कोई आपको संगीत समारोह के दो टिकट दे दे, आपकी पुत्री स्कूल से फ़ोन करे कि उसका हाथ चोटिल हो गया है, किसी ग्राहक ने अपाइंटमेंट रद्द कर दिया हो।

क्वाड्रंट II व्यवस्था आपको इतना सशक्त बनाती है कि आप तात्कालिकता की जगह महत्त्व को प्रतिमान बनाकर अपने समय का सर्वश्रेष्ठ

उपयोग कर सकते हैं। हालात बदलने पर, आप क्षणभर रुक के अपने आंतरिक दिशासूचक से जुड़कर अपने समय और ऊर्जा के 'बेहतरीन' उपयोग का निर्धारण कर सकते हैं। जब अप्रत्याशित चीज़ उससे कम महत्त्वपूर्ण हो, जिसकी योजना आपने बनाई है, तो क्वाड्रंट II व्यवस्था आपको अपने मार्ग पर टिके रहने का परिदृश्य और ऊर्जा प्रदान करती है। जब अप्रत्याशित चीज़ ज़्यादा महत्त्वपूर्ण हो, तो इससे आपको अनुकूलन करने और पूरे विश्वास के साथ बदलाव का सामर्थ्य मिलेगा। आप जान जाएँगे कि आप वास्तव में किसी महत्त्वपूर्ण चीज़ पर काम कर रहे हैं, न कि केवल तात्कालिकता पर प्रतिक्रिया दे रहे हैं।

अध्याय 9 में, हम इस पर गहन चर्चा करेंगे कि चयन के किसी भी क्षण में आंतरिक दिशासूचक तक कैसे पहुँचा जा सकता है। हम इस पर बात करेंगे कि कठिन हालात में मज़बूत कैसे बने रहें, ये कैसे जानें कि अप्रत्याशित अवसर या चुनौती आपकी पहले से तय योजना से ज़्यादा अहम है, और किसी तरह आपने जो योजना बनाई है, उस पर डटे रहें या पूरे विश्वास और शांति के साथ बदलाव करें।

छठा क़दम: आँकना

क्वाड्रंट II की प्रक्रिया आगे की कार्रवाई और एक सप्ताह के अनुभवों को प्रभावकारिता बढ़ाने के लिए आगामी सप्ताहों की बुनियाद में बदले बिना अधूरी रहेगी। यदि हम जीवंत उदाहरण से नहीं सीखते हैं, तो हम चीज़ें समान रूप से निरंतर करते रहने, हफ़्ते दर हफ़्ते- वही गलतियाँ दोहराने और एक ही तरह की समस्याओं से जूझते रहने से कैसे बचे रह सकते हैं?

सप्ताह के अंत में- इससे पहले कि आप अपने अगले सप्ताह की तैयारी के लिए मिशन स्टेटमेंट की समीक्षा करें- तो क्षणभर रुककर अपने से ये सवाल पूछें :

- *मैंने कौन से लक्ष्य हासिल किए हैं?*
- *मैंने किन चुनौतियों का सामना किया है?*
- *मैंने कौन से फ़ैसले किए हैं?*
- *क्या ये फ़ैसले लेते हुए मैंने ज़रूरी चीज़ें पहले रखी थीं?*

अध्याय 10 में, हम अधिक विशिष्ट प्रश्न सुझाएँगे, जो चार मानवीय क्षमताओं की शक्ति से प्राप्त हैं, जिनसे हमें जीवन से सीखने में मदद मिले। इस अंतिम क़दम के साथ, क्वाड्रंट II प्रक्रिया एक जीवंत और ज्ञान चक्र बन जाती है, जो तरक़्क़ी की ऊपर की ओर जाने वाली सर्पिल रेखा का निर्माण करती है।

अब मान लीजिए कि आप जीवन के आगामी बावन-हफ़्ते हर हफ़्ते तीस मिनट इस प्रक्रिया को देंगे। मान लीजिए, आप अपनी क्वाड्रंट II सूची के लक्ष्यों में से सिर्फ़ आधे काम पूरे कर सके। क्या इससे यह पता चलता है कि आपको क्वाड्रंट II में उससे ज़्यादा समय बिताना चाहिए, जितना आप अभी बिता रहे हैं? कम या ज़्यादा? अगर आप क्वाड्रंट II में ज़्यादा समय दे सकते हों, *तो इससे आपके निजी और पेशेवर जीवन की गुणवत्ता में क्या फ़र्क़ आएगा।*

प्रतिमान और प्रक्रिया

क्वाड्रंट II कोई साधन नहीं है, यह सोचने का तरीक़ा है। हमने देखा है कि अनेक लोग दूसरी और तीसरी पीढ़ी के योजना-निर्माण साधनों को तत्वतः चौथी-पीढ़ी के तरीक़ों की तरह इस्तेमाल कर रहे हैं। वहीं दूसरी ओर, कुछ लोग चौथी पीढ़ी के साधनों और अपने स्वयं के व्यवस्था संबंधी साधनों को दूसरी या तीसरी पीढ़ी के तौर-तरीक़ों की तरह इस्तेमाल कर रहे हैं, जिससे उन्हें काफ़ी कम परिणाम मिल रहे हैं।

निश्चित ही इसमें प्रतिमान सबसे आधारभूत तथ्य है, लेकिन हमें यह भी समझना होगा कि ऐसा साधन जो प्रतिमान से अनुकूलित न हो, वह प्रभाव-शून्यता और निराशा को उत्पन्न कर सकता है। अगर आप महत्त्व के आधार पर चौथी पीढ़ी की जीवनशैली विकसित करना चाहते हैं, और आप ऐसे साधन का उपयोग कर रहे हैं, जो तात्कालिकता के आधार पर दैनिक प्राथमिकताओं पर केंद्रित है, तो यह कुछ ऐसा है कि आप उस मार्ग पर आगे बढ़ने का प्रयास कर रहे हैं, जिस पर किसी ने रास्ते में आपके सामने बड़े पत्थर डाल रखे हैं। यहाँ यह प्रणाली प्रतिमान के लिए भी ख़तरा होती है, जिससे अंत में आप अपना नुक़सान करते हुए व्यवस्था की सेवा करते

हैं, बजाय इसके कि व्यवस्था आपकी वह हासिल करने में मदद करे, जिसे आप हासिल करने को प्रयासरत हैं।

क्वाड्रंट II व्यवस्था प्रक्रिया महत्त्व के प्रतिमान को पुष्ट बनाती है। प्रक्रिया में सबसे ज़रूरी यह नहीं है कि वह आपके शिड्यूल के साथ क्या करती है, बल्कि यह है कि यह आपकी सोच के साथ क्या करती है। अगर आप महत्त्व के बारे में ज़्यादा से ज़्यादा सोचने लगते हैं, तो आप समय को अलग तरह से देखने लगेंगे। आप इतने सशक्त हो जाएँगे कि अपने जीवन में व्यापक रूप से ज़रूरी चीज़ों को पहले रखने लगेंगे।

अगर आप उन ज़्यादातर लोगों में से हैं, जिनके साथ हमें काम करने का मौक़ा मिला है, तो आपको क्वाड्रंट II प्रक्रिया में कुछ शीघ्र लाभ तो दिखने भी लगे होंगे- विचार तात्कालिकता से ज़्यादा महत्त्व को तरज़ीह देंगे, सप्ताह के लिए बेहतर नज़रिया रखेंगे, लचीलापन बढ़ जाएगा, और 'बड़े पत्थरों' को पहले जगह देने लगेंगे। लेकिन यात्रा अभी शुरू ही हुई है। इस अध्याय में क्वाड्रंट II व्यवस्था प्रक्रिया का केवल संक्षिप्त विवरण ही दिया गया है। अगले छह अध्यायों में इस प्रक्रिया की गहन और क़ीमती जानकारी दी जाएगी, जो समय के साथ आपको इतना सशक्त बना देगी कि आप अपने जीवन में 'मुख्य चीज़ को मुख्य चीज़' बनाए रख सकेंगे।

5: विज़न का जुनून

न कहना तब ज़्यादा आसान होता है,
जब इसकी गहराई में हाँ छिपा हो।

जर्मन नाज़ियों के डेथ कैंप से बचे ऑस्ट्रियन मनोवैज्ञानिक विक्टर फ्रैंकल ने एक महत्त्वपूर्ण खोज की। जब उन्होंने अपमानजनक हालात से ऊपर उठने की क्षमता को अपने भीतर ही पाया, तब वे इस अनुभव में भागीदार होने के साथ ही प्रेक्षक भी बन गए थे। उन्होंने अन्य लोगों को इस अग्नि परीक्षा से गुज़रते देखा था। उनमें यह सवाल कौतूहल उत्पन्न करता था कि यह कैसे संभव हुआ कि जहाँ ज़्यादातर लोग मारे गए थे, तो वहीं कुछ बच भी सके।

उन्होंने कुछ कारकों पर विचार किया- स्वास्थ्य, जीवन शक्ति, पारिवारिक संरचना, बुद्धिमत्ता और बचे रहने का कौशल। अंत में, उन्होंने यही निष्कर्ष निकाला कि इनमें से कोई भी कारक मुख्य रूप से ज़िम्मेदार नहीं था। उन्हें लगा कि वह एकमात्र महत्त्वपूर्ण कारक भविष्य के विज़न की भावना थी। बच सके लोगों को इसी आस्था ने प्रेरित किया कि उनके पास एक मिशन है, और उनको एक अहम काम करना अभी शेष है।

वियतनाम और कहीं भी बचे रह सके युद्ध बंदियों के भी ऐसे ही अनुभव थे। एक सम्मोहक, भविष्य-उन्मुख विज़न वह प्रमुख ताक़त थी, जिसने उन में से अनेक लोगों को जीवित रखा।

विज़न की शक्ति असाधारण होती है! शोध बताते हैं कि अपनी 'भविष्य-केंद्रित भूमिका की छवि रखने वाले' बच्चे पढ़ाई में बेहतर प्रदर्शन करते हैं और जीवन की चुनौतियों का विशेष रूप से बेहतर ढंग से सामना कर सकते हैं। जिन टीमों और संस्थानों में मिशन की भावना मज़बूत होती है, वे उनसे ज़्यादा अच्छा प्रदर्शन करते हैं, जिनके पास विज़न की शक्ति नहीं होती। डच समाजशास्त्री फ्रेड पोलाक के अनुसार, सभ्यताओं की सफलता को प्रभावित करने वाला एक अहम कारक लोगों के बीच उनके भविष्य को लेकर 'सामूहिक विज़न' भी है।

विज़न रचनात्मक कल्पना की सबसे बेहतरीन अभिव्यक्ति और मानव गतिविधियों की प्रमुख उत्प्रेरणा है। यह अपने मौजूदा हालात के पार देखने, उन चीज़ों की रचना और आविष्कार करने की क्षमता है, जिनका अभी अस्तित्व नहीं है, जिससे हम वह बन सकें, जो अभी नहीं हैं। इससे हमें यह क्षमता मिलती है कि हम अपनी स्मृतियों के स्थान पर कल्पनाओं के अनुसार जीने लगते हैं।

इस अध्याय में, हम समय और जीवन पर व्यक्तिगत विज़न के प्रभावों की तलाश करेंगे। हम यह देखेंगे कि हम एक सशक्त विज़न की किस तरह रचना करके इसे अपने रोज़ाना के जीवन के ताने-बाने से एकीकृत कर सकते हैं।

हम सबके पास स्वयं हमारे और भविष्य को लेकर कुछ विज़न होते हैं। और इसी विज़न से परिणाम मिलते हैं। किसी भी अन्य कारक से अधिक विज़न हमारे चयन और हमारे समय बिताने के तरीक़ों को प्रभावित करता है।

अगर हमारा विज़न सीमित है- अगर यह शुक्रवार रात के बॉल गेम या अगले टीवी शो से आगे नहीं जा सकता- तो हमारे चयन उसी आधार पर होते हैं कि फ़िलहाल सामने कैसे हालात हैं। हम केवल उसी पर प्रतिक्रिया देते हैं, जो तात्कालिक हो, क्षणिक आवेग के अनुसार हो, हम कैसा महसूस कर रहे हैं या मूड के आधार पर हो, हमारी विकल्पों के प्रति संकीर्ण जागरूकता के साथ, या अन्य लोगों की प्राथमिकताओं के अनुसार हो। हम संदेह करते हैं, और सोच में पड़ जाते हैं। हम अपने फ़ैसलों के बारे में कैसा महसूस करते हैं। हम उन्हें कैसे लेते हैं, इस बारे में भी सोच दिन-प्रतिदिन बदलती रहती है।

अगर हमारा विज़न भ्रम पर आधारित होता है, तो हम ऐसे चयन करते हैं, जो सही दिशा के सिद्धांतों पर आधारित नहीं होते। समय के साथ, ये चयन जीवन की गुणवत्ता के वैसे परिणाम प्रदान करने में विफल रहते हैं, जैसी हमने उम्मीद की थी। तब हमारे विज़न मामूली बातों के अलावा और कुछ नहीं होते। हम भ्रमित, या शायद चिड़चिड़े हो जाते हैं। हमारी रचनात्मक कल्पनाशीलता मुरझा जाती है, और हमारा अपने सपनों पर भरोसा क़ायम नहीं रह पाता।

अगर हमारा विज़न अपूर्ण होगा- उदाहरण के लिए अगर हम केवल अपनी आर्थिक या सामाजिक आवश्यकताओं पर ही केंद्रित रहेंगे और अपनी मानसिक और आध्यात्मिक आवश्यकता पर कोई ध्यान नहीं देंगे, तब हमारे चयन हमें असंतुलन की तरफ़ ले जाएँगे।

अगर हमारा विज़न समाज के दर्पण पर आधारित होगा, तो हम दूसरों की उम्मीदों के आधार पर अपने चयन करने लगेंगे। कहा जाता है, 'जब से मनुष्य ने आईने की खोज की, वे अपनी आत्मा खोने लगे।' अगर हमारी अपनी स्व-कल्पना सामाजिक प्रतिबिंब से बढ़कर कुछ न होगी, तो हमारा अपने आंतरिक स्वत्व, अपनी विशिता और योगदान करने की क्षमता से कोई संबंध नहीं रहेगा। हम केवल उसी पटकथा के अनुसार जीने लगेंगे, जो हमारे परिवार, संबंधियों, मित्रों, शत्रुओं और मीडिया ने रची है।

और ये पटकथाएँ क्या होती हैं? इनमें से कुछ रचनात्मक होती हैं: आप बहुत प्रतिभाशाली हैं! आप जन्मजात बॉल खिलाड़ी हैं! मैं हमेशा कहता हूँ कि आपको डॉक्टर बनना चाहिए! कुछ हानिकारक भी हो सकती हैं: तुम बहुत धीमे हो!, तुम सही ढंग से कुछ क्यों नहीं कर पाते!, तुम अपनी बहन जैसी क्यों नहीं बनतीं! अच्छी हों या बुरी, ये पटकथाएँ हमें उस सत्य से जुड़ने से रोकती हैं, जो हम हैं और जिसके लिए हैं।

अब ज़रा मीडिया द्वारा पेश की छवि पर भी विचार करें- मानव द्वेष, संदेह, हिंसा, भोग, भाग्यवाद और भौतिकवाद। जिनके लिए बुरी ख़बर ही 'अहम ख़बर' है।

अगर ये छवियाँ हमारे व्यक्तिगत विज़न का स्रोत हों, तो कोई हैरानी नहीं कि हम में से ज़्यादातर लोग खुद से असंबद्ध रहने के साथ ही खुद से असंगत भी होते हैं?

बदलाव करने और आगे बढ़ाने वाले विज़न

जब हम 'विज़न के जुनून' पर बात करते हैं, तो हम एक गहन, सतत ऊर्जा के बारे में बात कर रहे होते हैं। यह व्यापक, सिद्धांत-आधारित, आवश्यकता-आधारित, वृत्ति-आधारित *दृष्टि* से आती है, जो क्रॉनोस और *कैरोस* के भी परे जाती है। यह *एयॉन* अवधारणा (अनंत काल) से संबंधित है, जो *आईयॉन* (यूनानी युग) से आई है, जिसका अर्थ उम्र, जीवनकाल तथा

अन्य बहुत कुछ हो सकता है। यह हम जो हैं और जिस लिए हैं, उससे गहराई से संबंधित है। इसका ईंधन, हम जो विशिष्ट योगदान दे सकते हैं, उसका अहसास है- वह विरासत, जो हम छोड़ सकते हैं। यह उद्देश्य स्पष्ट करती है, दिशा दिखाती है, और हमें इतना सशक्त बनाती है कि हम अपने संसाधनों से बढ़कर प्रदर्शन कर सकें।

हम इसे जुनून कहते हैं, क्योंकि यह विज़न इतनी बड़ी प्रेरक शक्ति हो सकता है, जो इतनी शक्तिशाली और प्रभावी हो कि हमारे जीवन का डीएनए बन जाए। यह हमारे अस्तित्व के हर पहलू से इतनी अंतर्निहित और एकीकृत है कि हम जो भी फ़ैसला लेते हैं, यह उसके पीछे का सम्मोहक प्रोत्साहन बन जाती है। यह हमारी भीतरी अग्नि है- आंतरिक तालमेल का विस्फोट, जो उस वक़्त होता है, जब यह क्रांतिक द्रव्यमान चार बुनियादी आवश्यकताओं के एकीकरण तक पहुँच जाता है। यह वह ऊर्जा है, जो जीवन को साहसिक यात्रा बनाती है- एक गहरी ज्वलंत हाँ!, जो आपको जीवन की कम महत्त्वपूर्ण चीज़ों को पूरी शांति और विश्वास के साथ न कहने में समर्थ बनाती है।

यह जुनून हमें सैद्धांतिक रूप से भय, संदेह, निरुत्साह और ऐसी अन्य बहुत सी चीज़ों से आगे जाने में समर्थ बनाता है, जो हमें उपलब्धियाँ अर्जित करने और योगदान देने से रोकती हैं। उदाहरण के लिए गाँधीजी पर विचार करें, जो कायरता, अभाव, ईर्ष्या, भय, और असुरक्षा की पृष्ठभूमि से आए थे। वे तो लोगों के बीच होना भी नहीं चाहते थे। वे अकेले रहना चाहते थे। उन्हें वकील का पेशा तब तक पसंद नहीं था, जब तक उन्हें धीरे-धीरे विरोधी पक्षों के लोगों के साथ समझौते की बात करने में संतोष नहीं मिलने लगा।

लेकिन जब उन्होंने अपने आस-पास भारतीयों के साथ अन्याय होते देखना शुरू किया, तो उनके दिलो-दिमाग़ में एक विज़न ने जन्म लिया। इस विज़न द्वारा उनमें प्रायोगिक समुदाय के निर्माण का विचार उत्पन्न हुआ। एक आश्रम- जहाँ लोग समतावादी मूल्यों का अभ्यास कर सकें। उन्होंने देखा कि किस तरह वे भारतीयों की उनके ब्रिटिश अधिपतियों से हीन होने की छवि तब्दील करने में मदद कर सकते हैं और उनमें आत्म-मूल्य की भावना पिकसित कर सकते हैं।

जब उन्होंने इस विज़न पर ध्यान केंद्रित किया, तो उनकी अपनी कमज़ोरियाँ ख़ुद-ब-ख़ुद दूर हो गईं। विज़न और उद्देश्य ने उनका व्यक्तिगत

विकास किया। वे लोगों से प्रेम करना चाहते थे, उनकी सेवा करना चाहते थे, उनके साथ रहना चाहते थे। उनकी सर्वोच्च इच्छा देश को फिर से मुक्त करवाने में मदद करना थी। इसके परिणामस्वरूप, अंत में वे इंग्लैंड को घुटनों पर ले आए और तीस करोड़ लोगों को स्वतंत्र करा दिया।

अपने अंत समय में, उन्होंने कहा था, "मैं मामूली आदमी हूँ, जिसमें औसत से भी कम क्षमताएँ हैं। मुझे इस बात में कोई संदेह नहीं कि कोई भी स्त्री या पुरुष वह कर सकता है, जो मैंने किया है, बस उसे ऐसी ही आशा और आस्था के साथ इतने ही प्रयास करने होंगे।" आगे बढ़ाने वाले विज़न की शक्ति मानव व्यक्तित्व में गहन पटकथा से ज़्यादा शक्तिशाली होती है और यह इसे वशीभूत कर लेती है, इसे मात दे देती है, जब तक संपूर्ण व्यक्तित्व पुनर्गठित होकर इस विज़न को हासिल न कर ले।

साझा विज़न का जुनून लोगों को इतना समर्थ बनाता है कि वे उन तुच्छ, नकारात्मक संवादों से आगे बढ़ सकें, जिनमें काफ़ी वक़्त और प्रयास बर्बाद होते हैं और जीवन गुणवत्ता कमज़ोर पड़ जाती है।

स्टीफ़नः मैंने हाल ही दो दिन केनैडा स्थित एक कॉलेज में शिक्षण और प्रबंधन विभाग के साथ काम किया। वे कई तरह की विभाजनकारी समस्याओं से जूझ रहे थे, जिसने उनकी सोच सीमित कर दी थी। पूरा माहौल न्यूनता, तुच्छता और आरोपों से भरा था।

उन्होंने अपने मिशन स्टेटमेंट पर कुछ समय विचार किया, और जब हम साथ काम कर रहे थे, तब उन्हें इसे बंद करने का विचार आया। आख़िर में उन्होंने पहचान ही लिया कि उनका मिशन उस प्रांत में 'परामर्श देने वाला कॉलेज' बनना है। वे ऐसा संस्थान बनना चाहते थे, जो सिद्धांत-केंद्रित बनने में अन्य संस्थानों का मार्गदर्शन करे।

उनके यह फ़ैसला लेने पर, न्यूनता और तुच्छता लुप्त हो गई। लोग किसी ज़्यादा महत्त्वपूर्ण चीज़ से ऊर्जान्वित हो गए, और इस उत्कृष्ट उद्देश्य ने शेष सबको अप्रासंगिक बना दिया।

यह तब होता है, जब लोगों को अपनी विरासत, अपनी सार्थकता, व अपने योगदान का वास्तविक आभास हो जाए। यह उनके दिल व आत्मा के गहनतम हिस्से को स्पर्श कर जाता है। इससे सर्वोत्तम बाहर आता है और कम महत्त्व वाला शांत हो जाता है। व्यक्ति में जब खुद से भी ज़्यादा उच्च उद्देश्य के प्रति जुनून हो, तो तुच्छ चीज़ें बेमतलब हो जाती हैं।

हम जिस विज़न के जुनून की बात कर रहे हैं, उसका परिवर्तनकारी, और आगे बढ़ाने वाला प्रभाव होता है- शायद वक़्त और जीवन की गुणवत्ता पर पड़ने वाला सबसे बड़ा प्रभाव।

सशक्त मिशन स्टेटमेंट बनाना और उसके अनुरूप जीना

विज़न का जुनून पोषित करने के लिए हमें जो सबसे शक्तिशाली प्रक्रिया मिली है, वह है सशक्त बनाने वाले व्यक्तिगत मिशन स्टेटमेंट का निर्माण व उसका एकीकरण।

संभव है कि आपको व्यक्तिगत मिशन स्टेटमेंट की अवधारणा के बारे में पहले से पता हो। यह कोई नया विचार नहीं है। बीते समय में विभिन्न संस्कृतियों के अनेक लोगों ने ऐसे बहुत से विश्वास वचनों, व्यक्तिगत मतों, व ऐसे ही उक्तियों का निर्माण किया है। संभव है कि आप पहले ही इन्हें किसी कॉर्पोरेट पर्सनल डेवलपमेंट प्रोग्राम के दौरान या कहीं और लिख चुके होंगे।

हम दुनियाभर में मिशन स्टेटमेंट लिखने के कार्य से जुड़े रहे हैं, और हमने पाया है कि कुछ स्टेटमेंट अन्य से विशेष रूप से ज़्यादा सशक्त बनाने वाले होते हैं। पहली बार मिशन स्टेटमेंट लिखने वाले लोग अक्सर इसे किसी दूसरे को ख़ुश या प्रभावित करने के लिए लिखते हैं, लेकिन इसके लिए वे न तो गहन आंतरिक जुड़ाव उत्पन्न करने जितनी दूर तक जाते हैं और न ही इसके लिए क़ीमत चुकाते हैं। उनके मिशन स्टेटमेंट शुष्क सामान्य विवरण मात्र होते हैं, 'टू-डू' की सूची जैसा, जिसे कभी-कभार प्रेरणा के लिए भर दिया जाता है।

वहीं संस्थागत स्तर पर, यह मिशन स्टेटमेंट शीर्ष अधिकारी की क़लम और जनसंपर्क विभाग की स्याही से लिखा होता है। इसमें किसी दूसरे की भूमिका नहीं होती, और इसलिए इनका अनुपालन भी नहीं होता। यह स्टेटमेंट वहां काम करने वालों के दिलो-दिमाग़ में जिंदा रहने के बजाय बस दीवार पर लटका रहता है।

यहाँ हम केवल विश्वास वचन लिखने की बात नहीं कर रहे हैं। हम गहन ऊर्जा के साथ एक ऐसे खुले संपर्क के निर्माण की बात कर रहे हैं, जिसका उद्देश्य स्पष्ट व पूर्णतः एकीकृत होने के साथ ही जीवन में अर्थ रखता हो। हम एक ऐसे शक्तिशाली विज़न के निर्माण की बात कर रहे हैं, जो सही दिशा के सिद्धांतों पर आधारित हो, जिससे इसका हासिल होगा

सुनिश्चित हो सके। हम ऐसी उत्साह की अनुभूति और साहसिक कार्य की बात कर रहे हैं, जो आपके विशिष्ट उद्देश्य के संपर्क से उत्पन्न होता है और जिसकी पूर्ति होने पर एक गहरा संतोष प्राप्त होता है।

रचनात्मक कल्पनाशीलता का अभ्यास

अगर आपने आज तक कभी भी व्यक्तिगत मिशन स्टेटमेंट लिखने का प्रयास नहीं किया है- या अगर आपने इसे लिखा भी है, लेकिन आपको कोई और नज़रिया पसंद आता है- तो हमारी राय है कि आप कुछ मिनट निकालें और अपने रचनात्मक कल्पनाशीलता की वृत्ति का अभ्यास करें। अपने अठारहवें जन्मदिन या पचासवीं विवाह वर्षगाँठ की कल्पना करें। एक ऐसे शानदार समारोह की कल्पना करें, जहाँ दोस्त, प्रियजन, और विभिन्न क्षेत्रों में जुड़े सहयोगी आपके सम्मान में एकत्रित हों। इस कल्पना को जितना हो सके, उतना विस्तार दें- वह स्थान, लोग, वहाँ की सजावट।

इन लोगों को अपने मन की आँखों से बिलकुल असलियत में देखें, एक के बाद एक, आपको सम्मान देते हुए। यह कल्पना करें कि वे सभी उन भूमिकाओं का प्रतिनिधित्व कर रहे हैं, जिन्हें आप फ़िलहाल निभा रहे हैं। शायद एक अभिभावक, शिक्षक, या मैनेजर, या समुदाय सेवक। यह भी कल्पना करें कि आपने इन भूमिकाओं को अपनी सर्वश्रेष्ठ क्षमताओं के साथ निभाया है।

ये लोग क्या कहेंगे? आपको किन चारित्रिक गुणों के लिए याद किया जाएगा? वे आपके किस अहम योगदान की चर्चा कर रहे हैं? वहाँ मौजूद लोगों को देखिए। आप उन सबके जीवन में किस ख़ास बदलाव का हिस्सा रहे हैं?

इस पर विचार करते हुए, अपनी इन भूमिकाओं को लिखने का प्रयास करें। और इनमें से हर एक के उस सम्मानजनक बयान को भी लिखें, जो आप इस अवसर पर आपके बारे में सुनना चाहेंगे। अपने जीवन के ऐसे विज़न (कल्पना) को देखने पर आप कैसा महसूस कर रहे हैं? अब क्या हो, अगर आप इस विज़न को सिद्धांत-आधारित बनाकर अपने गहन आंतरिक आवश्यकताओं के साथ जोड़ दें, इसे शब्द प्रदान करें, इसमें गहन सुधार करें, और इसका उपयोग अपने साप्ताहिक क्वाड्रंट II की व्यवस्था का आधार बनाने में करें, इसे याद रखें, और इसकी पूर्ति की कल्पना करें।

इसे अपने दिलो-दिमाग़ में दर्ज कर लें, जिससे यह आपके जीवन के हर क्षण को छू सके?

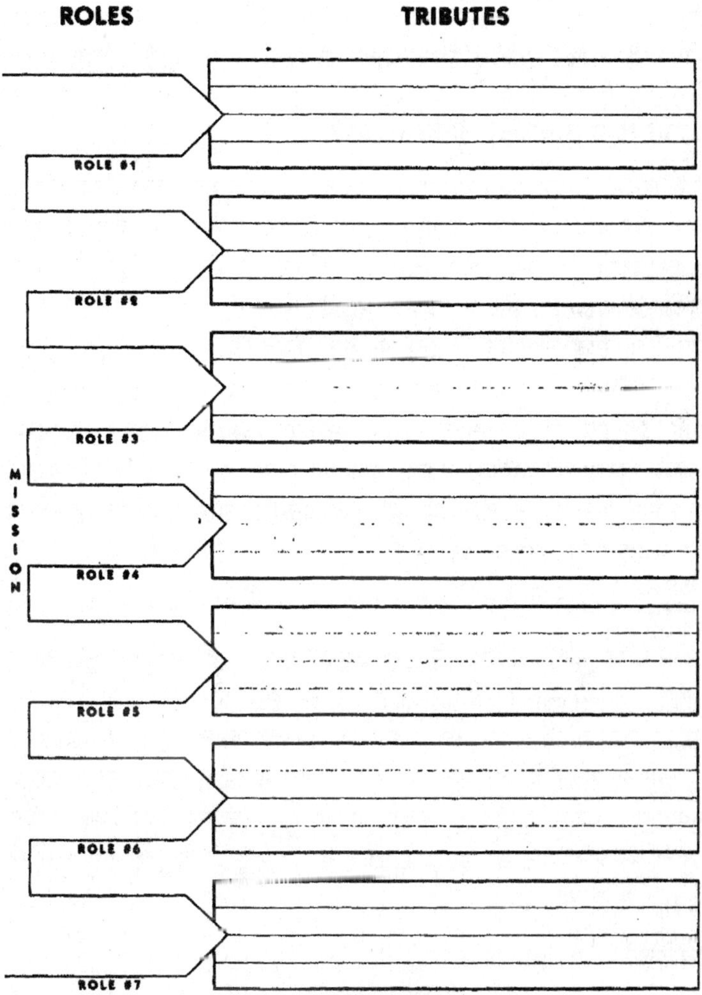

यह त्वरित अभ्यास विज़न की संभावित शक्ति और उसके जुनून के बारे में आपको कुछ अंतर्दृष्टि प्रदान करेगा। दरअसल, सशक्त मिशन स्टेटमेंट को तैयार करने और उससे एकीकृत होने में समय लगता है और इसमें ईमानदार निवेश की ज़रूरत होती है। ऐसा करने के लिए हमें काम करना होगा और अपने गहन आंतरिक जीवन से खुला संपर्क स्थापित करना होगा।

अपने गहन आंतरिक जीवन में प्रवेश

एक मायने में, हम सभी तीन जीवन जीते हैं। एक हमारा सार्वजनिक जीवन, जहाँ हम कार्यस्थल पर, समुदाय में, सामाजिक कार्यक्रमों में लोगों के साथ संवाद करते हैं। हम सबका एक निजी जीवन भी होता है, जहाँ हम आम जनता से दूर रहते हैं। हम अकेले भी हो सकते हैं, और अपने परिवार या दोस्तों के साथ रहने का विकल्प भी चुन सकते हैं।

लेकिन हमारा सबसे ख़ास जीवन हमारा गहन आंतरिक जीवन है। यहीं पर हम आत्म-जागृति, विवेक, स्वतंत्र इच्छाशक्ति, और रचनात्मक कल्पनाशीलता की अपनी विशिष्ट मानवीय वृत्तियों से जुड़ते हैं। इन वृत्तियों के बिना, ऐसे सशक्त क़िस्म के विज़न का निर्माण असंभव है, जिससे जीवन की गुणवत्ता के परिणाम हासिल हो सकें।

आत्म–जागृति

अपने गहन आंतरिक जीवन में, हम अपनी आत्म-जागृति की वृत्ति का उपयोग अपनी आवश्यकताओं और क्षमताओं को तलाशने और उन्हें आवश्यक स्तर पर एकीकृत करने में कर सकते हैं। हम अपने प्रतिमानों की जाँच कर सकते हैं, अपने जीवन के कंद-मूल को देख सकते हैं और अपनी प्रेरणा तलाश सकते हैं। आत्म-जागृति के सबसे शक्तिशाली उपयोगों में से एक अपनी चेतना के प्रति जागरूक होना है और यह देखना है कि वह हमारे भीतर कैसे काम करती है।

विवेक

विवेक हमें विशिष्ट और सार्वभौमिक दोनों के संपर्क में लाता है। केवल अपने विवेक तक पहुँच पाने पर हम अपने योगदान के विशिष्ट उद्देश्य और क्षमता को तलाश पाते हैं। उन लोगों के बारे में गहन विचार करें, जो जन्मदिन या विवाह की वर्षगाँठ के आपके अभ्यास के दौरान अपनी हर भूमिका में मिले

थे। आपको उनके जीवन को प्रभावित करने वाला जो विशिष्ट अवसर मिला है, इस पर गहराई से विचार करें। कोई भी आपके बच्चों का वैसा माता-पिता नहीं बन सकता, जैसे कि आप हैं। कोई भी आपके पति या पत्नी का वैसा जीवनसाथी नहीं हो सकता था, जैसे कि आप हैं। कोई भी आपके मरीजों का वैसा डॉक्टर नहीं बन सकता, जैसे आप हैं, या छात्रों का शिक्षक, या बहन, या मित्र, या सामुदायिक सेवक नहीं हो सकता था, जैसे आप उनके लिए हैं। आपने अकेले जो योगदान दिया है, वैसा योगदान और कोई नहीं कर सकता था। विक्टर फ्रेंकल कहते हैं, "हम अपने मिशन का आविष्कार नहीं करते, हम इसकी तलाश करते हैं। यह हमारे भीतर ही है, और यह पहचानने का इंतज़ार कर रहा है।"

> हर व्यक्ति का जीवन में अपना ख़ास काम और मिशन होता है। सबको ऐसा ठोस कार्यक्रम बनाना चाहिए, जिसे पूरा करना आवश्यक हो। इसे न तो बदला जा सकता है, न ही जीवन को दोहराया जा सकता है। इसलिए, हर व्यक्ति का काम विशिष्ट है, क्योंकि यह ऐसा ख़ास मौक़ा है, जो उसे कार्यान्वित करने के लिए मिला है।

उन्नीसवीं शताब्दी के समाज सुधारक और लेखक विलियम एलेरी चैनिंग ने यह कहा है:

> हर व्यक्ति का अपना काम है, दायित्व है, प्रभाव है, जो सिर्फ़ उसी के लिए है, और यह किसी अन्य का नहीं, बल्कि केवल उसी का विवेक उसे बता सकता है।

जब हम अपने विवेक से इतने गहन आंतरिक जीवन में जुड़ते हैं, तभी हम अपने भीतर अग्नि उत्पन्न कर सकते हैं। मिशन स्टेटमेंट्स, जो सार्वजनिक या निजी जीवन के विचार से आते हैं, वे व्यक्तिगत सशक्तिकरण के इस गहन आंतरिक मूल तक कभी नहीं पहुँच सकते।

बतौर खोजकर्ता, लेखक और फ़िल्म निर्माता सर लॉरेंस वैन डेर पोस्ट ने यह लिखा है :

> हमें भीतर मुड़ना होगा, अपने आप में देखना होगा, इस पात्र में देखना होगा, जो हमारी आत्मा है, इसे देखना और सुनना होगा। जब तक आप

उस चीज़ को नहीं सुनते लेते, जो आपके माध्यम से स्वप्न देख रही है, दूसरे शब्दों में- जब तक आप अंधेरे में द्वार खटखटाने का जवाब नहीं देते, आप समय के उस क्षण से उठने में समर्थ नहीं हो सकते, जहाँ हम क़ैद हैं, और उसे पुनः उस स्तर पर नहीं ले जा सकते, जहाँ रचना की महान क्रिया चल रही है।

रॉज़रः कुछ साल पहले, विश्वविद्यालय के छात्रों के लिए आयोजित सेमिनार में मेरी टॉम से मुलाक़ात हुई। मैंने उसे अपने व अपने लक्ष्य के बारे में थोड़ा कुछ बताने के लिए कहा। उसने बताया कि वह सिविल इंजीनियरिंग की पढ़ाई कर रहा है। उस सेमिनार के बाद, मैंने उसे दूसरों के साथ इस पर विचार साझा करने को कहा कि अगर महीने भर उसे न तो समय की कमी हो और न धन की, तो वह क्या करेगा।

उसका चेहरा क्रिस्मस ट्री की तरह दमक उठा। उसने उत्साह से जवाब दिया, यह तो बहुत आसान है! मैं बढ़ई की टेबल, प्लैनर और..... बहुत सारे औज़ार खरीदूँगा। मैं उन्हें अपने गैराज में रख लूँगा, आस-पड़ोस के सारे बच्चों को जमा कर लूँगा, और हम साथ मिलकर चीज़ें बनाएँगे- टेबल, प्लेहाउस, फ़र्नीचर। ये बहुत मज़ेदार होगा!

उसकी चमकती आंखें देखकर, मुझे वह उदासीनता याद आ गई, जिससे अभी कुछ ही क्षण पहले उसने कॉलेज के मुख्य विषय के बारे में बताया था।

तुम्हें पढ़ाना पसंद है, क्या नहीं? मैंने पूछा।

मुझे बहुत पसंद है! उसने सहजता से कहा।

और तुम्हें औज़ारों से काम करना अच्छा लगता है?

हाँ, निस्संदेह!

तो तुम अपनी सिविल इंजीनियरिंग की कक्षा में कैसे ख़ुश होते होगे?

मैं ख़ुश नहीं हूँ। बस इंजीनियरिंग में पैसा अच्छा है...

उसकी आवाज़ धीमी हो गई।

मैंने कहा, टॉम, क्या तुमने कभी यह सोचा है कि लोगों को बच्चों को औज़ारों से चीज़ें बनाना सिखाने के भी पैसे मिलते हैं?

उसका चेहरा देखने लायक़ था। साफ़ था कि सिविल इंजीनियरिंग पढ़ने का फ़ैसला उसका अपनी प्रतिभा और योगदान की विवेक-प्रेरित भावना से गहन आंतरिक जुड़ाव का परिणाम नहीं था, लेकिन जब यह जुड़ाव बन गया, चाहे

थोड़ा सा ही- तभी सहसा उसे वह संभावना दिख गई, जिससे वह अपनी ख़ुद की विशिष्टता की पूर्ति कर सकता था- वह ऊर्जा से भर गया।

निश्चित ही टॉम एक शानदार सिविल इंजीनियर बनेगा, लेकिन यह देखना सहज ही है कि वह एक असाधारण बढ़ई कार्य शिक्षक बनेगा, तथा उसका लकड़ी के काम और छोटे बच्चों के प्रति प्रेम ही उसे फ़र्क़ लाने योग्य बनाएगा।

विवेक न केवल हमें हमारी विशिष्टता तक पहुँचा देता है, बल्कि यह हमें सही दिशा के सार्वभौमिक सिद्धांतों के साथ भी जोड़ देता है, जो गुणवत्तापूर्ण जीवन की रचना करते हैं। हम विवेक का उपयोग अपने मूल्यों और रणनीतियों का सिद्धांतों के साथ तालमेल बनाने में भी कर सकते हैं, जिससे हम यह सुनिश्चित कर सकते हैं कि हमारे मिशन स्टेटमेंट के साध्य और साधन दोनों, यानी योगदान और योगदान करने में उपयोग किए जाने वाले तरीक़े सिद्धांत-आधारित हों।

रचनात्मक कल्पनाशीलता

विवेक तक पहुँच जाने के बाद, हम एक सशक्त व्यक्तिगत मिशन स्टेटमेंट की रचना करके अपनी रचनात्मक कल्पनाशीलता की वृत्ति का उपयोग विवेक-प्रेरित विज़न और मूल्यों की संकल्पना करने व उन्हें सार्थक अभिव्यक्ति देने में कर सकते हैं। यह निर्माण से पहले वाला ब्लूप्रिंट है, यानी भौतिक निर्माण से पहले का मानसिक निर्माण।

मिशन स्टेटमेंट लिख लेने के बाद, हम अपनी रचनात्मक कल्पनाशीलता का उपयोग ख़ुद को इसे जीते देखने की कल्पना में कर सकते हैं। दिन में काम करते हुए, रात को घर आने के बाद, जब हम थके हों, जब हमारी उम्मीदें पूरी न हों, जब हम निराश हों। हम अपने मन का उपयोग अपनी सत्यनिष्ठा के लिए सबसे कठिन चुनौतियों का सामना करने और इन्हें रचनात्मक ढंग से सुलझाने में कर सकते हैं। हम अपनी स्मृतियों की जगह अपनी कल्पनाशीलता को जीने का आधार बना सकते हैं।

स्वतंत्र इच्छा

जहाँ अपने मिशन स्टेटमेंट को जीना धारा के विपरीत तैरना है, वहीं परिवेश के विपरीत जाने या अपनी गहन दीर्घस्थायी आदतों या कथानक के खिलाफ़ जाने में हम अपनी स्वतंत्र इच्छा की वृत्ति का उपयोग कर सकते हैं। हर काम दिए जाने की जगह ख़ुद काम कर सकते हैं।

विज़न का जुनून हमें स्वतंत्र इच्छा की नई समझ प्रदान करता है। विज़न के जुनून के बिना, अनुशासन नियंत्रण और अंकुश रह जाएगा- अपने को नियंत्रित करें, धैर्यवान बनें, उत्साह से जीवन में रास्ता बनाएँ। बुनियादी प्रतिमान यह है कि अगर कोई ठोस नियंत्रण नहीं रखा, तो हम सब बिगाड़ देंगे। हम ख़ुद पर ही भरोसा नहीं करते, लेकिन अपनी स्वयं की आंतरिक प्रेरणा पर छोड़ दें, तो हम पल दर पल प्रभावशाली चयन करने लगेंगे।

लेकिन विज़न का जुनून ऐसी शक्ति का प्रवाह करता है, जो अनुशासन (discipline) को उसके मूल शब्द (disciple) से जोड़ती है। हम अपनी आंतरिक अनिवार्यताओं के अनुसरणकर्ता बन जाते हैं, और कम महत्त्वपूर्ण को ख़ुद ही उस गहरे प्रज्ज्वलित हाँ! में दाह कर देते हैं। हम नियंत्रण की बजाय मुक्ति पर केंद्रित रहते हैं।

प्रेरित होने की कुंजी प्रेरणा है। यह *क्यों* ही है। यह गहन हाँ! है, जो हमारे भीतर प्रज्ज्वलित रहती है, जो हमारे लिए कम महत्त्वपूर्ण चीज़ों को न कहना आसान बनाती है।

सशक्त मिशन स्टेटमेंट के गुण

चूँकि हमें दुनियाभर में सैकड़ों मिशन स्टेटमेंट्स पढ़ने का मौक़ा मिला, तो हमें मनुष्यों के गहन आंतरिक जीवन को स्पष्ट रूप से देखने का सुखद अनुभव भी हुआ। प्रत्येक अभिव्यक्ति को पढ़ने के बाद, हमें लगा कि हम जैसे कितनी पवित्र भूमि पर खड़े हैं।

लोगों के बयान असाधारण रूप से भिन्न थे। वे कुछ शब्दों से लेकर कई पृष्ठों तक थे। कुछ संगीत, कविता और कला में भी अभिव्यक्त थे। हर व्यक्ति का अपना विज़न विशिष्ट होता है।

लेकिन सही दिशा की यथार्थता की सर्वोत्तम पुष्टि इस बात से होती है कि इन बयानों में जीवन के नियमों की लगभग सार्वभौमिक अभिव्यक्ति हुई है। इसके मूल सिद्धांत और चार आवश्यकताएँ- जीना, प्रेम करना, सीखना और विरासत छोड़ना तथा क्षमताओं को पहचानना परा-सांस्कृतिक, परा-धार्मिक, परा-राष्ट्रीय, परा-जातीय होते हैं। भले ही कोई भी हो, कहीं भी हो, जब लोग अपने गहन आंतरिक जीवन में जाते हैं, तो उन्हें सही दिशा का ज्ञान हो जाता है।

लोगों को शक्तिशाली लगने वाले मिशन स्टेटमेंट्स में कुछ गुण समान होते हैं। इस सूची से आपको भी अपना मिशन स्टेटमेंट लिखने, या अगर पहले से लिखा हो, तो उसका आकलन करने में मदद मिलेगी।

सशक्त करने वाले मिशन स्टेटमेंट के गुण हैं :

1. यह आपके सबसे गहरे और बेहतर रूप को प्रकट करता है। यह गहन आंतरिक जीवन के साथ आपके मज़बूत संबंधों से निकलता है।
2. यह आपके अपने विशिष्ट उपहारों की परिपूर्णता है। यह आपके विशिष्ट योगदान की क्षमता की अभिव्यक्ति है।
3. यह उत्कृष्ट होता है। यह ख़ुद से उच्च योगदान और उद्देश्य के सिद्धांतों पर आधारित होता है।
4. यह सभी चार मानवीय आवश्यकताओं और क्षमताओं को संबोधित और एकीकृत करता है। इसमें भौतिक, सामाजिक, मानसिक, और आध्यात्मिक आयामों की पूर्ति भी शामिल है।
5. यह उन सिद्धांतों पर आधारित होता है, जो गुणवत्तापूर्ण जीवन के परिणाम उत्पन्न करते हैं।
6. यह विज़न और सिद्धांत-आधारित दोनों ही मूल्यों से संबंधित होता है। केवल ऐसा मूल्य किसी काम का नहीं, जिसमें विज़न न हो- आप अच्छे बनना चाहते हैं, लेकिन आप किसी ख़ास कारण से अच्छे बनना चाहते हैं। वहीं दूसरी ओर, विज़न जिनमें मूल्य न हों, हिटलर उत्पन्न करता है। एक सशक्त मिशन स्टेटमेंट में चरित्र और क्षमता दोनों होते हैं कि आप जीवन में क्या बनना और क्या करना चाहते हैं।
7. यह आपके जीवन की सभी महत्त्वपूर्ण भूमिकाओं से संबंध रखता है। यह निजी, परिवार, कार्य, समुदाय- और आप जिन भी अन्य भूमिकाओं को अनुभव करते हैं, उनमें जीवन संतुलन का प्रतिनिधित्व करता है।
8. यह आपकी प्रेरणा के लिए लिखा जाता है- न कि किसी दूसरे को प्रभावित करने के लिए। यह आपसे संवाद करता है और आपको सबसे तात्विक स्तर तक प्रेरित करता है।

इन गुणों से युक्त मिशन स्टेटमेंट में व्यापकता, गहराई, और सिद्धांत-आधारित बुनियाद होती है, जो इसे सशक्त बनाती है। अगर आप व्यक्तिगत मिशन स्टेटमेंट की रचना में अधिक विशिष्ट मदद चाहते हैं, तो हमने परिशिष्ट 'अ' में एक लघु- मिशन स्टेटमेंट वर्कशाप दी है, जिसमें विस्तार के साथ सभी अभ्यास, निर्देश और नमूना मिशन स्टेटमेंट शामिल हैं।

मिशन से क्षण तक

शक्तिशाली लिखित मिशन स्टेटमेंट के बाद भी यह समझना ज़रूरी है कि साप्ताहिक पोषण- विचार, स्मरण, और दिलो-दिमाग़ पर लेखन, समीक्षा और साप्ताहिक क्वाड्रंट II व्यवस्था में आधार के तौर पर इसका उपयोग किए बिना मिशन को अपने जीवन के क्षण में परिवर्तित करना असंभव है। इसके आकलन व अद्यतन के लिए- शायद वर्ष में एक बार- व्यक्तिगत एकांतवास मददगार साबित हो सकता है।

दुर्भाग्य से, तीसरी-पीढ़ी के समय प्रबंधन वाले अनेक लोग, जो दक्षता प्रतिमान में जी रहे हैं, वे 'व्यक्तिगत मिशन स्टेटमेंट लेखन' को एक और डू-टू जैसी सूची के रूप में देखते हैं। जैसा कि एक महिला ने बताया:

मैंने अपना मिशन स्टेटमेंट लिखा- मुझे इसे लिखकर बहुत अच्छा लगा, लेकिन फिर मैंने इसे बस अपने आर्गेनाइज़र में लिखा और इसे मानसिक तौर पर 'पूरा' हुआ मान लिया।

कई महीनों तक मैं बिज़नेस में सफल रही, लक्ष्य तय किए, जीवन में आगे बढ़ी। मेरा पूरा ध्यान ज़्यादा से ज़्यादा पाने पर रहता था - मैं नई कार पाना चाहती हूँ। मैं नया घर पाना चाहती हूँ।

मैंने अपने लक्ष्य लिखे- हम नया घर बनाना चाहते हैं। इसके लिए हमें क्या करना होगा? उतना पैसा बचाना होगा, क़र्ज़ लेने के क़ाबिल बनना होगा, तथा ऐसी ही अन्य चीज़ें। मुझे लगा कि मैं सब ठीक कर रही हूँ।

और एक बार देर रात को, मैं अपने उस ख़ूबसूरत नए घर में बैठी सोच रही थी, मैं खुश क्यों नहीं हूँ? मुझे अहसास हुआ कि जब हमें क़र्ज़ मिला, जब हमने दस्तावेजों पर हस्ताक्षर किए, तब अचानक मुझे वह मिल गया, जिसके लिए मैं प्रयास कर रही थी, लेकिन मैं अब भी अकेली थी। मुझे लगा, कुछ तो कमी है, मुझे वो खुशी महसूस नहीं हो रही थी। मुझे लगता था कि इससे मिल जाएगी।

यह सोचते हुए ही मैंने अपना ऑर्गेनाइज़र देखा, मैंने इसे खोला और अपना मिशन स्टेटमेंट पढ़ा। जिस दौरान हम अपना घर लेने की तैयारी कर रहे थे, मैंने इस स्टेटमेंट को एक बार भी नहीं देखा था।

मैंने इसे पढ़ा, मुझे लगा कि इसमें कुछ भी पाना नहीं था। इसमें हर चीज़ बनना थी- मैं अच्छी व्यक्ति बनना चाहती हूँ... मैं अच्छा उदाहरण बनना चाहती हूँ... और अंत में, मैं अच्छी माँ बनना चाहती हूँ।

मेरी आँखें भर आईं। मैं अपने ख़ूबसूरत घर में बैठी गहराई से सोच रही थी। मुझे लगता था कि मुझे इससे ख़ुशी मिल जाएगी... जैसे ही मुझे वह कार मिल जाए या यह घर मिल जाए या चाहे और कुछ भी हो, तब मैं ख़ुश हो जाऊँगी, लेकिन मैंने उन सब पर नज़र डाली जो मेरे पास था, और वह ऐसा कुछ नहीं था, जैसा मैं बनना चाहती थी।

सशक्त बनाने वाला मिशन स्टेटमेंट टू-डू लिस्ट नहीं होता। सशक्त होने के लिए, इसे जीवंत दस्तावेज बनना होगा, हमारी प्रकृति का अंश, ताकि हमने इसमें जिस पैमाने का वर्णन किया है, वो हम जिस तरह अपना दैनिक जीवन बिताते हैं, उसमें भी मौजूद हो। एक और व्यक्ति ने अपना अनुभव साझा कियाः

अपना व्यक्तिगत मिशन स्टेटमेंट लिखने के कुछ ही दिन बाद, मेरा और मेरी पत्नी का हमारे काफ़ी नज़दीकी दोस्तों के साथ झगड़ा हो गया। हमें नहीं पता कि ऐसा क्यों हुआ। हमें बस यह पता था कि यह थोड़े ही समय की बात है, और तभी अचानक कुछ ऐसा हो गया कि हमारे बीच की पतली डोर भी टूट गई, और हम दोस्त नहीं रह सके।

दो महीने हमने इसी के दर्द में गुज़ारे। हालात ऐसे थे कि जब हम अन्य दोस्तों के साथ होते, तब भी आपस में बात नहीं करते थे। मैं और मेरी पत्नी बिस्तर में लेटे हुए इस बारे में बात करते थे। उसके बाद से ऐसा एक दिन भी नहीं गुज़रा, जब मैंने अपने उन दोस्तों के बारे में और हमारे बीच आई दरार को भरने के बारे में न सोचा हो।

एक रात जब मैं कार चलाता हुआ घर आ रहा था, तभी अचानक एक बात मेरे दिमाग़ में आई कि क्या मैंने संपूर्ण मामले को प्रारंभ से लेकर अंत तक व्यक्ति के तौर अपने मिशन के अनुरूप सँभाला है? एक दोस्त की तरह? मेरे इस मिशन का एक हिस्सा ज़िंदगी के कुछ सबक़ सीखना और उन्हें समझने व

उनके द्वारा परिपक्व होना था, जिससे मैं यह अन्य लोगों को भी सिखा सकूँ- न सिर्फ़ अपने परिवार को, बल्कि अपने दोस्तों, और उन सबको भी जिनके सामने जीवन में कभी न कभी ऐसी समस्या आई हो।

मुझे अचानक अहसास हुआ कि मैंने जैसी प्रतिक्रिया दी थी, वह मेरे मिशन के अनुरूप नहीं थी। और उसी वक़्त- मैं जानता हूँ कि यह थोड़ा अजीब लगेगा- मैं उस अपराधबोध और पीड़ा से मुक्त हो गया। मैं समझ गया कि इस पूरे अनुभव को मुझे समझना और इससे सीखना होगा कि क्या ग़लत हुआ, यह कैसे हुआ- और तब पुनः मेल-मिलाप करना होगा। तब मैं इतना सक्षम था कि इस मिशन पर काम करूँ और इसे समस्या पर लागू करके कह सकूँ कि, यह मेरा मिशन है और मैं इन हालात को इस तरह सँभालना चाहता हूँ। मैं घर गया और अपने दिमाग़ में खाका बनाया कि यह सेतु-बंधन कैसे किया जाए। और यही वह वक़्त था कि मेरा मिशन मेरे सामने पूरी तरह साफ़ हो गया।

मैं अपने दोस्त के पास गया और उससे कहा कि इन हालात को लेकर मैं कितना दुखी हूँ और यह मेरे और मेरी पत्नी के लिए कितना पीड़ादायक रहा। मैं बेहद विनम्र और सीखने को तत्पर था। मैं वास्तव में गहराई से जानना चाहता था कि वह कैसा महसूस कर रहा था, और हमारे बीच क्या ग़लत हो गया था।

उस वक़्त, वह भी नरम पड़ गया और वह इस पर बात करने को तैयार था कि उसके अनुसार समस्या क्या थी, और संभवतः वह और उसकी पत्नी किस तरह ग़लत थे। हमने इस पर गहराई से चर्चा की और समस्या को सुलझा लिया। तब हम दोनों अपनी पत्नियों को साथ लाए और उन दोनों का भी हम जैसा ही अनुभव रहा।

यह तनाव मुक्त करने वाला अनुभव था। मैं इससे मिले दर्द का भी शुक्रगुजार हूँ! मुझे यह समझने से काफ़ी बल मिला कि मिशन स्टेटमेंट कितना महत्त्वपूर्ण होता है और यह कितना वास्तविक हो सकता है। उस बिंदु पर यह स्पष्ट प्रमाणित था। यह उसका जिंदा सबूत था।

उस अनुभव से, मैंने अन्य भूमिकाओं और दायित्वों में ऐसे ही अनुभव लिए और अपने आपसे पूछा कि, क्या वास्तव में यही मेरा मिशन है? और यह चीज़- क्वाड्रंट II समय प्रबंधन की संपूर्ण अवधारणा तथा ज़रूरी चीज़ें पहले रखना- जीवंत हो उठी। मैंने इस दस्तावेज को पूरा पारदर्शी बनाया है, जिससे इसे किसी भी हालात में लागू कर सकूँ और यह फ़ैसला ले सकूँ कि मुझे कैसी प्रतिक्रिया देनी है।

अपने मिशन स्टेटमेंट से सशक्त महसूस करने वाले अनेक लोग पाते हैं कि एक बिंदु ऐसा भी आता है, जब उनका स्टेटमेंट 'जीवंत' हो उठता है। वे इसके स्वामी हैं। यह उनका है। तब उनके मिशन और जीवन के क्षणों के बीच महत्त्वपूर्ण संबंध बन जाता है। तभी इसे निरंतर पालते-पोसते रहने से यह मिशन स्टेटमेंट वह प्रमुख कारक बन जाता है, जो चयन के हर क्षण को प्रभावित करता है।

विज़न की विरासत

एक सशक्त मिशन स्टेटमेंट को बनाने और उसे जीने का इस पर काफ़ी प्रभाव पड़ता है कि हम अपना समय कैसे बिताते हैं। जब हम समय प्रबंधन की बात करते हैं, तब दिशा के बिना गति की परवाह करना, साल गँवाते हुए मिनटों की चिंता करना हास्यास्पद लगता है। विज़न वह बुनियादी शक्ति है, जो हमारे जीवन में हर चीज़ को आगे बढ़ाती है। यह हमें ऐसे विशिष्ट योगदान की भावना से अति-उत्साहित करती है, जो हम दे सकते हैं। यह हमें ज़रूरी चीज़ें पहले रखने को, घड़ी से पहले दिशासूचक को, शिड्यूल और चीज़ों से पहले लोगों को रखने में समर्थ बनाती है। सशक्त बनाने वाले मिशन स्टेटमेंट की रचना करना और उसके साथ एकीकरण क्वाड्रंट II में हमारा सबसे महत्त्वपूर्ण निवेश है, जो हम कर सकते हैं।

जब हम अपने जीवन में महान अर्थ सहित जीते हैं, प्रेम करते हैं, सीखने लगते हैं, तब हमें अहसास होने लगता है कि हम जो सबसे महत्त्वपूर्ण विरासत छोड़ सकते हैं, वह विज़न है। हमारे बच्चे और अन्य लोग ख़ुद को और अपने भविष्य को जैसा देखते हैं, उसका हम सबके जीवन की गुणवत्ता पर गहरा प्रभाव होता है।

विज़न का जुनून पोषित करने के लिए क्वाड्रंट II के लक्ष्य

- अपने भीतर समृद्ध आंतरिक जीवन के पोषण, शांत स्थल की उत्पत्ति के लिए, जहाँ आप ख़ुद अपने आंतरिक दिशासूचक से जुड़ सकें, इसके लिए हर सप्ताह क्वाड्रंट II को समय दें।
- व्यक्तिगत एकांतवास तय कर अपनी मिशन स्टेटमेंट वर्कशाप (परिशिष्ट 'अ') में शामिल हों और व्यक्तिगत मिशन स्टेटमेंट लिखें।
- अपने मौजूदा मिशन स्टेटमेंट के आकलन और समीक्षा के लिए समय तय करें।
- अपने मिशन स्टेटमेंट को याद रखें।
- रोज़ाना 'धार तेज़' करने का लक्ष्य तय रखें, जिससे आप अपने को अपनी मिशन स्टेटमेंट को जीते हुए कल्पना में देख सकें।
- हर सप्ताह व्यवस्था तय करने के पूर्व अपने मिशन स्टेटमेंट की समीक्षा करें।
- एक दैनिक डायरी बनाएँ, जिसमें आप अपने अनुभव, चयन और फ़ैसले लिख सकें, जो आपके व्यक्तिगत मिशन स्टेटमेंट से प्रभावित हों।
- इतिहास में अन्य लोगों के लिखे मिशन स्टेटमेंट पढ़ें। उनके जीवन और समाज पर इन स्टेटमेंट्स के प्रभाव पर विचार करें।
- अपने बच्चों और अपने से जुड़े सभी लोगों की उनका मिशन स्टेटमेंट लिखने में मदद करें। दूसरों में विज़न का पोषण करें।

6: भूमिकाओं का संतुलन

संतुलन में किंतु–परंतु नहीं होता, यह बस होता है

हम 'समय प्रबंधन' के क्षेत्र में संभवतः जिस सबसे गहन और अक्सर अभिव्यक्त होने वाले दर्द की बात सुनते हैं, वह असंतुलन से होता है।

मिशन स्टेटमेंट के अनुभव से गुज़रने वाले अनेक लोगों को कठोरता और पीड़ा के साथ जीवन के वे महत्त्वपूर्ण क्षेत्र ज्ञात हुए, जिन्हें वे अब तक नज़रअंदाज़ करते आए थे। उन्हें अहसास हुआ कि उन्होंने बहुत सारा समय और ऊर्जा, जीवन के एक ही क्षेत्र में खपा दी है, जैसे बिज़नेस, खेल, या सामुदायिक सेवा जैसे क्षेत्र, जिसकी क़ीमत स्वास्थ्य, परिवार या मित्रों जैसे अन्य अहम क्षेत्रों को चुकानी पड़ी। शेष लोग अपनी विभिन्न भूमिकाओं को लेकर अधिक जागरूक थे, लेकिन वे इनके बीच बँटा अनुभव करते थे। उनकी इन भूमिकाओं में निरंतर खींचतान चलती रहती थी, जो उनके सीमित समय व ध्यान के लिए प्रतिस्पर्द्धा करती थीं।

हम अक्सर ऐसी टिप्पणियाँ सुनते रहते हैं :

मैं अपने परिवार को समय देते हुए अपने कॅरियर में भी सफल होना चाहता हूँ। मेरी कंपनी को तब तक यह नहीं लगता कि मैं तरक़्क़ी को लेकर गंभीर हूँ, जब तक मैं रोज़ाना सुबह जल्दी ऑफिस न पहुँच जाऊँ और देर तक और सप्ताहांत में भी काम करता रहूँ।

घर वापस आने तक मैं बुरी तरह थक जाता हूँ। मुझे और भी बहुत कुछ करना होता है। मेरे पास अपने परिवार को देने के लिए भी ऊर्जा या समय नहीं होता, लेकिन उन्हें मेरी ज़रूरत होती है। बच्चों की साइकिल ख़राब है, उन्हें कहानियाँ सुनानी हैं, होमवर्क में मदद करनी होती है और बातें करने के लिए कई मसले होते हैं। और मुझे भी उनकी ज़रूरत होती है। ऐसे जीवन की क्या गुणवत्ता कि आप उन लोगों को समय न दे सकें, जो आपको सबसे अधिक प्रिय हैं?

और जीवन की गुणवत्ता मेरी अन्य भूमिकाओं में भी नहीं है। मैं अच्छा पड़ोसी बनना चाहता हूँ। मैं अपने समुदाय की मदद करना चाहता हूँ। और मुझे कुछ समय अपने लिए भी चाहिए कि मैं कसरत कर सकूँ, कुछ पढ़ सकूँ- समय निकाल सकूँ, ताकि मैं कभी-कभार कुछ सोच सकूँ।

मैं बहुत सी दिशाओं में खिंचा जा रहा हूँ- और वे सभी अहम हैं! मैं यह सब कैसे कर सकता हूँ?

सबसे ज़्यादा उल्लेख काम और परिवार के बीच टकराव का होता है। सबसे ज़्यादा दर्द अभिव्यक्ति रिश्तों और व्यक्तिगत विकास में कमी की होती है। लोग कहते हैं, "मैं रोज़ इतना तेज़ी से काम नहीं कर पाता कि सब भूमिकाओं को छू भर लूँ। मेरे जीवन के कुछ अहम काम अधूरे ही पड़े हैं। मैं जितना तेज़ी से भागता हूँ, उतना ही संतुलन बिगड़ता जाता है।"

अगर आपने *द कराटे किड* फ़िल्म देखी है, तो उसके समुद्र किनारे के दृश्य में वृद्ध मियागी अपने युवा छात्र डैनियल को सर्फिंग करने को कहता है। और पुकार लगाता है, संतुलन बनाओ!, संतुलन बनाओ!

टकराती लहरों से लड़के के पाँव बार-बार उखड़ जाते हैं। आख़िर में वह अपने गुरु की तरफ़ देखता है, वे उससे कुछ ही दूर हैं, और एक खंभे के पर खड़े हैं। वहीं खड़े हुए, मियागी क्रेन तकनीक की मुद्राएँ बनाते हैं, जिसमें वे एक पैरे से दूसरे पर फुदकते हुए शानदार संतुलन बनाकर दिखाते हैं।

हम भी अपनी गहन आंतरिक आवाज़ को यही कहते सुन सकते हैं, संतुलन बनाओ!, संतुलन बनाओ! लेकिन हम में से ज़्यादातर लोग डैनियल की तरह उफनती लहरों के बीच हैं, हर ओर से हमारी तरफ़ आती इन लहरों की ज़बर्दस्त ताक़त हमारे पैर उखाड़ देती है।

संतुलन क्या है?

ज़ाहिर है, संतुलन सही दिशा का सिद्धांत है। हमें इसे अपने चारों ओर- प्राकृतिक संतुलन, व्यापारिक संतुलन, शक्ति संतुलन, संतुलित भोजन- में देख सकते हैं। किसी भी अन्य सिद्धांत की भाँति, इसकी वास्तविकता का सबसे शक्तिशाली प्रमाण इसकी विपरीतावस्था- असंतुलन के हालात में जीना है। कान में आंतरिक संक्रमण हमारा संतुलन बिगड़ने का कारण बन सकता है, या बास्केटबॉल खेल में गिरना, या केवल संतुलन रहित जीवन जीने

की असुविधा ही इस सिद्धांत की वास्तविकता और महत्त्व की वैधता को प्रमाणित करते हैं।

ROLES

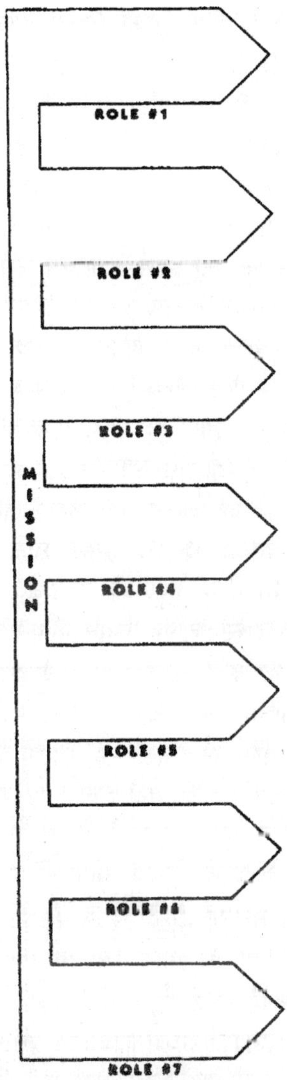

लेकिन हम अपने जीवन में संतुलन कैसे लाएँ? क्या इसके लिए सभी को केवल एक भूमिका से दूसरी में दौड़ते रहना होगा? या इसका कोई और बेहतर तरीक़ा भी है, जिससे हम अपने जीवन में बेहतर परिणामों को देने वाला शक्तिशाली प्रभाव उत्पन्न होता देख सकें?

क्षण भर रुकें और पीछे मुड़कर अपनी बनाई भूमिकाओं की सूची को देखें, जो हमने क्वाड्रंट II व्यवस्था प्रक्रिया के दौरान बनाई थी।

इन भूमिकाओं को आप कैसे देखते हैं? हम पश्चिमी जगत के लोग बीते युगों से इन्हें जीवन के विभिन्न विभागों के तौर पर देखते आए हैं। हम स्कूलों में विभिन्न कक्षाओं में जाते हैं, हमारे विभिन्न विषय होते हैं, हमारी पाठ्यपुस्तकें भी अलग-अलग होती हैं। हमें जीवविज्ञान में 'ए' मिलता है, तो इतिहास में 'सी' और फिर भी हमारे दिमाग़ में कभी नहीं आता कि इन दोनों की बीच कोई संबंध भी हो सकता है। हम अपनी पेशेवर भूमिका को घरेलू भूमिका से बिलकुल अलग करके देखते हैं, तथा इनका व्यक्तिगत विकास या सामुदायिक सेवा जैसी भूमिकाओं से भी कुछ लेना-देना नहीं है। इसके परिणामस्वरूप, हम 'यह/ वह' के संदर्भ में विचार करते हैं- हम एक या दूसरी भूमिका पर ही केंद्रित होते सकते हैं।

यह वर्गीकरण हमारे चरित्र का हिस्सा बन जाता है। हम अपने कार्यस्थल पर जैसे होते हैं, घर पर उससे काफ़ी हद तक अलग होते हैं। हम अपने निजी जीवन में जो कुछ भी करते हैं, वह उससे बिलकुल अलग होता है, जो हम अपने सार्वजनिक जीवन में करते हैं।

द अनस्कूल्ड माइंड में हावर्ड गार्डनर ने इस वर्गीकृत सोच का प्रभाव दर्शाया है। बड़ी शैक्षणिक डिग्रियों वाले लोगों का प्रदर्शन तब तक बेहतर होता है, जब तक वे उसी तरह काम करते रहें, जिसमें वे प्रशिक्षित हैं, लेकिन जब आप उनकी परीक्षा वहाँ लेते हैं, जहाँ हालात या परिवेश बदला हुआ हो, तो उनका प्रदर्शन न केवल ख़राब होता है, बल्कि वे असफल भी हो जाते हैं! वे काम नहीं कर पाते, बल्कि वे एक सीमा से बाहर सोच तक नहीं पाते।

जिस तरह हम समस्या को देखते हैं, वह भी समस्या है। यह वर्गीकरण भ्रम पर आधारित होता है, और इस भ्रम को जीने का प्रयास करना असाधारण रूप से कठोर होता है।

वास्तव में, ये भूमिकाएँ उच्च पारस्परिक पूर्णता का हिस्सा होती हैं, एक जीवंत इकोसिस्टम, जिसमें हर हिस्सा शेष सभी हिस्सों को प्रभावित करता

है। जैसा कि गाँधीजी ने देखा था कि, "एक व्यक्ति यदि जीवन के किसी भी दूसरे विभाग में ग़लत करे, तो किसी भी विभाग में सही नहीं कर पाता। जीवन बस एक अविभाज्य पूर्णता है।

यह अधिक समग्र प्रतिमान पूर्वी ज्ञान की बुनियाद है, जहाँ जीवन और स्वास्थ्य के बीच संतुलन को अनिवार्य माना जाता है।

जैसा कि चीन-प्रशिक्षित चिकित्सक डॉ. डेविड आइज़नबर्ग ने टिप्पणी की है :

> हमने (पश्चिमी जगत) इस धारणा की खोज की है कि 'जीवविज्ञान' और 'भौतिकशास्त्र' और 'मनोविज्ञान' और 'मनोचिकित्सा' अलग-अलग हैं। अगर हमें स्वास्थ्य के बारे में जानना हो, तो हम केवल रसायन विज्ञान या भावनात्मक स्थिति में तलाशते हैं, जिससे हमें अपूर्ण जानकारी मिलती है। मेरे सामने बैठा रोगी अपने साथ केवल रसायन विज्ञान ही नहीं लाया है, बल्कि अपना परिवार, रिश्ते, भावनाएँ और एक किरदार भी लेकर आया है। हमने अस्पतालों में मन और शरीर का जो भेद किया है, वह हमारी कपोल कल्पना है। रोगी एक संपूर्ण व्यक्ति है, और उसकी मदद के लिए या उसके उपचार के लिए, आदर्श तो यह है कि हम इन सभी पहलुओं - व्यक्ति के जीवन संतुलन पर काम करें।

संतुलन के इस ज़्यादा समग्र प्रतिमान के सार को प्राचीन सूफ़ी शिक्षाओं में इन शब्दों में व्यक्त किया गया है: "आप सोचते हैं, क्योंकि आप *एक* को समझते हैं, आपको *दो* को समझना होगा, क्योंकि एक और एक मिलकर दो बनते हैं, लेकिन आपको भी समझना होगा।"

जब हम इस प्रतिमान को अपने पर इस्तेमाल करना आरंभ करते हैं, तो हम देखते हैं कि हमारे जीवन का संतुलन केवल विभागों के बीच नहीं दौड़ रहा है। यह एक गतिशील साम्यवस्था है। इसके सभी हिस्से सहक्रियाशीलता के साथ उच्च पारस्परिक पूर्णता के तौर पर काम कर रहे हैं। संतुलन 'यह/वह नहीं' होता, यह 'बस' होता है।

भूमिकाओं में सहक्रिया का निर्माण

इससे हमारे जीवन में अविश्वसनीय अंतर आता है! बीते सत्तर वर्षों के व्यक्तित्व नैतिक साहित्य ने हमें विश्वास दिला दिया है कि कुछ भूमिकाओं

में 'सफल' होने का मतलब है कि हम विभिन्न भूमिकाएँ धारण करें- जैसे स्वेटर पहनना या जूते पहनना। इससे विघटन, दोहरापन आता है, लेकिन सच तो यह है कि एक व्यक्ति, जो सोकर उठता है, नहाता है, सुबह का नाश्ता करता है, वही व्यक्ति दफ़्तर में ग्राहकों से संवाद करता है, बोर्ड के लिए प्रेजेंटेशन बनाता है, लिटिल लीग टीम को खेलना सिखाता है, गैराज साफ़ करता है, और चर्च जाता है। हम चाहे जो भी हों, अपने जीवन में हर तरह की भूमिका निभाते हैं।

और जो चीज़ चरित्र पर खरी उतरती है, वही बड़े पैमाने पर दक्षता पर भी खरी उतरती है, हालाँकि हर भूमिका की अपने विशिष्ट दक्षताएँ होती हैं, फिर भी सही दिशा का सिद्धांत हमें हर भूमिका की बुनियादी दक्षताओं के योग्य बनाता है, जिससे सभी भूमिकाओं के बीच शक्तिशाली सहक्रिया का निर्माण होता है।

रेबेका : मुझे याद आता है, जब रॉज़र कॉलेज़ में पढ़ाते थे और मैं घर पर छोटे बच्चों की देखभाल करती थी। हम शाम को आपस में बात करते थे कि वे अपनी कक्षाएँ कैसे ले रहे हैं, और इससे हमें यह और ज़्यादा साफ़ होता जाता था कि जो सिद्धांत व्यापार में काम करते हैं, उन्हें ही घर के नेतृत्व और प्रबंधन में भी इस्तेमाल किया जा सकता है। यह जानना बेहद रोमांचक था कि सशक्तिकरण के जो सिद्धांत कर्मचारियों को ज़िम्मेदार और सक्षम बनाते हैं, उन्हें ही तीन या चार साल के बच्चों को उनके कमरे की सफ़ाई के योग्य बनाने में भी इस्तेमाल किया जा सकता है।

हमने पाया कि बहुत से सिद्धांत, जिन्होंने परिवार में मज़बूत, सकारात्मक रिश्तों को रचा है, उनसे व्यापार में भी महत्त्वपूर्ण परिणाम हासिल किए जा सकते हैं। हमें अहसास हुआ कि विश्वास जहाँ प्रभावी कॉर्पोरेट सहक्रिया की बुनियाद थी, वहीं कॉर्पोरेट प्रभाव को स्थायी बनाने के लिए सत्यनिष्ठा अनिवार्य थी।

ऐसा लगा कि एक बार जब हम सिद्धांतों पर केंद्रित हो गए, तब हमारी विभिन्न भूमिकाएँ वर्गीकृत नहीं रह गईं, जो हमारे जीवन को विभाजित और पृथक करती थीं। ये सार्वभौमिक सिद्धांतों को लागू करने का रास्ता बन गईं। यह इसे तलाशने की रोमांचक चुनौती बन गई कि हम जीवन के विभिन्न क्षेत्रों में एक ही तरह के सिद्धांतों को कितने तरीक़े से लागू कर सकते हैं।

यह अंतर-भूमिका सहक्रियाशीलता अविश्वसनीय रूप से समस्या-सुलझाने में लगने वाले समय और ऊर्जा को बचाती है। अति सक्रियता जैसा सिद्धांत- अपने जीवन की व्यक्तिगत ज़िम्मेदारी को ख़ुद उठाना- असंतुष्ट जीवनसाथी या विद्रोही किशोर को सँभालने में जितने सशक्त ढंग से काम करता है, उतने ही सशक्त ढंग से वह एक क्रुद्ध ग्राहक का सामना करने, अत्यधिक काम की अपेक्षा रखने वाले बॉस, या निराशापूर्ण डायरेक्ट रिपोर्ट से निपटने में भी काम आता है। परानुभूति- पहले दूसरे को समझने की कोशिश से टीमों में उसी तरह काम करने का भरोसा जागता है और सशक्तिकरण की भावना आती है, जैसा कि मित्रता, परिवार और सामुदायिक सेवा संस्थानों में होता है।

यह सहक्रिया हमें इस योग्य बनाती है कि हम अपनी भूमिकाओं को मैक्गाइवर की मानसिकता से देख सकते हैं। हम किसी व्यक्तिगत विकास लक्ष्य को पूरा करने के बारे में सोच सकते हैं और हम अपने परवरिश करने के लक्ष्य बारे में सोच सकते हैं, जिससे अपनी किशोर पुत्री के साथ रिश्ता गहरा कर सकें, जिसके लिए बेटी को बाहर घुमाने या टेनिस खेलने ले जाएँ। अगर हमें फ़ैक्टरी का निरीक्षण करना हो या नए सहायक को प्रशिक्षण देना हो, तो हम फ़ैक्टरी का निरीक्षण साथ करने को सहायक के प्रशिक्षण के तरीक़े के तौर पर देख सकते हैं।

इस सहक्रिया को समझने से हमें यह/वह के विभाजन के परे जाने में मदद मिलती है। एक महिला जो माँ बनना और शिशु को समय देना चाहती हो, तो उसे बच्चे व कॅरियर के क्रोनो मानसिक विभाजन से परे जाना होगा। वह समाज में अपने महत्त्वपूर्ण योगदान के लिए अपनी माँ की भूमिका के विज़न से ऊर्जान्वित हो जाएगी। वे ऐसा स्वभाव और सामर्थ्य विकसित कर लेगी, जो उसे उसकी अन्य भूमिकाओं को भी परिपूर्ण करने योग्य बना देगा।

रेबेका : मैं अक्सर माँ बनने वाली उस महिला पर लगने वाले लाछन को लेकर परेशान रहती थी, जो अपना समय और मेहनत प्रमुख रूप से मातृत्व को देना चाहती है। समाज किसी न किसी कारण यह मानता है कि एक योग्य बच्चे की परवरिश से ज़्यादा अहम किसी कंपनी के उत्पाद के लिए मुनाफ़ा कमाना है।

मातृत्व को चुनने वाली महिला ऐसा अपने निजी विज़न के कारण करती है। उसकी भूमिका उसे सचमुच ऊर्जान्वित कर देती है। वह समाज के भावी

नेताओं का किरदार गढ़ने में अपने प्रयासों का मूल्य समझती है। और इस प्रक्रिया में, वह अन्य भूमिकाओं में सामर्थ्य और स्वभाव विकसित कर लेती है। शायद एक और कॅरियर या कोई और डिग्री उनकी योजना होती है, लेकिन यह उसे उसके मौजूदा काम से ध्यान भंग नहीं करती। यह क्षमता की नहीं, बल्कि चयनित योगदान की बात है।

कुछ ऐसी भी महिलाएँ होती हैं, जो मातृत्व को थोड़ी अवधि के लिए चुनती हैं। वे ऐसा स्वभाव और सामर्थ्य इसलिए नहीं जुटा पातीं, क्योंकि वे इस भूमिका के विज़न से गहरे नहीं जुड़ी होतीं और न ही अपनी रचनात्मक ऊर्जा का इसमें पूरी तरह उपयोग करती हैं, लेकिन जो ऐसा करती हैं, वे अन्य भूमिकाओं को भी पूरी उत्कृष्टता से निभाती हैं।

यह/वह विचारधारा की उत्कृष्टता हमारे समकालीन संस्थानों के लिए बहुत महत्त्वपूर्ण साबित हो रही है। एक विखंडित समाज, जो आमतौर पर गुणों को पहचानने तथा निपुण घर प्रबंधक -पुरुष या महिला- के कौशल का उपयोग पेशे में करने में धीमा होता है, तो इसका ख़ामियाज़ा ख़ुद समाज को ही उठाना पड़ता है। हालिया शोध बताते हैं कि पालन-पोषण के नारी सुलभ गुण (परवरिश में अति अभ्यास में आने वाले) ऐसी महत्त्वपूर्ण क्षमता है, जो हमारे संस्थानों में उभरती लोकतांत्रिक संस्कृति के प्रभावशाली प्रबंधन के लिए आवश्यक हैं, लेकिन हमें यह अहसास कैसे हुआ?

पाँचवीं शताब्दी ई.पू. में ज़ेनोफन का अभिलेख है कि एक पेशेवर सैनिक निकोमैचिडस किसी व्यक्ति से नाराज़ था, क्योंकि इसकी जगह उसे जनरल बना दिया गया था, जिसमें बस यह ख़ासियत थी कि वह घर सँभाल सकता था। इसके जवाब में सुकरात ने कहा, "व्यक्ति जो चाहे वह पद हासिल कर सकता है, बस वह इसमें सक्षम होना चाहिए कि एक अच्छे अध्यक्ष की तरह दिशा दे सके, फिर चाहे सहगान हो, परिवार हो या सेना।"

... इसी कारण... घर सँभालने में कुशल पुरुषों को तुच्छ नहीं समझ लेना चाहिए कि घरेलू कार्य सार्वजनिक कार्यों से आकार में अलग होते हैं।

जब हम अपनी भूमिकाओं को जीवन के विखंडित भागों के तौर पर देखते हैं, तो हम संकीर्ण कालानुक्रमिक मानसिकता उत्पन्न कर लेते हैं। हमारे पास समय सीमित है। इसे केवल एक भूमिका में लगाने का अर्थ है कि हम इसे कहीं और नहीं दे सकेंगे। यह जीत-हार का मामला बन जाता है। एक भूमिका की जीत होती है, तो दूसरी परास्त हो जाती है। हम स्वयं से

प्रतिस्पर्द्धा करने लगते हैं। हम एक स्व-कार्यान्वित भविष्यवाणी का हिस्सा बन जाते हैं और उन प्रमाणों को एकत्र करने लगते हैं, जिनसे हम उन हालात को न्यायोचित सिद्ध कर सकें, जिनमें हम फ़िलहाल हैं।

लेकिन सिद्धांत हमें प्रचुरता की मानसिकता से सशक्त बनाते हैं। हर चीज़ अधिकता में मौजूद है। जब हम अपनी भूमिकाओं को उच्च पारस्परिक पूर्णता के हिस्सों के रूप में देखने लगेंगे, तब हम इन सभी को पूरा करने के बारे में सोच सकते हैं।

संतुलन बढ़ाने वाले तीन प्रतिमान

हम में से अधिकांश लोग क्वाड्रंट II व्यवस्था प्रक्रिया से गुज़रते समय पहली बार इन भूमिकाओं को जानकारियों और कार्यों को व्यवस्थित करने के शानदार तरीक़े के तौर पर देखते हैं। जहाँ हम इस नए दृष्टिकोण से लाभान्वित होते हैं, वहीं इससे बड़ा फ़ायदा हमें इनके द्वारा अपने जीवन में सहक्रिया व संतुलन का निर्माण करने वाली भूमिकाओं को जानने का गहन बोध मिलने से होता है। हम यहाँ गहन बोध का निर्माण करने वाले तीन बुनियादी प्रतिमानों के बारे में बता रहे हैं।

1. हमारी 'स्वाभाविक' भूमिकाएँ हमारे मिशन से उपजती हैं

हमें अपनी भूमिकाएँ कहाँ से मिलती हैं? अगर हमने अपने गहन आंतरिक जीवन पर काम करने में इसकी क़ीमत न चुकाई हो, तो ये संभवतः हमारे ख़ुद के बारे में विचारों का मिश्रण होने के साथ ही सामाजिक प्रतिबिंब भी होती हैं।

लेकिन अगर हमने यह क़ीमत चुकाई है, तो हमारी भूमिकाएँ जीवित पेड़ की शाखाओं जैसी होती हैं। वे स्वाभाविक रूप से एक ही तने से धीरे-धीरे विकसित होती हैं- हमारा मिशन, हमारी आवश्यकताओं की विशिष्ट पूर्ति और क्षमताएँ आदि- तथा भूमिकाएँ एक ही जड़ भी से निकलती हैं- वे सिद्धांत जो पोषण और जीवन प्रदान करते हैं। हमारी भूमिकाएँ वह मार्ग बन जाती हैं, जिनके द्वारा हम जीते हैं, प्रेम करते हैं, सीखते हैं और विरासत छोड़ते हैं।

विज़न के साथ गहरा संबंध होने से हमारी भूमिकाओं को जुनून और ऊर्जा मिलते हैं। उदाहरण के लिए, जब माता-पिता अपनी शक्तिशाली विशिष्ट भूमिका को पहचानने लगते हैं- तो यह उनका एक नवीन जीवन को

विकसित और पल्लवित करने का एकमात्र अवसर होता है और यह नवीन जीवन उस उत्पादक ऊर्जा को दर्शाता है, जो भावी पीढ़ियों को प्रभावित करेगी- वे इतने उर्जित व मुक्त होते हैं कि बुरे अतीत, पुराने भार, पिछली पीढ़ियों की कमज़ोरियों को रूपांतरित कर सकें। वे इन्हें आगे बढ़ाने की जगह इन्हें परिवर्तित कर देते हैं। वे *संचारक* की जगह *रूपांतरकारी* बन जाते हैं। विरासत की भावना उन्हें सशक्त बना देती है। वे इसका उपयोग समझौता करने में नहीं, बल्कि रूपांतरण करने में करते हैं।

वहीं दूसरी ओर, जो भूमिकाएँ आवश्यकताओं, सिद्धांतों और मिशन द्वारा छँट जाती हैं- जैसे काम करने की भूमिका, जिसके मायने केवल आर्थिक सुरक्षा हो, एक रिश्ता, जो सिद्धांत की जगह भ्रम पर आधारित हो, या सामुदायिक सेवा, जो आंतरिक विश्वास की जगह दूसरों की उम्मीदों पर आधारित हो- उनमें सतत रहने की शक्ति नहीं होती, क्योंकि ये गहरे ज्वलंत हाँ! तक नहीं पहुँच पातीं।

हर भूमिका अत्यधिक महत्त्वपूर्ण होती है। किसी एक भूमिका में सफलता दूसरी में विफलता को उचित सिद्ध नहीं करती। व्यापारिक सफलता विवाह में विफलता को उचित सिद्ध नहीं करती। समुदाय में सफलता बतौर

अभिभावक विफलता को उचित सिद्ध नहीं करती। किसी भी भूमिका में सफलता या विफलता का हर अन्य भूमिका की गुणवत्ता तथा जीवन की पूर्णता में योगदान होता है।

अपनी भूमिकाओं के प्रति जागरूकता की इस 'बड़ी तसवीर' के बिना, हम सहज ही कुछ भूमिकाओं में व्यस्त होकर शेष भूमिकाओं को अनदेखा कर सकते हैं। यही कारण है कि हमें अपनी भूमिका लिखने के लिए क्वाड्रंट II व्यवस्था प्रक्रिया को हर सप्ताह समय देना होगा।

जैसा कि एक व्यस्त एक्ज़ीक्यूटिव ने कहा है:

बीते पंद्रह वर्षों से बिज़नेस एक्ज़ीक्यूटिव होने कारण मैं बहुत से लोगों को लंच पर ले गया हूँ, लेकिन जब मैंने अपनी भूमिका में 'पति' लिखा, तब मुझे अहसास हुआ कि मैं अपनी पत्नी को कभी भी लंच पर नहीं ले गया, जबकि उसके साथ मेरा रिश्ता मेरे जीवन के सबसे अहम रिश्तों में से एक है।

अतः, साप्ताहिक व्यवस्था बनाने के परिणामस्वरूप हमने ऐसा करना शुरू किया, और यह हमें और नज़दीक ले आया। हमारे बीच ज़्यादा बातचीत होने लगी, जिससे मुझे वह नए रास्ते मिले, जिनसे मैं बेहतर पति बन सकता था। अब जब मैं हर सप्ताह अपनी पति की भूमिका की समीक्षा करता हूँ, तो मुझे लगता है कि मैं इसमें ज़्यादा बेहतर होता जा रहा हूँ।

हर सप्ताह भूमिकाओं को लिखते रहने से ये हमें याद रहती हैं और हमें जीवन के सभी महत्त्वपूर्ण आयामों पर ध्यान देने में मदद मिलती है, लेकिन इसका यह मतलब क़तई नहीं है कि हमें हर भूमिका के लिए हर सप्ताह लक्ष्य निर्धारित करना होगा। न ही इसका यह मतलब है कि हर सप्ताह हमारी भूमिका एक जैसी रहेगी या हम हर सप्ताह हर भूमिका को निभाएँगे। हमारे जीवन में कभी-कभी असंतुलन ही संतुलन होता है। जब थोड़े समय तक ध्यान दिए जाने का असर संपूर्ण जीवन मिशन पर होता है।

उदाहरण के लिए, माँ जिसके नया शिशु हुआ हो। वह अपना ज़्यादा से ज़्यादा समय उसे प्रेम करने, उसकी सेवा, उसकी देखभाल करने में लगाती है। कुछ वक़्त के लिए उसकी ज़िंदगी संतुलन से बाहर प्रतीत होती है, लेकिन अगर जीवन को विस्तारित दृष्टिकोण से देखें, तो अहसास होगा कि वह संतुलन जीना, प्रेम करना, सीखना और विरासत छोड़ जाना है– तो यह इस आवधिक असंतुलन के संदर्भ में सार्थक हो जाता है। शेष वक़्त

जब कम-अवधि का असंतुलन दीर्घकालिक संतुलन की रचना करता हो, तो उसमें योगदान के किसी उद्देश्यपूर्ण प्रोजेक्ट, जैसे वृद्धों की देखरेख, या नया व्यापार आरंभ करना शामिल हो सकता है। ऐसे भी वक़्त आते हैं, जब अत्यधिक निवेश से सफलता और विफलता, औसत और शानदार का फ़र्क़ आता है। और निवेश करने या न करने का- जीवनसाथी, बच्चों, कर्मचारियों, सहयोगियों, और पूरे समुदाय में सभी पर अत्यधिक प्रभाव पड़ता है। असंतुलन इच्छित हो, तो हमारे लिए साप्ताहिक व्यवस्था के दौरान केवल एक या दो भूमिकाओं की सूची बनाना ज़्यादा सहज होगा। कुछ लोगों को लगता है कि इससे वे ज़्यादा ध्यान दे पाते हैं, वहीं कुछ को लगता है कि इससे वे फ़िलहाल निभाई जा रही भूमिकाओं में ज़्यादा संदर्भ का अनुभव करते हैं, फिर भले ही उन्होंने इनमें से प्रत्येक के लिए लक्ष्य निर्धारित न भी किए हों।

जीवन में संतुलन लाने से संबंधित किसी भी तरह का चयन करने में सबसे महत्त्वपूर्ण कारक हमारा अपने विवेक की आंतरिक आवाज़ के साथ गहरा संबंध होना है। हम ऐसे वातावरण में जी रहे हैं, जो मानव से ज़्यादा मानव के *कार्यों* में भरा हुआ है। इस असंतुलन में फँस जाना इसलिए आसान होता है, क्योंकि ये किसी मिशन या सिद्धांत को प्रतिबिंबित नहीं करते। इस तरह हम मिशन प्रेरित होने के बजाय तात्कालिकता प्रेरित होने लगते हैं।

कैरोल ऑर्सबॉर्न, संस्थापक, ओवरअचीवर्स एनॉनिमस के शब्दों में :

> ऐसा भी समय आता है, जब लंबे समय तक क्षमता और दक्षता से बढ़कर प्रदर्शन करना आवश्यक, यहाँ तक कि पोषण करने वाला होता है। जैसे कि मुझे कभी भी अपने बिज़नेस के शुरुआती वर्षों में दिए लंबे समय को लेकर पछतावा नहीं होता। इस किताब के लिए किसी दिलचस्प नए प्रेरक विचार को देर रात तक लिखते रहने में मुझे कभी कोई समस्या नहीं आई।
>
> हालाँकि, वास्तव में समस्या तब आती है, जब मैं या हम में से किसी का भी अवचेतन बुरी तरह थक जाता है। वह उत्साह के चरम पर उद्देश्यपूर्ति के उच्च गियर के बाद वापस लौटना भूल जाता है।

हमें प्रभावशाली विकल्प चुनने की बुद्धि केवल अपने गहन आंतरिक जीवन से खुला संवाद रखने के बाद ही मिल सकती है। जैसा कि डॉ. बारबरा किलिंगर ने ग़ौर किया:

बुद्धि आती है... संतुलन से। काम के जुनूनी हमेशा बेहद बुद्धिमान, दिलचस्प और अक्सर परिहास युक्त और आकर्षक व्यक्ति वाले होते हैं, लेकिन उनमें आंतरिक बोध का अभाव होता है। उनके जीवन के संकट इसकी पुष्टि करते हैं। सही फ़ैसला तभी लिया जा सकता है, जब आपके तार्किक और विवेकपूर्ण विचारों को आंतरिक-अनुभूति (गट-फीलिंग) का साथ मिले कि यह फ़ैसला सही प्रतीत होता है, तब आप अपने उठाए गए क़दम के परिणामों को लेकर सहज हो सकते हैं। आंतरिक बोध इससे भी आगे जा सकता है, क्योंकि फ़ैसला न केवल सही प्रतीत होगा, बल्कि यह आपके मूल्यों और धारणाओं के भी अनुकूल होगा। आपके भीतर कहीं से इसके लिए हाँ! की आवाज़ आएगी।

हम ऐसे लोगों को भी जानते हैं, जिनका कॅरियर शानदार था, लेकिन समय के साथ उन्हें इसे इसलिए छोड़ देना पड़ा, क्योंकि उन्हें अपने ड्रग्स ले रहे बच्चे की देखभाल करनी थी। हमने ऐसे भी लोगों को देखा है, जिनकी आय छह या सात अंकों में थी, लेकिन उन्होंने अपने पड़ोस की फुटबॉल टीम को प्रशिक्षण देने के लिए जल्दी रिटायरमेंट ले लिया। हमने ऐसे भी लोगों को देखा है, जिन्हें अपने परिवार और मित्रों से ऊर्जा और सहारा मिलता है, जिन्हें उनके बिना रहना पड़ा, ताकि वे उन परियोजनाओं को उतना समय या ऊर्जा दे सकें, जो उनकी नज़र में पूरी मानवता के प्रति योगदान थीं। और इन सभी लोगों को अपने चयनों पर नाज़ है! वे सभी मिशन-प्रेरित थे। वे अपने गहन आंतरिक जीवन से मज़बूती से जुड़े थे।

ऐसा ही आंतरिक संबंध बनाने वाली एक महिला अपना अनुभव बताती हैं :

मैं गर्भवती किशोरी निवास के बोर्ड का हिस्सा थी। यह एक शानदार संस्था है, जो मेरे दिल के बहुत क़रीब है। मैं कुछ समय तक इसकी जनसंपर्क कमेटी की अध्यक्ष थी।

अपने नए काम को सँभालने में मुझे दो महीने लग गए। इस दौरान मैंने अपने परिवार के साथ भी कुछ बेहतरीन समय गुज़ारा। हर कोई माने बैठा था कि मैं फिर से बोर्ड अध्यक्ष बनने वाली हूँ, लेकिन मैंने इनकार कर दिया, नहीं, इस वर्ष मैं बोर्ड अध्यक्ष नहीं बनूँगी। मैं नहीं चाहती कि आपमें उम्मीदें जगाऊँ और फिर इसे पूरा न कर पाऊँ। यह बेहद कष्टदायक था।

मुझे महसूस हो रहा था कि मेरा आधार मुझ पर मुझसे ज़्यादा भरोसा कर रहा था और जानने लगा था कि मैं स्थितियों से दूर जा सकती हूँ। यह मुक्त कर देने वाला अहसास था। मैंने अपने जीवन में हाँ की अधिकता को ना कहना सीख लिया था।

मैं इससे बाहर निकल आती हूँ और कभी-कभी वही कुछ पुरानी आदतों में पड़ जाती हूँ। कुछ जल्दबाज़ी रहती है। ऐसे काम होते हैं, जो रुक नहीं सकते, लेकिन मैंने जिन आंतरिक ज्ञान और सहजावस्था को अपना आधार बनाया है, उससे मैं जल्दी ही फिर सँभल सकती हूँ और अपना संतुलन फिर पा सकती हूँ।

जब हमारा अपनी आंतरिक आवाज़ को सुनते हुए लघु-आवधिक असंतुलन का वक़्त आए, तो हम अपने साथ उन लोगों को भी शामिल कर सकते हैं, जिनका जीवन हमारे फ़ोकस से प्रभावित होता हो और उनके साथ पारस्परिक संतुलन का समाधान तलाश लें।

रेबेकाः जब हमने इस किताब पर काम करने पर विचार किया, तो मैं इस कारण अपने जीवन में आने वाले असंतुलन को लेकर असहज होने लगी, हालाँकि मैं बहुत तरह की सामुदायिक सेवाओं और लेखन परियोजनाओं से जुड़ी रहती हूँ, लेकिन मेरा परिवार बीते पच्चीस-वर्षों से मेरा सबसे बड़ा प्रेम और योगदान क्षेत्र है। इन बीते वर्षों में मैंने अपने पति और बच्चों के साथ होने के लिए जो भी चयन किए, वे मिशन-प्रेरित थे, लेकिन इसके साथ ही मुझे अपने काम से भी प्रेम है। ऐसा ही अन्य मूल्यों और भूमिकाओं के साथ है, जो मेरे जीवन का अहम हिस्सा हैं।

मैंने इस पर विचार किया कि लेखन का चयन करने पर मैं अपने परिवार के लिए क्या नहीं कर सकूँगी। मेरे घर में तीन बच्चे हैं, उन्हें उनकी म्यूज़िक क्लास कौन ले जाएगा, उनका होमवर्क कौन करवाएगा, उनके आने-जाने व पढ़ाने से लेकर, पौष्टिक भोजन कौन देखेगा, और उनसे बातें करेगा। मैं अपने नज़दीक ही रह रहे विवाहित बच्चों के साथ मज़बूत जुड़ाव और गहरा रिश्ता चाहती थी। मैं आहत थी, क्योंकि मुझे पता था कि कुछ वक़्त के लिए, मैं इनमें से कोई काम नहीं कर पाऊँगी, कम से कम उस हद तक तो संभव नहीं होगा जितना एक माँ की भूमिका में मेरे लिए महत्त्वपूर्ण था।

रॉज़र और मैंने लेखन तथा परवरिश के दौरान साथ मिलकर ज़िम्मेदारियाँ उठाईं, जिससे हम अपने घर पर साथ रह रहे बच्चों की बुनियादी ज़रूरतों

को पूरा कर सकें तथा उन्हें अपने दादा-दादी से म्यूज़िक क्लास और कहीं आने-जाने में ख़ूब मदद मिली। हमें असली सफलता तब मिली, जब हमने इस प्रोजेक्ट और विरासत छोड़ने की बच्चों की ज़रूरत के बीच सहक्रिया का निर्माण कर लिया। हमारे परिवार के मिशन का एक अंश यह भी था कि 'अपने समय, प्रतिभा, और संसाधनों का दूसरों के लिए भी समझदारी से उपयोग करें।' जब हमने इस किताब के उद्देश्य में अपने बच्चों को साथ जोड़ा, तो हमने एक ऐसा साझा विज़न क़ायम किया, जो मिशन के उस भाग की ताक़त तक पहुँच गया। वे रोमांचित थे और जैसे संभव हो, वैसे मदद करने को तत्पर थे। हमारे कुछ विवाहित बच्चे भी इस परियोजना से जुड़ गए। हर किसी ने अपने हिसाब से मदद की। शनिवार को, उनमें से कुछ और उनके जीवनसाथी उन आउटडोर प्रोजेक्ट्स के कार्यों करने में मदद करते, जो हमारे लेखन की वजह से थम गए थे।

हमें त्याग करने पड़े, लेकिन बच्चे हमारे साथ काम करना चाहते थे और उन्होंने इतने अनगिनत तरीक़ों से मदद की, जिससे यह प्रोजेक्ट पूरा हो सका। यह हमें परिवार से दूर करने की जगह, कई मायनों में पास ले आया। यह कुछ ऐसा था, जो हम साथ मिलकर कर रहे थे। और इस प्रक्रिया में हम सब परिपक्व हुए।

जब हमारी भूमिकाएँ मिशन, विज़न और सिद्धांतों से विकसित होती हैं, तो इनमें 'संतुलन' एक गहरी बात होता है, बजाय इसके कि समय को विभागों में बँटे जीवन के खाँचों में गुज़ारा जाए। जीना, प्रेम करना, सीखना और विरासत छोड़ जाना ही संतुलन है, और हमारी भूमिकाएँ ऐसी सहक्रिया और कई बार आवधिक क्षेत्र उत्पन्न करती हैं, जिनमें हम यह कर पाते हैं।

2. हर भूमिका परिचारक जैसी है

प्रकृति हमें आपस में निर्भर बड़े संतुलन के बारे में सिखाती है। एक वृक्ष भी उसी विशाल इकोसिस्टम का हिस्सा होता है। इसके स्वास्थ्य का इसके आस-पास अन्य जीवित वस्तुओं तथा अन्य जीवित वस्तुओं का वृक्ष पर प्रभाव पड़ता है। इस परस्पर निर्भरता की वास्तविकता बता देती है कि वस्तुतः हर भूमिका परिचारक की भूमिका ही है।

परिचारक होना एक विश्वास है। परिचारक वह व्यक्ति होता है, जो उसे विश्वास से सौंपे गए कार्य को ज़िम्मेदारी से करता है। हम अपने समय,

अपनी प्रतिभा और अपने संसाधनों के परिचारक हैं। हम अपने पेशे, अपने समुदाय और अपने घर में भी परिचारक हैं।

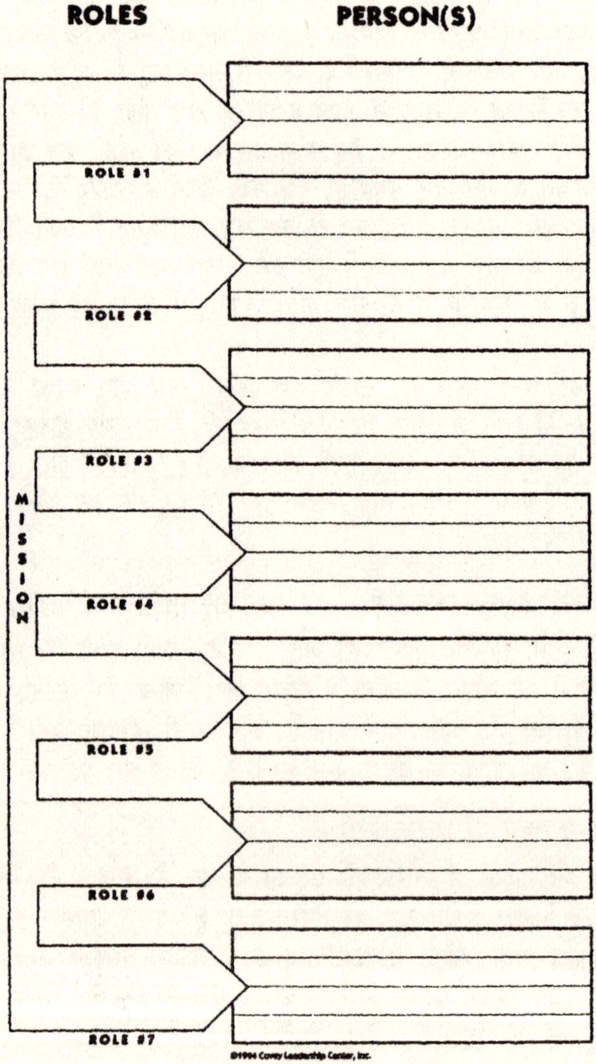

परिचारक होने के कार्य में किसी अपने से अहम व्यक्ति या वस्तु के प्रति जवाबदेही की भावना शामिल रहती है। उस अहम व्यक्ति या वस्तु को हम विधाता, भावी पीढ़ी, या समाज कुछ भी मान सकते हैं- यह ऐसा विचार है, जिसका महत्त्वपूर्ण समय आ गया है। इस तथ्य से हमारा ध्यान प्रभावशाली रूप से पर्यावरण, देश के क़र्ज़, और एड्स जैसे मामलों की तरफ़ आकर्षित होता है। 'स्वामित्व' का मतलब है, मैं बिना परिणाम की परवाह किए जो करना चाहूँ, कर सकता हूँ, लेकिन यह विचार एक भ्रम है कि हम निर्भय होकर किसी भी संसाधन का विनाश कर सकते हैं या उसका दुरुपयोग कर सकते हैं। हम ऐसे परिणाम उत्पन्न कर रहे हैं, जो भावी पीढ़ियों की जीवन की गुणवत्ता को प्रभावित करेंगे।

ऐसा कोई तरीक़ा नहीं है, जिससे इस दायित्व से बचा जा सके। हम किसी एक या दूसरे तरह से बदलाव लाते हैं। हमारे जीवन के प्रभावों के लिए *हम* ख़ुद ज़िम्मेदार हैं। हमारे पास, जो कुछ भी है धन, संपत्ति, प्रतिभा, बल्कि समय भी, उससे हम जो कुछ भी करते हैं, उसे अपने अनुगामियों के लिए विरासत के तौर पर छोड़ जाते हैं। और हमारा अपना दिमाग़ी अंकन चाहे जो भी हो, हम अपनी विशिष्ट मानवीय क्षमताओं का अभ्यास कर सकते हैं और ऐसा परिचारक कार्य चुन सकते हैं, जो हम करना चाहते हैं। हमें दुरुपयोग, क़र्ज़, बर्बाद प्राकृतिक संसाधन, आत्म-केंद्रण या भ्रम भावी पीढ़ी को नहीं देना चाहिए। हमें अपनी आगामी पीढ़ी के लिए स्वस्थ वातावरण, भली प्रकार से सँभाली संपत्तियाँ, दायित्व-बोध, सिद्धांत-आधारित मूल्यों की विरासत और योगदान का विज़न देना चाहिए। ऐसा करके, हम आज और भविष्य में भी जीवन की गुणवत्ता को सुधार सकते हैं।

आपके लिए दिया गया चार्ट उपयोगी हो सकता है, जिससे आप अपने परिचारक कार्यों द्वारा अपनी भूमिकाओं को देख सकें और उस प्रत्येक भूमिका की पहचान कर रखें, जिसके प्रति आप दायित्व महसूस करते हों।

सेक्शन तीन में, हम गहराई से पड़ताल करेंगे कि हम दूसरों के साथ परिचारिक कार्य अनुबंधों का निर्माण कैसे कर सकते हैं, जो भूमिकाओं की परस्पर प्रकृति की संपूर्ण वास्तविकता से संबद्ध हो।

3. हर भूमिका में चारों आयाम होते हैं

हमारे जीवन की प्रत्येक भूमिका के शारीरिक आयाम, (इसमें संसाधनों की आवश्यकता या उनका निर्माण होता है) आध्यात्मिक आयाम, (यह मिशन और सिद्धांतों से जुड़ा होता है), सामाजिक आयाम (इनमें अन्य लोगों के साथ संबंध आते हैं), और मानसिक आयाम (इसके लिए सीखना होता है) होते हैं।

चलिए, अब सामाजिक और मानसिक आयाम पर विस्तार से विचार करते हैं। हर भूमिका परिवारजनों, सह कर्मियों, परिचितों, या मित्रों से संबंधित होती है। यहाँ तक कि रात के समय बिल्डिंग की सफ़ाई करने वाले कर्मचारी का भी उन लोगों से संबंध होता है, जिनके लिए वह काम करता है और जिन लोगों को उसके श्रम से लाभ होता है।

यह महत्त्वपूर्ण सामाजिक आयाम हमें शिड्यूल से आगे लोगों को रखने के लिए सशक्त बनाता है। जो एक्ज़ीक्यूटिव अपनी भूमिका को *कार्यों* से जोड़कर देखते हैं, वे कर्मचारियों की ओर से आने वाली 'बाधाओं' से सहज ही हताश हो जाते हैं, वहीं जो एक्ज़ीक्यूटिव अपनी भूमिकाओं को *लोगों* के संदर्भ में देखते हैं, उन्हें आवश्यकताओं को पूरा करने, सशक्त बनाने, और मदद के अवसर के रूप में ये अधिक परिपूर्ण करने वाले प्रतीत होती हैं। जो गृहिणियाँ अपनी भूमिका को बिस्तर जमाने, साफ़-सफ़ाई करने, और भोजन बनाने के तौर पर देखती हैं, उनके लिए ऐसे बच्चों से निपटना आसान नहीं होता, जो अपना काम नहीं करना चाहता। जो अपनी इस भूमिका को परिवारजनों के प्रति प्रेम और सेवा के तौर पर देखती हैं, वे अपने बच्चों को सिखाने में आनंद लेती हैं।

रिश्तों में बाधक बनने वाली कार्य अनुकूलन मानसिकता की जगह, प्रत्येक भूमिका के सामाजिक आयाम के प्रति जागरूक होने से हमें व्यक्ति अनुकूलन मानसिकता विकसित करने में मदद मिलती है, जो अपने साथ काम करने व रहने वाले लोगों के साथ समृद्ध और बेहतर रिश्तों का निर्माण करती है।

प्रत्येक आयाम का सीखने, विकास करने, समझ बढ़ाने, और कौशल प्राप्ति का अपना मानसिक आयाम होता है। किसी भी भूमिका का सबसे अहम हिस्सा विकसित होने और कार्य करने के बीच, उत्पादन (पी) और अपनी उत्पादन क्षमता (पीसी) बढ़ाने के बीच संतुलन साधने की प्रभावकारिता होता है। हम इसे ऐसे एक्ज़ीक्यूटिव में देख सकते हैं, जो चीज़ें सीखने के

लिए सेमिनार में जाता हो, जिससे वह अपनी व्यावसायिक भूमिका में अधिक प्रभावशाली हो सके। हम इसे ऐसे शिक्षक में देख सकते हैं, जो गर्मी की छुट्टियों में बच्चों को केवल इसलिए पढ़ाता है, जिससे उसका शिक्षण कौशल बेहतर हो सके। हम इसे ऐसे माता-पिता में देख सकते हैं, जो परवरिश के अपने कौशल को सुधारने के लिए कुछ पढ़ते हों या कक्षाओं में भाग लेते हों।

अपने जीवन को समग्र रूप से देखने पर, पी/पीसी के बीच संतुलन में सभी चार आयामों का नियमित अंतराल पर नवीकरण शामिल होता है। इसका मतलब कसरत करने, पढ़ने या अपने गहन आंतरिक जीवन से जुड़ने के लिए समय निकालना है, जिससे हम जीवन की हर भूमिका में आचरण और सामर्थ्य, ऊर्जा और बोध को बढ़ा सकें।

संतुलन की पोषक क्वाड्रंट II व्यवस्था

प्राकृतिक संतुलन एक गतिशील साम्यवस्था है, जो अपने को हमारे जीवन में तीन महत्त्वपूर्ण तरीक़ों से प्रकट करती है।

- प्राथमिक संतुलन हमारे शारीरिक, सामाजिक, भावनात्मक और आध्यात्मिक आयामों के बीच का आंतरिक संतुलन है। अपने आंतरिक जीवन से संतुलन और तालमेल के बिना जीवन में कोई संतुलन नहीं हो सकता। ये जीने, प्रेम करने, सीखने और विरासत छोड़ने का निर्माण करते हैं।
- दूसरा संतुलन हमारी भूमिकाओं में होता है। यह संतुलित तालमेल है, जो कभी-कभी कुछ समय के लिए असंतुलित हो जाता है और अंश रूप से साथ मिलकर एक अलग महान पूर्णता का निर्माण करता है।
- पी/पीसी का संतुलन विकास और कार्य करने के बीच का संतुलन है, जो हमारी काम करने की क्षमता में वृद्धि करके हमें काम करने में अधिक प्रभावशाली रूप से समर्थ बनाता है।

चलिए देखते हैं कि क्वाड्रंट II प्रक्रिया हमारे जीवन में प्रचुरता और संतुलन का किस तरह पोषण करती है।

जब हम प्रत्येक सप्ताह अपने मिशन की समीक्षा करते हैं, तो हम जुनून और नज़रिये से जुड़ जाते हैं। हम अपने शारीरिक, सामाजिक, मानसिक,

और आध्यात्मिक आयाम वाले बुनियादी आंतरिक संतुलन पर केंद्रित हो जाते हैं, जो हमारे जीवन के बाहरी संतुलन को अर्थ प्रदान करता है।

जब हम अपनी भूमिकाओं की समीक्षा करते हैं, तो हम उन्हें ऐसे मार्गों के रूप में देखते हैं, जिनके माध्यम से हम अपना मिशन पूरा कर सकते हैं। हम इनके सामाजिक, मानसिक और आध्यात्मिक के साथ ही साथ शारीरिक आयाम को भी देखते हैं। हम उन रास्तों को तलाशते हैं, जिनसे इनके व दूसरों की आवश्यकताओं और क्षमताओं के बीच तालमेल बनाया जा सके।

साप्ताहिक वर्कशीट पर पहली भूमिका, 'धार देना' एकमात्र भूमिका है, जिसका शीर्षक मुद्रित है। शेष सभी स्थान रिक्त हैं। ऐसा इसलिए, क्योंकि 'धार देना' हमारी व्यक्तिगत पीसी भूमिका है। यह हमें याद दिलाती है कि हमें काटने में इतना मग्न नहीं होना है कि धार देने का वक़्त ही न मिले। इस भूमिका के माध्यम से, हम अपने चारों आयामों का दैनिक आधार पर नवीकरण करते हैं और इस तरह अपने आचरण और क्षमताओं को बढ़ाते हैं, और इस तरह अपने जीवन की अन्य सभी भूमिकाओं में ऊर्जा और ज्ञान समावेशित करते हैं।

इसके अतिरिक्त हम अपनी भूमिकाओं को व्यवस्थित और स्पष्ट करके क्वाड्रंट II प्रक्रिया की भूमिकाओं के संतुलन को पोषित करते हैं।

भूमिकाओं से सूचना का संयोजन

नोट्स, कालक्रम या वर्णक्रम के अनुसार भरने की जगह विशिष्ट भूमिका के अनुसार भरें, ताकि मानसिक संबंध बन जाने से इन्हें शीघ्र और आसानी से याद किया जा सके।

अपने ऑर्गेनाइज़र में, हर भूमिका के लिए एक सेक्शन बना लें। तब नोट्स तैयार करते वक़्त उन्हें उचित भूमिका के नीचे दर्ज करें। अगर आपने अपने घर की नई साइडिंग की क़ीमत निकाली है, तो इसे घरेलू प्रबंधन के नीचे दर्ज करें। अगर आपको किसी नए उत्पाद का विचार आया है, तो इसे काम की भूमिका में लिखें, जो उत्पाद विकास को प्रतिबिंबित करे। अगर आपको किसी परोपकारी मुहिम के बारे में जानकारी मिली है, तो इसे सामुदायिक नेतृत्व की भूमिका के नीचे दर्ज करें। अगर आपके पास जीवनसाथी के जन्मदिन की जानकारी है, आपको बच्चे के जूते का नंबर ज्ञात है, या पालतू कुत्ते को इंजेक्शन लगाने का कार्यक्रम पता है, तो इसे अपनी पारिवारिक भूमिका के नीचे लिखें।

कुछ लोग हर भूमिका के नीचे उससे संबंधित फ़ोन नंबरों और पतों की सूची भी बना लेते हैं। उदाहरण के लिए, वे कार्य संबंधी फ़ोन नंबर कार्य भूमिका के तहत लिखते हैं, और कालीन सफ़ाई या खिड़कियों की सफ़ाई जैसी सेवाओं के फ़ोन नंबर घरेलू प्रबंधन के नीचे लिखते हैं।

जब आपको अपने इन नोट्स तक फौरन पहुँचने की ज़रूरत न हो, तो आप इन्हें भूमिकाओं के आधार पर फ़ाइल में संग्रहित कर सकते है। पेशेवर जानकारियाँ अपनी कार्य भूमिका वाले फ़ाइल ड्रॉअर में रख सकते हैं। हर भूमिका के लिए फ़ोल्डर बनाया जा सकता है (जल्द पहचान के लिए अलग रंग की फ़ाइलों का उपयोग भी कर सकते हैं), तत्पश्चात इन्हें हर भूमिका में अधिक विशिष्ट जानकारियों में उप-विभाजित किया जा सकता है। फ़िलहाल जारी प्रोजेक्ट को भी भूमिका के अनुसार व्यवस्थित किया जा सकता है और पूरा हो जाने पर इन्हें फ़ाइल ड्रॉअर में रखा जा सकता है। पारिवारिक जानकारी, जैसे कि उपहार सुझाव, कपड़ों का साइज़ या परवरिश लक्ष्य को भी फ़ाइल ड्रॉअर, थ्री-बाय-फ़ाइव कार्ड फ़ाइल या आपके व्यक्तिगत विकास के टूल में समुचित भूमिका के तहत रखा जा सकता है। व्यक्तिगत विकास के लिए आपकी योजनाएँ, जैसे पढ़ी जाने वाली किताबों की सूची, कसरत का रिकॉर्ड, या 'विश लिस्ट' को अपनी व्यक्तिगत भूमिका के तहत दर्ज कर सकते हैं। आप अपने कंप्यूटर की स्क्रीन को भी भूमिका के अनुसार व्यवस्थित कर सकते हैं, जिससे इलेक्ट्रॉनिक जानकारियाँ हाथों-हाथ मिल सकें।

जानकारियों को भूमिकाओं के अनुसार व्यवस्थित करना इन्हें आपकी अपनी मानसिक प्रक्रिया के अनुरूप बनाता है। किसी ऐसी व्यापक फ़ाइलिंग व्यवस्था का पालन करने की कोशिश बहुधा उद्देश्य को ही विफल कर देती है,अगर आपकी मानसिकता इस दूसरी व्यवस्था को विकसित करने वालों जैसी न हो।

जानकारियों को भूमिकाओं के अनुसार व्यवस्थित करने से क्वाड्रंट II में ध्यान केंद्रित करने को बल मिलता है, जिससे उन पर विचार किया जा सकता है, जो महत्त्वपूर्ण हैं, लेकिन अनिवार्य रूप से तात्कालिक नहीं हैं। हर बार जब भी आप नोट लिखते हैं, फ़ोन नंबर देखते हैं, जानकारी भरते हैं, या अपना कंप्यूटर इस्तेमाल करते हैं, तो आप अपने जीवन के ज़रूरी रिश्तों और परिचारक के कार्य के मायनों में विचार कर रहे होते हैं।

भूमिकाओं से जुड़ी उम्मीदों का स्पष्टीकरण

बहुत से लोगों के लिए किसी ख़ास भूमिका की उससे विस्तृत परिभाषा तैयार करना काफ़ी मददगार साबित होता है, जितना इसका उल्लेख व्यक्तिगत मिशन स्टेटमेंट में होता है। मिशन स्टेटमेंट या परिचारक कार्य अनुबंध की रचना से किसी ख़ास भूमिका के लिए परिभाषा मिलती है तथा इसके साथ यह ऐसी साझा उम्मीद का निर्माण करती है, जिससे अन्य लोग भी उस भूमिका को निभाने में आपका साथ देते हैं।

उदाहरण के लिए अगर आप पति या पत्नी या अभिभावक हैं, तो संभव है कि आप और आपके जीवनसाथी के परवरिश संबंधी विज़न और मूल्य एक जैसे हों। अपने पेशेवर जीवन में आप अपने बॉस के साथ व्यवसाय में आपकी भूमिका को लेकर स्पष्ट अनुबंध चाहते हों। हम इस साझा विज़न और परिचारक कार्य अनुबंध पर अध्याय 12 में गहराई से विचार करेंगे। इन अनुबंधों तक तुरंत पहुँच और बार-बार इनकी समीक्षा करने के लिए ऑर्गेनाइज़र में इन्हें उचित भूमिका के तहत दर्ज करें।

संतुलन ही प्रचुरता का मार्ग

'संतुलन' और 'भूमिकाओं' को समग्र रूप से समझना हमें इतना समर्थ बना देता है कि हम कालक्रम के अनुसार थोपी गई पारंपरिक बाध्यताओं से ऊँचा उठ जाते हैं। कालक्रम या समय की मानसिकता में हम अपनी भूमिकाओं को जीवन के ऐसे विखंडित विभागों के तौर पर देखते हैं, जिनका आपस में टकराव हो रहा होता है और जो हमारे सीमित समय और ऊर्जा के लिए प्रतिस्पर्द्धा कर रहे होते हैं। यह प्रतिमान कमी की मानसिकता का निर्माण करता है। केवल इतना ही समय है। जीवन या तो 'यह या वह' है। हम सब कुछ नहीं कर सकते।

लेकिन इन अधिक समग्र प्रतिमानों से हम अपनी भूमिकाओं को 'और' के चश्मे से देखने लगते हैं। हम अपने जीवन में भूमिकाओं और तालमेल के शानदार अवसरों के बीच के गहन संबंधों को देखते हैं। यह प्रचुरता की मानसिकता का निर्माण करता है। समय सीमित संसाधन हो सकता है, लेकिन हम नहीं। जब हम अपने जीवन की भूमिकाओं के बीच तालमेल बना लेते हैं, तब हम अपने बचे समय में और भी बहुत कुछ कर सकते हैं।

भूमिकाओं में संतुलन बनाने वाले क्वाड्रंट II लक्ष्य

- अपने मिशन स्टेटमेंट और भूमिकाओं का विश्लेषण करें, जिससे यह सुनिश्चित हो सके कि आपकी भूमिकाओं का जन्म आपके मिशन से ही हुआ है और आपके जीवन की सभी अहम भूमिकाएँ आपके मिशन में शामिल हैं।
- अपनी प्रत्येक भूमिका का रिश्ते, और परिचारक कार्य के तौर पर विश्लेषण करें। इसमें चार्ट का उपयोग सहायक हो सकता है।
- अपने प्लैनर या ऑर्गेनाइज़र को अपनी भूमिकाओं के अनुसार व्यवस्थित करें।
- अपनी फ़ाइल या कंप्यूटर स्क्रीन को अपनी भूमिकाओं के अनुसार व्यवस्थित करें।
- अपनी प्रत्येक भूमिका के मिशन स्टेटमेंट या परिचारक कार्य अनुबंध पर काम करें।

7: लक्ष्यों की ताक़त

आप सही काम करने की ठान सकते हैं,
और इसे करने के कारण भी सही हो सकते हैं।
लेकिन अगर आपने सही सिद्धांतों का उपयोग नहीं किया,
तो भी संभव है कि काम न हो।

सभी स्व-सहायता और प्रबंधन साहित्य में सबसे समान तत्व लक्ष्यों की ताक़त का विचार है। हमें दीर्घकालिक लक्ष्य, दैनिक लक्ष्य, मासिक लक्ष्य, व्यक्तिगत लक्ष्य, संस्थागत लक्ष्य, दस-वर्षीय लक्ष्य, जीवन लक्ष्य बनाने को कहा जाता है। पीढ़ियों से स्व-सहायता पुस्तकों में उपदेशक 'मात्रात्मक, विशिष्ट और समय-आधारित' लक्ष्यों के सद्गुणों का प्रचार करते हैं।

लक्ष्य निर्धारण निश्चित ही शक्तिशाली प्रक्रिया है। यह केंद्रण के उसी सिद्धांत पर आधारित है, जिससे हम दूर-दूर तक फैली सूर्य की किरणों को एक जगह केंद्रित करके इतना शक्तिशाली बल उत्पन्न करते हैं, जिससे आग लग जाती है। यह रचनात्मक कल्पनाशीलता और स्वतंत्र इच्छाशक्ति की अभिव्यक्ति है। यह व्यवहारिक रूप से एक-एक क़दम बढ़ना है, जिसे हम अपने विज़न को हासिल और प्रयास करने योग्य बनाते हैं। यह सफल व्यक्तियों और संस्थाओं की एक समान ख़ूबी है।

लेकिन स्पष्ट मूल्य के बावजूद, अपने लक्ष्यों के प्रति हमारे अनुभव और अहसास मिश्रित होते हैं। हम में कुछ लोग बहुत बड़े लक्ष्य रखते हैं, अत्यधिक अनुशासित रहते हैं, और इस तरह उस शानदार सफलता की क़ीमत चुकाते हैं। वहीं दूसरी ओर कुछ ऐसे भी लोग होते हैं, जो नववर्ष पर किए संकल्प को दो दिन भी क़ायम नहीं रख पाते। कुछ लोग लक्ष्यों को व्यक्ति व राष्ट्रों के भाग्य को आकार देने वाले प्रमुख कारक के रूप में देखते हैं। अन्य लोग इन्हें अगंभीर और इतना ज़्यादा आदर्श मानते हैं, जो 'वास्तविक' जगत में संभव नहीं हैं। हम में से कुछ लोग, चाहे जो हो जाए, अपने लक्ष्य पर टिके रहते हैं। और कुछ लक्ष्य हमसे चिपके रहते हैं, चाहे

जो हो जाए। कुछ लेखक हमें बताते हैं कि अगर हम सकारात्मक सोच रखें, तो कुछ भी कर सकते हैं। वहीं कुछ लोग कहते हैं कि अगर हमें समझ आ जाए कि यह हमारे लिए संभव नहीं, तो उसके लिए प्रयास न करते रहें।

कष्ट के दो क्षेत्र

लक्ष्य तय करने के अपने पूरे अनुभव में दो तरह के कष्ट प्रमुख रूप से आते हैं 1) लक्ष्य हासिल न होने पर हमारी सत्यनिष्ठा और साहस की हानि, और 2) इनके हासिल होने पर कभी-कभी मिलने वाले विनाशकारी परिणाम।

व्यक्तिगत सत्यनिष्ठा खाते से निकासी

जैसा कि हमने पहले बताया, हम सबका अपना 'व्यक्तिगत सत्यनिष्ठा खाता' होता है, जो दर्शाता है कि हमें अपने पर कितना विश्वास है। जब हम कोई वादा करते हैं और इसे निभाते हैं, जैसे कोई लक्ष्य तय और हासिल करना, तो हम इस खाते में जमा करते हैं। अपने आपसे और दूसरों से किए गए वादे पूरे करने पर हमारा स्वयं पर विश्वास बढ़ता जाता है। इस खाते में जमा अधिक होना शक्ति और सुरक्षा का महान स्रोत है।

लेकिन जब हम अपने लक्ष्य हासिल नहीं कर पाते, तो हम इस खाते से निकासी करते हैं। और यह अत्यधिक कष्ट का कारण बन जाता है। समय के साथ, लगातार निकासी करते रहने से वादे करने और निभाने तथा दूसरों और ख़ुद पर विश्वास करने की हमारी क्षमता खोने लगती है। इसका अगला क़दम निराशावाद और बुद्धिसम्मत व्याख्या होता है। और यह व्यवहार हमें सार्थक लक्ष्य निर्धारित करने और हासिल करने से अलग कर देता है। तब, जब हमें अपने जीवन में किसी अहम चुनौती का सामना करने के लिए चारित्रिक शक्ति की आवश्यकता होती है, तो हमें यह नहीं मिल पाती।

स्टीफ़न: एक बार मैं एक सर्वाइवल कैंप में सहायक के तौर पर काम कर रहा था। एक रात मैं छात्रों के पैदल समूह का नेतृत्व कर रहा था। हम एक ऐसी घाटी में पहुंचे, जहां हमें रस्सी पर लटकते हुए नदी को पार करना था। हम थकान से चूर, कमज़ोर थे व शरीर में पानी की भी कमी थी। हमारे पास बीते चौबीस घंटों से खाने या पीने के लिए कुछ नहीं था, लेकिन हम जानते थे कि उस उफनती, चालीस फुट चौड़ी नदी के दूसरे किनारे हमें खाने को मिल जाएगा।

समूह का नेता होने के कारण, मुझे सबसे पहले जाना था। मैंने पूरी दृढ़ता और थोड़े घमंड के साथ शुरुआत की। मैं रस्सी पर कूदते हुआ दिखावा करने लगा, लेकिन आधे रास्ते पहुँचते ही, मुझे अपनी ताक़त ख़त्म होती महसूस होने लगी। मैं जो तकनीकें जानता था, वे सब आज़माईं। अपने को पार उतरते व भोजन करते देखने की कल्पना शक्ति का भी उपयोग किया, लेकिन एक समय ऐसा भी आया, जब मुझमें रस्सी पर आगे जाने के लिए हाथ बढ़ाने की हिम्मत भी नहीं हो रही थी। मुझे विश्वास नहीं हो रहा था कि मेरा दूसरा हाथ मेरे शरीर के भार को सँभाल सकेगा।

और नदी के ठीक बीचों-बीच, मैं गिर गया। मेरी पूरी ताक़त ख़त्म हो गई थी। मैं उफनती नदी के ऊपर अपनी सुरक्षा रस्सी के सहारे लटका हुआ था। छात्रों को यह अच्छा लग रहा था! 'मेरा घमंड चूर-चूर हो गया था'। बाद में उनमें से ज़्यादातर लोगों को यही अनुभव हुआ। केवल कुछ ही लोग इसे पार करने की हिम्मत कर सके।

चरित्र की शक्ति का निर्माण भी शारीरिक शक्ति के निर्माण जैसा ही होता है। परीक्षा की घड़ी आने पर, अगर आपमें यह नहीं है, तो किसी भी तरह के दिखावे से इसकी अनुपस्थिति नहीं छिप सकती। आप कृत्रिम रूप से ऐसा नहीं कर सकते। किसी साहसिक लक्ष्य को तय करने, 'फौरी इलाज' की बजाय गंभीर समस्याओं पर काम करने और प्रचलित विचारों के प्रवाह के खिलाफ़ अपनी प्रतिबद्धताओं पर क़ायम रहने के लिए ताक़त की ज़रूरत होती है।

ऐसे अनेक कारण होते हैं, जिनके चलते हम अपने लक्ष्य हासिल नहीं कर पाते। कई बार हमारा तय किया लक्ष्य अवास्तविक होता है। हम ऐसी उम्मीदें जगा लेते हैं, जो हमारी आत्म चेतना को किसी भी रूप में प्रतिबिंबित नहीं करतीं। नए साल के संकल्प इसका विशिष्ट उदाहरण हैं। अचानक ही, हम अपने खाने का तरीक़ा, कसरत का तरीक़ा, या लोगों के साथ व्यवहार करने का तरीक़ा केवल इसलिए बदलने की उम्मीद लगा बैठते हैं, क्योंकि 31 दिसंबर से 1 जनवरी होने पर साल बदल गया है। यह ऐसी उम्मीद है, जैसे अपने बच्चे से पहले ही दिन घुटने चलने, या काँटे से खाने या कार चलाने की उम्मीद करना। हमारे लक्ष्य भ्रम पर आधारित होते हैं, जिसमें आत्म चेतना कम होती है या स्वाभाविक विकास के सिद्धांतों का कम ध्यान रखा जाता है।

कई बार हम लक्ष्य निर्धारित करते हैं, और इन्हें हासिल करने का प्रयास भी करते हैं, लेकिन या तो हालात बदल जाते हैं या हम ख़ुद बदल जाते हैं। कोई नया अवसर मिल जाता है, आर्थिक हालात बदल जाते हैं, एक और व्यक्ति तसवीर में आ जाता है, और हमारा नज़रिया पूरी तरह बदल जाता है। अगर हम अपने लक्ष्यों पर डटे रहते हैं, तो वे हमारे सेवक की जगह स्वामी बन जाते हैं, लेकिन अगर हम उन पर ध्यान न दें, तो अपने संकल्प पर टिके न रहने के कारण अक्सर ख़ुद को असहज या दोषी महसूस करते हैं। अपने लक्ष्यों को निरंतर बदलते रहने या इन्हें हासिल करने में विफल रहने पर हमारे लिए अपने व्यक्तिगत सत्यनिष्ठा खाते में उच्च जमा बचाए रखना कठिन हो जाता है।

ग़लत दीवार पर टिकी सीढ़ी

जहाँ अपना लक्ष्य हासिल करने में विफल होना कष्टकारी समस्या है, वहीं कई बार इन्हें हासिल कर लेने पर भी ऐसा हो सकता है। कई बार लक्ष्य हासिल करने की क़ीमत हमें अपने जीवन की अन्य अहम चीज़ों को खोकर चुकानी पड़ती है। यह 'ग़लत दीवार पर टिकी सीढ़ी' के सिंड्रोम जैसा है। इस मुहावरे का मतलब है कि सफलता की सीढ़ी चढ़ने के बाद हमें पता चलता है कि यह ग़लत दीवार पर टिकी थी।

हमारे एक सहयोगी ने यह कहानी सुनाई थी:

कुछ साल पहले, एक व्यक्ति ने अपने मित्रों-परिचितों से कहा कि उसका अगले साल का लक्ष्य एक मिलियन डॉलर कमाना है। वह उद्यमी था, जो मानता था कि मुझे अच्छा विचार दो और मैं इससे मिलियन डॉलर कमा लूँगा। उसने एक अत्याधुनिक मनोरंजक उत्पाद बनाया और देशभर में घूम-घूमकर इसे बेचने लगा।

वह अक्सर सप्ताह भर के लिए अपने किशोर बच्चे को भी साथ ले जाता था। उसकी पत्नी ने यह कहते हुए विरोध किया कि वापस आने पर वे न तो प्रार्थना करते हैं और न ही अपना होमवर्क करते हैं। वे बस पूरा सप्ताह मज़े करते रहते हैं। अगर आप बच्चों से वह नहीं करा सकते, जो उन्हें करना चाहिए, तो उन्हें अपना साथ लेकर न जाएँ।

तो वह साल समाप्त होने तक, उस आदमी ने घोषणा की कि उसने अपना लक्ष्य हासिल कर लिया है। उसने मिलियन डॉलर कमा लिए थे, लेकिन

इसके फ़ौरन बाद, उसकी पत्नी ने उसे तलाक़ दे दिया। उसके दो बच्चे ड्रग्स लेने लगे, जबकि एक अन्य असामान्य व्यवहार करने लगा। मूल बात यह थी कि पूरा परिवार बिखर गया।

यह व्यक्ति केवल एक लक्ष्य पर केंद्रित था और हर चीज़ को उस पर माप रहा था, लेकिन वह उस क़ीमत का अंदाज़ा नहीं लगा सका, जो उसे चुकानी पड़ी। ये मिलियन डॉलर उसे इससे भी कहीं ज़्यादा महँगे साबित हुए।

जब हम किसी एक लक्ष्य के पीछे पड़ जाते हैं, तो हमारी स्थिति उस घोड़े जैसी होती है, जिसकी आँख पर अवरोधक लगा हो। हमें इसके अलावा और कुछ दिखाई नहीं देता। कई बार हमारे लक्ष्य ज़बरन हासिल करने वाले होते हैं, जिसके मार्ग में बहुत से लोगों को नुक़सान पहुँचाना पड़ता है। कई बार हमारे लक्ष्य की मंशा तो सही होती है, लेकिन इन्हें हासिल करने के अन्य अवांछनीय परिणाम मिलते हैं। एक रूसी प्रतिभागी ने अपना यह अनुभव साझा कियाः

गोर्बाचोव शराब का सेवन सीमित करना चाहते थे, वे नहीं चाहते थे कि रूसी लोग इतनी अधिक शराब पिएँ। यह अमेरिकी प्रतिबंध जैसा था, जिसके वैसे ही परिणाम हुए। जैसी आशा की गई थी, वैसे बेहतर परिणाम इससे नहीं मिले, क्योंकि लोगों ने शराब की जगह ड्रग्स लेना शुरू कर दिया। सरकार शराबखोरी पर लगाम लगाने की मुहिम में भरपूर सफल रही, लेकिन इससे वह हासिल नहीं हुआ, जो वह चाहती थी।

आमतौर पर हम लक्ष्यों का निर्धारण इस उम्मीद के साथ करते हैं कि इनके पूरा होने पर सकारात्मक बदलाव आएगा और जीवन की गुणवत्ता बेहतर हो सकेगी, लेकिन अक्सर बदलाव इतना सकारात्मक नहीं होता। किसी एक लक्ष्य को हासिल करने का जीवन के अन्य क्षेत्रों पर नकारात्मक प्रभाव पड़ता है। और जब परिणाम हमारे सामने आते हैं, तो हम निराश हो जाते हैं।

यदि हम करते हैं तो 'निराशा' उत्पन्न होती है और नहीं करते हैं, तो 'अभिशप्त' रहते हैं, तो इसके आलोक में लक्ष्य के प्रति दुविधा उत्पन्न होने लगती है, क्या यही कारण नहीं कि हम में से ज़्यादातर लोगों के लिए लक्ष्य-तय करने की प्रक्रिया असहज होती है?

क्या समस्याओं के बिना शक्ति हासिल करना संभव है? एक ऐसा ठोस व्यक्तिगत सत्यनिष्ठा खाता बनाना संभव है, जिससे सार्थक लक्ष्यों को नियमित रूप से तय और हासिल किया जा सके? किसी लक्ष्य को छोड़ना या इसमें बदलाव या इसे आंशिक रूप से हासिल कर लेने के बाद भी अपने व्यक्तिगत सत्यनिष्ठा खाते को क़ायम रखना या उसमें जमा करना संभव है? यह कैसे सुनिश्चित करें कि हमारी सीढ़ी सही दीवार पर लगी है?

हम कहते हैं कि यह संभव है- बल्कि हम अपनी लक्ष्य तय करने की शक्ति में वृद्धि तक काफ़ी हद तक पहुँच भी बना सकते हैं। इसकी कुंजी अपनी चार मानवीय वृत्तियों का उपयोग सामंजस्य के साथ सिद्धांत-आधारित लक्ष्य तय करने और उन्हें हासिल करने में निहित है।

अपनी चार मानवीय वृत्तियों का उपयोग

अगर ठीक ढंग से किया जाए, तो लक्ष्य तय करने का पारंपरिक तरीक़ा बेहद शक्तिशाली है, क्योंकि इससे हम अपनी दो विशिष्ट वृत्तियों की शक्तियों का उपयोग करते हैं: *रचनात्मक कल्पनाशीलता* और *स्वतंत्र इच्छा।*

अपनी रचनात्मक कल्पनाशीलता का उपयोग हम अपने प्रत्यक्ष अनुभवों के पार की संभावनाओं की कल्पना करने में करते हैं। हम अपनी स्वतंत्र इच्छा का उपयोग विकल्पों को चुनने, पृष्ठभूमि, स्क्रिप्टिंग और परिस्थितियों से ऊँचा उठने में करते हैं। लक्ष्य तय कर लेने के बाद हम कहते हैं, "मैं मौजूदा हालात से अलग तरह का विज़न देख सकता हूँ, और मैं इसकी रचना करने के प्रयासों पर अपना ध्यान केंद्रित करने का विकल्प चुनता हूँ।" हम अपनी कल्पना का उपयोग अपने लक्ष्यों को मन में रखने में करते हैं और हमारी स्वतंत्र इच्छा इसे पाने की क़ीमत चुकाती है।

इन दो वृत्तियों की शक्ति अभेद्य है- यह उद्देश्यपूर्ण जीवन जीने की शक्ति है, यह चेतनापूर्ण बदलाव की बुनियादी प्रक्रिया है, लेकिन यह उस शक्ति का छोटा सा अंश भी है, जो हमारे पास उपलब्ध है।
लक्ष्य तय करने में अक्सर अन्य दो वृत्तियों की शक्ति शामिल नहीं होती:

- **विवेक** – लक्ष्य का मिशन, आवश्यकताओं और सिद्धांतों के साथ गहन संबंध, और

- **आत्म-जागृति** - अपनी क्षमता का सटीक आकलन और व्यक्तिगत सत्यनिष्ठा खाते में जमा

चलिए, इन दोनों वृत्तियों की और नज़दीक से पड़ताल करते हैं, जिससे यह ज्ञात हो सके कि ये सार्थक लक्ष्यों को तय करने व उन्हें प्राप्त करने की दिशा में हमें कैसे सशक्त बना सकती हैं।

विवेक बनाता है मिशन व सिद्धांतों में तालमेल

विवेक शक्तिशाली होता है, क्योंकि यह मिशन और सिद्धांतों के बीच तालमेल बनाता है और चयन के क्षणों में मार्गदर्शन भी करता है। जिस क्षण हम कोई लक्ष्य तय कर लेते हैं- जिस क्षण हम सोच-समझकर समय और ऊर्जा को किसी विशिष्ट उद्देश्य की ओर केंद्रित करने का फ़ैसला करते हैं- यही चयन का क्षण होता है। यह चयन कैसे तय होता है? क्या यह सामाजिक आईना, दूसरों का एजेंडा, मूल्य है, जो मूल सिद्धांतों, आवश्यकताओं और क्षमताओं से लिया गया है? या यह गहन, सिद्धांत-आधारित, विवेक-संबंधित, योगदान-केंद्रित भीतरी अग्नि है?

जो लक्ष्य हमारे आंतरिक जीवन से जुड़े होते हैं, उनमें जुनून और सिद्धांत की ताक़त होती है। वे भीतरी अग्नि के ईंधन से चालित होते हैं और सही दिशा के सिद्धांतों पर आधारित होते हैं। इससे ही जीवन की गुणवत्ता के परिणाम उत्पन्न होते हैं।

इस शक्ति तक पहुँचने का सबसे अच्छा तरीक़ा ये तीन अहम सवाल पूछना है: *क्या? क्यों? और कैसे?*

क्या?

मैं क्या पाना चाहता हूँ? मेरा क्या योगदान होगा? मेरे दिमाग़ में क्या है कि अंत में क्या होगा?

सिद्धांत-आधारित 'क्या' विकास और योगदान पर केंद्रित होता है। केवल लक्ष्य तय करने और हासिल करने मात्र से गुणवत्तापूर्ण जीवन की प्राप्ति नहीं हो जाती। हिटलर ने लक्ष्य तय और हासिल किए। गाँधीजी ने भी ऐसा ही किया। इसमें फ़र्क़ यह है कि इसमें उनका ध्यान किस पर केंद्रित था। हम जिसे तलाशते हैं, वह अक्सर मिल ही जाता है। जब हम विवेक और सिद्धांतों से सामंजस्य रखने वाले लक्ष्य तय करते हैं, जो

गुणवत्तापूर्ण जीवन का निर्माण करते हैं, तो हम जो तलाशते हैं, उसे अंततः पा जाते हैं। यह सर्वश्रेष्ठ होता है।

क्यों?

मैं ऐसा क्यों करना चाहता हूँ? क्या मेरे लक्ष्य मिशन, आवश्यकताओं और सिद्धांतों से निकले हैं? क्या यह मुझे अपनी भूमिकाओं द्वारा योगदान देने योग्य बनाता है?

मिशन और विज़न के संदर्भ में 'क्यों' और 'कैसे' से ज़्यादा आसान 'क्या' को तलाशना होता है।

रॉज़रः एक सेमिनार में मिशन और भूमिकाओं के महत्त्व पर बोलने के बाद, मैंने उपस्थित प्रतिभागियों में से एक से पूछा कि क्या वह उपस्थित समूह के सामने लक्ष्य-तय करने की प्रक्रिया मेरे साथ करना चाहेगा। वह मान गया।

मैंने कहा, अच्छा, "एक भूमिका चुन लीजिए- कोई भी भूमिका।"

"पिता"

"आपके अनुसार इस भूमिका में आपके लिए क्या करना सबसे अहम है?"

"अपने चौदह-वर्षीय पुत्र के साथ अपना रिश्ता सुधारना।"

"क्यों?"

"क्योंकि हमारे बीच बहुत अच्छा रिश्ता नहीं है।"

"तो आप इसे सुधारना क्यों चाहते हैं?"

"वह अपने स्कूल में दोस्तों और साथियों के दबाव जैसी बहुत सी परेशानियों से जूझ रहा है। वह ऐसी दिशा में बढ़ रहा है, जिससे उसे कुछ हासिल नहीं होगा। मुझे लगता है कि जीवन में इस वक़्त मेरा उसके निकट रहना ज़रूरी है।"

"क्यों"

"जिससे मैं सही मार्ग पर रहने और सही काम करने में उसकी मदद कर सकूँ।"

"क्यों"

"क्योंकि उसे इसकी ज़रूरत है।"

"तो आप ऐसा क्यों करना चाहते हैं?"

"जिससे उसे मदद मिले"

"क्यों"

अब वह थोड़ा हताश होने लगा था, "क्योंकि मैं उसका पिता हूँ और यह मेरी ज़िम्मेदारी है!"

"तो आप ऐसा क्यों करना चाहते हैं?"

अब हताशा उसके चेहरे पर दिखने लगी थी। "इसलिए क्योंकि.... क्योंकि..."

उसके साथ दो लोग और बैठे थे, जिनसे अब रहा नहीं गया, दोनों एक स्वर में चिल्ला उठे, क्योंकि आप उससे प्यार करते हैं!

यह उसके चेहरे पर साफ़ लिखा था। यह उसके शब्दों में साफ़ झलक रहा था। यह इतना साफ़ था कि उसके आस-पास बैठे लोग भी उसके पुत्र-प्रेम को महसूस कर रहे थे। शायद सेमिनार का माहौल होने के कारण वे यह कह नहीं पा रहा था, या शायद वह अब तक अपनी भीतरी अग्नि से संबंध नहीं जोड़ पाया था।

जैसे ही इन दोनों ने यह बात कही, उसके चेहरे पर खिसियानी मुस्कान आई। "हाँ, यह ठीक है!" उसने कहा, "मुझे उससे प्यार है।" उसमें प्रवाहित होने वाली ताक़त और शांति वहाँ उपस्थित हर व्यक्ति को महसूस हुई।

ऐसा गहरा रिश्ता न हो, तो हम अपने जीवन को दायित्व की तरह निभाते हुए पर्याप्त रूप से इतना आत्मानुशासन विकसित कर लेते हैं कि अपने लक्ष्यों को पा सकें, और इसे अंत तक पहुँचा सकें, और वहाँ समापन रेखा तक ख़ूब चोटिल होकर घिसटते हुए पहुँचें। हम बस यही कर पाते हैं। इसका हमारे गहन ऊर्जा स्रोत, हमारी प्रतिबद्धता, हमारे अनुभवों से कोई जुड़ाव नहीं होता। हम ख़ुद अपने ख़िलाफ़ काम कर रहे होते हैं। हमें नहीं पता होता कि हम उस ख़ास लक्ष्य को क्यों पाना चाहते हैं। जोश में लिए संकल्पों में टिके रहने की इतनी शक्ति नहीं होती कि हमें अपने लक्ष्यों तक पहुँचने जितना सफल बना सके।

प्रेरणा की कुंजी उद्देश्य में होती है। यही वह 'क्यों' है। इसी से हमें कठिन समय में मज़बूत बने रहने की ताक़त मिलती है। इसी से हमें 'न' कहने की ताक़त मिलती है, क्योंकि हम भीतर जलती गहन 'हाँ' से जुड़े होते हैं!

अगर कोई लक्ष्य गहन 'क्यों' से न जुड़ा हो, तो यह अच्छा हो सकता है, लेकिन अक्सर सर्वश्रेष्ठ नहीं होता। हमें इस लक्ष्य पर सवाल उठाना होगा। अगर यह इससे संबंधित है, तो हमें अपनी सोच और अनुभूति को तब तक बढ़ाना होगा, जब तक हमें कामयाबी नहीं मिल जाती और हम विज़न के जुनून और लक्ष्य के बीच स्वतंत्र प्रवाह का निर्माण नहीं कर लेते। यह संबंध जितना मज़बूत होगा, प्रेरणा भी उतनी ही मज़बूत और अधिक स्थायी होगी।

कैसे?

मैं यह कैसे करूँगा? वे कौन से अहम सिद्धांत हैं, जो मुझे इतना सशक्त बनाएँगे कि अपने उद्देश्य को पाने में सफल हो सकूँ ? मैं किन रणनीतियों के उपयोग से इन सिद्धांतों को लागू कर सकता हूँ?

जब हम 'क्या' और 'क्यों' के बीच सामंजस्य बना लेते हैं, तब हम 'कैसे' पर नज़र डालने के लिए तैयार हो जाते हैं। कैसे का चयन अक्सर सोच और प्रबंधन की 'नियंत्रित' व 'प्रवाह' शैलियों' के बीच का फ़र्क़ होता है। अगर हमारा प्रतिमान नियंत्रण वाला होता है, तो हम मानते हैं कि लोगों पर कड़ी निगरानी होनी चाहिए, तभी वे बेहतर काम और उत्पादन कर सकते हैं। अगर हमारा प्रतिमान प्रवाह शैली का है, तो हम मानते हैं कि लोगों को स्वतंत्रता, अवसर और समर्थन दिया जाए, तो लोग महान चीज़ें हासिल करने में अपना उच्चतम और सर्वोत्तम प्रदर्शन करते हैं।

हम दूसरों को नियंत्रण या प्रवाह जिस भी तरह से देखते हैं, वह बहुधा यह दर्शाता है कि हम वास्तव में अपने आपको कैसे देखते हैं। अगर हमारा प्रतिमान नियंत्रण है, तो हम मानेंगे कि अगर हमें कुछ पाना है, तो अपने आपको कड़े अनुशासन में रखना होगा। अगर हमारा प्रतिमान प्रवाह है, तो हम मानेंगे कि हमारा प्रमुख कार्य ऐसी आदर्श परिस्थितियों का निर्माण करना है,जिसमें आंतरिक क्षमताओं का उपयोग हो सके। यदि लक्ष्य तय करने में हमारा फ़ोकस स्वतंत्र इच्छा की वृत्ति- दृढ़ होने, अपने को अनुशासित करने, हर हाल में करने- पर हो, तो यह इसका अच्छा संकेत है कि हमारा बुनियादी प्रतिमान नियंत्रण है।

रॉज़र: मैंने पूछा, "तो आप अपना प्यार किस तरह दर्शाएँगे?"
"पता नहीं। लगता है मैं इसके लिए मौके की ताक में रहूँगा।"
"और कैसे करेंगे?"

"मैं उसे समय दूँगा।"

"और कैसे?"

उसने आह भरी। "मुझे नहीं पता। सच कहूँ, तो मुझे डर लग रहा है। मैं पहले भी कोशिश कर चुका हूँ, लेकिन नाक़ाम रहा। कभी-कभी तो ऐसा लगता है कि मैं जितनी ज़्यादा कोशिश करता हूँ, यह उतना ही ख़राब होता जाता है।"

इसके बाद हमने उन सिद्धांतों पर बात की, जिनका अपने पुत्र के साथ रिश्ते में उपयोग कर सकता था। हमने विश्वसनीयता पर बात की- अगर आप विश्वास का रिश्ता बनाना चाहते हैं, तो विश्वसनीय बनें। वादे करें और इन्हें निभाएँ। जो उपस्थित नहीं हैं, उनके लिए भी निष्ठावान रहें। हम हमदर्दी की बात करते हैं, लेकिन पहले इसे समझना होगा। दूसरों का सम्मान करें।

अब उसे अहसास होने लगा था कि उसके मन में अपने पुत्र की सहायता की चाहे जितनी इच्छा हो, उसके प्रयास तब तक सफल नहीं होंगे, जब तक वह इस रिश्ते की बुनियाद इस भ्रम को बनाए रखेगा कि अच्छी मंशा रखने से वह उसे नियंत्रित कर सकता है- न कि यह वास्तविकता कि उसे सिद्धांत-केंद्रित नेतृत्व और प्यार द्वारा प्रवाहित करे।

सेमिनारों के दौरान लोग अक्सर पारिवारिक भूमिका की जगह व्यापारिक भूमिका को चुनते हैं। अधिकांश लोग फ़ौरन बता देते हैं कि उन्हें 'क्या' करना चाहिए :

"इस महीने बिक्री 5 फ़ीसदी बढ़ानी है।"

"इस तिमाही के अंत तक परिचालन लागत 3 फ़ीसदी तक कम करनी है।"

"कार्यालय का मनोबल सुधारना है।"

लेकिन जब हम 'क्यों' की प्रक्रिया पर जाते हैं, तब लोगों को सबसे पहले दिखने वाली प्रेरणाएँ आमतौर पर नकारात्मक, आर्थिक, अत्यधिक केंद्रित, या तात्कालिक मिलती हैं: "अगर मैं यह नहीं कर सका तो नौकरी से हाथ धो बैठूँगा।"

"अगर मैं यह नहीं कर सका, तो मेरी साख मिट्टी में मिल जाएगी, और यह बहुत भयानक होगा।"

"यहाँ ऐसी बड़ी समस्या है, जिसका हमें बढ़ने से पहले ही समाधान करना होगा।"

अगर हम और गहरे जवाबों की तलाश करें, तो हमें कुछ अलग ही कहानी सुनाई देगीः

"अगर मैं यह कर सका, तो मुझे वाक़ई लगेगा कि मैंने कुछ किया है और मैं मुफ़्त का वेतन नहीं ले रहा।"

"मुझे अच्छा लगेगा कि मैं कुछ ऐसा कर सका, जिससे ग्राहक को बढ़िया सेवा मिल सकी।"

"मैं वाक़ई चाहता हूँ कि इन दुनिया को और बेहतर बनाने का प्रयास करूँ।"

अनेक व्यवसाय आर्थिक और भौतिक आयामों पर इस तरह केंद्रित रहते हैं कि वे इनकी गहन प्रेरणाओं तक कभी नहीं पहुँच पाते। वे सामाजिक, मानसिक, और आध्यात्मिक आवश्यकताओं को कभी नहीं जान पाते। वे लोगों को स्वाभाविक रूप से उनके दिली-जज़्बात से नहीं जुड़ने देते- प्यार करने, सीखने, किसी ऐसे उद्देश्य के लिए जीने, जो ख़ुद उनसे भी बढ़कर हो। और यही संबंध ऊर्जा, रचनात्मकता और निष्ठा का मूल स्रोत होता है, जो नियोक्ता चाहते हैं।

जब हम 'कैसे' की बात करते हैं, तो व्यावसायिक भूमिका को चुनने वाले लोग सामान्य तौर पर सोचते हैं कि उन्हें तो 'सिर्फ़ डटे रहना' है।

"मुझे बस अंदर जाकर यह कर देना है।"

"क्या तुमने पहले कभी यह किया है।"

"हाँ"

"क्या क़ामयाब हुए थे?"

"नहीं"

इसके बाद हमने आपस में 'सही दिशा के सिद्धांतों' के बारे में बात की, जिनसे फ़र्क़ पड़ता था। हमने पारस्परिक-निर्भरता के सिद्धांतों- हमदर्दी, ईमानदारी, वादे करना और निभाना, रिश्ते बनाना- पर बात की। हमने साझा विज़न, सबके फ़ायदे वाले अनुबंधों, तथा व्यवस्था समायोजन के सिद्धांतों की पड़ताल की। जल्दी ही यह साफ़ होने लगा कि क्या करना है, यह जानना और इसे करने की गहन भावना होना ही काफ़ी नहीं है। यह क़दम उठाना उन सिद्धांतों पर आधारित होना चाहिए, जिनसे गुणवत्तापूर्ण जीवन के परिणाम मिल सकें।

सही चीज़ को सही कारण से सही तरीक़े से करना ही गुणवत्तापूर्ण जीवन की कुंजी है, और यह केवल शिक्षित विवेक की शक्ति के माध्यम से ही संभव है, जो हमें हमारे विज़न, मिशन और सही दिशा से समायोजित करती है।

आत्म–जागृति से सत्यनिष्ठा का निर्माण

हमारी विश्वसनीयता केवल उतनी ही होती है, जितना हमारे व्यक्तिगत सत्यनिष्ठा खाते में बैलेंस होता है। चूँकि यह सत्यनिष्ठा ही हमारे ख़ुद पर विश्वास और हम दूसरों में जो विश्वास जगाते हैं, उसका आधार होती है, इसलिए प्रभावशाली व्यक्तिगत नेतृत्व की अधिकतम अभिव्यक्ति, देखभाल और ज्ञान से इस खाते में उच्च सकारात्मक अधिशेष का निर्माण करने में होती है।

आरंभ में, हम वादा करने और निभाने में स्वतंत्र इच्छा के अभ्यास से इसका निर्माण करते हैं, लेकिन बिना आत्म-जागृति के हमारे पास ऐसे खाते के प्रबंधन लायक़ आवश्यक ज्ञान नहीं होता। हम अपने लिए बहुत ऊँचे लक्ष्य निर्धारित कर लेते हैं, और इन्हें हासिल करने में विफल रहने पर संभावित जमा को बड़ी निकासी में बदल देते हैं। हम अपने लिए हल्के लक्ष्य रख सकते हैं। इससे हम जब रुपये जमा कर सकते थे, तो हम सिक्के जमा करते हैं। हम जमा करने के दैनिक, साप्ताहिक, क्षण-प्रतिक्षण अवसर गँवा देते हैं, क्योंकि हम लक्ष्य पाने में अपनी विफलता का दोष हालात या दूसरों को देने में व्यस्त रहते हैं।

आत्म-जागृति में गहन व्यक्तिगत ईमानदारी शामिल रहती है। यह कठिन सवाल पूछने और उनके जवाब देने से आती है:

क्या मैं वाक़ई यह करना चाहता हूँ?

क्या मैं इसकी क़ीमत चुकाने को तैयार हूँ?

क्या मुझमें यह करने की पर्याप्त शक्ति है?

क्या मैं अपने विकास का दायित्व खुद पर लेना चाहूँगा?

क्या मैं साधारण लक्ष्य बना रहा हूँ, जबकि मैं उत्कृष्ट परिणाम हासिल कर सकता हूँ?

क्या मैं लक्ष्य तय करने और हासिल करने की अपनी अक्षमता का दोष दूसरों को देता हूँ और उन पर आरोप लगाता हूँ?

आत्म-जागृति से हम वहाँ से शुरुआत कर सकते हैं, जहाँ हम हैं- न कोई भ्रम, न कोई बहाना - और इससे हमें अपने लिए वास्तविक लक्ष्य तय करने में मदद मिलती है। वहीं दूसरी ओर, यह हमें साधारण कोटि के साथ बच निकलने की अनुमति भी नहीं देती। यह इस आवश्यकता को पहचानने और उसका सम्मान करने में हमारी मदद करती है कि हमें प्रयास करना है, किस पूर्ण क्षमता के साथ करना है और आगे बढ़ना है। जीवन में हमारी निराशा का मुख्य कारण हमारी अधूरी उम्मीदें होता है। वास्तविक और चुनौतीपूर्ण लक्ष्य तय करने की क्षमता जीवन में शांति और सकारात्मक विकास हासिल करने में हमें सशक्त बनाने की दिशा में अहम योगदान कर सकती है।

आत्म-जागृति विवेक की आवाज़ सुनती है। इससे हमें यह समझने में मदद मिलती है कि कुछ ऐसे भी सिद्धांत होते हैं, जो हमसे अलग हैं। यह हमें ख़ुद को क़ानून समझने के प्रयासों की निरर्थकता का बोध कराती है। यह विकास और बदलावों के प्रति विनयशील और खुले रहने में हमारी मदद करती है। यह लक्ष्य तय करते वक़्त हमें अहसास कराती है कि हम न तो सर्वज्ञ हैं और न सर्वशक्तिमान। हमारी सर्वश्रेष्ठ जागृति के साथ, समय विशेष में उन सभी चीज़ों में से, जो हम कर सकते हैं, हम सर्वश्रेष्ठ कारण से सर्वश्रेष्ठ चीज़ का चयन करते हैं। और उसे सर्वश्रेष्ठ ढंग से करने की योजना बनाते हैं।

लेकिन हालात बदल भी सकते हैं। हम भी बदल सकते हैं। *और अगर हम बदलावों के प्रति खुले नहीं हैं, तो सत्यनिष्ठा से कार्य नहीं कर सकेंगे।*

आत्म-जागृति हमें यह पूछने योग्य बनाती है कि क्या मैं सर्वश्रेष्ठ की जगह अच्छे को तो नहीं चुन रहा? शायद सर्वश्रेष्ठ हमारा तय लक्ष्य ही हो। सर्वश्रेष्ठ अप्रत्याशित अवसरों, नए ज्ञान या नए विकल्प मौजूद हो सकता है, जिन्हें बढ़ी हुई समझ ने सृजित किया है। अगर बदलाव का कारण प्रमुख रूप से तात्कालिकता, मूड या विरोध है, तो यह हमें सर्वश्रेष्ठ से दूर ले जाएगा। अगर बदलाव मिशन, विवेक, और सिद्धांतों पर आधारित है, तो यह हमें सर्वश्रेष्ठ की ओर ले जाएगा। अच्छे और सर्वश्रेष्ठ के बीच फ़र्क़ करने वाली आत्म-जागृति तथा मिशन, विवेक और सिद्धांत के आधार पर कार्य करना हमारे व्यक्तिगत सत्यनिष्ठा खाते में सबसे महत्त्वपूर्ण जमा होते हैं।

सत्यनिष्ठा का अर्थ लक्ष्य पर डटे रहने से कुछ अधिक है, फिर चाहे जो भी हो जाए। यह व्यवस्था की सत्यनिष्ठा है, एक सत्यनिष्ठ प्रक्रिया, जो मिशन और क्षण के बीच खुला रिश्ता बनाती है।

सिद्धांत–आधारित लक्ष्य कैसे तय व हासिल करें

सिद्धांतों के बिना, लक्ष्यों में गुणवत्तापूर्ण जीवन के परिणाम उत्पन्न करने की शक्ति नहीं होगी। आप सही चीज़ें करना *चाहेंगे,* और आप इसे सही कारणों से करना चाहते होंगे, लेकिन अगर आपने सही सिद्धांतों का उपयोग नहीं किया, तो आप विफल भी हो सकते हैं। सिद्धांत-आधारित लक्ष्य में ये तीनों चीज़ें होती हैं : **सही काम, सही कारण, सही तरीक़ा।**

सिद्धांत-आधारित लक्ष्य निर्धारण में चारों मानवीय वृत्तियों की सहक्रियाशीलता का पूर्ण उपयोग होता है :

- विवेक से हम मिशन और जुनून के विज़न तथा सिद्धांतों की शक्ति से जुड़ते हैं।
- रचनात्मक कल्पनाशीलता से हम संभावनाओं और इन्हें पाने के सहक्रियाशील तथा रचनात्मक तरीक़ों की कल्पना करते हैं।
- आत्म-जागृति से हम वास्तविक लक्ष्य तय करते हैं और विवेक-प्रेरित बदलावों के लिए खुले रहते हैं।
- स्वतंत्र इच्छा से हम उद्देश्यपूर्ण विकल्प चुनते हैं और उस पर काम करते हैं। हम में जो कहते हैं, वही करने की सत्यनिष्ठा होती है।

सिद्धांत-आधारित लक्ष्य-तय करने की प्रक्रिया तब सबसे ज़्यादा प्रभावी होती है, जब इसमें, 1. 'संदर्भ' आधारित लक्ष्य हों, 2. संभावनाओं की सूची हो, 3. साप्ताहिक लक्ष्य तय हों।

1. 'संदर्भ' लक्ष्य निर्धारण

अधिकांश लोगों को अपने साप्ताहिक लक्ष्यों को उस संदर्भ के साथ जोड़ने से मदद मिलती है, जो उन्हें उनके मिशन स्टेटमेंट के दीर्घकालिक और मध्य-आवधिक लक्ष्यों से प्राप्त होता है, लेकिन यहाँ दीर्घकालिक और मध्य-आवधिक होना इन लक्ष्यों को समय सीमा में बाँध देता है।

हालाँकि समय भी एक अहम पहलू है, फिर भी हमारी सलाह है कि लोगों, अन्य लक्ष्यों और घटनाओं के साथ रिश्तों, जैसे मुद्दों को संदर्भ आधारित लक्ष्यों के माध्यम से भली-भाँति पहचाना जा सकता है। 'संदर्भ' शब्द हमें उस व्यक्तिगत नेतृत्व की याद दिलाता है, जिसमें केवल दीर्घकालिक दृष्टिकोण नहीं होता, बल्कि इसमें विस्तृत-सीमा वाला बोध भी होता है।

अगर आप अपनी भूमिकाओं को व्यवस्थित करते हैं, तो आप फ़ौरन पड़ताल के लिए अपने ऑर्गेनाइज़र में प्रत्येक भूमिका के नीचे संदर्भ आधारित लक्ष्यों का पृष्ठ भी जोड़ सके हैं। क्या/क्यों/कैसे का फ़ॉर्मेट इन लक्ष्यों को हासिल करने का प्रभावी तरीक़ा है। उदाहरण के लिए, अपनी 'धार देने' की भूमिका में संदर्भ आधारित लक्ष्य इस तरह का हो सकता है:

क्या?

मेरा लक्ष्य स्वस्थ, और पूर्ण-अनुशासित शरीर बनाए रखना है।

क्यों :

जिससे :

- मुझे अपने मिशन को प्रभावी ढंग से पूरा करने के लिए आवश्यक ताक़त, सहनशक्ति, और शारीरिक क्षमता मिल सके।
- मैं अपने बच्चों और दूसरों के लिए अच्छे स्वास्थ्य का उदाहरण बन सकूँ।
- मैं अपनी निजी चारित्रिक शक्ति का निर्माण कर सकूँ।

कैसे :

- *अच्छा पोषण:* मैं ताजा फल और सब्जियाँ, कॉम्पलेक्स कार्बोहाइड्रेट्स, साबुत अनाज़, अंडे आदि और मछली खाने की मात्रा बढ़ा दूँगा। मैं चीनी, वसा, नमक और रेड मीट खाना कम कर दूंगा, और कम अंतराल पर थोड़ा-थोड़ा आहार लेने लगूँगा।
- *शारीरिक देखरेख:* मैं हफ़्ते में चार बार तीस मिनट एरोबिक व्यायाम करूँगा। मैं बास्केटबॉल लीग में शामिल हो जाऊँगा। और मैं रात को सात घंटे की नींद लूँगा और सुबह जल्दी उठ जाया करूँगा।

- *मन/शरीर संबंध* : मैं अपने शरीर और स्वास्थ्य के बारे में सकारात्मक सोचूँगा। मैं स्वास्थ्य के बारे में अधिक जानकारी के लिए अध्ययन करूँगा और सेमिनार व वर्कशाप्स में भाग लूँगा।
- *फ़ोकस।* मैं विशिष्ट स्वास्थ्य समस्याओं पर ध्यान दूँगा।

यह 'क्या/क्यों/कैसे' का फ़ॉर्मेट मिशन, सिद्धांत, और लक्ष्यों के बीच खुले संबंधों का निर्माण करता है। अपने साप्ताहिक लक्ष्यों को तय करते वक़्त, आप इन संदर्भ आधारित लक्ष्यों की समीक्षा कर सकते हैं और तत्काल उस संबंध को समझ सकते हैं और ऐसा छोटा संभव कार्य चुन सकते हैं, जो आपको उन लक्ष्यों की तरफ़ जाए।

किसी लक्ष्य को इस तरह देखना हमारी ज़िंदगियों के पारस्परिक जुड़ाव की पुष्टि करता है, हालाँकि इस लक्ष्य को 'भौतिक' लक्ष्य माना जाएगा और यह 'धार तेज़' करने की भूमिका के तहत दर्ज होगा। सोचिए कि यह किस तरह अन्य आयामों में से प्रत्येक के साथ और अन्य भूमिकाओं के साथ सह-संबंधित है।

उदाहरण के लिए, अधिकांश लोगों का कहना है कि नियमित रूप से कसरत करने का सबसे बड़ा लाभ शारीरिक नहीं, बल्कि सत्यनिष्ठा और चारित्रिक शक्ति में वृद्धि के इसके आध्यात्मिक आयाम में है। मानसिक आयाम- स्वास्थ्य के बारे में अधिक जानकारी, स्वस्थ विचारों वाली सोच, और तनाव में कमी- इस 'भौतिक लक्ष्य' की प्रभावकारिता पर सशक्त ढंग से असर डालता है। मित्रों और पारिवारिक सदस्यों के साथ व्यायाम समृद्ध सामाजिक के साथ ही साथ भौतिक अनुभव का भी निर्माण करता है। बेहतर स्वास्थ्य हमारी सभी भूमिकाओं में भौतिक, मानसिक, सामाजिक और आध्यात्मिक आयाम को सशक्त बनाता है।

इस पारस्परिक जुड़ाव के प्रति जागरूकता हमारी सोच को विपुलता के प्रति खुला रखती है और यह हमें अपने लक्ष्यों के साथ प्रबल सहक्रिया के योग्य बनाती है।

2. 'संभावनाओं' की सूची रखना

अपने लक्ष्यों को पाने में एक समस्या अक्सर यह होती है कि हम कोई किताब पढ़ते हैं, सेमिनार में शामिल होते हैं, या किसी व्यक्ति के साथ संवाद करते

हैं और इस अनुभव से ऐसा विचार लेकर आते हैं, जो हम करना चाहते हैं। तब हम लक्ष्य तय करने के लिए तैयार नहीं हैं, लेकिन हम इस विचार को खोना भी नहीं चाहते हैं।

ज़्यादातर समय, हम इसे पहले से अति व्यवस्थित दिमाग़ के प्रतीक्षा कक्ष में भटकने देते हैं, जहाँ यह विचार जागृति में अंदर व बाहर प्रवाहित होता रहता है, जो हमें हमारे फ़िलहाल जारी कार्य से भटका देता है और हम ऐसी चीज़ के प्रति असहज महसूस करने लगते हैं, जो अभी हुई भी नहीं है, या हम इसे सामान्य 'टू-डू' लिस्ट में लिख लेते हैं, जिसमें चीज़ें उससे भी ज़्यादा तेज़ी से एकत्र होती हैं, जितनी कि वे कभी अर्जित की जा सकती हैं। यह सूची शीर्ष-प्राथमिकता वाली चीज़ों को उन चीज़ों से मिला देती है, जो ज़्यादा महत्त्व नहीं रखती हैं, और यह हमें लगातार उन कामों की याद दिलाती रहती है, जो हमने नहीं किए हैं।

इससे ज़्यादा प्रभावकारी 'संभावनाओं की सूची' है। जिस सूची में हर भूमिका के नीचे वह लिख सकें, जो आप करना चाहते हैं। जब भी आपको कोई विचार आए, तो आप इसे भविष्य में विचार के लिए उचित भूमिका के नीचे 'संभावनाओं की सूची' में दर्ज कर लें। इसे लिखने का मतलब यह नहीं है कि यह कोई लक्ष्य या वचन है। यह सिर्फ़ संभावना है कि आप इसे करेंगे या नहीं करेंगे। इससे आपकी सत्यनिष्ठा दाँव पर नहीं लगेगी।

3. साप्ताहिक लक्ष्य निर्धारण

जब हम अपने साप्ताहिक लक्ष्य निर्धारित करते हैं, तब 'क्या/ क्यों / कैसे' का फ़ॉर्मेट अपनी भूमिका और लक्ष्यों के बारे में सोचने का हमारा तरीक़ा बन जाता है। जब हम अपने लक्ष्य तय कर लेते हैं, तब हम हर भूमिका को देखते हैं, और हम प्रेरणा और प्रतिक्रिया के बीच के अंतराल में विराम लेते हैं और पूछते हैं:

इस सप्ताह इस भूमिका में मैं कौन सी एक या दो महत्त्वपूर्ण चीज़ें कर सकता हूं, जिनका शानदार सकारात्मक प्रभाव हो?

इस सवाल का जवाब किसी अनुभूति या प्रभाव में अपने मिशन और भूमिकाओं की समीक्षा करते वक़्त मिल सकता है। एक व्यक्ति ने अपना अनुभव साझा किया :

जब मैं हर महीने अपनी भूमिकाओं की समीक्षा करता हूँ, तो मुझे अक्सर लगता है कि मुझे कुछ ख़ास काम करने होंगे, ख़ासतौर पर एक पिता के रूप में। मेरे दिमाग़ में एक ख़ास बच्चे को लेकर कुछ आया। मुझे ज्ञात हुआ कि मैं अपने बच्चों की निजी आवश्यकताओं को लेकर ज़्यादा जागरूक हूँ। मैं ज़्यादा संवेदनशील हूँ और उन अवसरों के प्रति खुला हूँ, जिनसे फ़र्क़ आ सकता है।

इसका जवाब हमें प्रत्येक भूमिका के लिए संदर्भ आधारित लक्ष्यों की समीक्षा के परिणामस्वरूप मिल सकता है, या उस अंतर्बोध या विचार से मिल सकता है, जिसे हमने सप्ताह में किसी ख़ास भूमिका के तहत 'संभावनाओं की सूची' में रखा हो। जब हम इन चीज़ों की समीक्षा करते हैं, तो हम हमारे गहन आंतरिक जीवन का मौजूदा परिस्थिति के साथ खुले संपर्क का निर्माण करते हैं। हम ऐसे संदर्भ का निर्माण करते हैं, जो हमारे लक्ष्यों को अर्थ प्रदान करता है।

प्रभावशाली साप्ताहिक लक्ष्यों की विशेषताएँ

अपना लक्ष्य तय करते वक़्त प्रभावशाली साप्ताहिक लक्ष्यों के लिए इन पाँच विशेषताओं का ध्यान रखें:

1. वे विवेक चलित होते हैं : एक प्रभावशाली लक्ष्य का आपकी आंतरिक आवश्यकताओं के साथ सामंजस्यपूर्ण होता है। यह तात्कालिकता या प्रतिक्रिया से चालित नहीं होना चाहिए। यह सामाजिक दर्पण का प्रतिबिंब न हो। यह ऐसा होना चाहिए, जिसे हम भीतर गहराई से महसूस करते हों, जो हमें करना है, और यह हमारे मिशन तथा सही दिशा के सिद्धांतों के अनुकूल हो। हमें अपनी आंतरिक विवेकपूर्ण आवाज़ के प्रति संवेदनशील होना होगा, ख़ासतौर पर तब, जब हम अपनी सबसे विशिष्ट भूमिकाओं के लिए लक्ष्यों का चयन करें, जहाँ से हम सबसे अधिक असर डाल सकते हैं। इसके साथ ही हमें संतुलन भी साधना होगा। यह याद रखना होगा कि हमें हर सप्ताह प्रत्येक भूमिका के लिए लक्ष्य निर्धारित करने की आवश्यकता नहीं है। कभी-कभी लघु-आवधिक असंतुलन का दौर भी आता है, जब बुद्धि कहती है कि समझदारी यही है कि

हम फ़िलहाल कुछ भूमिकाओं के लिए कोई लक्ष्य निर्धारित न करने का विकल्प चुनें।

2. ये अक्सर क्वाड्रंट II लक्ष्य होते हैं : क्वाड्रंट II व्यवस्था प्रक्रिया स्वतः ही 'क्या' और 'क्यों' के बीच संबंध स्थापित कर देती है। इसके परिणामस्वरूप, केवल वही लक्ष्य चयनित होते हैं, जो बुनियादी रूप से अहम होते हैं, न कि अनिवार्य रूप से तात्कालिक। इसके अलावा हम कुछ क्वाड्रंट I के लक्ष्य भी चुनते सकते हैं, जो तात्कालिक और महत्त्वपूर्ण दोनों हों, लेकिन हम उन्हें मुख्य रूप से इसलिए चुनते हैं, क्योंकि वे अहम होते हैं।

3. ये हमारी चार बुनियादी आवश्यकताओं और क्षमताओं को दर्शाते हैं : अच्छे लक्ष्यों को भौतिक आयाम में पूरा किया जा सकता है, लेकिन इनका एक अर्थ अस्तित्व (आध्यात्मिक आयाम), संबंध (सामाजिक आयाम), और विकास व शिक्षण (मानसिक आयाम) भी है। हम में से अनेक लोग अपने को इसलिए असंतुष्ट और असंतुलित महसूस करते हैं, क्योंकि हम जिन लक्ष्यों का पीछा कर रहे हैं, वे अनिवार्य रूप से समय-सीमित और भौतिक हैं। अन्य महत्त्वपूर्ण आयामों की अनदेखी करने से हमारी गुणवत्तापूर्ण जीवन के लिए कुछ सार्थक करने की क्षमताएँ अत्यधिक सीमित हो जाती हैं, साथ ही यह हमें उस शानदार सहक्रिया के निर्माण से भी रोक देती है, जो लक्ष्यों के बीच बनाई जा सकती है।

4. ये हमारे ध्यान का केंद्र होते हैं : हम सब में एक चिंतन चक्र होता है, जिसमें वह सब कुछ आता है, जिसकी हम परवाह करते हैं- हमारा स्वास्थ्य, बॉस के साथ मीटिंग, किशोर पुत्र के साथ सप्ताहांत बिताने की योजना बनाना, पड़ोस के बुक स्टोर पर आई विवादित पत्रिकाएँ, विदेशी नीतियों के संबंध में राष्ट्रपति के फ़ैसले और परमाणु युद्ध का ख़तरा।

इस चिंता के चक्र के भीतर एक और चक्र होता है, जिसे प्रभाव चक्र कहते हैं। चिंता का यह चक्र उस सीमा को परिभाषित करता है, जिससे हम सचमुच फ़र्क़ ला सकते हैं। भले ही हम राष्ट्रपति के विदेश नीति संबंधी फ़ैसलों या परमाणु युद्ध के ख़तरे को

न बदल सकते हों, लेकिन हम अपने स्वास्थ्य के बारे में तो फ़ैसला ले ही सकते हैं। यही नहीं, हम अपने पुत्र के साथ सप्ताहांत की योजना बनाने या पड़ोस की दुकान पर नई पत्रिकाओं के बारे में भी फ़ैसले ले सकते हैं।

लेकिन हमारे समय और ऊर्जा के उपयोग का सबसे प्रभावशाली तरीक़ा प्रायः तीसरे चक्र- ध्यान केंद्र में होता है।

@ 1994 कवी लीडरशिप सेंटर, इंक

इस चक्र में ऐसी चीज़ें आती हैं, जिनकी हम परवाह करते हैं, और जिन्हें हम प्रभावित कर सकते हैं। ये हमारे मिशन के अनुरूप और समयबद्ध होती हैं। किसी भी अन्य चक्र में समय और श्रम लगाना हमारी प्रभावकारिता को कम कर सकता है। जब हम खुद अपने चिंता के चक्र में काम करते हैं, तो मूल रूप से हम अपना श्रम उन चीज़ों में व्यर्थ कर रहे होते हैं, जो हमारे नियंत्रण या प्रभाव में नहीं होतीं। जब हम अपने प्रभाव चक्र में काम कर रहे होते हैं, तो यह कुछ हद तक अच्छा रहता है, लेकिन हम जो कर रहे होते हैं, वह अमूमन किसी बेहतर चीज़ की क़ीमत पर होता है। जब हम ऐसे लक्ष्य तय करते हैं, जो हमारे ध्यान केंद्र में हों, तो हम अपने समय और श्रम का अधिकतम उपयोग करते हैं।

दिलचस्प बात है कि हम इसे जितनी देर तक करते रहते हैं, हमारा प्रभाव चक्र स्वतः ही बढ़ता जाता है। हमें ऐसे अधिक सकारात्मक तरीक़े मिल जाते हैं, जिनसे हम अधिक लोगों और हालात को प्रभावित कर पाते हैं।

5. ये संकल्प या एकाग्रता के बिंदु होते हैं : आपके लिए *संकल्पों*- वे काम, जिन्हें आप हर हालत में करने के लिए कृत संकल्प हैं- और *एकाग्रता बिंदु*- आपका ध्यान व श्रम के इच्छुक क्षेत्रों- के बीच अंतर पहचानना मददगार साबित हो सकता है। संकल्प कर लेने के बाद, आपकी निष्ठा दाँव पर होती है। यही वह वक़्त होता है, जब अपने संकल्प के पीछे भागना आपके लिए आवश्यक होता है, जिससे आप वह कर सकें, जो करने की बात करते हैं। संकल्प पर अडिग न रहने का केवल एक वैध कारण केवल यही हो सकता है कि आपको- विवेक और गहन आत्म-जागृति के माध्यम से, पूरा यक़ीन हो जाए कि आपने जो 'सर्वश्रेष्ठ' लक्ष्य चुना था, वह किसी कारण केवल 'अच्छा' रह गया है। तभी, और केवल तभी, आप निष्ठा के साथ बदलाव कर सकते हैं।

जब आप एकाग्रता का बिंदु निर्धारित कर लेते हैं, तब आप उस क्षेत्र को पहचान लेते हैं, जिस पर आप अपना समय व ऊर्जा केंद्रित करना चाहते हैं। आप ऐसा करने के अवसर तलाशने लगते हैं। आप इसी तरफ़ बढ़ने लगते हैं, लेकिन आप इसमें अपनी निष्ठा का कोई जोखिम नहीं उठाते। यदि आप ऐसा नहीं करते, तो आप उस निवेशित समय और ऊर्जा का लाभ लेने से तो चूक सकते हैं, लेकिन इससे आपके व्यक्तिगत सत्यनिष्ठा खाते में कोई कमी नहीं आती।

याद रखिए, साप्ताहिक लक्ष्य निर्धारित करते समय आपको हर बार अपनी निष्ठा दाँव पर लगाने की कोई आवश्यकता नही है, बल्कि, महत्त्वपूर्ण यह है कि आप अपनी वास्तविक प्रतिबद्धताओं को पूरी सावधानी के साथ प्रबंधित करें, तथा अपने व्यक्तिगत सत्यनिष्ठा खाते में जमा बढ़ाने के लिए संवेदनशील और बुद्धिमान रहें, लेकिन सतर्कता कहीं आपके उद्देश्य की ओर बढ़ने में बाधा न बन जाए।

आत्मविश्वास और साहस

कोई लक्ष्य तय करना और उसकी तरफ़ बढ़ना साहस की बात है। जब हम साहस का उपयोग उन लक्ष्यों को तय करने और उन पर काम करने में करते हैं, जो सिद्धांत और विवेक से संबंधित हों, तो हमें सकारात्मक परिणाम मिलने की संभावना बढ़ जाती है। समय के साथ, हमारा आत्मविश्वास व साहस बढ़ता जाता है। हमारी प्रतिबद्धता हमारे मूड से ज़्यादा मज़बूत हो जाती है। और धीरे-धीरे हमारी सत्यनिष्ठा कोई मसला नहीं रह जाती। हम इतना साहस जुटा लेते हैं कि ज़्यादा चुनौतीपूर्ण और साहसिक लक्ष्यों को तय कर सकें। यही विकास की प्रक्रिया है, वह बनने की प्रक्रिया, जो हम बन सकते हैं।

वहीं, दूसरी ओर, जब हम वे लक्ष्य तय करने में साहस का उपयोग करते हैं, जो सिद्धांतों और विवेक से गहराई से न जुड़े हों, तो हमें अक्सर अवांछित परिणाम मिलते हैं, जो आगे चलकर निरुत्साह और निराशावाद का कारण बनते हैं। चक्र उलट जाता है। अंत में हमारे भीतर इतना भी साहस नहीं रह जाता कि हम छोटे लक्ष्यों को भी निर्धारित कर पाएँ।

सिद्धांत-आधारित लक्ष्य निर्धारण की शक्ति सिद्धांतों की शक्ति है- यह आत्मविश्वास कि हम जो लक्ष्य तय कर रहे हैं, उनसे जीवन में गुणवत्तापूर्ण परिणाम हासिल हो सकेंगे, और हमारी सीढ़ियाँ सही दीवार से लगी हैं। सत्यनिष्ठा की शक्ति वह क्षमता है, जिससे हम नियमित रूप से सार्थक लक्ष्य निर्धारित कर सकते हैं, वह क्षमता, जब 'सर्वश्रेष्ठ' के ' सिर्फ़ अच्छा' रह जाने पर हम उसे पूरे विश्वास के साथ बदल सकें। यह चार मानवीय वृत्तियों की ताक़त है, जो साथ मिलकर उस जुनून, विज़न, जागृति, रचनात्मकता और चारित्रिक शक्ति का निर्माण करती है, जिनसे विकास का पोषण होता है।

इस शक्ति को हासिल करने से हम ऐसी उत्तरोत्तर वृद्धि कर पाते हैं, जिससे हम अपने जीवन में हमेशा ज़रूरी चीज़ें पहले रखने योग्य हो पाते हैं।

लक्ष्य की शक्ति के पोषण के लिए क्वाड्रंट II विचार

- अपनी हर भूमिका के लिए संदर्भ आधारित लक्ष्य तय करने में 'क्या/क्यों/कैसे' फ़ॉर्मेट का उपयोग करें।
- अपने ऑर्गेनाइज़र में हर भूमिका के नीचे 'संभावनाओं' की सूची तैयार करें। सप्ताह के दौरान, उन विचारों को लिखें, जिन्हें आप लक्ष्य के तौर पर अपनी यथोचित भूमिका के तहत निर्धारित करना चाहते हैं। इन विचारों को संभावित सूची में दर्ज करने के बाद आपको कैसा महसूस हो रहा है, इस पर ध्यान दें। अगले सप्ताह की योजना बनाते हुए, इन सूची में शामिल लक्ष्य के विचारों का संदर्भ लें।
- अपने साप्ताहिक लक्ष्य तय करते हुए, कुछ क्षण रुककर अपने विवेक से जुड़ें। हर भूमिका के लिए आपको जो सबसे महत्त्वपूर्ण लगता है, उस पर कार्य करें।
- सप्ताह के लक्ष्य तय करने और इन्हें हासिल करते हुए सोचें कि आप इसके लिए अपनी हर एक वृत्ति का किस तरह उपयोग कर रहे हैं।
- सप्ताह के लिए अपने प्रत्येक लक्ष्य में 'संकल्प' और 'एकाग्रता बिंदु' की पहचान करें। सप्ताह समाप्त होने पर इसकी पड़ताल करें कि इस विभेदन ने लक्ष्य के प्रति आपके दृष्टिकोण, इन्हें पाने में आपकी प्रगति, और आपके व्यक्तिगत सत्यनिष्ठा खाते में बैलेंस को किस तरह प्रभावित किया।

8: सप्ताह का दृष्टिकोण

प्राथमिकता, संदर्भ की क्रिया है

पेशेवर फ़ोटोग्राफर कई तरह के लेंसों इस्तेमाल करते हैं। बड़ी तसवीरें लेने के लिए वे अल्ट्रा-वाइड-एंगल और वाइड-एंगल लेंसों का उपयोग करते हैं। वे वस्तु को नज़दीक लाने के लिए टेलीफ़ोटो लेंसों का इस्तेमाल करते हैं। वे मानव आँख से साफ़ दिखने वाली वस्तुओं की फ़ोटो लेने में आम लेंसों का उपयोग करते हैं। क्लोज़ अप वर्क के लिए वे माइक्रो लेंसों का उपयोग करते हैं। उनकी विशेषज्ञता का एक भाग यह ज्ञान भी है कि इच्छित परिणाम उत्पन्न करने के लिए किस लेंस का उपयोग करना है।

फ़ोटोग्राफर की तरह, व्यक्तिगत नेतृत्व की हमारी विशेषज्ञता यह जानने में है कि केंद्रित होने का सबसे प्रभावशाली तरीक़ा क्या है। अधिकांश समय प्रबंधन साधनों और तकनीकों का फ़ोकस दैनिक योजना बनाने पर होता है। और इस फ़ोकस के लिए अच्छे तर्क भी हैं। दिन, समय की सबसे छोटी पूर्ण प्राकृतिक इकाई है- सूर्य उदय और अस्त होता है, और हमारे सामने हर चौबीस घंटे में एक नया एजेंडा होता है। हम दिन के लिए योजना बना सकते हैं, दैनिक लक्ष्य निर्धारित कर सकते हैं, अपाइंटमेंट्स रख सकते हैं, और अपनी गतिविधियों की प्राथमिकता तय कर सकते हैं। और जब दिन समाप्त होता है, तो हम देख सकते हैं कि क्या रह गया और फिर अगले दिन इसकी योजना बना सकते हैं, शिड्यूल और प्राथमिकता तय कर सकते हैं। इसमें कोई हानि नहीं है।

लेकिन दैनिक योजना बनाने पर फ़ोकस रखने में एक समस्या यह है कि यह सड़क को कैमरे के टेलीफ़ोटो लेंस के माध्यम से देखते हुए उस पर चलने जैसा है। इससे हम उसी पर केंद्रित रहते हैं, जो हमारे ठीक सामने हो- जिसका हम पर दबाव हो, आसन्न हो और तात्कालिक हो। इस तरह निश्चित ही संकट हमारी प्राथमिकता में रहेंगे। अधिकांश दैनिक योजना बनाने का

उद्देश्य जहाँ ज़रूरी चीज़ें पहले रखने में हमारी मदद करना है, वहीं सच तो यह है कि दैनिक योजना हमें पहले तात्कालिकताओं पर केंद्रित करती है। अतः परिणाम हासिल करने के लिए यह दृष्टिकोण अपर्याप्त है।

निश्चित ही, हम बड़ी तसवीर पर भी केंद्रित नहीं हो सकते। अगर हम विज़न को क्रिया में परिवर्तित नहीं करते, तो हम असलियत से दूर हो जाते हैं, आदर्शवादी स्वप्नदर्शी बन जाते हैं, और अपना तथा दूसरों का विश्वास खो देते हैं। यह स्पष्ट दुविधा हम सबके सामने आती है।

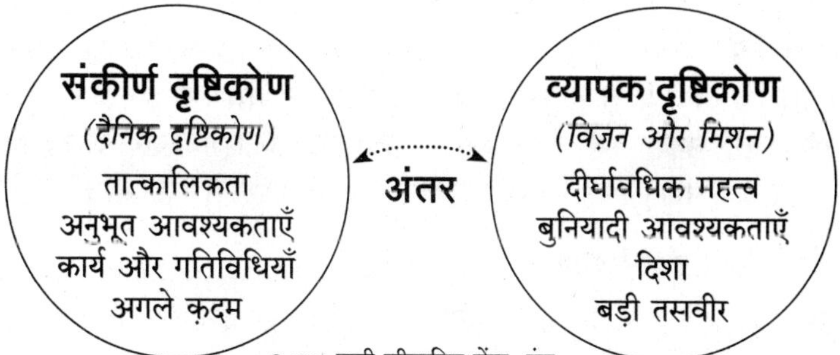

@ 1994 कवी लीडरशिप सेंटर, इंक

तो हम इस दुविधा को कैसे दूर कर सकते हैं और चीज़ों को फ़ोकस और दृष्टिकोण के भीतर कैसे रख सकते हैं?

सप्ताह का दृष्टिकोण एक सहक्रियाशील तीसरा-विकल्प समाधान प्रदान करता है, जो बड़ी तसवीर को संतुलित और वास्तविक तरीक़े से दिन के साथ जोड़ता है।

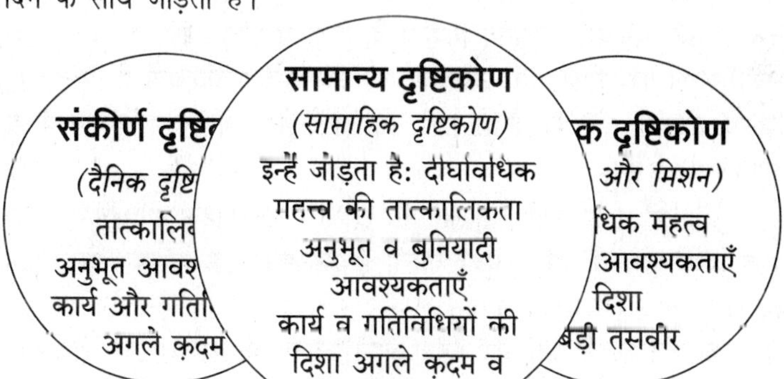

@ 1994 कवी लीडरशिप सेंटर, इंक

इतने अहम संबंध जोड़ने के कारण, सप्ताह वह 'सामान्य लेंस' बन जाता है, जो संतुलित गुणवत्तापूर्ण जीवन के निर्माण के लिए सर्वाधिक सटीक दृष्टिकोण प्रदान करता है।

संचालन के तीन दृष्टिकोण

सप्ताह, जीवन के ताने-बाने के पूरे हिस्से को दर्शाता है। इसमें कार्य दिवस, संध्या, और सप्ताहांत आते हैं। प्रासंगिक होने के लिए यह पर्याप्त रूप से निकट है, लेकिन संदर्भ और दृष्टिकोण प्रदान के लिए पर्याप्त रूप से दूर भी है। यह अंतरराष्ट्रीय मानक हैः अनेक व्यवसाय, शिक्षा, सरकार, और समाज के अन्य पहलू सप्ताह के फ़्रेमवर्क के भीतर संचालित होते हैं। इसके अतिरिक्त, सप्ताह हमें तीन उपयोगी संचालन दृष्टिकोण प्रदान करता हैः 1) संतुलित नवीनीकरण, 2) पूर्ण-खंडित-पूर्ण 3) संदर्भ में विषयवस्तु।

1. *संतुलित नवीनीकरण*

सप्ताह का दृष्टिकोण हमें नवीनीकरण की योजना बनाने के लिए प्रेरित करता है- मनोरंजन और मीमांसा का समय- साप्ताहिक और दैनिक।

साप्ताहिक नवीनीकरण

अनेक संस्कृतियाँ साप्ताहिक नवीनीकरण की धारणा का समर्थन करती हैं। उदाहरण के लिए, जूडो-क्रिश्चियन जगत साप्ताहिक सैबथ मनाता है- सात में से एक दिन, जो पूर्ण भक्तिमय चिंतन और समर्पण का दिन है। अकादमिक जगत ने सैबथ की इस अवधारणा को आगे बढ़ाते हुए सात वर्षों में से एक वर्ष को शिक्षकों के व्यक्तिगत विकास के लिए समर्पित किया है। साप्ताहिक नवीनीकरण का सबसे आम उदाहरण उन सप्ताहांत गतिविधियों में मिलता है, जिनमें परिजनों और दोस्तों के साथ मनोरंजक खेल और सामाजिक कार्यक्रम शामिल रहते हैं।

क्वाड्रंट II व्यवस्था, संतुलित जीवनशैली में साप्ताहिक नवीनीकरण वाले भाग के निर्माण में हमारी मदद करती है। रोज़ाना एक के बाद दूसरे दिन तात्कालिकताओं के दबाव में हमें लगने लगता है कि हम कुछ देर का ब्रेक लेकर क्वाड्रंट IV में चले जाएँ। हम अपने रचनात्मक कार्यकाल के बीच गति में बदलाव के लिए सक्रिय होकर मनोरंजन और नवीनीकरण की योजना बना

सकते हैं। नवीनीकरण विचारहीन और उद्देश्यहीन बचाव क्रिया नहीं होती। इसमें क्वाड्रंट II की इन मूल्यवान गतिविधियों को जोड़ा जा सकता है :

- परिवार और दोस्तों के साथ रिश्ते बनाना, सुधारना, या उनका नवीनीकरण करना
- धार्मिक गतिविधियों से गहन मूल्यों के प्रति पुनः प्रतिबद्धता
- आराम व मनोरंजन से ऊर्जा का नवीकरण
- सामुदायिक सेवा के माध्यम से योगदान

अनुभव हमें साप्ताहिक नवीनीकरण के अत्यधिक मूल्य के बारे में बताता है। जब हम पर तात्कालिकता का दबाव हो और हम रोज़ाना और सप्ताहांत में भी बिना बदले एक ही कार्य उसी गति से करते रहें, तो हम जीवन के हर क्षेत्र में अपनी धार, अपनी ऊर्जा और अपना दृष्टिकोण खोने लगते हैं। यह कुछ ऐसा है जैसे कोई ऐसा वाक्य पढ़ा जा रहा हो, जो पेज-दर-पेज बिना विराम या अल्पविराम बदले लगातार चलता रहे या ऐसा संगीत अंश सुनना जिसमें कोई शब्द ना हों। जब हम अंततः क्वाड्रंट IV में पहुँचते हैं, तब गति बदलने से राहत तो मिलती है, लेकिन अक्सर हम ख़ुद को ख़ाली और असंतुष्ट अनुभव करते हैं, ना तो पुनरीकरण होता है और ना पुनः सर्जन।

व्यक्तिगत नेतृत्व से वह बोध प्राप्त होता है, जिससे हम अपनी नवीनीकरण की ज़रूरत को पहचान लेते हैं और सुनिश्चित करते हैं कि हर सप्ताह ऐसी गतिविधियाँ हों, जो विशुद्ध रूप से पुनः सर्जक स्वभाव की हों।

क्वाड्रंट II साप्ताहिक व्यवस्था अपने आप में नवीनीकरण गतिविधि है। इसके माध्यम से हम अपनी आवश्यकताओं, क्षमताओं तथा सही दिशा के सिद्धांतों के प्रति जागरूकता का नवीनीकरण करते हैं। हम चार मानवीय तृत्तियों के साथ अपने संबंध तथा योगदान के मार्ग और अपने से उच्च उद्देश्य के लिए जीने के प्रति अपनी प्रतिबद्धता का नवीनीकरण करते हैं। हम जुनून के विज़न, भूमिकाओं में संतुलन और अपने जीवन में लक्ष्यों की शक्ति का नवीनीकरण करते हैं। साप्ताहिक व्यवस्था के साथ प्रयोग करने के बाद, एक व्यक्ति ने यह लिखाः

मैं पहले अपनी रविवार की छुट्टी टीवी देखते हुए क्वाड्रंट IV में बिताता था। मुझे ज्ञात हुआ कि सप्ताह में यही वह बिंदु होता है, जब मेरा मन सबसे ज़्यादा शांत होता है। मैंने इस दिन चर्च सर्विस में शामिल होना आरंभ कर दिया। मैंने अपना समय अपने परिवार के साथ बिताया। इससे मेरी मानसिकता में इतना सुधार हुआ कि मैं अपने मिशन, भूमिकाओं और लक्ष्यों की समीक्षा कर सका। अब मैंने रविवार शाम का समय आने वाले हफ़्ते की योजना बनाने के लिए निश्चित कर दिया है।

कुछ लोग शुक्रवार दोपहर को ऑफ़िस से निकलने के पूर्व योजना बनाने को प्राथमिकता देते हैं। अन्य लोग रविवार सुबह या सोमवार सुबह पहले काम को प्राथमिकता देते हैं। सबसे महत्त्वपूर्ण यह है कि जब आप अपने गहन आंतरिक जीवन के साथ जुड़ने लायक़ अकेले हों, तब इसे कर डालें। बिना नियमित नवीनीकरण किए लोग अक्सर अन्य दिशाओं में जाने को मज़बूर हो जाते हैं। वे क़दम उठाने की जगह निरंतर क़दमों के हाथों मज़बूर हो जाते हैं।

दैनिक नवीनीकरण

सप्ताह का दृष्टिकोण, दैनिक नवीनीकरण में संतुलन के लिए संदर्भ प्रदान करता है। उदाहरण के लिए, अगर आप नवीनीकरण के लिए रोज़ाना एक घंटा देना चाहते हों, तो आप 'संतुलन' की व्याख्या ऐसे करेंगे, जिसका मतलब है कि आप पंद्रह मिनट कसरत के लिए, पंद्रह मिनट अपनी किशोर पुत्री की बात सुनने के लिए, पंद्रह मिनट अध्ययन करने के लिए, और पंद्रह मिनट ध्यान करने के लिए निकालेंगे।

लेकिन अपने दृष्टिकोण को साप्ताहिक के तौर पर विस्तार देने के बाद बढ़ी हुई संभावनाओं पर विचार करें। स्वास्थ्य विशेषज्ञों का कहना है कि इस 'प्रशिक्षण प्रभाव' को हासिल करने के लिए, आपको सप्ताह में तीन बार तीस-तीस मिनट कड़ी कसरत करनी होगी तथा कसरत के बीच शरीर को आराम भी देना होगा। उन तीन दिनों में शारीरिक नवीनीकरण पर ज़ोर देने से जितना सकारात्मक प्रभाव होगा, वह रोज़ाना पूरे मन लगाकर की गई पंद्रह मिनट की हल्की कसरत से अधिक होगा। जिन दिनों आप कड़ी कसरत नहीं करते, उन दिनों आप स्ट्रेचिंग कर सकते हैं या टहलने जा सकते हैं। इसे अपने जीवनसाथी के साथ या संगीत सुनते हुए करने से इस गतिविधि का मूल्य

और बढ़ जाता है। उन दिनों, आप अपना अधिकांश समय गहन अध्ययन या प्रेरणादायी पठन में भी दे सकते हैं। इनमें से हर गतिविधि का समय अलग है, जो सप्ताहभर तक फैला है, लेकिन आप सटीक और संतुलित तरीक़े से 'धार' लगा रहे हैं।

2. *पूर्ण–खंडित–पूर्ण*

जब हम अपने मिशन स्टेटमेंट की समीक्षा करते हैं, तब इसे बड़ी तसवीर के तौर पर पूर्णता से देखते हैं- अंत पर विचार करते हैं, और हम जो कर रहे हैं, उसका अर्थ तलाशते हैं, लेकिन इस पूर्णता में खोने का अर्थ है कि हम आदर्शवादी स्वप्नदर्शी भी हो सकते हैं। जब हम अपनी भूमिकाओं और लक्ष्यों के हिस्से की तरफ़ बढ़ते हैं, तब हम अपने जीवन के हर हिस्से को 'क्लोज़ अप' में देखते हैं, लेकिन इस हिस्सों में खो जाने से हमारा जीवन और अधिक यांत्रिक, विभागों में बँटा या खंडित हो जाता है।

अतः, प्रक्रिया के अंश के रूप में, हम पुनः उन्हें एक साथ पूर्णता में लाते हैं, तथा साप्ताहिक व्यवस्था के साधारण लेंस से दोनों दृष्टिकोणों की शक्तियों को साथ लाते हैं।

उन्हें साथ लाने पर, हम उनके हिस्सों की आंतरिक-पारस्परिकता को देख सकते हैं। हम देखते हैं कि जीवन का हर एक हिस्सा- काम, परिवार, व्यक्तिगत विकास, सामुदायिक गतिविधियाँ हमें योगदान देने और अपने

पूर्ण ***(खंडित)*** ***पूर्ण***

मिशन को पूरा करने के प्रति सशक्त बनाता है। हम देखते हैं कि कैसे हर हिस्सा शेष सभी हिस्सों के साथ भागीदारी करता है, कैसे किसी भी एक भूमिका का चरित्र और क्षमता हमारी शेष सभी भूमिकाओं को भी लाभान्वित करते हैं।

यह 'पूर्ण-खंडित-पूर्ण' दृष्टिकोण हमें सहक्रिया के निर्माण तथा भूमिकाओं और लक्ष्यों के बीच कृत्रिम बाधाओं को हटाने योग्य बनाता है।

लक्ष्यों के बीच सहक्रिया का निर्माण

पूर्ण-खंडित-पूर्ण विचार हमें भूमिकाओं और लक्ष्यों के बीच सहक्रिया के निर्माण के योग्य बना देता है। हम जान जाते हैं कि कुछ गतिविधियों को एक साथ जोड़ कर बेहतर तरीक़े से परिणाम अर्जित किए जा सकते हैं, बजाय इसके कि पृथक-पृथक ढंग से इस दिशा में कोशिश की जाए। हमें यह भी ज्ञात होता है कुछ गतिविधियों को जोड़ा नहीं जा सकता- उन पर अलग से ही केंद्रित होना होगा। तब हम अपनी शेष गतिविधियों को सूझबूझ के साथ संतुलित कर सकते हैं, यह ध्यान रखते हुए कि वे एक-दूसरे को किस तरह प्रभावित करती हैं।

उदाहरण के लिए, अपनी साप्ताहिक व्यवस्था बनाते हुए, हम अपने अभिभावक के लक्ष्य, 'अपने पुत्र के साथ बेहतर रिश्ते बनाने' को 'कसरत करने' के धार देने वाले लक्ष्य से जोड़ सकते हैं। इस तय समय में हम अपने पुत्र के साथ तैरने जा सकते हैं। हम कोई नई भाषा सीखने के लक्ष्य को सामुदायिक सेवा के लक्ष्य से जोड़ सकते हैं। इसके लिए हम सामाजिक सहायता के ज़रूरतमंद अल्पसंख्यक समूहों के साथ स्वैच्छिक सेवा के लिए जुड़ सकते हैं। अब जब हम में प्रचुरता की मानसिकता सचमुच विकसित होने लगती है, तो हम ज़्यादा बढ़े लक्ष्यों को जोड़ने का रास्ता तलाश सकते हैं। हम स्वादिष्ट खाना बनाकर, अपने नए पड़ोसियों से मिल सकते हैं, और अगले महीने सर्विस क्लब मीटिंग की तैयारी कर सकते हैं। तब आप एक बार में तीन बार के लायक़ ख़ाना बना कर ले जाएँ, जिसमें से एक परिवार के लिए, दूसरा नए पड़ोसियों के लिए हो और तीसरा भाग बचा रहे, ताकि हमें सर्विस क्लब मीटिंग की रात भोजन बनाने में समय न देना पड़े। संभावनाएँ अनंत हैं। जीवन में ऐसी सहक्रिया उत्पन्न करने के अनगिनत तरीक़े हैं, जिनसे हम शायद फिर कभी इसे खंडित और रैखिक दृष्टिकोण से नहीं देखेंगे।

इसका उद्देश्य हालाँकि, एक शिड्यूल के भीतर ज़्यादा से ज़्यादा संभव गतिविधियों को ठूँसने या एक बार में अनेक काम करने का प्रयास नहीं है। हम सुपरमैन या सुपरवूमैन बनने की कोशिश नहीं कर रहे हैं। हमारा उद्देश्य अपनी रचनात्मक कल्पनाशीलता का उपयोग करते हुए लक्ष्य पाने के

सहक्रियाशील और सिद्धांत-आधारित तरीक़ों को तलाशना है, जिनसे उससे भी बेहतर परिणाम पा सकें, जितने लक्ष्यों को अलग-अलग हासिल करने पर मिलते।

इसका एक अच्छा परीक्षण यह देखना है कि ऐसे संबंध बनाने के बाद आप कैसा महसूस करते हैं। अगर ये मज़बूरी या अवास्तविक लगें, तो आप सिद्धांतों का उल्लंघन कर रहे हैं- शायद कई काम एक साथ करने का प्रयास कर रहे हैं- और इस कार्यों को अलग-अलग करना ज़्यादा बेहतर होगा। जब अनेक कार्य स्वाभाविक रूप से साथ किए जा सकें, तो आपको राहत और क्षमता में बढ़ोतरी का अहसास होगा, क्योंकि आप सिद्धांतों के साथ सामंजस्य से काम कर रहे हैं। आपके जीवन के हिस्से आपस में संघर्ष या स्पर्द्धा करने के बजाय पूरी ख़ूबसूरती और सामंजस्य के साथ काम कर रहे हैं।

इस सहक्रिया को साप्ताहिक वर्कशीट में अनेक तरीक़े से शामिल किया जा सकता है। एक तरीक़ा तो बस ऐसी रेखाएँ बनाना है, जिससे लक्ष्यों को आपस में जोड़ा जा सके और सहक्रिया गतिविधि को सप्ताह में उचित दिन करने के लिए तय किया जा सके।

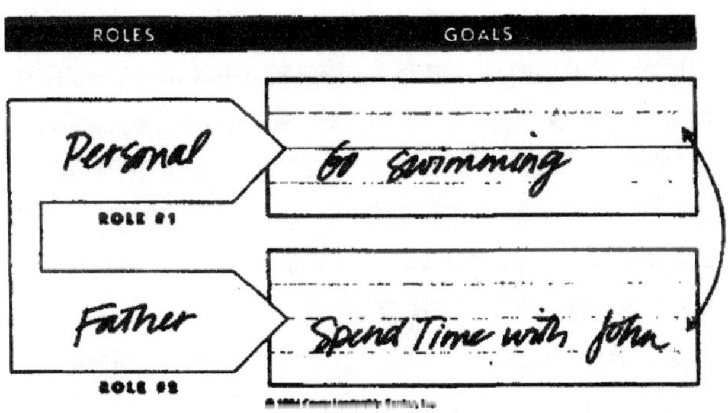

एक अन्य तरीक़ा इन सहक्रियाशील गतिविधियों को 'रिमाइंडर' शीर्षक वाले कॉलम में लिखना है और जो गतिविधियां आपके लक्ष्यों को दर्शाती हों, उन पर तारे का या कोई भी अन्य चिह्न लगा दें।

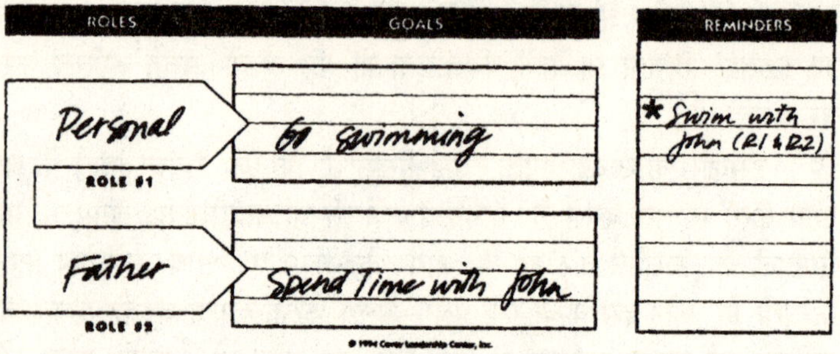

एक बार, जब हम यह सहक्रिया उत्पन्न कर लेंगे, तब हम सप्ताह के लिए चुनी अपनी गतिविधियों को दिन में अपाइंटमेंट्स या प्राथमिकताओं के तौर पर दर्ज कर सकते हैं।

कृत्रिम बाधाओं का निवारण

हम अक्सर काम, परिवार और व्यक्तिगत समय के बीच दीवारें खड़ी कर लेते हैं। हम ऐसे काम करते हैं, जैसे एक क्षेत्र का प्रभाव, हम दूसरे क्षेत्र में जो करते हैं, उस पर नहीं पड़ता, जबकि हम सब जानते हैं कि ये बाधाएँ कृत्रिम हैं। ऑफ़िस में बीता ख़राब दिन निराश कर सकता है, इससे भागीदारी की इच्छा कम हो जाती है, जिसका प्रभाव हमारे व्यक्तिगत और पारिवारिक जीवन पर पड़ता है। व्यक्तिगत और पारिवारिक टकरावों का बुरा प्रभाव काम की गुणवत्ता को प्रभावित कर सकता है। वहीं दूसरी ओर, परिवार के साथ अच्छे रिश्ते का हमारे काम पर सकारात्मक प्रभाव हो सकता है, और जब काम के दौरान कुछ शानदार होता है, तो हम इसे अपने परिवार और दोस्तों के साथ साझा करना चाहते हैं।

जीवन एक अखंडनीय पूर्णता है। जब हम अपने जीवन के विभिन्न पहलुओं और सभी उद्देश्यों में संबंध जोड़ पाते हैं, तो पाते हैं कि किसी भी भूमिका का नवीनीकरण अन्य भूमिकाओं को भी नवीन बना देता है। कार्यस्थल पर, हम संस्थान के उद्देश्यों से जुड़े हो सकते हैं, और उनमें भागीदारी करके पूर्णता को महसूस कर सकते हैं। हम अपने ग्राहकों को सेवा देने या हमारे द्वारा प्रशिक्षण पा रहे या साथ काम कर रहे लोगों के विकास और आगे बढ़ने को लेकर पूर्णता अनुभव कर सकते हैं। जब हम ऐसे तरीक़ों में निवेश करते हैं और उनसे जुड़ते हैं, जो विकास सुनिश्चित कर सकें और योगदान

दे सकें, तो हम पाते हैं कि रात को ऑफ़िस से घर लौटने वाला व्यक्ति उससे ज़्यादा ताक़तवर और बेहतर होता है, जितना वह सुबह ऑफ़िस जाते समय होता है।

घर पर, हम व्यक्तिगत नवीनीकरण कर सकते हैं, जो हमारी सभी भूमिकाओं को मज़बूत बनाए। परिवार के साथ बिताया गया समय अपने प्रियजनों के साथ रिश्ता गहरा करने में योगदान देता है। हम अपने परिवार के साथ मिलकर अपने समुदाय और दोस्तों के प्रति योगदान दे सकते हैं। जब हम व्यक्तिगत, पारिवारिक और सामाजिक जीवन को समृद्ध बनाने के लिए समय देते हैं, तो पता चलता है कि सुबह काम पर जाता व्यक्ति उससे ज़्यादा मज़बूत और बेहतर होता है, जो पिछली रात वहाँ से निकला था।

पूर्ण-खंड-पूर्ण सोच हमें रिश्तों पर ध्यान देने और ऐसा संबंध उत्पन्न करने योग्य बनाती है, जो विखंडन, निराशा और आत्म-केंद्रण की जगह विकास, भागीदारी और पूर्णता की ओर ले जाती है। यह सोच का ऐसा अवचेतन तरीक़ा बन जाता है, जो हमें अपने जीवन और तत्वों को एक साथ जोड़कर एक ख़ूबसूरत पैटर्न का तानाबाना रचने के सक्षम बनाता है। यह देखने की प्रचुरता है, जो प्रचुर कार्यों और प्रचुर जीवन की ओर ले जाती है।

3. *संदर्भ में विषयवस्तु*

प्राथमिकता संदर्भ की क्रिया है, या 'बड़ी तसवीर' जिसमें कुछ घटता है। उदाहरण के लिए, अगर आपको पता चले कि इस वक़्त आपका निकट का कोई व्यक्ति किसी बड़ी समस्या में फँसा है और उसे सहायता की ज़रूरत है, तो आप शायद अभी इस किताब को रखकर उसकी मदद करने पहुँच जाएँगे। क्यों? क्योंकि आप अपना समय कैसे बिताएँगे, इसका फ़ैसला करने का संदर्भ बदल गया था।

साप्ताहिक व्यवस्थापन, *विषयवस्तु,* यानी हमारे जीवन की गतिविधियों को जीवन की अहम चीज़ों के *संदर्भ* में रख देता है। यह बड़ी तसवीर में होने वाला नवीनीकरण है, जो हमें जीवन के उद्देश्य और पैटर्न से रूबरू करवाता है। यह ऐसे शक्तिशाली ढाँचे का निर्माण करता है, जो हम ज़रूरी काम किन्हें मानते हैं और आने वाले सात दिनों के दौरान हम इन्हें कैसे सबसे ज़रूरी बनाते हैं, इसे दर्शाता है। तात्कालिकता के दबाव में, मूड होने पर, या अनजाने में ही अवसर मिल जाने पर, हमारे पास एक ऐसा ठोस

आधार होता है, जिससे हम बदलाव का मूल्य माप सकते हैं। यहाँ हम संदर्भ में विषय वस्तु को देखते हुए 'अच्छे' की जगह 'सर्वश्रेष्ठ' को चुन सकते हैं।

जैसा एक व्यक्ति ने बताया था:

साप्ताहिक व्यवस्था का उपयोग करने से पहले मैं जब भी फ़ोन बजता था, फ़ौरन उसे उठाने को तत्पर हो जाता था। अगर कोई मुझे मिलने आने को कहे, तो मैं चला जाता था। अब मैं कहता हूँ, मैं ज़रूर आता, लेकिन मुझे वह वक़्त अपनी बेटी को देना है। कई बार मुझे काम के दायित्व के कारण अपने दोस्त से मिलना रद्द करना पड़ता है, लेकिन अगर मिलना ज़रूरी हो तो मैं इसे आगे का समय दे देता हूँ। शिड्यूल में ऐसी कोई चीज़ तब तक नहीं होती, जब तक अहम न हो।

क्वाड्रंट II व्यवस्था में उन प्राथमिकताओं का निर्धारण नहीं होता है, जो पहले से शिड्यूल में हों। यह प्राथमिकताओं का शिड्यूल बनाना है। यह सभी निर्धारित समय को शिड्यूल गतिविधियों से भरना नहीं है। यह 'बड़े पत्थर' पहले डालने है और इसके बाद वह सब कंकड़, रेत और पानी डाला जाए, जिसकी आवश्यकता है।

यहाँ उद्देश्य पात्र को कगार तक भरना नहीं है, लेकिन वहाँ बड़े पत्थरों का होना सुनिश्चित करना है तथा पात्र इतना भरा हुआ न हो कि इसमें विवेक-निर्देशित बदलाव समायोजित न हो सकें।

संदर्भ को विषय आधारित बनाने में, अनेक लोगों के लिए टाइम ज़ोन बनाना और तैयारी के लिए समय बचाना मददगार साबित हो सकता है।

टाइम ज़ोन बनाना

टाइम ज़ोन, समय के बड़े अंतर-परिवर्तनीय ब्लॉक्स होते हैं, जिन्हें विशिष्ट महत्त्वपूर्ण गतिविधियों के लिए अलग रखा जाता है। यदि पारिवारिक गतिविधियाँ आपके लिए मूल्यवान हैं, तो आप संभवतः नियमित रूप से प्रत्येक सप्ताह अपनी व्यवस्था बनाते हुए हर शनिवार सुबह अपनी पारिवारिक गतिविधियों के लिए तय कर सकते हैं। ऐसा करते हुए, आप कोई अपांइटमेंट नहीं रख रहे या कोई पक्का वादा नहीं कर रहे कि आप बिना किसी रुकावट शनिवार सुबह पारिवारिक गतिविधियाँ करेंगे, लेकिन जब आप अपनी अन्य गतिविधियों और लक्ष्यों की योजना बना रहे होंगे, तब आपको इस समय को पारिवारिक गतिविधियों के लिए तय रखना होगा।

अगर आप किसी स्थानीय सामुदायिक परियोजना या सर्विस क्लब से जुड़े हों, जिसकी महीने में दो सप्ताह गुरुवार शाम मीटिंग होती है, तो आप अपनी हर गुरुवार शाम इस सेवा गतिविधि के लिए तय कर सकते हैं। जिस दिन मीटिंग न हो, उस दिन का उपयोग आप सदस्यता रोस्टर पर काम करने में कर सकते हैं, या वह करें, जो इस भूमिका में आपका करना आवश्यक है।

अपने पेशे में, आप सप्ताह में एक सुबह कर्मचारियों से बातचीत के लिए निर्धारित कर सकते हैं। जब लोग आपसे मिलना चाहें, तो आप उन्हें अपने तय टाइम ज़ोन के अनुसार समय दे सकते हैं। आप सप्ताह के दौरान एक तय वक़्त नए संभावित ग्राहकों को तलाशने, ट्रेड पत्रिकाओं को पढ़ने या दीर्घकालिक योजना बनाने के लिए भी अलग रख सकते हैं।

टाइम ज़ोन अधिक प्रभावशाली साप्ताहिक व्यवस्था बनाने का नमूना प्रदान करते हैं। इसमें विचार यह नहीं है कि पूरे सप्ताह को टाइम ज़ोन में बाँट दिया जाए। बस कुछ ख़ास समय अवधियों को उच्च-प्राथमिकता वाली गतिविधियों के लिए अलग से रख दें।

टाइम ज़ोन के इस्तेमाल के अनेक फ़ायदे हैं। सबसे पहले, आपके पास अक्सर क्वाड्रंट II में आने वाली उच्च-प्राथमिकता गतिविधियों के लिए तय समय होता है। इससे आपका जीवन भी अनुशासित होता है, जिसके अनुसार अन्य लोग आपसे संपर्क करते हैं। अगर उन्हें पता है कि आपने गुरुवार रात का वक़्त क्लब के कार्यों के लिए निर्धारित किया है, तो वे शेष सप्ताह आपसे संपर्क नहीं करेंगे। उन्हें पता होगा कि वे आपसे क्लब के मामलों में उस वक़्त बात कर सकते हैं, जब आप इसके लिए उपलब्ध और केंद्रित होंगे।

चूँकि टाइम ज़ोन में अक्सर परिवर्तन किया जा सकता है, इससे आपको बिना उस सप्ताह के तय समय में बदलाव किए शिड्यूल बदलने का लचीलापन मिल जाता है। उदाहरण के लिए, अगर कुछ दोस्तों को अचानक पता चलता है कि किसी कारणवश वे गुरुवार रात वाले कंसर्ट में नहीं आ सकते और वे अपने टिकट आपको दे देते हैं, तो आप अपने परिवार को दिए जाने वाले समय को गुरुवार को रखते हुए, अपने परिवार को उस कंसर्ट में ले जा सकते हैं। और अपने क्लब का कार्य शनिवार सुबह कर सकते हैं। इस तरह सप्ताह के दौरान आप दोनों ही भूमिकाओं में वह कर सकेंगे, जो आपके लिए अहम है।

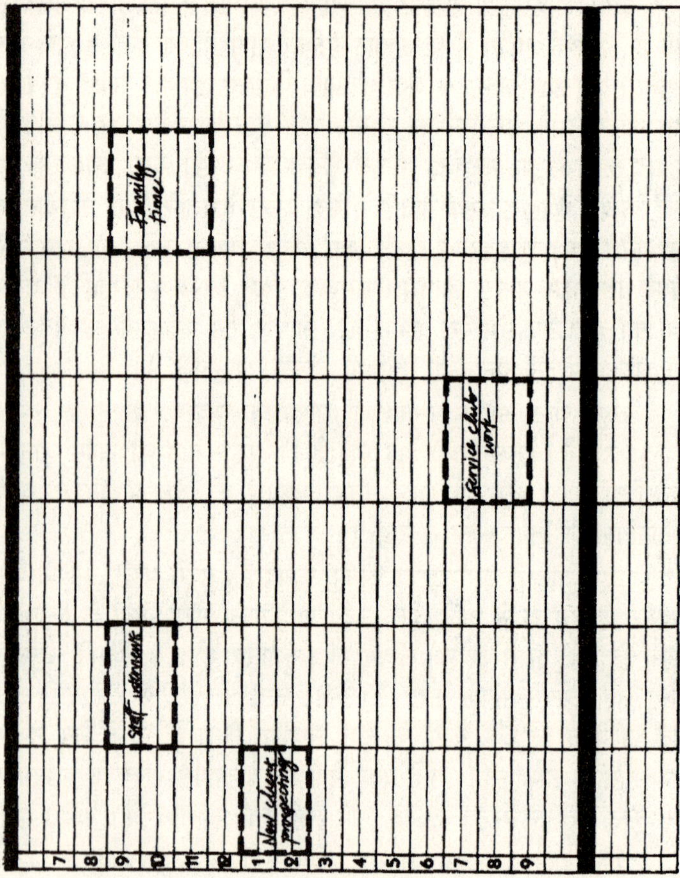
Family time
Service club work
New client prospecting

टाइम ज़ोन दूसरों लोगों के साथ उम्मीदों के स्पष्टीकरण में भी सहायक होते हैं। अगर आपका कोई सहायक है, जो आपके लिए अपाइंटमेंट्स तय करता है, तो टाइम ज़ोन का फ़ायदा आप दोनों को मिलेगा। चूँकि सोमवार, बुधवार और शुक्रवार को सुबह 10 बजे से 4 बजे तक के टाइम ज़ोन में आपके लिए अपाइंटमेंट्स तय करनी हैं, इसलिए आपके सहायक को पता होगा कि इस समय की सूची को देखे बिना उस दौरान आप कुछ भी शिड्यूल नहीं करेंगे, वहीं इसके साथ ही, आपको भी पता होगा कि आपका सहायक आपके लिए शेष समय बिना आपसे बात किए आपके लिए अपाइंटमेंट्स तय नहीं करेगा।

तैयारी के लिए समय निर्धारण

हमारी निराशा और घबराहट का सबसे बड़ा कारण तैयार न होने की हमारी अनुभूति है। समुचित तैयारी नहीं होने की वजह से अनेक चीज़ें तात्कालिक बन जाती हैं, हालाँकि साप्ताहिक व्यवस्था ऐसे फ्रेमवर्क की रचना करती है, जो तैयारी की गुंजाइश देता है और उसे प्रोत्साहित करता है।

उदाहरण के लिए, अगर आपको शुक्रवार सुबह की मीटिंग में एक महत्त्वपूर्ण प्रेजेंटेशन देनी है, तो आपको इसकी तैयारी के लिए बुधवार को और अभ्यास के लिए गुरुवार को समय निर्धारित करना होगा। अगर आपको शनिवार सुबह अपने बाग़ीचे में काम करना है, तो आपको शुक्रवार को बीज और औज़ार ख़रीदने स्टोर जाना होगा।

हम में से अधिकांश लोग सफलता के जो अनुभव पाना चाहते हैं, वे दुर्लभ ही कभी संयोगवश होते हैं। सफलता के अनुभव हमेशा उपलब्धि ही होते हैं। सावधानी से बनी योजना और तैयारी के परिणाम। सप्ताह के लिए योजना बनाते समय स्पष्टीकरण के क्षण से हमें वह दृष्टिकोण मिलता है, जिससे हम संभावित तैयारी के लिए आवश्यक समय को अलग रख सकें। ज़ाहिर है, जब चीज़ें योजना के अनुसार हो रही हों, तब हम तैयार होने पर और भी बेहतर प्रदर्शन कर सकते हैं, लेकिन अगर चीज़ें बदल भी जाएँ, तो इसकी तैयारी में दिए समय से हम इतने समर्थ होते हैं कि शीघ्र और प्रभावी ढंग से बदलाव के मूल्य और कीमत को पहचान कर सही दिशा में आगे बढ़ सकें।

एक बार सप्ताह का दृष्टिकोण प्राप्त हो जाने के बाद, आपके लिए दिन को संकीर्ण दृष्टि से देखना कठिन हो जाता है। विषय आधारित संदर्भ आपको इस योग्य बना देते हैं कि आप अपने चयन के क्षण में अधिक समझदारी भरे और प्रभावी फ़ैसले ले सकें।

जीवन की गुणवत्ता का अंतर

जीवन में एकल आयाम कालक्रम के प्रतिमान से ज़रूरी चीज़ें पहले रखने का प्रयास अत्यंत सरल होता है। इससे सिर्फ़ यह प्रदर्शित होता है कि हमारे जीवन में क्या अहम है और हम यांत्रिक घड़ियों और मुद्रित कलैंडरों के हिसाब से कितना बेहतर कर रहे हैं। घड़ी की टिकटिक ही हमारी जीवन गति को तय करती है।

लेकिन साप्ताहिक व्यवस्था प्रक्रिया से जिस वाइड-रेंज दृष्टिकोण का निर्माण हुआ है, वह देखने और होने के बिलकुल नए स्तर की रचना कर देता है। इस अंतर को समझने का सबसे अच्छा तरीक़ा इसे अनुभव करना है। हमें अक्सर निम्न प्रकार की टिप्पणियाँ सुनने को मिल जाती हैं:

मेरा ज़्यादातर समय पेशेवर कामों में खप जाता था, लेकिन अब ऐसा नहीं होता। ऐसा लग रहा है, जैसे मेरे कंधों से भारी बोझ उतर गया है और मैं फिर से अपने जीवन का आनंद ले रहा हूँ। मैं कार्यस्थल पर काम ज़्यादा कर रहा हूँ और फिर भी मेरे पास अन्य भूमिकाओं को निभाने के लिए पर्याप्त समय होता है। मेरी ज़िंदगी में संतुलन फिर बनने लगा है।

मैं काफ़ी अच्छा समय बिता पा रहा हूँ। इससे पहले मैं हमेशा यही कहता रहता था, "दिन में न तो घंटे पूरे पड़ते हैं और न ही सप्ताह में दिन। मुझे इतना कुछ करना होता है।" मैं कई बार फिर उन्हीं पुरानी आदतों पर चलने लगता हूँ, लेकिन यह सोचकर राहत मिलती है कि अब मैं संयमित और संतुलित हूँ और अपने को फ़ौरन हालात के अनुसार ढाल सकता हूँ। जल्दबाज़ी होती है, कुछ ज़रूरी काम भी होते हैं, वे रुक नहीं सकते, लेकिन फ़ायदा यह है कि अब मैं अपने लिए समय तय कर लेता हूँ और जानता हूँ, सचमुच जानता हूँ कि यह क्वाड्रंट I की किसी भी ग्राहक आपात स्थिति जितना ही अहम है। पहले, मुझे लगता था कि मुझे दिन के हर घंटे को फिर से शिड्यूल करना होगा, लेकिन तब मुझे अहसास हुआ कि मुझे हर छोटी चीज़ का शिड्यूल नहीं बदलना है, बल्कि ज़रूरी चीज़ों पर पहले काम करना है।

सबसे महत्त्वपूर्ण बदलाव मेरे बच्चों के साथ आया है। सोमवार हमेशा ही सबसे व्यस्त दिन होता था। उस दिन मेरी बेटी को घुड़सवारी के लिए जाना होता था, तो बेटे को फ़ुटबॉल प्रशिक्षण के लिए और इन सबके बीच पूरा परिवार रात का ख़ाना एक साथ खाने का प्रयास करता था। सप्ताह की व्यवस्था करते हुए मैंने अपनी पत्नी को सुझाव दिया कि हमें यह ख़ास समय बच्चों के लिए विशेष रूप से रखना चाहिए। हम दोनों बच्चों के काम के पहले या बाद में एक - एक बच्चे को साथ ले जाएँगे और बाहर खाना खाएँगे। इस दौरान हमारा पूरा ध्यान दौड़-भाग पर नहीं, बल्कि बच्चों पर रहेगा। दो सप्ताह योजना बनाने के बाद, बीते सोमवार को जब हम फास्ट फूड रेस्टोरेंट से बाहर निकलकर फ़ुटबॉल प्रशिक्षण के लिए जा रहे थे, उस वक़्त मेरे बेटे ने मेरा हाथ पकड़ लिया। जब हम कार की तरफ़ जा रहे थे, तो वह बोला, "पापा, सोमवार मेरा पसंदीदा दिन है। ये चाहे आप हों या माँ, मुझे बस बातें करना अच्छा लगता है।"

जीवन की गुणवत्ता के कुछ ऐसे भी गुद्दे हैं, जिन्हें केवल समय के संकीर्ण प्रतिमान से नहीं देखा जा सकता। दैनिक योजना बनाने में सिर्फ़ एक साप्ताहिक वर्कशीट के जोड़ने भर से काफ़ी फ़र्क़ पड़ता है, लेकिन एक और ज़्यादा ताक़तवर फ़र्क़ तब आता है, जब हम कैरोस या प्रचुरता के प्रतिमान को भी जोड़ देते हैं। जब हमें दिखने लगाता है कि हमारे जीवन का हर हिस्सा हमारे मिशन के लिए अहम है, और इन हिस्सों के बीच की सहक्रियाता पूर्ण ऊर्जा का निर्माण कर रही है, तब जीवन निरंतर सीखने, रिश्तों की पूर्णता, और सार्थक योगदान के विकास का उत्पादक चक्र बन जाता है।

सप्ताह का परिदृश्य संतुलन और दृष्टिकोण का पोषण करता है तथा पल-प्रतिपल प्रभावशाली चयन के संदर्भ प्रदान करता है, उन चीज़ों के लिए जिन्हें हमने अपने जीवन में ज़रूरी माना है।

साप्ताहिक दृष्टिकोण के पोषण के लिए क्वाड्रंट II लक्ष्य

- अपनी क्वाड्रंट II व्यवस्था के लिए प्रति सप्ताह एक ख़ास समय निश्चित करें। ऐसा स्थान तलाशें, जो आत्मनिरीक्षण और चिंतन-मनन के लिए अनुकूल हो।
- सप्ताह के दौरान, उन परिस्थितियों को पहचानें, जिन्हें आपने साप्ताहिक दृष्टिकोण होने के कारण अलग तरह से सँभाला है। इन्हें अपने ऑर्गेनाइज़र में दर्ज करें। सप्ताह के अंत में, अपने अनुभवों का मूल्यांकन करें।
- अगर आप अभी नहीं कर रहे हैं, तो सप्ताह में केवल आराम या मनोरंजन के लिए नहीं, बल्कि नवीनीकरण, विचार और पुनः प्रतिबद्धता के लिए एक दिन तय करें। इस दिन, वह काम न करें, जो आप शेष दिनों में करते हैं। एक महीने बाद, इसका अपने जीवन पर पड़े प्रभाव का मूल्यांकन करें।
- अगर आप दूसरे लोगों के साथ रहते हैं और काम करते हैं, तो उनके साथ हर सप्ताह मीटिंग की व्यवस्था करें। ऐसे रास्ते तलाशें, जिनसे आप अपनी गतिविधियों को बेहतर ढंग से शेष सबके उद्देश्यों की पूर्ति के लिए समायोजित कर सकें।

9: चयन के क्षण में सत्यनिष्ठा

जीवन की गुणवत्ता इस पर निर्भर है कि प्रेरणा और प्रतिक्रिया
के बीच अंतराल में क्या होता है

मान लीजिए, किसी सप्ताहांत आप आधे घंटे गुणवत्तापूर्ण ढंग से समय व्यतीत करके अपनी क्वाड्रंट II प्रक्रिया का विश्लेषण करते हैं और इसे अपने गहन आंतरिक जीवन के साथ जोड़ देते हैं। आप अपने मिशन और भूमिकाओं की समीक्षा करते हैं, आप अपने लिए अहम लक्ष्य चिह्नित करते हैं। आप उन्हें उस सप्ताह के एक्शन प्लान का हिस्सा बनाते हैं। तत्पश्चात, दिन शुरू होने के साथ ही, आप उस दिन की अपनी योजना की समीक्षा करते हैं, इसके महत्त्व पर पुनः विचार करते हैं, और अगर इसमें कोई विवेक आधारित बदलाव ज़रूरी लगता है, तो वह करते हैं। आपको यक़ीन होता है कि आपने अपने लिए 'ज़रूरी चीज़ों' को पहचान लिया है, और अपने जीवन के आगामी चौबीस घंटों में उन्हें ज़रूरी चीज़ें बनाने की अच्छी योजना बना ली है।

तो आप दिन की शुरुआत उसी तरह करते हैं, जैसी आपने योजना बनाई थी, लेकिन किसी कारण दिन उस तरह नहीं गुज़र पाता, जैसी आपने योजना बनाई थी।

- आप अपने कर्मचारी से संवाद समाप्त करने वाले ही थे कि तभी अचानक रोते हुए उसने कुछ ऐसी परेशानियों के बारे में बताना शुरू कर दिया, जिनसे उसका काम प्रभावित होता था। आपको इस कर्मचारी की परवाह है, लेकिन दस ही मिनट में आपकी एक महत्त्वपूर्ण मीटिंग होने वाली है, और आपको उन अन्य पाँच लोगों का भी ध्यान रखना है, जिन्होंने वहाँ आने के लिए समय निकाला है। आप क्या करेंगे?

- आपको बेटी के प्राइमरी स्कूल से प्रिंसीपल का फ़ोन आता है और आपसे स्कूल के लिए आवश्यक खेल मैदान उपकरणों को अर्जित करने के

काम में जुटी स्पेशल टास्क फ़ोर्स में सेवाएँ देने के लिए पूछा जाता है। आपने अभी हाल ही में संकल्प किया है कि अब आप और अधिक काम हाथ में नहीं लेंगे, क्योंकि आपको लगता है कि आप पहले से स्वयं के नवीनीकरण और अपने परिवार को समय नहीं दे पा रहे, लेकिन आपके लिए आपकी बेटी और उसके स्कूल में प्रिंसीपल जो करने का प्रयास कर रहे हैं, वह महत्त्वपूर्ण है। आप जानते हैं कि आपके पास वह प्रतिभा, संसाधन, और संपर्क हैं, जिनसे इस प्रोजेक्ट का काफ़ी फ़ायदा हो सकता है। आप क्या करेंगे?

• आप एक प्रोजेक्ट पर कई घंटों से पूरी मेहनत से काम कर रहे हैं और अब आपको लगने लगा है कि आपकी प्रभावकारिता कम हो रही है। आप सोचते हैं कि ब्रेक लेने या लंच ज़रा जल्दी लेने से आप फिर काम कर सकेंगे, लेकिन काम पूरा करने की सीमा सिर पर है, और आप निश्चित नहीं हैं कि इस ब्रेक से ताज़गी आएगी या यह बचने का तरीक़ा है। आप कैसे फ़ैसला करेंगे?

संभव है कि आपके साथ ऐसे हालात न हों, लेकिन आप जिन भी हालात में हों, आप जानते हैं कि हर नया दिन अनपेक्षित बदलाव, नए अवसर, कारण, या ऐसे बहाने लेकर आता है कि आपने अपनी योजना अनुसार काम क्यों नहीं किया।

ऐसे हालात में आप क्या करेंगे ?
आप क्या फ़ैसला करेंगे?
आप अपने फ़ैसलों के बारे में कैसा महसूस करेंगे ?
इन्हें लेते वक़्त आप कैसा महसूस करेंगे ?

दिन समाप्त होने पर आपको कैसा महसूस होगा ? आप निराश होंगे, खुद को अयोग्य मानेंगे, क्योंकि आप सब कुछ नहीं कर सके, और इन कोशिशों की दौड़-धूप से थके होंगे? या आपने जो किया, उसके लिए खुद को शांत, सहज, और भीतर से संतुष्ट महसूस करेंगे कि आपने ज़रूरी चीज़ों को पहले रखा?

ये चुनौतियाँ कोरी कल्पनाए नहीं हैं। ये रोज़ की बातें हैं। और न तो क्वाड्रंट II व्यवस्था जितनी शक्तिशाली और न ही कोई अन्य योजना प्रक्रिया हमें इतना सशक्त बना पाएगी कि हम आगे होने वाली किसी भी घटना को

पहले ही जान या नियंत्रित कर सकें। अगर हमारा समय-प्रबंधन का विचार ऐसा है कि हम तय अपाइंटमेंट्स और 'टू-डू सूची' को पूरा करते हैं, चाहे जो हो जाए, तो हम अपने आपको अनिवार्य निराशा की तरफ़ ले जा रहे हैं। अधिकांश दिनों की प्रकृति उम्मीदों को धूमिल कर देगी, जिसके कारण हम जीवन के सबसे सार्थक और समृद्ध आयामों से चूक जाएँगे। साथ ही इसकी भी बहुत संभावना है कि ज़्यादातर समय, हम ज़रूरी चीज़ों को पहले न रख पाएँ।

जीवन का हर सप्ताह या दिन या क्षण अनछुआ क्षेत्र होता है। हम पहले कभी वहाँ नहीं रहे। हम पैराशूट से एक अनजाने इलाक़े में उतर गए हैं। हमने जो रोडमैप बनाया था, उससे हमें मदद मिलेगी, लेकिन हमारी रास्ता खोजने की क्षमता काफ़ी हद तक हमारे आंतरिक दिशासूचक की गुणवत्ता और हमारी चार वृत्तियों की ताक़त पर निर्भर होती है, जो हमारे के लिए सही दिशा को किसी भी वक़्त तलाशने और हमें उसके अनुकूल बनाना संभव करते हैं। यही क्वाड्रंट II व्यवस्था का उद्देश्य है, जो हमें चयन के क्षण में सत्यनिष्ठा से जीने के योग्य बनाती है। रास्ते में चाहे जितने घुमाव हों, नक़्शा बनाने के बाद जो भी नई सड़कें बनाई जाएँ, सही दिशा में आगे बढ़ते रहने के लिए हम अपने आंतरिक दिशासूचक पर निर्भर रह सकते हैं।

चयन का क्षण

चयन का क्षण सत्य का क्षण होता है। यह हमारे चरित्र और क्षमता की आज़माइश का बिंदु भी होता है। चयन के क्षण में हम पर काम कर रहे कारकों पर विचार करते हैं:

- तात्कालिकता -आवश्यकता (ज़रूरी और आसन्न चीज़ें)
- सामाजिक दर्पण (पसंदीदा और लोकप्रिय चीज़ें)
- हमारी अपनी उम्मीदें
- दूसरों की उम्मीदें
- हमारे गहन मूल्य (हमें दीर्घावधि के लिए जो अहम महसूस होता है)
- हमारा परिचालन मूल्य (जो हम लघु अवधि में चाहते हैं)
- हमारी स्क्रिप्टिंग
- हमारी आत्म-जागृति

- हमारे विवेक
- हमारी बुनियादी आवश्यकताएँ
- हमारी इच्छाएँ

हम पर ये सब कारक काम करते हैं, ऐसे में यह याद रहना ज़रूरी होता है कि चयन का क्षण बस चयन का वह क्षण होता है। हम ऐसे एक या अधिक प्रभावों पर स्वतः स्फूर्त प्रतिक्रिया देते हैं, हालात या अन्य लोगों को आप पर नियंत्रण करने की शक्ति दे देते हैं, या अपनी सचेत, चेतना-चालित मानवीय वृत्तियों का उपयोग करके फ़ैसला लेते हैं- यह हमारा चयन है।

जैसा कि विक्टर फ्रैंकल ने नाज़ी डेथ कैंपों में देखा था :

> यातना शिविरों में रह चुके लोगों को वे लोग याद होंगे, जो शिविरों में घूमकर दूसरों को साँत्वना देते हुए उन्हें अपनी ब्रेड का आख़िरी टुकड़ा दे देते थे। वे ज़्यादा नहीं थे, लेकिन वे इसका पर्याप्त प्रमाण हैं कि मनुष्य से सब कुछ लिया जा सकता है, लेकिन एक चीज़ नहीं- मनुष्य की अंतिम स्वतंत्रता, किसी हालात में रवैया अख़्तियार करने की स्वतंत्रता, अपना रास्ता चुनने की स्वतंत्रता।
>
> और विकल्प हमेशा होते हैं। हर दिन, हर घंटा, फ़ैसले लेने का अवसर होता है। एक फ़ैसला, जिससे तय होता है कि आप उन शक्तियों के आगे समर्पित होते हैं या नहीं, जिनसे आपको अपना अस्तित्व, अपनी आंतरिक स्वतंत्रता छिन जाने का ख़तरा हो, जिससे तय होता है कि आप हालात का खिलौना बनेंगे या नहीं बनेंगे...।'

हमारे लिए इस भ्रम के साथ रहना बहुत आसान होता है कि हालात या दूसरे लोग हमारी जीवन की गुणवत्ता के लिए ज़िम्मेदार हैं, लेकिन सच यह है कि इसके ज़िम्मेदार हम ख़ुद होते हैं। अपने चयनों का ज़िम्मा हम पर होता है। और जहाँ इनमें से कुछ विकल्प उस वक़्त छोटे और नगण्य लग सकते हैं, जैसे छोटे पहाड़ी नाले मिलकर बड़ी नदी बन जाते हैं, वहीं ये फ़ैसले साथ मिलकर हमें अत्यधिक प्रबलता के साथ हमारी अंतिम नियति तक पहुँचा सकते हैं। समय के साथ हमारे चयन हमारी दिली आदतें बन जाते हैं। और शेष किसी भी चीज़ से अधिक, ये दिली आदतें हमारे समय और जीवन की गुणवत्ता को प्रभावित करती हैं।

सिद्धांत–केंद्रित चयन

सिद्धांत-केंद्रित जीवन का सार सुनने के प्रति प्रतिबद्धता और विवेकपूर्ण जीवन जीना है। क्यों? क्योंकि हमारे चयन के क्षण को प्रभावित करने वाले सभी कारकों में, यही कारक है, जो हमेशा सही दिशा की ओर संकेत करता है। इसी के कारण हमें गुणवत्तापूर्ण जीवन के परिणाम मिलते हैं।

इस सिद्धांत-केंद्रित चयन के फ़र्क़ को दर्शाने के लिए, हम आपको एक प्रयोग करने को कहते हैं। हम चाहते हैं कि आप यह प्रयोग पूरी गहराई के साथ करें, क्योंकि अनुभव करने के लिए इस अध्याय के सार को समझना होगा।

क्षणभर के लिए किसी ऐसे रिश्ते पर विचार करें, जिसकी आपको अत्यधिक परवाह है, और जिसमें आप वास्तव में सुधार करने की आवश्यकता अनुभव करते हैं। यह आपका जीवनसाथी, माता-पिता, संतान, बॉस, कर्मचारी, दोस्त, कोई भी हो सकता है। इस रिश्ते के बारे में सोचते हुए, गहन आंतरिक जीवन में जाने का प्रयास करें और अपने आपसे यह सवाल करें:

मैं ऐसा क्या करूँ, जिससे इस रिश्ते की गुणवत्ता में महत्त्वपूर्ण सुधार आए?

इस पर सोच-विचार करने पर क्या आपको कोई जवाब मिला?

क्या आपको विश्वास है कि वह करने से रिश्ते की गुणवत्ता में सुधार आएगा?

आपको कैसे पता?

हम जब भी यह सवाल करते हैं, लोग हमेशा ही उस ख़ास चीज़ का अनुमान लगा लेते हैं, जिसे करने से फ़र्क़ आ सकता है। वे जानते हैं कि वह करने से रिश्ते की गुणवत्ता में सुधार होगा।

"आपको कैसे पता?"

"मुझे बस पता है।"

अधिकांश लोगों के लिए, ऐसा नहीं होता है कि वे पहले भी इसे इन हालात या अन्य हालात में आज़मा चुके होते हैं। यह अनिवार्य रूप से रेखीग

विचारों का सीधा विस्तार नहीं है। यह बस सही चीज़ का गहन आंतरिक बोध है और एक विश्वास कि ऐसा करने से गुणवत्तापूर्ण परिणाम मिल सकते हैं।

"क्या आपका जवाब सही दिशा के सिद्धांतों के अनुरूप है?"

"हाँ"

"क्या यह आपके प्रभाव चक्र में है?"

"हाँ"

"यह कठिन भी हो सकता है, लेकिन फिर भी आप यह करना चाहेंगे?"

"हाँ"

यह गहन आंतरिक बोध, अधिकांश उच्च-लाभकारी सिद्धांत-आधारित चीज़ों में फ़ौरन लक्ष्य साध लेता है, जो हम किन्हीं ख़ास हालात में जीवन की गुणवत्ता सुधारने के लिए कर सकते हैं। यह उसी तरह का बोध है, जिसे आपने अपने मिशन स्टेटमेंट और साप्ताहिक व्यवस्था बनाते हुए अनुभव किया होगा।

लेकिन, क्या हो, अगर आप गहन आंतरिक बोध को दिन-प्रतिदिन, पल-प्रतिपल हासिल कर सकें? दिन की भागदौड़ में, इसकी बजाय कि आप अपने फ़ैसले तात्कालिकता, सामाजिक दबाव, दूसरों की उम्मीदों, कष्ट से बचने, फ़ायदा, या फ़ौरी राहत के आधार पर लें, क्या हो अगर आप ये फ़ैसले आंतरिक बोध के आधार पर ले सकें? क्या हो अगर आप इस फ़ैसलों को प्रभावी ढंग से लागू कर पाएँ? क्या इससे आपके जीवन में कोई फ़र्क़ आएगा?

स्टीफ़नः कुछ साल पहले, मैंने विश्वविद्यालय के कुछ छात्रों के साथ विवेक की सुनने तथा उसके साथ सामंजस्यपूर्वक रहने के विषय पर बात की। इस प्रक्रिया में, हमने एक सुनने संबंधी प्रयोग किया, जिसमें मैंने उन्हें गहन आंतरिक जीवन से जुड़ने और उस अंतःकरण को सुनने के लिए प्रेरित किया। अच्छा विद्यार्थी बनने के लिए आप क्या कर सकते हैं? एक अच्छा बेटा या बेटी, या बेहतर रूम पार्टनर बनने के लिए आप क्या कर सकते हैं? आप ज़्यादा सत्यनिष्ठा वाले जीवन को जीने के लिए क्या कर सकते हैं?

तत्पश्चात, एक युवती मेरे पास आई और बोली, "मैं कैसे जानूँ कि मैं जो सुन रही हूँ, वह सचमुच मेरे अंतःकरण की आवाज़ है? वह जो पूछ रही थी, वही और भी बहुत से लोग पूछते हैं: "मैं कैसे जानूँ कि मैं जो सुन रहा

हूँ, वह मेरे अंतःकरण की गहन आंतरिक आवाज़ है या किसी अन्य की आवाज़ है-सामाजिक विवेक, स्क्रिप्टिंग, ख़ुद मेरे ख़याली पुलाव?

मैंने कहा, "इस सुनने के प्रयोग को करते वक़्त, क्या आपको कुछ अनुभूत या महसूस हुआ?"

"हाँ!" उसने जवाब दिया। "ऐसी बहुत सी चीज़ें हैं, जो मैं बेहतर होने के लिए कर सकती हूँ।"

तो मैंने कहा कि आप अपना सवाल भूल जाएँ। बस वे चीज़ें करें। ऐसा करने पर, आप उस आंतरिक आवाज़ से परिचित हो जाएँगी और आंतरिक आवाज़ आपके सवालों के जवाब दे देगी।

मैंने उसके हाव-भाव देखे। "लगता है आपको मेरा जवाब पसंद नहीं आया?"

"नहीं," उसने जवाब दिया।

"क्यों नहीं?"

उसने आह भरकर कहा, "अब मेरे पास कोई बहाना नहीं बचा।"

एक साल बाद, मैं उसी विश्वविद्यालय में किसी अन्य विषय पर बोल रहा था। यही युवती फिर मेरे पास आई, मुझे अपना परिचय दिया, मुझे वह सवाल याद दिलाया, जो उसने मुझसे पिछले साल पूछा था। मुझे जैसे ही वह दिन याद आया, मैंने कहा, "तो क्या हुआ फिर?"

उसने जवाब दिया ,"मैंने इसे गंभीरता से लेते हुए वह सब किया।"

"आपने क्या किया?"

"मैं ज्ञानपूर्ण साहित्य को पूरी गंभीरता से पढ़ने लगी। मैंने कुछ लोगों के साथ सुलह कर ली। पहले मुझे लगता था कि मैं उन्हें भूल सकती हूँ, क्योंकि वे लोग मुझे पसंद नहीं थे। मैं घर में ज़्यादा योगदान देने लगी, ज़्यादा मदद करने लगी। मैंने बतौर विद्यार्थी टालमटोल करना बंद कर दिया। मुझे अहसास हुआ कि विद्यार्थी होने के कारण मैं भी सेवक ही हूँ, जैसे मैं अपने परिवार और अपने धर्मस्थल की सेवक हूँ। मैं अपने भाई और बहनों के साथ ज़्यादा ख़ुश रहने का प्रयास करने लगी। मैंने अपने माता-पिता को पलटकर जवाब देना बंद कर दिया। मैं पहले से कम रक्षात्मक और कम क्रोधी हो गई। वह एक क्षण रुकी और फिर बोली, अब मुझे भीतरी व बाहरी आवाज़ व अन्य आवाज़ों के बीच का फ़र्क़ साफ़ तौर पर पता है।"

कुछ वर्षों बाद, मैं किसी अन्य राज्य में किसी अन्य समूह के बीच व्याख्यान दे रहा था। और वह एक बार फिर मुझसे मिलने आई। उसने पूछा, "क्या आप तीसरी बार फिर बात करना चाहेंगे?" मैंने हामी भरी। उसने कहा, "अपने आंतरिक मार्गदर्शक को जानने के बाद मैंने अपने जीवन में जो फ़र्क़ महसूस किया, वो अविश्वसनीय था। मुझे अपने हर काम में दिशा का अहसास होता है। तथा जब तक मैं इसे लेकर सच्ची हूँ, तब तक हर चीज़ साथ-मिलकर उसे पाने में मेरी मदद करती है।"

यही सिद्धांत-केंद्रित जीवन का सार है। यह गहन आंतरिक बोध से संपर्क के साथ ही इस पर सत्यनिष्ठा से काम करने का मार्ग खोल देता है। यह ऐसा चरित्र और क्षमता है, जिससे आप अपने अंतःकरण को सुन सकते हैं और उसके अनुसार जी सकते हैं।

निश्चित ही यह कोई 'फ़ौरी-राहत' नहीं है। जैसा कि इस युवती ने पाया, समय के साथ इसमें प्रयास और निवेश करना पड़ता है, लेकिन हम जितना अधिक यह करते हैं, उतना ही हम सिद्धांत-केंद्रित जीवन से मिलने वाले जीवन की गुणवत्ता के फलों का अनुभव करते हैं।

इस विकल्प को लागू कैसे करें

क्वाड्रंट II प्रक्रिया का एक अहम उद्देश्य प्रेरक और प्रतिक्रिया के बीच के अंतराल तथा इस पर सत्यनिष्ठा से काम करने की हमारी शक्ति को बढ़ाना है। हम अपने लिए व्यक्तिगत मिशन स्टेटमेंट बनाकर ऐसा करते हैं। हम अपने सप्ताह को व्यवस्थित कर ऐसा करते हैं। हम प्रेरकों व प्रतिक्रियाओं के बीच विराम देकर सक्रिय रूप से ऐसी प्रतिक्रिया चुनते हैं, जो सिद्धांतों, आवश्यकताओं और क्षमताओं से गहराई से एकीकृत हों।

रोज़ाना, पल-प्रतिपल आधार पर, हम विराम लेने की क्रिया सीखकर अपनी सत्यनिष्ठा द्वारा कार्य करने की क्षमता को बढ़ाते हैं। इस विराम में, सत्यनिष्ठा तब आती है, जब हम अपनी मानवीय वृत्तियों का उपयोग करके अभिप्रायपूर्वक पूछते हैं, उसे बिना बहाना बनाए सुनते हैं और पूरे साहस के साथ क़दम उठाते हैं।

1. अभिप्रायपूर्वक पूछना

अभिप्रायपूर्वक पूछना ऐसी महत्त्वपूर्ण प्रक्रिया है, जिससे हम सिद्धांत केंद्रित हो पाते हैं। यह अपने अंतःकरण से पूछना है। यह उत्सुकता के कारण पूछना नहीं, बल्कि दिली ज्ञान पर आधारित प्रतिबद्धता के कारण पूछना है।

अभिप्रायपूर्वक पूछना सिद्धांतों की विनम्रता की पुनः-पुष्टि करता है। यह सिद्धांतों के होने और उनके नियंत्रण में होने की स्वीकार्यता है। यह हमारी मानवीय वृत्तियों की पुष्टि है कि हम में यह महसूस करने लायक़ आत्म-जागृति है कि हमें पूछना है, सही दिशा में आगे बढ़ने का विवेक है, विकल्प चुनने की स्वतंत्र इच्छा है तथा इसे सबसे प्रभावशाली तरीक़े से कार्यान्वित करने की रचनात्मक कल्पनाशीलता है। इसका अर्थ सीखने योग्य होने, साहस और आत्मविश्वास है। इससे यह प्रकट होता है कि हमारी सही चीज़ करने की इच्छा चाहे कुछ भी कर देने की इच्छा से ज़्यादा बड़ी है।

चयन के क्षण में सत्यनिष्ठा के साथ कार्य करने की शुरुआत हमारे व्यक्तिगत मिशन स्टेटमेंट बनाने या साप्ताहिक योजना बनाने के दौरान लक्ष्य तय करने के बारे में पूछने से होती है। दिन की चुनौतियों का सामना करते हुए हमें एक ऐसे मूल प्रश्न का निर्माण करना होता है, जो तुरंत हमारा ध्यान सुनने और विवेक के साथ जीने के प्रति आकर्षित करे, क्योंकि यह इतना गहन व्यक्तिगत अनुभव है कि हम निष्कर्ष निकालते हैं कि लोग उस समय ज़्यादा समर्थ होते हैं, जब वे उन शब्दों का इस्तेमाल करें, जो उनकी अपनी भाषा के हैं। लोग अपने लिए जो कुछ सार्थक सवाल पूछते हैं, उनमें शामिल हैं:

फ़िलहाल मेरे अपने समय का सबसे अच्छा उपयोग क्या है?
फ़िलहाल सबसे महत्त्वपूर्ण क्या है?
जीवन मुझसे क्या करने को कह रहा है?
फ़िलहाल क्या करना सबसे सही रहेगा?

ये सवाल भले ही शब्दों में हों, लेकिन इन्हें पूछना दिल से होगा। इसके अलावा, कुछ और सवाल भी हैं, जिन्हें चयन के क्षण में पूछना प्रभावी रहेगा।

क्या यह मेरे प्रभाव के चक्र में है?
क्या यह मेरे ध्यान का केंद्र है?

क्या कोई तीसरा विकल्प भी है?
इसमें कौन से सिद्धांत लागू हैं?
इनके इस्तेमाल का सबसे अच्छा तरीक़ा क्या है?

चलिए, अब उन समस्याओं में से किसी एक को लेते हैं, जिनका ज़िक्र हमने अध्याय के आरंभ में यह दिखाने के लिए किया था कि कैसे ये सवाल हमें सिद्धांत-केंद्रित तरीक़े से कार्य करने में मदद कर सकते हैं।

मान लीजिए, एक कर्मचारी उस वक़्त अपनी गहरी बातें आपसे साझा करना शुरू कर देता है, जब आपकी एक महत्त्वपूर्ण मीटिंग होने वाली है। इसमें आम प्रतिक्रिया निराशा और चिंता की होगी, दुविधा में फँसने की होगी, दो दिशाओं में खींचे जाने की होगी। साथ ही यह डर भी होगा कि मीटिंग में न जाने के कारण कहीं अधिकारी आपसे नाराज़ न हो जाएँ। इसमें आमतौर पर प्रतिक्रिया यही होगी कि आप घड़ी की तरफ़ देखेंगे और कहेंगे, "माफ़ करना, मुझे एक मीटिंग में जाना है," और उस कर्मचारी को स्टाफ़ के पास भेजकर चले जाएँगे।

लेकिन उस कर्मचारी की निष्ठा और रचनात्मकता के मायने में इस फ़ैसले की क्या क़ीमत होगी? क्या होगा जब वह कर्मचारी अपना यह अनुभव दूसरों को बताएगा? आपके व्यक्तिगत सत्यनिष्ठा खाते का क्या होगा?

मान लीजिए, आप गहरी साँस लेकर क्षण भर सोचते हैं।

इस वक़्त क्या ज़्यादा ज़रूरी है?

आपको ठीक-से नहीं पता। लोग शिड्यूल से ज़्यादा ज़रूरी हैं, लेकिन यहाँ शिड्यूल में भी अन्य लोग शामिल हैं।

क्या यह मेरे प्रभाव चक्र में है?

दोनों हालात आपके प्रभाव चक्र में हैं, दोनों ही आपके मिशन और उद्देश्य से जुड़े हैं।

यहाँ कौन-से सिद्धांत लागू होते हैं?

संभव है कि इन हालात पर विचार करने पर आपके दिमाग़ में यह ख़ास सिद्धांत आए- ईमानदार और खुले मन के रहें। लोगों के साथ मिलकर समाधान तलाशें। आप उस कर्मचारी से कहना चाहेंगे, "मैं तुम्हारे अपने गहन विचारों को मेरे साथ साझा करने की कद्र करता हूँ। यह इतना ज़रूरी है कि मैं चाहता हूँ कि इस पर तुम्हारे साथ बात करके समाधान निकालने में तुम्हारी मदद करूँ। मेरी परेशानी यह है कि अभी मुझ कुछ लोगों से मिलने जाना है, लेकिन मैं 3 बजे तक वापस आ जाऊँगा। क्या आप मुझे उस वक़्त मिल सकते हैं, फिर हम साथ मिलकर कोई हल निकालेंगे?"

या आप कुछ अलग भी अनुभव कर सकते हैं। आपके दिमाग़ में व्यक्ति के मूल्य का सिद्धांत आ सकता है। आप उसे कुछ मिनट इंतज़ार करने को कहकर अपने सेक्रेटरी से कहेंगे कि वह मीटिंग में जाकर कह दे कि आप किसी ज़रूरी काम में व्यस्त हैं और लगभग आधे घंटे में वहाँ आ जाएँगे। आप यह भी कह सकते हैं कि वे लोग आपसे संबंधित एजेंडे को मीटिंग के आख़िर में शिफ़्ट कर दें या आप अपने किसी सहायक से आपकी जगह मीटिंग में शामिल होने को कह सकते हैं।

या आपको एक बिलकुल अलग क़िस्म का अनुभव हो सकता है। विचार करने पर आपको महसूस हो सकता है कि उस कर्मचारी की चिंता सीधे आपके दायित्व में नहीं आती। आप उस कर्मचारी को मानव संसाधन निदेशक के दफ़्तर में जाने को कह सकते हैं, जहाँ उसकी चिंताओं का सीधे समाधान हो सके।

यहाँ इसका अर्थ यह है कि आप अपनी ख़ुद की ज़रूरतों या समय के दबाव के अनुसार प्रतिक्रिया देने की जगह कुछ क्षण रुककर सिद्धांतों पर विचार करें और अपने अंतःकरण से इस तरह जुड़ें कि वह इस चयन के क्षण में आपको ज़रूरी चीज़ें पहले रखने योग्य बना सके।

यह अहसास उठता है कि बुद्धिमत्ता एक मिलन है, दिल और दिमाग़ की सहक्रिया। अनेक बार हमारा विवेक हमसे जो कहता है, वह हमें 'सामान्य समझ' प्रतीत होता है। यह कुछ ऐसा होता है, जिसे हमने कभी पढ़ा, सोचा या अनुभव किया हो, और यह हमारे तार्किक ढाँचे का हिस्सा बन गया हो। ऐसे मामलों में, विवेक ज्ञान के उचित प्रयोग की ओर संकेत करता है या साफ़ बताता है।

शेष समय, दिल का बोध दिमाग़ के बोध पर हावी रहता है। हम जो करना चाहते हैं, उसका हमें कोई सीधा ज्ञान या अनुभव नहीं होता, लेकिन फिर भी, हमें पता होता है कि यही सही है। हम जानते हैं कि यह काम कर जाएगा। जब हम अपने अंतःकरण को सुनने और उसके अनुसार चलने लगते हैं, तो यह हमें ऐसी बहुत सी चीज़ें सिखाता है, जो हमारे अपने अनुभवों, हमारे ज्ञान के अपने तार्किक ढाँचे में हस्तांतरित हो जाती हैं। हम चीज़ों को दिमाग़ में तार्किक बनाना सीख जाते हैं, लेकिन इस तर्कों में खोते नहीं हैं। समझदारी यही है कि जितना हो सके, उतना सीखें, और विनम्रता यही है कि यह समझ लें कि हम सब कुछ नहीं सीख सकते। इसी कारण यह क्षण की सत्यनिष्ठा में बुनियादी बात है कि हम पूरे अभिप्राय सहित पूछें।

2. बिना बहाने सुनें

अंतःकरण की पहली फुसफुसाहट सुनते ही, हम दो में से एक काम करते हैं- हम या तो इसके साथ सामंजस्य स्थापित कर लेते हैं, या हम तुरंत तर्क करने लगते हैं- अपने को तार्किक झूठ बताने लगते हैं- कि हमें किसी दूसरे विकल्प को क्यों चुनना चाहिए।

अगर हम पहला विकल्प चुनते हैं, तो हमें शांति महसूस होगी। हम सही दिशा से शानदार अनुकूलन बना लेंगे। हम अपनी क्षमताएँ बढ़ने से अपनी आंतरिक आवाज़ और अपनी व्यक्तिगत प्रभावकारिता में इसे पहचान लेते हैं।

अगर हम दूसरे विकल्प को चुनते हैं, तो हमें असामंजस्य और तनाव महसूस होगा।

हम अपने फ़ैसलों को न्यायोचित सिद्ध करने लगते हैं, जो हम अक्सर अन्य लोगों और हालात जैसे बाहरी कारकों के आधार पर करते हैं। आमतौर पर हम दूसरों को दोष देने और आरोप लगाने लगते हैं। वे हमारी विसंगतता को समझ जाते हैं और इसी के अनुरूप प्रतिक्रिया देते हैं, जिससे एक नकारात्मक सहक्रिया का निर्माण होता है, जिसे दुरभिसंधि कहते हैं, जिसमें दोनों ही ऐसे कार्य करते हैं, जिससे दूसरे में अत्यंत नकारात्मक व्यवहार उत्पन्न होता है, जो हमारे लिए भी बहाना बन जाता है।

उदाहरण के लिए, मान लीजिए, आप घर आते हैं, दिनभर के थके हुए, आप आराम करना चाहते हैं और शांति से उस शाम वह वीडियो

देखना चाहते हैं, जो आप घर लौटते समय किराए पर लाए हैं, लेकिन रात का ख़ाना खाते समय आपको महसूस होता है कि आपका किशोर बेटा कुछ परेशान है। आपको भीतर की आवाज़ कहती है कि आपके समय का सबसे अच्छा सदुपयोग यही होगा कि आप अपनी योजना में बदलाव करें और अपने परिवार के साथ मनोरंजक समय बिताएँ।

मूल बात यह है कि आप ऐसा करना नहीं चाहते। आप सोचते-समझते इसे स्वीकार नहीं करते। आप सचमुच अपने बेटे से प्यार करते हैं। आप उसके लिए हर अच्छी चीज़ चाहते हैं, लेकिन आप बहुत थके हुए हैं। और आप वह वीडियो और आराम का वक़्त चाहते हैं। आख़िरकार, आप इसके हक़दार हैं। आप दिनभर काम करते हैं, ताकि वे ख़ाना खा सकें। आप दस घंटे के दौरान सफ़र करते हैं, दफ़्तर की अंदरूनी राजनीति से निपटते हैं, बजट और रिपोर्टों में दिमाग़ खपाते हैं, असंतुष्ट ग्राहकों और कुंठाग्रस्त सप्लायरों का सामना करते हैं- यह सब इसलिए, ताकि उसे ज़िंदगी में अच्छी चीज़ें मिल सकें। आप क्या चाहते हैं, बस अपने लिए दो घंटे- सिर्फ़ दो घंटे ताकि वह वीडियो देख सकें, जिसे आप कई महीनों से सिर्फ़ इसलिए नहीं देख सके, क्योंकि आप बहुत व्यस्त थे।

अतः आप डिनर टेबल पर इसे निपटाने का प्रयास करते हैं।

अरे, सब सही चल रहा है?

वह आपकी तरफ़ देखता है कि कहीं आप वास्तव में गंभीर हैं, लेकिन ऐसा नहीं है।

हाँ, मैं ठीक हूँ।

तो स्कूल में, होमवर्क, दोस्त सब ठीक चल रहा है?

हाँ, सब ठीक है।

तुम जमकर पढ़ाई कर रहे हो न? स्कॉलरशिप मिलना ज़रूरी है।

हाँ, मैं जानता हूँ। वह टेबल से उठता है और कुर्सी की पीठ पर पड़ा अपना स्वेटर उठा लेता है।

बाहर जा रहे हो?

हाँ

कहाँ

यहीं आस-पास

कब तक लौटोगे?

देर हो जाएगी।

कल स्कूल जाना है। 10:30 तक लौट आना। ठीक है?

ठीक है

उसके दरवाज़े से बाहर जाते ही आप कहते हैं। *सुनो, अगर तुम्हें कोई परेशानी है, तो मैं हूँ यहाँ।*

वो जवाब देता है, *हाँ, मैं जानता हूँ।*

तो क्या तुम बात करना चाहोगे?

नहीं, अभी मुझे जाना है।

क्या तुम कभी बात करोगे? मुझे बस हाँ-हूँ में जवाब देते हो। तुम्हारे साथ बात करना आसान नहीं।

वो बुदबुदाते हुए कहता है, *हाँ, जैसे आपसे बात करना आसान है!*

आपको तो ऐसा लगता है कि किशोर कभी ढंग की बात करते ही नहीं हैं।

वह ज़ोर से दरवाज़ा बंद करता है और चला जाता है। उसके जाते ही आप आराम कुर्सी पर पसर जाते हैं। किशोरों, उनके साथ बातचीत न कर पाने और इन दिनों बाप होना कितना मुश्किल है, इसे लेकर कुछ बुदबुदाते हैं। आपने तो कोशिश की थी! वह ही बात नहीं करना चाहता था। उसने बात शुरू ही नहीं होने दी।

ये किशोर कितने अजीब होते हैं। कोई बात नहीं? अब आप अपने दिमाग़ में संतुलित हो जाते हैं, आप अपना वीडियो देखने बैठ जाते हैं। और थोड़ी ही देर में वीडियो देखने से आपके भीतर का अस्थायी असंतोष शांत हो जाता है।

इसी बीच, आपके बच्चे का आंतरिक संघर्ष बढ़ जाता है। उसे लगता है कि इस संवाद की विफलता का दोष और अपराध उसी का है। उसकी समस्याएँ जटिल हैं। वह पहले से भी बुरा महसूस कर रहा है और उसके पास इस बारे में बात करने के लिए कोई नहीं है।

समय के साथ, इस तरह बच निकलने की क़ीमत बहुत ज़्यादा होती है। ईंट दर ईंट, न्यायोचितता और तार्किकता की दीवारें आपके दिल को घेर लेती हैं। आपका बेटा अपनी कोमल भावनाओं और गहन आवश्यकताओं को

बचाने के लिए अपने दिल के इर्द-गिर्द दीवारें बना लेता है। संवाद सतही, तनावपूर्ण होने के साथ ही इस व्यवहार को न्यायसंगत ठहराने के लिए शीघ्र ही दोष देने और आरोप लगाने तक पहुँच जाता है। आप असहजता और कष्ट के जटिल जाल में फँस जाते हैं, जिसका कारण होता है अंतःकरण की पहली फुसफुसाहट को अनसुना करना और सामंजस्यपूर्वक कार्य न करना।

तनाव और आंतरिक असामंजस्य के परिणाम आपको उससे कहीं ज़्यादा थका देते हैं, जितना आप कड़ी मेहनत और निरंतर कार्य करके थकते थे। आप वह नहीं करते, जो आप अनुभव करते हैं कि आपको करना चाहिए। जब हम तनावों से बचने के लिए अपने जीवन को क्वाड्रंट III गतिविधियों से भर लेते हैं, तब हम ख़ुद को अपने महत्त्वपूर्ण होने का यक़ीन दिलाते हैं या जब हम क्वाड्रंट IV की तरफ़ दौड़ते हैं, तब हम सिर्फ़ अपना तनाव बढ़ा रहे होते हैं। हम में से अनेक लोग, जिन्हें 'समय प्रबंधन की कुंठाएँ' कहते हैं यानी परेशानी, दबाव, दुविधा में फँसा महसूस होना, वे बुनियादी रूप से आंतरिक असंगति की समस्याएँ होती हैं।

इतना तनाव होने पर भी, यहाँ सवालों के साथ जीना ज़्यादा आसान होता है, बजाय जवाबों के। जब तक हमारे पास सवाल हैं, जब तक हम संदेह में हैं, जब तक हम संघर्ष कर रहे हैं, हम पर कुछ भी करने की ज़िम्मेदारी नहीं है। हम पर परिणामों की भी ज़िम्मेदारी नहीं है। इसलिए हम कई दिन, सप्ताह, महीने और वर्ष भी झूठे तर्कों की भीड़ में धंसे रहते हैं, ताकि उन आसान कार्यों को करने से बच सकें, जो जीवन की गुणवत्ता को शासित करने वाले नियमों से हमारा संबंध सामंजस्यपूर्ण बनाते हैं।

सत्यनिष्ठा के साथ कार्य करने की कुंजी बस खेल खेलना बंद करने में है। अपनी प्रतिक्रिया के साथ ही अपने अंतःकरण की भी सुनना शुरू करें। जिस क्षण हम अपने को, 'हाँ, *लेकिन*' कहता महसूस करें, उसे 'हाँ, *और*' में बदल दें। न तर्कसंगत सिद्ध करना, न न्यायोचित ठहराना। बस कर दें। अंतःकरण की हर अभिव्यक्ति को आमंत्रण के रूप में देखें, जिससे जीवन के बुनियादी नियमों के साथ शानदार सामंजस्य का निर्माण हो सके। इसे सुनें, प्रतिक्रिया दें.... सुनें, प्रतिक्रिया दें।

3. साहस से क़दम उठाना

'साहस' को सहज ही शत्रु क्षेत्र में संदेश पहुँचाने, असाध्य बीमारी में जीने या जलते मकान से बच्चे को बचा निकालने जैसी नाटकीय, असाधारण घटनाओं के संदर्भ में देखा जाता है, लेकिन साहस के सबसे बड़े काम दैनिक जीवन में फ़ैसलों की प्रेरणा और प्रतिक्रिया के बीच के क्षणों में होते हैं।

परिवर्तन करने वाला व्यक्ति होना, विरासत में चली आ रही कुरीति जैसी प्रवृत्तियों से फैल रही नकारात्मकता को रोकना तथा मानवीय गरिमा और सम्मान के सिद्धांतों पर आधारित क्रियाओं को चुनना अत्यधिक साहस का काम है। स्व-ईमानदार होने, अपने गहन मंतव्यों का परीक्षण करने तथा उन तार्किक बहानों को तिलांजलि देने के लिए साहस चाहिए होता है, जो आपको आपके स्व से सच्चा नहीं रहने देते। सिद्धांत-केंद्रित जीवन जीने के लिए साहस की ज़रूरत होती है, यह जानते हुए कि आपके विकल्प ज़्यादा लोकप्रिय नहीं हो सकते हैं या अन्य लोगों के समझ नहीं आ सकते हैं। इस अहसास के लिए साहस चाहिए होता है कि आप अपने मूड से ज़्यादा अहम हैं, जितना सोचते हैं, उससे ज़्यादा महान हैं, और आप अपने मूड और विचारों को नियंत्रित कर सकते हैं।

रेबेका: एक बार मैंने सप्ताहभर चलने वाले सेमिनार में शामिल होने का फ़ैसला किया। मुझे साफ़ पता था कि इससे मैं क्या हासिल करने वाली थी- ख़ासतौर पर कुछ व्यक्तिगत क्वाड्रंट II लक्ष्य, जिन पर मैं सेमिनार सत्र के बीच और बाद में काम करने वाली थी।

लेकिन सेमिनार के पहले ही दिन मैं उस वक़्त दुविधा में पड़ गई, जब मुझे कार्यक्रम के दौरान सेमिनार के भागीदारों के लिए कुछ गतिविधियों का समन्वय करने के लिए कहा गया। मैं दिल से चाहती थी कि इस कॉन्फ्रेंस के दौरान दूसरों की सफलता में कोई योगदान दूँ, क्योंकि उस ज़िम्मेदारी का मेरे मूल्यों और सिद्धांतों के साथ सामंजस्य था। मैं इसके बारे में जितना अधिक सोचती, मुझे उतना ही ज़्यादा अहसास होता कि यह ऐसी चीज़ है, जो मैं सचमुच करना चाहती थी, लेकिन मैं काफ़ी निराश भी हो गई, क्योंकि मैं जानती थी कि अब जो अनुभव होगा, वह उससे काफ़ी अलग है, जिसकी मैंने कल्पना की थी और योजना बनाई थी।

मैंने यह ज़िम्मेदारी स्वीकार कर ली... लेकिन इससे मुझे बहुत तनाव और बेचैनी रहने लगी, एक चीज़ से दूसरी तक दौड़ते रहो, सबकी ज़रूरतों का

ख़याल रखो, और यह ख़याल थोड़ा निराश कर रहा था कि मुझे वह करने का समय नहीं मिल पाया, जो करने की मैंने योजना बनाई थी।

मुझे याद है, इन नकारात्मक अनुभूतियों के बीच एक क्षण ऐसा भी आया कि मैं रुक गई और अपने आप से कहा, "रुको ज़रा! मुझे निराश होने की ज़रूरत नहीं है। मैंने करने को वह चुना, जो मुझे करना सही लगा, लेकिन इसका यह मतलब तो नहीं कि मुझे इतने तनाव और बेचैनी में रहना होगा। मैं अलग विकल्प चुन सकती हूँ!"

मैंने गहरी साँस भरी और इन हालात में अपनी प्रतिक्रिया चुनने के फ़ैसला किया। मैंने सारी बेचैनी, हर तरह के अनावश्यक दबाव की चिंता करना, जो नहीं हुआ था, उसकी चिंता करने को छोड़ने का संकल्प लिया। मैं मन ही मन यही कहे जा रही थी, मैं अलग विकल्प चुनती हूँ! मैं अलग विकल्प चुनती हूँ!

वहीं पर खड़े हुए मेरी सारी नकारात्मक बेचैनी और निराशा तिरोहित हो गई। मैं आने वाली चुनौतियों का पूरे साहस के साथ सामने करने के लिए संकल्पित थी। मैं वह करने को तैयार थी, जो चीज़ें मुझे लगता था कि मुझे करनी चाहिए, मैंने शेष सबको अपने दिमाग़ से निकाल दिया।

यह एक-बार का फ़ैसला नहीं था। पूरा हफ़्ता मुझे जब भी दबाव महसूस होने लगता और निराशा सिर उठाने लगती, मैं इसे दोहरा लेती थी। इसमें डूब जाना बहुत आसान था, लेकिन मैं हर बार रुकी और कहा, "मैं अलग विकल्प चुनती हूँ!" और मैं यह जितना ज़्यादा करती थी, ख़ुद को उतना ही सशक्त महसूस करती।

पहले-पहल तो मैंने सोचा कि इन छोटी-छोटी चीज़ों को 'साहस' कहना ठीक नहीं, लेकिन मैं इनके बारे में जितना ज़्यादा सोचती, मुझे उतना ही अहसास होता कि चयन के क्षण में हम जो करना चाहते हैं, वह करना सचमुच साहस की बात है। और उन तर्कों, न्यायसंगत ठहराने वाली बातों और ऐसी सोच से इनकार करना साहस की बात है, जिनसे फैसले की शांति भंग होने का ख़तरा हो।

पीछे मुड़कर देखने पर, मैं जानती हूँ कि अगर मैंने उस काम को ठुकरा दिया होता, मैं पूरे सप्ताह असहज और पाखंडी अनुभव करती। जैसा कि बाद में पता चला कि यह अनुभव बेहद संतोषजनक, अत्यधिक प्रभावशाली, काफ़ी ताज़ा करने वाला था, जितना मैं सोच भी नहीं सकती थी।

एमर्सन कहते हैं, "हम जिस पर अटल रहते हैं, उसे करना आसान हो जाता है। ऐसा नहीं कि उस चीज़ का स्वभाव बदल जाता है, बल्कि उसे करने की क्षमता बढ़ जाती है।" जब हम अभिप्रायपूर्वक पूछना सीखते हैं, बिना बहाने सुनना सीखते हैं, और साहस के साथ क़दम उठाना सीखते हैं, तो इस तरह हम सिद्धांत केंद्रित जीवन जीने की अपनी क्षमता का निर्माण करते हैं।

समय के साथ, अंतःकरण को सुनना और इसके अनुसार जीना दिल की पसंदीदा बुनियादी आदत बन जाती है। तर्क, भय, ग्लानि, या निराशा के साथ जीने की जगह हम इस शांत आंतरिक आश्वासन के साथ जीने लगे हैं कि हम पल-प्रतिपल और दिन-प्रतिदिन ज़रूरी चीज़ें पहले रखने को आधार बना रहे हैं। वास्तविक ग्लानि (न कि सामाजिक, दिखावटी ग्लानि) हमारी शिक्षक, हमारी दोस्त बन जाती है। एक राडार की तरह, जो विमान के रूट से भटकते ही सिगनल कर देता है, यह हमें तब चेतावनी देती है, जब हमारे जीवन का सही दिशा के सिद्धांतों से सामंजस्य नहीं रहता, जो जीवन की गुणवत्ता का निर्माण करते हैं। ग़लतियाँ भी हमारी शिक्षक बन सकती हैं। जैसे-जैसे हम सही दिशा के बारे में सीखते जाते हैं, हमारी तरक़्क़ी में उछाल आता है।

दिल को सिखाना

दिल को सिखाना मन के शिक्षण का महत्त्वपूर्ण पूरक है। अमेरिकी शिक्षा विशारद जॉन स्लोएन डिकी के शब्दों में:

> शिक्षा की पूर्णता, मनुष्य की क्षमता और विवेक दोनों के पूर्ण होने में है। क्षमता की शक्ति का निर्माण करना, वह भी शक्ति के सही दिशा में उपयोग के मार्गदर्शन बिना ख़राब शिक्षा है। इसके अलावा, क्षमता अंत में विवेक से अलग हो जाती है?

दिल को सिखाना, आंतरिक बुद्धिमानी का पोषण करने की प्रक्रिया है। इसमें यह सीखना होता है कि सभी चार वृत्तियों का उपयोग चयन के क्षण में तालमेल के साथ कैसे करें।

क्वाड्रंट II प्रक्रिया इस आंतरिक बुद्धिमानी के पोषण में कई तरह से मदद करती है :

- प्रेरक और प्रतिक्रिया के बीच अंतराल का एक परम उपयोग व्यक्तिगत मिशन स्टेटमेंट का निर्माण करना है। यह स्टेटमेंट ही हमारे लिए शेष सभी फ़ैसलों का डीएनए बनता है।
- साप्ताहिक व्यवस्था, हमें क्षण की वास्तविकता की बड़ी तसवीर को उस परिदृश्य से जोड़ने का अवसर प्रदान करती है, जिसमें चयन के क्षण में 'महत्त्व बिंदु' को फ़ोकस में रखा जाता है।
- सप्ताह के अंत का मूल्यांकन हमें समय को रैखिक तौर पर मापने की बजाय उसे सीखने और विकसित होने के चक्र के तौर पर देखने में मदद करता है। यह हमें जीने से सीखने तथा फ़ैसलों की गुणवत्ता को बढ़ाने योग्य बनाता है।
- धार देने से हमारे सभी मानवीय आयामों का नवीकरण हो जाता है, जिस पर नीचे चर्चा की गई है, और इससे हमारे फ़ैसलों की गुणवत्ता बढ़ती है।

शारीरिकआयाम

अध्ययनों ने हमेशा यही दर्शाया है कि थकान और बीमारी का प्रभावी फ़ैसले लेने पर अत्यधिक नकारात्मक प्रभाव होता है। जैसा कि विंस लोम्बार्डी कहते हैं, "थकान हमें कायर बना देती है।" थके या बीमार होने पर हम अधिक प्रतिक्रियाशील हो जाते हैं। इसके अतिरिक्त, ड्रग्स और शराब जैसे नशीले तत्वों के सेवन से हम प्रेरकों और प्रतिक्रिया के बीच की लकीर को पूरी तरह मिटा देते हैं।

शरीर को धार देना– कसरत करना, सही आहार लेना, पर्याप्त आराम करना, हानिकारक चीज़ों से बचना, नियमित रूप से स्वास्थ्य की जाँच करवाना आदि से इसकी संभावना बढ़ जाती है कि चयन के क्षणों में हम अच्छे विकल्प चुन सकेंगे। इससे हमारे विकल्प भी बढ़ जाते हैं, क्योंकि अच्छा स्वास्थ्य ऐसा संसाधन बन जाता है, जिससे हम ज़्यादा से ज़्यादा काम कर सकते हैं। हमारा शरीर बुनियादी रूप से परिचारक है। यह ऐसा साधन है, जिसके माध्यम से हम अन्य सभी सेवा कार्य और दायित्व पूरे करने के लिए काम करते हैं।

मानसिक आयाम

गुणवत्तापूर्ण मानसिक नवीनीकरण से हमें फ़ैसले-लेने के क्षणों में अतिरिक्त ज्ञान और दृष्टिकोण मिलता है। अमेरिकी सफलता साहित्य के दो सौ सालों की जो द्विशतवार्षिक समीक्षा स्टीफ़न ने की है, उसके मूल्य पर विचार करें। समीक्षा के वक़्त और बीते पचास साल के साहित्य में व्यक्तित्व-नैतिकता- फ़ौरी-उपाय, सतही सामाजिक-छवि, जो 'सफलता' का कारण व्यक्तित्व और तकनीक को दर्शाती है, सहज ही दिखाई दे जाती है। यह साहित्य सफलता के ऐसी भ्रामक प्रतिमान का निर्माण करता है, जिससे लोग दीर्घावधि में जीवन की गुणवत्ता परिणाम हासिल करने योग्य नहीं बन पाते।

लेकिन इस सीमित प्रतिमान से परे हम देखते हैं कि व्यक्तित्व-नैतिकता साहित्य से पहले के डेढ़ सौ वर्षों का साहित्य चारित्रिक-नैतिकता पर आधारित था, जिसके अनुसार सफलता का सबसे बुनियादी तत्व ईमानदारी, सत्यनिष्ठा, विनम्रता, स्वामीभक्ति, न्याय, धैर्य और साहस थे। यह चारित्रिक-नैतिक साहित्य अन्य सभ्यताओं के हज़ारों वर्षों के ज्ञान को दोहराता था, जो सफलता के इस सही दिशा सिद्धांत को स्वीकार करता था। दिलचस्प बात है कि समय प्रबंधन साहित्य में 'समय ही जीवन' है अक्सर दोहराई जाने वाली विषय-वस्तुओं में से एक है। इसके बावजूद, यह साहित्य तकनीकों से भरा पड़ा है, जिसमें चरित्र का विचार पूर्णतः अनुपस्थित है।

जब हम समय के मुताबिक़, सभ्यताओं का अध्ययन करते हैं, तो हमें उन विभिन्न समाजों और लोगों के जीवन में ऐसे परिणाम दिखते हैं, जिनमें से कुछ ने सही दिशा के सिद्धांतों के अनुरूप जीवन व्यतीत किया और कुछ ने नहीं किया। अब पुनः ऑरेंज वाले वीडियो पर लौटते हैं- इसका 'क्लोज़-अप' फ़ोकस भ्रम और भटकाव उत्पन्न कर देगा, लेकिन जैसे-जैसे हम दूर होते जाते हैं, तो सामान्य लेंस हमें सशक्त बनाता है कि हम चीज़ों को 'परिदृश्य' में देख सकें। और समय बिताने के तरीक़े के बारे में पल-प्रतिपल हम क्या फ़ैसले लेते हैं, यह परिदृश्य उसे काफ़ी हद तक बदल देता है। हमारे परिवेश में प्रभावों के बारे में जागृति हमें सही दिशा के सिद्धांतों से दूर ले जाती है।

- क्या मुझे कोई फ़ौरी-उपाय खोज लेना चाहिए, जिससे मैं ज़्यादा से ज़्यादा काम कर सकूँ... या क्या मैं इस रिश्ते को समय दूँ, जिससे मैं आगे चलकर अधिक महत्त्वपूर्ण चीज़ें हासिल कर सकूँ?

- क्या मैं अपनी सामाजिक आवश्यकता की पूर्ति के लिए हॉल में अन्य कर्मचारियों के सामने अपने बॉस की कमज़ोरियों को ज़ाहिर करके कृत्रिम संतोष को हासिल करूँ... या मैं यहाँ अनुपस्थित लोगों के प्रति निष्ठा रखते हुए बेहतर रिश्ते बनाऊँ और इस मतभेदों पर आमने-सामने बात करूँ?
- बॉस के मुझसे सप्ताहांत में काम करने को कहने पर सीधे हाँ कर दूँ... या कोई ऐसा तीसरा-विकल्प तलाश करूँ, जिससे उनकी और मेरी दोनों की ज़रूरतें पूरी हो सकें?
- मैं पूरे दृढ़ निश्चय से आगे बढ़ूँ और उसी स्वतंत्र प्रोजेक्ट पर काम करूँ, जिसकी मैंने योजना बनाई है... या मैं किसी समस्या को सुलझाने में मदद करके किसी अन्य के और मेरे जीवन की गुणवत्ता को सुधारने का मौक़ा तलाश करूँ।

सार्थक मानसिक नवीनीकरण हमें इतना सशक्त बनाता है कि हम चयन के क्षणों में अपने परिवेश की सीमित बुद्धिमत्ता से ऊपर उठ जाएँ और अपने दिमाग़ को सचेत, स्पष्ट और इस्तेमाल योग्य रखें।

आध्यात्मिक आयाम

आध्यात्मिक आयाम में नवीनीकरण, सार्थकता और अधिभावी उद्देश्यों की ऐसी भावना को पोषित करता है, जो हमारे दैनिक फ़ैसलों को पूरी शक्ति से प्रभावित करती है। ज्ञान साहित्य में एक सबसे अहम तत्व यह है कि व्यक्ति का जीवन एक महान पूर्णता के विचार का हिस्सा है। और लोग इस महान पूर्णता को जीवन और मृत्यु, बार-बार चलने वाले जीवन चक्र या वंशागत विरासत के तौर पर देखते हैं। बड़ी तसवीर का यह अभिविन्यास दैनिक जीवन की चुनौतियों को अर्थ का प्रासंगिक ढाँचा प्रदान करता है।

जैसा कि मनोवैज्ञानिक डेविड मेयर्स अपनी किताब *द परसुएट ऑफ़ हैपीनेस* में कहते हैं, "एक के बाद एक अध्ययन दर्शाते हैं कि जिन लोगों के जीवन में यह बड़ी तसवीर का अभिविन्यास होता है, वे अधिक प्रसन्न, अधिक संतुष्ट और अधिक योगदान करने वाले होते हैं।" वे कहते हैं कि लोकप्रिय मान्यता के विपरीत, हर तरह की धार्मिक आस्थाएँ या जीवन-अर्थों की प्रतिबद्धताएँ लोगों की प्रसन्नता के लक्षण हैं, तथा धार्मिक गतिविधियों में

धन से योगदान देने वाले दूसरे परोपकारी कार्यों में भी सबसे ज़्यादा योगदान करने वाले होते हैं।

ऐसा लगता है कि धार्मिक चेतना व्यक्ति की अपनी छोटी सी दुनिया को आगे बढ़ाने से ज़्यादा बड़े एजेंडे को आकार देती है। यह उस विचार की पोषक है कि मेरी प्रतिभा और संपत्ति केवल उनका अनर्जित उपहार हैं, जिनका मैं परिचारक हूँ।

लेकिन मेयर्स यह भी बताते हैं कि अमेरिका में कई लोगों पर किए सर्वे में सामने आया है कि जो लोग अपने आपको धार्मिक नहीं कहते, वे भी जीवन के अर्थों को तलाशने और इन पर मनन करने में काफ़ी समय देते हैं। जब लोग स्व-केंद्रित, ग्राहक-उन्मुख और भौतिक प्रतिमान के भ्रम के साथ जीने के परिणामों को देखते हैं, तो कई अपने जीवन को अत्यधिक निकटता से देखने लगते हैं और वे योगदान के उस मार्ग को तलाशते हैं, जो परिणाम बदल सकते हैं।

आध्यात्मिक आयाम में गतिविधियों का नवीनीकरण- ध्यान, प्रार्थना, औपचारिक धार्मिक गतिविधियाँ, परोपकारी सेवाएँ, ज्ञानपूर्ण व धार्मिक साहित्य पढ़ना, व्यक्तिगत मिशन स्टेटमेंट को याद करना और इसकी समीक्षा करने से- बड़ी तस्वीर के संदर्भ तथा सही दिशा पर केंद्रित योगदान का पोषण होता है। यह नवीनीकरण दिल के सीखने में अहम भूमिका निभाता है। यही 'ज़रूरी चीज़ों' को तय करने का आधार बनता है। इससे हमें वह जुनून और ताक़त मिलती है, जिससे हम कम महत्त्वपूर्ण की जगह ज़्यादा महत्त्वपूर्ण को तरजीह दे पाते हैं। यह हमें चयन के क्षण में तात्कालिकता, सुविधा और तुरंत संतुष्टि के शक्तिशाली प्रभावों से ऊपर उठने के योग्य बनाता है।

सामाजिक आयाम

तीसरे खंड, पारस्परिक-निर्भरता की सहक्रिया में जाते हुए हम सामाजिक आयाम पर निकट से विचार करेंगे, लेकिन इस वक़्त हमें जिस बिंदु पर ध्यान देना है, वह यह है कि ख़ुद अपने साथ हमारे संबंध, दूसरों के साथ संबंधों को किस तरह प्रभावित करते हैं, और यह हमारे दिल के सीखने की दृष्टि से कितना अहम है।

रेबेका : मुझे कुछ वर्ष पहले का एक कार्यक्रम याद आता है, जिसमें विवेक के अनादर की चौंकाने वाली जागरूकता पर मेरा ध्यान गया। उस वक़्त, मैं लेखक नहीं बनी थी, साथ ही साथ कम उम्र की माँ भी थी। तब मैं प्री स्कूल में जाने वाले बच्चों के साथ पूरी तरह व्यस्त थी। साथ ही मैं स्वास्थ्य व कुछ अन्य समस्याओं से भी जूझ रही थी। एक दिन मैं किसी बुकस्टोर में गई, वहाँ एक बुकशेल्फ पर अभी हाल ही में प्रकाशित एक पुस्तक थी, जिसे लिखने वाली महिला को मैं जानती थी और कुछ साल पहले तक हम अच्छे दोस्त भी थे।

मैं हैरान रह गई कि उसने किताब लिखी है? वह अपने घर और परिवार को सँभालने के साथ ही सार्वजनिक जीवन में बहुत व्यस्त रहती थी। उसने लिखने का समय कैसे निकाला?

मैं जितनी देर उस किताब को देखती रही, मैं तर्क खोजती रही और अपने को न्यायसंगत ठहराती रही कि शायद उसने बच्चों की देखभाल के लिए कोई आया रख ली होगी। उसके पास ख़ूब पैसा होगा। वे शायद रोज़ रात का ख़ाना बाहर खाती होगी, जिससे ख़ाना न बनाना पड़े। उसमें इतनी ऊर्जा है कि वह तो शायद जीवन में कभी बीमार भी नहीं पड़ी होगी। अगर उसके सामने भी मेरी जैसी चुनौतियाँ होतीं, तो वह कभी किताब नहीं लिख पाती।

ख़यालों के घोड़े दौड़ाते हुए, मैं उन अन्य चीज़ों के बारे में सोचने लगी, जिन्हें करने का मुझे कभी वक़्त नहीं मिला। अचानक, शेल्फ में लगी हर किताब जैसे चीख-चीखकर कह रही थी, आपने मुझे क्यों नहीं पढ़ा? थोड़ी ही देर मैं ख़ुद को निराश, असमर्थ, शोषित और हताश महसूस कर रही थी। मुझे अपनी उस 'बढ़िया' दोस्त, अपने आस-पास के लोगों और हालात पर गुस्सा आने लगा था, जिन्हें मैं अपनी स्थिति के लिए ज़िम्मेदार समझती थी।

मैं कार की तरफ़ बढ़ी और उसमें बैठकर कुछ मिनट विचार करती रही। मेरे लिए यह अनुभव बहुत चौंकाने वाला था, क्योंकि मेरी प्रतिक्रिया मेरे चरित्र के अनुरूप नहीं थी। आमतौर पर मुझे दूसरों की सफलता और उपलब्धियों से गहरा आनंद महसूस होता है।

कहीं भीतर से मैं जानती थी कि मेरी प्रतिक्रिया ज़रूरत से ज़्यादा थी। मुझे यक़ीन था कि मेरे ऐसा महसूस करने का कोई न कोई कारण अवश्य होगा। इसलिए, मैंने इसे सुलझाने का फ़ैसला किया। मैंने सारी नकारात्मक, दोषारोपण करने वाली, क्रोध की प्रतिक्रियाओं को छोड़ने तथा पूरी ईमानदारी के साथ अपने दिल को खंगालने का प्रयास किया।

अचानक मुझे वह कष्टप्रद, लेकिन शानदार रोशनी की चमक दिखी, जिसमें आपको हर चीज़ साफ़ दिखाई देने लगती है। मेरा गुस्सा अपनी दोस्त के लिए नहीं था। उसे बस ज़िंदगी में वह मिल गया था, जो मुझे नहीं मिला है... ऐसी चीज़, जो मैं अपने लिए चाहती थी। उसकी उपलब्धि मेरी कमज़ोरी को आईना दिखा रही थी। और उस आईने में अपना अक्स देखकर दरअसल मैं ख़ुद पर बरस रही थी।

मैं जानती थी कि वह एक अच्छी माँ है। मेरे लिए माँ होना चुनौती था, और मैं उसके धैर्य और सकारात्मक नज़रिये को अपनी ख़ुद की विफलता और अयोग्यता के तौर पर देखती थी। उसने घर से बाहर भी कुछ सार्थक और रचनात्मक करने का वक़्त निकाल लिया। मैं जानती थी कि मुझमें भी लिखने की प्रतिभा है, लेकिन मैं अपनी ज़िम्मेदारियों को लेकर इतनी दक्ष नहीं थी कि अपनी इस प्रतिभा को विकसित करने का समय निकाल सकूँ।

मैं उसके समृद्ध होने की कल्पना इसलिए कर रही थी, क्योंकि धन प्रबंधन की मेरी कमज़ोरी मुझे सीमित करती थी। शादी के दौरान किए हमारे कुछ ग़लत फ़ैसलों के कारण हम क़र्ज़ में थे। मुझे लगता था कि वह बंधन हमें ऐसा बहुत कुछ करने से रोक रहा था, जो मैं जीवन में करना चाहती थी।

मेरी दोस्त स्वस्थ थी, लेकिन यह कोई समस्या नहीं है। समस्या यह थी कि मुझे पता है कि मुझे नियमित रूप से कसरत करनी चाहिए... और मैं कर नहीं रही थी।

अगर मैं ज़िंदगी में वह सब कर रही होती, जो मुझे करना चाहिए था, तो मुझे ऐसा कभी महसूस नहीं होता। मेरी दोस्त की सफलता मेरे लिए वैसी ही ख़ुशी होती, जैसी होनी चाहिए थी।

मैं जानती थी कि मैं चुटकी बजाते ही अपनी ज़िंदगी में यह बदलाव नहीं ला सकती थी। लेकिन, मैं कम से कम यह जान गई थी कि इस समस्या की जड़ यह तथ्य है कि मैं अपनी जीवन में ज़रूरी चीज़ों को पहले नहीं रख रही थी। और यह ऐसी चीज़ थी, जिस बारे में मैं कुछ कर सकती थी।

एमर्सन कहते हैं, "लोग यह नहीं देख पाते कि दुनिया के बारे में उनकी राय दरअसल ख़ुद उनका अपना इक़बालिया बयान है। अपने दिल को सिखाने का सबसे अच्छा तरीक़ा यह देखना है कि आप दूसरों के साथ कैसे संवाद करते हैं, क्योंकि दूसरों के साथ हमारा रिश्ता बुनियादी रूप से वैसा ही होता है, जैसा हमारा अपने आपसे रिश्ता है।"

जब हम अपने अंतःकरण की नहीं सुनते या उसके अनुसार नहीं जीते, तो हम अपने ख़ुद के आंतरिक मतभेदों को न्यायोचित सिद्ध करने के प्रयासों में दूसरों को दोष देते हैं। अगर हमारे पास अपने को मापने योग्य मिशन और सिद्धांत की भावना न हो, तो हम अपनी क्षमताओं की बजाय दूसरों को अपने लिए पैमाना बना लेते हैं। हम तुलना करने और जीत-हार की मानसिकता में चले जाते हैं। हम आत्म-केंद्रित और आत्म-कथात्मक हो जाते हैं। हम अपने उद्देश्यों को दूसरों के कार्यों पर थोपने लगते हैं। हम उनकी ताक़त और कमज़ोरियों को इस मायने में देखते हैं कि वे हमें किस तरह प्रभावित कर सकते हैं। हम ख़ुद को नियंत्रित करने के लिए उनकी कमज़ोरियों को सशक्त बना देते हैं।

जब परिवार, कार्य समूह, संस्थान और समाज में लोग अपने पापों के लिए एक-दूसरे को दोषी ठहरा रहे हों और आरोप लगा रहे हों, तो यह स्पष्ट संकेत है कि लोगों का अपनी आंतरिक अनिवार्यताओं के साथ सामंजस्य नहीं हैं। अधिकांशतः, वे बचाव की कल्पना में फँसे रहते हैं कि समस्या 'बाहर कहीं' है और बाहर से कोई व्यक्ति आएगा और इसे सुलझा देगा।

जैसा कि कहावत है, "मन में लगन लगाए रखिए, इसी से जीवन संबंधी मसले निकलते हैं।" जब हम पारस्परिक वास्तविकता की सामग्री की तरफ़ बढ़ते हैं, तो हम अपने साथ जो सबसे अहम चीज़ ले जा सकते हैं, वह दूसरों के साथ हमारे संवाद पर हमारी सत्यनिष्ठा के प्रभाव की जीवंत जागरूकता है।

विवेकपूर्ण जीवन के परिणाम

जो लोग अपने विवेक की सुनते हैं और उसी के अनुसार जीते हैं, उन्हें तात्कालिकता की लत, अन्य लोगों को ख़ुश करने, या सुरक्षित अनुभव करने के लिए दिन के हर मिनट अत्यधिक व्यस्त रहने से कृत्रिम संतोष नहीं मिलता, हालाँकि, कठिनाइयों और चुनौतियों के बीच उन्हें गहन पूर्णता का अनुभव होता है। और रात को वे बिस्तर पर इस विश्वास के साथ जाते हैं कि उस दिन उन्हें जो भी अहम काम करने थे, वे उन्होंने कर लिए हैं। वे गहन स्तर की आंतरिक शांति और जीवन की गुणवत्ता का अनुभव करते हैं। वे तर्क करने, अपने आप से लड़ने, अपने हालात के लिए अन्य लोगों या बाहर की अवस्था को दोष देने या आरोप लगाने में समय ख़राब

नहीं करते। उनमें अपनी भूमिकाओं को लेकर लगभग पवित्र सेवा भावना होती है- एक दायित्व, जिसमें वे दूसरों के जीवन में सार्थक तरीक़े से गुणवत्तापूर्ण योगदान देते हैं। मुश्किल पलों में वे मज़बूत रहते हैं। उनके व्यक्तिगत सत्यनिष्ठा खाते में जमा अत्यधिक होती है।

सबसे अद्भुत बात तो यह है कि विवेक की अवज्ञा करने के नकारात्मक परिणाम होने पर भी हम इन्हें ही कभी-कभी चुनते हैं।

स्टीफ़नः हाल ही में मैंने जब कैनेडा के एक बड़े शहर में टैक्सी ली, तो होटल के बेलमैन ने टैक्सी ड्राइवर से कहा, 'डॉ. कवी को एयरपोर्ट छोड़ देना।' अब टैक्सी ड्राइवर को लगा कि मैं एमडी चिकित्सक हूँ। वह सारे रास्ते मुझे अपने ख़राब स्वास्थ्य के बारे में बताता रहा। मैंने उसे बताने की कोशिश की कि मैं उस तरह का डॉक्टर नहीं हूँ, लेकिन वह मेरी भाषा अधिक नहीं जानता था। इसलिए मैं केवल सुनता रहा।

वह जितना ज़्यादा अपनी समस्या के बारे में बताता जाता, मुझे उतना ही यक़ीन होता जाता कि उसकी समस्या का कारण केवल सत्यनिष्ठा की कमी है। वह झूठ और कपट का दोहरा जीवन जी रहा था। उसकी सबसे बड़ी चिंता यही थी कि कहीं पुलिस उसे पकड़ न ले। इससे उसका स्वास्थ्य ख़राब हो रहा था। मैं पिछली सीट पर बिना सीट बेल्ट के बैठा था और वह मुझे हाइवे से नीचे आते हुए दोहरा दिखाई देने के बारे में बता रहा था।

जब हम एयरपोर्ट पर रुके, तो उसने कहा, (और यहाँ मैं उसकी टूटी-फूटी भाषा के शब्दों को संक्षिप्त रूप से कह रहा हूँ) "मैं यहाँ से कोई दूसरा किराया लूँगा। मैं उनके नियमों का पालन करके दो घंटा इंतज़ार नहीं करने वाला। मुझे पता है कि वैसा किराया कैसे लेते हैं, लेकिन तभी उसकी आवाज़ शांत हो जाती है। अगर पुलिसवाले ने पकड़ लिया, तो परेशानी हो जाएगी। वे मेरा लाइसेंस छीन लेंगे। आपको क्या सोचते हैं डॉक्टर?"

अंत में, मैंने उससे कहा, "तुम्हें नहीं लगता कि तुम्हारे सभी तनावों और दबावों का कारण यह है कि तुम अपने विवेक के प्रति सच्चे नहीं हो? मन ही मन तुम जानते हो कि क्या करना सही है।"

"लेकिन ऐसे कमाई कैसे होगी!"

"तुम्हारी आस्था कहाँ है? अपनी आस्था को सत्यनिष्ठा के सिद्धांत के साथ जोड़ो। तुम्हें मन की शांति मिलेगी और ज्ञान भी प्राप्त होगा।"

यह बात उसे गहराई तक छू गई। वह मेरी बात सुनने और समझने के लिए तैयार था।

"क्या आपको लगता है कि ऐसा हो सकेगा?"

"मुझे पक्का पता है कि हो जाएगा, लेकिन तुम्हें दिल से राज़ी होना होगा। जीवन के उन बुनियादी नियमों पर चलो, जो सभी सभ्यताओं का आधार रहे हैं। धोखा मत दो। झूठ मत बोलो। चोरी मत करो। लोगों के साथ सम्मान से पेश आओ।"

"क्या आपको सचमुच लगता है कि इससे मदद मिलेगी?"

"मुझे पता है कि मिलेगी।"

अंत में, उसने मुझसे टिप नहीं ली। उसने मुझे गले लगाया और बोला, "मैं ऐसा ही करूँगा। मुझे अभी से अच्छा महसूस होने लगा है!"

लोग इसे जानते हैं। मन ही मन सबको पता होता है कि उन्हें क्या करना चाहिए। और वे जानते हैं कि इससे उनके जीवन की गुणवत्ता सुधर जाएगी। इसमें चुनौती उस चरित्र और क्षमता को विकसित करना है, जो इसे सुन सकें और उसके अनुसार जी सकें- चयन के क्षण में सत्यनिष्ठा के साथ कार्य कर सकें।

चयन के क्षण में सत्यनिष्ठा विकसित करने के क्वाड्रंट II लक्ष्य

- सप्ताह के लिए लक्ष्य करते वक़्त, क्षणभर रुककर अपने विवेक से जुड़ें। इस प्रक्रिया में अपनी भूमिका पर नज़र डालें। दबाव का क्षण न होने पर इससे जुड़ना महसूस करने पर विचार करें। इस अनुभव को अपने हर दिन फ़ैसले लेने के क्षण में परिवर्तित करें।
- चयन के क्षण में अपने आप से पूछे जाने वाला ख़ास सवाल तैयार करें। दिन की शुरुआत और दिन में बीच में कई बार इसकी समीक्षा करें जिससे यह निरंतर आपके सामने रहे। उत्प्रेरक और प्रतिक्रिया के बीच के अंतराल में रुककर यह सवाल पूछने को अपनी आदत बनाएँ।
- हर दिन की शुरुआत में अपने व्यक्तिगत सत्यनिष्ठा खाते के बारे में सोचें। दिनभर में विवेक के साथ संवाद के दौरान जमा और निकासी के बारे में लिखें।
- तीन-भाग प्रक्रिया पर विचार करें:

अभिप्रायपूर्वक पूछें
बिना बहाने सुनें
साहस के साथ काम करें

हर बार फ़ैसले का क्षण सामने आने पर इस प्रक्रिया के लिए लक्ष्य तय करें।

- जागरूक रहें कि चयन के क्षण में आप आमतौर पर किस तरह प्रतिक्रिया देते हैं। दिनभर आप क्षणभर रुककर विवेक के साथ जुड़ने और परिणाम पर ध्यान बनाएँ रखें।
- हर दिन फ़ैसले लेने के कम से कम एक क्षण में रुकें और उन कारकों का आकलन करें, जो आप पर कार्य कर रहे हैं, जैसे तात्कालिकता, दूसरों की प्राथमिकताएँ, थकान, उम्मीदें (आपकी व दूसरों की), और स्क्रिप्टिंग। इन्हें लिख लीजिए तथा इसके पास इनकी महत्ता के संकेत संक्षेप में लिखें। ध्यान दीजिए कि क्या समय देकर इन पर जागरूक होकर विचार करने से इस कारकों के प्रति आपकी प्रतिक्रिया बदलती महसूस होती है।
- अपने अनुभव का मूल्यांकन करें। चयन के क्षण में सत्यनिष्ठा के निर्माण का सबसे प्रभावशाली तरीक़ा अपने विवेक से संवाद से सीखना है। यह एक प्रक्रिया है, कुछ ऐसा होना, जो आप करना चाहते हैं। आगामी अध्याय में, हम ऐसे विशिष्ट विचार देंगे कि अपनी क्वाड्रंट II व्यवस्था प्रक्रिया के भाग के तौर पर आप कैसे मूल्यांकन कर सकते हैं कि आपके जीवन में क्या हो रहा है।

10: जीवन से सीखना

जब तक ज़िंदा हो, जीना सीखते रहो

– सेनेका

रॉज़रः कुछ साल पहले एक बड़े संस्थान में परामर्शदाता के तौर पर सेवाएँ देते हुए मुझे एक मनोवैज्ञानिक के साथ काम और दोस्ती करने का अवसर मिला, जो न्यू यॉर्क में पला-बढ़ा था। चूँकि हम लगभग हमेशा एक ही दिन एक ही समूह में हुआ करते थे, तो मैं अक्सर उसे वह कहानी बताते सुनता था कि कैसे उसने और उसके सहकर्मियों ने चूहों के साथ भूलभुलैया में प्रयोग किया था। वे भूलभुलैया के एक छोर पर चूहे और दूसरे छोर पर कोई खाने की चीज़ रख देते, और चूहे को तब तक तलाश करते देखते, जब तक वह अंततः उस खाने की चीज़ तक पहुँच नहीं जाता। अगली बार चूहे को उस भूलभुलैया में रखने पर वह कम वक़्त में शीघ्र ही खाने की चीज़ तक पहुँच जाता। कुछ ही समय बाद वह फ़ौरन भूलभुलैया पार करके खाने की तक पहुँच जाता।

इसके बाद उन्होंने वहाँ खाने की चीज़ रखना बंद कर दिया। चूहे को जैसे ही उसमें रखा जाता, वह सीधे में भूलभुलैया के अंत तक पहुँच जाता, लेकिन जल्दी ही वह समझ गया कि वहाँ खाने की चीज़ मौजूद नहीं है, इसलिए उसने वहाँ जाना बंद कर दिया।

मेरे दोस्त ने कहा, "लोगों और चूहे में यही फ़र्क़ होता है। चूहे काम बंद कर देते हैं!"

हालाँकि उसने यह बात मज़ाक़ में कही थी, लेकिन मनोवैज्ञानिक महोदय की बात एकदम सही थी। हम अक्सर लीक, या ट्रेडमिल पर चलने लगते हैं, जिनमें अनुपयोगी पैटर्न और आदतें होती हैं। हम पूरा हफ़्ता अपने जीवन में यही चीज़ करते रहते हैं- एक जैसे घड़ियालों से लड़ते हैं, उन्हीं कमज़ोरियों का सामना करते हैं, वही ग़लतियों दोहराते जाते हैं। हम अपनी ज़िंदगी से कुछ नहीं सीखते। हम कभी रुककर यह नहीं पूछते कि मैं इस

सप्ताह से ऐसा क्या सीख सकता हूँ, जिससे अगले सप्ताह जो अभी कर रहा हूँ, वही न दोहराता रहूँ?

मूल्यांकन: परिणाम निकालना

किसी भी सप्ताह का मूल्य केवल इतना नहीं होता कि हमने उसमें क्या किया है, बल्कि यह भी होता है कि हमने इससे क्या सीखा और उसके परिणामस्वरूप हम क्या बन गए। यही कारण है कि किसी भी सप्ताह का अनुभव तब तक पूर्ण नहीं होता, जब तक हम उसका इस तरह मूल्यांकन न कर लें कि उसे प्रक्रियागत कर सकें।

मूल्यांकन, जीने और सीखने के चक्र के अंतिम के साथ ही वह पहला क़दम भी है, जो विकास को तेज़ करता है। इससे हम पुनः प्रक्रिया की शुरुआत में पहुँच जाते हैं, लेकिन ज़्यादा क्षमता के साथ। चूँकि हम जीवन से सीख रहे हैं, तो हम अपने मिशन और भूमिकाओं की समीक्षा करने, लक्ष्य तय करने, नए सप्ताह के लिए फ्रेमवर्क बनाने तथा चयन के क्षण में पूरी सत्यनिष्ठा के साथ कार्य करने के लिए बेहतर ढंग से सक्षम होते हैं। जब हम व्यवस्था, क्रिया, मूल्यांकन... व्यवस्था, क्रिया, मूल्यांकन... करते रहेंगे...और पुनः व्यवस्था, क्रिया, मूल्यांकन करेंगे, तो हमारे सप्ताह सीखने और तरक़्क़ी के सतत चक्र बन जाएँगे।

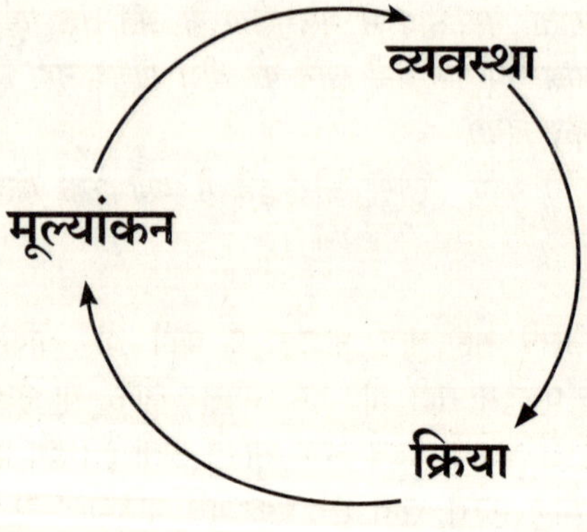

एक अज्ञात लेखक ने लिखा है, "यदि मन शुद्ध चाहिए, तो सदा सावधान रहो", क्योंकि हर क्रिया से प्रतिक्रिया जन्म लेती है। सी.डब्ल्यू, लेविस लिखते हैं, "अनुभवों की मुझे यह बात पसंद हैं कि ये बिलकुल खरे होते हैं... आप अपने आपको धोखा दे सकते हैं, लेकिन अनुभव कभी आपको धोखा नहीं देते। दुनिया हर बार सच्ची साबित होगी, आप चाहे जितनी परीक्षा ले लीजिए।"

जीने और सीखने का यह चक्र सदा सुधार की भावना के जापानी शब्द *कैज़ेन* की आत्मा के अनुरूप है। यह पश्चिम की, अगर टूटा नहीं है, तो जोड़ो भी मत! की मानसिकता के ठीक विपरीत है। यह सेनेका की सलाह पर चलना है, "जब तक ज़िंदा हो, जीना सीखते रहो।" यह पीटर सेंज की प्रभावकारिता के पाँचवें नियम, व्यक्तिगत आधार पर व्यवस्था करना सीखने को अपनाने जैसा है :

> मनुष्य के लिए सच्चा ज्ञान सीधे उनके दिल तक पहुँचता है। सीखते हुए हम ख़ुद अपना पुनर्निर्माण करते हैं। सीखने से हम वह कर सकते हैं, जो पहले नहीं कर पाते थे। सीखने से हम अपनी निर्माण क्षमता को बढ़ाते हैं, जीवन की उत्पादक प्रक्रिया का हिस्सा बन जाते हैं। हम सबके भीतर इस तरह सीखने को लेकर गहरी भूख होती है।

मूल्यांकन प्रक्रिया का महत्त्व अक्सर विकास चक्र या मूल्यांकन चक्र में प्रतिबिंबित होता है, जिनके विविध प्रकारों का उपयोग टोटल क्वालिटी मूवमेंट और अन्य प्रक्रियाओं में होता है, जो सुधार और उन्नति पर केंद्रित होती हैं। व्यक्तिगत आधार पर साप्ताहिक मूल्यांकन के माध्यम से हम अपनी आत्म-जागृति को बढ़ाते हैं, विवेक को शिक्षित करते हैं, और दिल की प्रभावशाली आदतों का निर्माण करते हैं।

अपने सप्ताह का मूल्यांकन कैसे करें

मूल्यांकन का यह कार्य एक सप्ताह की समाप्ति और अगले की तैयारी के दौरान अपनी निजी डायरी या साप्ताहिक वर्कशीट के सबसे पीछे वाले पृष्ठ पर किया जा सकता है। आपके लिए इन सवालों की जाँच सूची तैयार करना मददगार साबित होगा, जिसे आप अपने ऑर्गेनाइज़र में आगामी सप्ताह के लिए क्वाड्रंट II व्यवस्था प्रक्रिया आरंभ करने से पहले प्रति सप्ताह देख सकते

हैं। संभव है कि आप इसमें से केवल पाँच या छह सवाल ही उपयोग करना चाहते हों। आप निम्न सूची में से किसी को भी चुन सकते हैं :

- मैंने कौन से लक्ष्य हासिल किए?
- मुझे इन लक्ष्यों को पाने योग्य किसने बनाया?
- मैंने किन चुनौतियों का सामना किया?
- मैंने इन्हें कैसे क़ाबू किया?
- क्या इन लक्ष्यों को पाना मेरे समय का सदुपयोग था?
- क्या इन लक्ष्यों पर केंद्रित होकर मैं उन अप्रत्याशित अवसरों से चूक गया, जो मेरे समय का बेहतर उपयोग होते?
- क्या इन लक्ष्यों को पाने से मेरे व्यक्तिगत सत्यनिष्ठा खाते में इज़ाफ़ा हुआ?
- मैं कौन से लक्ष्य नहीं पा सका?
- मैं किन कारणों से ये लक्ष्य नहीं पा सका?
- अपने इन चयनों से, क्या मैंने अपने समय का पहले से बनाई योजना से ज़्यादा बेहतर तरीक़े से उपयोग किया?
- मेरे इन चयनों से मेरा व्यक्तिगत सत्यनिष्ठा खाता बढ़ा या घटा?
- आगामी सप्ताह मुझे किन अधूरे लक्ष्यों पर काम करना है?
- क्या मैंने नवीनीकरण, मनन और पुनः प्रतिबद्धता के लिए समय निकाला?
- क्या मैंने रोज़ाना अपनी 'धार' तेज़ की?
- नवीनीकरण करने में समय देने का अन्य क्षेत्रों पर कैसा प्रभाव पड़ा?
- मैं भूमिकाओं और लक्ष्यों के बीच किन तरीक़ों से सहक्रिया निर्मित कर सका?
- मैंने एक भूमिका में प्राप्त चरित्र और क्षमता का दूसरी भूमिका में कैसे उपयोग किया?
- इस सप्ताह मैं किन सिद्धांतों को लागू करने में क़ामयाब या नाक़ामयाब रहा? इसका कैसा प्रभाव रहा?

- मैंने क्वाड्रंट II? क्वाड्रंट I? क्वाड्रंट III? क्वाड्रंट IV? में से प्रत्येक को कितना समय दिया?
- कुल मिलाकर मैं इस सप्ताह से क्या सीख सकता हूँ?

इन सवालों के जवाब देते हुए यह ज़रूरी है कि पूरी तरह ईमानदार और आत्म-जागृत रहने, अपने विवेक से जुड़ने, संभावनाओं पर विचार करने व सकारात्मक बदलाव के प्रति प्रतिबद्ध रहने में स्वतंत्र इच्छा और रचनात्मक कल्पनाशीलता का उपयोग करने के लिए अपने दिशासूचक का इस्तेमाल करें।

बड़ी पूर्णता के अंश रूप में सप्ताह

हर सप्ताह को प्रत्येक अन्य सप्ताह से जुड़ा देखने पर काफ़ी मदद मिलती है। आप मासिक या तिमाही मूल्यांकन करते हुए इस दौरान निम्न सवाल पूछ सकते हैं:

- लक्ष्य तय व हासिल करने में सफलता या विफलता का कौन सा पैटर्न रहता है?
- क्या मैं वास्तविक, लेकिन चुनौतीपूर्ण लक्ष्य तय कर रहा हूँ?
- अपना लक्ष्य पाने में मेरे लिए कौन बाधक बन रहा है?
- किन पैटर्न या प्रक्रियाओं को सुधार जा सकता है?
- क्या मैं अवास्तविक अपेक्षाओं को बना रहा हूँ? मैं इन्हें किस तरह बदल सकता हूँ?

रेबेका: कुछ वर्ष पहले एक बिंदु पर, मुझे व्यक्तिगत नवीनीकरण की अत्यधिक जरूरत महसूस हुई। रॉजर ने घर पर बच्चों को सँभाला और मैं एक होटल में अकेली रहने गई और वहाँ घंटों अपनी निजी डायरी पढ़ती रहती थी। यह काफी बोधपूर्ण अनुभव रहा। मैं जीवन के बहुत से पलों को फिर देख पाई, जिसने मेरे गहन बोध में काफ़ी वृद्धि की, लेकिन सबसे ज़्यादा मददगार बोध यह रहा, जब मैं अपने जीवन में दोहराए जाने वाले पैटर्न को देख सकी, जो मुझे आम दिनों में शायद ही दिखाई देता। इस आत्मनिरीक्षण से मुझे ऐसा व्यक्तिगत मार्गदर्शन प्राप्त हुआ, जिसकी मुझे ज़रूरत थी और घर लौटने पर

मैं न केवल तरोताज़ा थी, बल्कि मैं उससे भी काफ़ी कुछ जुड़ गई थी, जो मेरे लिए सबसे अहम था।

मैंने पाया कि नियमित रूप से निजी मूल्यांकन और नवीनीकरण को दिया समय जीने से सीखने का महत्त्वपूर्ण भाग है। अब समय आ गया था कि मैं अपने मिशन स्टेटमेंट की समीक्षा करूँ, अपने जीवन में अहम रिश्तों पर विचार करूँ, और अपनी हर एक भूमिका के लिए संदर्भ लक्ष्यों को निर्धारित करूँ। रॉज़र और मुझे महसूस हुआ कि बतौर दंपती यह करने से हम अपने विवाह का भी इन्हीं मायनों में नवीनीकरण कर देते हैं। जब हम नियमित रूप से सिर्फ़ एक दूसरे के साथ होने का समय निकालते हैं, जिससे अपने साझा मिशन स्टेटमेंट की समीक्षा कर सकें, बतौर जीवनसाथी और अभिभावक लक्ष्य तय करें, तो इससे हमारे रिश्ते और हमारे परिवार की जीवन की गुणवत्ता में सचमुच सुधार होता है।

व्यवस्था बनाने, क्रिया और मूल्यांकन की प्रक्रिया को दोहराने से हमें अपने चयन और कार्यों के परिणाम साफ़ तौर पर देखने में मदद मिलती है। यह चार वृत्तियों के काम करने की स्थिति है। यह हमें जीने से सीखने और जो सीखा है, उसके अनुसार जीने योग्य बनाता है।

प्रक्रिया की शक्ति

अगर आप पिछले छह अध्यायों पर विचार करेंगे, तो क्या आपको यह साफ़ तौर पर दिखाई देना शुरू हुआ कि हमने क्यों कहा कि प्रक्रिया की वास्तविक शक्ति तभी प्रत्यक्ष होती है, जब आप इसकी नींव से गहराई से जुड़ जाते हैं? अगर आप भी अन्य बहुत से लोगों जैसे हैं, तो क्वाड्रंट II व्यवस्था प्रक्रिया से मिले शुरुआती अनुभव अनिवार्य रूप से तृतीय-पीढ़ी के अनुभव होंगे, लेकिन अब जब आप गहरी समझ के साथ पुनः उसी प्रक्रिया में जाएँगे, तो आप ख़ुद को चौथी-पीढ़ी के अनुभवों की शुरुआत पर खड़ा पाएँगे। आप हर सप्ताह प्रक्रिया के हर चरण की अधिक गूढ़ अर्थों के साथ समीक्षा करेंगे और अधिक शक्तिशाली परिणाम पाएँगे।

इस पर विचार करें कि इन्हें गहराई से समझने और इन चार चरणों का पालन करना आपको इतना सशक्त बना देगा कि आप अपने जीवन में ज़रूरी चीज़ों को पहले रख सकेंगे:

- **मिशन से जुड़ना** आपको इतना सशक्त बना देगा कि आप गहन ज्वलंत हाँ! तक पहुँच सकेंगे, जो अपने जीवन में ज़रूरी चीज़ें पहले रखने की जागरूकता के कारण निर्मित होगी। यह हाँ! जो उत्साह और ऊर्जा को उत्पन्न करेगी और आपके लिए कम महत्त्वपूर्ण चीज़ों को पूरे विश्वास और शांति के साथ न कहना संभव बनाएगी।
- **भूमिकाओं की समीक्षा** आपको इस योग्य बनाती है कि आप उन क्षेत्रों से पुनः जुड़ सकेंगे, जिनके माध्यम से आप संतुलन और तालमेल के साथ ज़रूरी चीज़ें पहले कर सकते हैं।
- **लक्ष्य निर्धारण** आपको इस योग्य बनाता है कि आप अपना मिशन पूरा करने के लिए हर सप्ताह हर भूमिका में जो भी सबसे ज़रूरी कर सकते हैं, उस पर प्रभावी ढंग से केंद्रित रहें। यह आपको सिद्धांत आधारित लक्ष्य करने के योग्य बनाता है, जिससे जीवन में गुणवत्तापूर्ण परिणाम हासिल हो सकें।
- **सप्ताह की व्यवस्था** आपको 'बड़े पत्थर' डालने योग्य बनाती है- पहले आपके अहम क्वाड्रंट II लक्ष्य तय करना और शेष चीज़ों को इनके इर्द-गिर्द शिड्यूल करना।
- **सत्यनिष्ठा का पालन** आपको प्रेरणा और प्रतिक्रिया के बीच रुकने तथा जीवन में चयन के किसी भी क्षण में सत्यनिष्ठा के साथ कार्य करने योग्य बनाता है।
- **मूल्यांकन आपके** सप्ताहों को सीखने और उसके अनुसार जीने की ऊपर की ओर जाती सर्पिल रेखा में बदलने के योग्य बनाता है।

यह बदलाव कम समय में ज़्यादा काम करने की जगह ज़रूरी चीज़ों को प्रभावी, संतुलित, और सहक्रियात्मक तरीक़े से करने का है। यह जीने, प्रेम करने, सीखने और विरासत छोड़ जाने का समग्र, एकीकृत तथा अनुकूलित नज़रिया है।

लेकिन जहाँ तक हम पहुंचे हैं, इसके आगे और भी मूल्यवान अनुभव हैं। यह पारस्परिक निर्भरता की सहक्रिया से संबंधित है- जो दूसरों के साथ हमारे जुड़ाव की पूर्ण वास्तविकता है। जब हम अगले खंड में जाएँगे, वहाँ हम समय और जीवन की गुणवत्ता को देखेंगे, जहाँ हम इसे अक्सर और गहराई से अनुभव करते हैं।

खंड तीन

पारस्परिक–निर्भरता की सहक्रिया

परस्पर निर्भरता की वास्तविकता में प्रवेश के बाद हम चाहते हैं कि आप क्षणभर रुकें और सोचें कि आपके दूसरों के साथ रिश्ते आपके समय और जीवन की गुणवत्ता को कितनी प्रबलता से प्रभावित करते हैं।

- क्वाड्रंट I संकटों में अकारण ही आपका कितना समय पारस्परिक निर्भरता के प्रयास में भूमिकाओं व लक्ष्यों के इर्द-गिर्द भ्रमपूर्ण संवाद, ग़लतफ़हमी या स्पष्टता की कमी होने से ख़राब हो जाता है।
- क्वाड्रंट III में दूसरों के वास्तविक या अनुमानित एजेंडा को पूरा करने के संघर्ष में आप कितना समय बिताते हैं, जो बाद में उतने महत्त्वपूर्ण साबित नहीं होते?
- आपके परिवार या संस्थान में कितना समय भ्रमपूर्ण संवाद, ग़लतफ़हमियों, राजनीति, पीठ पीछे बुराई, दोषारोपण, अपराधी ठहराने, या एक दूसरे से पाप स्वीकृति में ख़राब हो जाता है।
- आप जिन लोगों के साथ रहते और काम करते हैं, उनकी कितनी क्षमता, यानी उनकी प्रतिभा, रचनात्मकता, या उत्साह, जो आपके समय और जीवन की गुणवत्ता पर महत्त्वपूर्ण प्रभाव डाल सकती है, उसका दोहन अभी नहीं किया गया है।

अधिकांश लोगों का जागृत अवस्था का बहुतेरा समय अन्य लोगों के साथ वाद-संवाद, या ख़राब वाद-संवाद से उत्पन्न परिणामों से निपटने में बीत जाता है। प्रभावशाली पारस्परिक-निर्भरता समय प्रबंधन का मूल है, लेकिन पारंपरिक साहित्य तत्वतः इसकी अनदेखी करता है या इसे *सौदेबाज़ी* की तरह लेता है। सौदेबाज़ी का यह दृष्टिकोण, 'चीज़ों' का प्रबंधन करने, उन्हें यांत्रिक तरीक़े से लेने, नियंत्रण करने के प्रतिमान से निकलता है। यह लोगों को तत्वतः बायोनिक इकाइयों के रूप में देखता है, जिनसे वह ज़्यादा काम करा सकता है, या बाधाओं को इस कुशलता से सँभाल सकता है, जिससे हम अपने शिड्यूल पर वापस लौट सकें।

परंतु चौथी-पीढ़ी की पारस्परिक-निर्भरता *सौदेबाज़ी* नहीं है। यह *परिवर्तनकारी* है। यह वस्तुतः उन सबको बदल देती है, जो इससे जुड़े होते हैं। यह प्रत्येक व्यक्ति की विशिष्टता और क्षमता की पूर्ण वास्तविकता तथा अचानक लाभ के सहक्रियावादी तृतीय विकल्प रचने की प्रचुर संभावनाओं पर विचार करती है, जो उस व्यक्ति से कहीं ज़्यादा बेहतर होती है, जितना वह स्वयं अधिकतम कर सकता है। चौथी-पीढ़ी की पारस्परिक-निर्भरता रिश्तों की प्रचुरता, खोज का साहसिक कार्य, स्वाभाविकता और लोगों को शिड्यूल से अधिक महत्त्व देने की गहन परिपूर्णता, तथा जो पहले मौजूद नहीं था, उसका साथ मिलकर निर्माण करने का आनंद है। यह 'चरम आधार गति' है। यह रचनात्मकता, क्षमता और उत्पादन में तीव्र वृद्धि है, जो अनेक ऊर्जाओं और प्रतिभाओं को सहक्रियावादी तरीक़े से साथ जोड़ने से प्राप्त होती है।

इस खंड में हम जीवन की पारस्परिक-निर्भरता की प्रकृति पर गहराई से विचार करेंगे और देखेंगे कि हमारा चरित्र और हमारी दक्षता हर आयाम में लोगों के साथ काम करने की हमारी क्षमता को कैसे प्रभावित करती है। हम इस पर बात करेंगे कि साझा विज़न तथा सशक्त बनाने वाली सेवा अनुबंध जैसी क्वाड्रंट II गतिविधियों के माध्यम से दूसरों के साथ सहक्रिया का निर्माण कैसे किया जा सकता है। हम आपको दिखाएँगे कि कैसे समान दिशासूचक का निर्माण करें, ताकि आप ऐसी पूरक टीम बना सकें, जिससे आपकी ताक़त बढ़े और आपकी कमज़ोरी अप्रासंगिक हो जाए। अंत में, सशक्तिकरण पर बात करेंगे- शीर्षस्थ क्वाड्रंट II तैयारी/बचाव साधन। आप देखेंगे कि भीतर से सशक्तिकरण के निर्माण से आप अपनी क्षमता और

प्रभाव बढ़ा सकते हैं तथा अपने आस-पास- परिवार, मित्रों, सहयोगियों को उच्च प्रदर्शन और महान उपलब्धियों की ओर ले जा सकते हैं।

अगर आपकी जीवनशैली तत्वतः स्वतंत्र है, या किन्हीं अन्य कारणों से आप इस तरह की जटिलता में प्रवेश नहीं करना चाहते, तो आप सीधे चौथे खंड पर जा सकते हैं, परंतु हम चाहते हैं कि आप इस महत्त्वपूर्ण क्षेत्र का अध्ययन करें, जिसकी पारंपरिक समय प्रबंधन वास्तव में अनदेखी कर देता है। आप हैरान होंगे कि समस्याएँ और पारस्परिक-निर्भरता की संभावनाएँ आपके समय और जीवन की गुणवत्ता को कितने प्रभावशाली ढंग से प्रभावित करते हैं।

11: पारस्परिक–निर्भरता की वास्तविकता

मनुष्य के लिए पारस्परिक–निर्भरता उतनी ही आदर्श होती है और होनी चाहिए, जितनी आत्म–निर्भरता। मनुष्य एक सामाजिक प्राणी है।

– गाँधीजी

अब जब हम पारस्परिक निर्भरता की वास्तविकता में आगे बढ़ रहे हैं, तो हम आपसे उनके बारे में सोचने को कहेंगे, जिन्हें आपने अपने जीवन में 'ज़रूरी चीज़ें' माना है। इनमें से कितनी चीज़ें दूसरों के साथ रिश्ते से संबंधित हैं?

जैसा कि हमारा अनुभव है, निरपवाद रूप से लगभग सभी चीज़ें, जिन्हें लोग सचमुच महत्त्वपूर्ण मानते हैं, वे दूसरों से संबंधित होती हैं। यहाँ तक कि 'स्वास्थ्य' और 'आर्थिक सुरक्षा' भी आमतौर पर इस सूची में इसलिए शामिल होती हैं, क्योंकि लोगों को अपने परिवार और दोस्तों के साथ जीवन का आनंद लेने के लिए संसाधन चाहिए होते हैं। हमारी सबसे बड़ी ख़ुशी - और हमारा सबसे बड़ा दुख हमें दूसरों के साथ रिश्तों से ही मिलता है।

सच तो यह है कि जीवन की गुणवत्ता स्वभाव से पारस्परिक-निर्भर है।

हमारी भूमिकाएँ पारस्परिक-निर्भर हैं - हम पति, पत्नी, अभिभावक, दोस्त, बॉस, कर्मचारी, सहकर्मी, सहयोगी, सामुदायिक सदस्य, नागरिक बहुत कुछ होते हैं। लगभग हर भूमिका में गुणवत्ता का कम से कम किसी एक रिश्ते से जुड़ाव होता ही है।

हमारी उपलब्धियाँ पारस्परिक-निर्भर होती हैं। यद्यपि हम इतिहास को देख कर कहते हैं कि इस ख़ास व्यक्ति ने इस ख़ास चीज़ का आविष्कार किया या उसे खोजा था, लेकिन सच तो यह है कि सबसे महान उपलब्धियाँ अकेले हासिल नहीं हुई हैं। जिस व्यक्ति को ऐसा करने का श्रेय दिया जाता है, आमतौर पर उनके सहारे होता है, जो उससे पहले निकले थे, उन्होंने इस मार्ग को साफ़ किया, रास्ता बनाया, उन्हें तलाशा जो काम नहीं कर रहे थे, जिससे कम से कम कोई तो उसे तलाश सके, जो काम करता हो।

यहाँ तक कि हमारी बुनियादी आवश्यकताओं की पूर्ति और क्षमताएँ भी पारस्परिक-निर्भर हैं।

जीने का अर्थ है शारीरिक स्वास्थ्य और आर्थिक सुरक्षा। अगर डॉक्टर, अस्पताल, पेंसिलिन, और स्वास्थ्य बीमा नहीं हों, तो हम कहाँ होंगे? हमें अपना वेतन इसीलिए मिल पाता है, क्योंकि हम जो करते हैं, वह किसी न किसी तरह से दूसरों के जीवन को प्रभावित करता है। हम अपना वेतन उन चीज़ों पर ख़र्च करते हैं, जो अन्य लोगों के श्रम का प्रतिनिधित्व करती हैं।

प्रेम की तो परिभाषा ही पारस्परिक-निर्भरता है। प्रेम तब तक प्रेम नहीं है, जब तक आप इसे प्रकट नहीं करते। इसमें अन्य लोगों व चीज़ों के साथ रिश्ता शामिल होता है तथा यह राभी ज्ञान ग्रंथों की एक प्रमुख विषय-वस्तु- पारस्परिकता, या रवर्णिग नियग पर आधारित होता है।

उन्नति के लिए सीखना, जिससे हम स्वयं को विस्तारित होता महसूस कर सकें। हम अक्सर दूसरों की लिखी किताबें पढ़कर, दूसरों के सेमिनारों में शामिल होकर, दूसरों की सिखाने वाली कक्षाओं में बैठकर सीख पाते हैं? समूह में दूसरे लोगों से बात करके हम कितना ज्ञान हासिल कर पाते हैं? हमारे 'अपने कितने विचार' दूसरों के विचारों से उपजे हैं?

विरासत छोड़ना, की परिभाषा भी पारस्परिक-निर्भरता ही है। यह समाज के लिए योगदान है, दूसरों के जीवन में सार्थक योगदान। हम जिस दुनिया में रह रहे हैं, वह हमसे पहले गए लोगों की देन है। इसमें हम जो भी विकल्प चुनते हैं, उनसे आने वाले लोगों के लिए विरासत का निर्माण होता है।

तथ्य यही है कि अकेले होने से ज़्यादा अच्छा सबके साथ होना है। विनम्रता इसके साथ आती है कि 'कोई भी अकेला नहीं है' और किसी एक व्यक्ति में सभी प्रतिभाएँ नहीं होती हैं, सभी विचार नहीं होते हैं, कोई एक ही व्यक्ति हर तरह का काम नहीं कर सकता। जीवन की गुणवत्ता के लिए साथ मिलकर काम करना, एक दूसरे से सीखना, और एक दूसरे की उन्नति में मदद करना अहम है।

स्वतंत्र प्रतिमान

जीवन की गुणवत्ता में पारस्परिक-निर्भरता की प्रत्यक्ष वास्तविकता के बावजूद हम 'सफलता' को स्वतंत्र उपलब्धि के तौर पर देखते हैं। समय प्रबंधन साहित्य तत्वतः उपलब्धि के इसी प्रतिमान को प्रतिबिंबित करते हैं। एक मायने में अधिकांश पुस्तकें यही कहती हैं कि 'समय ही जीवन' है, लेकिन कौशल और तकनीक का संबंध चीज़ों के प्रबंधन से है। लोगों को मुख्य रूप से ऐसे संसाधनों के तौर पर देखा जाता है, जिनके द्वारा हम काम का बँटवारा करके अपना लाभ बढ़ा सकते हैं, या उन्हें बाधाओं के तौर पर देखा जाता है, जिन्हें दक्षता से सँभाला सकता है, ताकि हम अपने शिड्यूल पर क़ायम रह सकें।

स्वतंत्रता का अपना स्थान होता है। प्रेरणा और प्रतिक्रिया के बीच के अंतराल में, स्वतंत्रता में दिमाग़ी अंकन, सामाजिक दर्पण, व उन अन्य प्रभावों से आगे निकलने वाले गुण की शक्ति होती है, जो हमें जीवन के प्रति सिद्धांत-केंद्रित प्रतिक्रिया से दूर ले जाते हैं। स्थान के साथ ही इस स्वतंत्रता का अपना उद्देश्य भी होता है। यह अपने आप में अंतिम नहीं है। सच्ची स्वतंत्रता प्रभावी पारस्परिक-निर्भरता से पहले आती है और हमें इसके लिए तैयार करती है। यह वह निजी विश्वसनीयता है, जो विश्वास करना संभव बनाती है।

स्वतंत्रता की एक और भूमिका है, जहाँ हम चीज़ों से निपटते हैं, और यहीं पर हमें समय प्रबंधन पुस्तकों के महान मूल्य का पता चलता है। इसमें चीज़ों के प्रबंधन के शानदार, उच्च लाभकारी विचार और तकनीकें भरपूर होती हैं।

परंतु लोग चीज़ें नहीं होते। लोगों के साथ व्यवहार करते हुए, हम जीवित, साँस लेते मनुष्यों से व्यवहार कर रहे होते हैं, जिनका प्रेरणा और प्रतिक्रिया के बीच अपना अंतराल होता है। उनमें भी ये मानवीय वृत्तियाँ और इस अंतराल में काम करने की असाधारण क्षमता होती है। और हमारा काफ़ी समय इस पारस्परिक-निर्भरता की वास्तविकता से संवाद में बीतता है।

व्यक्तिगत सत्यनिष्ठा के अलावा, हमारी सबसे बड़ी समस्या -तथा जीवन की गुणवत्ता और समय को प्रभावित करने वाली इष्टतम संभावना के मुद्दे- इसी पारस्परिक-निर्भरता के क्षेत्र से होते हैं।

स्वतंत्र प्रतिमान की क़ीमत

जब हम स्वतंत्र उपलब्धियों, रेखीय, समय के प्रतिमान से अपनी आवश्यकताओं को संतुष्ट और क्षमताओं को परिपूर्ण करने का प्रयास करते हैं, तो कई बार जीवन घंटों में पिसता हुआ महसूस होता है। समय सीमित होता है, इसलिए हमें संतुष्टि को अधिकतम करना पड़ता है, और जितना हो सके, उतने अनुभव लेने होते हैं। हम पंक्ति तोड़कर दौड़ते हैं, और जितनी विविधता संभव हो, उसे लपक लेते हैं। हम अनुभवों और उत्तेजनाओं के भक्षक बन जाते हैं।

जीने की जल्दबाज़ी। स्वस्थ जीवनशैली बनाने में काफ़ी समय और श्रम देना होता है। इसलिए हम जो चाहते हैं, वह खाते हैं, जो करना चाहते हैं, वह करते हैं, और दोनों तरफ़ घनघोर परिश्रम करते हैं, और फिर सुधार के लिए चिकित्सकों का मुँह देखते हैं। आर्थिक रूप से सुरक्षित होना सबसे अहम हो जाता है, फिर चाहे उसका अर्थ और साधन कुछ भी हों।

प्रेम में जल्दबाज़ी। हम रिश्ते बनाते हैं और तोड़ देते हैं, जिसके मार्ग में अनेक टूटे दिल और ज़िंदगियाँ बिखरी रहती हैं। हम विवाह से लाभ तो लेना चाहते हैं, लेकिन सुखपूर्ण जीवन के लिए समृद्ध पारस्परिक-निर्भरता, निस्वार्थ सेवा, संवेदनशीलता, आचरण में निरंतर सुधार के प्रति भावनात्मक प्रतिबद्धता नहीं करते, ताकि रिश्ता मज़बूत हो। हम बच्चों को दुनिया में लाते हैं, लेकिन हम वह समय व श्रम देने के लिए प्रतिबद्ध नहीं होते, जो सिखाने व प्रशिक्षण देने, प्रेम करने और सुनने के लिए चाहिए। हम अपने निकटतम रिश्तों में से कुछ फूल चुन लेते हैं, लेकिन हमारे पास शेष लोगों तक पहुँचने और व्यापक आधार पर प्रेम करने का समय नहीं होता।

सीखने में जल्दबाज़ी। दूसरों से गहन संवाद करने और सार्थक रूप से बातचीत का समय नहीं होता। सीखना सतही होता है। हम कौशल, पद्धति और तकनीक की बात करते हैं बिना उस सिद्धांत को समझे, जो हमें विभिन्न हालात में कार्य करने योग्य बनाता है।

विरासत प्रतीक छोड़ने की जल्दबाजी। हम कुछ रुपये यहाँ ख़र्च करते हैं, और कुछ वहाँ ख़र्च करते हैं। इनसे हम एक या दो क्षण के लिए 'स्थिर' योगदान कर पाते हैं, लेकिन यह हमेशा नहीं रहता। इसमें वास्तविक प्रतिबद्धता, गहन उद्देश्य तथा जीवन में योगदान के प्रति अधिक भावना नहीं होती।

जैसा कि अनेक सामाजिक वैज्ञानिकों और व्याख्याकारों ने उल्लेख किया है कि तेज़ गति वाले इस स्वतंत्र प्रतिमान ने हमारे समाज में विराट असंतुलन का निर्माण कर दिया है। हम सोने के अंडों के लालच में उन्हें देने वाली मुर्गी को मार रहे हैं। हम उपभोग में इतने व्यस्त हैं कि अपनी उत्पादन की क्षमता पर ध्यान नहीं दे रहे हैं, और इसके प्रमाण हमें अपने चारों ओर- राष्ट्रीय क़र्ज़, स्वास्थ्य सेवा समस्याएँ, वैश्विक अर्थव्यवस्था, दीर्घकालिक विकास में निवेश के प्रति शेयर बाज़ार की इच्छा के अभाव में दिखाई देते हैं।

आधुनिक तनाव शोध के जनक हैंस सेली स्वतंत्र उपलब्धि पर फ़ोकस की तुलना कैंसर की उत्पत्ति से करते हैं, जिसकी सबसे बड़ी ख़ासियत यही होती है कि उसे सिर्फ़ अपने से मतलब होता है। अतः, वह अपने मेजबान के अन्य हिस्सों पर तब तक पलता रहता है, जब तक मेजबान इससे मर नहीं जाता- और इस कारण कैंसर जैविक आत्महत्या कर लेता है, क्योंकि कैंसर का सेल इस शरीर से इतर नहीं जी सकता, जिसमें उसने अपना धुष्ट और अहम केंद्रित विकास आरंभ किया था। बतौर समाज, कुछ हद तक, हमारी सीढ़ी ग़लत दीवार से लगी है। हम स्वतंत्रता के भ्रम में जी रहे हैं, लेकिन इस प्रतिमान से जीवन की वैसी गुणवत्ता का निर्माण नहीं होता, जैसी हम चाहते हैं।

परिणाम बदलने के लिए, हमें प्रतिमान को बदलना होगा।

पारस्परिक–निर्भरता का प्रतिमान

सही दिशा हमें सिखाती है कि हम विशाल, उच्च्च अंतर-संबंधित जीवन परिवेश के अंश हैं। जीवन की गुणवत्ता पारस्परिक रूप से निर्भर होती है। यह 360 डिग्री है, पूर्णतः एकीकृत दृष्टिकोण, जैसा कि रेखा चित्र में दर्शाया गया है।

इसके केंद्र में व्यक्तिगत आयाम है। हम में से प्रत्येक विशिष्ट है। हमारे पास ऐसी ख़ास मानव वृत्तियाँ हैं और अपनी बुनियादी आवश्यकताओं और क्षमताओं को पूरा करने में इन वृत्तियों के इस्तेमाल के लिए कुछ सीमा तक विशेष गुण और क्षमता हैं। बतौर व्यक्ति हम अन्य व्यक्तियों के साथ रिश्ता बनाते हैं। यह अंतर्वैयक्तिक आयाम है। हमारे रिश्ते में, हम इसे पूर्ण करने के लिए दूसरे के साथ मिलकर काम करते हैं, जिसका प्रतिनिधित्व प्रबंधकीय आयाम करता है। हम प्रणालियों को जोड़कर सामूहिक उद्देश्यों के

लिए साथ मिलकर कार्य करते हैं, जो इसका संस्थागत आयाम है। ये सभी आयाम समाज के संदर्भ में होते हैं और उस समाज को प्रभावित करते हैं, जिसमें हम रहते हैं।

इस पारस्परिक-निर्भरता की वास्तविकता के निहितार्थों को समझते हैं।

@ 1994 कवी लीडरशिप सेंटर, इंक

1. *हर सार्वजनिक व्यवहार वस्तुतः व्यक्तिगत व्यवहार होता है*

हम परिवारों, संस्थानों और समाजों में जो समस्याएँ देखते हैं, वे लोगों के प्रेरणा और प्रतिक्रिया के बीच के अंतराल के चयनों का परिणाम हैं। जब इन प्रतिक्रियाओं की उत्पत्ति प्रतिकार, दिमाग़ी अंकन या तात्कालिकता की प्रतिक्रिया में होती है, तो इसका पूरा प्रभाप परिवारों, संस्थानों और समाजों, सभी के लिए जीवन की गुणवत्ता पर पड़ता है।

उदाहरण के लिए, विवाह को ही लें। अगर विवाहित जोड़ी ने गहन आंतरिक जीवन में इसकी क़ीमत नहीं चुकाई है, तो शुरुआत में तो सब अच्छा रहता है, लेकिन जब बच्चों की परवरिश, वित्त, और सास-श्वसुर जैसे मुश्किल मसले खड़े होते हैं, तो उनके पास सहक्रियात्मक, सकारात्मक

तरीक़े से संवाद का चरित्र और क्षमता नहीं होते। वे पुनः अपने दिमाग़ी अंकन में लौट जाते हैं- जो काफ़ी अलग भी हो सकता है- और अगर वे सिद्धांत-केंद्रित नहीं होते हैं, तो यह मतभेद कोई ख़ास रुख अपनाने और उस पर अड़े रहने तक पहुँच जाता है, जिसमें अंततः खटास पैदा होती है और अलगाव भी हो सकता है।

वहीं दूसरी ओर, अगर विवाहित दंपती सिद्धांत-केंद्रित हैं, तो वे मतभेदों का भी मूल्य समझेंगे और साथ मिलकर अपनी अपने दिमाग़ी अंकन और सही दिशा के सिद्धांतों को समझने का प्रयास करेंगे। वे अपनी चुनौतियों का सामना करने के लिए सहक्रियावादी तृतीय-विकल्प समाधान की तलाश करेंगे। वे एक-दूसरे की कमज़ोरियों को मदद के अवसर के रूप में देखते हैं। वे बस इसकी परवाह करते हैं कि *क्या सही है, न कि कौन सही है*। वे अपने परिवार को समाज की बुनियादी इकाई के रूप में देखते हैं और जानते हैं कि समाज को योगदान देने का एक महत्त्वपूर्ण तरीक़ा मज़बूत घर बनाना और बच्चों की परवरिश समाज के ज़िम्मेदार सदस्य के तौर पर करना है। वे अन्य तरीक़ों से एक-दूसरे की मदद करते हैं और आपस में सहयोग करते हैं, ताकि कुल-मिलाकर समाज के प्रति योगदान कर सकें।

संस्थानों के मामले में भी यही सत्य होता है। हमारे कुल गुणवत्ता निहितार्थ और सशक्तिकरण प्रोग्रामों में समस्या का एक कारण यह भी होता है कि बहुत से लोग, जो इन संस्थानों में ये चीज़ें करने का प्रयास करते हैं, उन्होंने ख़ुद अपने गहन आंतरिक जीवन में इनके लिए क़ीमत नहीं चुकाई होती। अक्सर बचपन में सशर्त प्रेम, अकादमिक घुमाव द्वारा सामान्य वितरण, खिलाड़ियों जैसे जीत-हार के प्रतिमान, या नौकरी में बाध्यकारी रैंकिंग प्रणाली से उनका दिमाग़ी अंकन स्वतंत्रता और स्पर्धा की ओर हो जाता है। उनके प्रयास काफ़ी गंभीर हो सकते हैं, लेकिन वे अपने गहन प्रतिमानों से बाहर कार्य नहीं कर सकते।

टोटल क्वालिटी मूवमेंट की मुख्य आवाज़ समझे जाने वाले स्व. डब्ल्यू. एडवर्ड्स डेमिंग का कहना था कि किसी भी संस्थान की सबसे बड़ी समस्या उसके लोग नहीं, बल्कि व्यवस्थाएँ होती हैं, लेकिन ये व्यवस्थाएँ लोग ही बनाते हैं। अगर लोगों का दिमाग़ी अंकन स्पर्द्धा, तंग मानसिकता, स्वतंत्रता, समय-आधारित प्रतिमानों से हुआ होता है तथा यदि वे सही दिशा

से अनुकूलित नहीं होते, तो इसके परिणाम संस्थानों और समाज में दिखाई देते हैं। कुल गुणवत्ता और सशक्तिकरण, गहन और सतत गुणवत्ता बदलाव का निर्माण करने की जगह 'माह के स्वाद आयाम' पर काम करने लगते हैं, और लोग इन प्रयासों को लेकर संशयी हो जाते हैं।

कुल गुणवत्ता की शुरुआत कुल व्यक्तिगत गुणवत्ता से होती है। संस्थागत सशक्तिकरण की शुरुआत व्यक्तिगत सशक्तिकरण से होती है। यही कारण है कि गहन आंतरिक जीवन और सत्यनिष्ठा में काम करना इतना महत्त्वपूर्ण होता है।

स्टीफ़नः अभी हाल ही में एक बड़े समूह में किसी व्यक्ति ने मुझसे कहा, स्टीफ़न, "हम काँग्रेस में सिद्धांत-केंद्रित नेतृत्व कैसे पा सकते हैं?"

मैंने कहा, "आप अपनी पत्नी के साथ कैसे व्यवहार करते हैं?"

"इस बात का इससे क्या मतलब?" उसने पूछा।

मैंने कहा, "सार्वजनिक नीति स्पष्ट रूप से निजी नैतिकता ही होती है।"

इस पर वह भड़क गया और उसके मुँह से शब्द नहीं निकले। उसे लगा कि मैंने उसका अपमान किया है। बाद में मैं उसके पास गया और माफ़ी माँगी। "अगर आपको अपमान महसूस हुआ हो, तो मैं माफ़ी चाहता हूँ। मेरा यह मतलब नहीं था, लेकिन मुझे इस आंतरिक-बाहरी दृष्टिकोण पर पूरा यक़ीन है।"

उसने कहा, "नहीं, यह आपके मेरे अपमान की बात नहीं है, बल्कि आपकी बात समझ गया! मैं पूरा जीवन अन्याय के लिए दूसरों को दोष देता रहा। और मैं जानता हूँ कि मैं अपनी हताशा अपने प्रियजनों पर उतार देता हूँ। आपका मेरी इसी कमी की तरफ़ इशारा करना मुझे चकित कर गया, लेकिन मुझे यह सुनना ही था।"

अंत में, संस्थागत व्यवहार जैसी कोई चीज़ नहीं होती। यह बस संस्थान के लोगों का व्यवहार ही है।

2. जीवन अविभाज्य पूर्णता है

जैसा हमने पहले कहा, गाँधीजी ने एक बार कहा था कि 'कोई भी व्यक्ति जीवन के किसी एक विभाग में सही नहीं कर सकता, जब तक वह अन्य विभाग में ग़लत करता रहे।' जीवन अविभाज्य पूर्णता है। एक सहयोगी ने यह कहानी सुनाई थी:

एक वक़्त मैं बड़ी एयरोस्पेस कंपनी में काम करता था। मैं मुख्य मार्केटिंग टीम का हिस्सा था, जिसका काम 'कार्यकारी सारांश' की प्रेजेंटेशन सामग्री तैयार करना था, जिससे कई बिलियन-डॉलर के डिफेंस कार्यक्रमों और उत्पादों को बेचने में मदद मिल सके।

एक दिन टीम में नया सदस्य शामिल हुआ। उसका परिचय करवाया गया। जिस तरह प्रबंधन उसके सामने लाल कालीन बिछा जा रहा था, हम समझ गए कि यह एक ख़ास नियुक्ति है। वह बेहद प्रतिभाशाली था और उसे इंडस्ट्री का दस साल का संबंधित अनुभव भी था।

उसे कंपनी के सबसे अहम नए व्यापारिक प्रस्ताव में टीम लीडर बनाया गया था। मुझे उसके साथ काम करना था और मुझे दफ़्तर में उसके पास ही बैठने की जगह दी गई।

उस परियोजना पर काम करते हुए, मैं जल्दी ही इस व्यक्ति को अच्छी तरह समझने लगा। हम इतने पास बैठते थे कि मुझे उसकी फ़ोन पर की गई बातचीत भी सुनाई देती थी। फ़ोन पर उसकी बातचीत से एक अत्यंत अप्रिय और अव्यवस्थित निजी जीवन की बात पता चली। वह समझ गया कि मैंने उसके बारे में भाँप लिया है, तो वह मुझे उन फ़ोन कॉल्स के बारे में बताने लगा और बोला, "लेकिन इसका असर मेरे काम पर नहीं पड़ता।" और वह यह बात रोज़ाना दोहराता रहता था।

जैसे-जैसे प्रोजेक्ट में काम बढ़ा, दबाव भी दोगुना हो गया। अब इस 'प्रेशर कुकर' में इस टीम लीडर का निजी जीवन अपना बुरा प्रभाव दिखाने लगा। काम के दबाव में नींद और आराम की कमी के साथ ही हमारा उसके साथ काम करना मुश्किल होने लगा- चिड़चिड़ा, अविवेकी, विवादप्रिय, असंतुलित। इससे सब प्रभावित होने लगे। उसके अत्यधिक ज्ञान के बावजूद, वह प्रोजेक्ट के लिए बाधा बनने लगा और उसे नौकरी से निकाल दिया गया। और यह भी तब, जब उसे अत्यधिक उम्मीदों के साथ छह महीने पहले ही लाया गया था।

हम शायद सोचते हैं कि हम दूसरों को मूर्ख बना रहे हैं। हम शायद ख़ुद को भी मूर्ख बना सकते हैं, लेकिन अगर हम किसी भी भूमिका में धोखेबाज़ी या बेईमानी करेंगे, तो इसका असर हमारे जीवन में हर भूमिका पर पड़ेगा।

3. विश्वसनीयता से विश्वास संभव

विश्वास जीवन को जोड़ता है। यह प्रभावशाली संवाद का सबसे अहम घटक है। यह वह बुनियादी सिद्धांत है, जो विवाह, परिवार, और संस्थानों जैसे हर तरह के सभी रिश्तों को जोड़ता है। और विश्वास विश्वसनीयता से ही विकसित होता है।

स्टीफ़न : एक बार मेरे छोटे से बेटे ने मुझे किसी के बारे में बुरा बोलते देखा। वह उसी वक़्त मेरे पास आया और बोला, "पापा, क्या आप मुझे प्यार करते हैं?" वह इतना प्रामाणिक, इतना स्नेही, इतना अति संवेदनशील था। वह मेरे स्वभाव में किसी को प्रेम न करने की संभावना को देख सकता था, और उसने फ़ौरन इसे अपने रिश्ते पर लागू कर लिया। वह मेरी विश्वसनीयता पर सवाल पूछ रहा था। वह जानना चाहता था कि उसके लिए मेरे प्रेम पर विश्वास करना सुरक्षित है।

एक बार मुझे इसका बिलकुल विपरीत अनुभव भी हुआ। उस वक़्त मैं एक साल के लिए हवाई विश्वविद्यालय में अतिथि प्रोफ़ेसर था। वहाँ पहुँचने पर हमें पता चला कि ठहरने का इंतज़ाम वैसा नहीं है, जैसी हमने उम्मीद की थी। अतः मैंने जाकर विश्वविद्यालय के प्रेसिडेंट से उनके हाउसिंग डायरेक्टर की शिकायत की। मैं काफ़ी आलोचनात्मक और नाराज़ था। मैंने उन्हें बताया कि हमारा अनुबंध और उम्मीदें क्या थीं और किस तरह चीज़ें बुरे हालात में हैं।

उन्होंने पूरे सम्मान के साथ मेरी बात सुनी, और फिर बोले, "स्टीफ़न, मुझे यह सब सुनकर दुख हुआ, लेकिन हाउसिंग डायरेक्टर बहुत अच्छे व क़ाबिल व्यक्ति हैं... अभी उनके आते ही हम सब मिलकर इसका समाधान खोज लेंगे।"

मुझे इस जवाब की उम्मीद नहीं थी। मैं इन सबमें पड़ना नहीं चाहता था। मैं बस शिकायत करना, दुख जताना और इसे ठीक करवाना चाहता था। मेरे दिलो दिमाग़ में जो चल रहा था और उन कुछ मिनटों को मैं कभी नहीं भूल सकता, जो हाउसिंग डायरेक्टर को विश्वविद्यालय प्रेसिडेंट के कमरे में आने में लगे। मैं कहाँ फँस गया? इस परेशानी का शायद थोड़ा कारण मैं भी हूँ। मुझे लगता है कि मैं अपना पक्ष ठीक से नहीं रख सका। उनके वहाँ आने तक मेरा जोश ठंडा पड़ चुका था। मैं शांत हो गया था। अपने अहंकार पर मैं थोड़ा शर्मिंदा था और ख़ुद को धिक्कार भी रहा था।

हाउसिंग डायरेक्टर के अंदर आते ही मैंने कहा, "हेलो! आप कैसे हैं? आपसे मिलकर अच्छा लगा।" मुझे अपना दोहरापन साफ़ दिखाई दे रहा था, लेकिन मेरे दिल में उस विश्वविद्यालय प्रेसिडेंट के लिए बहुत सम्मान था, जो अपने कर्मचारियों की रक्षा करता था, उनके बारे में भली बातें कहता था, और किसी भी तरह की नकारात्मक समस्या को सुलझाने की प्रक्रिया में उन्हें भी शामिल करना चाहता था।

विश्वविद्यालय प्रेसिडेंट मुख्यतः सिद्धांत-केंद्रित थे। मुझे मालूम था कि अगर कोई, किसी भी स्तर का व्यक्ति मेरी शिकायत उनसे करेगा- तो भी वे मेरे साथ इसी सम्मान से पेश आएँगे। यह व्यक्ति वहाँ ग़ैर-मौजूद लोगों के प्रति भी निष्ठावान था।

इसके बाद मैंने उनसे कभी किसी की शिकायत नहीं की। मैं समझ गया था कि वे किस क़िस्म के व्यक्ति हैं।

विश्वास ऐसी चीज़ नहीं, जिसे आप कृत्रिम या फ़ौरी-तौर पर दर्शा सकें। व्यक्तिगत विश्वसनीयता, चरित्र की बुनियादी क्रिया है।

तात्विक विश्वसनीयता की बुनियाद के बिना, विश्वास प्रयोगात्मक ही होता है। यह स्थिर नहीं होता। यहाँ बुनियादी प्रेरणा में विश्वास नहीं है।

संवाद सँभलकर तथा तेवर और स्थिति के अनुसार होते हैं। वहीं दूसरी ओर, विश्वसनीयता से लचीलापन आता है तथा रिश्तों में भावनात्मक स्थिरता आती है। आपमें कभी-कभी मतभेद हो सकते हैं, लेकिन इससे रिश्ते ख़राब नहीं होते। आपमें इससे दूर होने लायक़ स्थिरता होती है। लोग आपके मूल अभिप्राय पर संदेह नहीं करते। वे जानते हैं कि आप अंदर से कैसे हैं।

पारस्परिक- निर्भरता से 'महत्त्व' की पुनः परिभाषा

स्वतंत्र से पारस्परिक निर्भरता के प्रतिमान में बदलाव बिलकुल नए दृष्टिकोण का निर्माण कर देता है। यह हमारे उन फ़ैसलों को पूरी शक्ति से प्रभावित करता है, जो समय के सर्वश्रेष्ठ इस्तेमाल और उससे मिलने वाले परिणामों से जुड़े होते हैं। यह वस्तुतः 'महत्त्व' को पुनः परिभाषित करता है। समय प्रबंधन मैट्रिक्स पर फिर विचार कीजिए।

	तात्कालिक	तात्कालिक नहीं
महत्त्वपूर्ण	**I** • संकट • समस्याओं का दबाव • समय-सीमा से जुड़े प्रोजेक्ट, बैठकें और तैयारियाँ	**II** • तैयारी • रोकथाम • मूल्य स्पष्टीकरण • नियोजन • रिश्ते बनाना • वास्तविक पुनर्निर्माण • सशक्तिकरण
गैर-महत्त्वपूर्ण	**III** • बाधाएँ, कुछ फ़ोन कॉल • कुछ पत्र, कुछ रिपोर्टें • कुछ बैठकें • कई अनुमानित, दबाव बनाने वाले मामले • अनेक लोकप्रिय गतिविधियाँ	**IV** • तुच्छ बातें, व्यस्ततापूर्ण कार्य • जंक मेल • कुछ फ़ोन कॉल • समय ख़राब करने वाले • पलायन की गतिविधियाँ

पारस्परिक-निर्भरता की वास्तविकता के चश्मे से देखते हुए इन सवालों पर विचार करें :

- काम को कुशलतापूर्वक पूरा करना ज़रूरी है... या अभी या भविष्य में किसी कर्मचारी या बच्चे के इसे करने योग्य होने तक इंतज़ार करना चाहिए? किस विकल्प का आपके समय की गुणवत्ता, दूसरों के समय, संस्थान के समय पर ज़्यादा प्रभाव पड़ेगा।
- ज़्यादा अहम क्या है? दूसरों की निगरानी करने और उन पर नियंत्रण करने में समय दें... या दूसरों की शानदार रचनात्मक संभावनाओं को निकालने का प्रयास करें, जिससे वे स्वयं अपने को नियंत्रित कर सकें।
- ज़्यादा अहम क्या है? आप अपना शिड्यूल इस कुशलता से बनाएँ कि यह विरोधाभासी उम्मीदों द्वारा निर्मित समस्याओं का समाधान करे... या दूसरों के साथ काम करने में समय दें तथा उम्मीदों को पहले ही स्पष्ट कर दें?

- ज़्यादा अहम क्या है कि संवाद की कमी से उत्पन्न समस्याओं को सुलझाने का प्रयास किया जाए, या ऐसा रिश्ता बनाया जाए, जिसमें प्रभावशाली संवाद संभव हो सके?

चौथी पीढ़ी 'जन' प्रतिमान है। यह वस्तुओं के कुशल और यांत्रिक प्रबंधन से ज़्यादा लोगों के साथ प्रभावी, सहक्रियात्मक संवाद पर केंद्रित है। लोगों पर या चीज़ों पर केंद्रित होने के बीच का अंतर तीसरी और चौथी पीढ़ी के बीच के अंतर्निहित सबसे गहरे अंतर को दर्शाता है। तीसरी पीढ़ी में, पूरा ध्यान प्रबंधन और नियंत्रण पर केंद्रित होता है। यह लोगों को चीज़ों के स्तर पर देखता है। अंत में लोग व्यवस्था और योजना बनाने, प्राथमिकता तय करने, अनुशासन और नियंत्रण में ही अपने को दक्ष कर लेते हैं।

लेकिन चौथी-पीढ़ी के प्रतिमान में लोग पहले, और चीज़ें बाद में हैं। यहाँ नेतृत्व पहले, और प्रबंधन बाद में है। यहाँ प्रभावकारिता पहले है, दक्षता बाद में है। यहाँ उद्देश्य पहले है, संरचना बाद में है। यहाँ विज़न पहले है, पद्धति बाद में है।

'जन' प्रतिमान	**'वस्तु' प्रतिमान**
नेतृत्व	प्रबंधन
प्रभावकारिता	दक्षता
स्वाभाविकता/अन्वेषण करने की शक्ति	संरचना
विवेक	मापन
कारण	प्रभाव/लक्षण
मुक्ति/सशक्तिकरण	नियंत्रण
प्रोग्रामर	प्रोग्राम
परिवर्तन	सौदा
निवेश	ख़र्च
ग्राहक सेवा	प्रबंधकीय दक्षता
सिद्धांत	तकनीक
सहक्रिया	समझौते
प्रचुरता	अभाव

जनता पर यह फ़ोकस जीवन को देखने के बिलकुल अलग तरीक़े और अलग नज़रिये का निर्माण करता है, जैसा कि चार्ट में दिखाया गया है।

ज़ाहिर है कि 'वस्तुओं का प्रतिमान' तब उचित है, जब हम चीज़ों का प्रबंधन कर रहे हों, लेकिन यह तब उचित नहीं है- और अप्रभावी भी- जब हम इसे लोगों पर कार्यान्वित करने का प्रयास करते हैं। यह गोल्फस्टिक से टेनिस खेलने का प्रयास करने जैसा है। यह साधन वास्तविकता पर खरा नहीं उतरता।

'जन प्रतिमान' हर तरह के परिवारों, संस्थानों, और समूहों की सफलता के लिए अहम है। जापानी उद्योगपति कोनोसुके मात्सुशिता कहते हैं कि पश्चिम में बिज़नेस की अनेक विफलताओं और समस्याओं का कारण तत्वतः यही प्रतिमान है।

बॉस का काम सोचना और कर्मचारियों का काम करना, आप गहराई में इस पर यक़ीन कर चुके हैं कि बिज़नेस चलाने का यही सही तरीक़ा है कि बॉस के दिमाग़ से विचार निकलें और श्रमिक उस पर काम करें।

हमारे लिए, प्रबंधन का मूल मंत्र कंपनी की सेवा में सभी कर्मचारियों के बौद्धिक संसाधनों को संगठित करने और उनको साथ लाने की कला है। हमें तकनीकी और आर्थिक चुनौतियों की संभावनाओं के बारे में विचार करना होगा। हम जानते हैं कि कुछ मुट्ठीभर टेक्नोक्रेटों की बुद्धिमानी, भले ही कितनी भी शानदार क्यों न हो, काफ़ी नहीं होती कि सफलता को सुनिश्चित कर सके।

सभी कर्मचारियों के दिमाग़ को साथ जोड़ने से ही कोई कंपनी आज के वातावरण के झटकों और दबावों का सामना कर सकती है।

जब हम इसे पारस्परिक-निर्भरता की वास्तविकता के 'तौर' पर देखते हैं, तब हम तुरंत ही क्वाड्रंट II की गतिविधियाँ, जैसे रिश्ते बनाना, साझा विज़न के निर्माण तथा उम्मीदों के स्पष्टीकरण में दिए समय का महत्व समझ जाते हैं। हम यह भी देख पाते हैं कि पारंपरिक समय प्रबंधन में हम जो कुछ भी करते हैं, वह स्वतंत्र जड़ पर काम करने की जगह पूरी कुशलता से पत्तियों को सुखा देता है।

सच्ची पारस्परिक–निर्भरता परिवर्तनीय है

पारंपरिक समय प्रबंधन में पारस्परिक-निर्भरता तत्वतः *लेन-देन संबंधी* होती है। इस तरह की पारस्परिक-निर्भरता दिन-प्रतिदिन की कार्य-सुपुर्दगी में होती है, और आमतौर पर इसमें अच्छे मानवीय रिश्तों का सिद्धांत शामिल रहता है। इसे इस तरह किया जा सकता है, जो दोनों ही पक्षों के लिए दक्षतापूर्ण, सहज और संतोषजनक हो, लेकिन यह संवाद का निचला स्तर है। इसमें शामिल पक्ष परिवर्तित नहीं होते। उनमें न कोई फेरबदल होता है, न बदलाव आता है। यहाँ कुछ भी सहक्रियात्मक नहीं होता। कोई नव निर्माण नहीं होता।

लेकिन चौथी-पीढ़ी अलग क़िस्म की होती है। यह *लेन-देन* से *परिवर्तन* की ओर जाती है, जिसमें स्वयं संवाद की मूल प्रकृति में पारस्परिक-निर्भरता की सच्ची सहक्रिया निर्मित होती है। लोग बदलते हैं। वे पूरी तरह परिवर्तित हो जाते हैं। वे सचमुच अलग तरह के हो जाते हैं। उन्हें पता भी नहीं चलता कि उन्होंने जब लेन-देन की क्रिया शुरू थी, तब संवाद प्रक्रिया ने भीतर किस तरह की गतिशीलता को आरंभ कर दिया। कुछ नया निर्मित हो जाता है, जिसे दोनों में से कोई भी पक्ष नियंत्रित नहीं कर रहा होता है। इसका न तो अनुमान लगाया जा सकता है, न भविष्यवाणी की जा सकती है। इसमें लोग नियंत्रण की बजाय मुक्त अवस्था में संवाद करते हैं। इस तरह की परिवर्तनकारी पारस्परिक-निर्भरता सर्वथा अलग क़िस्म की होती है और यह चौथी पीढ़ी का सार और आधार है। परिवर्तनकारी संवाद में नियंत्रण, दक्षता, स्वतंत्र उपलब्धि और समय के तीसरी पीढ़ी के दृष्टिकोण को चौथी-पीढ़ी की सहक्रिया अवधारणा निस्तेज कर देती है। यह अवधारणा प्राकृतिक नियमों या सिद्धांतों का संतुलन प्रदान करती है, जो इसका परिचालन और अंततः नियंत्रण करते हैं।

सहक्रिया का यह संपूर्ण विचार बेहद रोमांचकारी और उत्तेजित करने वाला है, लेकिन साथ ही भयभीत करने वाला भी है। सहक्रियात्मक संवाद के वक़्त आपको पता नहीं होता कि इसका अंत किस तरह होगा। और अगर आप स्वतंत्रता और तीसरी-पीढ़ी के नियंत्रण और दक्षता के दर्शन में प्रशिक्षित और गहन अभ्यस्त होंगे, तो अपने को यहाँ कमज़ोर और अनुभवहीन, संदेही व भयभीत अनुभव करेंगे।

स्टीफ़नः मुझे याद है, जब मैं पहली बार बचे रहने के कौशल में रस्सी से उतरने के प्रोग्राम में शामिल था। मैं वहाँ बतौर सहायक प्रशिक्षक गया था जिसका संबंध बचे रहने के कौशल से नहीं, बल्कि मानव संवाद से था, लेकिन मुझे भी वह सब करना था, जो इस बचने के कौशल को सीखने के लिए अन्य प्रशिक्षु कर रहे थे। पहाड़ की चोटी पर खड़े रहकर उस चट्टान से नीचे उतरने का अहसास ऐसा था, जिसे मैं कभी नहीं भूल सकता। मैं अपने से पहले शेष प्रशिक्षकों को यह करते देख चुका था। मुझे पूरा यक़ीन था कि सभी सुरक्षा उपाय मौजूद हैं, और रस्सी से उतरते वक़्त मैं अगर बेहोश भी हो गया, तो सुरक्षा रस्सी मुझे बचा लेगी, लेकिन मुझे इससे शांति नहीं मिल रही थी। मैं अभी भी घबराया हुआ, भयभीत और असुरक्षित था। मैं कुछ कहना नहीं चाहता था, वरना इसका प्रशिक्षुओं पर बुरा असर होता, लेकिन मैं जब भी इसे याद करता हूँ तो मुझे वह अहसास याद आ जाता है, जो मेरे दिलो-दिमाग़ पर उस वक़्त हुआ था।

वह अनुभूति वैसी ही है, जैसे पारस्परिक-निर्भरता की सहक्रिया का संपूर्ण विचार है। आप सचमुच कमज़ोर होते हैं। आप इसे भूल जाना चाहते हैं। आप इस प्रक्रिया और सिद्धांतों पर विश्वास रखते हैं। आप नहीं जानते कि क्या परिणाम होगा। आप सचमुच ख़तरे में होते हैं।

नियंत्रण ऐसा ही भ्रम है। जो लोग नियंत्रण की स्थिति में होते हैं, उन्होंने बुनियादी रूप से जीवन के सिद्धांतों या प्राकृतिक नियमों को अपने भीतर समाविष्ट कर लिया होता है, इससे वे सोचने लगते हैं कि चीज़ें उनके कारण घटित हो रही हैं, लेकिन वास्तव में प्राकृतिक नियमों और सिद्धांतों के प्रति उनकी आज्ञाकारिता के कारण घटनाएँ घटती हैं। यह संभवतः योगदान, लेन-देन की साझेदारी के नेटवर्क व पारस्परिक-निर्भरताओं के अत्यंत निचले स्तर पर काम कर सकता है।

लेकिन जब आप बड़ा योगदान देना, और परिवर्तनकारी पारस्परिक-निर्भरता हासिल करना चाहते हैं, जो सच में सहक्रियावादी और रचनात्मक हो तथा अपने आप में बड़ी ताक़त हो, तो आपको सर्वोच्च नियंत्रण के सुरक्षित स्वर्ग से बाहर निकलकर असुरक्षित होना होगा। आपको इन सिद्धांतों में उच्च स्तर की आस्था का पालन करना होगा। और जब आप सुनिश्चित नहीं होते कि क्या होने वाला है, तब जीवन वास्तव में साहसिक अभियान बन जाता है। आपको नहीं पता होता कि अगले ही मोड़ पर क्या

होने वाला है। आपको नहीं पता होता कि सामने वाला व्यक्ति क्या प्रतिक्रिया देगा। तब आप ख़तरे में होते हैं। यही कारण है कि इसके लिए इतना साहस चाहिए। आपको अपने मौजूदा आरामदायक ज़ोन से बाहर आना होगा, जो आपके बीते अनुभव या आपके मौजूदा रहनुमाओं से बाहर हो। ऐसे अनेक मॉडल हैं, जो आपको प्रेरित कर सकते हैं, जो पहले भी कर चुके हैं और जिनसे आपको प्रेरणा मिलती है, लेकिन आपको यह पहला क़दम लेना होगा। आपको इन्हें छोड़कर 'पीछे आना' होगा।

पारस्परिक–निर्भरता में चार वृत्तियाँ

हम ऐसा इसलिए कर सकते हैं- और उस पूर्ण सहक्रिया का निर्माण कर सकते हैं, जो इसके कुल हिस्सों से भी कहीं ज़्यादा महान होती है- क्योंकि हमारे पास विशिष्ट मानवीय वृत्तियाँ हैं।

पारस्परिक-निर्भरता की वास्तविकता में, हम दूसरों और स्वयं में प्रेरणा और प्रतिक्रिया के बीच के अंतराल का सामना कर रहे होते हैं। ऐसा करने पर हमें ज्ञात होता है कि हम अपनी विशिष्ट मानवीय वृत्तियों का उपयोग-एकीकृत रूप में, सत्यनिष्ठा के साथ दूसरों से संवाद में भी कर सकते हैं।

- आत्म जागृति – हमें दूसरों को *जागृत करने* योग्य बनाती है। चूँकि हम अपने दिल की बात सुनना जानते हैं, तो हम दूसरों के दिल की बात भी सुन सकते हैं। हम अपनी आत्मकथा से बाहर निकलकर समझना आरंभ कर सकते हैं। हम लोगों को अपने प्रतिबिंब के तौर पर देखना, उनके हर काम से हमारे समय और हमारी दुनिया पर कैसा प्रभाव होगा, यह देखना बंद कर सकते हैं। हम उन्हें केवल अपना काम करवाने के संसाधन के तौर पर देखना बंद कर सकते हैं। हम आत्ममुग्धता के स्तर से ऊपर उठ सकते हैं, मतभेदों को महत्त्व दे सकते हैं, और प्रभावित होने के इच्छुक भी हो सकते हैं, क्योंकि हम मूल में अपरिवर्तनशील हैं, तो हम परिवर्तन की इच्छा भी कर सकते हैं। हम में दूसरों के लिए सम्मान और विनम्रता हो सकती है। हम उनकी कमज़ोरियों को उनकी मदद, प्रेम करने के अवसर के तौर पर देखकर फ़र्क़ ला सकते हैं।

• विवेक – चूँकि हम *विवेक* को समझते हैं, तो हम यह भी समझ सकते हैं कि *सामूहिक विवेक* का हिस्सा होना कैसा होता है। हम सही दिशा को खोजने में साथ मिलकर काम करने का महत्त्व समझ सकते हैं। हम में यह समझने की विनम्रता हो कि अपने दिमाग़ी अंकन के कारण हमारी अपनी जानकारी सीमित हो सकती है और शायद दूसरों के पास वह बोध और अनुभव हो, जो हमारे पास नहीं हैं। हम साझा विज़न और मूल्यों का निर्माण करने में गहन संतुष्टि की तलाश कर सकते हैं, जो हमें साथ मिलकर ज़रूरी काम पहले करने योग्य बना सके।

• स्वतंत्र इच्छाशक्ति से हम पारस्परिक-निर्भरता की इच्छा पूरी करने के प्रयास कर सकते हैं। हम इस तरह काम कर सकते हैं कि दोनों का फ़ायदा हो और सार्थक उद्देश्य पूरे कर सकें। हम ऐसी संरचनाओं और व्यवस्थाओं का निर्माण कर सकते हैं, जो पारस्परिक-निर्भरता के प्रयासों का समर्थन करते हों। बतौर सच्चे स्वतंत्र व्यक्ति, हम साथ मिलकर समान उद्देश्यों को हासिल कर सकते हैं, जिनके लाभ परिवार, समूह, संस्थान और समाज सभी को मिलें।

• हम अपनी *रचनात्मक कल्पनाशीलता* से *रचनात्मक सहक्रिया* की शानदार प्रक्रिया में योगदान दे सकते हैं। हम दूसरों की असीम रचनात्मक संभावनाओं को सामने लाने में मदद कर सकते हैं, तथा सहक्रियावादी परिणामों से प्राप्त होने वाले विस्मय के लिए तैयार हो सकते हैं। हम तीसरे वैकल्पिक समाधान की रचना कर सकते हैं, जो हमारे पहले के अपने किसी भी समाधान से कहीं ज़्यादा रचनात्मक, उचित, अधिक व्यवहारिक, अधिक लाभप्रद हों। हमारा कार्य उस बहुरूपदर्शक का हिस्सा बन सकता है, जो हमारी समस्या-समाधान प्रक्रिया के दौरान दूसरों के साथ सवाद से नए प्रभावकारी परिणाम उत्पन्न करता है।

पारस्परिक-निर्भरता की ये वृत्तियाँ हमें अपने रिश्ते बेहतर बनाने, दोस्ती करने, ईमानदार फ़ीडबैक देने और प्रामाणिक ढंग से सवाद करने योग्य बनाती हैं। स्वतंत्रता, सह निर्भरता और प्रति निर्भरता की बजाय हम

प्रभावकारी, सहक्रियावादी पारस्परिक-निर्भरता का पालन कर सकते हैं। हम प्रभावी ढंग से साथ मिलकर समान लक्ष्यों को पाने के लिए काम कर सकते हैं। हम ऐसी शक्तिशाली टीमों का निर्माण कर सकते हैं, जो उनमें शामिल हर एक व्यक्ति की ताक़त से निर्मित हों और कमज़ोरियों को अप्रासंगिक कर दें। हम साथ मिलकर शक्तिशाली और प्रभावशाली ढंग से ज़रूरी काम पहले कर सकते हैं।

यही अंतिम प्रमुख बिंदु है। इससे हम समय, ऊर्जा, और मानवीय रचनात्मकता को उन तरीक़ों से जोड़ने योग्य बन जाते हैं, जो प्रभावकारिता के बिलकुल नए आयामों का निर्माण करें। समय, ऊर्जा, और मानवीय रचनात्मकता आमतौर पर क्वाड्रंट I के संकटों और क्वाड्रंट III की महत्त्वहीन गतिविधियों में व्यर्थ चले जाते हैं। आगामी अध्याय में, हम क्वाड्रंट II की दो अति-लाभकारी गतिविधियों को देखेंगे, जिनके माध्यम से हम अपनी संयुक्त वृत्तियों का इस तरह उपयोग कर सकेंगे, जो सचमुच परिवर्तनकारी हों।

12: ज़रूरी चीज़ें पहले एक साथ

भेद ही सहक्रिया का आरंभ है

मान लीजिए, हममें से कोई आपको पंजा लड़ाने की चुनौती देता है। इसमें एकमात्र उद्देश्य जीतना होगा। समय-सीमा 60 सेकंड होगी। एक पर्यवेक्षक भी है, जो जीतने वाले को हर बार एक डाइम (अमेरिकी डॉलर के दसवें मूल्य के बराबर सिक्का) देने को तैयार है। हम पूरे धैर्य सहित इस गतिविधि के लिए तैयार हैं।

उदाहरण के लिए, मान लीजिए कि हम आपको तुरंत हरा सकते हैं, लेकिन ऐसा करने की जगह, हम तुरंत अपना हाथ ढीला छोड़कर आपको पंजा गिराने देते हैं। इसके बाद हम एक बार फिर पंजा लड़ाते हैं। आदत के अनुसार, आप प्रतिरोध करते हैं। आप जीतना चाहते हैं। आपकी मांसपेशियाँ तनी हुई हैं, आपकी भौंहें चढ़ी हुई हैं, लेकिन इस संघर्ष के बीच अचानक आपको समझ आता है कि आप दोनों को एक रुपया मिल सकता है। अगर आप हमें जीतने दें। तत्पश्चात हम आपको जीतने देंगे। इसके बाद आप पुनः हमें जीतने देंगे... और इस तरह आख़िर तक दोनों कई बार जीत चुके होंगे। अतः हम साथ मिलकर, एक के बाद एक तेज़ी से काम करते हैं। और 60 सेकंड में हम दोनों के पास तीन-तीन डॉलर होंगे, बजाय इसके कि हम में से केवल एक के पास 10 सेंट्स हों।

यही दोनों के फ़ायदे का सार है। लगभग सभी स्थितियों में स्पर्द्धा से सहयोग ज़्यादा लाभकारी होता है। इसमें सबक़ यह नहीं है कि हम बारी-बारी हारते रहें- एक मिनट में आप जीतते हैं, तो अगले मिनट में हम जीतते हैं। बात यह है कि हम दोनों साथ काम करने की क्षमता से उससे कहीं ज़्यादा हासिल कर सकते हैं, जितना अकेले कर पाते।

जब हमने समूहों के साथ इसका अभ्यास किया, तो हमें अक्सर ऐसी टिप्पणियाँ सुनने को मिलीं:

शुरुआत में मुझे लगा कि यह विरोधात्मक काम है, लेकिन फिर मुझे अहसास होने लगा कि अगर हम दोनों इसमें मिल-जुलकर काम करें, तो हम दोनों ही विजयी रहेंगे।

शीर्ष स्थान पर पहुँचने और वहाँ टिके रहने का अपना सांकेतिक महत्त्व होता है। यह मेरे लिए भी काफ़ी मायने रखता था, लेकिन फिर मैंने सोचा, "ज़रा रुको! इस तरह तो हम दोनों ही हार रहे हैं।"

"ये मेरे अहंकार का पोषक था। हर कोई देख रहा है। मुझे लगता था कि मुझे जीतना है - मुझे तुम्हें हराना ही होगा।"

"लेकिन तब मुझे अहसास हुआ कि मैं दरअसल अपने आप से लड़ रहा था।"

हालात को लेकर हम में से ज़्यादातर की मानसिकता जीत-हार वाली होती है। 'जीत' का मतलब किसी का हारना भी है। हमारा दिमाग़ी अंकन खेलों में जीत-हार, अकादमिक वितरण वक्र, तथा बाध्यकारी रैंकिंग व्यवस्था की न्यून मानसिकता से हुआ होता है। हम जीवन को हार-जीत के चश्मे से देखते हैं, और अगर हम आत्म-जागृति को विकसित न करें, तो पूरा जीवन सहयोग से 'रुपये' कमाने की जगह 'टके' की स्पर्द्धा में गँवा देते हैं।

तो आपके वैवाहिक जीवन में कौन जीत रहा है- आप या आपका जीवनसाथी? कौन जीतता है, जब बच्चे अपनी पहचान के लिए आपके समक्ष खड़े हो जाते हैं? आपके कार्य स्थल पर टीम में कौन जीत रहा है, जब लोग पहचान पाने के लिए, हवाई द्वीप की यात्रा के लिए या नक़द बोनस के लिए आपस में स्पर्द्धा कर रहे हों? इस हार-जीत की मानसिकता के लिए समय व जीवन गुणवत्ता के मायनों में क्या क़ीमत चुकानी पड़ती है?

हमारे अधिकांश दिमाग़ी अंकन के विपरीत, 'जीतने' का मतलब किसी दूसरे का 'हारना' नहीं है। इसका मतलब है कि हमने अपना लक्ष्य हासिल कर लिया है। तथा हम और भी अनेक लक्ष्य हासिल कर सकते हैं, अगर हम स्पर्द्धा की जगह सहयोग करने लगें।

पारस्परिक-निर्भरता की वास्तविकता में देखें, तो दोनों का लाभ ही लंबे समय के लिए व्यावहारिक विकल्प होता है। यह प्रचुरता की मानसिकता का सार है कि हम दोनों के लिए बहुत कुछ है। सह-क्षमता से हमारे अपने

और शेष सभी के लिए ज़्यादा से ज़्यादा निर्माण की बहुत संभावना है। कुछ मायनों में, इसे ही वस्तुतः कुछ लोग 'जीत, जीत और जीत' के तौर पर संदर्भित करते है। साथ मिलकर काम करने से, एक दूसरे से सीखने से, एक दूसरे की आगे बढ़ने में मदद करने से हर किसी को फ़ायदा होता है, जिसमें समाज भी शामिल है।

दोनों के लाभ की प्रक्रिया (विन–विन)

द *7 हैबिट्स ऑफ़ हाइली इफ़ेक्टिव पीपल,* में हमने दोनों के लाभ के लिए एक सरल तीन-चरण सिद्धांत-आधारित प्रक्रिया पेश की थी :

- *दोनों के लाभ की सोच* (देखने/करने/पाने, पारस्परिक लाभ, और सहयोग के सिद्धांतों पर आधारित)
- *पहले समझें, फिर समझने दें* (सम्मान, विनम्रता और सच्चाई के सिद्धांत पर आधारित)
- *सहक्रिया* (अंतर के मूल्य तथा तीसरे विकल्प की तलाश के सिद्धांत पर आधारित)

चलिए, अब इस तीन-चरण प्रक्रिया को और निकट से देखते हैं कि यह क्या है, इसे कैसे कार्यान्वित कर सकते हैं, और इसका हमारे समय और जीवन की गुणवत्ता पर कैसा प्रभाव पड़ता है।

दोनों के लाभ की सोच

क्वाड्रंट II की तरह, दोनों का लाभ मुख्य रूप से सोच का एक ढंग है। यह बुनियादी रूप से उस प्रतिमान पर आधारित है, जिसका ज़िक्र अक्सर सभी ज्ञानपूर्ण ग्रंथों में आता रहता है, यानी पारस्परिक लाभ या प्रतिदान का सिद्धांत, जिसे अक्सर 'स्वर्णिम नियम' कहा जाता है।

जब हम दोनों के लाभ के बारे में सोचने लगते हैं, तो हम अपने सभी व्यवहारों में पारस्परिक लाभ को तलाशने लगते हैं। हम अन्य लोगों और इस तरह पूरे समाज के बारे में सोचने लगते हैं। हम जिसे 'अहम' मानते हैं अर्थात हम अपना वक़्त किस तरह गुज़ारते हैं, चयन के क्षण में हमारी प्रतिक्रिया, और इसके फलस्वरूप हमें जीवन में मिलने वाले परिणामों पर इसका काफ़ी प्रभाव पड़ता है।

पहले समझें, फिर समझने दें

हम में से ज़्यादातर लोगों के लिए, संवाद का मुख्य अर्थ यह होता है कि वे अपने विचार और राय दूसरों तक प्रभावकारी तरीक़े से कैसे पहुँचा सकते हैं। अगर हम कभी सुनते भी हैं, तो वह अक्सर जवाब देने के लिए होता है।

जब हमें यक़ीन हो होता है कि हम सही हैं, तो हम दूसरे लोगों की राय लेना नहीं चाहते। हमें आज्ञापालन चाहिए होता है। हम चाहते हैं कि लोग हमारी राय की अनुपालना करें। हम अपने प्रतिबिंब में अन्य लोगों का क्लोन चाहते हैं "यदि आपने मेरी राय माँगी है, तो मैं आपको दूँगा।"

लेकिन सिद्धांतों की विनम्रता इस अहंकार को मिटा देती है। हम इस बात की ज़्यादा चिंता करने लगते हैं कि *क्या सही है,* बजाय इसके कि *कौन सही है।* हम लोगों को महत्त्व देने लगते हैं। हम जानते हैं कि उनका विवेक भी सही सिद्धांतों का भंडार हो सकता है। हम जानते हैं कि उनकी रचनात्मक कल्पनाशीलता विचारों का समृद्ध स्रोत हो सकती है। हम इस बात को स्वीकार करते हैं कि उनकी आत्म-जागृति और स्वतंत्र इच्छा से, संभवतः उन्होंने ऐसा बोध और अनुभव पा लिया होगा, जो हमारे पास नहीं है। हम अपनी आत्मकथा को ठुकरा देते हैं और गहराई और सही तौर पर उनका नज़रिया समझने का प्रयास करते हैं।

हम अपने वैचारिक मतभेदों को इस तरह देखते हैं कि जैसे हम विशाल लेंस के विपरीत फलकों पर खड़े हैं। इसमें एक फलक अवतल, तो दूसरा फलक उत्तल है।

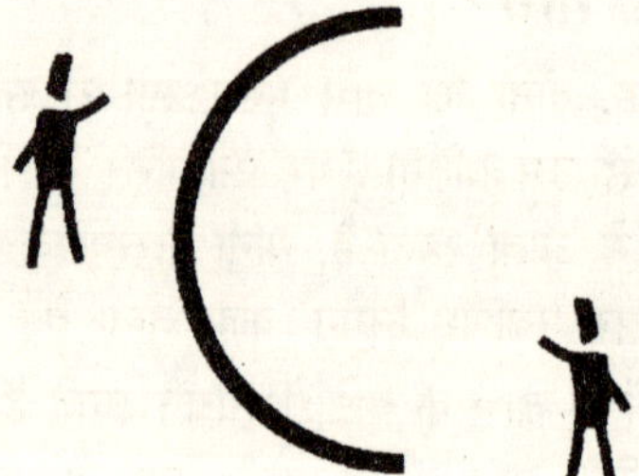

दोनों नज़रिये मूल्यवान होते हैं। अगर आप दूसरे व्यक्ति के नज़रिये को वास्तव में समझना चाहते हैं, तो इसे उसी तरह देखना होगा, जैसे वह देख रहा है।

जैसा कि गाँधीजी ने कहा है, “दुनिया की तीन-चौथाई परेशानियाँ और ग़लतफ़हमियाँ समाप्त हो जाएँगी, अगर हम दूसरे की तक़लीफ़ को उसके दृष्टिकोण से समझ सकें।” जब हम दूसरे का नज़रिया रागझने लगते हैं, तब अक्सर समझ बढ़ने से हमारा अपना नज़रिया भी बदल जाता है।

मार्टिन बुबेर के शब्दों में कहें तो, “जो लोग एक-दूसरे को *आप* (सम्मान के साथ) कहने की क्षमता रखते हैं, केवल वे ही पूरी सत्यता से दूसरों को *हम* कह सकते हैं।” सचमुच सुनना सम्मान दर्शाना है। इससे विश्वास बनता है। सुनने से हमें न केवल समझ मिलती है, बल्कि हम बेहतर आपसी समझ का वातावरण भी निर्मित कर देते हैं। और जब दोनों लोग दोनों नज़रिये समझ लेते हैं, तो वे विपरीत छोरों पर रहते हुए एक-दूसरे की आँख में आँख डालकर देखने की बजाय स्वयं को एक ही छोर पाते हैं, जो समाधान तलाश रहे होते हैं।

सहक्रिया

सहक्रिया दोनों पक्षों के फ़ायदे (विन-विन) की सोच तथा पहले समझने का परिणाम है। यह सहक्रियाशील रचनात्मक कल्पनाशीलता की संयुक्त शक्ति है। लगभग अनूठा गणित, जिसमें 1+1 = 3 या इससे भी अधिक हो सकता है। *यह समझौता नहीं है। यह* 1+1 = 1½ *नहीं है।* यह तीसरे विकल्प का निर्माण है। यह वास्तव में उससे ज़्यादा बेहतर समाधान होता है, जो व्यक्ति अकेला सोच सकता है।

चलिए, अब हम उन विशिष्ट तरीक़ों को देखते हैं, जिनसे दोनों पक्षों के फ़ायदे की प्रक्रिया को अपने परिवारों, समूहों, या संस्थानों पर जीवन की गुणवत्ता के सकारात्मक परिणाम पाने के लिए लागू किया जा सकता है। जैसा कि हमने इस किताब के व्यक्तिगत खंड में किया था, वैसे ही हम विज़न, भूमिकाओं और लक्ष्यों पर नज़र डालेंगे, लेकिन इस बार, हम यह पारस्परिक-निर्भरता के आधार पर करेंगे। हम साझा विज़न और सहक्रियावादी भूमिकाओं व लक्ष्यों पर भी नज़र डालेंगे। साथ ही हम इसके द्वारा निर्मित सशक्त संस्कृति का भी विश्लेषण करेंगे।

साझा विज़न का महत्त्व

अगर आप कभी-कभी कुछ दिलचस्प अनुभव करना चाहते हैं, तो आप जिन लोगों के साथ काम करते हैं, उनसे पूछें कि क्या वे जानते हैं कि आपके संस्थान की 'सही दिशा' क्या है- इसके अस्तित्व का तात्विक उद्देश्य क्या है? अपने परिवार के लोगों से पूछिए, "मुझे एक वाक्य में बताएँ- हमारे परिवार का क्या अर्थ है?" अपनी पत्नी से पूछें, "हमारे विवाह का क्या उद्देश्य है? हमारे होने का तात्विक कारण क्या है।" जब काम पर जाएँ, तो क्लिपबोर्ड लें और अपने से मिलने वाले पहले दस लोगों से पूछें, "क्या आप मेरी मदद कर सकते हैं?" मैं एक छोटा सा सर्वे कर रहा हूँ। एक सवाल है: हमारे संस्थान का उद्देश्य क्या है? अपने समूह से पूछें, "इस कार्य समूह का उद्देश्य क्या है?" "इस ट्रस्टी बोर्ड का क्या उद्देश्य है?" "इन बोर्ड ऑफ़ डायरेक्टर्स का क्या उद्देश्य है?" इस एक्ज़ीक्यूटिव कमेटी का क्या उद्देश्य है?"

हमने ऐसा अनेक एक्ज़ीक्यूटिव कैबिनेट्स में किया है, जिनमें से कुछ तो *फ़ॉर्च्यून* 100 के बड़े और परिष्कृत संस्थान थे। और इनमें से अनेक मामलों में

ये शीर्ष पदाधिकारी पूरी तरह हैरान, खीजे और परेशान थे। उन्हें इसके उद्देश्य और विज़न के लिए दिए भिन्न-भिन्न विवरण पर यक़ीन नहीं आया। ऐसा तब भी हुआ, जब मिशन स्टेटमेंट दीवार पर टंगी थीं- वह वक्तव्य, जो संस्थान में सीधे शीर्ष अधिकारियों की ओर से आया था। इन संस्थानों में रत्तीभर भी न तो साझा विज़न था। न कोई उत्साह। न भीतरी ज्वलंत हाँ! थी।

और किस क़ीमत पर?

रॉज़रः अभी कुछ साल पहले, मुझे एक बड़े अंतरराष्ट्रीय संस्थान के अनुसंधान व विकास विभाग में काम करने का प्रस्ताव आया, जहाँ मुझे क्वाड्रंट II संस्कृति का निर्माण करना था। अनुमान था कि मैं कुछ आकलन करूँगा, और इसके बाद विभाग की डायरेक्टर के साथ मिलकर कुछ कस्टम ट्रेनिंग कार्यशालाएँ चलाऊँगा, जिससे उद्देश्य पूरा हो जाएगा।

इस प्रक्रिया में, मैं कुछ प्रबंधन और कर्मचारियों के दफ़्तर गया। एक विभाग से दूसरे में जाते हुए मुझ में हर जगह एक ही जैसा माहौल देखकर कुछ कौतूहल उत्पन्न हुआ। हर दफ़्तर में, थके हुए स्त्री-पुरुष एक हाथ में फ़ोन और दूसरा हाथ कंप्यूटर पर रखे थे। और उनका डेस्क काग़ज़ों से लदा हुआ था। वे मेरी तरफ़ देखते और कहते, "एक मिनट रुकिए! मैं अभी आपसे बात करता हूँ!"

इसके बाद जल्दी-जल्दी फ़ोन संवाद और कुछ काम निपटाकर, वह व्यक्ति ठंडी साँस लेता, घड़ी पर नज़र डालता, और काग़ज़ों को इतनी दूर सरका देता, जो मुझे यह बताने को काफ़ी था कि वह कितने व्यस्त था और वे उससे कितना ज़्यादा काम कर रहे थे, जितना संभव था। दफ़्तरों के बीच, लोग गलियारों में भी दौड़ रहे थे। वहाँ का माहौल में हर तरफ़ ऊर्जा और घबराहट का झोंका दिखाई दे रहा था।

अंत में, मैं विभाग की डायरेक्टर के पास लौटा और कहा, "इन लोगों को क्वाड्रंट II वातावरण की ज़रूरत नहीं है। मेरी सलाह है कि हम ऐसा न करें।"

उसने पूछा, "क्या मतलब?"

मैंने कहा, "इन लोगों को तात्कालिकता पसंद है। वे सब अपने आपको व बाक़ी सबको भी यह यक़ीन दिलाने का प्रयास कर रहे हैं कि उनके पास किसी भी दूसरे व्यक्ति से ज़्यादा काम है। उन्हें इसी में सुरक्षा दिखाई देती है। यहाँ तात्कालिकता संस्कृति पर भारी है। मुझे संदेह है कि असली समस्या है कि कोई नहीं जानता कि प्राथमिकताएँ क्या हैं।"

उन्होंने ठंडी साँस भरी, "सही कहा... अनुसंधान और विकास को क्या करना चाहिए, इस पर उपाध्यक्षों के बीच खींचतान जारी है। दोनों के अपने समर्थक हैं। सच कहूँ तो कोई कुछ नहीं जानता। कोई स्पष्ट संकेत नहीं हैं। हम नहीं जानते कि यह सब कब ख़त्म होगा, लेकिन किसी भी दिन चीज़ें बिखर सकती हैं।"

वे लोग अत्यधिक व्यस्त रहकर संस्थान में सुरक्षा और पहचान बनाए रखने का प्रयास कर रहे हैं। इसका अंतर्निहित प्रतिमान है। जब संघर्ष ख़त्म होगा और लोगों की बर्खास्तगी शुरू होगी, तब मेरे यहाँ से निकाले जाने की संभावना सबसे कम है, क्योंकि यहाँ मैं सबसे व्यस्त और सबसे मेहनती व्यक्ति हूँ और यह बात सब जानते हैं।

इस अनुभव के बाद जल्दी ही, संस्थान में बड़े बदलाव किए गए और कुछ लोगों को अपनी नौकरी से हाथ धोना पड़ा। पुनर्व्यवस्था बनाने से पहले हम उन्हें पारंपरिक समय प्रबंधन सिखा सकते थे, जब तक हम तंग न आ जाते और इससे भी वह क्वाड्रंट II संस्कृति निर्मित नहीं हो पाती, जो वे चाहते थे। यहाँ मूल समस्या साझा विज़न न होना थी।

हाल ही में, हमने यह कहानी अपने एक कार्यक्रम के दौरान साझा की, जहाँ अनेक लोग बड़े संस्थानों से थे। तत्पश्चात, उनमें से अनेक लोग मेरे पास आए और बोले, "आप शायद मेरे संस्थान के बारे में बात कर रहे थे!" "क्या आप मेरे संस्थान के बारे में बात कर रहे थे?" "हम ऐसे ही हैं!" दिलचस्प बात है कि यह इनमें से किसी की बात नहीं थी। यह बस एक आम अनुभव है।

हमारी संस्कृति में यह समस्या बढ़ती जा रही है, क्योंकि बहुत सी कंपनियाँ ख़ुद को 'उचित आकार' का कर रही हैं। लोग अत्यधिक व्यस्त दिखने के लिए यहाँ-वहाँ दौड़ते दिखते हैं। वे यह दिखाना चाहते हैं कि वे परम आवश्यक हैं। काम के दौरान व्यस्त दिखना उनका ख़ुद को सुरक्षित और न्यायोचित सिद्ध करने का मुख्य स्रोत होता है, भले ही तथ्य यह हो कि वे जो कर रहे हैं, वह तत्वतः क्वाड्रंट III में आता है।

संस्थान को समय और प्रयासों के रूप में जो क़ीमत चुकानी पड़ती है, उसका अंदाज़ा लगाइए, क्योंकि लोगों में साझा महत्त्व को लेकर स्पष्ट बोध नहीं होता! हमने जिन बड़ी कंपनियों के साथ काम किया, उनमें से एक ने अभी कुछ साल पहले अध्ययन किया, और उन सभी जानकारियों

को संकलित किया, जिन्होंने जापान में गुणवत्ता के लिए डेमिंग अवार्ड जीता था। उन्होंने देखा कि प्रबंधन ने क्वाड्रंट II में कितना प्रतिशत समय बिताया है। इस जानकारी और हमारे अन्य संस्थानों के टाइम लॉग के आधार पर हमने पाया कि जो कंपनियाँ असाधारण रूप से उत्पादक थीं, जैसे डेमिंग अवार्ड जीतने वाली कंपनियाँ, उनका टाइम प्रोफ़ाइल आम संस्थानों से काफ़ी अलग था। आगामी पृष्ठ के चार्ट में पारंपरिक पैटर्न को नियमित स्तर का दर्शाया है, वहीं उच्च प्रदर्शन करने वाले संस्थानों का पैटर्न मोटे अक्षरों में दर्शाया गया है।

यह सहज ही देखा जा सकता है कि ये आँकड़े शानदार ध्रुवीकरण को दर्शाते हैं- यहाँ कोई मध्यम स्तर नहीं है - तथा क्वाड्रंट II और क्वाड्रंट III में बड़ा अंतर है। उच्च-प्रदर्शन करने वाली कंपनियाँ उन कामों को करने में ज़्यादा समय

	तात्कालिक	तात्कालिक नहीं
महत्वपूर्ण	**I** **20-25%** 25-30%	**II** **65-80%** 15%
ग़ैर-महत्वपूर्ण	**III** **15%** 50-60%	**IV** **less than 1%** 2-3%

[मोटे अक्षर उच्च-आदर्शन संस्थान, और सामान्य अक्षर आम संस्थानों को दर्शाते हैं]

देती हैं, जो महत्त्वपूर्ण हैं न कि अत्यावश्यक - तथा वे उन चीज़ों को कम समय देती हैं, जो अत्यावश्यक हों, लेकिन महत्त्वपूर्ण न हों। अधिकांश मामलों में, इस अंतर के पीछे का मुख्य कारण, क्या महत्त्वपूर्ण है, इसका स्पष्टता परिमाण है।

जब हमने ये आँकड़े आगामी वर्षों में अपने सेमिनारों में दर्शाए, तो हमें ज्ञात हुआ कि इसी कारण ज़्यादातर लोगों को यही लगता था कि यह उच्च-प्रदर्शन न करने वाली कंपनियाँ उन्हीं की कंपनियों को दर्शाती हैं। इसका मतलब हुआ कि बड़ी संख्या में कंपनियों में (बड़ी और छोटी) लोगों को लगता है कि 50 से 60 फ़ीसदी प्रबंधन समय का कंपनी के उद्देश्यों में कोई योगदान नहीं होता!

संस्थान, जिस हद तक तात्कालिकता के आधार पर चलता है, महत्त्व के आधार पर उस हद तक नहीं चलता। इसका यह मतलब नहीं कि तात्कालिकता होती ही नहीं। क्वाड्रंट I अपने आप में वास्तविकता है, और काफ़ी सारा समय ऐसी चीज़ें करने में बिताया जाना चाहिए, जो अत्यावश्यक और महत्त्वपूर्ण दोनों हों, लेकिन क्वाड्रंट III में बहुत समय व्यर्थ चला जाता है, क्योंकि महत्त्व स्पष्ट नहीं है!

साझा विज़न का जुनून

साझा विज़न से उत्पन्न जुनून सहक्रियाशील सशक्तिकरण को उत्पन्न करता है। यह ऊर्जा, प्रतिभा, और इसमें शामिल सभी लोगों की क्षमताओं को उजागर और संयुक्त करता है। साझा विज़न का निर्माण अपना क्रम निर्मित करता है, इसको नियंत्रित करने का प्रयास, त्रुटिपूर्ण अव्यवस्था या अराजकता, जैसे विपरीत प्रभाव को जन्म देता है।

हम सभी ने समूहों, खिलाड़ियों की टीमों, कंपनियों या अन्य संस्थानों की कहानियाँ सुनी होंगी, जिन्होंने अपने महान उद्देश्य को हासिल करने के प्रयासों को सुव्यवस्थित कर लिया था। उन्होंने अपने संसाधनों से बढ़कर प्रदर्शन किया।

यह परिवार के लिए भी सत्य है।

स्टीफ़नः काश! मेरे पास वे शब्द होते, जिनसे मैं हमारे परिवार पर मिशन स्टेटमेंट के जोड़ने वाले, स्फूर्ति प्रदान करने वाले, सामंजस्य कराने वाले और

जीवन-मार्गदर्शन करने वाले चेतन और अवचेतन प्रभावों का वर्णन कर पाता। हमने कुछ वर्ष पहले ऐसा किया था। आठ महीने तक लगभग हर रविवार हम दोपहर या शाम को घंटे- आधे घंटे के लिए मिलते और गहन प्रश्नों पर विचार करते? "हमारे होने का अर्थ क्या है? कौन सी चीज़ सचमुच महत्त्वपूर्ण है? हमें किस तरह का घर चाहिए? उसमें ऐसी क्या गर्व की बात होगी कि आप अपने दोस्तों को वहाँ लाएँ?"

अंततः हमने यह स्टेटमेंट तैयार किया:

> *हमारे परिवार का मिशन आस्था, व्यवस्था, सत्य, प्रेम, आनंद, और आराम का पोषक स्थान बनाना है, ताकि हर व्यक्ति को ज़िम्मेदार स्वतंत्र व्यक्ति बनने का अवसर दिया जा सके और जिससे वह प्रभावी रूप से पारस्परिक-निर्भरता के आधार पर समाज के सार्थक उद्देश्यों की पूर्ति कर सके।*

मेरी माँ और बच्चों ने अक्सर इस स्टेटमेंट के विकसित होने में योगदान दिया। अब मेरे बच्चों के भी बच्चे हैं, तो इस तरह हमारा पीढ़ीगत मिशन स्टेटमेंट है, जो कई पीढ़ियों से लगातार विकसित हो रहा है। हमने इसे अपनी दीवार पर लगा रखा है और हम हमेशा ख़ुद को इसके आधार पर जाँचते रहते हैं। हमें अभी भी असंतुलन और कमज़ोरियों के क्षेत्र मिल जाते हैं, लेकिन हमारा प्रयास जारी है। यह हमें हमारी संभाव्यता पर केंद्रित रखता है।

साझा विज़न संविधान बन जाता है, समूह में फ़ैसले लेने का पैमाना। यह लोगों को आपस में जोड़ता है। यह उन्हें एकता की भावना तथा वह उद्देश्य देता है, जो चुनौती के समय उन्हें ताक़त प्रदान करता है।

एक व्यक्ति ने अपनी कहानी साझा की:

मेरा अपना व्यक्तिगत मिशन स्टेटमेंट लिखने के फ़ौरन बाद, मैं बतौर पिता अपनी भूमिका के बारे में सोच रहा था, और यह कल्पना कर रहा था कि मैं अपने बच्चों द्वारा किस तरह याद किया जाना चाहूँगा, तो उन गर्मियों जब हमने छुट्टियों की योजना बनाई, तब मैंने इस विज़न के सिद्धांत को अपने परिवार पर लागू करने का फ़ैसला किया। हमने उस इवेंट के लिए एक पारिवारिक मिशन स्टेटमेंट बनाया। हमने इस 'द स्मिथ टीम' का नाम दिया। इससे हमें वह नज़रिया ज्ञात होता था, जो हम यात्रा पर जाने के दौरान साथ में रखना चाहते थे।

हम में से हर एक ने इसमें एक विशेष भूमिका को चुना, जिससे 'स्मिथ टीम' के निर्माण में सहायता मिल सकती थी। मेरी छह वर्ष की बेटी ने परिवार की चीयरलीडर बनने का चयन किया। उसका काम था कि वह परिवार के बीच किसी भी तरह के विवाद को शांत करे, ख़ासतौर पर जब हम एक साथ कार में यात्रा कर रहे हों। उसने चीयर करने के लिए कुछ वाक्य तैयार किए, और जब भी कोई समस्या आती, वह उनमें से किसी न किसी का उल्लेख कर देती, - "स्मिथ! स्मिथ! हम चलें साथ! जब साथ चलें, न खाएँ मात!" फिर भले ही हम ऐसा महसूस न कर रहे हों, हम सबको इसमें शामिल होना पड़ता था, और इससे वहाँ मौजूद किसी भी तरह की नकारात्मक अनुभूति उड़न-छू करने में मदद मिलती।

हम सबके पास एक जैसी टी-शर्ट भी थी। एक बार, एक सर्विस स्टेशन का कर्मचारी हम पर ध्यान नहीं दे रहा था, लेकिन जब उसने हम सबको एक जैसी टी-शर्ट पहने खड़े देखा, तो उसका ध्यान आकर्षित हुआ और वह बोला, "अरे, आप लोग तो एक टीम जैसे दिख रहे हैं।" यह हमें और भी मज़बूती से जोड़ने वाला था। हम सबने एक दूसरे की तरफ़ देखा और बेहद शानदार महसूस किया। हम कार में बैठे, शीशे खोले, रेडियो चलाया, और ख़ूब आइसक्रीम खाईं। हम एक परिवार थे!

हमारे छुट्टियों से लौटने के तीन महीने बाद, हमारे तीन वर्ष के बेटे को ल्यूकेमिया होने का पता चला। इससे हमारे परिवार के कई महीने चुनौतीपूर्ण बीते। इसमें सबसे दिलचस्प बात यह थी कि हम जब भी मेरे बेटे को कीमोथेरेपी उपचार के लिए अस्पताल ले जाते, तो वह हमेशा यही चाहता कि वह टी-शर्ट पहने। शायद यह उसका टीम से वापस जुड़ने का तरीक़ा था और उन स्मृतियों से सहारे की अनुभूति भी, जो उसने पारिवारिक छुट्टियों के दौरान साथ रहते पाई थी।

छठी बार उपचार के बाद, उसे गंभीर संक्रमण हो गया, जिसके लिए उसे दो हफ़्ते आईसीयू में रहना पड़ा। हम उसे बस खो ही बैठे थे, लेकिन वह ठीक होने लगा। उन दिनों वह पूरा समय वही टी-शर्ट पहने रहा, जिस पर उल्टी, ख़ून और आँसुओं के धब्बे थे।

जब वह पूरी तरह ठीक हुआ और हम उसे घर ले आए, तो हम सबने उसके सम्मान में वही पारिवारिक टी-शर्ट पहनी। हम सब उस पारिवारिक मिशन की अनुभूति से जुड़ना चाहते थे, जिसे हमने छुट्टियों के दौरान बनाया था।

'स्मिथ टीम' के इस विज़न ने हमारी उस दौरान मदद की, जो हमारे परिवार के लिए सबसे बड़ी चुनौती थी।

एक प्रभावशाली साझा विज़न का - परिवार, संस्थान, तथा हर उस अवस्था में, जहाँ हम दूसरों के साथ काम करते हैं, जीवन की गुणवत्ता पर गहरा प्रभाव होता है। हम एक महान पूर्णता में योगदान का अंश बन जाते हैं। हम साथ मिलकर जीते हैं, प्रेम करते हैं, सीखते हैं और एक प्रभावशाली विरासत छोड़ जाते हैं।

सशक्त बनाने वाले साझा मिशन स्टेटमेंट बनाना

तो हम साझा विज़न का सशक्त बनाने वाला मिशन स्टेटमेंट कैसे बना सकते हैं?

दोनों के फ़ायदे की बात सोचें। पहले समझने की कोशिश करें। सहक्रिया।

संस्थान, परिवार या किसी भी तरह के समूह दोनों के फ़ायदे की इस प्रक्रिया का उपयोग साझा विज़न के निर्माण में कर सकते हैं। चूँकि हमने दुनियाभर में लोगों को ऐसा करते देखा है, इसलिए हमने चार अवस्थाओं के होने पर सही दिशा की वास्तविकता की वैधता को भी देखा है :

1. ऐसे बहुत लोग हैं
2. जिन्हें पूरी जानकारी है
3. और जो मुक्त भाव व सहक्रियाशीलता से संवाद करते हैं
4. यदि उच्च विश्वास का वातावरण हो।

इस तरह के संवाद से सामूहिक चेतना का फ़ायदा होता है। हम यह रूस, सिंगापुर, इंग्लैंड, ऑस्ट्रेलिया, दक्षिण अफ़्रीका, दक्षिण अमेरिका, कैनेडा, अमेरिका- सब जगह देखते हैं कि मिशन स्टेटमेंट काम करते हैं। जब लोग एक साथ इस प्रक्रिया को करते हैं, तो उनमें जीवन के बहुत से बुनियादी नियमों के प्रति समान जागरूकता उत्पन्न होती है। वे अपनी रचनात्मक सहक्रिया का उपयोग करके उन तरीक़ों की कल्पना करते हैं, जिनसे उनकी संयुक्त प्रतिभा और ऊर्जा फ़र्क़ ला सके।

सबसे सशक्त बनाने वाले मिशन स्टेटमेंट वे होते हैं, जो उनके साथ तालमेल बनाएँ, जिन्हें हम *सार्वभौमिक मिशन* कहते हैं- सभी भागीदारों के आर्थिक कल्याण और जीवन की गुणवत्ता में सुधार। यह स्टेटमेंट सभी चार

ज़रूरतों से संबंधित है। यह स्टेटमेंट मानता है कि लोग केवल पेट या दिल या मन या आत्मा नहीं होते, बल्कि इन चारों की एक साथ सहक्रियाशीलता है। 'सभी भागीदारों' में वह *प्रत्येक व्यक्ति* शामिल है, जिसका प्रयासों की सफलता में दाँव पर लगा है। किसी संस्थान में, केवल प्रबंधन और श्रमिक ही नहीं होते। इसमें ग्राहक, सप्लायर, कर्मचारियों के परिवार, समाज, पर्यावरण, तथा भावी पीढ़ी सभी होते हैं। परिवार में अन्य परिजन, पिछला परिवार, भावी परिवार, तथा मानव परिवार सब आते हैं।

सशक्त बनाने वाले मिशन स्टेटमेंट योगदान और उन सार्थक उद्देश्यों पर केंद्रित होते हैं, जो सामूहिक गहन ज्वलंत हाँ! की रचना करते हैं। ये इनमें शामिल सभी लोगों के दिलो-दिमाग़ से निकले होते हैं - न कि माउंट ओलंपस के अधिकारियों के हुक़्मनामे से।

अगर आप संस्थागत मिशन स्टेटमेंट के निर्माण की योजना बना रहे हैं या पहले से बनाए हुए की समीक्षा करना चाहते हैं, तो नीचे दी गई विशेषता सूची आपके लिए सहायक हो सकती है :

एक सशक्त संस्थागत मिशन स्टेटमेंट :

- योगदान और सार्थक उद्देश्यों पर केंद्रित होता है, जो सामूहिक गहन ज्वलंत हाँ! का निर्माण करता है।
- संस्थान के भीतर से आता है, न कि माउंट ओलंपस से।
- समयातीत सिद्धांतों पर आधारित होता है।
- विज़न और सिद्धांत-आधारित मूल्य दोनों पर आधारित होता है।
- सभी भागीदारों की आवश्यकताओं से संबद्ध होता है।
- सभी चार आवश्यकताओं और क्षमताओं से संबद्ध होता है।

साझा विज़न स्टेटमेंट को बनाने के लिए क्वाड्रंट II समय का पहले ही उपयोग किया जाता है, लेकिन इसका परिणाम आगे चलकर अत्यधिक समय व मेहनत की बचत के तौर पर सामने आता है। इसका अंतिम परिणाम साझा विज़न से ज़्यादा होता है। यह प्रक्रिया हमें बदल देती है। यह हमारे दूसरों के साथ रिश्तों को बदल देती है, जो इसका हिस्सा होते हैं। यह हमारे जीवन की गुणवत्ता को बुनियादी रूप से बदल देती है।

सहक्रियाशील भूमिकाओं व लक्ष्यों का महत्त्व

जब हम अपने साझा विज़न को प्रभावशाली ढंग से लागू करने पर विचार कर रहे होते हैं, तो हमें सहक्रियाशील भूमिकाओं और लक्ष्यों का महत्त्व दिखाई देने लगता है।

अपने निजी जीवन में, जब हम अपनी भूमिकाओं को जीवन के विखंडित हिस्से के तौर पर देखते हैं, तो उनमें एक दूसरे से टकराव और स्पर्द्धा रहती है, लेकिन जब हम इन्हें उच्च पारस्परिक-निर्भरता की पूर्णता के हिस्से के तौर पर देखते हैं, तो ये हिस्से साथ काम करके जीवन में प्रचुरता की रचना करते हैं।

यही बात व्यक्तिगत भूमिकाओं के संदर्भ में पारस्परिक-निर्भरता की वास्तविकता पर भी खरी उतरती है। जब हम यह देखते हैं कि कैसे इनमें से हर एक भूमिका पूरी तरह योगदान दे रही है, तो हम इसके बारे में न्यूनता या स्पर्द्धा के मायनों में विचार करने की जगह, दोनों के लाभ की प्रक्रिया का उपयोग करके प्रचुरता और सहक्रिया का निर्माण कर सकते हैं। इसकी कुंजी सहक्रियाशील सेवा अनुबंध बनाने में है।

जब लोग कोई काम पूरा करने के लिए साथ मिलकर काम करते हैं, तो कभी न कभी उन्हें इन पाँच चीज़ों का सामना करना पड़ता है।

- इच्छित परिणाम - हम क्या करने का प्रयास कर रहे हैं? हम मात्रात्मक और गुणात्मक रूप से कैसे परिणाम चाहते हैं- और कब तक?
- दिशा-निर्देश - हम इसे किन मानदंडों के भीतर करने का प्रयास कर रहे हैं? इसके तात्विक मूल्य, नीतियाँ, वैधता, नैतिकता, सीमाएँ, और पहल के स्तर क्या होंगे, जिन्हें इच्छित परिणाम हासिल करने का प्रयास करते वक़्त ध्यान में रखा जाए?
- संसाधन- हमें किनके साथ काम करना है? बजटीय, प्रणाली संबधी, और मानव मदद कितनी उपलब्ध है और वह हमें किस तरह मिलेगी?
- जवाबदेही- हम जो कर रहे हैं, उसका मूल्यांकन कैसे करेंगे? इच्छित परिणाम पाने का सूचक कौन सा मानदंड होगा? क्या ये मापनीय, अवलोकन योग्य, प्रत्यक्ष होंगे या इन तीनों का संयोजन

होगा? हम किसके प्रति जवाबदेह हैं? यह जवाबदेही प्रक्रिया कब होगी?

- परिणाम- हम इसे करने का प्रयास क्यों कर रहे हैं? इच्छित परिणाम मिलने या न मिलने के स्वाभाविक और तार्किक परिणाम क्या हो सकते हैं?

समय प्रबंधन के दृष्टिकोण से, दूसरों के साथ संवाद में हमारा कितना समय सुधारने, फिर से परिभाषित करने, या समस्याएँ सुलझाने के प्रयासों में निकल जाता है, क्योंकि हम इन पाँच मामलों में स्पष्ट नहीं होते?

लोग इच्छित परिणामों को लेकर स्पष्ट नहीं होते:

"मैंने सोचा कि आप मुझसे यह कराना चाहते थे।"

"नहीं, आपको यह नहीं करना था।"

"तो, मुझे यही लगता था। मुझे लगा कि यही प्राथमिकता थी।"

"नहीं, प्राथमिकता वह थी।"

वे दिशा-निर्देशों को लेकर स्पष्ट नहीं होते:

"मुझे लगा कि मैंने पहल की थी।"

"हमने कभी आपको पहल करने के लिए नहीं कहा।"

"मुझे नहीं पता कि इसके लिए कोई कंपनी पॉलिसी भी है।"

"हाँ, है।"

उन्हें नहीं पता होता कि कौन से संसाधन मौजूद हैं।

वे अपने काम का आकलन किन्हीं पैमानों पर करते हैं, लेकिन बॉस ऐसा दूसरे पैमाने पर करते हैं।

जब नकारात्मक परिणाम मिलते हैं, तो वे इसे अपने कार्य प्रदर्शन से जोड़कर नहीं देखते, या उन्हें पता ही नहीं होता कि परिणाम किस तरह प्रदर्शन से संबंधित हैं।

जब हम सेमिनारों के दौरान लोगों से पूछते हैं कि इन मसलों से जुड़ी अस्पष्ट उम्मीदों के प्रभावों से निपटने में संस्थानों में कितना समय देना पड़ता है, तो आमतौर पर उनका जवाब, कम से कम 60 फ़ीसदी, होता है। जब हम समय प्रबंधन की समस्याओं पर बात कर रहे होते हैं, तो ये प्रभावकारिता के केंद्र से भी संबंधित होती हैं। हम उस महत्त्वपूर्ण समय व ऊर्जा के बारे

में बात कर रहे हैं, जो क्वाड्रंट III के माध्यम से या नकारात्मक तरीक़ों से संस्थान में छिन्न-भिन्न हो जाती है। वह समय और ऊर्जा, जो ज़रूरी काम पहले करने में लगा सकते थे।

जैसा कि हमने अध्याय 6 में बताया है कि हर भूमिका परिचारक का कार्य है। पारस्परिक-निर्भरता के प्रभावी प्रयासों की कुंजी उसमें है, जिसे दोनों पक्षों के फ़ायदे का परिचारक-कार्य अनुबंध (विन-विन स्टीवर्डशिप एग्रीमेंट) कहते हैं। यह अनुबंध लोगों और संभावनाओं के महत्त्वपूर्ण संधि-स्थल को दर्शाता है। यहीं पर व्यक्तिगत और संस्थागत मिशन जुड़ते हैं और यह भीतरी अग्नि समूचे संस्थान में फैल जाती है।

दोनों पक्षों के फ़ायदे के परिचारक-कार्य अनुबंधों का निर्माण

परिचारक-कार्य अनुबंध (स्टीवर्डशिप एग्रीमेंट) पारंपरिक कार्य-सुपुर्दगी की विदाई को दर्शाता है, जो अक्सर दूसरों पर 'कार्य-बोझ लादने' का काम है। परिचारक-कार्य अनुबंध साथ मिलकर ज़रूरी काम पहले करने की सहक्रियाशील भागीदारी का निर्माण करता है। कार्य-सुपुर्दगी अब परिचारक-कार्य सुपुर्दगी बन गई है। यहाँ यह 'बोझ लादने' की जगह, लोगों को शामिल करना है। वे उत्साहित होते हैं। दोनों पक्ष साझा महत्त्व की चीज़ों को हासिल करते हैं।

तो इन अनुबंधों को कैसे बनाया जाए?

दोनों पक्षों का फ़ायदा। समझने की कोशिश करें। सहक्रिया

जब आप अपने बॉस के साथ बैठें, जिसे सीधे रिपोर्ट करते हों, सहकर्मी, संतान, के साथ बैठें, तो इस प्रक्रिया का पालन करें तथा दोनों पक्षों के फ़ायदे का परिचारक-कार्य अनुबंध बनाने के लिए सभी पाँच तत्वों पर सहमति बनाएँ।

1. इच्छित परिणामों का वर्णन करें

ये इच्छित परिणाम ही सेवा-कार्य अनुबंध के 'साझा विज़न' हैं। यह जो 'महत्त्वपूर्ण' है उसका स्टेटमेंट है, तथा पारस्परिक-निर्भरता के हर रिश्ते में ज़रूरी काम पहले रखने का प्रमुख कारक भी है। यह प्रचुरता की मानसिकता की जाँच है। यह तीसरे वैकल्पिक समाधान और सहक्रिया की लगातार जारी रहने वाली प्रक्रिया है।

सशक्त संस्थागत मिशन स्टेटमेंट का निर्माण करने वाले बहुत से तत्व इच्छित परिणामों के लिए प्रभावशाली स्टेटमेंट बनाने में भी मददगार होते हैं, जैसे कि :

- योगदान पर केंद्रित होना।
- सभी चार आवश्यकताओं पर ध्यान देना।
- यह समझना कि *सभी* भागीदारों के लिए 'जीत' का मतलब क्या है।

यह स्पष्ट करना भी अहम है कि भविष्य में इच्छित परिणाम पाने के लिए योग्यता को बढ़ाने- पीसी या उत्पादन क्षमता के पोषण के लिए क्या किया जाएगा। साथ ही यह सुनिश्चित करना भी ज़रूरी है कि इच्छित परिणाम केवल परिणाम हैं, *पद्धतियाँ* नहीं हैं। हम जब भी पद्धतियों की निगरानी करते हैं, परिणामों के प्रति जवाबदेह हो जाते हैं।

इच्छित परिणामों का स्टेटमेंट तत्वतः वहाँ बनता है, जहाँ परिवार, समूह, या संस्था का समान उद्देश्य से सम्मिलन होता है- जहाँ प्रत्येक परिचारक-कार्य के लक्ष्यों और रणनीतियों का संस्थान के समग्र मिशन तथा अन्य लोगों या टीम के प्रयासों से अनुकूलन होता है। इससे 'सह-मिशन' की प्रक्रिया निर्मित होती है, जो व्यक्ति और संस्थान के मिशन का सम्मिलन होता है।

2. दिशा–निर्देशों का निर्धारण

अनुबंध को लागू करने को प्रभावित वाली नीतियों और प्रक्रियाओं के अतिरिक्त, अन्य दिशा-निर्देशों को निर्धारित करना भी महत्त्वपूर्ण है, जैसे किः

- सही दिशा के सिद्धांत, जिनके उपयोग से परिणाम हासिल होंगे।
- संस्थागत सिद्धांत (परिचालन सिद्धांत, जो अनिवार्य रूप से प्राकृतिक नियम न हों), जिनसे नीतियाँ तय होंगी।
- 'सावधानी बरतना' और विफलता के ज्ञात मार्ग (नहीं करने वाले काम)।
- पहल का स्तर।

दिशा-निर्देशों की स्पष्ट समझ से बहुत सी बड़ी समस्याओं से बचा जा सकता है। मिसाल के तौर पर, पहल के स्तरों पर विचार करें, जैसे कि एक वेटर, जो एक रेस्टोरेंट में असंतुष्ट ग्राहक को खाना मुफ़्त में देने की पहल करता है, वहीं दूसरे रेस्टोरेंट में उसे इसी कार्य के लिए निकाला भी जा सकता है। पहल पर सहमति के स्तर से समस्या समाप्त हो जाती है।

विलियम ओंकेन के कार्यों से संकलित पहल के छह निम्न स्तर होते हैं:

1. जब तक कहा न जाए, प्रतीक्षा करें
2. पूछें
3. अनुशंसा करें
4. कार्रवाई और तुरंत रिपोर्ट
5. कार्रवाई और आवधिक रिपोर्ट
6. स्वतः कार्रवाई

संभव है कि एक अनुबंध में विभिन्न कार्यों के लिए पहल के भिन्न स्तर हों। एक सचिव पत्र व्यवहार और स्टाफ की समस्याओं को सुलझाने में स्तर तीन तथा अतिथियों का स्वागत करने और फ़ोन सुनने के कार्य में स्तर पाँच पर हो सकता है।

पहल के स्तर क्षमताएँ और विश्वास बढ़ने पर बदल सकते हैं। तीन-वर्षीय बच्चा कहे जाने तक कमरा साफ़ नहीं करता, लेकिन वह दस या बारह साल का होने तक प्रगति करके पाँचवें स्तर तक पहुँच सकता है।

इसमें अहम यह है कि पहल का स्तर व्यक्ति की क्षमता के हिसाब से होना चाहिए।

3. उपलब्ध संसाधनों की पहचान

यह क्षेत्र वित्तीय, मानवीय, तकनीकी, और संस्थागत संसाधनों (जैसे प्रशिक्षण और सूचना प्रणालियाँ) से संबंधित है, जो अनुबंध के क्रियान्वयन के लिए उपलब्ध होते हैं। उपलब्ध संसाधनों की पहचान ही काफ़ी नहीं है, बल्कि यह पहचानना भी ज़रूरी है कि उन तक कैसे पहुँचा जाए, उन्हीं संसाधनों का इस्तेमाल करने वाले अन्य व्यक्तियों के साथ कैसे काम किया जाए, और इसकी सीमाएँ क्या हैं।

संसाधनों में से एक जिसकी सबसे ज़्यादा अनदेखी की जाती है, वे ख़ुद इसके प्रतिभागी हैं, जो दोनों पक्षों के फ़ायदे के परिचारक-कार्य अनुबंधों में सबसे विशिष्ट होते हैं। इनमें विशेष रूप से उनकी अनदेखी होती है, जो नेतृत्व, प्रबंधन या निरीक्षण की भूमिकाओं में होते हैं। इस परिचारक-कार्य अनुबंध के मूल स्वभाव के कारण नेतृत्व करने वाला व्यक्ति किसी के लिए नेता/सेवक हो सकता है। इस विचार की अध्याय 13 में हम गहराई से पड़ताल करेंगे।

4. जवाबदेही की व्याख्या

जवाबदेही का अर्थ है कि हम किस तरह बता सकें कि हम कैसा कर रहे हैं। इससे अनुबंध में सत्यनिष्ठा निर्मित होती है। यहाँ संवाद का विवरण दिया गया है, इसके साथ यह भी बताया गया है कि परिणामों का आकलन कैसे करें।

जवाबदेही में पी (प्रोडक्शन) तथा पीसी (प्रोडक्शन कपैसिटी) पैमाना दोनों ही आते हैं, जिनमें से हर एक इच्छित परिणामों से संबंधित है। पैमाना मापनीय, अवलोकन योग्य या प्रत्यक्ष हो सकता है। निस्संदेह, दोनों पक्षों के लिए फ़ायदे का अनुबंध बनाने में सबसे कठिन हिस्सा पी और पीसी दोनों ही के लिए स्पष्ट और विस्तृत इच्छित परिणाम तय करना है, जिससे इन्हें जवाबदेही प्रक्रिया में रखा जा सके।

जवाबदेही प्रक्रिया में, व्यक्ति स्वयं को अनुबंध में निर्दिष्ट इच्छित परिणामों पर आँकता है। इस आकलन प्रक्रिया में 360 डिग्री फ़ीडबैक मददगार होता है, जिसकी माँग व्यक्ति अन्य हितधारकों से कर सकता है। यह फ़ीडबैक सीधे उस व्यक्ति को दिया जाएगा। हम फ़ीडबैक का अध्याय 13 में गहराई से अध्ययन करेंगे।

5. परिणामों का निर्धारण

दो तरह के परिणाम होते हैं: स्वाभाविक और तार्किक। स्वाभाविक परिणाम वे होते हैं, जो हमें इच्छित परिणाम मिलने या न मिलने पर स्वाभाविक रूप से होते हैं। क्या इससे हमारी बाज़ार हिस्सेदारी का नुक़सान होगा? क्या इससे निवल लाभ या निवल हानि पर असर पड़ेगा? इससे अन्य लोग कैसे प्रभावित होते हैं? घर के काम नहीं होने पर क्या होता है? क्या होता है, जब वे पूरे

हो जाते हैं? अहम यही है कि नकारात्मक और सकारात्मक दोनों ही तरह के परिणामों को पहचाना जाए।

तार्किक परिणामों में प्रतिपूर्ति, आगे बढ़ने के अवसर, प्रशिक्षण और विकास के लिए अतिरिक्त अवसर, विस्तृत या मंद होते परिचारक-कार्य, या अनुशासन जैसी चीज़ें शामिल रहती हैं।

तार्किक और स्वाभाविक दोनों ही परिणाम आवश्यक हैं, और दोनों का अपना स्थान है। कई बार अभिभावक जानते-बूझते बच्चे के लिए तार्किक परिणामों को स्वाभाविक परिणामों पर तरज़ीह देते हैं। उदाहरण के लिए, अगर कोई बच्चा सड़क पर भागने का हठ करे, तो अभिभावक संभवतः बच्चे को तार्किक परिणामों के बारे में बताएँगे कि वे उसे बाहर जाने की अनुमति क्यों नहीं दे रहे, बजाय इसके कि स्वाभाविक परिणाम होने दें, जो हो सकता है।

दोनों पक्षों के फ़ायदे के परिचारक-कार्य अनुबंध के इन सभी पाँच मामलों में से हम हर एक पर चर्चा करेंगे, फिर चाहे वह क्वाड्रंट II नेतृत्व में दिया गया गुणवत्तापूर्ण समय हो या क्वाड्रंट I में संकट प्रबंधन के लिए बाद में दिया गया समय हो। हमारा चयन इन मसलों को दिए हमारे समय की मात्रा तथा हमारे कुल समय की परिणामी गुणवत्ता को उल्लेखनीय रूप से प्रभावित करता है।

एक महिला ने कहा था:

मुझे दोनों पक्षों का फ़ायदा पसंद है। मैं ऐसे विवाह में थी, जहाँ मुझे कभी पता नहीं चला कि मुझसे क्या उम्मीद की जा रही है, और मुझे हमेशा लगता था कि मैं इसलिए विफल हो रही थी, क्योंकि मैं हमेशा उन उम्मीदों को पूरा करने का प्रयास करती थी, जो मुझे पता नहीं थीं। ऐसे में किसी व्यक्ति का बात करना और यह कहना अच्छा लगता है कि "आप मुझसे इसकी उम्मीद रखते हैं, मैं आपसे इसकी उम्मीद रखता हूँ। चलो, कोई बीच का रास्ता निकालकर इसे कर डालते हैं।"

निराशा निश्चित ही उम्मीद का फल है। परस्पर-निर्भर उम्मीदों का पहले से स्पष्टीकरण जीवन की गुणवत्ता में योगदान देने का अच्छा तरीक़ा है।

लेकिन हम सहमत नहीं हुए तो क्या होगा?

इस बात की काफ़ी संभावना है कि परिचारक-कार्य अनुबंध बनाने की शुरुआत करने के बाद आप चीज़ों को अक्सर बहुत अलग तरह से देखने लगते हैं! यह अच्छा है! फ़र्क़ सहक्रिया की शुरुआत है! इस प्रक्रिया के दौरान आप इसके बारे में बात करते हैं। आप समस्याएँ पैदा होने से पहले ही मसले सबके सामने ले आते हैं। आप तीसरे-विकल्प के रचनात्मक समाधान को तलाशते हैं। आप इन मसलों को छिपाकर अनसुलझे मसलों तथा अव्यक्त अनुभूतियों के नकारात्मक परिणामों में नहीं जीते रहते। इसकी जगह, आप इस फ़र्क़ से निपटने और सहक्रियाशील ढंग से इसे मिटाने के लिए अपनी मानवीय वृत्तियों का उपयोग करते हैं।

दोनों पक्षों के फ़ायदे पर विचार करें

आप सचमुच चाहते हैं कि दूसरा व्यक्ति जीते। आप भी जीतना चाहते हैं। आप तब तक बात करते रहना चाहते हैं, जब तक आप कोई ऐसा समाधान न निकाल लें, जिससे आप दोनों को अच्छा महसूस हो।

पहले समझें

चूँकि आप आपसी समझ बनाने की कोशिश कर रहे हैं, अतः आपके लिए इन सवालों पर ध्यान देना सहायक सिद्ध होगाः

- *दूसरे के दृष्टिकोण से क्या समस्या है?* समझने के अभिप्राय से सुनें, जवाब न दें। अपनी ख़ुद की आत्मकथा से बाहर निकलें। इसे समझने का तब तक प्रयास करें, जब तक आप दूसरे व्यक्ति के नज़रिये को उससे ज़्यादा अच्छी तरह अभिव्यक्त नहीं करने लगें। इसके बाद दूसरे व्यक्ति को भी ऐसा करने के लिए प्रोत्साहित करें।
- *मुख्य मुद्दे क्या हैं (बिंदु नही)?* एक बार जब बिंदु व्यक्त हो जाएँ और दोनों पक्ष इन्हें भली-भाँति समझ लें, तो साथ मिलकर समस्या को देखें और उन मसलों को पहचानें, जिन्हें सुलझाना आवश्यक है।
- *किन परिणामों को पूर्णतः स्वीकार्य समाधान माना जा सकता है?* यह जानें कि दूसरे व्यक्ति के लिए 'जीत' का क्या मतलब है। आपके

लिए 'जीत' का क्या मतलब है, इसे पहचानें। दोनों पैमाने सामने रखें क्योंकि यही सहक्रियावादी संवाद की बुनियाद है।

सहक्रिया

रचनात्मक तीसरे-वैकल्पिक समाधान की खोज के द्वार खोलें। ख़ूब विचार मंथन करें। अपनी मैक्गाइवर मानसिकता का इस्तेमाल करें। अपना दिमाग़ खोलें। हैरान होने के लिए तैयार रहें। संभावित विकल्पों की सूची बनाने का प्रयास करें, जो आपके द्वारा तय पैमाने को पूरा करते हों।

चलिए, दो उदाहरण देखते हैं कि यह प्रक्रिया किस तरह काम करती है:

उदाहरण #1

मान लीजिए, आप अपनी कंपनी के विक्रय प्रतिनिधि हैं। बाज़ार में हालात कठिन हैं और आपके क्षेत्र में और भी प्रतिस्पर्द्धी वेंडर हैं। आपके अधिकांश ग्राहक तय समय पर सामान चाहते हैं, और आपके लिए अपना व्यापार चलाने के लिए ज़रूरी है कि आप सही समय पर माल देते रहें।

लेकिन हाल ही, आपकी उत्पादक कंपनी सामान देने में देरी करने लगी है। आपने अपने कुछ प्रमुख ग्राहकों को देर से सामान पहुँचाया है। आप उनकी हालत समझते हैं, अगर आपकी कंपनी विश्वास के क़ाबिल नहीं रही, तो वे किसी दूसरे वेंडर से माल लेने लगेंगे। आप ग्राहक नहीं खोना चाहते, अतः आप उत्पादक कंपनी के मैनेजर के पास यह जानने के लिए जाते हैं कि आख़िर चल क्या रहा है।

वहाँ पहुँचने पर आप देखते हैं कि वह मैनेजर क्वाड्रंट I में बुरी तरह उलझा है, वह आपके और आप जैसे अन्य लोगों की संयंत्र से की जा रही माँग के तले दबा हुआ दिखाई देता है। वह कहता है कि यह चमत्कार है कि आपको माल मिल भी पा रहा है।

ऐसे में आप क्या करेंगे?

दोनों के फ़ायदे की बात सोचें

आप अपना फ़ायदा चाहते हैं। आप चाहते हैं कि उस मैनेजर का भी फ़ायदा हो। आप अपने ग्राहकों का भी फ़ायदा चाहते हैं। आप यह या वह नहीं, बल्कि सबके फ़ायदे की सोच रहे हैं। आप तीसरे-वैकल्पिक समाधान को तलाश रहे हैं, जिससे सबकी ज़रूरत पूरी हो सके। आप लक्षण की जगह इस गंभीर समस्या का समाधान तलाश रहे हैं।

पहले समझें

1. दूसरे के नज़रिये में समस्या क्या है?

इस मैनेजर की बात सुनने के बाद, आप देखते हैं कि बीते छह महीनों में माँग 30 फ़ीसदी बढ़ गई है, जबकि क्षमता बढ़ाने के लिए कुछ नहीं किया गया है। मौजूदा शिफ़्ट ज़्यादा देर रुककर काम कर रही है, रख-रखाव की अनदेखी हो रही है। श्रमिक लागत बढ़ रही है और मशीनें कम पड़ रही हैं, जिससे इस मैनेजर और मुख्यालय के बीच तनाव बढ़ता जा रहा है। वह हर ओर से दबाव महसूस कर रहा है, तथा आप जो माल प्राप्ति का समय दे रहे हैं, वह अयथार्थवादी है। आप अनुभव करते हैं कि वह अच्छा काम करना चाहता है। वह काम को रोक नहीं रहा है। वह भी आपकी तरह तय समय पर माल देना चाहता है। उसे तो बस ऐसा लग रहा है कि वह बहुत ख़राब स्थिति में फँस गया है और संकट का अंत नज़र नहीं आ रहा है। हालात के पूर्ण विश्लेषण के बाद आप अपने ग्राहक और अपनी अवस्था पर विचार साझा करते हैं। सारे दृष्टिकोण सामने आने के बाद, आप साथ मिलकर समस्याओं को पहचानने और समाधान तलाशने के लिए प्रवृत्त हो जाते हैं।

2. मुख्य मसले क्या हैं

खुले तौर पर बात करने के बाद आपको पता है कि यह समस्या अनेक बड़ी समस्याओं की लक्षण-भर है। मुख्य मसलों में निम्न शामिल हो सकते हैं:

- क्षमता
- फंडिंग
- मुख्यालय के साथ रिश्ते
- ग्राहकों के साथ रिश्ते

3. ऐसा क्या समाधान हो, जिसे दोनों स्वीकार करें?

आप लघु-आवधिक और दीर्घकालिक दोनों ही तरह के समाधान निकालना चाहते हैं। आप जानते हैं कि वह केवल आपका ऑर्डर पहले पूरा करने के लिए शेष सबको पीछे नहीं कर सकता। इससे सबके लिए समस्याएँ और बढ़ जाएँगी। आप भी लागत और भविष्य की उपकरण बाधाओं को न्यूनतम करना चाहते हैं। इसलिए ओवरटाइम इस समस्या का हल नहीं है। चाहे जो हो, इसमें निरंतरता और विश्वसनीयता ज़रूरी हैं। और इसकी बुनियाद दीर्घकालिक सुधारों को बनाना होगा।

सहक्रिया

तीसरे-वैकल्पिक समाधान को तलाशते हुए, आपको कुछ व्यवहार्य संभावनाएँ दिखाई दीं:

- आप अपने ग्राहकों की आगामी जरूरतों को जमा रखकर उत्पाद संयंत्र को ज्यादा समय प्रदान कर सकते हैं।
- अगर उत्पाद संयंत्र तय समय पर आंशिक माल प्रदान कर सके तो आपके कुछ ग्राहक थोड़े समय के लिए ख़ुश हो जाएँगे और कुछ ही दिनों में ऑर्डर पूरा कर दिया जाएगा।
- आप मार्केटिंग विभाग के साथ बात करके अन्य विक्रय प्रतिनिधियों को भी यह मसला समझने में मदद कर सकते हैं। होता यह है कि, ऑर्डर लेने के लिए, यह विक्रय प्रतिनिधि ग्राहकों से क्षमता से ज़्यादा का वादा कर देते हैं। जिससे उत्पाद संयंत्र पर कृत्रिम माँग का बोझ पड़ जाता है।
- शायद प्लांट मैनेजर को इस बारे में मार्केटिंग विभाग से बात करनी चाहिए।
- मार्केटिंग का एक प्रतिनिधि तथा प्लांट मैनेजर माँग का आकलन कर मुख्यालय को प्लांट की क्षमता बढ़ाने के लिए संयुक्त विश्लेषण रिपोर्ट भेज सकते हैं।
- शायद साथ काम करके, आप ऑर्डर-प्रक्रिया व्यवस्था की दक्षता सुधार सकते हैं, जिससे दस्तावेज़ बनाने की जगह उत्पादन को अधिक समय मिल सके।

आप समाधान के इसके अलावा और भी कई क़दम उठा सकते हैं। बात इतनी सी है कि अब आप समस्या के माध्यम से एक दूसरे के खिलाफ़ नहीं, बल्कि समस्या पर काम कर रहे हैं। सबके फ़ायदे की बात सोचने, समझने, और सहक्रिया निर्माण से आपका समय और ऊर्जा टकराव उत्पन्न करने की जगह समाधान तलाशने में लग रही है। इसका अंतिम परिणाम संभवतः समग्र परिचारक-कार्य अनुबंध के भाग के रूप में मिल सकता है।

उदाहरण #2

मान लीजिए, आपकी सोलह साल की बेटी अपनी ख़ुद की कार चाहती है। वह कहीं आने-जाने के लिए परिवार के वाहन की मौजूदगी पर निर्भर नहीं रहना चाहती। उसने कुछ पैसे बचाए हैं, लेकिन यह कार ख़रीदने के लिए पर्याप्त नहीं हैं। इसके अलावा वह कहती है कि उसके बहुत से दोस्तों के पास उनकी अपनी कार हैं और उसे लगता है कि वह ज़िम्मेदार है और आप उस पर भरोसा कर सकते हैं।

आप पहले-पहल तो मना करना चाहेंगे। आप जानते हैं कि वह ज़िम्मेदार है, लेकिन उसे अभी ड्राइव करते एक साल से भी कम का वक़्त हुआ है। उसका चालान भी कट चुका है। उसके पारिवारिक वाहन पर निर्भर होने से आप उसे (कुछ हद तक) नियंत्रित कर सकते हैं कि वह कहाँ जाए और किसके साथ जाए। आपको लगता है कि उसकी उम्र ऐसी नहीं है कि वह जहाँ मर्ज़ी जाए और जो चाहे, वह करे। इसके अतिरिक्त, आपको धन ख़र्च करना पड़ेगा, केवल कार पर ही नहीं, बल्कि इंश्योरेंस प्रीमियम, पेट्रोल, और कुल रख-रखाव पर भी ख़र्च करना होगा।

पुनः यह ऐसी स्थिति नहीं है, जिसका आसान जवाब हो, लेकिन अक्सर ऐसे हालात अभिभावक-बच्चे के रिश्ते में नासूर बन जाते हैं? आपकी बेटी का विद्रोही हो जाना सहज है, क्योंकि उसे लगेगा कि आप उसे समझते नहीं या उस पर विश्वास नहीं करते, या आप आगे बढ़कर अपनी अभिभावकीय अधिकार का इस्तेमाल करते हैं, क्योंकि आपको लगता है कि आप जानते हैं कि क्या सही है? इस नकारात्मक टकराव में कितना समय और ऊर्जा व्यर्थ होगा? आप इसे संतोषप्रद ढंग से कैसे सुलझा सकते हैं? याद रखिए: *दोनों पक्षों के फ़ायदे के बारे में सोचिए, पहले समझें और सहक्रियाशील बनें।*

जब आप उसका दृष्टिकोण समझने के लिए साथ मिलकर प्रयास करते हैं, समस्याओं को पहचानते हैं, और सहक्रियाशील तीसरे-वैकल्पिक समाधान की रचना करते हैं, तो आप संभवतः दोनों पक्षों के फ़ायदे के लिए एक अतिरिक्त पारिवारिक कार के लिए परिचारक-कार्य अनुबंध पर विचार कर रहे हैं। वह इस कार को तब तक इस्तेमाल कर सकती है, जब तक ख़ास पैमाने पर खरी उतरती हो। आप रख-रखाव की आवश्यकताएँ भी तय कर सकते हैं, और शेष ईंधन व इंश्योरेंस का अतिरिक्त ख़र्च उसे ख़ुद उठाना होगा। आपके बीच इस संवाद पर भी सहमति बन सकती है कि वह आपको बताएगी कि वह किधर जा रही और किसके साथ जा रही है। अनुबंध करते वक़्त, आप उससे यह भी कह सकते हैं कि वह अपने से छोटे बच्चों की परिवहन आवश्यकताएँ पूरी करने में भी मदद करेगी, जिससे आपको और आपके जीवनसाथी को ख़ाली समय मिल सके।

यहाँ प्रश्न यह नहीं है कि यह समाधान आदर्श है या नहीं, या तीसरा-वैकल्पिक समाधान आसान है। यहाँ बात यह है कि आपके सामने की यह समस्या, आपके बीच न आए। आप एक अहम रिश्ते में उस नकारात्मक चक्र को उत्पन्न होने से रोक देते हैं, जिसे सुलझाने में कई महीने या साल लग सकते हैं। और यह इसमें शामिल सभी लोगों के समय और जीवन की गुणवत्ता पर प्रभावशाली असर डालता है।

लेकिन अगर हम वास्तव में असहमत हों तो?

हालाँकि दोनों पक्षों के फ़ायदे वाले अधिकांश परिचारक-कार्य अनुबंधों में ऐसे विस्फोटक और बाँटने वाले मसले नहीं होते, जैसे अगले अनुभवों में शामिल हैं, हम इसे आपके साथ केवल इसलिए साझा कर रहे हैं, क्योंकि आप यह समझ सकें कि यह प्रक्रिया कितनी प्रभावशाली है। इन्हें बाँटने वाले काल्पनिक सवालों पर लागू किया जा सकता है।

स्टीफ़न : एक बार, मैं पूर्वी विश्वविद्यालय में 200 एमबीए छात्रों को प्रशिक्षण दे रहा था, मेरे साथ वहाँ के अनेक शिक्षक और मेरे आमंत्रित अतिथि भी थे। हमने सबसे कठिन, सबसे संवेदनशील और सबसे नाजुक मसला उठाया- गर्भपात। हमारे साथ जीवन-विकल्प और चयन-विकल्प वाले दोनों ही तरह के लोग थे, जो कक्षा के समक्ष अपनी वास्तविक अवस्था व्यक्त करने के

लिए भावुक थे। और उन्हें उन सभी दो सौ छात्रों के सामने एक-दूसरे से संवाद करना था। मैं वहाँ था, ताकि वे पारस्परिक-निर्भरता की प्रभावी आदत के पालन पर ज़ोर दें- दोनों पक्षों का फ़ायदा सोचना, समझना, और सहक्रियाशील होना।

"क्या आप दोनों उस सीमा तक संवाद के लिए राज़ी हैं, जब तक दोनों पक्षों को फ़ायदा नहीं होता? "

"मुझे नहीं पता कि क्या होगा! मुझे नहीं लगता कि वे...."

"एक मिनट रुकिए। आपको नुक़सान नहीं होगा, बल्कि दोनों को फ़ायदा होगा।"

"लेकिन ऐसा कैसे संभव है? एक का फ़ायदा दूसरे को नुक़सान होगा।"

"क्या आप इसे आज़माना चाहेंगे? हथियार न डालें। हार न मानें। समझौता न करें।"

"देखिए, क्या होता है।"

"ठीक है, पहले समझें। आप अपनी बात तब तक साबित नहीं कर सकेंगे, जब तक आप उनकी बात को संतोष की हद तक व्यक्त नहीं कर देते।"

चर्चा शुरू करते ही, वे लगातार एक दूसरे को बोलने से टोकने लगे।

"हाँ, लेकिन आप यह नहीं समझ रहे कि..."

मैंने कहा, "एक मिनट रुकिए मुझे नहीं पता कि दूसरा व्यक्ति यह अनुभव कर रहा है कि उसे समझा गया है! क्या आपको अनुभव होता है कि आपको समझा गया है?"

"बिलकुल नहीं।"

"ठीक है, आप अपनी बात नहीं रख सके।"

आप यक़ीन नहीं करेंगे कि वे दोनों किस क़दर पसीने से तरबतर थे। वे सुन नहीं रहे थे। उन्होंने एक दूसरी की छवि उसी वक़्त बना ली थी, जब वे विरोधी स्थानों पर खड़े थे।

अंत में, लगभग पैंतालीस मिनट बाद, उन्होंने वाक़ई सुनना शुरू किया। और आप यक़ीन नहीं करेंगे कि उन पर व्यक्तिगत और भावनात्मक रूप से क्या प्रभाव पड़ा- साथ ही उन दर्शकों पर भी, जो इस संपूर्ण प्रक्रिया को देख रहे थे।

जब उन्होंने ऐसे नाजुक मसले पर लोगों की आवश्यकताओं और डर व अनुभूति को खुले मन व समानुभूति के साथ सुना, तो यह सचमुच काफ़ी प्रभावशाली था। उनके सामने उपस्थित दोनों लोगों की आँखें नम थीं। तक़रीबन आधे दर्शक भी रो रहे थे। वे अपने आप पर शर्मिंदा थे कि उन्होंने दूसरे को

कैसा समझा था। किसी तरह एक दूसरे को वर्गीकृत किया, और उन सबकी निंदा की, जो उनके जैसा नहीं सोचते थे। वे इससे निकल कर आए सहक्रियावादी विचार से पूरी तरह अभिभूत थे कि क्या किया जा सकता था। उन्होंने कई तरह के विकल्प दिए, जिनमें बचाव के लिए नया बोध, गोद देना तथा शिक्षा शामिल थे। दो घंटे बाद, दोनों ने एक दूसरे से कहा, 'हमें नहीं पता था कि इस बारे में सुनना ऐसा रहेगा! अब हमें समझ आ गया कि वे जैसा महसूस करते हैं, वैसा क्यों करते हैं।'

सच्ची परानुभूति की भावना प्रभावशाली सहक्रिया की बुनियाद है। यह आस-पास की नकारात्मक ऊर्जा को बदल देता है। यह खुलेपन और आपसी समझ उत्पन्न करने के साथ ही लोगों को समस्या समाधान के लिए जोड़ता है। अब प्रमुख मुद्दा इसमें शामिल दोनों लोगों के बीच के रिश्ते की गुणवत्ता तथा एक-दूसरे के साथ तीसरा-वैकल्पिक समाधान तलाशने के लिए संवाद और सहक्रिया की क्षमता बन जाता है।

हमने परानुभूति की इस भावना से समय-समय पर हालात बदलते देखे हैं। यह तब होते देखा है, जब एक अस्पताल के प्रमुख तथा चिकित्सक मेडीसिन डायरेक्टर प्राथमिक स्वास्थ्य चिकित्सकों को नौकरी देने के नाजुक मसले पर दो घंटे तक सैकड़ों दर्शकों और अस्पताल के पचास ट्रस्टियों, प्रबंधकों, चिकित्सकों, और उस बड़े अस्पताल से जुड़े अन्य लोगों के सामने उलझ गए।

यह ऐसे संस्थान के साथ हुआ, जिसने नियामक वातावरण पर इतनी ज़्यादा प्रतिक्रिया दी कि डिज़ाइन इंजीनियरों की पहल, रचनात्मकता, और सरलता को इस बिंदु तक दबा दिया कि वे उस संस्कृति को छोड़कर कहीं और जाना चाहते थे। शीर्ष अधिकारी अभी भी सामने आने को तैयार नहीं थे और उन्हें नियामकों की ओर से कठोर कार्रवाई का डर था, लेकिन चूँकि शीर्ष के लोग मतभेदों के कारण इस प्रक्रिया में थे, उन्होंने एक बिलकुल ऐसा नया दृष्टिकोण बनाया, जो डिज़ाइन इंजीनियरों की रचनात्मकता और सरलता को क़ायम रखे तथा नियामक एजेंसी के पैमाने पर भी खरा उतरे।

ये ऐसे संस्थान में हो रहा था, जहाँ एक प्रमुख डिवीज़न और शीर्ष अधिकारियों के बीच लंबे समय से इस मसले पर संघर्ष चालू था कि आस्तियों का अवमूल्यन किस तरह किया जाए। डिवीज़न का मानना था कि यह उनकी

संस्कृति को पूरी तरह हतोत्साहित करने वाला था। शीर्ष अधिकारी परिपाटी के पक्ष में थे, लेकिन जब उन्होंने इस प्रक्रिया को आरंभ किया, तो परानुभूति की भावना ने उन्हें बदल दिया। लोग एक ही दिशा में देखने लगे, जो इसके प्रति साझा विज़न की भावना और परिचारक कार्य था, बजाय इसके कि वे एक दूसरे से लड़ते रहें। वे इस संवाद के दौरान सम्मानजनक रहे, उनके सुझाव रचनात्मक थे, और लगभग आधे घंटे के समय में ऐसा गहरा मसला सुलझ गया, जिसने कंपनी को इस हद तक विभाजित कर दिया था कि कोई भी इस पर बात तक नहीं करता था। लोग पारस्परिक-निर्भरता की इस शक्ति से पूरी तरह चकित थे।

जब लोग सचमुच दोनों पक्षों के फ़ायदे की बात सोचने लगते हैं, जब वे एक-दूसरे को गहराई से समझना चाहते हैं, और जब वे अपनी ऊर्जा को एक-दूसरे का विरोध करने की जगह सहक्रिया से समस्या समाधान की दिशा में केंद्रित करते हैं, तो इसका गहन प्रभाव होता है। हमने इस प्रक्रिया की शक्ति को अनेक तनावपूर्ण, कठिन, कल्पनीय हालात में देखा है।

स्टीफ़नः एक बार, मैं किसी बड़ी कंपनी के साथ काम करने के लिए वहाँ जा रहा था, मैंने उन्हें फ़ोन किया, तो उन्होंने कहा, "घर जाइए। उन्होंने मीटिंग रद्द कर दी है।"

"क्यों, क्या हुआ?"

"यूनियन ने हड़ताल कर दी।"

"क्यों?"

"क्योंकि कुछ लोगों को वह नहीं दिया गया, जिस पर सहमति बनी थी।"

"क्या प्रबंधन यह स्वीकार करता है?"

"हाँ, वह करता है।"

"तो यही सही समय है। हालात बिलकुल अनुकूल हैं। मीटिंग होने दो। इसे रद्द मत करो। लोगों की गुटबाज़ी की आदत होती है। वे अपना-अपना दृष्टिकोण बना लेते हैं और आक्रामक होने के लिए लोगों को भी जुटाते हैं।"

पहले हमने पूरे संस्थान को दोनों पक्षों के फ़ायदे की प्रक्रिया के बारे में सिखाया था, जिसका उनके निजी और पारिवारिक जीवन पर काफ़ी असर हुआ था। मध्यम दर्जे के कुछ लोगों ने साथ मिलकर इस प्रक्रिया की शक्ति पर मुहर लगाने वाला वीडियो भी बनाया था, लेकिन शीर्ष स्तर पर बैठे लोगों को शायद

ऐसा लगा कि वे इससे ऊपर हैं, उन्हें इसकी ज़रूरत नहीं।

हमने प्रबंधन से कहा, "माफ़ी माँग लें। यह छोटी सी बात है। मीटिंग होने दें। यही सही समय है।"

उन्होंने माफ़ी माँग ली। ऐसा पहली बार हो रहा था, लेकिन यही सही सिद्धांत था। यूनियन के प्रेसिडेंट को नौकरी पर वापस रख लिया गया। उसने कहा, "ठीक है, हम आ जाएँगे। हम बयान देने के बाद आएँगे, ताकि आप यह न सोचें कि आपने हमें ख़रीद लिया है।"

जब मैं मीटिंग में पहुँचा, तो मैंने कंपनी के प्रेसिडेंट और यूनियन के प्रेसिडेंट दोनों से कहा, "मैं आप दोनों से कुछ ऐसा करने को कहने वाला हूँ, जिसके लिए बहुत हिम्मत चाहिए होगी। क्या आप करेंगे?" कुछ हिचकने के बाद दोनों मान गए।

मैंने उन दोनों को ऑडिटोरियम में आने को कहा और बोला, "मैं चाहता हूँ कि आप केवल वह सुनें, जो जनता कह रही है।"

"आप जानते हैं कि कुछ महत्वाकांक्षी, लगभग साहसिक लक्ष्य आपके लिए स्थापित किए गए हैं, आप स्पष्ट रूप से इसका हिस्सा हैं।" मैं लोगों की तरफ़ मुड़ा। "यहाँ कितने लोग ईमानदारी से मानते हैं कि अपनी मौजूदा संस्कृति में आप इन लक्ष्यों को हासिल कर सकेंगे?" ऑडिटोरियम काफ़ी बड़ा था, जहाँ तक़रीबन सात सौ या आठ सौ लोग मौजूद थे, जिनमें प्रथम श्रेणी के सुपरवाइज़रों से लेकर शीर्ष एक्ज़ीक्यूटिव तक शामिल थे। एक भी हाथ नहीं उठा।

"अब आप में से कितने लोगों को लगता है कि अगर हम जिस प्रक्रिया की बात कर रहे हैं- दोनों पक्षों के फ़ायदे की सोचना, पहले समझना और सहक्रिया द्वारा हम इन असंभव दिखने वाले साहसिक लक्ष्यों को हासिल कर सकते हैं।" तब हर एक व्यक्ति ने स्वीकृति में हाथ उठा दिया।

मैं उन दोनों की तरफ़ मुड़ा और कहा, "सुनिए संस्थान क्या कह रहा है। मैं चाहता हूँ कि आप दोनों सबके सामने वादा करें कि आप यह सीखेंगे और टीम आपके सहायकों को यह प्रक्रिया सिखा देगी। टीम आपके सहायकों को यह तब तक सिखाएगी, जब तक हर कोई इससे जुड़ न जाए और आप इस समस्या को सुलझा न लें। अब, अगर आप यह वादा नहीं करना चाहते, तो न करें। कहिए, मैं इस बारे में सोचने चाहता हूँ। थोड़ा इंतज़ार कीजिए। आपको वे उम्मीदें नहीं जगानी चाहिए, जिन्हें आप पूरा नही कर सकते।"

वे देर तक एक-दूसरे की तरफ़ देखते रहे। आप कमरे के तनाव की कल्पना भी नहीं कर सकते थे। आख़िरकार, उन दोनों ने हाथ मिलाया, और गले मिले। पूरा ऑडिटोरियम तालियों से गूँज उठा।

आज वे अमेरिका के शीर्ष संस्थानों में से एक है, जिसका कारण केवल यह अनुभव नहीं है- इसके और भी कई कारण हैं- लेकिन उनकी इस प्रक्रिया को लागू करने की इच्छा से सभी हितधारकों की जीवन की गुणवत्ता में बड़े पैमाने पर फ़र्क़ आया है।

क्या ऐसी कोई समय प्रबंधन तकनीक है, जिससे इस तरह समय बच सके? हम नियंत्रण और 'गोफर' सुपुर्दगी या अच्छी सुपुर्दगी की बात नहीं कर रहे। हम लेन-देन वाले रिश्तों से बाहर निकल कर परिवर्तनकारी और वास्तव में सशक्त बनाने वाले संबंधों में जाने की बात कर रहे हैं। हम यहाँ इस सहक्रियाशील प्रक्रिया में शामिल सभी की उस विशिष्ट मानवीय वृत्तियों की शक्ति के उपयोग की बात कर रहे हैं, जिसके माध्यम से हम यहाँ चर्चा न की जा सकने वाली बातों पर भी चर्चा कर सकते हैं और ऐसे नाजुक मामलों को इस तरह सुलझा सकते हैं, जिससे हर किसी को फ़ायदा हो।

दोनों पक्षों का फ़ायदा विरोधात्मक नहीं है। यह सहक्रियात्मक है। यह सौदेबाज़ी नहीं है, यह परिवर्तनकारी है। और वह हर व्यक्ति, जो इसमें शामिल है या इसका गवाह है, वह इसे देख सकता है।

एक साथ ज़रूरी काम पहले करने से फ़र्क़

अगर हम ऐसी संस्कृति में रहें और काम करें, जिसमें साझा विज़न और परिचारिक-कार्य अनुबंध हों, जिसमें दोनों पक्षों का फ़ायदा संवाद का तरीक़ा हो, तो इससे क्या फ़र्क़ पड़ेगा?

अब ज़रा *निगरानी* पर विचार करें। कम-विश्वास की संस्कृति में, निगरानी का संबंध *नियंत्रण, मँडराने*, और *जाँच* करते रहने जैसे शब्दों से है। उच्च-विश्वास वाली संस्कृति में, लोग अपने पर अनुबंध के अनुसार नज़र रखते हैं। मापदंड स्पष्ट होते हैं, तथा परिणाम तय होते हैं। यहाँ उम्मीद की आम समझ है। एक मैनेजर, लीडर, या माता-पिता सहायता के स्रोत बनते हैं- एक सहायक, मददगार, चीयरलीडर, सलाहकार, परामर्शदाता, व प्रशिक्षक- कोई ऐसा, जो समस्या का निवारण करे और फिर बीच में से हट जाए।

मूल्यांकन के बारे में क्या? कम-विश्वास वाली संस्कृति में, आप मज़बूरन रैंकिंग, प्रदर्शन के बाहरी मूल्यांकन और आकलन में धकेल दिए जाते हैं। उच्च-विश्वास वाली संस्कृति में, आकलन तथ्यों से पहले प्रदर्शन अनुबंध के अनुसार होता है, बजाय इसके कि इसे तथ्यों को देखकर किया जाए। लोग ख़ुद अपना आकलन करते हैं। उनका मूल्यांकन केवल मापने का कार्य नहीं होता है, बल्कि विवेक के लिए भी होता है। "आँकड़े तो अच्छे दिख रहे हैं, लेकिन मुझे इस ख़ास क्षेत्र की चिंता है...।" लोग उन मसलों को लेकर ज़्यादा जागरूक होते हैं, जिससे उनका प्रदर्शन और सफलता प्रभावित होती हो।

नियंत्रण का विस्तार कितना हो? कम-विश्वास वाली संस्कृति में, नियंत्रण का विस्तार छोटा होता है। नज़र रखने, जाँच करने में समय और ऊर्जा लगती है। आप केवल कुछ ही लोगों को नियंत्रित कर सकते हैं। वहीं उच्च-विश्वास वाली संस्कृति में, आपको लोगों पर नज़र रखने या जाँच करते रहने की कोई आवश्यकता नहीं होती। आप उन्हें नियंत्रित नहीं, बल्कि मुक्त कर रहे होते हैं। इसमें आप एक से आठ या दस की जगह एक से पचास, एक से सौ, एक से दो सौ तक रख सकते हैं।

प्रेरणा के बारे में? कम-विश्वास वाली संस्कृति में, आप 'गर्दभ के आगे गाजर, पीछे छड़ी की प्रेरणा' के सिद्धांत पर चलते हैं। और ख़ुद पीछे रहते हैं। उच्च-विश्वास संस्कृति में, लोग अंदर से प्रेरित होते हैं। भीतरी अग्नि से ऊर्जित होते हैं। वे साझा-मिशन के साझा विज़न को पूरा करने के जुनून की भावना से चलित होते हैं, जो उनके अपने मिशन तथा पारिवारिक या संस्थान के मिशन के बीच सहक्रिया होती है।

संरचना और व्यवस्था के बारे में? कम-विश्वास की संस्कृति नौकरशाही, अत्यधिक नीति- नियमों, प्रतिबंधों, बंद व्यवस्थाओं से भरी होती है। कुछ 'मुँहफट' लोगों के कारण लोग ऐसे प्रक्रियाएं तय करते हैं, जिनके अनुसार हर किसी को चलना होता है। इसमें पहल करने का स्तर बेहद कम होता है। यह बुनियादी रूप से 'जो कहा जाए, वही करें' की स्थिति होती है। संरचनाएँ पिरामिड जैसी पदक्रम की होती हैं। सूचना तंत्र लघु-आवधिक होता है। इस संस्कृति की मानसिकता पर तिमाही न्यूनतम सीमा पा लेने की प्रवृत्ति होती है। वहीं उच्च-विश्वास वाली संस्कृति में, संरचना और तंत्र साथ मिलकर सशक्त बनते हैं, लोगों की ऊर्जा व रचनात्मकता को सहमत उद्देश्यों के साझा

मार्गदर्शन मूल्यों के लिए मुक्त करते हैं। यहाँ नौकरशाही कम, नीति- नियम थोड़े, और भागीदारी अधिक होती है।

इस फ़र्क़ का हमारे समय पर कितना प्रभाव पड़ता है। कम-विश्वास वाली संस्कृति में नियंत्रण रखने, निगरानी करने, जाँच करने और मँडराने की 'जासूसी-नज़र' में कितना समय बर्बाद होता है।

स्पर्द्धात्मक मूल्यांकन व्यवस्था, मूल्यांकन के खेल, और प्रेरणादायी कार्यक्रमों में कितना समय जाता है?

नौकरशाही व्यवस्था, नीति-नियमों से निपटने में कितना समय लगता है?

कम-विश्वास के कारण उत्पन्न बेशुमार संवाद समस्याओं को सुलझाने में कितना वक़्त ख़राब होता है?

जब लोग सूक्ष्म प्रबंधन और मौजूदा संकटों को सँभालने में व्यस्त होते हैं, तो वे उच्च-लाभकारी क्वाड्रंट II की प्लानिंग, बचाव और सशक्त बनाने वाली गतिविधियाँ नहीं कर पाते। इससे समय और अवसर लागत की कितनी क़ीमत चुकानी पड़ती है, जिससे महत्त्वपूर्ण फ़र्क़ पड़ता है?

कम-विश्वास के लक्षणों से निपटने में हमें असामान्य रूप से अत्यधिक समय देना पड़ता है, और *इन लक्षणों से तेज़ी से निपटना सीखने से भी कोई मात्रात्मक फ़र्क़ नहीं आता।*

'एक साथ ज़रूरी काम पहले करना' सशक्त बनाने वाली क्रिया है। यह पूरा आधार बदलने का सर्वश्रेष्ठ तरीक़ा है, जिसमें 'एक पर एक' के अनुपात की जगह 'एक यूनिट के प्रयासों से हज़ार यूनिटों का परिणाम' मिलने का अनुपात हो जाता है। ऐसी कोई समय प्रबंधन तकनीक नहीं है, जो परिणामों के पास तक भी पहुँचा सके। यही कारण है कि सशक्त बनाना क्वाड्रंट II का मूल आधार है।

13 : सशक्तिकरण भीतर से बाहर की ओर

जब कभी हम सोचते हैं कि 'बाहर' कोई समस्या है,
तो वह विचार ही समस्या है

कितना शानदार होता, अगर हम सशक्त बनाने वाली उच्च-विश्वास संस्कृतियों में जीवन बिताते और काम करते, लेकिन ज़ाहिर है ऐसा नहीं है। हम जिन संस्थानों में काम करते हैं, वे अक्सर नीतियों, नियमों और नौकरशाही से भरे होते हैं। हमें मिश्रित निर्देश और स्पर्द्धात्मक व्यवस्थाएँ मिलती हैं। पहल का स्तर काफ़ी कम होता है। लोगों को राहत तत्वतः *छुट्टी के बाद* मिलती है। कार्य स्थल पर वे अपना ज़्यादातर समय क्वाड्रंट III की गतिविधियों- राजनीति, चुगली, दोषारोपण, आरोप-प्रत्यारोप और एक-दूसरे की ग़लतियाँ गिनाने में बिताते हैं। तत्पश्चात वे हॉल में खड़े एक-दूसरे का दिल टटोलते रहते हैं:

"तुम्हें विश्वास नहीं होगा कि मैनेजर ने क्या किया है?"
"सच में! मैं बताता हूँ मेरे साथ क्या हुआ!"
"हैरानी की बात नहीं कि हम यहाँ कुछ नहीं कर पाते।"
"और तुम्हें क्या उम्मीद है?"

ऐसे में हम क्या करें?

हम जब भी सोचते हैं कि समस्या बाहर कहीं है, तो यह सोच ही समस्या है। हम अपने को कमज़ोर करते हैं। दूसरे शब्दों में, हम अपनी जगह छोड़ देते हैं- वह जगह, जहाँ हम किसी रचनात्मक प्रतिक्रिया को चुन सकते थे। हम हालात तथा दूसरे लोगों की कमज़ोरियों को सशक्त बनाते हैं, ताकि वे हमें नियंत्रित कर सकें। हम अपनी ऊर्जा को चिंता चक्र में डाल देते हैं, उन चीज़ों पर केंद्रित कर देते हैं, जो हमारे नियंत्रण में नहीं हैं।

सिद्धांत-केंद्रित नेतृत्व व्यक्तिगत सशक्तिकरण है, जो संस्थान को सशक्त बनाता है। इसमें ऊर्जा का ध्यान केंद्र हमारा प्रभाव चक्र होता है। यह दोषारोपण या आरोप-प्रत्यारोप का मामला नहीं है। इसमें सत्यनिष्ठा के साथ काम करके ऐसे वातावरण का निर्माण करना होता है, जिसमें हम और शेष सब अपने चरित्र और अपनी स्पर्द्धा तथा सहक्रिया को विकसित कर सकें।

हम शायद लीडर न होते हुए भी लीडर होते हैं। और जब हम सिद्धांत-केंद्रित नेतृत्व का पालन करते हैं, तो हमारा प्रभाव चक्र बढ़ने लगता है।

स्टीफ़न : अभी कुछ साल पहले, एक संस्थान में प्रबंधन में निचले-पद का व्यक्ति हमारे सेमिनार में आना चाहता था। यह कार्यक्रम शीर्ष अधिकारियों के लिए था, लेकिन उसमें शामिल होने की इस क़दर लालसा थी कि वह भीतर आने देने के लिए उनके सामने लगभग गिड़गिड़ाने लगा। आख़िरकार, उसकी ज़िद ने दबाव बनाया और वे इसके लिए मान गए।

यह व्यक्ति इतना सक्रिय था कि उसने फ़ौरन तेज़ी पकड़ ली। वह व्यक्तिगत तथा पेशेवर प्रगति और अपना कौशल आधार बढ़ाने पर केंद्रित होने लगा। उसे एक के बाद एक पदोन्नति मिलने लगी, और दो ही वर्षों में वह उस संस्थान में तीसरे नंबर का व्यक्ति बन गया।

बाद में वह समाज में जाकर बड़ी सामाजिक समस्याएँ सुलझाने में मदद करने लगा। वह इतना गतिशील था कि एक सेवा संगठन का एक्ज़ीक्यूटिव सेक्रेटरी बन गया और उसे पूर्णकालिक वहीं काम करने का ऑफर भी दिया गया, लेकिन वह अपना संस्थान नहीं छोड़ना चाहता था।

मुझे पूरा यक़ीन है कि आप इस व्यक्ति को बिलकुल बेसहारा कहीं भी छोड़ दें, तो वह थोड़े ही समय में ऊपर उठकर किसी संस्थान के शीर्ष पद पर पहुँच जाएगा, क्योंकि वह अत्यधिक सक्रिय, संवेदनशील और जागरूक है। मैं उसकी आँखों की वह चमक कभी नहीं भूल सकता, जब उसने प्रभाव चक्र की कार्य शक्ति को महसूस करना शुरू किया था।

इस अध्याय में, हम उन तीन विशिष्ट चीज़ों के बारे में बताएँगे, जिन्हें हम क्वाड्रंट II के किसी भी प्रभाव चक्र में करके अपने को सशक्त बनाने के साथ ही वातावरण बदलने में भी मदद कर सकते हैं।

1. सशक्तिकरण के हालात बनाएँ
2. चैंपियनों का लंच खाएँ
3. लीडर/सेवक बनकर रहें

1. सशक्तिकरण के हालात बनाएँ

सशक्तिकरण स्थापित नहीं किया जा सकता। इसने विकसित करना पड़ता है। ऐसे हालात का पोषण करना पड़ता है, जिनसे यह उत्पन्न हो सके। ये हालात जितने ज़्यादा होंगे, संस्कृति उतनी ही ज़्यादा सशक्त होती जाएगी।

वास्तव में हम दूसरों को 'सशक्त' नहीं बनाते, लेकिन इस तरह के हालात का पोषण करके, हम ऐसा वातावरण तैयार कर देते हैं, जिसमें वे ख़ुद अपनी चार वृत्तियों का इस्तेमाल करके अपने आपको सशक्त बनाते हैं। यह उच्च लाभ वाले क्वाड्रंट II में निवेश है, जिसके रिटर्न भी शानदार होते हैं।

किसी न किसी स्तर पर इनमें से हर एक शर्त हमारे प्रभाव चक्र में होती है। चलिए, इन शर्तों को देखते हैं, जिससे देख सकें कि हमें कहाँ और किस तरह ध्यान केंद्रित करना है, जिससे सशक्त बनाने वाले बदलाव उत्पन्न हो सकें।

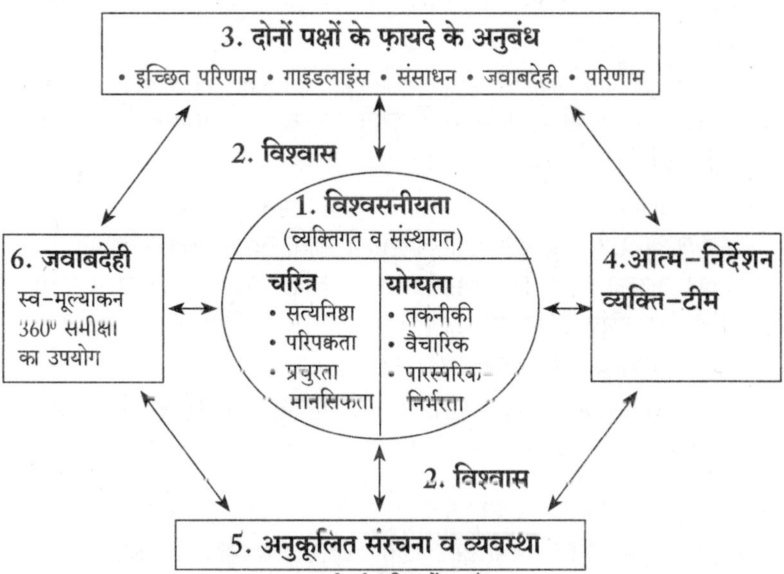

पहली शर्त : विश्वसनीयता

सशक्तिकरण का मूल आधार विश्वसनीयता होती है- जो चरित्र और योग्यता का फलन है। चरित्र वह है, जैसे हम हैं, और योग्यता वह है, जो हम कर सकते हैं। तथा विश्वसनीयता के लिए ये दोनों ही आवश्यक हैं।

स्टीफ़न : मैं एक व्यक्ति को जानता था, जो बाएँ घुटने में समस्या के कारण थोड़ा लँगड़ा कर चलता था। वह एक डॉक्टर के पास गया, जो आदमी तो अच्छा था, लेकिन योग्य नहीं था। वह इतना कुशल नहीं था कि दो-आयामी मॉनिटर को देखकर तीन-आयामी क्रिया को जान सके। उसने उपास्थि को साफ़ कर दिया, लेकिन वह एंटीरियर क्रूशिएट लिगामेंट का निदान नहीं कर सका। जिस कारण इस व्यक्ति की कभी थेरेपी नहीं हो सकी। उसने कभी वास्तविक क़ीमत नहीं चुकाई। बाद में, जब उसकी बेटी और बेटे को खेल के दौरान घुटने में चोट लगी, तो वह उन्हें इस डॉक्टर के पास नहीं ले गया। उसे उस पर विश्वास नहीं था।

एक सीईओ ने यह कहानी सुनने के बाद कहा, "अब मुझे पहली बार समझ आया कि मैं कुछ लोगों पर यक़ीन क्यों नहीं कर पाता।" मैं सोचता हूँ, "आप अच्छे व्यक्ति हैं। ईमानदार हैं, तो मुझे आप पर यक़ीन क्यों नहीं होता?"

"मुझे अब अहसास हुआ, क्योंकि वे योग्य नहीं थे। वे अपने पेशे के मौजूदा रुख़ से वाक़िफ नहीं थे। वे पुराने ढंग के थे। वे संस्थान में टिके हुए थे। उनमें निरंतर सुधार की भावना ही नहीं थी।"

लेकिन चरित्र रहित सामर्थ्य से भी विश्वास नहीं बनता। आप ऐसे डॉक्टर के पास कभी नहीं जाना चाहेंगे, जो योग्य तो हो, लेकिन बेईमान हो। शायद आपको सिर्फ़ थेरेपी की ज़रूरत हो, लेकिन पैसा तो ऑपरेशन करने में है, तो संभव है कि वह आपको उस सर्जरी के लिए मनाने का प्रयास करे, जिसकी आपको ज़रूरत नहीं है।

विश्वास जगाने के लिए चरित्र और योग्यता दोनों ही ज़रूरी हैं। और ये दोनों ही पूरी तरह से हमारे प्रभाव चक्र में आते हैं। चरित्र में शामिल हैं :

- *सत्यनिष्ठा*- अपनी बात पर चलने की क्षमता, तय सिद्धांतों पर सार्वजनिक, निजी और गहन आंतरिक का जीवन संतुलन।

- *परिपक्वता*- साहस और विचारों का संतुलन, जिससे आप जो ज़रूरी हो, वही कहें, अपना ईमानदार फ़ीडबैक दें, मसलों को सीधे सुलझाएँ, लेकिन दूसरों के अहसासों, विचारों और राय पर भी ध्यान दें और उनका सम्मान करें।
- *प्रचुरता की मानसिकता* - प्रतिमान यह होना कि जीवन लगातार विस्तार ले रहा है और यहाँ अनगिनत संख्या में तीसरे विकल्प हैं (उस प्रतिमान के विरुद्ध है कि जीवन एक शून्य-संचय का खेल है, और केक इतना ही बड़ा है कि अगर किसी और को हिस्सा मिला, तो मेरे लिए कम पड़ जाएगा)।

योग्यता में शामिल हैं-

- *तकनीकी योग्यता* - अनुबंध के परिणामों को हासिल करने योग्य ज्ञान और कौशल, समस्याओं पर विचार करने और नए विकल्प तलाशने की क्षमता।
- *वैचारिक योग्यता* - बड़ी तसवीर देखने, अनुमान लगाने और नज़रिया बदलने की क्षमता।
- *पारस्परिक-निर्भरता की योग्यता* - दूसरों के साथ प्रभावी ढंग से संवाद करने की क्षमता, जिसमें सुनने, बताने, तीसरा विकल्प पाने, दोनों के फ़ायदे का अनुबंध करने, और सहक्रियाशील समाधानों की दिशा में कार्य करने की क्षमता भी शामिल है। इसके अलावा संस्थानों और व्यवस्थाओं में प्रभावी और सहयोगात्मक ढंग से काम करने की योग्यता।

चरित्र और योग्यता ध्यान के लिए उच्च-लाभकारी क्षेत्र हैं, जो प्रत्येक अन्य शर्त को संभव बनाते हैं।

एक बड़ी अंतरराष्ट्रीय फ़र्म के एक डिवीज़न ने देखा कि किस तरह यह संबंध उनके समग्र गुणवत्ता कार्यक्रम के क्रियान्वयन के प्रयास को विफल बना रहा है। उन्होंने सार रूप से यह कहा:

हमारी समस्या अपर्याप्तता है। हम अपर्याप्त हैं, लोगों की नियुक्ति करने में, उनकी पदोन्नति में, उनकी क्षतिपूर्ति में, उनसे भागीदारी करने में, भागीदारों

में लाभ का वितरण करने में। कोई हैरानी नहीं कि हमारी संस्कृति इतनी गड़बड़ है! कोई हैरानी नहीं कि यहाँ इतनी ईर्ष्या है। इतनी बहानेबाज़ी, पाखंड, दिखावे की एकता, लेकिन गहराई में ऐसी ताक़त हैं, जो इस संस्कृति को अलग कर रही हैं- हर कहीं छिपे एजेंडा काम कर रहे हैं, रिश्तों में समस्याएँ, एक विभाग का गला पकड़ता दूसरा विभाग। हमें भारी संरचना और व्यवस्था, नीति व नियम बनाने ही होंगे, जिससे संस्थान इतना व्यवस्थित होकर इस बदलते वातावरण में बचने में समर्थ हो सके। ऐसे प्रत्यक्ष प्रमाण हैं कि यह हमारे हाथ से फिसल रहा है। हमें लग रहा है कि हम इसे ऐसे फ़ौरी-उपाय और विभाजित प्रतिमान से नहीं बचा सकते, जो सहक्रियाशील संस्कृति की रचना करने वाली पारिस्थितिकीय समझ पर आधारित नहीं हो।

हमने ऐसा बार-बार होते देखा है। जिन लोगों की स्पर्द्धा की सोच होती है, वे सहयोगी व्यवस्था नहीं, बल्कि प्रतिस्पर्द्धात्मक व्यवस्थाओं की ही रचना करेंगे। जिन लोगों के पास बुनियादी रूप से तात्कालिकता का प्रतिमान होता है, वे ऐसी व्यवस्था बनाते हैं, जो इसी से विकसित होती है। जब कोई दूसरा आकर दोनों पक्षों के फ़ायदे अथवा महत्त्व-आधारित व्यवस्था और संरचना की बात करने का प्रयास करता है, और अगर बुनियादी प्रतिमान अपरिवर्तित रहता है, तो पहला झटका लगते ही लोग अपने प्रतिमान की ओर लौटने लगते हैं।

सच तो यह है कि संस्थान में हर चीज़ चरित्र और योग्यता से ही चलती है। चरित्र और योग्यता का पोषण करना सशक्त बनने के लिए की जाने वाली बेहद फायदेमंद चीज़ है।

एक और शक्तिशाली तरीक़ा है, जिससे हम चरित्र और योग्यता का पोषण कर सकते हैं। अपने साप्ताहिक लक्ष्य तय करने के दौरान अपने आपसे ये सवाल पूछें:

- काम को बेहतर तरीक़े से करने तथा दूसरों के साथ ज़्यादा प्रभावी ढंग से संवाद करने के लिए मुझे किस ज्ञान और कौशल की आवश्यकता है?
- क्या मैं चीज़ों को आगे बढ़ाने और मसलों से निपटने का साहस कर रहा हूँ?

- क्या मैं दूसरों की आवश्यकताओं के प्रति संवेदनशील हूँ और उन पर ध्यान देता हूँ?
- क्या मैं निरंतर तीसरे-वैकल्पिक समाधान को तलाशता हूँ?
- क्या मैं अपने अंतःकरण की सुनता हूँ और इस तरह कार्य करता हूँ जो मेरे मिशन और वास्तविक दिशा के अनुकूल हों?

ये सवाल अंतःकरण को आमंत्रित करेंगे कि वह ध्यान केंद्रण के क्षेत्रों को चिह्नित करे। इस जवाबों से ही, हम सुधार के लिए 'धार तेज़ करने' या भूमिका संबंधित लक्ष्यों को तय कर सकते हैं।

व्यक्तिगत विश्वसनीयता के अलावा सामूहिक चरित्र और योग्यता भी संस्थान के सशक्तिकरण के लिए आवश्यक शर्तें हैं।

- क्या मैं विश्वास करूँ कि कंपनी ने जो कहा है, वह करेगी?
- क्या मैं टीम पर विश्वास करूँ कि वह आवश्यक प्रदर्शन कर सकेगी?
- क्या परिवार के सदस्य एक दूसरे की सहायता करेंगे या कर सकते हैं?

याद रखिए, संस्थागत व्यवहार जैसा कुछ नहीं होता, केवल संस्थान में व्यक्तियों का व्यवहार होता है। संस्थान उतना ही विश्वसनीय होता है, जितने संस्थान के लोग विश्वसनीय होते हैं।

दूसरी शर्त : विश्वास

विश्वास वह गोंद है, जो सब चीज़ों को आपस में जोड़े रखती है। यह ऐसा वातावरण बनाती है, जिसमें शेष सभी तत्व- दोनों पक्षों के फ़ायदे का परिचारक-कार्य अनुबंध, आत्म-निर्देशित व्यक्ति और टीमें, अनुकूलित संरचनाएँ और व्यवस्थाएँ, तथा जवाबदेही- पल्लवित हो सकते हैं। इसके बाद, जब इनमें से हर एक शर्त पूरी हो जाती है- व्यक्तिगत तौर पर लोग दोनों पक्षों के फ़ायदे का परिचारक-कार्य अनुबंध कर लेते हैं, व्यक्ति और टीमें आत्म-निर्देशित हो जाती हैं, संरचनाएँ और व्यवस्थाएँ अनुकूलित हो जाती हैं, तब जवाबदेही एक सतत प्रक्रिया बन जाती है। ऐसे में विश्वास और भी ज़्यादा बढ़ जाता है। यह प्रक्रिया चलती रहती है।

पुनः, विश्वास, विश्वसनीयता की स्वाभाविक प्रक्रिया है। इसलिए विश्वास के निर्माण के लिए हम जो सबसे ज़्यादा लाभकारी कार्य कर सकते हैं, वह विश्वसनीय होना है।

तीसरी शर्त : दोनों पक्षों के फ़ायदे का परिचारक-कार्य अनुबंध

भले ही हम अपने समूह या संस्थान में औपचारिक रूप से लीडर न हों, लेकिन इसका यह मतलब नहीं है कि हम अपनी जवाबदेही के क्षेत्र में परिचारक-कार्य अनुबंध की पहल नहीं कर सकते। हम इसे अपने परिवार में कर सकते हैं। हम इसे अपनी वर्क टीम में कर सकते हैं। हम इसे सामुदायिक सेवा समूह में भी कर सकते हैं।

- हम क्या परिणाम पाना चाहते हैं?
- हम किन दिशा-निर्देशों की अनुपालना करेंगे?
- हमारे पास कौन से संसाधन हैं?
- इस प्रयास में हम किसके प्रति जवाबदेह हैं?
- इसके क्या परिणाम होंगे?

आप किसी भी प्रभाव चक्र के हों, आपकी जो भी संस्कृति हो, आप साझा उम्मीदों और समझ के निर्माण की दिशा में काम कर सकते हैं। अपनी साप्ताहिक योजना बनाने के दौरान परिचारक-कार्य अनुबंध के लक्ष्यों को तय करने में मदद के लिए अपने से पूछे जाने वाले सवालों में हम निम्न को शामिल कर सकते हैं:

- क्या मेरी हर भूमिका में सार्थक परिचारक-कार्य अनुबंध हैं?
- क्या कुछ ऐसे भी अनुबंध हैं, जिन्हें मज़बूत, परिवर्तित करने या उच्च स्तर पर ले जाने की आवश्यकता है?
- क्या मैं अपने तय किए अनुबंधों पर सत्यनिष्ठा से कार्य कर रहा हूँ?

हम जब भी साझा विज़न और रणनीति बनाने में मदद करते हैं- अपने बॉस, साथी, जिसे सीधे रिपोर्ट करते हों, उस अफ़सर, पत्नी, बच्चे या सहयोगी के साथ- हम स्वयं और दूसरों को सशक्त बना रहे होते हैं।

चौथी शर्त : आत्म–निर्देशित व्यक्ति और टीमें

उच्च-विश्वास वाली संस्कृति में, पर्यवेक्षक कौन होता है? अनुबंध

अनुबंध आधारित आत्म-निर्देशन हमारे प्रभाव चक्र में होता है। हम व्यक्तियों और समूहों या टीमों के हिस्से के तौर पर स्वयं को सही दिशा के सिद्धांतों और हमारे बनाए अनुबंध के अनुरूप शासित करने की जवाबदेही स्वीकार करते हैं। हमने जिसके लिए हामी भरी है, वह हम कर सकते हैं- जिसमें योजना बनाना, कार्रवाई करना, और मूल्यांकन- शामिल होता है। कोई भी निर्देशन, नियंत्रण, जाँच या निगरानी नहीं करता। और हम दूसरों में यह क्षमता पर्यवेक्षण पद्धतियों से नहीं, बल्कि परिणामों के लिए लोगों की जवाबदेही तय करके तथा इन परिणामों को हासिल करने में उन्हें मदद का स्रोत बना कर करते हैं।

क्वाड्रंट II योजना बनाने के दौरान हम अपने आपसे ये सवाल पूछ सकते हैं :

- क्या आमतौर पर मैं वह काम मुझसे कहे जाने तक नहीं करता, जो मुझे पता है कि करना है?
- क्या मैं लोगों को इतनी आज़ादी देता हूँ कि वे उस तरह काम करें, जिससे उनको सुविधा हो, फिर मेरी व्यक्तिगत प्राथमिकताएँ चाहे जो हों, बस उनसे तय परिणाम मिलने चाहिए?
- क्या मैं दूसरों को काम करते वक़्त स्वतंत्र छोड़ता हूँ, या निरंतर उन पर नज़र रखने के लिए वहाँ मँडराता रहता हूँ?

पाँचवीं शर्त : अनुकूलित संरचना और व्यवस्थाएँ

जब संरचनाएँ और व्यवस्थाएँ अनुकूलित होती हैं, तो वे सशक्त बनाने में सहायक होती हैं। जब वे नहीं होतीं, तो एक-दूसरे के ख़िलाफ़ काम करती हैं। अगर आप महत्त्व को शासन प्रतिमान के तौर पर इस्तेमाल करना चाहेंगे और आपकी योजना व्यवस्था दैनिक कार्य सूची के आधार पर होगी, तो आपकी व्यवस्था अनुकूलित नहीं है। अगर आप अपने बच्चों को ज़िम्मेदार बनाना चाहते हैं और आप लगातार उन्हें विस्तृत 'गोफर' (गोफर वह व्यक्ति होता है, जिसका काम किसी के लिए सरल और उबाऊ कार्य करना होता है।) आदेश देते रहते हैं कि क्या करना है, कैसे करना है, कब करना है-

तो आपकी व्यवस्था अनुकूलित नहीं है। अगर आप अपने संस्थान में सहयोग को प्रोत्साहित करने का प्रयास कर रहे हैं, लेकिन स्पर्द्धा को इनाम दे रहे हैं, तो आपकी व्यवस्था अनुकूलित नहीं है। इनमें से हर मामले में, आप उन मूल चीज़ों के विरुद्ध कार्य कर रहे हैं, जिन्हें पाने के लिए प्रयासरत हैं।

जब संरचना और व्यवस्थाएँ अनुकूलित होती हैं, तो वे सत्यनिष्ठा और एकीकरण की रचना करते हैं। वे आप जिसे पाना चाहते हैं, उसमें बाधा नहीं, बल्कि सुविधा बनते हैं।

कुछ संरचनाएँ हमारे प्रभाव चक्र में आती हैं, कुछ नहीं आतीं। अगर हम औपचारिक रूप से नेतृत्व कर रहे हों, तो व्यवस्था में प्रतिपूर्ति, सूचना या प्रशिक्षण की ज़िम्मेदारी हम पर होती है, जिसका बहुत से लोगों के समय और जीवन की गुणवत्ता पर प्रभाव पड़ता है। क्वाड्रंट II में समय निवेश करने से प्रचुरता-आधारित, सिद्धांत-केंद्रित व्यवस्थाओं का निर्माण होता है, जिससे संस्कृति में शक्तिशाली अनुकूलन विकसित होता है।

लेकिन अगर हम संस्थान के लिए संरचना और व्यवस्था उत्पन्न करने की स्थिति में नहीं हैं, तब भी ऐसे पर्याप्त अवसर होते हैं कि हम उनके निर्माण या पुनर्निर्माण को प्रभावित कर सकें। हम क्वाड्रंट II समय का उपयोग करके अपने निजी जीवन में अनुकूलित व्यवस्था और संरचना का निर्माण कर सकते हैं- हमारा ऑर्गेनाइज़र, हमारा निजी सूचना तंत्र, हमारा निजी विकास कार्यक्रम। हम इसे अपने परिवार में निर्मित कर सकते हैं और ऐसा वातावरण पोषित कर सकते हैं, जहाँ परिचारक-कार्य अनुबंध संवाद का तरीक़ा बन जाए। हम इसे अपनी वर्क टीम में या समुदाय सेवा में या विशेष रुचि वाले समूहों में निर्मित करने में मदद दे सकते हैं। ऐसी हर जगह, जहाँ हम दूसरों से संवाद करते हैं, वहाँ मसलों को उठा सकते हैं और संरचनाओं और व्यवस्थाओं के निर्माण में मदद कर सकते हैं, जो वास्तविक दिशा पर आधारित हों।

यह प्रबंधन और नेतृत्व के बीच के अहम अंतर को बार-बार बताता है। जहाँ प्रबंधन *व्यवस्था के भीतर* काम करता है, नेतृत्व *व्यवस्था पर काम* करता है। अपनी साप्ताहिक योजना बनाते हुए हम अनुकूलित संरचना और व्यवस्था का पोषण कर सकते हैं, जब हम पूछते हैं:

- क्या ऐसी कोई व्यवस्था या संरचना है, जो हमारे इच्छित परिणाम हासिल करने में बाधा बनते हों?

- क्या ऐसी कोई व्यवस्था या संरचना है, जिसका निर्माण करके हम इच्छित परिणामों को हासिल कर सकें?
- मैं अपने प्रभाव चक्र में कौन सा तरीक़ा उपयोग करूँ, जिससे इन व्यवस्थाओं को निर्मित या परिवर्तित कर सकूँ?
- बदलाव लाने के लिए मैं कैसे अन्य लोगों के साथ तालमेल से काम कर सकता हूँ?
- मेरी ऐसी कौनसी संरचनाएँ और व्यवस्थाएँ हैं, जिनमें सुधार की ज़रूरत है?

छठी शर्त : जवाबदेही

जब हम विश्वास बढ़ने के वातावरण में होते हैं, जहाँ दोनों पक्षों के फ़ायदे का परिचारक-कार्य अनुबंध विकसित हो रहा हो तथा संरचनाएँ व व्यवस्थाएँ अनुकूलित हों, तब जवाबदेही कैसे तय करेंगे? यहाँ मोटे तौर पर अनुबंध के अनुसार स्व-जवाबदेही होगी।

जवाबदेही के पोषण के लिए हम जो कुछ ख़ास चीज़ें कर सकते हैं, उनमें शामिल हैं:

- अनुबंध में ख़ास पैमाना तय करना
- विवेक का उपयोग
- फ़ीडबैक का अनुरोध करना और उसे प्राप्त करना

अनुबंध में पैमाना तय करने से, हम वह मानक तय कर देते हैं, जिससे हम अपने प्रदर्शन का मूल्यांकन कर सकते हैं।

विवेक विकसित करने पर, हम कुछ अच्छा काम करने की अनुभूति के लिए पदोन्नति, पुरस्कार, औपचारिक पहचान, या सामाजिक स्वीकार्यता जैसे बाहरी कारकों पर कम निर्भर होते हैं। अपनी श्रेष्ठता की ज़िम्मेदारी हम ख़ुद पर लेते हैं। हम घटिया प्रदर्शन का दोष किसी दूसरे को नहीं देते। हम जिनके योग्य नहीं हैं, उन तारीफ़ों को सुनकर दंभ नहीं करते। दूसरों द्वारा आलोचना या प्रशंसा हमारे अंतःकरण के साथ संबंधों के सामने गौण होती है।

लेकिन हम इतने विनम्र भी होते हैं कि दूसरों से मिले फ़ीडबैक को अपने मूल्यांकन, योजना, और फ़ैसला-लेने की प्रक्रिया का अहम हिस्सा

मानते हैं। हम फ़ीडबैक पर गहराई से चर्चा करते हैं, क्योंकि हम सफल लोगों के मार्ग पर चलने की तलाश रहे हैं।

सशक्तिकरण की इन छह शर्तों को पहचानने और समझने से हम अपने प्रयासों को उच्च-लाभप्रद क्वाड्रंट II गतिविधियों पर केंद्रित कर सकते हैं। जब हम नहीं जानते कि किस तरह परिवारों, समूहों, और संस्थानों की गंभीर समस्याओं को सुलझाया जाए, तो हम अपना काफ़ी समय क्वाड्रंट I और III के संकटों से निपटने में दे देते हैं, और बल्कि हमारा क्वाड्रंट II का कार्य भी लक्षण के स्तर तक ही रह जाता है- हम जड़ पर काम करने की जगह पत्तियाँ कतरते रह जाते हैं।

लेकिन इन शर्तों को समझने से हमें अपने गहरे, अंतर्निहित मसलों पर प्रयासों को केंद्रित करने का सामर्थ्य मिलता है। इससे हमें यह जानने में मदद मिलती है कि हम अपने प्रभाव चक्र के भीतर कैसे कार्य कर सकते हैं- भले ही वे कुछ भी हों- जिससे प्रभावशाली अंतर आ सके।

2. चैंपियनों का लंच

चरित्र और योग्यता का निर्माण एक प्रक्रिया है, और इस प्रक्रिया में हम जो एक उच्च-लाभकारी चीज़ कर सकते हैं, वह है नियमित रूप से 360 डिग्री फ़ीडबैक माँगना। माँगने और पाने के लिए विनम्रता चाहिए। भले ही इसके लिए आपको भरसक प्रयत्न करना होगा, लेकिन इसे समझने और इस बारे में पूरी समझदारी से काम करने से आपके समय और जीवन की गुणवत्ता पर शक्तिशाली प्रभाव पड़ सकता है।

इसके महत्त्व के कारण, कुछ लोग फ़ीडबैक को 'चैंपियनों का ब्रेकफास्ट' कहते हैं, लेकिन यह ब्रेकफास्ट नहीं, पूरा लंच है। विज़न ब्रेकफास्ट है, आत्म-सुधार डिनर है। बिना विज़न के हमारे वापस फ़ीडबैक का संदर्भ ही नहीं होगा। हम केवल दूसरों के महत्त्व और इच्छाओं पर प्रतिक्रिया देते रहेंगे। हम सामाजिक दर्पण से बाहर होंगे। हम सब कुछ बनने और सबकी उम्मीदों पर खरा उतरने की कोशिश के जाल में फँस जाएँगे। और अंत में किसी पर खरे नहीं उतर पाएँगे, ख़ुद अपने पर भी नहीं।

लेकिन विज़न और मिशन साफ़ होने पर फ़ीडबैक के उपयोग से हमें उच्चतर सत्यनिष्ठा को प्राप्त करने में मदद मिलेगी। हम में इतनी विनम्रता होगी कि अपनी कमियों को पहचान सकें, दूसरों के नज़रिये को समझ सकें,

जिससे हमें ख़ुद अपनी गुणवत्ता सुधारने में मदद मिलेगी। हमें यह अहसास करने का भी बोध होगा कि फ़ीडबैक से हमें अपने बारे में पता चलने के साथ ही यह भी पता चलता है कि इन्हें देने वाले कौन हैं। दूसरों की प्रतिक्रिया केवल यह नहीं बताती कि वे हमें किस तरह देखते हैं, बल्कि यह भी बताती है कि हम उनके लिए जो अहम चीज़ें कर रहे हैं, उनके बारे में वे क्या महसूस करते हैं, क्योंकि हमारे लिए लोग अहम हैं, और क्योंकि हमारे नेतृत्व का एक हिस्सा साझा महत्त्व की रचना कर रहा होता है। फ़ीडबैक का यह आयाम भी बहुत महत्त्वपूर्ण है, लेकिन हम फ़ीडबैक से शासित नहीं होते। हम उन्हीं सिद्धांतों और उद्देश्यों से शासित होते हैं, जिनका हमने अपने मिशन स्टेटमेंट में निर्माण किया है।

हमें बतौर कर्मचारी फ़ीडबैक मिल सकता है- अपने बॉस, मातहतों, सहकर्मियों, साथियों से। हमें बतौर अभिभावक फ़ीडबैक मिल सकता है- अपने बच्चों, अपने जीवनसाथी, अन्य अभिभावकों, अपने माता-पिता से। हमें सामुदायिक भूमिका के लिए फ़ीडबैक मिल सकता है, अपने विस्तारित परिवार की भूमिका, या किसी भी ऐसी भूमिका से, जिसमें अलग नज़रिया मदद कर सकता हो।

रेबेका : मुझे याद है, जब रॉजर ने हमारे बच्चों से पहली बार फ़ीडबैक देने के लिए कहा था। मैं हैरान रह गई थी! अच्छा! अब हमें यह भी सुनना पड़ेगा- पियानो प्रैक्टिस, पालक खिलाना, सोने के लिए कहना, घरेलू काम... मैं उन्हें सोच-सोचकर घबरा रही थी, जो बातें शायद वे कहने वाले थे।

रॉज़र ने उन्हें काग़ज़ पर तीन शब्द लिखने को कहा : जारी रखो (continue), रुको (stop) और आरंभ करो (start)। तब उन्होंने कहा, "आपके हिसाब से मैं अभी ऐसा क्या कर रहा हूँ, जिसे मुझे जारी रखना चाहिए। आपके हिसाब से मैं ऐसा क्या कर रहा हूँ, जो मुझे नहीं करना चाहिए। मुझे ऐसा क्या करना प्रारभ करना चाहिए, जो मैं अभी नहीं कर रहा हूं।" मैं उसके साहस की प्रशंसा करना चाहूँगी।

मैं बच्चों के जवाबों की गहराई की प्रशंसा भी करना चाहूँगी। उन्होंने किसी तरह भाँप लिया था कि यही समय अलग तरह की प्रतिक्रिया देने का है। और उनके जवाब विचारवान, मददगार, और समर्थन देने वाले थे। उन्होंने जागरूकता दिखाई और प्रशंसा की। उन्होंने जो सुझाव दिए, उनसे हम दोनों को उन चीज़ों का पता चला, जो उनके लिए अहम थीं। हमें उन बदलावों का पता

चला, जिनके करने से हम सचमुच फ़र्क़ ला सकते थे। कुछ समय बाद, मैंने साहस जुटाया और ऐसा ही किया और एक बार फिर जवाबों की परिपक्वता ने मुझे हैरान कर दिया।

कई वर्षों तक, हमने अपने बच्चों के फ़ीडबैक को गहराई से महत्त्व दिया, विशेष रूप से तब, जब हमारे कुछ बड़े बच्चे अपने अलग घर चले गए और हमारे साथ मिले अनुभवों के प्रति उनका नज़रिया शानदार था। यह केवल व्यक्तिगत रूप से ही मददगार नहीं रहा, बल्कि इससे बच्चों को भागीदारी का अहसास हुआ और उनके लिए यह उस तरह का परिवार बनाने में निवेश था, जैसा हम बनना चाहते थे।

जैसे ही आपको फ़ीडबैक मिले, फ़ौरन उसका विश्लेषण आरंभ कर दें और इसके बाद इसे देने वालों के पास जाएँ और कहें, "धन्यवाद, मैं आपके फ़ीडबैक की सराहना करता हूँ। मैं आपके साथ इस पर बात करना चाहता हूँ। आपने मुझसे यह कहा था।" उन्हें वापस इस बारे में बताएँ और उन्हें उस फ़ीडबैक के आधार पर कार्य योजना बनाने में शामिल करें। ऐसा करने पर आप बदलाव के उत्प्रेरक बन जाएँगे, और जब आपके आस-पास के लोग ऐसा होते देखेंगे, तो वे आपके और ख़ुद अपने बदलाव को भी स्वीकार करेंगे।

फ़ीडबैक लेने के अनेक सरल और प्रभावशाली तरीक़े हैं, 'जारी रखें/रुकें/आरंभ करें' पद्धति बस एक उदाहरण है। ऐसे और भी कई औपचारिक और अनौपचारिक तरीक़े हैं। फ़ीडबैक गुप्त या आमने-सामने भी हो सकते है। जिन फ़ीडबैक साधनों में उद्देश्य का पैमाना होता है, जैसा कि हमारी *सेवन हैबिट्स प्रोफाइल* में है, वे आमतौर पर अधिक प्रभावशाली होते हैं, क्योंकि यह पैमाना सामूहिक चेतना, उन सिद्धांतों से बँध जाता है, जिससे लोग ख़ुद को जोड़ पाते हैं- बजाय इसके कि फ़ीडबैक देने वाले व्यक्ति को ज़्यादा महत्त्व प्रदान करें।

यह बहुत ज़रूरी है कि लोग एक-दूसरे के चरित्र का आकलन न करें। फ़ीडबैक पूरी तरह से प्रदर्शन और प्रभावकारिता के पैमाने पर देना चाहिए- न कि चरित्र के पैमाने पर। जब इच्छित परिणाम प्रदर्शन के पैमाने पर निर्भर होंगे, तो लोग भीतर जाकर अपने चरित्र में सुधार भी करेंगे, बशर्ते परिणाम अर्जित करने के लिए यह ज़रूरी हो।

एक संस्थान के सीईओ ने लोगों से दो सवालों के आधार पर उनका फ़ीडबैक माँगा। ये सवाल इस विचार के इर्द-गिर्द तैयार किए गए थे कि हम अपने समय इन तीन भिन्न भूमिकाओं में बिताते हैं:

- *प्रोड्यूसर* (इच्छित परिणाम उत्पन्न करने वाले आवश्यक काम करके)
- *मैनेजर* (व्यवस्था में शामिल लोगों के साथ तालमेल बनाना और काम करना)
- *लीडर* (विज़न और निर्देशन के साथ ही परस्पर सम्मान के आधार पर अनुपूरक टीम का निर्माण करना)

उसने लोगों से कहा कि वे पी, एम, या एल अक्षरों के आकार का अंतर करके बताएँ कि वे (सीईओ) अपना अधिकांश समय कहाँ बिताते हैं। इसके बाद उसने लोगों से पूछा कि वे बताएँ कि उनके हिसाब से उसे अपना समय कहाँ देना चाहिए। जब उसे फ़ीडबैक मिला, तो उसने देखा कि उसका प्रोफ़ाइल PML था, लेकिन इच्छित प्रोफाइल बड़ी संख्या में PML था। उनके कर्मचारी चाहते थे कि वे अपना ज़्यादा से ज़्यादा समय संस्थान के नेतृत्व में लगाएँ। उन्हें लगा कि उसे आगे देखना होगा, रुख भाँपने होंगे, और अपनी तेज़ी से बदलती इंडस्ट्री में कंपनी की दिशा तय करनी होगी। उन्हें लगा कि प्रबंधन और उत्पादन तो ऐसे काम हैं, जो वे ख़ुद भी कर सकते हैं, और उसकी ऊर्जा का सदुपयोग नेतृत्व प्रदान करने में बेहतर हो सकता है।

इस फ़ीडबैक के आधार पर इस सीईओ ने अपने कामों में बड़े बदलाव किए। उसने अपना ध्यान व्यापारिक वातावरण पर केंद्रित कर लिया। उसे फ़ीडबैक देने वालों ने उसका उत्साह बढ़ाया और बदलावों का समर्थन किया। कुछ ही समय बाद, इस क़दम के लाभ प्रत्यक्ष दिखाई देने लगे। उसने कुछ उभरती प्रवृत्तियों को उसी वक़्त भाँप कर क़दम उठा लिया, जिससे उसकी कंपनी प्रभावशाली ढंग से आगे बढ़ी और उसकी बाज़ार हिस्सेदारी में काफ़ी वृद्धि हुई।

यहाँ बात यह नहीं है कि नेतृत्व उत्पादन या प्रबंधन से अधिक महत्त्वपूर्ण है। कंपनी की सफलता में तीनों बेहद ज़रूरी थे। बात यह है कि नेतृत्व को अक्सर नज़रअंदाज़ कर दिया जाता है। फ़ीडबैक लेने और इस पर कारवाई करके यह सीईओ ज़रूरत को समझ गया और उसने अपनी कंपनी को प्रभावशाली तरीक़े से आगे बढ़ाया।

ज़्यादातर अधिकारी क्वाड्रंट II को नज़रअंदाज़ करते हैं और प्रबंधन पर केंद्रित रहते हैं, लेकिन प्रबंधन पर यह केंद्रण वास्तव में और अधिक प्रबंधन की आवश्यकता का निर्माण करता है, जिससे उन समस्याओं से निपटा जा सके जो नेतृत्व को नज़रअंदाज़ करने से उत्पन्न हुई हैं। यह क्वाड्रंट II प्रक्रिया का एक और फ़ायदा बताता है। साप्ताहिक योजना बनाने से नेतृत्व के विज़न और दृष्टिकोण को प्रोत्साहन मिलता है। वहीं दूसरी ओर, दैनिक योजना बनाने से प्रबंधन की आवश्यकता और बढ़ जाती है, क्योंकि ज़्यादातर समय संकटों की प्राथमिकता तय करने में बीत जाता है।

प्रोजेक्ट की शुरुआत में ही मिले अच्छे फ़ीडबैक से आगे के मार्ग में महत्त्वपूर्ण सकारात्मक फ़र्क़ आ सकता है। एक साथी ने अपना यह अनुभव साझा किया :

नया असाइनमेंट मिलने के पहले ही हफ़्ते से मुझे पता था कि मुझे क्या करना है, और मैंने सोचा, जैसा कि कहते हैं, "मैं बेताज़ बादशाह हूँ।" मुझे ऐसा लगा, जैसे सारा नियंत्रण मेरे हाथ में हो।

तभी एक जूनियर, जो हमारे संस्थान में अभी कुछ ही सालों से था, मेरे पास आया और बोला, "मुझे सचमुच लगता है कि आपका प्लान फेल हो जाएगा।" उसने यह इन शब्दों में नहीं कहा था, लेकिन उसका मतलब यही था। यह क़ामयाब नहीं रहेगा। मुझे नहीं लगता कि हमें यह करना चाहिए।

मैं कहना चाहता था, क्या मूर्खतापूर्ण बात है! लेकिन मैंने बस खीसें निपोरीं और कहा, "मैं मतभेदों का सम्मान करता हूँ। क्यों नहीं तुम मेरे पास आते और हम इस बारे में बात करेंगे?"

उस व्यक्ति ने पंद्रह ही मिनट में मेरी योजना में बड़ी कमियाँ निकाल दीं, और मुझे एक बिलकुल नया प्रतिमान दे दिया। यह सीखने का शानदार अनुभव था। मैंने अपने सभी हितधारकों के साथ वोटिंग, चर्चा और सुनने की प्रक्रिया आरंभ की। मैंने उनसे पूछा, "इस डिवीज़न के बारे में आपकी क्या राय है" मैं अभी भी समय-समय पर उनसे मिली राय के गट्ठर में से नोट्स निकालता रहता हूँ, जिससे उन कमियों से बच सकूँ।

अनेक संस्थानों को 360 डिग्री फ़ीडबैक नहीं मिलता। वे आँकड़ों पर, लाभ-हानि स्तर पर केंद्रित रहते हैं। यह लघु-आवधिक, नियंत्रित डाटा है, लेकिन यह अधूरी सूचना व्यवस्था है, क्योंकि इसमें लोग शामिल नहीं हैं। यह

ऐसा दावा भी नहीं करती। यह शायद उनकी गतिविधियाँ और लागत दर्ज करती है, लेकिन यह उनके दिलो-दिमाग़, उनकी ताक़त, उनकी क्षमताओं के बारे में कुछ नहीं बताती। यह लाभ-हानि की मानसिकता उत्पन्न कर देती है, जो संस्थान को इस तरह चलाती है कि वह अनेक महत्त्वपूर्ण पहलुओं को नज़रअंदाज़ करने लगता है, जिन्हें आँका नहीं जा सकता, जैसे कि लोगों का विकास, गुणवत्ता सुधार, व्यवस्था पर काम करना, दीर्घकालिक निवेश, टीम स्पिरिट, संस्कृति में विश्वास, तथा सेकंड माइल सर्विस (ग्राहक को पहले रखने की इच्छा)।

हम संस्थान के साथ जितना काम करते जाते हैं, हमारा सभी हितधारकों- ग्राहकों, सप्लायरों, कर्मचारियों, सहयोगियों, विक्रेताओं, निवेशकों, समुदाय, व्यक्ति ख़ुद- से मिले 360 डिग्री फ़ीडबैक पर यक़ीन उतना ही बढ़ता जाता है कि इसका गुणवत्ता पर शक्तिशाली प्रभाव होता है। कई बार हम 360 डिग्री रिव्यू प्रक्रिया को 'स्टेकहोल्डर इंफ़ॉर्मेशन सिस्टम्स' या एसआईएस भी कहते हैं।

स्टीफ़न : एक समय मैंने चुनौतियों और संघर्षों के इतिहास वाले एक देश की वायु सेना के कमांडिंग जनरलों के लिए प्रशिक्षण कार्यक्रम चलाया था। वहाँ मैंने उन्हें एसआईएस के महत्त्व के बारे में बताया और मैंने देखा कि सभी जनरल 'हाँ' में सिर हिला रहे हैं। मैं जनरल इंचार्ज की तरफ़ मुड़ा और कहा, "क्या इसका यह मतलब है कि आप स्टेकहोल्डर इंफ़ॉर्मेशन सिस्टम्स का उपयोग कर रहे हैं?"

उन्होंने कहा, "हम इन्हें इसी के माध्यम से प्रशिक्षण देते हैं। ये शीर्ष पायलट हैं, न कि प्रशिक्षित मैनेजर। हर किसी को सालाना एक प्रिंट-आउट दिया जाता है, जिसमें उन्हें उन लोगों की धारणाओं और इन धारणाओं की शक्ति के बारे में बताया जाता है, जिनसे ये इंटरफेस करते हैं। वे इसका उपयोग अपने व्यक्तिगत और पेशेवर विकास का आधार बनाने में करते हैं, और किसी को भी तब तक पदोन्नति नहीं दी जाती, जब तक वे अपने मातहतों समेत सभी से उच्च अंक हासिल न कर लें।

मैंने कहा, "आपको पता नहीं है कि इस विचार को अपने देश के अनेक संस्थानों में लाना मेरे लिए कितना कठिन है। पता नहीं यह लोकप्रिय क्यों नहीं हो पाया है?"

उन्होंने उत्तर दिया, "स्टीफ़न, हमारे देश के बचे रहने का कारण यही लोग हैं और वे यह जानते हैं। कई बार सबसे अलोकप्रिय व्यक्ति को भी उसके प्रदर्शन के कारण सबसे ज़्यादा अंक मिल जाते हैं।"

फ़ीडबैक माँगने के लिए विनम्रता चाहिए। इसे समझने, मूल्यांकन करने, और इस पर उचित क़दम उठाने के लिए ज्ञान चाहिए। यह वास्तव में चैंपियनों का लंच है।

3. लीडर–सेवक बनकर रहें

जब हम औपचारिक नेतृत्व की भूमिका में होते हैं, तब हम सूक्ष्म-प्रबंधन, मँडराना, जाँच करना, और संकट प्रबंधन नहीं कर रहे होते, तो हमारा समय कहाँ बीतता है?

हम साझा विज़न का निर्माण करते हैं। हम व्यक्तियों और टीमों को उनकी क्षमताएँ विकसित करने में मदद देने वाली मज़बूती, मार्गदर्शन और रहनुमाई प्रदान करते हैं। हम विश्वास के रिश्ते बनाते हैं। हम दीर्घकालिक योजनाएँ बनाते हैं, हालात का मुआयना करते हैं, हितधारकों की आवश्यकताओं पर नज़र रखते हैं, बाज़ार तथा उसकी ट्रेंड्स का अध्ययन करते हैं, व्यवस्था में सुधार करते हैं तथा अनुकूलन का निर्माण करते हैं। दूसरे शब्दों में, हम अपना समय महत्त्वपूर्ण, ग़ैर-अतिआवश्यक क्वाड्रंट II की गतिविधियों में बिताते हैं, जिनसे अहम फ़र्क़ आता है। हम केवल सामने जो काम है, वह करके अपने समय का प्रबंधन नहीं कर रहे होते। हम तत्वतः अलग तरह का काम करते हैं। हम लीडर/सेवक होते हैं।

'सेवक लीडर' का विचार काफ़ी लंबे समय से मौजूद है, लेकिन यह वास्तविकता इसलिए नहीं बन पा रहा है, क्योंकि अभी सशक्तिकरण के हालात जड़ नहीं बना पाए हैं। यह मात्र एक और अच्छा मुहावरा बन गया है, उदार सत्तावादी क़िस्म के नियंत्रण का एक और तरीक़ा। अंततः इसने निराशावाद उत्पन्न किया है।

लेकिन जब सशक्तिकरण के हालात जड़ पकड़ लेते हैं, तब सेवक लीडरशिप प्रभावशाली परिणाम उत्पन्न करती है।

स्टीफ़न : मुझे एक सच्चे सशक्त बनाने वाले लीडर के साथ काम करने का पहला अनुभव याद है। मेरे तब तक के जीवन में, मेरा नेतृत्व के साथ का अनुभव, बुनियादी रूप से 'अच्छा नियंत्रण' के नज़रिये वाला था। एक तरह की उदार निरंकुशता। इसके बाद मेरे हालात बदले और मुझे नया बॉस मिला। वह दुनिया को उस प्रतिमान से नहीं देखते थे। वह दुनिया को सशक्तिकरण के प्रतिमान से देखते थे। और उनके साथ मेरे पहले अनुभव ने मुझे अप्रत्याशित रूप से हैरान कर दिया।

मैं एक बड़े संस्थान में परिचालन प्रभारी था और मेरे मातहत कई मैनेजर काम करते थे। मेरा इस व्यक्ति से पहला परिचय तब हुआ, जब उसने मुझे फ़ोन किया। आज जब मैं पीछे मुड़कर देखता हूँ, तो दोनों पक्षों के फ़ायदे वाले सभी तत्व- इच्छित परिणाम, दिशा-निर्देशों, संसाधन, जवाबदेही, और उससे मिलने वाले परिणाम- उस संस्थान में सही जगह काम कर रहे थे, हालाँकि उस वक़्त ये साफ़ तौर पर कहीं लिखे नहीं थे और न ही ऐसा कोई लेबल दिखाई देता था।

इस व्यक्ति ने कहा, "स्टीफ़न, मैं अपने को तुम्हारी सहायता करने वाले की भूमिका में देखता हूँ, तो मैं चाहता हूँ कि तुम भी मेरे बारे में इसी तरह सोचो और अगर मुझसे किसी तरह की मदद चाहिए हो, तो मुझे बताओ।" मैंने सोचा, "वाह, यह मेरी अब तक की सुनी सबसे बेहतरीन बात है, लेकिन वे मूल रूप से रिश्ता बनाने का प्रयास कर रहे हैं, जिससे वे जब चाहें, तब आकर देख सकें कि सब सुचारू रूप से चल रहा है, और क्या ग़लत है।" हम दूसरों का आकलन अपने हिसाब से करते हैं, और मैंने ऐसा ही सोचा था। अतः, जब मैंने ये शब्द सुने, तो मैंने अपने अभिप्राय को उनके व्यवहार पर थोप दिया, जबकि मैं उस प्रतिमान को नहीं जानता था, जिस पर वे काम कर रहे थे।

उन्होंने मुझसे कहा, "मैं सच बोल रहा हूँ। स्टीफ़न, मैं तुमसे मिलने आना चाहता हूँ, लेकिन अभी यह सही समय नहीं है। वहाँ बहुत कुछ चल रहा होगा, और यह आपकी मदद करने के प्रयास का सही समय नहीं है। शेष फ़ैसला आप करें।"

और मैंने सोचा, "मुझे लगता है कि वह सोच बोल रहे हैं। लगता है यहां मेरी चलेगी। वह मुझ पर नज़र रखने आने वाले व्यक्ति नहीं लगते। वे वास्तव में मदद करना चाहते हैं।"

तब उन्होंने कहा, "मैं आपको अपने और मेरे अनुभव कैसे रहे हैं, इस बारे में कुछ बताना चाहता हूँ। इससे आपको पता चल जाएगा कि मैं आपके किस तरह काम आ सकता हूँ। उन्हें मुझसे पच्चीस साल ज़्यादा का अनुभव था।

उनका संसाधन स्रोत समृद्ध था और वे अत्यधिक बुद्धिमान थे।" लेकिन उस वक़्त मैं बहुत कुछ कर रहा था, इसलिए मैंने उनसे कहा, "फिर कभी मिलना ठीक रहेगा।" इस तरह हमने टाल दिया।

जब कुछ सप्ताह बाद मैंने उन्हें आने के लिए कहा, तो वे मान गए। एयरपोर्ट पर जब मेरी उनसे मुलाक़ात हुई, तो मैंने उनसे पूछा कि वह क्या देखना चाहते हैं, लेकिन उन्होंने कहा, "मैं यहाँ मदद करने आया हूँ। हम वही करेंगे, जो आप चाहेंगे।" तो मैं उन्हें मीटिंग में ले गया, और मैंने कहा, "मुझे इससे काफ़ी मदद मिलेगी, अगर आप मैं जो करना चाहता हूँ, उसका समर्थन करें।" उन्होंने वैसा ही किया। इसके बाद मैंने उनसे एक और अनुरोध किया, और वे इस बार भी मान गए। हर बार, वे मेरी तरफ़ मुड़ते और कहते, "क्या और कुछ करना है?"

अब मुझे महसूस होने लगा था कि मैं ही ज़िम्मेदार हूँ। वह बस मदद कर रहे हैं। और इसके बाद मैं उनसे काफ़ी खुल गया। मैं किसी मीटिंग से समस्याओं को उसी तरह सुलझा कर चला जाता, जैसे मैं आमतौर पर करता था। मैंने उनसे कहा, "मेरे इन्हें इस तरह सुलझाना आपको कैसा लगा? क्या यह आपके अनुभव के अनुरूप था?"

और उन्होंने जवाब दिया, "देखो स्टीफ़न, या तो तुम वह कर सकते हैं, जो अन्य डिवीज़न कर रहे हैं, या आप कोई और विकल्प सोच सकते हैं।" उन्होंने मुझे कुछ करने की राय नहीं दी। उन्होंने बुनियादी रूप से मेरी ज़िम्मेदारी और फ़ैसले लेने की ताक़त को पुष्ट किया, और साथ ही कुछ उदाहरण भी दिए, जिन पर मैं विचार कर सकता था।

तो जो कुछ भी हुआ, वह मेरा विवेक था, उस व्यक्ति की प्रबल शक्ति नहीं। उनके ऊपर और तरह की ज़िम्मेदारियाँ थीं। वे मुझे छोड़कर अन्य कामों में व्यस्त हो सकते थे, लेकिन मेरे विवेक मेरे पास ही रहता। वह हमेशा से मेरे साथ था।

तो क्या मैं ज़िम्मेदार था! मैं उनके ज्ञान और अनुभव की थाह लेने लगा, और वह उनके पास प्रचुरता में था, लेकिन उन्होंने मुझे कभी नहीं कहा कि मैं क्या करूँ। वह हमेशा यही कहते, "आप इस विकल्प पर विचार कर सकते हैं। या क्या आपने इस संभावना पर विचार किया?"

इससे मेरे अंतःकरण को ऐसा सहारा मिला, जो मुझे पहले कभी अनुभव नहीं हुआ था।

इसके कुछ ही वक़्त बाद मैंने एक और सुपरवाइज़र के मातहत कार्य किया, और वह बेहद शानदार व्यक्ति थे, लेकिन अत्यधिक नियंत्रण रखने वाले। और जल्द ही मुझे पता चल गया कि यह बहुत आसान था कि बस वह करते रहो, जो वह कहें, लेकिन इसमें न कोई रचनात्मक मौक़े थे, न सीखने के अवसर। मैं ख़ुद को पूरी तरह कमज़ोर महसूस कर रहा था। इसलिए मैंने अपनी संतुष्टि को नौकरी से इतर तलाश लिया, न कि नौकरी में। इस व्यक्ति के आस-पास के सभी लोग ऐसा ही करते थे। वे उन्हीं की शैली से अनुकूलित हो जाते थे।

इसी तरह के अनुभवों से मुझे सशक्तिकरण और नियंत्रण के अंतर को समझने में मदद मिली।

हमने मैल्कम बॉल्डरिज़ नेशनल क्वालिटी अवार्ड के अनेक विजेताओं का साक्षात्कार किया है, हमने हमेशा यही सवाल किया, "आपके लिए सबसे चुनौतीपूर्ण क्या रहा?," "नियंत्रण छोड़ना!" यह इसका सबसे ज़्यादा मिला जवाब था। यह कठिन होता है। हम इस तरह नहीं गढ़े होते। हम में से ज़्यादातर लोगों को ऐसे सशक्त और सशक्त बनाने वाले मार्गदर्शक नहीं मिलते, जो सिखा सकें कि यह कैसे करना है, लेकिन जैसा कि पूर्व राष्ट्रपति जॉर्ज बुश ने मैल्कम बॉल्डरिज़ अवार्ड वितरण समारोह के दौरान कहा था, "इन विजेता कंपनियों को अहसास है कि वे उतनी ही मज़बूत हैं, जितने उनके कर्मचारी बुद्धिमान, विवेकी और चरित्रवान हैं।"

लीडर/सेवक का काम बुद्धि, विवेक और चरित्र के निर्माण में मदद करना होती है। इसके लिए देखने और करने के पारंपरिक तरीक़ों से काफ़ी हद तक असंबद्ध होने की ज़रूरत होती है। उदाहरण के लिए, आप संभवतः

- आप अपने बच्चे के साथ जाकर उसे अभिभावक-शिक्षक मीटिंग के दौरान साक्षात्कार में मदद करें। उसे उसके काम के बारे में बताने दें, उसकी इच्छाओं और आकांक्षाओं के बारे में बताने के लिए कहें, और अगर वह चाहे, तो उसे शिक्षक के फ़ीडबैक के बारे में प्रतिक्रिया देने दें। यहाँ आप और शिक्षक लीडर/सेवक हैं। इस तरह कहा जा सकता है, "आपकी शिक्षा आपका परिचारक कार्य है। हम मदद के लिए क्या कर सकते हैं?"

• अगली बार जब शीर्ष अफ़सर आपसे प्रदर्शन की समीक्षा करने के लिए कहें, तो समीक्षा फ़ॉर्म कर्मचारी को उस समय से *पहले* दे दिया जाए, जिससे यह संबंधित हो। सुनिश्चित करें कि फॉर्म के तत्वों पर चर्चा हो क्योंकि ये प्रदर्शन अनुबंध के इच्छित परिणामों, दिशा-निर्देशों, संसाधनों, जवाबदेही और महत्त्व का हिस्सा हैं। इसके बाद कर्मचारी की मदद का स्रोत बनें। उसकी मदद करने वाला बनने के लिए उससे सवाल करते रहें:

कैसा चल रहा है ?
आप क्या सीख रहे हैं ?
आपके लक्ष्य क्या हैं ?
मैं आपकी किस तरह मदद कर सकता हूँ ?

• जब प्रदर्शन समीक्षा को दाख़िल करने का समय आए, तब कर्मचारी को इसे भरने दें तथा दोनों साथ इसकी समीक्षा करें। तब अपने प्रदर्शन पर भी चर्चा करें। क्या आपने समुचित संसाधन और समर्थन प्रदान किया?

• जब कोई व्यक्ति आपके पास अपनी समस्या लेकर आए, तो उससे पूछें, "आप क्या कहते हैं?" समस्या सुलझाने में जल्दबाज़ी न करें, क्योंकि लोग इसे खुद सुलझा सकते हैं और उन्हें खुद सुलझाना भी चाहिए। चीज़ों को करने के नए और बेहतर ढंग तलाशने में रचनात्मकता के इस्तेमाल के लिए उन्हें प्रोत्साहित करें। लोगों को परिणामों के प्रति जिम्मेदार बनाएँ, न कि पद्धतियों को।

रेबेकाः कुछ वक़्त पहले, मुझे युवाओं के एक समूह के साथ संगीत नाटिका पर काम करने के लिए कहा गया। मैंने उस वक़्त हाल ही नेतृत्व सेवा की अवधारणा सीखी थी, और मैंने इसमें नाटिका के निर्माण से कुछ ज़्यादा ही करने का फ़ैसला किया। मैं इन युवाओं की प्रतिभा और उनके नेतृत्व कौशल को बढ़ाना और विकसित करना चाहती थी।

इसके निर्माण में मदद की माँग करने वाले लोगों के सहयोग से मैंने कुछ मार्गदर्शक सिद्धांत तय किए, जो मेरे विचार से उस उद्देश्य को पूरा करते थेः

* युवाओं की ज़िम्मेदारी तय करें और उन्हें इसे निभाना सिखाएँ।
* अयोग्यता की अनदेखी न करें, उन्हें सुयोग्य बनने में मदद करें।
* उन्हें सही सिद्धांत बताएँ और फिर ख़ुद फ़ैसले लेने दें।

लीडर- बेकी और ब्रेंट- दोनों ही सत्रह साल के थे। वे प्रतिभाशाली थे और इस प्रोजेक्ट को लेकर उत्साहित थे, लेकिन उन्हें उस काम का कोई अनुभव नहीं था, जो वे करने का प्रयास कर रहे थे। जब मैं उनसे मिली, तब मैंने कहा, मैं आपके साथ इस पर काम करने को लेकर काफ़ी उत्साहित हूँ। मैं जानती हूँ यह शानदार होगा। मैं तुम सबसे रोज़ाना मिलना चाहूँगी, और हर प्रयास करूँगी कि तुम सफल हो सको। मेरा काम तुम लोगों के लिए संसाधन बनना है। आप मुझसे क्या करवाना चाहते हैं?"

पहले-पहल, वे स्तब्ध रह गए। उन्हें कुछ नहीं पता था कि क्या करना है और वे सोच रहे थे कि मैं उन्हें बताऊँगी कि वे क्या करें, लेकिन मैंने नहीं बताया। जब मैंने उन्हें लीडर/सेवक भूमिका के बारे में बताया, तो हमारे बीच एक मानसिक अनुबंध बन गया और मैंने उन्हें विश्वास दिलाया कि उन्हें जानकारी, सहायता और समर्थन देने के लिए मैं हर वक़्त मौजूद रहूँगी। जब उन्हें उनकी भूमिकाओं का ज्ञान हो गया, तो वे सोचने लगे।

"अब हमें स्क्रिप्ट की ज़रूरत होगी।"

"बहुत अच्छे," मैंने कहा, "और यह आपको कहाँ से मिलेगी?"

उनसे बात करते हुए उन्हें जो पहला विचार आया, वह था थीम की घोषणा करना और अन्य युवा लोगों से उनकी स्क्रिप्ट जमा कराने को कहना। साफ़ कहूँ, तो मुझे नहीं पता था कि यह तरीक़ा काम करेगा या नहीं। कार्यक्रम में सिर्फ़ छह महीने थे। मैं चाहती थी कि वे सीखें, लेकिन मैं यह भी चाहती थी कि वे जीतें। मैंने अपनी चिंता व्यक्त की, साथ ही मैंने उनके नेतृत्व में अपनी आस्था भी जताई और साफ़ कर दिया कि इस बारे में फ़ैसला पूरी तरह उनके हाथों में है। उन्होंने स्क्रिप्ट जमा कराने की तारीख़ तय करने का फ़ैसला किया, जिससे उन्हें उस पर काम करने का समय मिल सके और अगर उचित स्क्रिप्ट न मिले, तो किसी अन्य विकल्प पर काम किया जा सके।

कुछ नहीं हुआ, तो अपनी अगली मीटिंग में मैंने कहा, "ठीक है, हमने इससे क्या सीखा? अब आपकी आगे क्या करने की योजना है?" उन्होंने अन्य संभावनाओं पर बात की और इसे ख़ुद लिखने का फ़ैसला किया- बेकी पटकथा लिखेंगी और ब्रेंट संगीत तैयार करेगा, हालाँकि बेकी को लेखन और ब्रेंट को

संगीत से प्रेम था, लेकिन आज तक उन दोनों ने यह काम पहले कभी नहीं किया था। वे उत्साह से भर गए और थोड़ा डर भी गए, लेकिन मैंने उनकी यह करने की क्षमता में भरोसा जताया। वे अपना काम करने लगे।

कुछ ही हफ़्तों में, उन्होंने ऐसी पटकथा तैयार कर ली, जो मुझे बहुत पसंद आई तथा उन्होंने कई ख़ूबसूरत गाने भी लिख लिए। आगामी मीटिंग्स में, उन्होंने प्रोडक्शन के अन्य पहलुओं के लीडर्स के तौर पर अन्य युवाओं को भी शामिल करने का फ़ैसला किया। निर्देशक, नृत्य निर्देशक, सेट डिज़ाइनर, संगतकार सभी बारह से सत्रह साल के युवा थे। बेकी और ब्रेंट अन्य युवा लीडर्स से मीटिंग में मिलने वाले थे। इससे पहले मैं बेकी और ब्रेंट से मिली, जिससे मैं उनकी इस मीटिंग के लिए तैयारी में मदद कर सकूँ। मैं उनसे ऐसी हर मीटिंग के बाद मिलती और उन्होंने जो सीखा है, उसका आकलन और उसे लागू करने में मदद करती। मैंने सुझाव दिया कि मैं उनके हर युवा लीडर के लिए वयस्क सलाहकार सलाह, मार्गदर्शन और मदद के वास्ते दे सकती हूँ- लेकिन उनका काम करने के लिए नहीं। बेकी और ब्रेंट को यह विचार अच्छा लगा, तो मैंने हर क्षेत्र में वयस्क विशेषज्ञों की सहायता की सूची बनाई और उनसे मिलकर उन्हें बताया कि मैं किस तरह युवाओं की प्रगति में मदद कर सकती हूँ।

चीज़ों को आगे बढ़ता देखना बहुत रोमांचक था। चूँकि हम तीनों अक्सर मिलते रहते थे, "मैंने पूछा, तो कैसा चल रहा है?" उन्होंने अपने अनुभव साझा किए और अपनी निराशाओं और चिंताओं के बारे में भी बात की। जब उन्होंने सलाह माँगी, तो मैंने कई बार सुझाव भी दिए- "क्या आपने इस संभावना पर विचार किया? या आप इसे इस तरह कर सकते हैं।" लेकिन मैं अक्सर यही कहती थी, "यह वाक़ई सोचने की बात है। अब आप क्या करेंगे?" और कभी-कभार, मैं धीरे से उन चीज़ों पर बात करने लगती, जिनके बारे में उन्होंने नहीं सोचा था। मैं उनके रचनात्मक विचारों पर बिलकुल हैरान रह जाती, क्योंकि अब वे समझ चुके थे कि यह उनकी ज़िम्मेदारी है और उनके लिए कोई और ऐसा नहीं करने वाला, बल्कि ऐसे बहुत से लोग हैं, जो उनके निर्देशन में काम करना चाहते हैं और उनके सपने को सच बनाने में मदद देना चाहते हैं।

दिशा-निर्देशों पर टिके रहना हमेशा आसान नहीं होता। एक रिहर्सल के दौरान, एक वयस्क लीडर- जो तकनीकी के मामले में काफ़ी समझदार था और काफ़ी कुछ नियंत्रण शैली में नेतृत्व करता था- उसने उस युवा लीडर का काम हथियाना शुरू कर दिया, जिसे उसे सलाह देनी थी। मुझे उस वक़्त यही लगा कि मैं जाकर उससे कहूँ कि तुम क्या कर रहे हो? हम यहाँ इन बच्चों को

यह सिखाने के लिए हैं कि वे अपना काम ख़ुद कैसे करें! लेकिन मुझे लगा कि इससे तो यह ज़्यादा ठीक रहेगा कि शांत रहकर यह देखूँ कि वे युवा लीडर्स क्या करते हैं। आख़िर में वे मेरे पास आए और उन्होंने मुझे इस समस्या के बारे में बताया। मैंने कहा, "यह वाक़ई में समस्या है। अब तुम क्या करोगे?" उन्होंने इस बारे में बात की और फ़ैसला किया कि वह युवा नेता, जिसका यह काम था, उस वयस्क सलाहकार के साथ इस पर बात करेगा। उसने इसे काफ़ी हिम्मत और समझदारी से सँभाला, और समस्या का समाधान हो गया।

अंत में, उन्होंने प्रोडक्शन में नब्बे युवाओं को जोड़ लिया था। युवा लीडर्स और उसमें शामिल सभी भागीदारों ने पूरी मेहनत से काम किया। उन्होंने उससे ज़्यादा सीखा, जो वे वयस्कों द्वारा यह शो चलाने पर सीख पाते तथा प्रोडक्शन की गुणवत्ता भी शानदार थी। इसे देखने वालों की आँखें भीग गईं। उस स्थानीय स्थान पर कार्यक्रम के बाद, उन्हें पास ही के शहर में बड़े हॉल में सैकड़ों लोगों के समक्ष दो अतिरिक्त कार्यक्रम देने के लिए कहा गया। दोनों रात दर्शकों ने उनका खड़े होकर अभिवादन किया।

मुझे पता चला कि लीडर/ सेवक होना – कम से कम पहली बार के लिए तो– बहुत कठिन होता है, बजाय नियंत्रण करने वाले लीडर होने के, लेकिन इसके बदले मिला इनाम बहुत बड़ा होता है! प्रोडक्शन का काम रोमांचक रहा– लेकिन मेरे लिए यह विचार ज़्यादा रोमांचक था कि भविष्य में ये युवा जहाँ भी होंगे, वे अपने साथ बढ़ी हुई क्षमता लेकर जाएँगे कि वे जो कुछ भी करें,उसमें गुणात्मक अंतर ला सकें।

'लोगों के माध्यम से कार्य करवाना', 'काम कराने के माध्यम से लोगों को बढ़ाना' ये दोनों बिलकुल अलग प्रतिमान हैं। एक से आप चीज़ें करवाते हैं, वहीं दूसरे से आप खुद उनसे यह कहीं ज़्यादा रचनात्मकता, सहक्रियाशीलता और प्रभावकारिता से करवाते हैं... और इस प्रक्रिया में, आप उनमें उस क्षमता का निर्माण कर देते हैं, जिससे वे भविष्य में भी बहुत कुछ कर सकें।

यह सुनने में तो अच्छा लगता है, लेकिन...

अनेक लोग। सिद्धांत-केंद्रित नेतृत्व के शक्तिशाली प्रभाव को सशक्त करने के वातावरण के निर्माण में देख सकते हैं, लेकिन इसमें चुनौतियाँ भी हैं। काम शुरू होने पर कई बार हमें चुनौतीपूर्ण हालात का सामना करना पडता

है, जिसमें हमें अपनी वृत्तियों और क्षमताओं को नए और प्रभावशाली ढंग से इस्तेमाल करना होता है। इस अध्याय के निष्कर्ष के तौर पर हम पूर्ण सशक्तिकरण के निर्माण में आने वाली कुछ बहुत आम चुनौतियों के बारे में बताना चाहते हैं।

अगर बॉस दोनों पक्षों के फ़ायदे से अपरिचित हो?

अगर आपका बॉस दोनों पक्षों के फ़ायदे से परिचित नहीं भी हो, फिर भी उसने कम से कम 'फ़ायदा' शब्द तो सुना ही होगा, तो यहीं से शुरुआत करें। आपको 'परिचारक कार्य अनुबंध' का नाम तक नहीं लेना पड़ेगा। अपने बॉस से बस ये कहें, "मैं अपनी भूमिकाओं को देख रहा था और मैं बस यह सुनिश्चित करना चाहता हूँ कि हम दोनों में यह स्पष्ट अनुबंध हो कि यहाँ काम करते हुए मुझे क्या करना होगा। मेरे अनुसार प्राथमिकता सूची यह है। आप कृपया इसे देख लीजिए और अगर आपको कुछ अलग लगता हो, तो मुझे बताएँ?" समझने की कोशिश करें, इस पर चर्चा करें और इच्छित परिणामों पर सहमत हों।

किसी और वक़्त, फिर से उनके पास जाएँ, "और कहें, मुझे इन प्रमुख नीतियों और दिशा-निर्देशों की जानकारी है। क्या इनके अलावा कुछ और ऐसा है, जो मुझे पता होना चाहिए?" इसी तरह, आप दोनों पक्षों के फ़ायदे के पाँचों तत्वों का उपयोग कर सकते हैं।

इसमें कुछ हफ़्ते, यहाँ तक कि महीने भी लग सकते हैं, लेकिन तत्पश्चात आप इसके अनुसार काम कर सकते हैं। और इसके बाद अगर आपसे कुछ ऐसा करने को कहा जाए, जो आपने अनुबंध में न हो, तो आप फिर उनके पास जाएँ और कहें, "मेरे अनुसार आपने मेरे कार्यों की निम्न प्राथमिकता तय की थी। क्या आप इनमें बदलाव चाहते हैं?" हो सकता है कि वह काम दिशा का सही बदलाव हो या ऐसा 'दैनिक काम' हो, जो बस आपको सौंप दिया गया हो (और जिसे बाद में किसी तात्कालिकता चालित व्यक्ति को सौंप दिया जाएगा)। इस अनुबंध से आपको और आपके बॉस को- मापने का पैमाना मिल जाएगा।

अगर मेरे बॉस मुझे सशक्त बनाना न चाहें?

एक महिला ने अपना यह अनुभव साझा किया:

मैं ऐसी संस्कृति में काम करती थी, जो 'पुराने ज़माने' की थी। उसमें शीर्ष प्रबंधन के सभी व्यक्ति साठ से अधिक की उम्र के थे। वे कई वर्षों से यहाँ काम कर रहे थे, और वे सबको अपना सेवक समझते थे। वहाँ पदोन्नति के लिए आपके नाम पर कभी गंभीरता से विचार होना भी कठिन था। वे बीते तीस वर्षों से इसी तरह काम कर रहे थे और क़तई बदलना नहीं चाहते थे। और जब कोई नई उम्र की सेक्रेटरी यह कहती कि "मैं सचमुच यह करना चाहती हूँ, इसमें सबका फ़ायदा है," तो उनके पास इसके लिए समय नहीं होता था।

सच तो यह है कि कुछ हालात ऐसे होते हैं, जहाँ संस्कृति इस गहराई से जमी होती है और लोग इतने वर्षों से इसे दोहरा रहे होते हैं कि उसे बदलना आसान नहीं होता, ख़ासकर तब ,जब आपका प्रभाव चक्र छोटा हो। अगर उन हालात में आपको फ़ायदा न हो, तो अच्छा है कि बेहतर विकल्प की तलाश करें।

हालाँकि, ऐसे भी अनेक उदाहरण हैं, जहाँ ऐसे हालात में लोग बड़े बदलाव भी लाए हैं।

रॉज़र: अभी कुछ साल पहले, मैं एक बड़े संस्थान में प्रशिक्षण कार्यक्रम विकसित करने का प्रभारी था। वहाँ काम शुरू करने पर मुझे एक सेक्रेटरी मिली, जो वहाँ पहले से काम कर रही थी। निश्चित ही मेरा नज़रिया उन्हें सेवक समझने का नहीं था, लेकिन चुनौतियों का सामना करते हुए मैंने अपनी सूची पर नज़र डाली और - 'सक्षम सेक्रेटरी'- के विकल्प पर पूर्ण होने का चिन्ह लगा दिया। और शीघ्र ही अधिक महत्त्वपूर्ण चीज़ों की तरफ़ बढ़ गया।

वह वे सभी काम कर लेती थी, जो मैं किसी सेक्रेटरी से करने की उम्मीद करता था, लेकिन समय के साथ ही वह और कुशल होती गई। मुझे से कुछ आधिकारिक पत्रों की डिक्टेशन लेने के बाद, एक दिन जब वह पत्रों का ढेर लाई, तो मैं उन्हें खोलकर पढ़ने लगा। उसने कहा, क्या इन पत्रों में कोई ऐसा भी है, जिसका वैसा ही जवाब देना हो, जैसा आपने कल लिखवाया था। अगर हो, तो मैं पत्र तैयार कर सकती हूँ, जिससे आपका समय बच जाए। फिर बाद में आप उन्हें जाँच सकते हैं। मेरे पास समय की कमी थी, तो मैंने कहा,

ठीक है। उसने मुझे जो पत्र दिए, वे बहुत बेहतरीन और संवेदनशीलता के साथ लिखे गए थे- शायद मैं भी इतना बेहतर नहीं कर पाता। थोड़े ही समय में वह 95 फ़ीसदी पत्रों के जवाब देने लगी और वे उन्हें उनके अनुमोदन के लिए मेरे पास भेजती थी।

चूँकि मुझे उसकी लेखन शैली पसंद आई, इसलिए मैंने उससे प्रशिक्षण मैनुअल के निर्माण में साथ जुड़ने को कहा। वह मान गई। मैंने उसे एक ख़ास सेक्शन दिया और उसे उसके बारे में कुछ विचार लिख लाने को कहा। उसने न केवल अपने विचार लिखे, बल्कि प्रस्तावित सामग्री के लिए शानदार ड्राफ्ट भी तैयार किया।

आख़िर में, वह विभाग में प्रशिक्षक और असिस्टेंट मैनेजर बन गई। मुझे बाद में पता चला कि उसके पास संचार में मास्टर्स डिग्री थी और उसने उस वक़्त सेक्रेटरी की नौकरी केवल इसलिए स्वीकार कर ली थी, क्योंकि तब बस ये ही ख़ाली थी। वह इस प्रशिक्षण कार्यक्रम के सफल रहने का प्रमुख कारण थी।

इस महिला ने मेरे किसी व्यक्ति के अपनी भूमिका पर खरा उतरने की प्रभावकारिता के विज़न को ऊपर उठा दिया। इस अनुभव ने सेक्रेटरी की क्षमताओं के प्रति मेरे नज़रिये को हमेशा के लिए बदल दिया। और इससे मेरा आगे से हर सेक्रेटरी से बात करने का लहज़ा ही बदल दिया। मेरे सबसे शानदार कार्य सहयोगी वे रहे हैं, जिन्होंने सेक्रेटरी के तौर पर शुरुआत की थी और अपनी क्षमताओं में वृद्धि करके आगे बढ़े, या शानदार सेक्रेटरी के तौर पर काम करते रहे, क्योंकि वे ऐसा ही चाहते थे।

लगभग हर तरह के हालात में, अगर आप अपने कौशल और क्षमताओं का निर्माण करते हैं और अपने प्रभाव चक्र के भीतर काम करते हैं, तो आप समय के साथ अपने और अपने काम के बारे में लोगों के प्रतिमान बदल देंगे। अगर आपको क्या करना है, इसकी स्पष्ट जानकारी नहीं है और आप बदलाव की क़ीमत चुकाने को भी तैयार नहीं हैं, तो सहज ही यह आपको अशक्त कर देगा, और आप दूसरों पर दोष या आरोप लगाते रहेंगे। इसमें कुंजी है कि आप सशक्त रहें, इस अहसास को बनाए रखें कि आप उन विकल्पों को चुन सकते हैं जिनसे प्रतिमान या हालात को बदलने की कोशिश कर सकते हैं।

जिनका नेतृत्व मैं करता हूँ, अगर वे सशक्त न होना चाहें?

कुछ लोग 'उद्देश्य के आधार पर प्रबंधन' के अनुभवों से त्रस्त हो चुके होते हैं। जब उन्होंने स्वतंत्रता से कुछ काम किया, तो उन्हें नौकरी से ही हाथ धोना पड़ा, जिससे उनके दिमाग़ पर गहरे जख़्म हो जाते हैं। उनका नज़रिया होता है, "मुझे बस यह बताओ कि क्या करना है, जिससे मैं थोड़े समय में जितना संभव हो, उतना पैसा कमा सकूँ और यहाँ से चला जाऊँ।" कुछ लोग सोचते हैं कि कार्यस्थल पर जो हो रहा है, उसका जीवन की गुणवत्ता पर कोई प्रभाव नहीं होता। उन्हें कार्यस्थल से बाहर संतुष्टि मिलती है। वे एक क़िस्म की साम्यवस्था में होते हैं तथा किसी प्रकार की बाधा नहीं चाहते।

दोनों पक्षों का फ़ायदा लोगों को वहाँ पहुँचा देता है, जहाँ वे हैं, न कि जहाँ आप उन्हें चाहते हैं। इसलिए आप उनसे वहीं मिल सकते हैं, जहाँ वे हैं। पहल का जो स्तर उनके लिए सुविधाजनक हो, आप उसके अनुरूप उनके साथ परिचारक-कार्य अनुबंध बना सकते हैं, लेकिन पूरी तरह खुले रहें। अपनी बात साफ़गोई से रखें।

मुझे लगता है कि आप सिर्फ़ उम्मीदें पूरा करना चाहते हैं, जैसा कि आप कर रहे हैं। आपको लगता है कि आप इसे अच्छे ढंग से करेंगे, तो इतना काफ़ी है। अगर हम प्रदर्शन और जवाबदेही के स्तर पर सहमत हों, तो यह हम दोनों के लिए अच्छा होगा। अगर अभी इसमें अपना फ़ायदा है, तो ठीक है।

लेकिन मैं आपको बताना चाहता हूँ कि मेरे लिए आप महत्त्वपूर्ण हैं और मुझे आपका योगदान चाहिए। कोई मौक़ा आएगा, तो मैं आपको सूचित करूँगा। मुझे पूरा यक़ीन है कि समय के साथ, अगर हम आपके लिए रुचिकर काम तलाश सके और उच्च स्तरीय उपक्रम की दिशा में काम कर सके, तो यह हम दोनों के लिए बेहतर रहेगा।

सशक्तिकरण के लिए अन्य जो भी आप कर सकते हैं, उसमें निम्न शामिल हो सकते हैं:

- उन्हें समूह या संस्थान के लिए मिशन स्टेटमेंट बनाने में शामिल कीजिए।
- जब वे आपके पास समस्या लेकर आएँ, तो उनसे पूछें कि आप क्या सोचते हैं?

- धैर्य रखें और समूह में अन्य लोगों के उच्च-स्तरीय उपक्रम अनुबंध को ख़ुद उदाहरण रूप में बोलने दें।

मैं जिस व्यवस्था में हूँ वो जीत-हार की है?

मान लीजिए, आप एक छोटे से डिपार्टमेंटल स्टोर के मैनेजर हैं, और आपको टीम प्रबंधन दृष्टिकोण पर पूरा यक़ीन है। आप मिशन स्टेटमेंट बनाने में अपनी टीम को भी शामिल किया और यह मिशन स्टेटमेंट काफ़ी क़ामयाब रहा। सभी टीम सदस्य इससे ख़ुश हैं। उन्हें यह पसंद आया। वे इसे लेकर उत्साहित हैं। इससे वे सशक्त हुए। इससे उनमें परिचारक-कार्य की भावना आई।

लेकिन आप ऐसी संस्थागत व्यवस्था में हैं, जो आपको अपने चार लोगों की रैंकिंग के लिए मज़बूर करती है। यह ग़ैर-अनुकूलित व्यवस्था है- आप पहले सफल लोगों को काम पर रखते हैं, बाद में इन्हीं में से छाँटते हैं, तो आप क्या कर सकते हैं?

उन्हें समस्याओं में साझीदार बनाएँ, और साथ मिलकर समाधान तलाशें।

उन्हें एकत्रित करें, उन्हें बताएँ कि व्यवस्था किस तरह काम करती है, और उनसे पूछें कि क्या उनके पास ऐसा रचनात्मक विचार है कि आप सब व्यवस्था के भीतर रहते हुए साथ मिलकर उनकी आवश्यकताएँ कैसे पूरी कर सकते हैं। "यह हमारी समस्या है। अब आप क्या सुझाते हैं?"

अगर आपका विश्वास का स्तर उच्च है, तो आप साथ मिलकर कोई वास्तविक तीसरे-वैकल्पिक समाधान तलाश सकते हैं।

अपने प्रभाव चक्र तथा आपके प्रति दूसरों के विश्वास के अनुसार, आपके व्यवस्था बदलाव के प्रयास प्रसारित होकर संपूर्ण संस्थान को प्रभावित करेंगे। अगर आप धैर्यवान और आग्रही रहें और सही सिद्धांतों के साथ सामंजस्यपूर्वक काम करें, तो आप जिस सकारात्मक बदलाव का निर्माण करेंगे, उसका लाभ सभी को हो सकेगा।

क्या होगा, अगर कमज़ोर हालात सच में हों?

एक बार किसी बड़े संस्थान में किसी ने कहा, "बुरा समय आए, तो क्या होगा? अगर संस्थान के आकार में बड़ी कटौती करनी पड़े, तो क्या होगा?"

एक अन्य व्यक्ति खड़ा हुआ और बोला, "मैं बताता हूँ क्या होगा। हम केवल आकार ही छोटा नहीं करेंगे, बल्कि पूरा संयंत्र बंद कर देंगे।" इस प्रक्रिया में उसने आगे बताया कि किस तरह उनके वरिष्ठ अधिकारी समस्या की शुरुआत में ही सबको जोड़े हुए थे। वे समझने की कोशिश कर रहे थे, सहक्रिया के साथ दोनों पक्षों के फ़ायदे के लिए प्रयास कर रहे थे। उन्होंने साथ मिलकर, आर्थिक और वित्तीय डाटा, उनके उद्योग, उनकी कंपनी की स्थिति की जाँच की। उस आर्थिक वास्तविकता को हर कोई देख सकता था, जो संयंत्र के लिए अभिशाप था। यह पुराना पड़ गया था। बाज़ार सूख रहा था। वे सब देख सकते थे कि यह बचाने योग्य क़दम नहीं है। इसलिए एक साथ, उन्होंने अपना ध्यान आउटप्लेसमेंट कार्य (आउटप्लेसमेंट वह प्रक्रिया है, जो एक संगठन उन कर्मचारियों को प्रदान करता है, जिनका रोज़गार सगाप्त हो रहा है, ताकि उनके नए काम में जाने को सुविधाजनक बनाया जा सके।) पर केंद्रित कर दिया।

जिस दिन संयंत्र बंद होता है, तो मीडिया धरने, प्रदर्शन, रोष, और विरोध को देखने की उम्मीद में आता है। इसकी जगह वे विशालकाय केंटकी फ्रायड चिकन फेयरवेल पार्टी देखकर हैरान होते हैं। उनकी संस्कृति में विश्वास का स्तर उच्च था, क्योंकि वरिष्ठ अधिकारी समस्या का समाधान निकालने में लोगों को शामिल करने के प्रति ख़ुले दिमाग़ से काम करते थे।

अगर हालात बदल जाएँ, तो क्या होगा?

क्या हो, अगर नया बॉस आ जाए, जिस विभाग में आप काम करते हैं, उसे पुनर्गठित किया जाए, क्या हो जब आपको पता चले कि इच्छित परिणाम अब इच्छित नहीं रह गए हैं?

और संस्थान के बाहर के बदलावों का क्या? आप बदलते वातावरण की कैसे व्याख्या करेंगे? क्या हो अगर सप्लायर बदल जाए, या शेयर बाजार में मंदी आ जाए, या बाज़ार का रुख़ अचानक बदल जाए? आप अनुबंध के ढाँचे में रहते हुए इन चीज़ों की क्षतिपूर्ति कैसे करेंगे?

परिचारक-कार्य अनुबंध करते हुए यह ध्यान रखना होगा कि हालात बदल भी सकते हैं। यह कोई क़ानूनी अनुबंध नहीं है? लोग इसमें भय के कारण नहीं हैं। यह विश्वास पर निर्मित है। यह लोगों को बाँधने वाला नहीं, बल्कि मुक्त करने वाला है। यह संवाद और उम्मीदों के स्पष्टीकरण

का बेहतर तरीक़ा है। इसे बनाया ही ऐसे जाता है कि बदलते हालात के साथ बदला जा सके। इसे कोई भी पक्ष कभी भी खोल सकता है। यह एक जीवित दस्तावेज़ है।

अगर मुझे यह करने में डर लगे?

हमारे एक कार्यक्रम में शामिल एक प्रतिभागी ने अपना यह अनुभव साझा किया। वह एक प्रमुख संस्थान में मैनेजर थाः

एक दिन, मैं कंपनी की मीटिंग में शामिल था, जहाँ लोग ऐसी महत्त्वपूर्ण नीतियों पर चर्चा कर रहे थे, जिसका वातावरण पर ख़ासा नकारात्मक प्रभाव हो सकता था। वहाँ बैठे हुए, मुझे अहसास हुआ कि मैं इन मसलों पर अत्यधिक मज़बूती से महसूस करता हूँ, तब भी मैं चुप था।

"क्यों?" मैंने अपने आपसे पूछा। "मैं मुँह खोलने से क्यों डर रहा हूँ?" जब मुझे सालभर पहले बाहर से इस कंपनी में नियुक्त किया गया था, तब मुझे कोई डर नहीं था। मैं खुलकर अपनी अनुभूतियाँ और चिंताएँ अभिव्यक्त करता था। मैं आत्मविश्वासी था। मुझे लगता था कि मैं सत्यनिष्ठा से काम कर सकता हूँ, तो आख़िर क्या फ़र्क़ आ गया?

इस पर विचार करते हुए, मुझे अहसास हुआ कि उस वक़्त तक मेरे रिटायरमेंट लाभ काफ़ी हो गए थे। मैंने नया घर ले लिया था। मैं नई बोट का भुगतान कर रहा था। निश्चित ही, मैं ऐसा कुछ नहीं कर सकता था, जिससे मेरी आर्थिक सुरक्षा ख़तरे में पड़ जाए। मुझे लगा कि सोने की ज़ंजीरों ने मुझे जकड़ रखा है।

उस वक़्त मैंने दो संकल्प किए : अपने वित्तीय हालात को सुदृढ़ करना और कुछ पैसा बचाना, तथा अपनी बिक्री-योग्यता में सतत सुधार करते रहना। मैं फिर कभी ऐसी स्थिति में नहीं आना चाहता, जहाँ मुझे नौकरी पर निर्भरता के कारण सत्यनिष्ठा के साथ समझौता करना पड़े।

इन मैनेजर ने बताया कि बाद में वह स्टाफ मीटिंग में गया, और हर व्यक्ति को एक अख़बार दिया, तथा उनसे कहा कि वे सभी इसमें नौकरियों वाला पृष्ठ देखें। उसने कहा, "इसे देखो, क्या ऐसी कोई नौकरी है, जो आपकी मौजूदा नौकरी से अच्छी है।" उन्होंने ऐसा ही किया और उनमें से अनेक को ऐसी नौकरी दिख भी गई, जो काफ़ी अच्छी थी। "ठीक है,"

उसने कहा, "अब यह देख कर आएँ कि क्या आप इन नौकरियों के लिए क्वालिफाई कर पाते हैं या नहीं और इसके बाद मुझे अपने अनुभव बताएँ।"

अगले दिन जब वे वापस लौटे, तो उनमें से अधिकांश लोग इस अनुभव से स्तब्ध थे कि वे क्वालीफाई नहीं कर पाए थे। इन नौकरियों के लिए नए कौशल, नए ज्ञान, और जानकारियाँ चाहिए थीं, जो उनके पास नहीं थी। इस मैनेजर ने अपने अनुभव उनके साथ साझा किए और कर्मचारियों को प्रोत्साहित किया कि वे अपनी सुरक्षा स्वयं की क्षमता से बनाएँ, न कि नौकरी से।

अगर आप अधिकारपूर्वक काम करने, साहसपूर्वक बोलने और अनुमानों को चुनौती देने में डरते हैं, तो आप ख़ुद और अपने संस्थान के प्रति उपकार नहीं कर रहे हैं। अपने डर को जाँचें और ख़ुद को इससे मुक्त करें, जिससे आप अपना सर्वश्रेष्ठ प्रदर्शन कर सकें।

अगर साथ काम करने वाले विश्वसनीय न हों?

अगर आपको अपने साथ काम करने वालों पर संदेह है, तो क्या होगा ? क्या हो, अगर आप उनकी क्षमता या उनके चरित्र पर शक़ करें? तो फिर आप उनके साथ विश्वास पर आधारित परिचारक-कार्य अनुबंध कैसे स्थापित करेंगे?

इसके कुछ मूल सिद्धांत हैं:

1. सबसे पहले अपने दिल में झाँकें : सफलता हमेशा अंदर से आती है। अपने से शुरुआत करें। आप इस व्यक्ति को किस तरह देखते हैं? क्या आपका प्रतिमान समस्या का हिस्सा है? क्या आप वास्तव में इस व्यक्ति को सफल होते देखना चाहते हैं? क्या आपको यक़ीन है कि उस व्यक्ति में उन्नति करने और विकसित होने की क्षमता है?

यह हमारा अनुभव है कि अधिकांश लोग जानबूझकर अक्षम नहीं होते। न ही वे जानबूझकर अधम, धोखेबाज़ और हेराफ़ेरी करने वाले होते हैं। उनका बस अभी समय नहीं आया है। अक्सर चरित्र के बारे में नकारात्मक धारणाएँ ग़लतफ़हमी के कारण बनती हैं। अच्छी मंशा के बारे में सोचें। किसी के साथ बातचीत का लहज़ा उसके बारे में गहरी दबी धारणाओं के कारण होता है। चरित्र और योग्यता हमेशा सतत होते हैं। सुनिश्चित करें कि आपके प्रतिमान सिद्धांत पर टिके हों।

2. आत्म–उत्तरदायित्व व आत्मानुशासन का पोषण : यह समझना आवश्यक है कि किसी भी दूसरे के विकास का उत्तरदायित्व सीधे हम पर नहीं होता। वास्तव में हम किसी को नहीं बदल सकते। लोगों को ख़ुद अपने आपको बदलना होता है। हम मदद ज़रूर कर सकते हैं। हम संसाधन बन सकते हैं। हम पोषण, प्रोत्साहन, और समर्थन दे सकते हैं। हम सेवक/ लीडर बन सकते हैं।

परिचारक-कार्य अनुबंध का उपयोग आगे बढ़ने के वाहन के रूप में करें। यह इतना लचीला हो कि कई तरह के चरित्रों और योग्यताओं से व्यवहार कर सके। अनुबंध को हालात के अनुसार अनुकूलित करें।

इच्छित परिणामों को पाने में यथार्थवादी और स्पष्ट रहें। उनसे सीधे बात करें। आप सरल कृत्रिम उम्मीदें लगाकर किसी का भला नहीं कर सकते। सुनिश्चित करें कि इसमें शामिल- कंपनी, परिवार या कार्य समूह तथा साथ ही साथ व्यक्ति का, सभी के हितों का प्रतिनिधित्व करें। कुछ मामलों में कर्मचारी ख़ुद चयन करके अपने को मौजूदा नौकरी से निकालकर उनके कौशल के अनुरूप दूसरी नौकरी में चले जाते हैं।

दिशा-निर्देशों पर बात करें। क्या और अधिक दिशा-निर्देश बनाने होंगे? शायद आप और ज़्यादा बातचीत करना चाहें। पहल के स्तर पर चर्चा करें। शायद द्वितीय स्तर इतना ऊँचा हो, जितना आपको इस बिंदु पर जाना चाहिए। प्रदर्शन में सुधार होने पर इसे और ऊपर समायोजित किया जा सकता है।

संसाधनों पर नज़र डालें। कौन सी चीज़ विशेष रूप से सहायक रहेगी? व्यक्ति को सफल होने का हर अवसर मुहैया करवाएँ। शायद इस अनुबंध में शाम की कक्षाओं या कंपनी के प्रशिक्षण कोर्स में शामिल होना, या निजी पठन कार्यक्रम का लक्ष्य भी शामिल किए जा सकते हैं। परिवार में, इसमें परिवार के सदस्यों में से किसी के ख़ास कौशल पर काम करना, अभिभावकों को उनके विकास के संसाधन के रूप में पहचानने को शामिल किया जा सकता है।

जवाबदेही और हालात पर ख़ासतौर पर बात करें। लघु-आवधिक जवाबदेही का इस्तेमाल करें। लोगों को वह क्षमता विकसित करने में मदद दें, जिससे वे मानक के आधार पर अपने प्रदर्शन का आकलन कर सकें।

पुनः, कृत्रिम रूप से नरम या कठोर रहने से आपको कुछ हासिल नहीं होगा। लोगों को स्वयं उनके व्यवहार के परिणाम जानने में मदद करें।

कई बार, सीधा फ़ीडबैक सबसे सही रहता है। ख़ुद ही जज और ज्यूरी दोनों न बन जाएँ। मदद का स्रोत बनें। अपने फ़ीडबैक को परिचारक-कार्य अनुबंध के तत्वों पर आधारित रखें। अनुबंध को प्रमुख बनाएँ। जब आप अनुबंध को सुरक्षित वातावरण में देखते हैं, तब सुरक्षा कवच नीचे हो जाते हैं और सिद्धांत शिक्षक बनते हैं। लोगों को उनका आंतरिक दिशासूचक पाने के लिए प्रोत्साहित करें। सवाल पूछें, जैसे, "आप अनुबंध से संबंधित अपने प्रदर्शन के बारे में कैसा महसूस करते हैं?", "आपके शामिल होने पर आपके सहकर्मी क्या सोचते हैं?" आत्म-जागृति का निर्माण करें। प्रदर्शन के मौजूदा स्तर के तार्किक परिणाम देखने में उनकी मदद करें। आपकी ओर से स्पष्ट संवाद और विश्वसनीयता से लोग सीखने और आगे बढ़ने को खुलते हैं। उनकी अपनी चेतना उन्हें निर्देशित कर सकती है।

आप कहेंगे कि लोग दूसरों से भी फ़ीडबैक ले सकते हैं। यह इसलिए हो सकता है, क्योंकि वह व्यक्ति नहीं जानता कि उसके व्यवहार का दूसरों पर कैसा असर होता है। यह फ़ीडबैक गरिमापूर्ण तरीक़े से देनी चाहिए। सीधे उस व्यक्ति को, न कि आपको। अगर कोई व्यक्ति दूसरों की राय पर ज़्यादा ही निर्भर है, तो उसमें यह 'गंभीर कमी'- कमज़ोरी है, जिसे वह जानते-बूझते कभी स्वीकार नहीं करेगा। अगर लोग बहुत कमज़ोर और संवेदनशील हैं, तो आपको उन्हें कमज़ोरियों को दूर करने वाले पेशेवर उन्नति कार्यक्रम से जोड़ना चाहिए, जिसके बारे में उन्हें पता हो। धीरे- धीरे वे सुरक्षित होते जाएँगे और कमियों के प्रति फ़ीडबैक के लिए दिमाग़ खुला रखेंगे।

साधारण शब्दों में कहें, तो तुलनात्मक रूप से सुरक्षित व्यक्ति को उसकी कमियों पर यह 360 डिग्री फ़ीडबैक उसे ज़मीन पर ला देती है। यह अहं भावना की हवा निकाल देती है। यह उन्हें विनीत बनाता है। भले ही वे इसकी कभी प्रशंसा न करें या इसे स्वीकार न करें, लेकिन इसका प्रभाव होता ही है।

ऐसे समय अतिरिक्त सहायता करना और ध्यान देना ज़्यादा ज़रूरी होता है, जिससे वे जान सकें कि आपको उनकी परवाह है। उन्हें पता होना चाहिए कि आपको उन्हें वह कहने में कोई छिपा आनंद नहीं मिलता, जो सुनना उनके लिए ज़रूरी है।

अगर आप जिस व्यक्ति पर विश्वास नहीं करते, वह आपका बॉस ही है, तो उनके साथ खुली बातचीत बेहतर रहेगी। अनुबंध में निर्धारित पैमाने के अनुरूप ईमानदार फ़ीडबैक दें। आप जो विश्वास चाहते हैं, उसको बनाने में लंबा समय लग सकता है। अगर आपको लगता है कि आप अपनी राय नहीं दे सकते, या वह व्यक्ति बदलने को तैयार नहीं है, तो आपको दूसरी नौकरी या काम तलाशना शुरू कर देना चाहिए। अविश्वास के वातावरण में काम करना आपके और संस्थान के लिए नुक़सानदेह होगा।

लोग आदर्श नहीं हैं, इस तथ्य को अपने उच्च-विश्वास का वातावरण बनाने के प्रयासों में बाधक न बनने दें। संवाद का कठोर, दबाव बनाने वाली शैली का आसान तरीक़ा न लें। चंद लोगों की समस्याओं से सुरक्षित रहने के लिए अत्यधिक नियंत्रण स्थापित करने से पूरे संस्थान का प्रदर्शन प्रभावित होता है।

जैसा कि एक कंपनी के विचारशील नेतृत्व ने अपनी वार्षिक रिपोर्ट में कहा था :

> लोगों को ज़्यादा स्वतंत्रता दिए जाने पर उनके अधिक रचनात्मक और उत्पादक होने पर विश्वास करने का तात्पर्य मानव स्वभाव की पूर्णता में अत्यधिक आशावादी धारणा रखना नहीं है, बल्कि यह ऐसी धारणा है कि अनिवार्य त्रुटियों और पाप की मानव स्थिति पर लोगों के एक साथ विश्वास, स्वतंत्र और पारस्परिक सम्मान के वातावरण में काम करके बेहतर ढंग से क़ाबू करने की संभावना ज़्यादा है, बजाय इसके कि व्यक्ति ऐसे ढेर सारे नियमों, शर्तों और बंधनों के अधीन काम करे, जो उस पर अकुशल लोगों ने थोपे हों।

किसी से ग़लती हो जाए, तो क्या होगा?

उच्च-विश्वास वाली संस्कृति में ईमानदार ग़लतियों को उसी तरह लिया जाता है, जैसी वे होती हैं- सीखने के अवसर। अगर आप पहली बार में सफल नहीं हुए, तो इसका कारण तलाशें कि *ऐसा क्यों हुआ।* बात करें। खुला संवाद करें। देखें कि इस अनुभव से क्या पाया जा सकता है। और इसके बाद आगे बढ़ जाएँ। अगर लोग जोखिम लेने से डरते हों और उनमें हमेशा विफलता का भय लगा रहता हो, तो यह संस्थान के लिए अच्छी बात नहीं है। लोग तब तक वास्तव में आत्म-शासित नहीं होते, जब तक उन्हें विफल होने के लिए स्वतंत्र न छोड़ा जाए।

एक मैनेजर ने बताया:

> *ऐसी चीज़ें अक्सर होती रहती हैं, जिनमें स्वतंत्र रूप से फ़ैसले लेने की आवश्यकता पड़ती है। बतौर मैनेजर मैं उन लोगों को पूर्णतः सक्रिय, सशक्त मनुष्य बनाना चाहता हूँ, ताकि वे भविष्य में काम के दौरान अपने सर्वश्रेष्ठ विवेक का इस्तेमाल करें। मैं जानता हूँ कि केवल इसी तरीक़े से मैं उनकी सिर्फ़ मेहनत नहीं, बल्कि दिल भी जीत सकता हूँ । हमने जो अनुबंध बनाया है, वह यह है कि अगर वे कोई ग़लती करते हैं, तो यह मेरा दोष होगा, लेकिन वे अगर इसे दोहराते हैं, तो यह उनका दोष होगा। उन्हें सशक्त फ़ैसले लेने की छूट है।*

और अगर वही ग़लती बार-बार दोहराई जाती रहे, तो यह इस बात का संकेत है कि अनुबंध वास्तविकता से अनुकूलित नहीं रहा है। इस पर और अधिक संवाद करने और जवाबदेही तय करने की आवश्यकता है। शायद हालात बदल गए हों। शायद उम्मीदें उतनी साफ़ न हों, जितना कि आप समझ रहे थे। शायर नए ज्ञान या नए कौशल की आवश्यकता है।

ग़लती होने के इतने सारे कारण हो सकते हैं कि जब लोग ग़लतियाँ करें, तो उनसे संवादहीनता बरत कर आप शायद ही कुछ हासिल कर पाएँ। यह एक क्रिया है, जो आपके समूह या संस्थान की संस्कृति सब जगह साफ़ संकेत देती है- ऐसा संकेत, जो रचनात्मकता और पहल की भावना को ख़त्म कर देता है, जिसकी आवश्यकता आपको प्रतिस्पर्द्धी बने रहने के लिए है। अपनी पिस्तौल निकालने की जगह अनुबंध निकालें। इसे ध्यानपूर्वक पढ़ें। इस पर आपस में चर्चा करें। दिमाग़ को खुला रखें और ईमानदार रहें। स्पष्ट फ़ीडबैक दें। जो बदलाव करने हों, वे करें और आगे बढ़ें।

चीनी बांस के पेड़ का चमत्कार

ज़मीन तैयार होने के बाद चीनी बांस का पेड़ लगाया जाता है, और पहले चार वर्ष इसका भूमिगत विकास होता है। ज़मीन के ऊपर केवल छोटी सी गाँठ दिखाई देती है और इसमें से छोटी सी टहनी निकल रही होती है।

तत्पश्चात, पाँचवें वर्ष, यह बांस का पेड़ बढ़कर आठ फ़ीट का हो जाता है।

सिद्धांत-केंद्रित लीडर्स बांस के पेड़ के रूपक को समझते हैं। उन्हें क्वाड्रंट II में काम करने का महत्त्व पता होता है। वे जानते हैं कि ज़मीन तैयार करने, बीज बोने, तथा इसकी खाद-खेती और सिंचाई, निराई की क्या क़ीमत चुकानी होती है, जबकि इसमें कोई शीघ्र परिणाम नहीं दिख रहा होता है, क्योंकि उन्हें विश्वास होता है कि अंत में वे फसल कटाई का लाभ ले सकेंगे।

और ये शानदार लाभ क्या हैं!

आपके संस्थान की संस्कृति आपका स्पर्द्धात्मक लाभ है, जिसकी कोई नक़ल नहीं कर सकता। तकनीक की नक़ल हो सकती है। सूचना की भी नक़ल कर सकते हैं। धन उधार लिया जा सकता है, लेकिन प्रभावी ढंग से सहयोग करने, क्वाड्रंट II में काम करने, ज़रूरी काम पहले करने की आपके संस्थान की योग्यता को ख़रीदा नहीं जा सकता और न ही हस्तांतरित या संस्थापित किया जा सकता है। उच्च-विश्वास वाली सशक्त संस्कृति का निर्माण हमेशा *घर से होता है।*

यही बात परिवार, या अन्य समूहों पर भी खरी उतरती है। समय के साथ एक गुणवत्तापूर्ण संस्कृति विकसित करनी होती है। केवल सही सिद्धांतों, धैर्य, विनम्रता और साहस के साथ अपने प्रभाव चक्र के भीतर सामंजस्यपूर्वक काम करने से आप अपने को परिवर्तित करने के अलावा संस्थान को भी सकारात्मक रूप से प्रभावित कर सकते हैं। आप सशक्तिकरण का निर्माण अंदर से बाहर की ओर ही कर सकते हैं।

खंड चार

सिद्धांत–केंद्रित जीवन की शक्ति और शांति

क्वाड्रंट II जीवनशैली के परिणाम क्या होते हैं? ज़रूरी काम पहले तब होते हैं - जब हम चीज़ों को सिद्धांतों के तौर पर देखते हैं, जब हम प्रेरणा और प्रतिक्रिया के बीच विराम लेते हैं, जब हम महत्त्व के आधार पर कार्य करते हैं- तो इन सबका हमारे जीवन पर क्या प्रभाव पड़ता है?

किताब के इस अंतिम खंड में हम दिखाएँगे कि क्वाड्रंट II प्रतिमान- दफ़्तर में, घर में, और टीम के जैसी सामान्य अवस्थाओं में क्या भूमिका निभाता है। हम दिखाएँगे कि किस तरह चौथी पीढ़ी पूरी तरह से आपके चीज़ें करने के तरीक़े और आपके इन्हें करने के कारणों को बदलने वाली है। आप देखेंगे कि किस तरह घड़ी और दिशासूचक साथ मिलकर उन नक़्शों का निर्माण कर रहे हैं, जिससे जीवन में आनंद, पूर्णता और शानदार परिणाम हासिल हो सकें। इसके साथ ही हम सिद्धांत-केंद्रित जीवन के अहम पड़ावों और उससे जुड़ी बाधाओं की भी पहचान करेंगे। हम जीवन के निर्णायक बिंदुओं पर साहस और आत्मविश्वास के बारे में भी बात करेंगे।

सिद्धांत-केंद्रित जीवन अपने आप में पूर्ण नहीं है। यह साधन और पूर्णता है। यह हमारे जीवन पथ पर यात्रा की गुणवत्ता है। यह ऐसी शक्ति और शांति है, जो हम दिन-प्रतिदिन तब अनुभव करते हैं, जब कुछ सार्थक हासिल कर लेते हैं।

सिद्धांत-केंद्रित जीवन में, यात्रा और गंतव्य दोनों एक ही होते हैं।

14: समय प्रबंधन से व्यक्तिगत नेतृत्व तक

प्रबंधन व्यवस्था के भीतर काम करता है,
नेतृत्व व्यवस्था पर काम करता है

इस किताब की शुरुआत में हमने कहा था कि चौथी पीढ़ी अपने आप में अलग है। यह समय प्रबंधन से बढ़कर है, यह निजी नेतृत्व है। यह किसी पुराने प्रतिमान की नई प्रक्रिया भर नहीं है। यह नए प्रतिमान की नई प्रक्रिया है।

हम उस फ़र्क़ पर नज़र डालेंगे, जो व्यक्तिगत नेतृत्व - दफ़्तर, परिवार, और टीम या समूह में काम करते हुए दिन-प्रतिदिन के कार्यों में लाता है। इन उदाहरणों को पढ़ने पर हो सकता है कि आपको लगे कि ये पूरी तरह आपके हालात जैसे नहीं हैं, लेकिन उदाहरणों के फेर में न पड़ें। इसमें दिए सिद्धांतों को पहचानें। इनमें सोच के फ़र्क़ को देखें। और तब इन सिद्धांतों को अपने हालात पर लागू करें। समय और जीवन की गुणवत्ता पर चौथी पीढ़ी के प्रभाव के बारे में सोचें।

दफ़्तर में सोमवार की सुबह

मान लीजिए, आज आम दिनों जैसी सोमवार की सुबह है। आप अपनी कंपनी के मार्केटिंग डिवीज़न में अकाउंट मैनेजर हैं। आप अकाउंट मैनेजरों की टीम में से हैं, जिसमें से प्रत्येक तीस से चालीस खातों को सँभालता है। आपका अपना ऑफ़िस है और आप दो अन्य अकाउंट मैनेजरों के साथ सेक्रेटरी साझा करते हैं।

आपने पिछली रात अपनी साप्ताहिक योजना बना ली थी, और अभी आप अपने दिन की समीक्षा के लिए बैठे ही हैं। आपने कार्यों की सूची बनाई है और इनमें से हर एक को करने में लगने वाले समय का अनुमान लगा रहे हैं। तारांकित कार्य उच्च-लाभकारी क्वाड्रंट II की गतिविधियाँ हैं, जो आप आज करना चाहते हैं।

- मैकिनली के अकाउंट प्रतिनिधि के साथ कल होने वाली मीटिंग की तैयारी करनी है, जो मूल्य समीक्षा और बड़ी ख़रीद सौदेबाजी के लिए कल शहर आने वाला है (3 घंटे)।
- दिन समाप्त होने तक जेम्सन इंडस्ट्रीज़ के लिए प्रस्ताव को विकसित करना है और फैक्स करना है (2 घंटे)।
- अकाउंट डेवलपमेंट सूची में से दस लोगों को फ़ोन करना है (15 मिनट से 1 घंटा)।
- बिल के साथ लंच पर वोफिंडन अकाउंट रणनीतियों पर चर्चा करनी है (1 घंटा 30 मिनट)।
- मेमो और पत्रों का बंडल देखना है (1 घंटा) ।
- इंटरनल ई-मेल संदेश देखने हैं... 17 संदेश (15 मिनट)।
- फ़ोन के वॉइस-मैसेज सुनने हैं (10 मिनट)।
- रीफाइलिंग पूरी करनी है (1 घंटा)।

आपने जो योजना बनाई थी, उसके अलावा और भी कुछ काम आ गए हैं, जिन पर आपको ध्यान देने की ज़रूरत है।

- आपके डेस्क पर दो संदेश रखे हैं।

  एंडरसन के प्रमुख अकाउंट पर शिपमेंट नहीं पहुँची है (ऐसा महीने में दूसरी बार हुआ है)।

  बुधवार को होने वाली क्वालिटी काउंसिल की मीटिंग आज दोपहर तीन बजे होगी (2 घंटे)।
- आपको सूचना मिलती है कि आपकी सेक्रेटरी को बड़े प्रोजेक्ट पर काम कर रहे किसी दूसरे अकाउंट मैनेजर के साथ नियुक्त कर दिया गया है, इसलिए आज वह आपको उपलब्ध नहीं होगी।
- आपके इस सूची की समीक्षा करते वक़्त ही आपके बॉस आकर आपसे कहते हैं कि आप अपने सबसे बड़े खातों की- उत्पाद के आधार पर- तीन महीने का त्वरित प्रोजेक्शन बना दें। उन्हें यह रिपोर्ट दोपहर 2 बजे तक डिवीज़न मैनेजर के पास ले जानी है। (1 घंटा)

आप यह दिन कैसे बिताएँगे? इस उदाहरण को अच्छे ढंग से समझने के लिए, आप शायद काग़ज़ पर रफ शिड्यूल बनाना चाहेंगे। इसमें सबसे पहले नंबर पर क्या होगा? उसके बाद आप क्या करेंगे? आप अपनी योजना की चुनौतियों का कैसे सामना करेंगे? आप दफ़्तर में कितनी देर रहने वाले हैं? दिन के अंत में आपकी कैसी स्थिति होगी?

एक तरीक़ा ख़ुद से यह सवाल करना है :

- इनमें से कौन सी गतिविधि सबसे ज़रूरी है?
- किन्हें मैं सुरक्षित ढंग से स्थगित कर सकता हूँ?
- मैं कौन से काम दूसरों को सौंप सकता हूँ?
- किस काम को मैं छोड़ सकता हूँ?
- मैं कौन से काम तेज़ी से कर सकता हूँ?
- मैं अपने शिड्यूल को कैसे अनुकूलित करूँ कि सबसे ज़रूरी काम कर सकूँ?

अगर आप इस नज़रिये को अपनाना चाहते हैं, तो आपको कुछ चीज़ों को री-शिड्यूल करना होगा- शायद बिल के साथ लंच, रीफाइलिंग, तथा अकाउंट डेवलपमेंट फ़ोन कॉल। आप एंडरसन की शिपमेंट के काम को किसी दूसरे को सौंप सकते हैं। आप अपने शिड्यूल को इस तरह तैयार कर सकते हैं कि उन कामों को कर सकें, जो आपको ज़रूरी लगते हों। शायद जेम्सन का प्रस्ताव, मैकिनली की तैयारी, मेमो, ई-मेल और वॉयस मेल संदेश, खातों का प्रोजेक्शन। आप क्वालिटी काउंसिल की मीटिंग में भी शामिल हो सकते हैं।

यदि आप इस बुनियादी तरीक़े का इस्तेमाल करके दिन की अलग तरह से योजना बनाते हैं, तब आप अपने दिन के बारे में कैसा महसूस करेंगे? क्या आपको लगेगा कि आप कठिन हालात में ज़रूरी काम पहले कर सके हैं?

अब इस सवाल पर विचार करें : आपका अगला सोमवार कैसा होगा? या उसके बाद वाला सोमवार? या जीवन में आने वाले सोमवार? क्या आपको हर बार ऐसी ही चुनौतियों का सामना करना होगा? भले ही अलग क़िस्म की हों, लेकिन क्या वे चुनौतियां बुनियादी रूप से ऐसी ही होंगी?

ये तीसरी पीढ़ी के फ़ायदे हैं। अगर कुछ नहीं बदलेगा, तो आप शेष सारा जीवन तत्वतः काम सौंपने, विलंबित करने, और चीज़ों से बाहर निकलने में ही लगे रहेंगे। क्या वास्तव में यही ज़रूरी काम पहले करना है?

चौथी पीढ़ी का नज़रिया किस तरह अलग है?

आप गतिविधियों और अपाइंटमेंट्स की जगह, अपने दिनों को लोगों और रिश्तों के तौर पर देखते हैं। आप प्रगति की प्रक्रियाओं को संस्थान के मिशन में योगदान की नई संभावनाओं के तौर पर देखते हैं। यहाँ बात सिर्फ़ काम को 'कब करना है' की नहीं होती है, बल्कि 'इसे करना है या नहीं' की होती है। *क्यों*, और *कैसे* के साथ ही साथ *कब* के सवाल पूछना भी होता है। यहाँ अपने दिशासूचक के साथ ही घड़ी से सलाह लेना भी होता है।

फ़ैसले लेते वक़्त आप कुछ क्षण रुककर अपने विवेक से जुड़ना चाहेंगे। आप चाहेंगे कि :

- अभिप्रायपूर्वक पूछें
- बिना बहाने सुनें, और
- साहस के साथ क़दम उठाएँ

जब आप फ़ैसला कर लेंगे कि कौन सा काम आपके लिए ज़रूरी है, तो आप सशक्तिकरण की शर्तों के बारे में सोचना चाहेंगे और इस पर ध्यान देंगे कि आप शानदार दीर्घकालिक सकारात्मक परिणाम पाने के लिए अपने प्रयासों को किस पर केंद्रित रखें।

आप हर गतिविधि की मूल प्रकृति पर सवाल से शुरुआत करना चाहेंगे :

- यह गतिविधि कैसे शुरू हुई?
- मैं अब इसे क्यों कर रहा हूँ?
- इस गतिविधि को करने के मुख्य कारण कौन से हैं?
- इसके अंतिम उद्देश्य क्या हैं?
- क्या इस गतिविधि का संस्थान के उद्देश्य में कोई योगदान है?
- क्या यह मेरी क्षमताओं और हमारे संयुक्त संसाधनों का अधिकतम और सर्वोत्तम उपयोग है?

इन सवालों के जवाब ही वह कार्य तय करेंगे, जो आप करना चाहेंगे। लगभग सभी मामलों में, आप बुनियादी व्यवस्था में सुधार चाहेंगे। आप इन कामों को किए जाने वाली चीज़ों के तौर पर नहीं, बल्कि ऐसी बड़ी प्रक्रिया के संकेतक के तौर पर देखेंगे, जिन्हें आप सुधारना चाहते हैं।

चलिए, उस सूची की कुछ चीज़ों को देखते हैं कि इसे कैसे किया जा सकता है। इन चीज़ों की पड़ताल करते हुए, हम कुछ संभावित क्वाड्रंट II फ़ैसले भी सुझाएँगे। आप इनसे अलग कुछ भी चुन सकते हैं। कोई बात नहीं। यहाँ मुद्दा इस बुनियादी प्रक्रिया को महसूस करना है।

1. *जेम्सन का प्रस्ताव*

चलिए, इस गतिविधि पर विचार करते हैं। इसे अंतिम समय में क्यों किया जा रहा है? आपको इसके बारे में कब पता चला? प्रस्ताव बनाने की आपकी प्रणाली क्या है? प्रस्तावों को लेकर आपका बुनियादी प्रतिमान क्या है? क्या शेष अकाउंट मैनेजर्स इसे किसी बेहतर तरीक़े से करते हैं?

मान लीजिए, इसे आज इसलिए करना है, क्योंकि आप इसे आज ही करना चाहते थे। आप यह सौदा हासिल करना चाहते थे, आप उन्हें बताना चाहते थे कि आप इसके लिए उत्सुक हैं। इसलिए आपने एक साहसिक वादा कर लिया, "मैं आपको यह सोमवार दोपहर तक भेज दूँगा!"

लेकिन क्या इससे उनकी ज़रूरत पूरी होती है? क्या यह अवास्तविक उम्मीद नहीं है? क्या यह अनावश्यक उम्मीद नहीं है? वे प्रस्ताव की समीक्षा कब करेंगे? क्या उन्हें किसी ख़ास तरह का फ़ॉर्मेट अच्छा लगता है?

पता लग सकता है कि उन्हें यह आज ही चाहिए। ऐसा है, तो इसे आपको अभी करना होगा, लेकिन यह बेहतर रहेगा कि आज उनसे उनकी उम्मीदें साफ़ तौर पर जान ली जाएँ और कल इस प्रस्ताव पर बेहतर समझ के साथ काम किया जाए कि वास्तव में वे क्या चाहते हैं। कुछ भी हो, लेकिन भविष्य के प्रस्तावों के बारे में क्या सोचा है? क्या कुछ ऐसा है, जो आप आज कर सकते हैं, जिससे भविष्य में काफ़ी फ़ायदा मिल सके? क्या आप अपनी टीम के साथ मिलकर प्रस्तावों के लिए प्रभावशाली सहक्रिया का निर्माण कर सकते हैं? क्या आप ऐसे मानक ढाँचे बना सकते हैं, जो मददगार रहें?

इस सवाल पर विचार करते हुए आपको अहसास होगा कि अकाउंट मैनेजर्स एक-दूसरे के साथ बहुत कम संवाद करते हैं। इसमें एक कारण आप

सबके बीच की स्पर्द्धात्मक अनुभूति भी है। आपको कमीशन मिलता है, और इसी कारण आप एक-दूसरे के ख़िलाफ़ खड़े रहते हैं। आपको लगता है कि लोग अपने सबसे अच्छे विचार और तरीक़े अपने मन में छिपाए रखते हैं। और फिर भी, इस बिज़नेस से लाभ पाने वाले भी वही लोग हैं, जिनसे आप स्पर्द्धा कर रहे हैं? ऐसा क्यों होता है? आप चीज़ों को बदलने के लिए क्या कर सकते हैं? क्या इसकी क्षतिपूर्ति आपके प्रभाव चक्र के भीतर से आती है? हालात बदलने के लिए आप क्या कर सकते हैं?

शायद आज आप अपने सहकर्मियों को मेमो भेजकर प्रस्तावों पर मीटिंग कर सकते हैं। शायद आप एक मानक प्रस्ताव ढाँचा स्थापित करने का सुझाव दे सकते हैं। बाद में, आप संयुक्त प्रोजेक्ट्स के लिए कमीशन का बँटवारा कर सकते हैं। प्रस्तावों के सृजन के लिए उस विभाग की सेक्रेटरी प्रभारी बन सकती है। और आपको बस ग़ैर-मानक जानकारियाँ ही देनी होंगी। इसे परिचारक-कार्य अनुबंध से स्थापित किया जा सकता है।

इस तरह की गतिविधि से, आप व्यवस्था परिवर्तन कर रहे हैं। बस काम करने की जगह, आप भविष्य के लिए अपना और शेष सबका समय भी बचा रहे हैं। आप विश्वास का रिश्ता बना रहे हैं और अधिक प्रभावशाली ढंग से ग्राहकों की ज़रूरतें पूरी कर रहे हैं।

2. *शिपमेंट की समस्या*

यह समस्या दूसरी बार क्यों हुई? क्या इसका कोई मूल कारण है? क्या ऐसा दूसरों के साथ भी हो रहा है? इसमें और किसको शामिल करना होगा?

मान लीजिए, आज आप अगर शिपमेंट वालों से बात करते हैं, दोष देने के लिए नहीं, बल्कि क्या हो रहा है, इसे समझने और मदद करने के लिए। उन्हें ऑर्डर किस तरह दिया गया था? क्या उस व्यवस्था को सुधारने का कोई तरीक़ा है? अगर यह समस्या नियमित रूप से हो रही है, तो शायद आपको शिपिंग डिपार्टमेंट में ख़ुद जाकर समाधान खोजना होगा। क्या ऐसा कोई फ़ोरम है, जहाँ इस समस्या पर चर्चा की जा सके? क्या आप इसे क्वालिटी काउंसिल के एजेंडा में शामिल कर सकते हैं? शायद आप शिपिंग वालों की काउंसिल के लिए प्रेजेंटेशन बना सकते हैं कि क्या किया जाना चाहिए। लोगों को इस समस्या से जोड़ें। साथ मिलकर समाधान तलाशें। अगर आप समस्या सुलझा लेते हैं, तो ऐसा रिश्ता बन जाएगा, जो भविष्य में भी आपको प्रभावी ढंग से समस्याएँ सुलझाने योग्य बनाएगा।

3. *साझा सेक्रेटरी*

आपको पहले क्यों नहीं सूचित किया गया कि आज सेक्रेटरी नहीं मिल सकती? क्या वह पूरी तरह सक्षम है? क्या वह ज़्यादा काम करके योगदान देना चाहती है? अपनी सेक्रेटरी के इनपुट के आधार पर आप शायद आज अपने दो सहकर्मियों को जोड़ते हुए सप्ताह में बाद के लिए अपाइंटमेंट तय कर सकते हैं तथा साझा संसाधनों के लिए परिचारक-कार्य अनुबंध के निर्माण की प्रक्रिया शुरू कर सकते हैं। सवाल पूछें। सुनें। इच्छित परिणामों पर नज़र डालें। ऐसा क्या है, जिससे सबको फ़ायदा हो सकता है?

सेक्रेटरी के लिए शायद यह मददगार साबित होगा, अगर वह एक साथ आप तीनों के लिए पत्र, मेमो, ई-मेल और फ़ोन संदेशों की छँटाई कर सके। जिन चीज़ों पर आपको फ़ौरन ध्यान देना चाहिए, उन्हें प्राथमिकता के आधार पर आपकी डेस्क पर रखा जा सकता है। शेष को बाद में समीक्षा के लिए फ़ाइल में रखा जा सकता है। अगर सेक्रेटरी सूचनाओं की प्राथमिकता तय करने का फ़ैसला न ले सके, तो उसकी मदद करें। अपने पैमाने के बारे में बताएँ। उसे और सक्षम बनने में मदद करें। आत्म-शासन और आत्म-उत्तरदायित्व की भावना पोषित करें। क्षमता बढ़ाएँ।

4. *राजस्व प्रोजेक्शन*

आप संभवतः आज ही बॉस के लिए राजस्व प्रोजेक्शन बनाने का फ़ैसला करेंगे, लेकिन शायद आपको अपने आपसे ये सवाल करने चाहिए :

- बॉस को यह आज ही क्यों चाहिए?
- मैं ऐसी कौन सी जानकारी नियमित रूप से उपलब्ध नहीं करवा रहा, जिस कारण आज फ़ौरन ज़रूरत आ पड़ी है?
- क्या मैं कोई ऐसी व्यवस्था बना सकता हूँ, जिसमें जानकारी हाथों-हाथ मिल सके?
- क्या ऐसी संभावना है कि अन्य अकाउंट मैनेजर्स को भी यही जानकारी देनी होगी?
- क्या हम साथ मिलकर कुछ ऐसा कर सकते हैं, जिससे ज़रूरत होने पर जानकारियाँ साझा की जा सकें?

आज आप अगली अकाउंट मैनेजर्स मीटिंग के लिए एजेंडा बना सकते हैं। आप ऐसा प्रस्ताव तैयार कर सकते हैं, जिससे सबको मदद मिल सके।

5. *क्वालिटी काउंसिल*

क्वालिटी काउंसिल की मीटिंग को पहले क्यों किया जा रहा है? बड़ी अजीब मीटिंग है। आपको कभी पता नहीं होता कि इसका क्या एजेंडा है। लोग कभी तैयार होकर नहीं आते। आप भी नहीं हो पाते। यह काफ़ी समय से चल रहा है। आपको संदेह है कि अगर आप शिपिंग मैनेजर को क्वालिटी काउंसिल के लिए प्रेजेंटेशन बनाने को कहेंगे, तो वो इस समूह से जुड़ने से ही इनकार कर सकता है। यह समय ख़राब करने जैसा है। इसकी साख न्यून है, तो ऐसे में आप बदलाव के लिए क्या कर सकते हैं?

आप शायद क्वालिटी काउंसिल के चेयरमैन से बात करना चाहेंगे। उन्हें बताएँ कि आपको आज ही एक बड़ा प्रस्ताव और रिपोर्ट तैयार करनी हैं। और इसलिए आप समय नहीं बदल सकते, लेकिन आप अगली मीटिंग के एजेंडे शामिल होना चाहेंगे। आपके पास मीटिंग के लिए गुणवत्ता के सिद्धांतों को लागू करने से संबंधित दस-मिनट का प्रेजेंटेशन है। आप यह भी सुझाव दे सकते हैं कि आप क्वालिटी में सुधार के लिए शिपिंग के साथ भी काम कर सकते हैं और कुछ ही दिनों में उनसे मिलकर देखेंगे कि उसे कब एजेंडा में शामिल किया जा सकता है।

हमने सूची में शामिल केवल कुछ ही चीज़ों को छुआ है, लेकिन इससे आने वाले फ़र्क़ पर विचार करें। आप मात्र समस्याओं का प्रबंधन करने की जगह समाधान पर काम कर रहे हैं। आप लोगों को बढ़ा रहे हैं और सहक्रियाशील रिश्तों का निर्माण कर रहे हैं। आप स्वयं और दूसरों में क्वाड्रंट II की मानसिकता का पोषण कर रहे हैं। आप शिड्यूल बना रहे हैं और सुधार की संभावनाएँ तलाश रहे हैं। जहाँ अन्य लोग घटनाक्रमों को अलग-अलग देखते हैं, वहीं आप व्यवस्थाओं को देखते हैं।

निश्चित ही आपका दिन काफ़ी व्यस्त रहने वाला है, जिसमें आपको बहुत कुछ करना है। और इस पर यक़ीन करना क़तई वास्तविक नहीं है कि सब कुछ एक ही दिन में बदल जाएगा, लेकिन आप आगे बढ़ रहे हैं। आप क्वाड्रंट I और क्वाड्रंट III में से चीज़ों को निकाल कर क्वाड्रंट II में अवसरों का निर्माण कर रहे हैं। आप जड़ों पर काम कर रहे हैं। आप सुनिश्चित कर रहे हैं कि अगले सोमवार यही सब फिर से न दोहराया जाए। आप महत्त्वपूर्ण सुधार लागू करने का मंच तैयार कर रहे हैं। आप अपनी सीढ़ी भिन्न दीवार पर लगा रहे हैं।

इतवार की सुबह परिवार के साथ

जब हम प्रबंधन की जगह नेतृत्व के प्रतिमान से देखने लगते हैं, तो हमें उन स्थानों पर अवसर दिखने लगते हैं, जिनके बारे में पहले हमने कभी सोचा भी नहीं था।

हमारा एक सहयोगी इसे भली-भाँति दर्शाता है। अन्य परिवारों की तरह वह और उसकी पत्नी अक्सर सप्ताह में एक बार बच्चों के साथ बैठकर यात्राओं, पढ़ाई तथा पारिवारिक जीवन की अन्य बहुत सी साधारण गतिविधियों पर बात करते और इनमें सामंजस्य बैठाने की कोशिश करते। वे कुछ समय से ऐसा नियमित रूप से कर रहे थे, लेकिन एक बिंदु पर उन्होंने फ़ैसला किया कि यह नेतृत्व के साथ ही साथ प्रबंधन का भी अवसर है।

उन्होंने साथ बिताए जाने वाले वक़्त का ढाँचा बदल दिया, अब शिड्यूल के अनुसार चलने की जगह, वे अपने परिवार के मिशन स्टेटमेंट की समीक्षा से शुरुआत करते हैं। वे इस पर बात करते हैं कि परिवार के क्या मायने हैं। वे इस पर चर्चा करते हैं कि परिवार को सफल बनाने के लिए हर व्यक्ति क्या कर सकता है। वे उनकी प्रगति की समीक्षा करते हैं। उनके सिद्धांतों और मूल्यों पर दोबारा चर्चा करते हैं। इसके बाद वे परिवार में उन सब की भूमिका पर बात करते हैं- बेटा, बेटी, बहन, छात्र, दोस्त। वे योजना बनाने के दौरान कुछ मिनट निकालकर हर भूमिका में सुधार के लिए सिद्धांत-आधारित लक्ष्य तय करने में बच्चों की मदद करते हैं, जैसे साथ मिलकर कुछ करना या एक दूसरे से उसका दिन कैसा गया, इस बारे में पूछना। ये लक्ष्य सरल हों तथा बच्चे की क्षमता के अनुसार हों- बड़े बच्चे कुछ ज़्यादा कर सकते हैं, छोटे बच्चे थोड़ा कम। वे सभी उदाहरण से सीखते हैं और इस बारे में बात करते हैं।

हर हफ़्ते वे फ्रिज़ पर कैलेंडर लगा देते हैं, जहाँ सब लोग इसे देख सकें। वे एक समय तय कर देते हैं, जिसमें वे इनमें से कुछ लक्ष्यों और संयुक्त गतिविधियों पर परिवार के रूप में साथ मिलकर काम कर सकें, जैसे स्कूल के नाटकों में जाना और माता-पिता का डेट पर जाना। वे सबसे पहले बड़े पत्थर डालते हैं। इसमें कुछ समय लगा, लेकिन परिवार के सदस्य रिश्तों के बारे में सीखने लगे हैं तथा किस तरह वे साथ मिलकर फ़र्क़ ला सकते हैं। यह व्यक्ति बताता है : "मेरी सात-वर्ष की बेटी ने हाल ही में मुझे बताया कि उसे लगा कि उसे अपनी बहन के काम में मदद करनी चाहिए,

क्योंकि बदले में उसकी बहन भी उसकी मदद करेगी। उसका कहना है कि अब उसे अपना काम करना बुरा नहीं लगता।"

अलग-अलग परिवार इसे अलग-अलग तरह से कर सकते हैं, लेकिन इसमें परिवार के हर सदस्य को शामिल करें, जिससे वह यह समझ सके कि वे क्या हासिल करना चाहते हैं और यह फ़ैसला करें कि इसे हासिल करने के लिए साथ मिलकर कैसे काम कर सकते हैं। ये काफ़ी सशक्त बनाने वाला है। परेशानी की जगह योजना से सकारात्मक संवाद और साझा करना संभव होता है। हमारे सहयोगी ने यह विचार साझा किया:

इस प्रक्रिया का सबसे बड़ा फ़ायदा पारिवारिक खेल का हिस्सा बनना था। हमने अपनी चार साल की बेटी को बेडरूम की दीवार पर टंगी कुछ चीज़ें पहचानने को कहा। दीवार पर चीज़ें, जैसे ब्यूटी ऐंड बीस्ट की तसवीर, अलादीन का पोस्टर, और कुछ ड्रॉइंग थीं, जो उसी ने बनाई थीं, आदि टंगी थी, लेकिन उसने पारिवारिक मिशन स्टेटमेंट की अपनी कॉपी को चुना। उसके जवाब ने हमें कहीं गहराई तक छू लिया। अब मैं अपने बच्चों पर पड़ने वाले अच्छे प्रभाव के साथ ही उनके भीतर पहले से ही मौजूद अच्छाई को समझने और पहचानने के महत्त्व को लेकर और भी ज़्यादा जागरूक हो गया।

कई बार हम परिवार में अपनी नेतृत्व की भूमिका तथा प्रभावित करने वाले अवसर को पहचानने में विफल रहते हैं। हम अपने बच्चों के लिए जो सबसे महान विरासत छोड़ सकते हैं, वह है उद्देश्य की भावना तथा सही सिद्धांतों के प्रति दायित्व।

अपनी टीम या कार्य समूह के साथ कोई भी सुबह

कार्य स्थल पर टीम या कोई विभाग या पूरे संस्थान के बारे में क्या? हम जो काम करते हैं और जिन चुनौतियों का दिन-प्रतिदिन सामना करते हैं, उन पर हम किस तरह नज़र डाल सकते हैं, जिनसे योजना और व्यवस्था बनाने के हमारे तरीक़े में अहम सकारात्मक फ़र्क़ आ सके?

अधिकांश टीमें किसी न किसी तरह की योजना बनाती हैं। वे बजट आवश्यकताओं या सेल्स आँकड़ों को देखती हैं और यह पड़ताल करती हैं कि उत्पादन दायित्वों को पूरा करने के लिए क्या किया जा सकता है। वे

लक्ष्यों को देखती हैं। वे उन दबावों और राजनीतिक के बारे में बताती हैं, जिनका उन्हें सामना करना पड़ता है। इसके बाद वे अपनी सूची में विशिष्ट कार्य दर्ज करती हैं, तारीखें तय करती हैं, फॉलोअप सिस्टम बनाती हैं और आगे बढ़ जाती हैं।

मान लीजिए, आप एक ऐसी ही टीम का हिस्सा हैं। आप इस योजना प्रक्रिया को नेतृत्व गतिविधि में किस तरह रूपांतरित करेंगे?

अगर आप प्लानिंग मीटिंग की शुरुआत अपने ग्रुप के मिशन और विज़न की समीक्षा से करें? क्या हो, अगर मिशन का आकलन अंतिम चक्र के प्रदर्शन से करें और सीखें? आप ऐसे प्रश्न पूछ सकते हैं, जैसे किः

- कौन-सी चीज़ ने हमें मिशन की तरफ़ बढ़ाया?
- कौन सी चीज़ हमें इससे दूर ले गई?
- अपने मिशन को पूरा करने से हमें किस चीज़ ने रोका?
- क्या हम सही सिद्धांतों थे?
- हम बेहतर संतुलन कैसे बना सकते हैं?

अगर आपको विभिन्न भूमिकाओं और गतिविधियों की पड़ताल करते हुए उनका मिशन के आधार पर मूल्यांकन करना हो, तो निम्न सवाल पूछे जा सकते हैं :

- क्या हम सुव्यवस्थित हैं?
- क्या ऐसी प्रक्रियाएँ मौजूद हैं, जिनमें सुधार किया जा सकता है?
- इसमें कौन लोग शामिल हैं?
- इसमें कौन लोग शामिल होना चाहते हैं?
- किन्हें शामिल करना चाहिए?
- कौन से सिद्धांत लागू होते हैं?
- लोगों की क्षमताएँ रिलीज़ करने में हम किस तरह मदद दे सकते हैं?
- क्या हम कार्यों और/या लक्ष्यों के बीच प्रभावी सहक्रिया का निर्माण कर सकते हैं?

- क्या कुछ ऐसा है, जो टीम को करना चाहिए?
- क्या कुछ ऐसा है, जिसे टीम को नहीं चाहिए?
- परिचारक-कार्य अनुबंध कितना सशक्त बनाते हैं?
- क्या हम एक जैसी उम्मीदें लगाए हैं?

वस्तुतः ऐसे अनंत प्रश्न हैं, जो आप पूछ सकते हैं। इस बात से कोई फ़र्क़ नहीं पड़ता कि आप औपचारिक टीम हैं या संस्थागत लीडर। अपने प्रभाव चक्र के भीतर रहकर काम करें। सवाल पूछें, सुनें। टीम या समूह को विराम दें। चिंतन करने में लोगों की मदद करें। हम अपनी प्रभावकारिता के स्वभाव को नए स्तर तक कैसे रूपांतरित कर सकते हैं? हम प्रभावशाली ढंग से आगे कैसे बढ़ सकते हैं? ये प्रबंधन संबंधी सवाल नहीं हैं, नेतृत्व संबंधी सवाल हैं। ये क्वाड्रंट II के सवाल हैं। यह चौथी पीढ़ी का फ़र्क़ दर्शाता है।

दिन से कैसे फ़र्क़ पड़ता है

आत्म-जागृति के अभ्यास और अपने प्रतिमानों की जाँच करने पर हम पाते हैं कि ये काफ़ी अंदर तक जड़ फैलाए हुए हैं। यह बदलाव आसान नहीं है। हम अक्सर अपनी टू-डू लिस्ट, अपने सामने मौजूद काम देखते हैं, और अपनी स्वतंत्रता के आश्रय में चले जाते हैं।

मैं ख़ुद को समय योद्धा जैसा महसूस कर रहा हूँ। मैं लगातार ख़ुद से यही पूछ रहा हूँ कि बचे रहने के लिए, तेज़ी से आगे बढ़ने और पीछे भागने से बचने के लिए क्या करूँ? मुझे चीज़ें ठीक करनी होती हैं। मुझे चीज़ों में बदलाव करना होता है। मैं जानता हूँ कि यह यांत्रिक नज़रिया है, लेकिन मुझे लगता है कि मुझे और तेज़ जाना होगा- कभी-कभार घर थोड़ा जल्दी पहुँचना होगा, कुछ समस्याएँ कम होनी चाहिए। दीवार पर लटकी घड़ी की टिक-टिक दिन के दबाव को और बढ़ा देती है। मुझे यह तब तक कर लेना है, वह तब तक करना है। इसे उससे पहले करना है, और क्या होगा... मुझे और ज़्यादा चीजें नियंत्रित करनी होंगी। मुझे चीज़ों की स्पष्ट व्याख्या करनी होगी। मुझे अनचाही चीज़ों के अचानक उभरकर मेरा दिन ख़राब करने से रोकना होगा।

इस प्रतिमानों का अपना वज़न है। यह पतन के ओर की रेखा है। हम जितनी मेहनत करते हैं, उतनी ही गहराई में चले जाते हैं।

क्वाड्रंट II के दिन में सबसे पहले हमारे विचार, दिन को देखने का हमारा तरीक़ा बदलता है। कार्य हमें आगे बढ़ने और सुधार के अवसर प्रदान करते हैं। हम अपनी क्षमता पर काम कर सकते हैं- जिससे सीख सकें, अपने कौशल को विस्तार दे सकें, अपनी काम करने की क्षमता या चरित्र को व्यापक बना सकें- ज़्यादा ईमानदार, ज़्यादा समझदार बनकर, ताकि दूसरे के नज़रिये को भी समझ सकें, निरंतर रुक सकें और अपने अंतःकरण की सुन सकें। हम इसे ख़ुद पर लागू करके व्यवस्थाओं को परिवर्तित कर सकते हैं और उन्हें ज़्यादा प्रभावशाली बना सकते हैं। विराम लेकर सुनने से जो रचनात्मकता मिलती है, वह अद्भुत होती है।

मैं पीछे हटकर खड़ा होता हूँ। बड़ी तसवीर को देखता हूँ। मैं चुनौतियों को देखता हूँ, लेकिन मैं इन्हें रिश्ते बनाने और सहक्रिया निर्माण के अवसर के तौर पर देखता हूँ। इससे क्या फ़र्क़ आ सकता है! मैं व्यक्तिगत मार्ग निर्धारण और अपने दिशासूचक और नक़्शे की जाँच को रुकने की उम्मीद रखता हूँ। मैं ख़ुद से पूछता हूँ कि यह किस तरह अनुकूलित है? मैं उस ताक़त को तलाशता हूँ, जो अनुकूलित है और मेरे जीवन के हिस्से के तौर पर मिलती है। मैं हैरान होता हूँ कि रुकने और अपने जीवन की प्रक्रियाओं को देखकर मैं क्या सीख सकता हूँ। तब क्या होता है, जब मैं सिद्धांतों के साथ सामंजस्यपूर्वक होता हूँ। मैं एक पैटर्न, एक ख़ूबसूरती और व्यवस्था को देखता हूँ। मैं सिद्धांतों के साथ जितना ज़्यादा सामंजस्यपूर्ण होता हूँ, मुझे उतने ही ज़्यादा अवसर दिखते हैं। मैं कुछ हासिल कर रहा हूँ। मैं विकास को अनुभव करता हूँ। मैं योगदान अनुभव करता हूँ। मैं फ़र्क़ ला रहा हूँ। धीरे-धीरे, लेकिन सुनिश्चित, मेरा विज़न और मिशन साकार हो रहे हैं। मैं अपनी विश्वसनीयता को बढ़ता महसूस कर रहा हूँ। मैं चरित्र और योग्यता की शक्ति पा रहा हूँ। दूसरों में मेरा विश्वास बढ़ रहा है। यह बहुत रोमांचक है!

कई बार यह कठिन होता है। हम ग़लतियाँ करते हैं। हम फिर तात्कालिता की पुरानी लत, कम समय में ज़्यादा करने के पुराने प्रतिमान की आदतों पर लौट जाते हैं- भले ही हम ऐसा क्वाड्रंट II में क्यों न कर रहे हों।

लेकिन हम निजी नेतृत्व का जितना अधिक अभ्यास करेंगे और जितना ज़्यादा क्वाड्रंट II में जाएँगे, उतना ही विकास और जीवन को अनुभव कर सकेंगे। यह बेहतर होता जाएगा। यह ऊपर जाता चक्र है। जीवन का हर हिस्सा दूसरे की शुरुआत करता है। हर अच्छी चीज़ और अधिक होती है।

15: परिणामों की शांति

हम भविष्य नहीं जानते, इसलिए इसकी ज़्यादा योजना नहीं बना सकते। लेकिन हम अपनी आत्मा और देह को इतना पवित्र और उन्नत रख सकते हैं, कि ऐसे विचारों व ऐसे आदर्शों, तथा ऐसे उदात्त उद्देश्यों के सपने का सपना पोषित करें, जिन्हें पहचान सकें और जानते हों कि हम चाहे जैसे भी व्यक्ति हों, जब भी इस नेक कार्य का बुलावा आएगा... तो कोई भी व्यक्ति ख़ुद को अचानक ही इस आदत और उदात्त विचार से अलग न कर सकेगा।

– जोशुआ एल. चैंबरलेन, जनरल कमांडर,
20वीं मेन, यूनियन फोर्स, गैटिसबर्ग की लड़ाई

रॉज़र- जब मैं कार द्वारा घाटी से सन डांस जाता हूँ, जहाँ हम अपने बहुत से कार्यक्रम करते हैं, तो मैं अक्सर अपने में होने वाले बदलावों को महसूस करता हूँ। दफ़्तर की माँगें और चिंताओं की चहल-पहल तब ग़ायब हो जाती है, जब मेरा पहाड़ों की भव्यता, नदी के प्रवाह तथा रंगों और आकारों से एकाकार हो जाता है।

मेरी सुनने की ताक़त बढ़ जाती है। वहाँ ऐसा मौन होता है कि मुझे और ज़्यादा साफ़ सुनाई देता है। मुझे तब और ज़्यादा शांति का अहसास होता है, जब मैं अपने भीतर की आवाज़ को बोलने देता हूँ।

मेरे लिए वह वक़्त अनमोल होता है, क्योंकि मैं एक ऐसी चीज़ को स्पर्श कर लेता हूँ, जो अक्सर उपेक्षित रह जाती है, लेकिन वह उन चीज़ों से कहीं ज़्यादा मूल्यवान है, जो मैं रोज़ाना किया करता हूँ। मैं समीक्षा, पुनर्विचार, और पुनर्प्रतिज्ञा करने लगता हूँ।

हम में बहुत से लोगों को प्रकृति में रहने पर शांति का अहसास होता है। हमें रागयातीत हो जाने का आभास होता है। हम प्रकृति के नियमों की वास्तविकता और पूर्ण संचालन से रूबरू होते हैं। हम इनके सामने अपने आपको तुच्छ समझने लगते हैं। हम इसे बदल नहीं सकते। हम इसे नियंत्रित

नहीं कर सकते, लेकिन यह विचार कुछ हद तक आश्वस्त करने वाला है। हमें संतुष्टि की अनुभूति होती है कि हम एक ऐसी चीज़ का हिस्सा हैं, जो विस्यमकारी है और निरपवाद रूप से 'वहाँ' है।

प्रकृति में एक तरह का संतुलन और सामंजस्य होता है। मौसम हमेशा आते-जाते रहते हैं। जीवन में चक्र होते हैं, देना और पाना एक पूर्ण सामंजस्यपूर्ण ख़ूबसूरती के साथ होता है। यहाँ तक कि तूफ़ान, भूकंप और बाढ़ जैसी प्राकृतिक दुर्घटनाएँ भी- एक बड़े सामंजस्य का हिस्सा होती हैं, विकास और बदलाव के प्राकृतिक चक्र। प्रकृति हमेशा शोभनीय है। प्रकृति की ख़ूबसूरती निरंतर अपने नियमों के अनुसार प्रकट होती रहती है।

प्रकृति हमें शांति के बारे में बहुत कुछ सिखाती है। यह हमें याद दिलाती है कि इसके नियम हैं और ये नियंत्रण में हैं। यह अनुस्मारक एक साँत्वना भी देती है कि ब्रह्मांड में व्यवस्था है। हम मौसमों को पुनः व्यवस्थित करने या गुरुत्वाकर्षण के प्रभावों को समाप्त करने का प्रयास कर सकते हैं, क्योंकि प्राकृतिक नियमों को तोड़कर हालात को बदलना मानवीय आयाम है। हम नतीजों के बिना अपने आप में क़ानून नहीं हो सकते। शांति और जीवन की गुणवत्ता केवल तभी मिलती हैं, जब हम जीवन के बुनियादी नियमों को खोजते हैं और उनसे अनुकूलन करते हैं।

शांति क्या है?

हम जिस शांति की बात कर रहे हैं, वह ज़ाहिर है युद्ध की अनुपस्थिति से अधिक है। यह दैनिक जीवन की जटिलताओं और पहेलियों से बचने के लिए निर्जन प्रदेश में आश्रय लेना नहीं है। यहाँ हम जिस शांति की बात कर रहे हैं, वह हमारे गहन आंतरिक जीवन की क्रिया है। यह आनंद का जीवन है। यह जीवन के बीच मिलता है, न कि इससे भागकर।

स्वतंत्र उपलब्धि का नज़रिया आमतौर पर यही बताता है कि शांति और आनंद निम्न चीज़ों से मिलते हैं :

- बैंक में जमा धन
- नियंत्रण
- पहचान और नाम
- नया घर, फैंसी कार, या अन्य भौतिक वस्तुएँ
- उच्च सामाजिक स्तर

हमारा पूरा ध्यान मुख्य रूप से इन चीज़ों को जल्दी और अधिक पाने पर केंद्रित रहता है, लेकिन इसका क्या परिणाम होता है? क्या शांति मिलती है? क्या यह ऐसी चीज़ों पर आधारित होती है, जो नश्वर हों?

ज़रा पलभर ठहरें और ख़ुद अपने जीवन के बारे में सोचें। आपके लिए 'शांति' का क्या मतलब है? यह कहाँ से मिलती है? क्या आप अपने जीवन में 'शांति' की मात्रा और गुणवत्ता को लेकर संतुष्ट हैं?

हमने इस किताब में जिन सिद्धांतों और प्रक्रियाओं का वर्णन किया है, वे भिन्न प्रतिमानों का निर्माण करते हैं, जो सही दिशा के सिद्धांतों, उद्देश्यों तथा उस दृष्टिकोण पर आधारित हैं, जिनसे शांति और ख़ुशी के निर्माण में मदद मिलती है। चौथी पीढ़ी के प्रतिमानों और सिद्धांतों का पोषण करते हुए हम देख सकते हैं कि कैसे समय प्रबंधन की पहली तीन पीढ़ियों की वास्तविक ताक़त न केवल क़ायम रहती है, बल्कि वह बढ़ती भी है, जबकि कमज़ोरियाँ लुप्त हो जाती हैं।

इन पीढ़ियों की ताक़त और कमज़ोरियों को पहचानने के बाद हम स्वीकार करते हैं कि इन पीढ़ियों के अनेक व्यक्ति अपने साधनों का इस तरह उपयोग करते हैं, जो चौथी-पीढ़ी के प्रतिमानों को दर्शाते हैं। हमें पूरा यक़ीन है कि इनमें से हर एक पीढ़ी ने चौथी पीढ़ी के सिद्धांतों का प्रयोग किया है, क्योंकि ये सिद्धांत उनके दिलों में बसे हैं। हम जानते हैं कि अनेक लोग पहली पीढ़ी में इसलिए होते हैं, क्योंकि वे बुनियादी रूप से बस विवेक के आधार पर जीने को प्रतिबद्ध होते हैं और वहाँ सेवा देते हैं, जहाँ इसकी ज़रूरत हो। हमें पता है कि तीसरी पीढ़ी के लोग अपने मूल्यों को पहचानते हैं और उनके अनुसार जीते हैं। उनके मूल्यों में से अनेक पूरी तरह से जीवन के सिद्धांतों और नियमों में स्थापित हैं, जो शांति और ख़ुशी को शासित करते हैं, लेकिन हम यह भी जानते हैं कि व्यवस्थाएँ और प्रक्रियाएँ, जो इन बुनियादी प्रतिमानों और दिली इच्छाओं के अनुकूल होती हैं, वे हमें इनको पूरी तरह से अपने दैनिक जीवन के ताने-बाने में बदलने योग्य बना देती हैं।

शांति निश्चित ही ज़रूरी काम पहले करने वाली गतिविधि है। बुनियादी रूप से 'ज़रूरी कामों' में चारों आवश्यकताएँ और क्षमताएँ आती हैं- जियो, प्रेम करो, सीखो, विरासत छोड़ो। ज़रूरी काम पहले रखना ऐसी क्रिया है, जिसमें हम अपनी चारों वृत्तियों - आत्म जागृति, विवेक, स्वतंत्र इच्छाशक्ति, तथा रचनात्मक कल्पनाशीलता का उपयोग करते हैं, जिससे हम अपनी

ज़रूरतों और क्षमताओं को सिद्धांत केंद्रित तरीक़े से पूर्ण कर सकें।

जब हम चौथी पीढ़ी के प्रतिमानों और प्रक्रियाओं को अपने जीवन में अंतर्निहित करते हैं, तो हमें एक अलग क़िस्म की शांति मिलती है :

- संतुलन और आनंद के साथ जीने, प्रेम करने, सीखने और विरासत छोड़ जाने की हमारी क्षमता में शांति।
- उन मानव वृत्तियों के विकास में शांति, जो चयन के क्षण में हमें चरित्र और क्षमता द्वारा सशक्त बनाती हैं।
- शांति, क्योंकि अब हमारी भूमिकाएँ स्पर्द्धा की जगह सहयोग कर रही हैं, क्योंकि वे सहक्रियाशील जीवंत पूर्णता का अंश बन गई हैं।
- विवेक सहित सीखने, सुनने और जीने की उत्कृष्ट शांति।

ये सिद्धांत हैं। हमारा भी विवेक है। और इन्हीं दो चीज़ों से सारा फ़र्क़ आता है। यह हमारे विचारों और अपने आस-पास की चीज़ों को देखने को प्रभावित करता है। हम देखेंगे कि प्रेरणा और प्रतिक्रिया के बीच रुकना कितना आवश्यक है, जिससे हम अपने विवेक की सुन सकें और दिल के गुणों का उपयोग करके 'सर्वश्रेष्ठ' को चुन सकें। हम देखेंगे कि कुछ ऐसे भी उद्देश्य हैं, जो व्यक्ति से ऊपर होते हैं, जिन पर हम अपनी ऊर्जा और प्रयासों को पूरे उत्साह तथा आत्मविश्वास के साथ केंद्रित कर सकते हैं, जिससे जीवन की गुणवत्ता के परिणाम उत्पन्न हो सकें। हम दुनिया को अनंत तृतीय-वैकल्पिक समाधानों के स्थान के तौर पर देखेंगे। हम अनुकूलित व्यवस्था के निर्माण का महत्त्व देख सकेंगे, जिससे हम अपने जीवन को व्यवस्थित और योजनाबद्ध बनाने में जो भी तरीक़ा अपनाएँ, वह दिल की उस आदत को पुष्ट बनाए, जो शांति का निर्माण करती है।

	सार	**साधन**
पहली पीढ़ी	रिमाइंडर	साधारण नोट्स, जाँच सूचियाँ
दूसरी पीढ़ी	योजना और तैयारी	कैलेंडर, अपाइंटमेंट बुक्स
तीसरी पीढ़ी	योजना, प्राथमिकता, नियंत्रण	प्लैनर, जो मूल्यों को लक्ष्यों और दैनिक शिड्यूल से जोड़ें

चौथी पीढ़ी	ताक़त न खोना	कमज़ोरी दूर होना
चार आवश्यकताएँ व क्षमताएँ : • जीना • प्रेम करना • सीखना • विरासत छोड़ना	• कुछ आवश्यकताएँ लक्ष्यों और प्राथमिकता तय करने से पूरी होती हैं (तीसरी पीढ़ी)	• ज़रूरी काम- वह काम, जो आपके सामने हैं (पहली पीढ़ी) • आप जो *चाहते* हों, ज़रूरी नहीं उसकी आपको *ज़रूरत* हो या वह संतुष्टिदायक हो (दूसरी और तीसरी पीढ़ी से)
सही दिशा के सिद्धांत चार वृत्तियाँः • आत्मजागृति • विवेक, • रचनात्मक कल्पनाशीलता • स्वतंत्र इच्छा	• परिणामों की ज़िम्मेदारी लेना (तीसरी पीढ़ी)	• केवल कौशल से ही प्रभावकारिता और नेतृत्व के लिए ज़रूरी चरित्र का निर्माण नहीं होता (दूसरी व तीसरी पीढ़ी) • आप मानने लगते हैं कि नियंत्रण *आपके* हाथ है, प्राकृतिक नियमों या सिद्धांतों के नहीं- अपने नियम का दंभ (तीसरी पीढ़ी) • तीसरी पीढ़ी की परवाह किए बिना ज़रूरी नहीं कि मूल्यों का स्पष्टीकरण सिद्धांतों के अनुरूप हो • तात्कालिकता और मूल्यों के आधार पर ज़रूरी चीज़ें तय करना (तीसरी पीढ़ी)
विज़न का जुनून	• तैयारी द्वारा अधिक प्रभावशाली मीटिंग और प्रेज़ेंटेशन (दूसरी पीढ़ी) • मूल्यों से जुड़ना (तीसरी पीढ़ी)	• विज़न की ताक़त अप्रयुक्त (पहली, दूसरी और तीसरी पीढ़ी)

चौथी पीढ़ी	ताक़त न खोना	कमज़ोरी दूर होना
भूमिकाओं का संतुलन	• कम तनाव (पहली पीढ़ी)	• दूसरों से किए वादों की अनदेखी या भूलना, रिश्ते बिगड़ना (पहली पीढ़ी) • ग्लानि, अत्यधिक प्रोग्रामिंग, भूमिकाओं में असंतुलन (तीसरी पीढ़ी)
लक्ष्यों की ताक़त	• लक्ष्यों और प्लानिंग द्वारा बहुत कुछ हासिल करना (दूसरी पीढ़ी) • दीर्घ, मध्यम, लघु अवधि के लक्ष्यों की ताक़त पाना (तीसरी पीढ़ी) • मूल्यों का लक्ष्यों और गतिविधियों में परिवर्तन (तीसरी पीढ़ी)	• चूकने वाली चीज़ें (पहली पीढ़ी) • तुलनात्मक रूप से कम उपलब्धि (पहली पीढ़ी)
सप्ताह का दृष्टिकोण	• न ओवर-शिड्यूल, न ओवर-स्ट्रक्चर्ड (पहली पीढ़ी) • टू-डू सूची पर निगाह रखना (पहली पीढ़ी) • ज़िम्मेदारियों और अपाइंटमेंट पर निगाह रखना (दूसरी पीढ़ी) • प्लानिंग और प्राथमिकता तय करके व्यक्तिगत उत्पादकता बढ़ाना (तीसरी पीढ़ी) • दक्षता बढ़ाती है (तीसरी पीढ़ी) • जीवन में कोई संरचना और व्यवस्था (तीसरी पीढ़ी) • समय और स्व प्रबंधन के कौशल को मज़बूत करती है (तीसरी पीढ़ी)	• जीवन में कोई वास्तविक संरचना नहीं (पहली पीढ़ी) • शिड्यूल और संरचना की अनदेखी के कारण एक से दूसरा संकट आते रहना (पहली पीढ़ी) • दैनिक योजना अति-आवश्यकता, दबाव और संकट प्रबंधन की प्राथमिकता से शायद ही आगे निकले (तीसरी पीढ़ी)

चौथी पीढ़ी	ताक़त न खोना	कमज़ोरी दूर होना
चयन के क्षण में सत्यनिष्ठा	• कोई अधिक महत्त्वपूर्ण चीज़ सामने आने पर उसे अपनाने की क्षमता- प्रवाह के साथ चलने का लचीलापन (पहली पीढ़ी)	• ज़रूरी चीज़ें- शिड्यूल में शामिल चीज़ें (दूसरी पीढ़ी) • शिड्यूल को लोगों से बढ़कर मानना (दूसरी- तीसरी पीढ़ी) • कम लचीलापन/ स्वाभाविकता (तीसरी पीढ़ी)
परस्पर-निर्भरता की सहक्रिया	• लोगों के प्रति अधिक उत्तरदायी होना (पहली पीढ़ी)	• स्वतंत्र सोच और कार्य- लोगों को लक्ष्य के साधन या बाधा के तौर पर देखना (दूसरी, तीसरी पीढ़ी) • लोगों को चीज़ों के तौर पर देखना (तीसरी पीढ़ी)

ज़रूरी काम पहले से शांति का पोषण

हमने इस किताब में जिन सिद्धांतों और प्रक्रियाओं का वर्णन किया है, वे जीवन के सभी चारों आयामों में शांति का पोषण करते हैं- विवेक की शांति, मन की शांति, अपने रिश्तों में शांति..., बल्कि शरीर में भी शांति। विज़न उद्देश्य और अर्थ प्रदान करता है। भूमिकाएँ योगदान का सहक्रियात्मक रास्ता बन जाती हैं। लक्ष्य चेतना-चालित, उद्देश्यपूर्ण, सामूहिक उपलब्धि बन जाते हैं। सप्ताह विकास के चक्र में मिशन और क्षण के बीच पुल बन जाता है। धार तेज़ करना दैनिक और साप्ताहिक नवीनीकरण जैसा है। हर चयन का क्षण ऐसा अंतराल बन जाता है, जिसमें हम सत्यनिष्ठा सहित अपनी मानवीय वृत्तियों का पालन कर सकते हैं।

साझा विज़न तथा परिचारक-कार्य अनुबंध हमें इस योग्य बनाते हैं कि हम लोगों को समस्याएँ नहीं, बल्कि अवसरों के तौर पर देख सकें। हमें अहसास होता है कि लोग चीज़ें नहीं हैं। न वे केवल भार सौंपने के लिए हैं। वे जीवित, साँस लेते मनुष्य हैं, जिनका प्रेरणा और प्रतिक्रिया के बीच अपना अंतराल है, उनकी अपनी विशिष्ट वृत्तियाँ हैं, तथा हमारे साथ सहक्रिया की क्षमता है, जिनसे हम ज़रूरी चीज़ों को एक साथ इस तरह कर सकें कि वे उससे कहीं बढ़कर हों, जिन्हें हम अकेले ख़ुद कर सकते थे।

ये सिद्धांत और प्रक्रियाएँ उन उम्मीदों को बदल देते हैं, जो हम में से ज़्यादातर लोग समय और अपने जीवन की गुणवत्ता से लगाए होते हैं। शांति के लिए यह महत्त्वपूर्ण है, क्योंकि निराशा अनिवार्य रूप से अधूरी उम्मीदों का कार्य है - जहाँ हम किसी चीज़ के ख़ास तरीक़े से होने या ख़ास परिणाम उत्पन्न होने की उम्मीद लगाए थे, और वह होता नहीं है। इसके परिणामस्वरूप, हम निराश हो जाते हैं।

मूल रूप से, समस्या यह है कि हमारी बहुत सी उम्मीदों का कारण वास्तविक दिशा नहीं, बल्कि हमारी स्क्रिप्टिंग, व्यक्तित्व नीति, या सामाजिक प्रतिबिंब होते हैं। ये त्रुटिपूर्ण प्रतिमान हैं। ये जीवन के बुनियादी नियमों पर आधारित नहीं हैं।

हममें से बहुत से लोग जाने-अनजाने में - *उम्मीद* लगा लेते हैं कि दिनभर में वे सब कर सकेंगे, जिसकी योजना उन्होंने बनाई है। इसका परिणाम यह होता है कि जब कोई अप्रत्याशित बदलाव होता है, तो हम निराश हो जाते हैं। जब किसी को कोई ऐसी ज़रूरत आ जाए, जिसका हमने अनुमान नहीं लगाया था, तो हम निराश हो जाते हैं। हम लोगों को तत्वतः बाधाओं के रूप में देखने लगते हैं। हम बदलावों को शत्रु मान लेते हैं। शांति और आनंद ऐसी क्रिया है कि किसी दिन हम योजना के अनुरूप काम करने और सूची की सारी चीज़ों को निपटाने में समर्थ होते हैं या नहीं।

लेकिन जब यह उम्मीद बदल जाए, तो क्या होगा - जब हम हर दिन को एक रोमांचक नवीन साहसिक अभियान के तौर पर देखें, जिसके लिए हमने रोडमैप बनाया है, लेकिन वहाँ ऐसा दिशासूचक भी है, जो हमें अनजाने इलाक़े से गुज़रने योग्य बनाता है... जहाँ हम समस्याओं को दूसरों की मदद के अवसर के तौर पर देखते हैं...जहाँ हम ऐसे हालात की ताक में रहते हैं, जो हमारी प्राथमिकताओं के लिए चुनौती हों। हमें विश्वास होता है कि हमारा

दिशासूचक 'सर्वश्रेष्ठ' की तरफ़ आगे बढ़ते रहने में हमारी मदद करेगा। क्या हो, अगर हमारी शांति और आनंद के ऐसे कार्य हों, जिनसे हम रात को बिस्तर पर जाते हुए जानते हों कि हमने दिनभर में ज़रूरी काम पहले करने का विकल्प चुना था? क्या यह उम्मीदें उस ढंग में फ़र्क़ ला सकती हैं, जिससे हम अपने दिन की वास्तविकताओं से संवाद करते हैं?

चलिए एक और उम्मीद पर विचार करते हैं। चेतन-अवचेतन में, हम में से बहुत से लोग *उम्मीद* करते हैं कि जीवन चुनौती रहित हो, जिसके परिणामस्वरूप, किसी भी क़िस्म की चुनौती या समस्या निराश करती है। यह उनकी उम्मीद पर खरी नहीं उतरती।

लेकिन यह उम्मीद वास्तविकता पर आधारित नहीं होती। विरोध जीवन का स्वाभाविक अंग होता है। बिलकुल वैसे ही जैसे हम अपनी शारीरिक मांसपेशियों को वज़न उठाने जैसे विरोध को क़ाबू पाने के माध्यम से विकसित करते हैं। इसी तरह हम अपनी चारित्रिक मांसपेशियों को चुनौतियों और विपरीत परिस्थितियों को क़ाबू करके विकसित कर सकते हैं। जैसा कि एम. स्कॉट पेक ने अपनी *द रोड लेस ट्रैवल्ड* में लिखा है:

जीवन कठिन है। यह महान सत्य है, महानतम सत्य बातों में से एक। यह महान सत्य है, क्योंकि एक बार जब हम वास्तव में इस सत्य को देख लेते हैं, तो हम इससे ऊपर उठ जाते हैं। एक बार जब हम समझ जाते हैं कि जीवन कठिन है - तो जीवन कठिन नहीं रह जाता, क्योंकि एक बार इसे स्वीकार कर लेने के बाद, जीवन कठिन होने का तथ्य कोई मायने नहीं रखता।

अगर हमें उम्मीद हो कि चुनौती आएगी, तो चुनौती निराश नहीं कर सकती।

एक और उदाहरण लेते हैं, हम में से अनेक लोग *उम्मीद* करते हैं कि दूसरे लोग हमसे सहमत हों, और वह करें, जो हमें लगता है कि किया जाना चाहिए। जब शेष सब हमसे असहमत हों, जब उनके पास सवाल या चिंताएँ हों, जब वे उत्साह सहित हमारे फ़ैसलों का समर्थन न करें, या जब उनके विचार अलग हों, तो हम निराश हो जाते हैं।

क्या फ़र्क़ आएगा, अगर हम लोगों से चीज़ों को अलग तरह से देखने की उम्मीद करें, हम उनके भिन्न मतों को मूल्य दें, और हम तीसरे-वैकल्पिक समाधान निर्मित करने में मानवीय वृत्तियों के सहक्रियाशील उपयोग की आशा करें?

अधूरी उम्मीदों से निराशा उत्पन्न होती है, लेकिन हमारी उम्मीदें हमारे नियंत्रण में हैं। यहाँ हम उम्मीदों को कम करने की बात नहीं कर रहे हैं, बल्कि उन्हें सही दिशा की वास्तविकता पर आधारित करने के लिए कह रहे हैं। निराशा को समाप्त करने का सबसे बहुमूल्य तरीक़ा, जिसे हम अपने जीवन में अनुभव कर सकते हैं, वह अपनी उम्मीदों की जाँच करना है। हम जब भी निराश महसूस करें, हमें समस्या की जड़ तक जाना चाहिए।

- मेरी कौन सी उम्मीद टूटी है ?
- क्या वह उम्मीद सही दिशा पर आधारित थी ?
- इस उम्मीद को बदलने के लिए मैं क्या कर सकता हूँ ?
- मैं इससे क्या सीख सकता हूँ, जो भविष्य में मेरी उम्मीदों को प्रभावित कर सकता है?

जब हमारी उम्मीदें सही दिशा की वास्तविकता पर आधारित नहीं होतीं, तब हम अपने लिए निराशा और अशांति तय कर लेते हैं।

दो प्रमुख चीज़ें : योगदान और विवेक

हमने अब तक जिन भी सिद्धांतों और प्रक्रियाओं पर बात की है, उनमें शांति पाने के लिए दो प्रमुख चीज़ें हैं *योगदान* (विरासत छोड़ना) और *विवेक,* हालाँकि चारों आवश्यकताओं में से हर एक महत्त्वपूर्ण है, लेकिन योगदान शेष सबको अर्थ और ऊर्जा प्रदान करता है। उस तरह चारों वृत्तियों में से हर एक महत्त्वपूर्ण है, लेकिन विवेक शेष सबको अर्थ और ऊर्जा प्रदान करता है। साथ मिलकर, योगदान और विवेक हमें यह जानने में मदद करते हैं कि हम कहाँ जाना चाहते हैं और वहाँ किस तरह पहुँचें।

योगदान

कवी लीडरशिप सेंटर ने अपने स्थानीय पीबीएस स्टेशन के साथ भागीदारी करके इंग्लैंड में बनाए और फ़िल्माए गए वीडियो नाट्यारूपांतरण को पब्लिक ब्रॉडकास्टिंग सिस्टम को उपलब्ध कराया है। इस अद्भुत कहानी का केंद्रीय पात्र एक अँग्रेज़ है, जो बचपन में सड़क का नटखट लड़का था, लेकिन रूपांतरित होकर वह न केवल सफल लेखक बना, बल्कि उसने एक ख़ूबसूरत

घर बनाया और प्यारा परिवार भी बसाया, हालाँकि, कहानी के दौरान वह ऐसे बिंदु पर पहुँच गया था, जिसे 'राइटर्स ब्लॉक' कहते हैं ('राइटर्स ब्लॉक' एक ऐसी स्थिति होती है, जिसमें लेखक नए काम की रचना करने में असमर्थ होता है या रचनात्मक मंदी का अनुभव करता है)। कुछ समय तक, वे लेखन के लिए प्रेरित नहीं हुए। लगता था, जैसे उनकी रचनात्मकता बुझ गई थी। उनका क़र्ज़ बढ़ता जा रहा था। उन पर प्रकाशकों का भारी दबाव था। वे इस डर से और अवसाद में जा रहे थे कि कहीं उनके बच्चे भी आख़िर में सड़क पर न पहुँच जाएँ, जैसा कि वे आस-पास देखते थे... जैसे वे ख़ुद अपनी किशोरावस्था में थे।

वे हतोत्साहित थे। वे सो नहीं पाते थे। वे अपनी रातें लंदन की सड़कों पर चहल-कदमी करके बिताते थे। उन्होंने ग़रीबी देखी, रात में फ़ैक्टरियों में काम करने वाले बच्चों की अमानवीय स्थिति देखी, अभिभावक, जो अपने परिवारों के भरण-पोषण के लिए अथक संघर्ष कर रहे थे, उन्हें देखा। धीरे-धीरे, वे जो कुछ भी देख रहे थे, उसकी पूरी वास्तविकता उन्हें समझ आने लगी- लोगों के स्वार्थ और लालच का प्रभाव और दूसरों से फ़ायदा उठाने वाले लोग। एक विचार ने उनके दिल को स्पर्श किया और उनके दिमाग़ में परवान चढ़ने लगा। वे कुछ ऐसा कर सकते थे, जिससे फ़र्क़ आ जाए।

उन्होंने उस ऊर्जा और उत्साह से लिखना शुरू किया, जैसा उनमें पहले कभी नहीं था। योगदान के विज़न ने उन्हें जोश से भर दिया था, वे उसमें लीन हो गए थे। अब उन्हें न तो कोई संदेह था, न ही निराशा। उन्हें अपनी वित्तीय स्थिति की भी चिंता नहीं रही। वे बस यह कहानी लिख देना चाहते थे, और चाहते थे कि यह जितना हो सके, कम दाम की रहे, जिससे जितना हो सके, उतने लोगों के लिए उपलब्ध हो। उनका पूर्ण जीवन बदल गया था।

इसका परिणाम यह हुआ कि दुनिया बदल गई। चार्ल्स डिकेंस की उत्कृष्ट कृति 'अ क्रिसमस कैरोल' ने दुनियाभर में लाखों लोगों के जीवन को प्रकाशमान कर दिया। डेढ़ सौ साल बाद भी उनका विज़न आशा, सौहार्द और परवाह की शानदार धरोहर के रूप में मौजूद है।

स्वतंत्र उपलब्धियों के प्रतिमानों में से ज़्यादातर अपने आप में खोखले होते हैं। बिना किसी सार्थक उद्देश्य के ये भ्रम मात्र ही हैं। इनसे बस फ़ौरी तौर पर संतोष मिल पाता है।

जब हम उपभोग से ज़्यादा योगदान पर केंद्रित होते हैं, तभी हम उन संदर्भों का निर्माण कर सकते हैं, जो जीवन के सभी पहलुओं में शांति संभव कर सकें। यह ऐसी विरासत छोड़ना है कि जीने, प्रेम करने और सीखने में हमें अर्थ की प्राप्ति हो।

विवेक

तीसरी पीढ़ी में मुख्यतः आत्म-जागृति, स्वतंत्र इच्छा और रचनात्मक कल्पनाशीलता का मिश्रण शामिल होता है, लेकिन विवेक के बिना कोई शांति नहीं होगी।

स्टीफ़न : एक समय जब मैं किसी विश्वविद्यालय में काम कर रहा था, तो वहाँ मुझे एक मशहूर मनोवैज्ञानिक और नेशनल साइकलॉजिकल असोसिएशन के पूर्व प्रेसिडेंट की मेजबानी करने का अवसर मिला। उन्हें 'इंटेग्रेटी थेरेपी' का जनक माना जाता था। यह मनोवैज्ञानिक उपचार की ऐसी पद्धति है, जो इस विचार पर आधारित है कि मन की शांति, सच्चा आनंद और संतुलन विवेक के प्रति सत्यनिष्ठा का जीवन जीने की क्रिया है। उनका विश्वास था कि विवेक से ही अब तक हमेशा हर एक स्थायी संस्कृति, धर्म और समाज में सार्वभौमिक मायनों में एक समान सही और ग़लत आया है।

एक दोपहर व्याख्यानों के दौरान, मैं उन्हें कार से पहाड़ों की प्राकृतिक छटा दिखाने ले गया। मैंने उनसे सवाल किया कि उन्हें इंटेग्रेटी थेरेपी पर यक़ीन कैसे हुआ।

उन्होंने कहा, "यह बहुत निजी बात है। मैं उन्मत्त अवसादग्रस्तता का शिकार था। मेरा सारा जीवन इसी तरह के उतार-चढ़ावों की श्रृंखला रहा है। समय के साथ, जब मैं लोगों को परामर्श देता, तो मुझे तनाव रहने लगा और मैं बहुत कमज़ोर हो गया। मैं बार-बार अवसाद में चला जाता- इस सीमा तक कि मैं आत्महत्या कर लेना चाहता था। अपनी पेशेवर शिक्षा और पेशेवर गतिविधियों के कारण मुझे पता था कि मेरे साथ क्या हो रहा है, मैं जानता था कि मैं ख़तरे में हूँ। इस बिंदु पर, मैं अपने आपको इस चीज़ से अलग कर लिया कि मैं अपनी ज़िंदगी ख़त्म कर दूँगा। क़रीब एक या दो महीने बाद, मैं बाहर आ सका और फिर से काम करने लगा। इसके तक़रीबन एक साल बाद, मुझ पर फिर वही दौर आया, मैं अस्पताल में रहा, और समय के साथ ही फिर से अपना शोध और लेखन करने लगा।

उन्होंने कहना जारी रखा, "एक बिंदु पर जब मैं असोसिएशन का प्रेसिडेंट था, मैं इतना बीमार हो गया, इतना अवसाद में था कि मैं मीटिंग में नहीं जा पाता था, ऑफ़िस नहीं सँभाल पाता था। उस बिंदु पर, मैं अपने से सवाल किया, 'क्या ऐसा हो सकता है कि मैं अपनी ज़िंदगी और पेशे में ग़लत ढाँचे से काम कर रहा हूँ?' मैं भीतर गहराई में जानता था कि मैं वर्षों से एक झूठ को जी रहा हूँ। मेरे जीवन का एक अंधियारा पक्ष था, जिसे मैं स्वीकार नहीं कर रहा था।"

मेरे ड्राइविंग करने के दौरान ही वे यह सब बताते रहे। मैं बेहद शांत और विनम्र महसूस कर रहा था। वे जो कह रहे थे, उसे लेकर मैं थोड़ा डरा हुआ भी था। उन्होंने कहना जारी रखा, "मैंने एक बड़ा काम करने का फ़ैसला लिया। मैंने अपनी प्रेमिका को छोड़ दिया। सिर्फ अपने बीवी का बनकर रहने लगा। और इतने सालों में पहली बार, मुझे शांति मिली। यह शांति उससे बहुत अलग क़िस्म की थी, जिसे मैंने अवसाद से बाहर निकलने और अपना काम शुरू करने में महसूस की थी। यह मन की शांति थी। एक तरह की आत्मनिष्ठा, एक तरह का आत्म-एक्य, एक सत्यनिष्ठा।"

"उसी वक़्त से मैं इस पद्धति को खोजने लगा कि शायद मैंने जो समस्याएँ देखी हैं, वे स्वाभाविक विवेक को नज़रअंदाज करने, उससे इनकार करने, उसका उल्लंघन करने और व्यक्तिगत सत्यनिष्ठा के नुक़सान का सृजन करने के परिणामस्वरूप पैदा हुई हैं। मैंने इसी विचार पर काम करना आरंभ किया। मैंने शोध किया। मैंने अन्य चिकित्सकों को भी इसमें शामिल किया, जो इसी प्रतिमान को लेकर अपने रोगियों पर काम करने लगे। उनसे मिले डाटा से मुझे यक़ीन हो गया कि यही बात थी। और इस तरह मैंने सत्यनिष्ठा थेरेपी को ईज़ाद किया।"

इस व्यक्ति के खुलेपन और आस्था की गहराई ने मुझे काफ़ी प्रभावित किया, जैसे उन्होंने अगले दिन विश्वविद्यालय फ़ोरम में सैकड़ों छात्रों को किया।

एक मनोवैज्ञानिक का यह निजी अनुभव और शोध शांति पाने में विवेक की अहम भूमिका को साफ़ तौर पर दर्शाता है। और यह, उनके मुताबिक़, बहुत 'अलग क़िस्म की शांति' थी। ज़ाहिर है, उन्होंने अपनी कुछ प्रवृत्तियों को अत्यधिक सीमा तक विकसित कर लिया था। अपने ख़ुद के हालात को पर्याप्त स्पष्टता से देखने के लिए उन्होंने अपने को अकेला कर लिया, जो उनकी असाधारण आत्म-जागृति और स्वतंत्र इच्छा को दर्शाता है। इस क्षेत्र में उनके कार्य को मिली पहचान उनकी उच्चतम विकसित रचनात्मक कल्पनाशीलता

का प्रमाण है, लेकिन यह तब तक नहीं हुआ, जब तक उन्होंने इसे विवेक से नहीं जोड़ दिया, जिससे उन्हें वह शांति मिल सकी, जिसे वे तलाश रहे थे।

मनोचिकित्सा में दशकों के अनुभवों के परिणाम, सकारात्मक मानसिक दृष्टिकोण और रचनात्मक विकास यह प्रमाणित करते हैं कि विवेक के अहम तत्व के बिना शांति तथा जीवन की दीर्घकालिक गुणवत्ता हासिल करने के प्रयास व्यर्थ हैं। विवेक हमारा सही दिशा, और उन सिद्धांतों के साथ जुड़ाव है, जो शांति और जीवन की गुणवत्ता को संभव बनाते हैं।

दो बाधाएँ : उत्साह भंग होना और गर्व

शांति पाने में दो सबसे घातक बाधाएँ उत्साह भंग होना और गर्व हैं।

उत्साह भंग होना

उत्साह भंग होने का अर्थ है साहस की कमी (अँग्रेज़ी के शब्द Discouragement का संधि विच्छेद क्पे. बवनतंहम. उमदज करने पर इसे आसानी से समझा जा सकता है)। उत्साह भंग होना हर उस चीज़ का विलोम है, जिस पर हमने चर्चा की है। यह हमारे जीवन को सिद्धांतों की जगह भ्रम के आधार पर निर्मित करने का परिणाम होता है, जहाँ हम ग़लत दीवारों पर लगी सीढ़ियों पर चढ़ने के परिणाम भुगतते हैं। ऐसा तब होता है, जब हम थके, अस्वस्थ, या क़र्ज़दार हों, हमारा हाल ही में रिश्ता टूटा हो, जब हम आगे न बढ़ रहें हों, जब हमें जीवन के कोई मायने या उद्देश्य न दिखाई दे रहे हों। यह तब होता है, जब हमारे पास विज़न न हो, जब हम असंतुलित जीवन जी रहे हों, जब हम अपने लक्ष्य पाने में विफल रहे हों। यह तब होता है, जब हम अति-आवश्यकता में खो जाएँ, दिन के लिए सीमित नज़रिया हो, जब हम चयन के क्षण में सत्यनिष्ठा से काम करने में विफल रहें। यह तब होता है, जब हमारी सोच स्पर्द्धात्मक और तुच्छ हो, जब हमारे संवाद हार-जीत की बातों और हमारा वातावरण पीठ पीछे बुराई, राजनीति और तुलनात्मक सोच से भरा हो।

दिशासूचक या सटीक नक़्शे के बिना निराशा हमें मार्ग से भटका देती है। यह ऐसा अहसास होने के समान है कि लोग हमें जो नक़्शे देते हैं, उनमें से ज़्यादातर हमें उससे बहुत दूर ले जाते हैं, जहाँ हम वास्तव में जाना चाहते हैं।

वहीं दूसरी ओर, Courage यानी 'साहस' इस बात के ज्ञान से मिलता है कि हमारी ज़रूरतों और क्षमताओं को संतुलित तरीक़े से पूरा करने के कोई सिद्धांत मौजूद हैं। हमारे पास स्पष्ट विज़न, विभिन्न भूमिकाओं में संतुलन, सार्थक लक्ष्यों की स्थापना करने और उन्हें अर्जित करने की क्षमता, तात्कालिकता के क्षण से परे देखने का परिदृश्य, चयन के क्षण में सत्यनिष्ठा से काम करने का चरित्र और क्षमता, पारस्परिक-निर्भरता की वास्तविकता में प्रभावी और सहक्रियाशील तरीक़े से काम करने के लिए प्रचुरता की मानसिकता है। साहस दिल से निकलता है और दिल से संबंधित होने के कारण यह आशा जगाता है।

हम चाहे जहाँ भी हों, उत्साह बढ़ाने का सबसे अच्छा तरीक़ा लक्ष्य तय करके इसे हासिल करना है, वादा करना और इसने निभाना है। यह लक्ष्य या वादा चाहे कितना भी छोटा हो, यह एक क्रिया हमारे भीतर ऐसा विश्वास बना देती है कि चयन के क्षण में हम सत्यनिष्ठा सहित क़दम उठा सकें। यह बस सुबह सोकर उठने जैसा है- 'मन को नींद का आनंद लेने से ऊपर रखना' है- या भले ही एक दिन के लिए स्वाद पर पोषण को तरज़ीह देना है, लेकिन जब हम अपने आपसे और दूसरों के साथ वादे करने और निभाने लगते हैं, तो हम उस मार्ग पर पहला क़दम बढ़ा लेते हैं, जो विश्वास, उन्नति और शांति की तरफ़ ले जाता है।

गर्व

और इससे भी बड़ी बाधा, और सिद्धांत-केंद्रित होने के हमारे प्रयासों में सबसे बड़ा ख़तरा गर्व करना है, हालाँकि हम अक्सर इस शब्द का इस्तेमाल किसी चीज़ या व्यक्ति के प्रति गहरे आनंद या उच्च संतोष को प्रकट करने के लिए करते हैं। हम किसी शानदार काम के लिए या बेटे अथवा बेटी के कुछ शानदार करने पर *गर्व* का अनुभव करते हैं, लेकिन यह गर्व जीवन के एक अति विनाशकारी प्रतिमान का भी वर्णन करता है।

हम इसके नकारात्मक आयाम को तब और आसानी से समझ सकते हैं, जब हम 'गर्वीला' शब्द पर विचार करें। एक 'गर्वीला' व्यक्ति अनिवार्य रूप से स्पर्द्धात्मक स्वभाव का होता है, वह सदैव अपने आपको दूसरों से ऊँचा दिखाने का प्रयास करता रहता है। सीएस लेविस के शब्दों में कहें तो :

गर्व कुछ पाने में नहीं, बस, किसी दूसरे से ज़्यादा पाने में है... यह तुलना ही आपको गर्व का अहसास कराती है, शेष सबसे ऊपर होने का आनंद।

अपनी बुनियादी ज़रूरतों और क्षमताओं की पूर्ति में गर्व के प्रभाव पर विचार करें।

- *जीने* में गर्व करने का मतलब है कि लोग इस बात की चिंता नहीं करते कि उनकी आय से उनकी ज़रूरतें पूरी हो रही हैं या नहीं, जब तक उनकी आय किसी और से अधिक रहे। वे हमेशा दूसरों के साथ अपने बालों, अपने कपड़ों और शारीरिक आकार-प्रकार की तुलना करते रहते हैं।
- *प्रेम* में गर्व तब आता है, जब लोग अपने मौजूदा दोस्तों की संख्या और उनकी प्रतिष्ठा या दूसरों से मिलने वाली तारीफ़ को अपनी वैल्यू मापने का पैमाना बना लेते हैं।
- *सीखने* में गर्व इसमें नहीं होता कि लोग क्या जानते हैं, बल्कि इसमें होता है कि उनके पास सर्वोत्तम डिग्रियाँ हैं और स्टेटस सबसे ऊँचा है।
- *विरासत छोड़ देने* में गर्व सार्थक रूप से योगदान देने में नहीं, बल्कि दूसरों से ज़्यादा देने और इसके लिए यश पाने में होता है।

गर्व हद दर्जे का भावनात्मक परजीवी होता है। इसमें कोई गहन आनंद नहीं होता है। न संतुष्टि और न शांति होती है, क्योंकि यह संभावना हमेशा होती है कि कोई अन्य ज़्यादा अच्छा दिखता है या उसके पास ज़्यादा धन है, अधिक दोस्त हैं, बड़ा घर है या नई कार है।

गर्व धूर्त होता है, क्योंकि यह अर्थ और उद्देश्य को दूषित कर देता है। यह विवेक को निस्तेज कर देता है, उसकी अनदेखी कर देता है और यहाँ तक कि उसे ख़ारिज कर देता है। जैसा कि सीएस लेविस ने कहा है, "गर्व एक आध्यात्मिक कैंसर है। यह प्रेम या संतोष या सामान्य बोध तक की हर एक संभावना को निगल जाता है, जो अंततः घृणा, शत्रुता और युद्ध की ओर ले जाता है।"

गर्वीले लोगों को सुरक्षा इसी में मिलती है कि वे सीढ़ी पर दूसरों के मुक़ाबले कितने पायदान ऊपर हैं। उन्हें इस बात की चिंता नहीं होती कि उनकी सीढ़ी सही दीवार के सहारे लगी है या नहीं। लोगों को अपने से नीचे देखने पर वे ख़ुद को सार्थक समझने लगते हैं। उनका पुरस्कार, उनका फ़ोकस केवल आगे रहने पर होता है... फिर चाहे ये ग़लत चीज़ों में ही आगे रहना क्यों न हो।

जिस तरह ऊपर से नीचे देखने में गर्व होता है, उसी तरह नीचे से ऊपर देखने में भी होता है। अमेरिका के पूर्व कृषि मंत्री और धार्मिक नेता एज़रा टाफ्ट बेंसन के शब्दों में :

हम में से ज़्यादातर लोग शीर्ष पर बैठे लोगों के गर्व को पाप मानते हैं, जैसे धनवान व विद्वान, हम सबको हेय दृष्टि से देखते हैं, फिर भी, हम में इससे भी बड़ी कमी है- और वह है नीचे से ऊपर देखने में गर्व करना। इसके अनेक रूप हैं, दोष-तलाशना, गपबाज़ी करना, पीठ पीछे बुराई करना, बड़बड़ाना, अपने साधनों से अधिक पर जीना, विद्वेषी, लोभी होना, ऐसी कृतज्ञता और प्रशंसा को अभिव्यक्त न करना, जो दूसरों का मनोबल बढ़ा सकती है, माफ़ न करने वाला और ईर्ष्यालु होना।

गर्व संकीर्ण मानसिकता का तत्व है। यह शांति के लिए विनाशकारी होता है। यह अनावश्यक चीज़ों के साथ अनुकूलन की झूठी समग्रता बनाता है। और इसकी क़ीमत क्या होती है! कितना समय और ऊर्जा इस सोच-विचार में निकल जाती है कि किसके पास ज़्यादा है, कौन ज़्यादा करता है, बेहतर दिखता है, कौन शहर के सबसे अच्छे हिस्से में रहता है, किसका सबसे बड़ा ऑफ़िस है, कौन ज़्यादा धन कमाता है। क्या वही मूल्यवान है? जब स्पर्द्धा का शोरगुल विवेक की फुसफुसाहट से ज़्यादा होता है, तो ऐसे में अपने जीवन में ज़रूरी चीज़ें पहले रखने के मायने में वस्तुतः क्या प्रभाव होगा?

गर्व के ज़हर का इलाज विनम्रता है। विनम्रता यह पहचानने की कि हम कोई द्वीप पर नहीं हैं। हमारे जीवन की गुणवत्ता दूसरों के जीवन की गुणवत्ता से अभिन्न रूप से जुड़ी होती है। इसका अर्थ उपभोग और स्पर्द्धा नहीं है, बल्कि योगदान है। हम अपने आप में क़ानून नहीं हैं। हम सिद्धांतों और लोगों को जितना अधिक मूल्य देने लगेंगे, हमारी अपनी शांति उतनी ही बढ़ती जाएगी।

सिद्धांत–केंद्रित लोगों की विशेषताएँ

सिद्धांत-केंद्रित होना- *बस हो जाना है।* यह यात्रा नहीं है, जीवनभर जारी रहने वाली तलाश है, लेकिन लोग जितने ज़्यादा अपने आपको सही दिशा से अनुकूलित रखेंगे, वे उतने ही ज़्यादा ऐसी सुनिश्चित विशेषताएँ विकसित करने लगेंगे, जो सिद्धांत-केंद्रित लोगों में आम हैं।

वे अधिक लचीले और सहज होते हैं : वे योजनाओं और शिड्यूल से नहीं बँधे रहते। शिड्यूल ज़रूरी होते हैं, लेकिन केवल यही ज़रूरी नहीं होते हैं। सिद्धांत-केंद्रित व्यक्ति जीवन को साहसिक अभियान के रूप में देखते हैं। वे साहसिक खोजकर्ताओं जैसे होते हैं, जो अनजान इलाक़े में खोज करने जा रहे हों- वे नहीं जानते कि आगे क्या होने वाला है, लेकिन उन्हें यक़ीन होता है कि यह रोमांचक और आगे बढ़ाने वाला होगा। और वे एक नया इलाक़ा खोजकर नया योगदान दे सकेंगे। उनकी सुरक्षा आरामदायक ज़ोन में नहीं, बल्कि दिशासूचक में होती है- उनकी विशिष्ट मानवीय वृत्तियों में, जो उन्हें पूरे विश्वास के साथ अनजान इलाक़े में आगे बढ़ने योग्य बनाती है।

उनके दूसरों के साथ अधिक संपन्न, अधिक लाभप्रद रिश्ते होते हैं : वे लोगों को शिड्यूल से ज़्यादा अहम मानते हैं। वे उम्मीदों को साफ़ बताते हैं। वे तुलना, स्पर्द्धा या आलोचना नहीं करते। अन्य लोगों को लगाने लगता है कि वे ईमानदारी, सीधी बात, और हेरफेर न करने, वादा करने और निभाने, अपनी बात पर अडिग रहने के लिए उन पर भरोसा कर सकते हैं। सिद्धांत केंद्रित लोग नकारात्मक व्यवहार, आलोचना, और मानवीय कमज़ोरियों पर अत्यधिक प्रतिक्रिया नहीं देते। वे बहुत जल्दी माफ़ कर देते हैं। वे द्वेष नहीं पालते। वे वर्गीकृत करने, रूढ़िवादी होने, या श्रेणीबद्ध करने या पहले से कुछ मान बैठने से इनकार करते हैं। वे दूसरों की सफलता से सचमुच ख़ुश होते हैं और उन्हें इसके लिए मदद भी करते हैं। वे सभी लोगों की अनदेखी क्षमताओं में यक़ीन करते हैं। वे उन्नति और अवसर के लिए माहौल बनाने में मदद करते हैं।

वे अधिक सहक्रियाशील होते हैं : बजाय इसके कि दूसरों से 'अपने काम' करवाएँ, उन्हें दूसरों के *साथ* मिलकर साझा विज़न पर काम करना अधिक लाभकारी लगता है। वे मतभेदों को महत्त्व देते हैं। वे तीसरे वैकल्पिक

समाधानों की सहक्रिया में यक़ीन रखते हैं। टीम के प्रयासों से वे अपनी ताक़त निर्मित करना सीखते हैं और अपनी कमज़ोरियों की प्रतिपूर्ति दूसरों की ताक़त से करने का प्रयास करते हैं। विरोधात्मक प्रतीत होते हालात में दूसरों के साथ मोल-भाव और संवाद करते हुए वे लोगों को समस्या से अलग करके देखते हैं। वे अपनी स्थितियों पर बहस करने की बजाय दूसरों के हितों और चिंताओं पर केंद्रित रहते हैं।

वे हमेशा सीखते रहते हैं : क्योंकि वे सही दिशा के बारे में जानते हैं, इसलिए वे निरंतर इसे खोजने, समझने और अपने जीवन को इसके अनुकूल बनाने के प्रयास में रहते हैं। वे अधिक नम्र और सीखने को तत्पर होते हैं। वे ख़ूब पढ़ते हैं, वे प्राचीन ज्ञान से पोषित होते हैं। वे दूसरों की सुनते हैं। वे अपने अनुभवों से निरंतर सीखते रहते हैं।

वे अधिक योगदान केंद्रित होते जाते हैं : वे अपना समय और ऊर्जा उपभोग से ज़्यादा योगदान में, लेने की बजाय देने में लगाते हैं। वे सेवाभाव वाले होते हैं। वे अपने साथ ही दूसरों के जीवन की गुणवत्ता सुधारने के प्रयास में रहते हैं।

वे असाधारण परिणाम देते हैं : क्योंकि वे अपनी उत्पादन क्षमता बढ़ाकर 'उत्पादन' को संतुलित करते हैं, वे काफ़ी अधिक और दीर्घकालिक उत्पादन की क्षमता विकसित कर लेते हैं। वे रात-रात भर जागकर कड़ी मेहनत नहीं करते। वे लगातार नए कौशल सीखते रहते हैं। वे दूसरों के साथ मिलकर काम करने की क्षमता को विकसित करके उच्च-गुणवत्ता वाले पारस्परिक-निर्भरता के उत्पादन का मार्ग प्रशस्त करते हैं। वे जो कुछ भी करते हैं, उसमें उन सिद्धांतों को लागू करते हैं, जिनसे गुणवत्तापूर्ण परिण ाम निर्मित हो सकें।

वे स्वस्थ मानसिक प्रतिरक्षा तंत्र विकसित कर लेते हैं : वे समस्याओं से निपट सकते हैं। वे मानसिक एड्स से पीड़ित नहीं होते। बीमारियाँ, वित्तीय हानि या निराशा उनके बगल से निकल सकती हैं या घातक परिणामों से उन्हें हैरान कर सकती हैं, लेकिन उनके पास वापसी के संसाधन भी होते हैं। वे अपने वैवाहिक जीवन और परिवार में स्वस्थ प्रतिरक्षा प्रणाली का पोषण करते हैं, जिससे वे नाज़ुक मसलों पर चर्चा करते हैं और वित्त, ससुराल, या

बच्चों को अनुशासित करने जैसी समस्याओं को स्क्रिप्टिंग की जगह सिद्धांतों द्वारा संभालते हैं। वे अपनी वर्क टीम, समूह या संस्थान में स्वस्थ प्रतिरक्षा प्रणाली विकसित करने के लिए काम करते हैं।

अपनी सीमाएँ वे ख़ुद तय करते हैं : वे तब तक काम करते रहते हैं, जब तक कि थकान से चूर न हो जाएँ, तब तक ख़र्च करते हैं, जब तक कि जेब बिलकुल ख़ाली न हो जाए और तब तक प्रोजेक्ट्स पर काम करते रहते हैं, जब तक उन्हें समय की कमी न हो जाए। उन्हें कब छोड़ना है, यह जानने के लिए बाहरी कारकों पर कम निर्भर रहना पड़ता है। वे सिद्धांतों को लागू करना तथा ज्ञान का उपयोग करना सीखते हैं, ताकि वे ख़ुद अपनी सीमाएँ तय करके प्रभावकारिता को अधिकतम कर सकें। वे उच्चतम ऊर्जा और रचनात्मकता के दौरान प्रयासों पर केंद्रित रहते हैं। वे पुनर्निर्माण के लिए समय लेते हैं। वे सावधानी से ख़र्च करते हैं और भविष्य की ज़रूरतों के लिए बचत और निवेश भी करते हैं।

वे अधिक संतुलित जीवन जीते हैं : उन्हें न तो काम करने का नशा होता है, न वे धार्मिक कट्टरपंथी, राजनीतिक उन्मादी, डायटिंग के दीवाने, खाने के लालची, आनंद पिपासु, या उपवास उन्मुख होते हैं। वे शारीरिक, सामाजिक, मानसिक, और आध्यात्मिक रूप से सक्रिय होते हैं। वे पूर्ण प्रचुरता, सहक्रिया से जीवन जीते हैं।

वे अधिक आत्मविश्वासी और सुरक्षित हो जाते हैं : वे अपने उस आत्मविश्वास से विकसित होते हैं कि सही दिशा के साथ सामंजस्यपूर्वक जीना जीवन में गुणवत्ता लाता है। इस प्रक्रिया में वे और अधिक धैर्यवान और शांत हो जाते हैं। उनकी सुरक्षा उनके काम, सहयोगियों, यश, आस्तियों, स्टेटस और अन्य बाहरी कारणों से नहीं होती। वह भीतर से आती है- उनके सिद्धांतों पर केंद्रित और विवेकपूर्वक जीवन जीने से आती है।

वे अपनी बात पर क़ायम रहते हैं : इनमें सोचे-समझे कपट, दुविधा, और पाखंड नहीं होते। वे अपने व दूसरों के साथ वादा करने और निभाने की अपनी क्षमता में इज़ाफ़ा करते रहते हैं। वे अपने व्यक्तिगत सत्यनिष्ठा खाते में जमा को बढ़ाए रखते हैं।

वे अपने प्रभाव चक्र पर केंद्रित रहते हैं : वे अपना समय और ऊर्जा चिंता के चक्र में नहीं गँवाते। वे उन चीज़ों पर केंद्रित रहते हैं, जिनके बारे

में वे कुछ कर सकते हैं और वे लगभग जिस भी हालत में हों, उसमें सुधार का प्रयास करते रहते हैं।

वे संपन्न आंतरिक जीवन का पोषण करते हैं : उन्हें नियमित रूप से आध्यात्मिक नवीकरण से शक्ति मिलती रहती है। वे ज्ञान साहित्य, विचार करने, ध्यान करने और अन्य तरीक़े से अपने जीवन में संदर्भ, अर्थ और उद्देश्यों का पोषण करते हैं।

वे सकारात्मक ऊर्जा फैलाते हैं : वे अधिक सुखद, आशावादी, सकारात्मक और उत्साही बन जाते हैं। वे संभावनाएँ देखते हैं। नकारात्मक ऊर्जा की मज़बूत ताक़तों को वे अक्षम कर देते हैं या उनसे बच निकलते हैं। वे अपने आस-पास के कमज़ोर ऊर्जा वालों को ऊर्जित करते हैं।

वे जीवन का ज़्यादा आनंद लेते हैं : वे हर मूर्खतापूर्ण नासमझी या बड़ी सामाजिक ग़लती के लिए ख़ुद को दोष नहीं देते। वे ख़ुद को और दूसरों को भी माफ़ कर देते हैं। वे न तो बीते कल को सहेजते हैं, न आने वाले कल के सपने देखते हैं। वे समझदारी के साथ आनंदपूर्वक आज में रहते हैं, पूरी सावधानी के साथ भविष्य के लिए योजनाएँ बनाते हैं, और बदलते वातावरण के प्रति लचीला रुख रखते हैं। उनमें मज़ाक़ की भावना बहुत होती है, वे अक्सर अपनी हँसी उड़ाते हैं, न कि किसी दूसरे की।

लोग जितना अधिक इन विशेषताओं को अपने में विकसित कर सकेंगे, उनका जीवन उतना ही शांतिपूर्ण और आनंददायक हो जाएगा। वे अपनी व अपने आस-पास के लोगों के जीवन की गुणवत्ता पर अहम प्रभाव डालते हैं।

सिद्धांत-केंद्रित होना हमेशा आसान नहीं होता, लेकिन इससे जीवन की गुणवत्ता के परिणाम मिलते हैं। ज़रूरी यह है कि प्रयास करते रहें, सही दिशा से साथ तालमेल बनाने के लिए ज़्यादा से ज़्यादा काम करते रहें।

मुक्त करना

फ़िल्म *द मिशन* एक ऐसे आदमी की कहानी है, जो आदिवासियों को पकड़कर उन्हें गुलामों के तौर पर बेच देता था। एक दिन, जब वह गाँव वापस लौटा, तो ईर्ष्या में आगबबूला होते हुए उसने अपने भाई को मार डाला। अपने दुष्कृत्य से दुखी होकर वह कई हफ़्तों तक निराशापूर्ण सुन्न अवस्था में बैठा रहा। तत्पश्चात एक पुजारी आया और उसने उसे यक़ीन दिलाया कि उसने जो किया है, उसे बदलने के लिए वह कुछ कर सकता है।

पुजारी की बात मानकर, वह कुछ मिशनरियों के साथ प्रायश्चित करने जंगल की तरफ़ चल दिया। उसने अपने पीठ पर एक बड़ा और भारी-भरकम मछली पकड़ने का जाल टाँग रखा था, जिसमें उसके सभी हथियार रखे थे। मार्ग अति दुष्कर था। वह इस भार को उठाए हुए पहाड़ चढ़ा, संकरी कंदराओं से गुज़रा और ऊपर झरने तक पहुँच गया। समूह के एक सदस्य ने उसके कल्याण की कामना से पुजारी से पूछा कि क्या अब वक़्त नहीं आ गया है कि वह अपने इस बोझ से मुक्त हो जाए। पुजारी ने जवाब दिया, "समय आने पर उसे ख़ुद पता चल जाएगा।"

एक बिंदु पर, भारी प्रयास करने के बाद वह व्यक्ति रेंगता हुआ पहाड़ के शिखर पर पहुँचा। बुरी तरह थका, चोटिल और टूटा हुआ। जब उसने अपनी पलकें उठाईं, तो उसके ठीक सामने एक आदिवासी खड़ा था। दोनों कुछ क्षण मौन रहे, और तभी उस आदिवासी ने अपना चाकू उठाया... और उसकी रस्सियों को काट दिया। उसे तत्क्षण अत्यधिक राहत महसूस हुई, वह उन सब चीज़ों से मुक्त हो गया था, जिन्हें वह पीठ पर उठाए हुआ था। उस बिंदु से, उस व्यक्ति ने अपना जीवन आदिवासियों के जीवन की गुणवत्ता को सुधारने में मदद के लिए समर्पित कर दिया।

जैसा कि हमने पहले कहा था, हर शुरुआत एक अंत होती है, किसी से मुक्त होना। जब हम अपने जीवन में ज़रूरी काम पहले करने लगते हैं, तो यही वह समय होता है कि हम उन चीज़ों से मुक्त हो जाएँ, जो हमें रोक रही हैं, जो हमें उस योगदान से रोक रही हैं, जो हम दे सकते हैं।

उन लोकप्रिय और मनभावन प्रतिमानों से मुक्त हो जाएँ, जो श्रम पर आधारित हैं। लघु-अवधि के लिए यह सोचना बहुत अच्छा लगता है कि हम लक्ष्य तय करके वह सब कुछ हासिल कर सकते हैं, जो करना चाहते हैं और जीवन की गुणवत्ता के परिणाम उत्पन्न कर सकते हैं, लेकिन सच तो यह है कि जीवन की गुणवत्ता सही दिशा के सिद्धांतों से शासित होती है। जब हम ऐसे मूल्यों को अपनाते हैं, जिनका सही दिशा के साथ सामंजस्य नहीं है, तो अंत में हम हालात और दूसरों को नियंत्रित करने का प्रयास करने लगते हैं। यह क़ामयाब नहीं होता। जब हम छड़ी का एक सिरा उठाते हैं, तो दूसरा अपने आप उठ जाता है। इसके सिद्धांत हैं, इसके परिणाम हैं। जब हम भ्रमपूर्ण प्रतिमानों से मुक्त होते हैं, केवल तभी हम सामंजस्यपूर्वक स्वतंत्र कार्य कर पाते हैं, उन नियमों के साथ जो शांति और जीवन की गुणवत्ता का निर्माण करते हैं।

जो 'ज़रूरी काम' नहीं हैं, उनसे मुक्त होना। सिंगापुर में हमारी एक क़ॉन्फ्रेंस के दौरान हम यूरोपियन, एशियाई, और पश्चिमी अधिकारियों से एक साथ मिले थे। जब हमने उन्हें प्रभाव चक्र और चिंता चक्र के बारे में बताया, तो पश्चिमी अधिकारी इस पर बात करने लगे कि यह प्रभाव चक्र, जिसे करने की ज़रूरत है, उस पर फ़ोकस करने में कैसे मदद कर सकता है। एशियाई अधिकारियों ने कहा, "यह बहुत दिलचस्प है। हमने जब इन चक्रों पर गौर किया, तो हमारी फ़ौरी प्रतिक्रिया थी, 'यह बहुत शानदार है! चिंता चक्र यह जानने में हमारी मदद करेगा कि किन चीज़ों से मुक्त होना है!' हम ज़रूरी कामों पर कार्य करने के लिए केवल तभी स्वतंत्र हो सकते हैं, जब हम शेष चीज़ों से मुक्त होकर अपना समय और प्रयास सबसे अहम चीज़ पर केंद्रित करें।"

झूठी तार्किकता से मुक्त हों। जब तक हम अपने पर स्व-न्यायोचितता और तार्किकता का बोझ रखे रहेंगे, तब तक हम अंतःकरण की पुकार पर मुक्तभाव से प्रतिक्रिया नहीं दे सकेंगे। जीवन का सबसे ज़्यादा मुक्त कर देने वाला अनुभव केवल अंतःकरण पर प्रतिक्रिया देने पर प्रतिबद्ध होना होता है। जिन लोगों ने भी इसका प्रयास किया है, चाहे हफ़्ते भर के लिए ही, तो इस मुक्ति से वे लगभग हैरान रह गए कि वे कितना समय और ऊर्जा बचा रहे हैं, जो उन्होंने पाया कि अंतःकरण के विपरीत काम करने को न्यायोचित सिद्ध करने में लग जाता है।

अनावश्यक अपराधबोध से मुक्ति। अंतःकरण से आया अपराधबोध बेहतरीन शिक्षक होता है। इससे हमें यह जानने में मदद मिलती है कि हमारा सही दिशा से तालमेल कब बिगड़ गया, लेकिन हमने ज़्यादातर ने जिस अपराध बोझ को अपने पर लाद रखा है, वह सामाजिक विवेक से आता है। यह शिक्षा नहीं देता, यह हमारी प्रगति को रोकता है। जब हम अपने अपराधबोध की जाँच करते हैं, तो हम ख़ुद को इससे मुक्त कर सकते हैं। अगर यह सामाजिक प्रतिबिंब के कारण हो, तो हमें इससे मुक्त हो जाना चाहिए। अगर यह अंतःकरण से आया है, तो हम इसका सामना कर सकते हैं। अपने जीवन को अनुकूलित बनाएँ और पुनर्निर्माण के लिए जो ज़रूरी हो, वह करें तथा आगे बढ़ जाएँ। इसके लिए जो भी कुछ करना होगा, वह इतना कठिन और दुर्बल करने वाला नहीं होगा, जितना इस अपराधबोध के साथ जीना। जीवन का अर्थ अपनी ग़लतियों और अपनी सफलताओं से

सीखना है। किसी ने कहा है, "जीवन में ग़लती वास्तव में वही होती है, जिससे सीखा नहीं गया।"

सुरक्षा के बाहरी स्रोतों से मुक्त हों। जब तक हम अपनी सुरक्षा की भावना अत्यधिक व्यस्त रहने, अपने पेशे, अपनी प्रतिभा की पहचान, अपने रिश्तों, या ऐसी किसी भी चीज़ से पाते हैं, जो विवेक और सिद्धांतों के प्रति अपनी मूल सत्यनिष्ठा से नहीं मिलती है, तो हम बुनियादी रूप से अपने जीवन में ज़रूरी चीज़ें पहले रखने का अधिकार खो देते हैं। ये चीज़ें हमारे लिए उससे ज़्यादा अहम हो जाती हैं, बजाय इसके जो हम मन से करना चाहते हैं। इन चीज़ों से मुक्त होने तथा अपने गहन आंतरिक जीवन से सुरक्षा पाने से ही हम वह करने को स्वतंत्र हो सकते हैं, जो हमारे लिए सचमुच मायने रखता है।

निर्णायक बिंदु

हमारा हर एक फ़ैसला बहुत अहम होता है। कुछ फ़ैसले उस वक़्त छोटे दिखाई दे सकते हैं, लेकिन सच्चाई यही है कि वे किसी दूसरे के साथ मिलकर दिली आदत बन जाते हैं और हमें किसी नियति की तरफ़ ज़्यादा ताक़त से आगे बढ़ाते हैं।

हमारे कुछ चयन, जो अक्सर उस वक़्त हमें ज्ञात नहीं होते, वास्तव में हमारे जीवन के निर्णायक बिंदु बन जाते हैं- उस वक़्त, जब ज़रूरी काम पहले करने से फ़र्क़ आता है। कई बार ये फ़ैसले काफ़ी कठिन होते हैं। इसके लिए हमें ऐसा रुख़ लेना पड़ता है, जो शायद दूसरों को अप्रिय, बल्कि अतार्किक भी लगे, लेकिन जब हम अपने विवेक की सुनते हैं और 'अच्छे' की जगह 'सर्वश्रेष्ठ' को तरज़ीह देते हैं, तो आगे चलकर हमें जीवन की गुणवत्ता पर शानदार प्रभाव देखने को मिलते हैं।

इस किताब को समाप्त करते हुए, हम सब अपने जीवन के उस वास्तविक निर्णायक बिंदु के अनुभव आपके साथ साझा करना चाहते हैं, जिससे हमें ज़रूरी काम पहले करने की ताक़त पर यक़ीन करने में मदद मिली।

रेबेका : कुछ साल पहले, मैं ऐसे मुक़ाम पर थी, जहाँ मेरे बच्चे स्कूल में थे, और मैंने फ़ैसला किया कि अब मेरे ख़ुद के स्कूल वापस लौटने का समय आ गया है। वर्षों पहले, मुझे विश्वविद्यालय की चार-वर्षीय अकादमिक स्कॉलरशिप मिली थी, लेकिन मुझे कुछ हद तक यक़ीन था कि भले ही यह 'अच्छा' है, लेकिन यह 'सर्वश्रेष्ठ' रहेगा कि मैं विवाह करूँ और अपना परिवार बनाऊँ। मुझे अपने फ़ैसले पर कभी पछतावा नहीं हुआ- मुझे इससे ख़ुशी, आनंद, चुनौती और वह सीखने का मौक़ा मिला, जिसकी मैंने कल्पना भी नहीं की थी, लेकिन इसके परिणामस्वरूप, मैं अपनी डिग्री पूरी नहीं कर सकी, और मुझे लगा कि अब शायद यह करने का वक़्त आ गया है।

मुझे उन अनुभूतियों की ज़रा भी उम्मीद नहीं थी, जो फिर से विश्वविद्यालय जाकर इन संभावनाओं की व्यवहारिकता जाँचने में उत्पन्न हुईं। ये अभिभूत करने वाली थी! मुझे एडवेंचर, सीखने के रोमांच, और यहाँ तक कि किताबों की ख़ुशबू भी बेहद अच्छी लगी! मैं अपने मूल तत्व में थी। मेरा उत्साह तब चरम पर था, जब मैंने प्रशासनिक विभाग में जाकर अपने क्रेडिट्स को जाँचा कि इनसे वास्तव में मेरा लक्ष्य पूरा हो सकेगा या नहीं। विभाग से निकलते वक़्त मैं इसी ख़याल में थी कि अपने घर और परिवार की ज़िम्मेदारी निभाने के लिए किसी को काम पर रखना होगा और मैं अपने आपको पूरी तरह पढ़ाई में व्यस्त कर लूँगी।

घर पहुँचने पर मैं सातवें आसमान पर थी। संभावनाओं से रोमांचित थी। मैंने वर्षों के दौरान कुछ ही क्लासें ली थीं और शेष पढ़ाई घर पर ख़ुद की थी, लेकिन किसी ऐसी चीज़ को अपना पूरा समय और ऊर्जा देने का विचार लगभग ज़बर्दस्त था, जो मेरे लिए पहले आनंद और सुरक्षा का स्रोत थी।

मैंने 'लगभग' इसलिए कहा, क्योंकि मेरे अंदर कहीं एक दबी आवाज़ मुझसे कह रही थी, "रेबेका तुम्हारे परिवार को तुम्हारी ज़रूरत है।"

मैं इसे नहीं सुनना चाहती थी। मैंने ऐसे अनेक कारण खोज लिए थे कि मुझे वापस पढ़ाई क्यों शुरू करनी चाहिए, लेकिन इस आंतरिक आवाज़ ने मुझे भीतर से थोड़ा असहज कर दिया, जिसे मेरा उत्साह और तर्क भी ख़त्म नहीं कर पा रहे थे। जब आख़िरकार यह संघर्ष समाप्त हुआ और मैंने उस आवाज़ को सुनने का फ़ैसला किया, तो मुझे भीतर से अहसास हुआ कि जीवन के इस बिंदु पर मुझे वापस स्कूल लौटने से ज़्यादा अहम काम करने हैं।

यह मेरे लिए अब तक के फ़ैसलों में सबसे कठिन था। यह बिलकुल ऐसा था कि मैं इसका स्वाद ले सकती थी, फिर यह अचानक हाथ से चला गया, लेकिन भीतर से मैं जानती थी कि मेरा फ़ैसला सही था। मैं जानती थी कि

मुझे अपने प्रयासों पर पुनः फोक़स करने और बच्चों के जीवन में योगदान के प्रति पुनः अपने को इस तरीक़े से समर्पित करने की ज़रूरत है, जो सिर्फ़ मैं ही कर सकती हूँ। वे चयन के क्षणों में भारी दबाव का सामना करने वाले थे। उनके साथ रहने और चयन के क्षणों में रिश्ते को मज़बूत सकारात्मक प्रभाव में बदलने की क्षमता से उनके जीवन की गुणवत्ता में प्रभावशाली फ़र्क़ आएगा। मैंने अपने प्रयास दोगुने कर दिए, जिससे मेरे परिवार के लिए माहौल बेहतर बन सके। मैं उस समेस्टर के लिए शाम की कक्षाएँ लेने लगी। इस प्रक्रिया में मैंने फिज़ियोलॉजी, माइक्रोबायोलॉजी, और मानविकी के बारे में बहुत कुछ जाना। यह मज़ेदार था। समृद्ध अनुभव था, लेकिन यह उसकी जगह क़तई नहीं ले सकता था, जो शानदार अनुभव मुझे अपने बच्चों के साथ मिले, या उन दो बच्चों से मिले, जो अगले कुछ वर्षों में हमारे परिवार का हिस्सा बने। आज जब मैं उन सबको देखती हूँ, तो सोचती हूँ, "अगर मैं दूसरा मार्ग लेती, तो क्या होता?"

यह आंतरिक आवाज़ मुझे मेरे चयन तक ले गई और इसने तार्किकता और सामाजिक दबाव को सिरे से ख़ारिज कर दिया। इसने मुझसे उस वक़्त परिवार को समय देने का फ़ैसले कराया, जबकि दूसरी दिशा में जाने के अत्यधिक प्रलोभन थे। इसी से मुझे बाद में स्टीफ़न के साथ '7 हैबिट्स' किताब पर काम करने का अद्भुत अवसर मिला, जो ऐसा योगदान था, जिसकी मैंने कल्पना भी नहीं की थी। यह हमेशा ही वास्तव में मेरे हर अच्छे फ़ैसले का स्रोत रहा, जो मैंने किए हैं। मैं स्वीकार करती हूँ कि कोई ऐसा ज्ञान है, जो मेरे ज्ञान से कहीं अधिक महान है, तथा उसके साथ सामंजस्य बनाए रखना ही योगदान और आनंद की कुंजी है।

रॉज़र : कुछ साल पहले, जब हमारा बिज़नेस आगे बढ़ने के अत्यधिक कष्टों से गुज़र रहा था, तब रेबेका और मैंने मिलकर फ़ैसला किया कि हम एक या दो साल चेतन असंतुलन की अवधि में बिताएँगे। हम इस पर सहमत थे कि उन्नति और चुनौतियों के समय में मैं अपना ज़्यादा से ज़्यादा समय यात्राओं को दूँगा। हम जानते थे कि इसका मतलब मुझे हमारे मानकों के अनुसार परिवार से काफ़ी समय तक दूर रहना होगा, लेकिन हमें लगता था कि यह बिज़नेस में अहम योगदान होगा और इससे हम अपने साझा दीर्घकालिक लक्ष्यों को हासिल कर सकेंगे।

इस असंतुलन के इच्छित परिणाम मिले, लेकिन यह समयावधि समाप्त होने पर भी वापस लौटना मुश्किल हो गया। करने के लिए ऐसे बहुत से अच्छे

काम थे, जिससे अन्य लोगों और बिज़नेस फ़ायदा होता। ऐसा करने के लिए बहुत दबाव भी था। सप्ताह महीनों में बदल गए, और ऐसा लगने लगा कि यह असंतुलन जीवन का हिस्सा बन गया था।

यह निर्णायक बिंदु उस वक़्त आया, जब मैंने काफ़ी देर रुककर अपने आपसे पूछा, "कहीं मैं सर्वश्रेष्ठ चीज़ों का स्थान 'अच्छी' चीज़ों को तो नहीं दे रहा हूँ?" यह सत्य का क्षण था, और जब मैंने हालात पर विचार किया और अपने दिल की सुनी, तो मुझे लगने लगा कि अब मुझे इस बारे में कोई फ़ैसला लेना होगा और मैं कितनी रात बाहर रहूँगा, इसकी संख्या सीमित करनी होगी।

अगले कुछ हफ़्ते इस फ़ैसले की कठिन परीक्षा हुई, लेकिन धीरे-धीरे, साथ में काम करने वाले शेष लोगों को समझ आने लगा कि वस्तुतः यह आस्था और प्रतिबद्धता है, और बहुत से लोगों ने इसका सम्मान करने और तीसरा-वैकल्पिक समाधान खोजने में मदद के लिए सहायक नज़रिया विकसित किया, जिससे हमारे साझा विज़न में मैं अधिकतम योगदान दे सकूँ।

मुझे पूरा यक़ीन हो चला था कि इस मिशन में सीमा तय करने और सार्थक विकल्प तलाश लेने से मेरी योगदान की क्षमता बढ़ गई थी, यह वह पहला फ़ैसला था, जिसने हमारे लिए 'ज़रूरी काम पहले' करना संभव बनाया।

ऐसे निजी अनुभवों, तथा इस प्रक्रिया के दौरान अन्य बहुत से लोगों को ज़रूरी काम पहले करने का जीवन जीने का प्रयास करते नज़दीक से देखने के बाद मुझे पूरा यक़ीन हो गया है कि कुछ प्रमुख निर्णायक बिंदु होते हैं- ऐसा समय, जब हमें कोई फ़ैसला करना चाहिए और गहन निजी प्रतिबद्धता करनी चाहिए, जिससे बदलाव आ सकें। आप जिसे 'सर्वश्रेष्ठ' समझते हैं, उसे करने की प्रतिबद्धता से एक तरह की शांति भी मिलती है। भले ही यह आसान या निर्विरोध न हो, लेकिन अगर हम फ़ैसला लेने में विफल रहते हैं, तो हम इसी असंतुलन और असामंजस्य में फँसे रह जाएँगे, और समर्पण कर देने पर हमें यक़ीन हो जाता है कि संतुलन की क़ीमत चुकाने से ज़्यादा आसान इस असंतुलन में जीना है।

स्टीफ़न : कुछ साल पहले, मैंने विश्वविद्यालय को छोड़कर अपना संस्थान बनाने का फ़ैसला किया, जिससे ज़्यादा बड़े पैमाने पर योगदान दे सकूँ। मुझे विश्वविद्यालय के साथ बीस साल से भी अधिक हो गए थे, और मैं वहाँ काफ़ी आराम से था। मैंने वहाँ कई तरह के काम किए थे, जिनमें शीर्ष प्रबंधकीय पद भी शामिल थे। मैंने संस्थागत व्यवहार के नए विभाग को स्थापित करने में भी

भागीदारी की और काफ़ी संतोषप्रद, खुशहाल जीवनशैली रही, जिसमें अत्यधिक लचीलापन और स्वतंत्रता के साथ शानदार वेतन भी था, ख़ासतौर पर तब, जब सलाह और व्याख्यान देने के अतिरिक्त अवसर भी थे।

इसके अलावा, मैं जो कर रहा था, उससे मुझे प्यार भी था! मेरे पास कुछ छोटी ग्रेजुएट कक्षाएँ और पाँच सौ से ज़्यादा छात्रों की कुछ बड़ी अंडर ग्रेजुएट कक्षाएँ थीं। मुझे लगता था कि चार-पाँच साल की अवधि तक पढ़ने वाले छात्रों में से बड़ी संख्या में छात्रों के जीवन पर मेरा काफ़ी हद तक प्रभाव हुआ करता था।

लेकिन मैं एक्ज़ीक्यूटिव्ज़ की ट्रेनिंग के लिए नया दृष्टिकोण विकसित करने को प्रेरित था, जिसके लिए पूर्णकालिक प्रतिबद्धता की आवश्यकता थी। मैं वस्तुतः 'अच्छे' और 'सर्वश्रेष्ठ' के संघर्ष से गुज़र रहा था। अंत में मैंने ऐसा करने तथा 'सेवन हैबिट्स' और 'प्रिंसिपल-सेंटर्ड लीडरशिप' को समाज के उतने वर्गों तक पहुँचाने का फ़ैसला किया, जितना संभव हो सके। मुझे पूरा यक़ीन था कि यह वित्तीय रूप से काम करेगा, ताकि मैं अपने परिवार को पर्याप्त दे सकूँ, लेकिन अभी भी अनेक प्रकार की अनजानी और पीछे हटने की संभावना के कष्ट थे।

एक या दो साल के भीतर, योगदान का स्तर, संतुष्टि की भावना, और चुनौतियों का आंतरिक उत्साह इतना वास्तविक होने लगा कि मुझे पछतावा हुआ कि मैंने यह क़दम पहले क्यों नहीं उठाया। मुझे फिर यही विचार आया : 'अच्छे' के झाँसे में मत आओ, 'सर्वश्रेष्ठ' की तरफ़ जाओ। वह करो, जो तुम्हारा विशिष्ट योगदान हो। अपने आरामदायक ज़ोन को छोड़ना आसान बनाओ और यहाँ बने रहने को मुश्किल बनाओ। सुनने में उलटी बात लगती है।

किसी भी बढ़ते बिज़नेस में हर चरण पर एक चुनौती हर बार होती है- अच्छे और ज्ञात के साथ बने रहें, या सर्वश्रेष्ठ और अज्ञात की तरफ़ जाएँ। और इससे हर चरण ज़्यादा कष्टकारी हो जाता है। मुझे याद है एक बार किसी शहर में टैक्सी से होटल जाते वक़्त मैं यह सोचकर अत्यधिक चिंतित हो उठा था कि मैंने कितना सारा धन गँवा दिया है और नए क़र्ज़ लेकर अपनी इतने सालों में जोड़ी आस्तियों पर भी जोखिम ले लिया है, जिनमें मेरा घर, केबिन, तथा मेरी सारी वित्तीय सुरक्षा आती थी। मैंने उन लोगों को भी जोखिम में डाल दिया था, जिनकी मुझ पर ज़िम्मेदारी थी, और इसकी पूरी संभावना थी कि मैं अपना बिज़नेस समेत सब कुछ गँवा दूँ।

लेकिन तभी मुझे याद आया और मैंने सोचा कि ये सारे नुक़सान वस्तुतः बाज़ार, लोगों और उत्पादों के विकास के लिए निवेश हैं, और नुक़सान का

मूर्खतापूर्ण अंश वह है, जिसमें ऐसे ज्ञान और बोध में निवेश किया जाए, जिसे हम भविष्य में उपयोग करने वाले हैं। वे सभी विचार बौद्धिक थे, लेकिन भावनात्मक वास्तविकता यही थी कि मैं पूरी तरह कमज़ोर और ख़तरे में था। मेरा परिवार ख़तरे में था। मेरा भविष्य ख़तरे में था। यह वह पहला वक़्त था, जब मैंने सचमुच अपने आपको कमज़ोर और अनावृत्त महसूस किया, जो हर तरह से गहरे ख़तरे में था।

बिज़नेस की संरचना और रणनीति में बड़े बदलाव के हर ऐतिहासिक क्षण में, हमने अपने उन आरामदेह तरीक़ों के छूट जाने की एक जैसी घबराहट और डर को अनुभव किया, जिनसे हम अतीत में काम करते थे। उस वक़्त हमेशा बहुत कुछ ख़तरे में दिखाई देता था। हमें बस अपने सहक्रियात्मक पारस्परिक-निर्भरता के सिद्धांतों पर ज़्यादा आस्था रखनी थी, जो वास्तविक उन्नति, रोमांच और योगदान के स्रोत हैं- और अन्य लोगों के बुनियादी चरित्र और योग्यता में भी ज़्यादा आस्था रखनी थी, जो इस सहक्रियात्मक पारस्परिक-निर्भरता में शामिल थे।

हर अवसर पर मुझे अपने आरामदेह ज़ोन से बाहर निकलना होता था। मुझे पहाड़ की चोटी पर फिर से जाना होता था और हालाँकि मुझे पता होता था कि सुरक्षा रस्सियाँ और जाल थे, लेकिन फिर भी ऐसी भावनात्मक कमज़ोरी की अवधि होती थी, लेकिन हर मामले में डर बेबुनियाद रहा, और यह पूरी तरह जोखिम लेने के लायक़ था। पारस्परिक उत्साह, स्वाभाविक जोश, विशुद्ध नवीन बोध और सबक़ तथा योगदान, सार्थकता, मूल्य वर्द्धन, महत्त्वपूर्ण काम करने, लोगों के जीवन को धन्य करने और पूरे संस्थानों, संस्कृतियों, समाजों को प्रभावित करने की भावना - यह ऐसा जगत बन गया था, जिसे मैं पहले इतनी अच्छी तरह नहीं जानता था।

महत्त्वपूर्ण चरण तब आया, जब हमने अपनी सामग्री को निजी के साथ ही सारी जनता के सामने ले जाने का फ़ैसला किया, जिससे शिक्षा, अस्पतालों, गिरजाघरों, फाउंडेशनों, ग़ैर-लाभकारी संस्थानों, हर पेशे, छोटे स्टार्ट अप उद्यमियों, मध्यम-आकार के व्यापारियों, बड़े व्यापारों, फ़ॉर्च्यून 500 कंपनियों, फ़ॉर्च्यून 100 कंपनियों, संघीय सरकारों, राज्य सरकारों, स्थानीय सरकारों, स्थानीय समुदायों, स्वास्थ्य सेवा प्रणालियों, वैकल्पिक चिकित्सा संस्थानों पर प्रभाव डाला जा सके। इसके बाद इसे अंतरराष्ट्रीय स्तर पर जाने का फ़ैसला किया, जिससे सिद्धांत-केंद्रित लीडरशिप को पूरी दुनिया तक पहुँचा सकें।

इस सबको करने में कुछ वर्ष लगे। और अब पूरक कौशलों वाले योग्य, प्रतिबद्ध लोगों की हमारी टीम है, जिसका हमारे मिशन स्टेटमेंट के प्रति जीवनपर्यंत प्रतिबद्धता का साझा विज़न है:

लोगों और संस्थानों को सिद्धांत-केंद्रित लीडरशिप के बारे में समझाने और उसके अनुरूप जीने के लिए तैयार करने के माध्यम से सार्थक उद्देश्य हासिल करने के लिए उनकी प्रदर्शन क्षमता में महत्त्वपूर्ण सुधार करने योग्य बनाकर पूरे विश्व समुदाय की सेवा करना।

इस मिशन को पूरा करने में हम जो सिखाते हैं, उसका अभ्यास करने का लगातार प्रयास करते हैं।

हम स्पष्ट रूप से घोषणा करते हैं कि हम निरंतर उसी के उपयोग का प्रयास करेंगे, जो हम सिखाते हैं, क्योंकि हमने सीखा है कि आप कभी भी किसी अयोग्य साधन से योग्य परिणाम हासिल नहीं कर सकते। और चिरस्थायी योगदान की सच्ची शक्ति सत्यनिष्ठा, उदाहरण, मार्गदर्शन, सशक्तिकरण और अनुकूलन से आती है।

अब तक, कम से कम मेरे लिए सबसे बड़ी चुनौती अपने पेशे, अपने काम, अपनी कंपनी, अपने दोस्तों, या संपत्ति से परिवार को अहम मानना रही है। मेरा पूरी तरह मानना है कि अगर हम जीवन में अपने सभी दायित्व और ज़िम्मेदारियों पूरे करते हैं और अपने परिवार की अनदेखी कर दें, तो यह टाइटैनिक में डेक की कुर्सियों को सीधे करने जैसा है। जैसा कि किसी ने कहा है, "कोई संस्थान इसकी जगह नहीं ले सकता।" परिवार वह प्रमुख संस्थान है, जो व्यक्ति और पूरे समाज के भावनात्मक, बौद्धिक, आध्यात्मिक, नैतिक, सामाजिक और आर्थिक भविष्य को आकार देता है।

इन सबके बीच, मैंने देखा कि हमें बहुत से लोगों के परामर्श की ज़रूरत है। इसके अलावा, हमें मज़बूत स्वतंत्र बोर्ड स्थापित करने और पेशेवर दक्षता और गहन चारित्रिक शक्ति वाले सलाहकारों की ज़रूरत भी है। मैंने चैक-एंड-बैलेंस व्यवस्था स्थापित करने के महत्त्व को देखा है। वे विरोधात्मक नहीं होते, बल्कि व्यापारों और संस्थानों में सचमुच सहक्रियाशील होते हैं। मैंने काउंसिल गवर्नमेंट का महत्त्व देखा है, जिसमें परामर्शदाता और सलाहकार हमेशा होते हैं। मैंने मेरी पत्नी के ज्ञान से सलाह लेने का महत्त्व देखा है और उसके सहज बोध को महसूस किया। और इसके प्रति दिमाग़ खुला रखा है - भले ही यह मेरी अपनी इच्छाओं और योजनाओं के विपरीत था। इन सबने बलपूर्वक मुझे बार-बार यही सिखाया है कि विनम्रता सचमुच ही सभी ज्ञान की जननी

है, और सभी अच्छी चीज़ें हमारे लिए भी उपलब्ध हैं, अगर हम एजेंट बनकर रहें, न कि अपने आप में क़ानून। अच्छी चीज़ें तब भी उपलब्ध हैं, जब हम ऐसा पात्र बन सकें, जिससे सही सिद्धांत परिचालित होते हों।

मैंने सीखा है कि व्यापार प्रबंधन अच्छे, योग्य लोगों को सौंप दिया जाए तथा रणनीतिक मसलों पर उनके साथ सहक्रियात्मक भागीदारी हो। मैंने पद, शक्ति, अधिकार या स्वामित्व से ताक़त न पाने के महत्त्व के बारे में सीखा है, जबकि अक्सर ऐसा करने का प्रलोभन होता है और फिर मैं पीछे हट जाता हूँ।

तथापि, मैं जानता हूँ कि क्या सही है। मैं जानता हूँ कि सिद्धांत क्या हैं। और मैं जानता हूँ कि मुझे उनके आगे नतमस्तक होना होगा, और वे जैसे चलाएँ, वैसे चलना होगा। जब मैंने ऐसा करता हूँ, तो चीज़ें ज़्यादा आसानी से होने लगती हैं। और अगर चीज़ें नहीं हो पातीं, तब भी मुझे शांति का अनुभव होता है।

हम पुष्टि करते हैं कि लोग प्रेरणा और प्रतिक्रिया के बीच के अंतराल में जो चयन करते हैं, वे अहम होते हैं। और हमें पूरा यक़ीन है कि जीवन की गुणवत्ता के निर्माण का सबसे अच्छा तरीक़ा अपने अंतःकरण की सुनना और इसके अनुसार जीना है। हम में से सभी के साथ ऐसा हुआ होगा कि हमने इसके विपरीत चयन किया, और फिर इसके परिणाम भी भुगते। और साथ मिलकर हम कह सकते हैं कि ऐसा और कुछ नहीं, जिसका हमारे समय पर इतना भारी प्रभाव होता हो, जितना अंतःकरण को सुनना सीखने और जीने से होता है।

हमारे जीवन में कई निर्णायक बिंदु होते हैं, लेकिन इन बिंदुओं में सबसे महत्त्वपूर्ण है, जिसमें हम फ़ैसला लेते हैं : मैं अपने अंतःकरण के अनुसार जीवन बिताऊँगा। अब से मैं किसी अन्य आवाज़- सामाजिक प्रतिबिंब, स्क्रिप्टिंग, यहाँ कि अपनी झूठी तार्किकता- को मेरे अंतःकरण की आवाज़ से ज़्यादा स्पष्ट रूप से मुझसे बात करने की अनुमति नहीं दूँगा। और इसके चाहे जो परिणाम हों, मैं इसका अनुपालन करता रहूँगा।

यह फ़ैसला लेने से हम ऐसी जीवनशैली निर्मित कर लेते हैं, जिसमें हम परिणामों से डरने की जगह, उनसे प्यार करने लगते हैं। अब समय शत्रु नहीं रह जाता। यह हमारा दोस्त होता है, क्योंकि हम सही दिशा के सिद्धांतों पर काम कर रहे हैं। समय वह है, जिससे हम अपने जीवन में धैर्य और विश्वास द्वारा पोषित स्वादि फल पाते हैं।

समय और चुनने की स्वतंत्रता हमारे दो महानतम उपहार हैं- उस समय में अपने प्रयासों को निर्देशित करने की शक्ति का उपयोग करना। यहाँ कुंजी समय 'बिताने' में नहीं, बल्कि 'निवेश' करने में है- लोगों में, सशक्तिकरण में, सार्थक प्रोजेक्ट्स और कारणों में। किसी भी पूँजीगत संसाधन की तरह, अगर हम समय बिताते हैं, तो यह नष्ट हो जाता है। हम अपनी विरासत को कमज़ोर करते हैं। अगर हम इसका निवेश करें, तो हम अपनी विरासत में वृद्धि करते हैं, जो आने वाली पीढ़ियों के लिए सहायक आशीर्वाद बन जाता है।

वैसा बनें, जैसा आप दुनिया को देखना चाहते हैं

हम समझते हैं कि हम जो सुझाव दे रहे हैं, वह कोई आसान संदेश नहीं है। फ़ौरी-इलाज, अल्पकालिक, उपभोक्ता-आधारित दुनिया में यह लोकप्रिय नहीं होगा, लेकिन हमने अपने पाठकों के बारे में कुछ सोच रखा है, जो हम आपसे साझा करना चाहेंगे।

चूँकि, आपने इस किताब को पढ़ने का चयन किया है, इसलिए हम मानते हैं कि आपमें और उन अनेक लोगों में बहुत कुछ समान होगा, जिनके साथ हम संस्थान में काम करते हैं और दुनियाभर में सेमिनार करते हैं। आप अत्यधिक व्यस्त हैं। आप ज़िम्मेदार होने के साथ ही उत्पादक बनना चाहते हैं तथा अच्छी चीज़ें करना चाहते हैं, लेकिन आप, हम जैसे अनेक लोगों की तरह, इतने व्यस्त हैं कि आप उस तरह योगदान नहीं दे पाते जैसे देना चाहते हैं, या दे सकते हैं।

अपने अनुभवों के कारण हमें आप जैसे लोगों तथा साथ मिलकर अपनी क्षमता में अत्यधिक आस्था है कि हम साथ मिलकर ऐसी बहुत सी समस्याओं को सुलझा सकते हैं, जिनका हम सब सामना कर रहे हैं। हमें पूरा यक़ीन है कि अपने अंतःकरण की सुनने की क्षमता विकसित करके तथा ज़रूरी काम पहले करने की प्रभावी व्यवस्था बनाकर, हम सब ऐसे अनेक व्यक्तिगत और सामूहिक योगदान कर सकेंगे, जो फ़िलहाल संभव नहीं हो पा रहा है।

हम आपको कहेंगे कि क्षणभर के लिए अपने अंतःकरण से गहराई तक जुड़ें और अपने आपसे यह आख़िरी सवाल पूछें :

क्या कुछ ऐसा है, जो करके मैं फ़र्क़ ला सकता हूँ?

इस बारे में सोचें। इसमें कई चीज़ों- भ्रमपूर्ण प्रतिमान, तार्किकता, इच्छाएँ, तात्कालिता की लत, यहाँ तक कि अपने आरामदायक ज़ोन तक से मुक्त होना पड़ सकता है, लेकिन दिल की गहराइयों में, पूरी ईमानदारी से क्या आपको लगता है कि आप कुछ कर सकते हैं, कोई योगदान दे सकते हैं, ऐसी विरासत छोड़ सकते हैं, जो आपके परिवार, आपके कार्य समूह, आपके संस्थान, आपके समुदाय, आपके समाज को सकारात्मक तरीक़े से प्रभावित कर सके।

अगर ऐसा कुछ है, तो हम आपको वह करने के लिए प्रोत्साहित करते हैं। जैसा कि गाँधीजी ने कहा था, "वैसा बनें, जैसा आप दुनिया को देखना चाहते हैं।" आप जहाँ भी सिद्धांत-केंद्रित हैं, हम आपको प्रोत्साहित करते हैं कि आप अपने दिल की सुनें। वादा करें और इसे निभाएँ। लक्ष्य बनाएँ और इसे हासिल करें। इसी में शांति मिलेगी। जैसा कि एमर्सन ने कहा है :

शांति कहीं और से नहीं, बल्कि खुद अपने से मिलती है। शांति कहीं और से नहीं, बल्कि सिद्धांतों की जीत से मिलती है।

उपसंहार

ज़रूरी काम पहले के समापन के साथ ही हमारा दिलो-दिमाग़ आदर से भर गया है।

हमारे मन में लोगों के प्रति गहरे आदर के भाव हैं। अनेक लोगों ने अपने गहन आंतरिक जीवन के हिस्से के तौर पर इस किताब के सिद्धांतों के अनुरूप मिशन स्टेटमेंट, लक्ष्य और कार्य संबंधी व्यक्तिगत अनुभव हमसे साझा किए। हमें पूरी तरह यही लग रहा है कि हम एक पवित्र भूमि पर खड़े हैं। हमारा मन दुनिया की उन संस्कृतियों की ओर खिंचा जा रहा है, जहाँ लोग एक दूसरे का अभिवादन हाथ जोड़ते हुए हल्के से झुककर करते हैं, जो मानव आत्मा की श्रेष्ठता और हम सबके भीतर मौजूद दिव्यता के प्रकाश के प्रति आदर की स्वीकार्यता को दर्शाता है।

हम सिद्धांतों के प्रति आदर की भावना महसूस करते हैं। हमारा इनके साथ सामंजस्यपूर्वक रहना और इन्हें तोड़ना- दोनों से मिले अनुभवों ने हमें इनकी वास्तविकता के प्रति गहन और स्थायी सम्मान प्रदान किया है। इससे यह पूर्ण विश्वास भी मिला है कि निश्चित ही जीवन की गुणवत्ता हमारे जीवन के 'सही दिशा' से अनुकूलित होने के पैमाने पर आधारित है।

हम जीवन और समय के परिचारक-कार्य के प्रति आदर की भावना महसूस करते हैं। वे सब लम्हे, दिन, सप्ताह, वर्ष, और मौसम, जिसमें हम जीते हैं, प्रेम करते हैं, सीखते हैं और विरासत छोड़ जाते हैं। हम उस स्वतंत्रता के प्रति आदर और कृतज्ञता अनुभव करते हैं, जिसमें हम अपना समय कैसे गुज़ारेंगे, इसका चयन करते हैं।

सबसे बढ़कर, हम ईश्वर के प्रति आदर की भावना महसूस करते हैं, जिन्हें हम सिद्धांतों और अंतःकरण दोनों का स्रोत मानते हैं। यह हमारा अपना पूर्ण विश्वास है कि हम सबके भीतर मौजूद दिव्यता का प्रकाश ही हमें सेवा और योगदान के सिद्धांत केंद्रित जीवन की तरफ़ ले जाता है,

लेकिन हम इसे भी पहचानते हैं और उसका आदर करते हैं, जो आस्थाओं की भिन्नता ख़ुद हमारे संस्थान और दुनियाभर में लोगों के अंतःकरण और योगदान में साफ़ दिखाई देती है।

जैसा कि अमेरिकी वेस्ट के शुरुआती पथप्रदर्शक ब्रायंट एस. हिंक्ली ने कहा है:

सेवा ऐसा सद्गुण है, जो महान लोगों को सदैव सबसे अलग बनाता रहा है और जिसके लिए उन्हें याद किया जाता है। यह उनके शिष्यों को श्रेष्ठता की पहचान देता है। यह वह विभाजन रेखा है, जो दुनिया के दो महान समूहों को अलग करती है- एक जो मदद करते हैं और दूसरे जो बाधाएँ डालते हैं। एक जो उठते हैं, दूसरे जो झुकते हैं। एक जो योगदान देते हैं और दूसरे जो केवल उपभोग करते हैं। देना, कुछ पाने से कितना बेहतर है। किसी भी रूप में सेवा सुंदर और मनोरम है। लोगों को प्रोत्साहित करने, उनमें सहानुभति की भावना जागृत करने, दिलचस्पी प्रदर्शित करने, भय समाप्त करने, उन्हें आत्मविश्वासी बनाने और दूसरों के दिलों में आशा जगाने, संक्षेप में कहें, तो प्रेम करने और उसे प्रदर्शित करने का अर्थ है- सबसे अनमोल सेवा देना।

सेवा देने, दुनिया में फ़र्क़ लाने के लिए, कितना कुछ है, जो हम कर सकते हैं- भले ही हमारा प्रभाव चक्र कितना भी बड़ा या छोटा हो। यह हमारी आशा ही है, जो हम सबको अंतःकरण की गहराई से जोड़ेगी और हमारे भीतर की अग्नि से दुनिया को प्रकाश और उष्णता प्रदान करेगी।

परिशिष्ट अ :
मिशन स्टेटमेंट वर्कशॉप

प्रभावशाली व्यक्तिगत मिशन स्टेटमेंट बनाने के सबसे प्रभावशाली तरीक़ों में से एक यह है कि इसकी योजना उस समय बनाएँ, जब आप बिलकुल अकेले हों- फ़ोन, दोस्तों, पड़ोसियों, और यहाँ तक कि परिवार से भी दूर हों, हालाँकि यह आवश्यक नहीं है, लेकिन प्रकृति आपको ऐसी आदर्श स्थिति देती है, क्योंकि इससे आप कृत्रिम, यांत्रिक, विखंडित जगत से बाहर निकलकर अपने को प्रकृति के साथ सामंजस्यपूर्ण और संतुलित कर सकते हैं। यह ऐसे हालात उत्पन्न करती है, जहाँ आप अपने मन को साफ़ कर सकते हैं और अपने आपको अपनी अंतरतम अनुभूतियों के प्रति सचमुच खोल सकते हैं।

हमारी सलाह है कि आप निम्न में से एक या अधिक दृष्टिकोण-विस्तार अनुभवों को आज़माएँ। हमने इन सात अभ्यासों को व्यक्तिगत मिशन स्टेटमेंट लिखने की तैयारी करने में लोगों के लिए काफ़ी मददगार पाया है। इसके अनेक रूप हैं। कुछ अभ्यास केवल कुछ मिनट में हो जाते हैं, तो कुछ को कई घंटे और दिन चाहिए होते हैं। आपको इनमें से कुछ अपने लिए अधिक मूल्यवान लग सकते हैं। आपको यह भी लग सकता है कि हमारे सुझाए अभ्यासों के बजाय कुछ और आपके लिए ज़्यादा अच्छा काम कर सकता है।

यहाँ महत्त्वपूर्ण यह है कि आप अपने गहन आंतरिक जीवन तक पहुँच सकें। उनसे जुड़ सकें, जो आपके लिए सबसे महत्त्वपूर्ण हैं।

अभ्यास 1# : अध्याय 5 में दिए विजुएलाइजेशन (कल्पना) अनुभव को आजमाएँ, जहाँ आपको अपने आपको अपने अस्सीवें जन्मदिन या पचासवीं विवाह वर्षगाँठ पर भेजना होता है।

अभ्यास 2# : अपनी विशिष्ट वृत्तियों का उपयोग करके जीवन की प्रत्येक आवश्यकता और क्षमता को जानें। आपके लिए ऐसे चार्ट का उपयोग करना मददगार रहेगा, जैसा अगले पृष्ठ पर दिया गया है।

अभ्यास 3# : एकांतवास में जाएँ और निम्न प्रश्नों पर गहराई से विचार करें:

	जीना	प्रेम करना	सीखना	विरासत छोड़ना
आत्म–जागृति मेरी मौजूदा स्थिति क्या है? जीवन की गुणवत्ता का मेरा प्रतिमान क्या है?				
विवेक मुझे अपने भीतर क्या पूर्ण करना है? किन सिद्धांतों से जीवन की गुणवत्ता के परिणाम उत्पन्न हो सकते हैं?				
स्वतंत्र इच्छा अपनी ज़रूरतों और क्षमताओं को पूरा करने के लिए मुझे कौन से चुनाव करने होंगे? मुझे कौन सी पटकथाएँ फिर लिखनी होंगी?				
रचनात्मक कल्पना मुझे कैसे गुणवत्तापूर्ण परिणाम चाहिए? उन्हें पाने के लिए मुझे क्या करना होगा?				

मेरे विचार से मेरी सबसे बड़ी ताक़त क्या है?

मुझे जानने वाले लोग मेरी किस ताक़त को पहचानते हैं?

मुझे क्या करने में अत्यधिक आनंद आता है?

मुझे दूसरों में कौन सा गुण सबसे ज़्यादा पसंद आता है?

मेरे जीवन पर किस एक व्यक्ति का सबसे ज्यादा सकारात्मक प्रभाव पड़ा है?

वह व्यक्ति इतना सकारात्मक प्रभाव क्यों डाल सका?

मेरे जीवन का सबसे ख़ुशनुमा पल कौन-सा था?

वे क्यों ख़ुश थे?

अगर मेरे पास असीमित समय और संसाधन हों, तो मैं क्या करना चाहूँगा?

दिवास्वप्न देखते वक़्त मैं अपने को क्या करते देखता हूँ?

मेरे लिए सबसे अहम तीन या चार चीज़ें कौन सी हैं?

अपने कार्य जीवन में मैं किन चीज़ों को सबसे क़ीमती मानता हूँ?

अपने निजी जीवन में मैं किन चीज़ों को सबसे क़ीमती मानता हूँ?

मैं ऐसा क्या बेहतरीन कर सकता हूँ, जो दूसरों के लिए भी क़ीमती हो ?

मुझमें ऐसी कौन सी प्रतिभा है, जिसके बारे में और कोई नहीं जानता?

भले ही मैंने पहले कई बार विभिन्न कारणों से ऐसे विचारों को ख़ारिज किया है, जबकि मुझे लगता है कि हमें यह काम करना चाहिए? तो वो कौन-सी चीज़ हैं?

मेरी शारीरिक आवश्यकताएँ और क्षमताएँ क्या हैं?

भौतिक क्षेत्र में अपनी परिपूर्णता के मौजूदा स्तर से मैं कितना संतुष्ट हूँ?

मैं इस क्षेत्र में जीवन की गुणवत्ता के ऐसे किन परिणामों की इच्छा रखता हूँ, जो फ़िलहाल मेरे पास नहीं हैं?

ये परिणाम किन सिद्धांतों से पाए जा सकते हैं?

मेरी सामाजिक आवश्यकताएँ और क्षमताएँ क्या हैं?

सामाजिक क्षेत्र में अपनी परिपूर्णता के मौजूदा स्तर से मैं कितना संतुष्ट हूँ?

मैं इस क्षेत्र में ऐसे किन जीवन गुणवत्ता के परिणामों की इच्छा रखता हूँ, जो फ़िलहाल मेरे पास नहीं है?

ये परिणाम किन सिद्धांतों से पाए जा सकते हैं ?

मेरी मानसिक आवश्यकताएँ और क्षमताएँ क्या हैं?

मानसिक क्षेत्र में अपनी परिपूर्णता के मौजूदा स्तर से मैं कितना संतुष्ट हूँ?

मैं इस क्षेत्र में जीवन की गुणवत्ता के ऐसे किन परिणामों की इच्छा रखता हूँ, जो फ़िलहाल मेरे पास नहीं हैं?

ये परिणाम किन सिद्धांतों से पाए जा सकते हैं ?

मेरी आध्यात्मिक आवश्यकताएँ और क्षमताएँ क्या हैं?

आध्यात्मिक क्षेत्र में अपनी परिपूर्णता के मौजूदा स्तर से मैं कितना संतुष्ट हूँ ?

मैं इस क्षेत्र में जीवन की गुणवत्ता के ऐसे किन परिणामों की इच्छा रखता हूँ, जो फ़िलहाल मेरे पास नहीं हैं?

ये परिणाम किन सिद्धांतों से पाए जा सकते हैं?

मैं अपनी शारीरिक, सामाजिक, मानसिक, और आध्यात्मिक आवश्यकताओं और क्षमताओं में किस सीमा तक ओवरलैपिंग देखता हूँ?

मेरे जीवन में अहम भूमिकाएँ कौन सी हैं?

मेरा वह कौन सा सबसे अहम लक्ष्य है, जिसे मैं हर भूमिका में पूरा करना चाहता हूँ?

मुझे जीवन में कौन से परिणाम मिल रहे हैं, जो मुझे पसंद हैं?

ये परिणाम किन प्रतिमानों से मिले हैं?

मुझे जीवन में कौन से परिणाम मिल रहे हैं, जो मुझे पसंद नहीं हैं ?

यह परिणाम किन प्रतिमानों से मिले हैं?

कौन से प्रतिमान बेहतर परिणाम दे सकते हैं ?

मैं अपने जीवन में क्या बनना और करना चाहता हूँ?

वे कौन से अहम सिद्धांत हैं, जिन पर मेरा अस्तित्व और कार्य आधारित है?

इन सवालों के जवाबों से आपको अपने मिशन स्टेटमेंट के लिए शानदार इनपुट मिलेगा।

अभ्यास #4 : निम्न समय आधारित अभ्यास को करने के लिए अपनी घड़ी का उपयोग करें।

ए) एक मिनट में निम्न सवाल का जवाब दें

अगर मेरे पास असीमित समय और संसाधन हों, तो मैं क्या करूँगा?

सपने देखने से न डरें। संभावनाओं का ताला खोलें। आपके दिमाग़ में जो भी आए, वह लिख लें।

बी) एक मिनट लें और अपने मूल्यों को लिखें। नीचे एक आंशिक सूची है, जो आपकी सोच को प्रेरित करने में मदद कर सकती है।

- मन की शांति
- सुरक्षा
- धन
- अच्छा स्वास्थ्य
- किसी के साथ गहरे रिश्ते
- नाम व पहचान
- ख़ाली समय
- ख़ुशी
- आध्यात्मिक परिपूर्णता
- मित्रता
- परिवार
- दीर्घायु
- समय, ज्ञान और धन का योगदान देना
- यात्रा
- उपलब्धि की भावना
- दूसरों का सम्मान

सी) एक मिनट लेकर अपनी मूल्य सूची में से शीर्ष पाँच को पहचानें।

डी) कुछ मिनट लें और अपने पाँच मूल्यों की तुलना अपने सपनों से करें। आपको पता लग सकता है कि आप उन अवचेतन सपनों को जी रहे हैं, जिनका आपके मूल्यों के साथ सामंजस्य नहीं है। आप इंडियाना जोंस जैसा जीवन बिताने का सपना देख सकते हैं, लेकिन आपको मकड़ी के जालों में से गुज़रना और बिच्छुओं के बीच सोने का कोई महत्त्व दिखाई नहीं देता। अगर आप अपने सपनों को बाहर लाकर वास्तविकता के प्रकाश में नहीं देखते, तो आप वर्षों तक भ्रम और अवचेतन अनुभूतियों के साथ रह सकते हैं कि आप इस दूसरे सबसे बेहतर काम से संतुष्ट हो सकते हैं। इन दोनों सूचियों पर तब तक काम करते रहें, जब तक आपको यह नहीं महसूस होने लगे कि आपके सपने आपके मूल्यों को प्रतिबिंबित करते हैं।

ई) अब एक मिनट दें और अपने उन मूल्यों को देखें, जो मानवीय परिपूर्णता के चार बुनियादी क्षेत्रों से संबंधित हैं। क्या वे आपकी शारीरिक, सामाजिक, मानसिक और आध्यात्मिक आवश्यकताओं और क्षमताओं को प्रतिबिंबित करते हैं। अपनी सूची पर तब तक काम करते रहें, जब तक यह महसूस नहीं होने लगता कि ये ऐसा कर रहे हैं।

एफ) अंत में, एक और मिनट में इस सवाल का जवाब दें: *कौन से सिद्धांत मेरी अंतिम सूची में मूल्यों को उत्पन्न कर सकते हैं?*

अभ्यास # 5: अगर आप डायरी लिखते हैं, तो समीक्षा करें कि बीते वर्षों में उसमें क्या लिखा है। उन 'उच्चतम विचारों' को पढ़ें, जो कभी आपके रहे थे। उन दोहराते पैटर्न को देखें, जो दिन- प्रतिदिन दृष्टिगोचर न होते हों। मूल्यों और निर्देशों को पहचानें और इन्हें लिख लें।

अभ्यास #6 : लेविन के फ़ोर्स फील्ड एनालिसिस मॉडल का उपयोग करके देखें कि आप कहाँ पहुँचना चाहते हैं, आप फ़िलहाल कहाँ हैं, और आपके बदलाव के प्रयासों के लिए और इनके ख़िलाफ़ कौन से कारक काम कर रहे हैं।

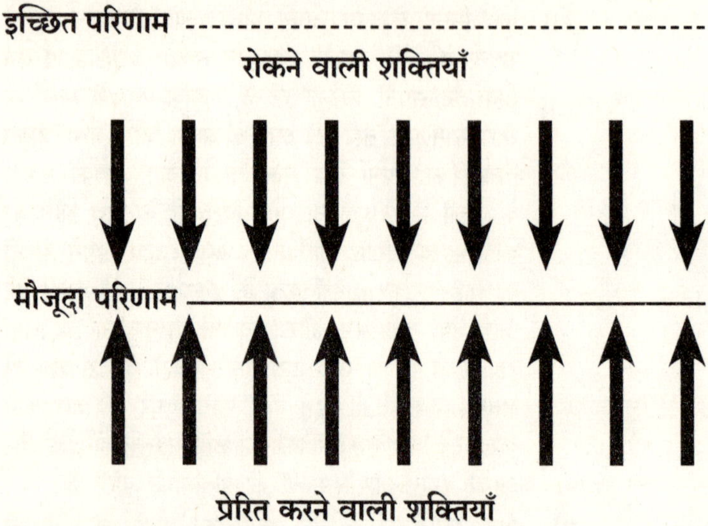

निम्न प्रश्नों पर विचार करें:

- आदर्श स्थिति क्या है? मैं अपना समय कैसे बिताऊँगा? इसके क्या परिणाम होंगे?
- मेरे मौजूदा हालात कैसे हैं? मैं अब अपना समय कैसे बिताता हूँ?
- वे कौन से विशिष्ट कारक हैं, जो मुझे आदर्श पाने से रोक रहे हैं? इन्हें कमज़ोर या समाप्त करने के लिए मैं क्या कर सकता हूँ?
- वे कौन से विशिष्ट कारक हैं, जो मुझे आदर्श की तरफ़ आगे बढ़ा रहे हैं? इन्हें मज़बूत या अधिक करने के लिए मैं कर सकता हूँ?

अभ्यास #7 : किसी ख़ास समय में अपने जीवन को देखने के लिए आगामी चार्ट का उपयोग करें। जीवन प्रत्याशा बढ़ने के इस दौर में, जीने के बहुत से कारण हो सकते हैं। आज सेवानिवृत्ति अपने साथ बीस या अधिक वर्षों की वास्तविक उम्मीदें लिए होती है, एक दूसरे कॅरियर की संभावनाएँ खोलती है, जो जीवन को महान अर्थ दे सकता है। अक्सर यह दूसरा कॅरियर पहले के मुक़ाबले अपनी पसंद ज़्यादा का होता है। अनुभव, संसाधन, और अवसर ऐसे अनेक द्वार खोल देते हैं, जो इससे पहले बंद थे।

अगर आप विवाहित हैं, तो यह अभ्यास अपने जीवनसाथी के साथ करना और ज़्यादा शानदार होगा। संभव है अपने दूसरे कॅरियर के बारे में सोचकर आप शहर में रहना चाहते हों, जबकि आपका जीवनसाथी किसी क़स्बे में शांतिपूर्ण जीवन बिताना चाहता हो।

उद्देश्य की भावना अक्सर जीवन की गुणवत्ता के साथ ही साथ भविष्य को भी सुधार देती है। आगामी वर्षों के विज़न आप में अपने उद्देश्य के प्रति आपका उत्साह पुनः जागृत कर सकते हैं, क्योंकि अब आप जानते हैं कि आपको केवल यही एक उद्देश्य हासिल नहीं करना है। निम्न चार्ट के पहले कॉलम में, वह काम दर्ज कीजिए, जो आप वाक़ई में करना चाहते हैं या वह योगदान, जो आप जीवन में कभी न कभी देना चाहते हैं। इसके बाद उन बक्सों को शेड इन कर दें, जो यह दिखाएगा कि आप ये चीज़ें तक़रीबन कब करना चाहते हैं। यह पाँच से दस वर्ष की वृद्धि इस अभ्यास के उद्देश्य के लिए पर्याप्त है।

भावी योगदान व उपलब्धियाँ	**कब** *(अनुमानित आयु)*								
	20	30	40	50	60	70	80	90	100

अतिरिक्त परिदृश्य के लिए, पीछे जाएँ और वह वर्ष दर्ज करें, जब आप उस आयु के होंगे। उदाहरण के लिए, अगर इस वक़्त आप तीस साल के हैं तो आप चालीस, पचास, साठ, आदि के कब होंगे, उस तारीख़ को संबंधित उम्र के नीचे लिख दें।

आशा है, यह अभ्यास आपकी सोच को विस्तार देगा और आपके लिए अपने मिशन स्टेटमेंट बनाने में सहायक होगा। जब आप इसे लिखने के लिए सचमुच तैयार हों, तो इसे इस सोच के साथ लिखें कि आप यह किसी दूसरे के लिए नहीं, बल्कि अपने लिए लिख रहे हैं। इसे अपनी भाषा में लिखें। कुछ लोगों के लिए शब्द सहज व सरल होते हैं, जबकि कुछ के लिए कुंद और सीधे। प्रभावशाली मिशन स्टेटमेंट कुछ शब्दों से लेकर की पृष्ठों तक के हो सकती हैं– कुछ स्टेटमेंट पद्य गद्य, संगीत और कला में भी हो सकते हैं। आपके मन को जैसे अच्छा लगे, वैसे लिखें, जिससे आपके भीतर की आग को ईंधन मिले। पहले अध्याय 5 : *विज़न का जुनून* में दी गई सशक्त बनाने वाले मिशन स्टेटमेंट की विशेषता सूची को देख लें।

कुछ लोगों को दूसरों के लिखे स्टेटमेंट्स पढ़ना अच्छा लगता है। कुछ लोग स्वयं अभिव्यक्ति नहीं कर पाते। यहाँ हमने कुछ स्टेटमेंट्स दिए हैं और आप पर फ़ैसला छोड़ा है कि इन्हें पढ़ना आपके लिए ख़ुद का स्टेटमेंट बनाने में मददगार होगा या नहीं, हालाँकि हमारे पास इतिहास के बहुत से 'प्रसिद्ध' लोगों के स्टेटमेंट्स हैं, लेकिन हमने यहाँ जिन्हें दिया है, वे दुनियाभर के हर क़िस्म के अनेक असाधारण लोगों के हैं, जो आज भी हमारे बीच हैं। अध्याय 5 के पैमाने के आधार पर इनमें से कुछ शेष से ज़्यादा सशक्त बनाने वाले हैं, परंतु हर एक स्टेटमेंट आत्मा की आवाज़ है। इन्हें पढ़ते समय इनके रचयिता तथा इसके साथ रचना पर भी विचार करने का प्रयास करें। आप जो पढ़ें, उससे उस जीवित व्यक्ति के प्रभाव का अंदाज़ा लगाएँ।

मिशन स्टेटमेंट्स

भगीरथ प्रयास :

मैं अपना हर दिन साहस और अपने तथा दूसरों में यक़ीन के साथ बिताऊँगा। मैं सत्यनिष्ठा, चयन की स्वतंत्रता तथा ईश्वर के बनाए सभी मनुष्यों के प्रति प्रेम के मूल्यों के साथ जीवन बिताऊँगा। मैं उन सभी वादों को पूरा करने का प्रयास करूँगा, जो मैंने न केवल अपने से, बल्कि अन्य लोगों से भी किए हैं। मैं

याद रखूँगा कि सचमुच जीने के लिए मुझे आज ही यह भगीरथ प्रयास आरंभ करना होगा, क्योंकि कल शायद बहुत देर हो जाए। मैं जानता हूँ मेरा उद्देश्य दूसरों को शायद बहुत बड़ा नहीं लगता होगा और मैं इसे स्वीकार करता हूँ। मेरी हर व्यक्तिगत जीत मुझे नवीन बना देती है, फिर चाहे वह कितनी भी छोटी क्यों न हो। मैं अपनी मर्ज़ी से चयन करना और मैंने जो कुछ किया है, उसके अनुसार जीना जारी रखूँगा, जैसा मैं हमेशा से करता आया हूँ। मैं न तो बहाने बनाऊँगा, न ही दूसरों को दोष दूँगा। मैं जब तक हो सकेगा अपने मन और शरीर को स्वस्थ व मज़बूत रखूँगा, जिससे कि मैं अपने भगीरथ प्रयासों के चयन पर टिका रह सकूँ। मैं दूसरों की जितना बन पड़ेगा, मदद करूँगा और मैं उनका भी आभारी रहूँगा, जो इस दौरान मेरी मदद करेंगे।

मुझे उपहार में कृतज्ञतापूर्वक मिले दिनों को अनुशासन, उद्देश्य और साहस के साथ शांतिपूर्वक बिताऊँगा,

जिसे उपयोग कर रहा हूँ, उसे तलाश और स्वीकार करूँगा और अपनी ताक़त को विश्वास व आनंद सहित बढ़ाऊँगा।

मेरे परिवार को संजोए रखने के लिए।

मेरे जीवन और राह में मिलने वाले अन्य लोगों या दिल के क़रीब सभी के जीवन की समृद्धि के लिए,

परवाह करूँगा, व उनके प्रेम की विशिष्ट क़ीमत का उल्लेख करूँगा,

जो दे सकता हूँ, वह दूँगा और जो वह देंगे, उसे ग्रहण करूँगा,

अगर वे चाहेंगे

तो जो जानता हूँ, उसे सिखाऊँगा, उनसे जो सीख सकता हूँ, उसे सीखूँगा।

और राह तलाशने और उस पर चलने में उनकी मदद करूँगा।

दक्षिण अफ़्रीका और मैं जिस समुदाय से हूँ, उसके नैतिक मूल्यों तथा जिस पर्यावरण पर मैं निर्भर हूँ, उसकी प्रकृति को सुरक्षा और बढ़ावा दूँगा।

यह पहचान और स्वीकार करूँगा कि मैं किसी चीज़ का मालिक नहीं, केवल विश्वसनीय परिचारक हूँ, और अधिकार, दायित्व से कम अहम हैं।

मैं निरंतर ईश्वर की खोज करूँगा और वे जो राह दिखाएँगे उसे समझूँगा।

केवल ईश्वर की महिमा को ध्यान में रखते हुए, दुनिया को एक बेहतर स्थान बनाऊँगा, जिसमें लोगों को सशक्त करूँगा, ताकि वे अधिक सार्थक जीवन जी सकें।

अपने परिवार से शुरुआत करके, मैं अपने प्रभाव चक्र को विस्तार दूँगा :

अपने प्रिय सिद्धांतों- (परोपकार, स्वामीभक्ति, आत्म-संतुष्टि, ईमानदारी, सत्यनिष्ठा, अति सक्रियता, दान, विश्वास...) को सचमुच जीऊँगा।

अपने से नियमित रूप से मिलने वाले हर व्यक्ति के बोझ को थोड़ा हल्का बनाकर उसे अधिक प्रफुल्लित बनाऊँगा।

अपने आपको अत्यधिक गंभीरता से नहीं लूँगा और हर चीज़ को उचित संदर्भों में रखूँगा।

जीऊँगा और जीने दूँगा, सीखूँगा और सिखाऊँगा, दूँगा और पाऊँगा, प्रेम करूँगा और प्रेमपात्र बनूँगा, समझूँगा और समझने लायक़ बनूँगा।

समाविष्ट होकर हर दिन को अन्य दिनों जैसा नहीं समझूँगा, बल्कि अवसर व उत्साह से भरा देखूँगा। मैं जो करना चाहता हूँ, अपने लिए खुद चुनूँगा।

मैं नैतिक रूप से परिपूर्ण और साधारण जीवन बिताना चाहता हूँ। मेरा कल्याण मेरी सबसे पहली प्राथमिकता होगी। मुझे यक़ीन है कि अगर मैं अपने मूल्यों के प्रति सच्चा रहा, तो अपने मिलने वालों को भी सकारात्मक रूप से प्रभावित कर सकूँगा।

मैं निकट के लोगों के साथ अपने अंतःकरण के विचारों को अधिक से अधिक साझा करने का दृढ़ संकल्पित प्रयास करूँगा।

मैं जानता हूँ कि मैं दूसरों पर पारस्परिक रूप से निर्भर हूँ और उनके लिए ज़िम्मेदार भी हूँ। इसे ध्यान में रखते हुए, मैं जागृत होकर अपने परिवार और सहकर्मियों के साथ निकटता रखूँगा।

मैं नई शिक्षाओं के माध्यम से अपने मन को प्रेरित करके विकसित होता जाऊँगा।

हालाँकि मैं अपने पेशे से मिलने वाली स्वतंत्रता और वित्तीय सुरक्षा को महत्त्व देता हूँ, लेकिन मुझे अहसास है कि मात्र स्वतंत्रता और सुरक्षा से ही वह आनंद नहीं मिल सकता, जिसे मैं तलाश रहा हूँ।

अपने लिए चयन मैं स्वयं करूँगा।

मेरा मिशन कार्य का उत्प्रेरक बनकर तथा संभव चीज़ों के साझा विज़न द्वारा सकारात्मक बदलावों की ताक़त बनना और दूसरों को भी महानता के लिए प्रेरित करना है।

मैं निरंतर अपनी कल्पना द्वारा भविष्य की रचना करने का प्रयास करूँगा बजाय इसके कि अतीत का शिकार बना रहूँ। मैं उस मार्ग के चयन का प्रयास करूँगा, जिससे साहस, न्याय, विनम्रता, भलाई, समझ और व्यक्तिगत सत्यनिष्ठा का सम्मान कर सकूँ।

अंत में, मैं हमेशा अपने को यही याद दिलाता रहूँगा कि बिना जोखिम लिए न सफलता मिलती है, न विफलता। जैसा कि थॉमस एक्वानस का कथन है : अगर किसी कप्तान का मुख्य लक्ष्य अपने जहाज को बचाए रखना हो, तो वह कभी किनारा नहीं छोड़ सकेगा।

मैं अपने से वादा करता हूँ कि मैं अपने आस-पास के लोगों के लिए हमेशा परवाह करने वाला ईमानदार दोस्त बनकर रहूँगा तथा जो मैं जानता हूँ, उसे जो मैं करता हूँ, उससे जोड़ने का प्रयास करता रहूँगा।

मैं अपने लिए, आत्म-ज्ञान, आत्म-प्रेम और आत्म-अनुमित विकसित करना चाहता हूँ। मैं चाहता हूँ कि अपनी उपचार की प्रतिभा से आशा को जीवित रखूँ और अपने शब्दों और कार्यों द्वारा अपने विज़न को अभिव्यक्त करूँ।

अपने परिवार में, मैं स्वस्थ, प्रेमपूर्ण रिश्ते बनाना चाहता हूँ, जिसमें हम एक दूसरे को बेहतर बनने दें।

कार्यक्षेत्र में, मैं एक त्रुटिहीन, स्व- स्थायी, सीखने का वातावरण स्थापित करना चाहता हूँ।

दुनिया में, मैं सभी जीवित प्राणियों का विकास प्राकृतिक नियमों के साथ सामंजस्य रखते हुए पोषित करना चाहता हूँ।

अपने और जो लोग मेरे लिए महत्त्वपूर्ण हैं, उनके भीतर से सर्वश्रेष्ठ को निकालना चाहता हूँ- विशेष रूप से तब, जब ऐसा करना बेहद ज़रूरी भी हो।

विनम्र होने के लिए,

ईश्वर को किसी न किसी तरह रोज़ाना धन्यवाद देना।

किसी भी अपशब्द पर प्रतिक्रिया न देकर इसे गुज़र जाने देना।

अपने स्व की तलाश करना, जो सब तरफ़ देखता है और बिना चूके ऐसा कर सकता है।

मैं सभी लोगों को दया और सम्मान सहित देखने में विश्वास करता हूँ।

मुझे यक़ीन है कि अपने महत्त्व की चीज़ों को जानकर मैं सचमुच जान सकता हूँ कि मुझे क्या चाहिए।

अपने मूल्यों और आस्थाओं के अनुसार चलना।

मैं जीवन के उत्साह को बच्चे जैसे नवीन प्रेम, युवाओं के प्रेम जैसी मधुरता और आनंद, तथा परिपक्व प्रेम जैसे सम्मान और आदर से अनुभव करना चाहता हूँ।

मेरा लक्ष्य सम्मानित और ज्ञानपूर्ण स्थिति पाना है, तथा इस स्थिति का दूसरों की मदद में उपयोग करना है, और सार्वजनिक सेवा संस्थान में सक्रिय भूमिका निभाना है।

अंत में, चेहरे पर मुस्कान और आँखों में चमक लिए जीवन गुज़ारना चाहता हूँ।

ऐसा व्यक्ति बनना चाहता हूँ ताकि मेरे बच्चे यह कहने में गर्व महसूस करें कि वे मेरे पिताजी हैं।

ऐसा व्यक्ति बनना चाहता हूँ, जिसके पास मेरे बच्चे प्रेम, आराम, और ज्ञान के लिए आएँ।

ऐसा दोस्त बनना चाहता हूँ कि लोग उसे परवाह करने वाले और हमेशा उनकी चिंताओं को हमदर्दी के साथ सुनने वाले के तौर पर जानें।

ऐसा व्यक्ति बनना चाहता हूँ, जो दूसरे की क़ीमत पर जीतने की इच्छा न करे।

ऐसा व्यक्ति बनना चाहता हूँ, जो दर्द महसूस कर सके और दूसरों को चोट न पहुँचाए।

ऐसा व्यक्ति बनना चाहता हूँ, जो दूसरों लिए आवाज़ उठाए। ऐसे लोग जो ख़ुद आवाज़ न उठा सकते हों। ऐसा व्यक्ति बनना चाहता हूँ, जो उनकी

सुने, जिनकी कोई न सुनता हो, जो नेत्रहीनों के लिए देखे, जिसमें यह कहने की क्षमता हो, "यह आपने किया है, न कि मैंने।"

ईश्वर की अनुकंपा हो और मैं जो कहता हूँ, वह कर भी सकूँ।

मैं जो कुछ भी करूँ, उसमें सकारात्मक दृष्टिकोण और मज़ाक़ का पुट रख सकूँ। मैं चाहता हूँ कि मेरा परिवार मुझे परवाह और प्रेम करने वाले पति और पिता के रूप में पहचाने। मेरे व्यापारिक साथी मुझे न्यायपूर्ण और ईमानदार व्यक्ति के तौर पर जानें, मेरे दोस्त मुझे भरोसेमंद जानें। मेरे लिए और मेरे साथ काम करने वाले व्यक्तियों के प्रति मैं सम्मान की प्रतिज्ञा करता हूँ और हर रोज़ प्रयास करूँगा कि सम्मान अर्जित करूँ। अपनी सभी गतिविधियों को नियंत्रित करना सत्यनिष्ठा की मज़बूत भावना है, जिसे मैं सबसे अहम चारित्रिक गुण मानता हूँ।

मैं हर दिन ऐसे जीना चाहता हूँ, जैसे मेरे पास इस दुनिया को आदर्श बनाने की सभी आवश्यक शक्तियाँ और प्रभाव मौजूद हैं। दूसरों की बातें सुनकर और उनकी सेवा द्वारा, मैं नए विचारों के बारे में सीखूँगा और अलग नज़रिया हासिल करूँगा।

मैं अपने प्रभाव चक्र को विस्तार देकर जीवन की चुनौतियों से पार पाने में महारत हासिल करूँगा और चिंता के उन क्षेत्रों पर बल नहीं दूँगा, जिन पर मेरा कोई नियंत्रण नहीं है।

मैं इस तरह व्यवहार करूँगा कि उन लोगों के लिए बाधा नहीं, बल्कि मार्गदर्शक बन सकूँ, जो मेरा अनुसरण करते हों या जिनका मैं अनुसरण करता हूँ।

मैं अपने सपनों पर भरोसा रखूँगा और किसी का दास नहीं बनूँगा।

मैं अपनी निजी उपलब्धियों को निस्वार्थ भाव से उपयोग करते हुए इसे दूसरों के लिए मूल्यवान बनाने का प्रयास करूँगा। उत्कृष्टता से ही वे विकल्प तय होंगे, जिन्हें मैं अभ्यास के लिए चुनूँगा और जिन मार्गों पर मैं चलना चाहूँगा।

मैं दूसरों से उससे ज़्यादा उम्मीद नहीं रखूँगा, जितनी ख़ुद से रखता हूँ। मैं सीखने और आगे बढ़ने के लिए नए स्रोतों की तलाश करूँगा- प्रकृति, परिवार,साहित्य और नए परिचित।

मैं प्रेम की उम्मीद रखने की जगह प्रेम प्रदर्शित करूँगा। मैं कुशलता की जगह प्रभावी बनने पर केंद्रित रहूँगा। मैं इस दुनिया में फ़र्क़ लाने को चुनूँगा।

परिशिष्ट ब :
समय प्रबंधन साहित्य की समीक्षा

समय प्रबंधन संबंधी साहित्य व साधनों के सर्वे के दौरान हमने काफ़ी कुछ पढ़ा, आत्मसात किया तथा इन्हें आठ बुनियादी पद्धतियों में मर्यादित किया है। यहाँ हम इन पद्धतियों की 'जड़ से फल' तक समीक्षा करेंगे- तथा इनकी ताक़त और कमज़ोरियों की गहन पड़ताल करेंगे, जिसमें मुख्य यह होगा कि ये जीवन गुणवत्ता को किस तरह प्रभावित करती हैं।

इन पद्धतियों का मूल वे मुख्य धारणाएँ या नियंत्रक प्रतिमान हैं, जिनसे इनका जन्म हुआ है। क्या हम बुनियादी धारणाओं पर विश्वास करते हैं? हर पद्धति का अपना मूल्य होता है। सबका अपना महत्त्वपूर्ण योगदान होता है, लेकिन अगर पद्धति का बुनियादी प्रतिमान ही त्रुटिपूर्ण या अधूरा हो, तो इनके प्रभावी उपयोग या क्रियान्वयन से इष्टतम परिणाम नहीं मिल सकते। इन पद्धतियों में से किन्हीं में हमारी अधिक मेहनत के बावजूद परिणामों में महत्त्वपूर्ण सुधार न होने का तथ्य इस बात का संकेत है कि इसका बुनियादी प्रतिमान समस्याग्रस्त है।

1. 'व्यवस्थित बनो' पद्धति (व्यवस्था)

इस पद्धति के अनुसार अधिकांश समय प्रबंधन समस्याओं का कारण अव्यवस्था है- जीवन में व्यवस्था की कमी। अक्सर हमें वह तब नहीं मिलता, जब हम उसे चाहते हैं। चीज़ें लगातार हाथ से फिसल रही होती हैं। अधिकांश मामलों में, जवाब इन्हीं व्यवस्थाओं में निहित होता है : फाइलिंग व्यवस्था, अंदर-बाहर बास्केट व्यवस्था, रिमाइंडर व्यवस्था, डाटाबेस सिस्टम। ये व्यवस्थाएँ मूल रूप से तीन क्षेत्रों को व्यवस्थित बनाने पर केंद्रित होती हैं।

- *चीज़ों को व्यवस्थित करना* (चाबियों से लेकर, कंप्यूटर स्क्रीन, फाइलिंग सिस्टम से अलमारी, दफ़्तर से रसोई तक हर चीज़ का व्यवस्थित होना)

- *कार्यों को व्यवस्थित करना* (सिंपल लिस्ट से लेकर जटिल प्लानिंग चार्ट बनाने वाले साधनों तथा प्रोजेक्ट मैनेजमेंट सॉफ़्टवेयरों द्वारा टू-डू लिस्ट को व्यवस्थित और क्रमबद्ध बनाना)
- *लोगों को व्यवस्थित करना* (आप जो कर सकते हैं, तथा दूसरे जो कर सकते हैं उन्हें परिभाषित करना, कार्य-सुपुर्दगी, निगरानी व्यवस्था बनाना, जिससे सब पता चल सके कि क्या हो रहा है)

व्यवस्था पद्धति व्यक्तिगत क्रियान्वयन से आगे बढ़कर संस्थागत अभ्यास के लिए है। जब कोई कंपनी कठिनाई में हो, तो यह उसकी पुनर्व्यवस्था, पुनः संरचना, रद्दोबदल, और 'साथ मिलकर काम करने का वक़्त' होता है।

ताकत :संस्थान का समय बचता है और दक्षता काफ़ी हद तक बढ़ जाती है। हमें चाबियाँ, कपड़े या खोई रिपोर्ट्स को तलाशने में वक़्त नहीं ख़राब करते। हम अपने प्रयासों को किफ़ायती बनाते हैं। व्यवस्थापन मानसिक स्पष्टता और सुव्यवस्था आती है।

कमज़ोरियाँ : ख़तरा यह होता है कि व्यवस्थापन, संस्थान को बृहत्तर लक्ष्यों की ओर ले जाने की जगह अक्सर अंत बन जाता है। ज़्यादा से ज़्यादा समय उत्पादन की जगह व्यवस्था बनाने में ख़र्च हो सकता है। बहुत से लोग व्यवस्था में व्यस्त रहने को ही उपलब्धियाँ मानने लगते हैं, जबकि वास्तविकता यह है कि वे टालमटोल कर रहे होते हैं और महत्त्वपूर्ण कार्य पूरे नहीं करते। यदि यह अत्यधिक किया जाए, तो संस्थान की ताक़त ही उसकी कमज़ोरी बन जाती है। हम अधिक संरचनात्मक, अधिक आलोचनात्मक, कड़े, और यांत्रिक हो जाते हैं। यह संस्थानों के लिए भी उतना ही सही है, जितना व्यक्तियों के लिए।

2. योद्धा पद्धति (बचे रहना और स्वतंत्र उत्पादन)

योद्धा पद्धति का ज़ोर निजी समय की सुरक्षा पर होता है, ताकि उत्पादन और फ़ोकस किया जा सके। हम में से अधिकांश लोग अत्यधिक व्यस्त वातावरण की माँग में फँसे रहते हैं। हम ऐसे स्थानों पर काम करते हैं, जहाँ करने को इतना काम होता है, जितने कर्मचारी नहीं होते। अगर हमारे पास कंप्यूटर नेटवर्क कैलेंडर हो, तो हम उसे खोल कर देख सकते हैं कि हमारे

आने वाले सोलह महीने व्यवस्थित रहेंगे। वाइस-मेल संदेशों के जवाब देने होते हैं, लोग लगातार दरवाज़ा खटखटाते रहते हैं। हम जानते हैं कि ऐसा कोई तरीक़ा नहीं है, जिससे हम जो योगदान देना चाहते हैं, वह दे सकें, जब तक हमारे पास शांत अबाधित समय न हो, जिसमें हम उच्च-प्रभावी स्वतंत्र कार्य कर सकें।

समय योद्धा जानते हैं कि अगर हम जवाबी लड़ाई के लिए कुछ नहीं करते, तब व्यवस्था ऐसा हिमस्खलन बन जाती है, जो हमें ज़िंदा दफ़ना सकती है। अतः योद्धा पद्धति अपने आप को बचाना है, अपने समय को बचाना है, जिससे आप उच्च-लाभकारी स्वतंत्र गतिविधियों पर केंद्रित हो सकें। इसमें ऐसी प्रभावशाली तकनीकें शामिल हैं :

- *सुरक्षा* (सचिवों, बंद दरवाज़ों, फ़ोन-आंसरिंग मशीनों, आया तथा सरल-सीधे संवाद के उपयोग से सुरक्षा का निर्माण)
- *एकांत* (ऐसे वातावरण में जाना, जहाँ एकांतता से निर्बाध समय मिल सके)
- *कार्य-सुपुर्दगी* (दूसरों को कार्य सौंपना, जिससे उच्च-लाभकारी कार्यों के लिए ख़ाली समय मिल सके)

हालाँकि कुछ ही पुस्तकें हैं, जो ख़ासतौर पर इस पद्धति पर लिखी गई हैं, लेकिन इसके बारे में अधिकतर बातें साहित्य में हमें 'स्मार्ट तकनीक' और 'तरक़ीब' के रूप में मिलती हैं।

ताकत : इस पद्धति की ताक़त हमारे मौजूदा समय में घट रही घटनाओं का व्यक्तिगत दायित्व लेना है। हम उत्पादन कर पाते हैं, क्योंकि हमें उच्च-लाभकारी और स्वतंत्र कार्य करने के लिए शांत और निर्बाध समय मिलता है। हम सबको समय-समय पर इस तरह के समय की आवश्यकता रहती है, ख़ासतौर पर तब, जब हम किसी उच्च रचनात्मक कार्य में व्यस्त हों।

कमज़ोरियाँ : इस पद्धति की बुनियादी धारणा यह है कि अन्य लोग दुश्मन हैं। "इससे पहले कि वे आपका शिड्यूल बिगाड़ें और आप उनका बिगाड़ दें।" यह बचे रहने का प्रतिमान है- रोधन, एकांत, धमकाने वाला। यह अवरोध लगाता है। लोगों को नाराज़

किए बिना मीटिंग आयोजित करें। न कहें। यह सीखें कि लोगों को अपने ऑफ़िस से बाहर कैसे करें। बातचीत के दौरान बीच में ही फ़ोन बंद कर दें- बस, ध्यान रखें कि यह दूसरे के नहीं, बल्कि आपके वाक्य के बीच में हो!

इस पद्धति से लोगों को रास्ते से हटाकर, हम जो चाहें, वह कर सकते हैं, लेकिन जो हम करना चाहते हैं, उसमें वे भी शामिल हों, तो वे अक्सर हमें सहयोग को उत्सुक दिखाई नहीं देते। इसके साथ ही, यह रक्षात्मक, प्रतिक्रियात्मक मुद्रा अक्सर हेरफ़ेर के व्यवहार की ओर अग्रसर करके स्वयं कार्यान्वित भविष्यवाणी का निर्माण करती है। लोगों को लगता है कि उन्हें टाला जा रहा है तथा जाने-अनजाने में वे इसका मुक़ाबला करते हैं। वे समय तथा ध्यान पाने का प्रयास करते हैं या वे आपके साथ या आपके बिना काम करते हैं, जिससे समस्याएँ उत्पन्न होती हैं, जिन्हें सुलझाने में आपका और भी ज़्यादा समय लगता है। यह रक्षात्मक, एकांत पद्धति जीवन की गुणवत्ता में पारस्परिक-निर्भरता की वास्तविकता की अनदेखी कर देती है, और अधिकांश मामलों में, समस्याओं को और बढ़ाने का काम ही करती है।

निजी दायित्व एक वैध और शक्तिशाली सिद्धांत है। समस्या तब आती है, जब इसे इस विचार से जोड़ दिया जाता है कि अन्य लोग शत्रु हैं, हालाँकि कम-अवधि में हम भले ही अधिक उत्पादक साबित हों, लेकिन यह स्वतंत्र उपलब्धि का प्रतिमान लंबी अवधि में हमें जकड़ लेता है। पारस्परिक-निर्भरता की वास्तविकता में स्वतंत्र पद्धति अप्रभावी होती है।

3. लक्ष्य पद्धति (उपलब्धि)

यह पद्धति मूल रूप से कहती है कि "आप जो चाहते हैं, उसके बारे में जानें और अपने प्रयासों को उसे पाने पर केंद्रित रखें।" इसमें दीर्घकालिक, मध्य-कालिक तथा लघु-कालिक प्लानिंग, लक्ष्य तय करना, कल्पना करना, आत्म-प्रेरणा, तथा सकारात्मक मानसिकता के निर्माण की तकनीक शामिल होती है।

ताक़त : यह विश्व-स्तर का प्रदर्शन करने वाले ओलिंपिक खिलाड़ी की पद्धति है। यह ऐसी ताक़त है, जिसके द्वारा अधिक प्रतिभाशाली से ज़्यादा बेहतर प्रदर्शन वह कम प्रतिभाशाली कर सकता है, जो इसकी क़ीमत चुकाने को तैयार हो, ताक़त को क़ाबू कर सके, ऊर्जा केंद्रित कर सके, ध्यान न भटकने दे, किसी चीज़ को मार्ग में न आने दे। व्यक्तिगत विकास के क्षेत्र में, वे कुछ चीजें, जो अनुभव सिद्ध ढंग से सही साबित की जा सकती हैं, वे ये हैं कि लक्ष्य तय करने वाले व्यक्ति या संस्थान अधिक सफल रहते हैं। सच्चाई यही है कि जो लोग लक्ष्य तय और हासिल करना जानते हैं, आमतौर पर उन्हें वह मिल ही जाता है, जो वह चाहते हैं।

कमज़ोरियाँ : ऐसे अनगिनत लोग होते हैं, जो लक्ष्य पद्धति का उपयोग सफलता की सीढ़ी चढ़ने में करते हैं और अंत में उन्हें पता चलता है कि सीढ़ी ग़लत दीवार से सटी थी। वे लक्ष्य तय करते हैं और प्रभावशाली प्रयासों से उन्हें हासिल करने पर फ़ोकस करते हैं, लेकिन जब उन्हें वह मिल जाता है, जो वे चाहते थे, तो उन्हें पता चलता है कि परिणाम वैसे नहीं हैं, जिनकी उन्होंने उम्मीद की थी। तब जीवन ख़ाली और बेकार नज़र आता है। क्या यही सब कुछ है? जब लक्ष्य सिद्धांतों और बुनियादी आवश्यकताओं पर आधारित नहीं होते, तब केंद्रित प्रेरणा और एकनिष्ठा जो उपलब्धि को

संभव बनाते हैं, वे लोगों को जीवन के असंतुलन के प्रति अंधा बना सकते हैं। उनकी आय भले ही छह या सात अंकों में हो, लेकिन वे अनेक तलाक़ और उनसे बात न करने वाले बच्चों जैसे कष्टों को झेल रहे होते हैं। उनकी सार्वजनिक छवि चमक-दमक वाली हो सकती है, लेकिन निजी जीवन रिक्त होता है। उन्हें दुनियाभर से प्रशंसा मिलती है, लेकिन समृद्ध, संतोषप्रद रिश्ते नहीं होते, न ही सत्यनिष्ठा का गहन अंतर्बोध होता है।

और क्या होता है, जब किसी बाहरी कारण से अचानक उच्च कोटि के लक्ष्य पाना असंभव हो जाए- जैसे किसी खिलाड़ी को गंभीर स्थायी चोट लगना, चित्रकार का नेत्रहीन हो जाना, संगीतकार का बधिर हो जाना? क्या हो, अगर उनके जीवन में इसके अलावा और कुछ न हो?

लक्ष्य पद्धति साहित्य में ऐसा बहुत कुछ है, जो क़ीमत चुकाने की बात करता है। लेकिन ऐसा कुछ नहीं, जो इसकी वास्तविक तसवीर बताए कि यह क़ीमत क्या होगी तथा क्या इसमें अवसर की क़ीमत भी शामिल होगी।

4. एबीसी पद्धति (प्राथमिकता व महत्त्व निर्धारण)

एबीसी पद्धति कहती है, "आप जो करना चाहें, कर सकते हैं, लेकिन सब कुछ नहीं कर सकते।" यह लक्ष्य पद्धति पर निर्मित है तथा इसमें अनुक्रम की महत्त्वपूर्ण अवधारणा भी शामिल है : "अपने प्रयास सबसे पहले सबसे महत्त्वपूर्ण कार्य पर केंद्रित रखें।" इसमें महत्त्व स्पष्टीकरण और कार्य प्राथमिकता जैसी तकनीकें भी शामिल हैं। इसकी मान्यता है कि अगर आप जानते हैं कि आपको क्या हासिल करना है और पहले उन्हीं चीज़ों पर केंद्रित रहते हैं, तो आप ख़ुश रहेंगे।

ताक़त : यह पारंपरिक 'ज़रूरी काम पहले' की पद्धति है। यह व्यवस्था और क्रम प्रदान करती है। दैनिक आधार पर, एबीसी से सिर्फ़ 123 तक, यह पद्धति ऐसी तकनीक प्रदान करती है, जो 'टू-डू कार्यों' में अंतर करती है तथा शीर्ष-प्राथमिकता कार्यों पर केंद्रित रहती है। हाल ही के लेखन ने इस अवधारणा को विस्तार देते हुए इसे जीवनपर्यंत प्राथमिकता तक पहुँचाया है। यह कहती है कि ज़रूरी काम आपके मूल्यों और आस्थाओं से जुड़े होते हैं, और इसलिए अपने लिए महत्त्व की चीज़ों को पहचानने से आपको वह ढाँचा मिल जाएगा, जिसमें आप ज़रूरी काम पहले कर सकेंगे। महत्त्व का यह गहन विश्लेषण काफ़ी मददगार और उत्पादक होता है।

कमज़ोरियाँ : इसकी सबसे बड़ी कमी यह है कि महत्त्व विश्लेषण करते वक़्त यह जीवन की गुणवत्ता प्रदान करने वाले सिद्धांतों और प्राकृतिक नियमों की पहचान नहीं करती। पहचान की कमी से लोग अक्सर ऐसी चीज़ों को महत्त्वपूर्ण मान लेते हैं, जो प्राकृतिक नियमों से मेल नहीं खातीं। इस मामले में, महत्त्व की तलाश सिर्फ़ निराशा और विफलता तक ले जाती है।

ऐसे लोगों की संख्या कम नहीं है, जो ग़लत दीवारों से लगी सीढ़ियों के शीर्ष पर खड़े हों। वे हमें बताते हैं कि उन्होंने जिन चीज़ों को महत्त्वपूर्ण समझा था, केवल उन्हें पा लेने से जीवन की गुणवत्ता के परिणाम हासिल नहीं हुए। जाने-अनजाने में, इन लोगों ने उन चीज़ों को महत्त्व दे दिया, जो उस वक़्त अति महत्त्वपूर्ण महसूस होती थीं। उन्होंने लक्ष्य तय किया और इन प्राथमिकताओं को अर्जित करने के लिए शक्तिशाली प्रयासों पर फ़ोकस किया, लेकिन जब उन्हें वह मिल गया, जो उन्हें चाहिए था, तब उन्हें पता चला कि इनसे वे परिणाम नहीं मिले, जिनकी उन्हें उम्मीद थी।

अपने जीवन में किसी चीज़ को किसी ख़ास वक़्त पर महत्त्व देना कोई अनिवार्यता नहीं है कि उसे पा लेने भर से हमें अनंत ख़ुशी हासिल हो जाएगी। इतिहास ऐसे लोगों व समाजों के उदाहरणों से भरा पड़ा है, जिन्हें वह मिला, जिसे उन्होंने महत्त्वपूर्ण माना था- और इससे उन्हें कोई सफलता या ख़ुशी हासिल नहीं हुई, बल्कि कई बार तो यह उनके विनाश का कारण बन गया।

इसके अलावा, हमारे लिए क्या महत्त्वपूर्ण है इसकी आत्म-जागृति के लिए अन्य वृत्तियों का भी उपयोग करना चाहिए- विवेक, कल्पनाशीलता, और स्वतंत्र इच्छाशक्ति। केवल इसी तरीक़े से हम सुनिश्चित हो सकते हैं कि हमारे लिए महत्त्व की चीज़ें सही दिशा की वास्तविकता से सामंजस्यपूर्ण हैं। मूल बात यह है कि अगर हमारे लक्ष्य उचित सिद्धांतों में गहरे स्थापित नहीं होंगे, तो हम कभी भी गहन परिपूर्णता और जीवन की गुणवत्ता के परिणाम हासिल नहीं कर सकते।

5. मैजिक टूल पद्धति (तकनीक)

मैजिक टूल पद्धति इस मान्यता पर आधारित है कि सही साधन (सही कैलेंडर, सही प्लैनर, सही कंप्यूटर प्रोग्राम, सही हैंड-हेल्ड या लैपटॉप कंप्यूटर) से हमें वह शक्ति मिलती है कि हम अपने जीवन में गुणवत्ता की रचना कर सकें। ये साधन आमतौर पर हमें अपने प्राथमिकताओं पर निगाह रखने, कार्यों को सुव्यवस्थित करने, तथा प्रमुख जानकारियों को अधिक आसानी से हासिल करने में मदद करते हैं। आम मान्यता है कि व्यवस्थाओं और प्रणालियों से

हमें अधिक प्रभावशाली बनने में मदद मिलती है। ख़ास-दिखते चमड़े के प्लैनर प्रतिष्ठा के प्रतीक बन गए हैं- एक संकेतक कि वे लोग फास्ट ट्रैक पर हैं और वस्तुतः उन्हें पता है कि उन्हें क्या करना है।

ताक़तः निश्चित ही साधनों का प्रभावशाली उपयोग काफ़ी महत्त्वपूर्ण होता है। इमारत बनाने से लेकर ज़िंदगी बनाने तक, सही टूल होने से काफ़ी फ़र्क़ पड़ता है। जब आप बैकहो (एक प्रकार का उत्खनन उपकरण) का इस्तेमाल कर सकते हैं, तो चम्मच से क्यों खोदें? जब आपके पास मदद के लिए एडवांस प्लैनर है, तो साधारण से कैलेंडर का उपयोग क्यों करें, ताकि,

- प्राथमिकताओं पर निगाह बनी रहे
- अपने लक्ष्य को अपने सामने रख सकें
- कार्य सुव्यवस्थित हों
- हमेशा इस्तेमाल होने वाली सूचनाओं को व्यवस्थित रख सकें और फ़ौरन हासिल कर सकें।

बाज़ार में मौजूद काग़ज़-आधारित और इलेक्ट्रॉनिक साधन दोनों की ही संख्या बताती है कि यह काफ़ी लोकप्रिय पद्धति है। साधन आशा के प्रतीक होते हैं। व्यवस्थित करने वाली चीज़ हाथ में होने से व्यवस्था का भाव आता है। चीज़ों को लिख लेने, चीज़ों को जाँचते रहने, तथा जीवन में चीज़ों पर निगाह रखने से संतोष की अनुभूति होती है।

कमज़ोरियाँ : समय प्रबंधन के ज़्यादातर साधनों के पीछे बुनियादी प्रतिमान लक्ष्य पद्धति या एबीसी पद्धति हैं। जैसा कि हमने देखा है कि इन पद्धतियों में कुछ शक्तियाँ हैं, तो कुछ गंभीर कमियाँ भी हैं- जिनमें से ज़्यादातर का जन्म इस तथ्य से हुआ है कि इसमें जीवन की गुणवत्ता को शासित करने वाली बाहरी वास्तविकताओं पर कोई ध्यान नहीं दिया गया है।

तकनीक के इसका जवाब होने की बुनियादी मान्यता अपने आप में ग़लत है। सर्वोत्तम साधन भी विज़न, परख, रचनात्मकता, चरित्र, और विवेक का विकल्प नहीं बन सकता। कैमरा शानदार होने मात्र से कोई बेहतरीन फ़ोटोग्राफर नहीं हो जाता। शानदार वर्ड प्रोसेसर से

कोई बढ़िया कवि नहीं हो जाता। न ही उत्तम ऑर्गेनाइज़र होने से जीवन शानदार हो जाता है- हालाँकि नए प्लैनर और ऑर्गेनाइज़र इसका वादा अवश्य करते हैं। एक शानदार टूल जीवन की गुणवत्ता के निर्माण की हमारी क्षमता ज़रूर बढ़ा सकता है, लेकिन वह हमारे लिए इसकी रचना नहीं कर सकता।

सच तो यह है कि अधिकांश मौजूदा साधन 'मानव कार्यों' को प्रोत्साहित करते हैं न कि 'मानव' को। हम रोज़ाना आज क्या करना है, यह तो देख सकते हैं, लेकिन वह क्यों करना है, यह नहीं देख सकते। अनेक लोगों के लिए, ये साधन काफी कड़ी संरचना वाले व अप्राकृतिक होते हैं। सेवकों की जगह, वे सताने वाले स्वामी बन जाते हैं, जिनका पूरा ध्यान क्या नहीं हुआ इस पर रहता है। इससे स्वाभाविक संतुलन व लय बिगड़ जाते हैं, जिससे जीवन में शानदार क्षण दैनिक विखंडित पूर्वनिश्चित समय स्लॉट्स में बँट जाते हैं।

और कितने लोग इस समय प्रबंधन साधनों को उस तरह इस्तेमाल करते हैं, जिस तरह इन्हें डिज़ाइन किया गया है? यहाँ तक कि इन साधनों की सप्लाई करने वालों ने भी माना है कि ऐसे लोग बहुत कम हैं। लोग एडवांस क़िस्म के प्लैनर ख़रीदते हैं और इनका उपयोग महिमामंडित कलैंडर के दिखावे में करते हैं। अन्य ऑफ़िस मैनेजमेंट सलाहकारों ने बताया है कि उन्हें ये ऑर्गेनाइज़र फैंसी अपाइंटमेंट बुक्स की तरह इस्तेमाल होते या ऑफ़िस के डेस्क-ड्रॉअर में पैकेट-बंद देखे हैं। अनेक लोगों के लिए, साधन अधूरे वादों के प्रतीक हैं।

6. टाइम मैनेजमेंट 101 पद्धति (कौशल)

टाइम मैनेजमेंट 101 *पद्धति* इस प्रतिमान पर आधारित है कि समय प्रबधन सचमुच तत्वतः एक कौशल है- जैसे अकाउंटिंग या वर्ड प्रोसेसिंग- और आज की दुनिया में अनुशासित ढंग से काम करने के लिए हमें कुछ बुनियादी बातों में महारत हासिल करनी होगी :

- प्लैनर या अपाइंटमेंट कैलेंडर का इस्तेमाल
- टू-डू लिस्ट बनाना
- लक्ष्य निर्धारण

- कार्य-सुपुर्दगी
- व्यवस्था बनाना
- प्राथमिकता तय करना

इसका सिद्धांत है कि ये बुनियादी चीज़ें सामाजिक साक्षरता बनाती हैं, जो बचे रहने के लिए ज़रूरी है। यह एक लोकप्रिय व्यवस्था पद्धति है। जब लोगों में योजना बनाने, लक्ष्य तय करने, या कार्य-सौंपने का कौशल नहीं होता, तो व्यवस्था पर इसके गंभीर प्रभाव हो सकते हैं। अनेक कंपनियाँ अपने मानव विकास कार्यक्रमों के एक भाग में टेप, बुकलेट्स, और कोर्स बनाने को भी शामिल करती हैं, जिससे वे अपने कर्मचारियों को बुनियादी बातें सिखा सकें।

ताकत : कुछ सुधार किए जा सकते हैं, ख़ासतौर पर उन कार्य-संबंधी कौशलों में जो संस्थान के लिए महत्त्वपूर्ण हों।

कमज़ोरियाँ : प्रशिक्षण की गहराई और गुणवत्ता प्रमुख समस्या है। कौन से बुनियादी प्रतिमान सिखाए जाएँगे? क्या वे उचित सिद्धांतों में बँधे होंगे? या वे जीवन प्रकृति और प्रभावकारिता के बारे में ग़लत मान्यताओं को प्रचारित करेंगे।

यह काफ़ी दिलचस्प है कि बहुत से लोग, जो अधिक व्यवस्थित नहीं होते, या जो आधुनिकतम प्लैनर का इस्तेमाल नहीं करते, वे ज़्यादा शांत रहते हैं, उनके रिश्ते बेहतर होते हैं और जीवन में संतोष उनसे अधिक होता है, जो ऐसा करते हैं। और दीर्घकाल में, ये लोग अक्सर संस्थानों में उन लोगों के मुक़ाबले ज़्यादा योगदान देते हैं, जो समय प्रबंधन तकनीकों में अधिक दक्ष होते हैं।

दक्षता या तकनीक से ज़्यादा, व्यक्तिगत व संस्थागत गुण, निजी चरित्र और निजी व्यवहार को सिद्धांतों के साथ अनुकूलित करने वाले होते हैं। मौजूदा समय प्रबंधन प्रशिक्षणों में से काफ़ी तकनीक और समय-बचाने के तरीक़ों का मिश्रण हैं, जिनमें केवल कुछ ही सिद्धांत (जैसे व्यवस्थापन और प्राथमिकीकरण) होते हैं, लेकिन लोग शायद ही इतने सशक्त हो पाते हैं कि इन सिद्धांतों को लागू कर सकें- या अन्य सिद्धांतों को सही ढंग से खोज व लागू कर सकें। केवल दक्षता से ही हर जवाब नहीं मिल जाएगा।

7. 'प्रवाह के साथ चलो' पद्धति (सामंजस्य व स्वाभाविक लय)

यह पद्धति, पारंपरिक समय प्रबंधन से अलग ही क़िस्म की मान्यता को प्रोत्साहित करती है। बुनियादी प्रतिमान है कि 'प्रवाह के साथ चलने' के लिए सीखने तथा जीने की स्वाभाविक लय पर वापस लौटने से हमारे जीवन में स्वतःप्रवृत्ति और आकस्मिक लाभ आते हैं, जो हमारे लिए अकृत्रिम हैं।

इसका अधिकांश साहित्य पूर्वी संस्कृति के दर्शन से लिया गया है, जहाँ ज़्यादातर ज़ोर आंतरिक-स्व के साथ तालमेल पर दिया जाता है और व्यक्ति को प्रकृति के प्रवाह से सामंजस्य बनाना होता है। यह पद्धति जैविक शोध पर भी आधारित है, जो कहता है कि सभी जीवित वस्तुओं में ख़ास तरंग होती है। नैनो-सेकंड, घड़ियों, कंप्यूटरों, और सेल्यूलर फोनों के यांत्रिक जगत में जीना हमारी स्वाभाविक शारीरिक लय को बिगाड़कर गंभीर रोग व अन्य समस्याएँ उत्पन्न कर देता है। यह कुछ हद तक पारंपरिक समय प्रबंधन के उलट है- एक वापसी का संकेत उनके लिए, जो अन्य पद्धतियों की व्यवस्थाओं और प्रतिमानों से परास्त अनुभव करते हैं और अपराधबोध से ग्रस्त हैं।

ताकतः यह कहा जाता है कि जब भी भविष्य में कभी पुरातत्वविद हमारी सभ्यता की खुदाई करेंगे, तो निश्चित ही वे यह निष्कर्ष निकालेंगे कि हमारा समाज घड़ियों की पूजा करता था। हमारे स्कूलों में घड़ियाँ हैं, पूजा स्थलों पर घड़ियाँ हैं, दफ़्तरों में घड़ियाँ हैं, घर के हर कमरे में घड़ी है, बल्कि हम अपनी कलाई पर भी छोटी घड़ी पहनते हैं!

हम चाहें, इनकी उपासना करते हों या नहीं, लेकिन घड़ी की टिक-टिक, फ़ोन की घंटी, कंप्यूटरों की बीप, भोंपू, ज़ैप (या हमने, इसे जिसके लिए भी प्रोग्राम किया हो) तथा यांत्रिक लय ऐसी स्फूर्ति तो ले ही आती हैं, जिसके लिए गति चाहिए होती है।

लेकिन कई बार, इस जबरन प्रतीत होते 'विवक मार्च' के बीच हमें कुछ ऐसे 'कालातीत' पल मिल जाते हैं, जब यह ताल उस पल के आनंद के मौन में तिरोहित हो जाती है। यह शायद घड़ियों, फ़ोन, और कंप्यूटरों से दूर प्रकृति के साथ होता है, जहाँ हम ख़ुद को अपने आस-पास और भीतर की प्राकृतिक लय के प्रति जागृत और लयबद्ध

महसूस करते हैं। यह शायद तब होता है, जब हम कुछ ऐसा कर रहे हों, जिससे हमें प्रेम है - संगीत, कला, साहित्य या बाग़बानी। और इसकी गति नाटकीय रूप से अलग होती है, और हम ऐसे गुणवत्तापूर्ण पलों को महसूस करते हैं, जो इन्हें समृद्ध और संतुष्टिदायक बनाते हैं। हमें इस स्पष्ट फ़र्क़ का बोध होता है। हम अपने जीवन में और अधिक कालातीत पलों की इच्छा करने लगते हैं।

यह पद्धति हमें इन पलों के महत्त्व को निखारने देती है तथा अपने जीवन में ऐसे और पलों की रचना में मदद करती है। यह हमें लगातार दबाव में रखने वाली 'तात्कालिक' चीज़ों के प्रभाव से दूर ले जाती है। यह आंतरिक व बाहरी सामंजस्य को निर्मित और प्रोत्साहित करती है।

कमज़ोरियाँ : अक्सर यह पद्धति तात्कालिकता की लत की प्रतिक्रिया होती है। यह जीवन की गुणवत्ता के निर्माण में सहायक नहीं, बल्कि उससे बचने का बहाना होती है। विज़न, उद्देश्य, तथा संतुलन जैसे अहम तत्व हमेशा अनुपस्थित होते हैं। इसके अतिरिक्त, ऐसे भी अनेक अवसर आते हैं, जब महत्त्वपूर्ण चीज़ को हासिल करने का मतलब स्वतंत्र इच्छा और धारा के विरुद्ध तैरना होता है, बजाय इसके कि बस प्रवाह के साथ चला जाए।

8. रिकवरी पद्धति (आत्म-जागरूकता)

अभी एक गंभीर क़िस्म की सामग्री आई है, जिसे *रिकवरी पद्धति* (सुधार पद्धति) के रूप में जाना जाता है। इसका बुनियादी प्रतिमान है कि वातावरण, वंशानुगत, स्क्रिप्टिंग और अन्य प्रभावों के कारण मन में कुछ आधारभूत दोष भी होते हैं, जो आत्म-विफलता या समय प्रबंधन व्यवहार में शिथिलता के तौर पर सामने आते हैं।

शुरुआती आदर्श या पारिवारिक संस्कृति के प्रभाव से व्यक्ति 'परफेक्शनिस्ट' (पूर्णतावादी) बन सकता है, जो दूसरों को कार्य सौंपने से डरता हो, सूक्ष्म-प्रबंधन की प्रवृत्ति हो और प्रोजेक्ट्स के लिए संसाधनों का प्रभावशाली उपयोग करने की जगह अत्यधिक समय लगाता हो। बचपन या परिवेश की वजह से 'सबको ख़ुश' रखने की स्क्रिप्टिंग वाला व्यक्ति संभवतः

अस्वीकृति के भय से ज़्यादा प्रतिबद्ध या ज़्यादा काम करने वाला बन सकता है। टालमटोल करने वाला शायद सफलता से भी विफलता जितना ही भयभीत रहता है, अगर अतीत में उसकी सफलता किसी के दुःख का कारण रही हो या पारिवारिक जीवन में इसकी भारी क़ीमत चुकानी पड़ी हो। इसका समाधान मानसिक और सामाजिक त्रुटियों में सुधार में निहित है, जिनसे समय प्रबंधन की समस्याएँ बनती हैं।

ताकत : यह पद्धति इसलिए महत्त्वपूर्ण है, क्योंकि कि यह कुछ ऐसे प्रतिमानों पर आधारित है, जिनसे हमारा व्यवहार बनता है-यही समस्या की जड़ें हैं। यह अधिक आत्म-जागरूकता की ओर ले जाती है तथा लोगों को बुनियादी बदलाव और सुधार करने के लिए तैयार करती है।

कमज़ोरियाँ :रिकवरी के सुझाए गए तरीक़े आम सुधार प्रक्रिया जितने ही विविध हैं। जहाँ यह पद्धति महत्त्वपूर्ण ज्ञान देती है तथा समस्या को अंशतः परिभाषित करने में मदद करती है, वहीं इसका महत्त्व निर्देशात्मक से ज़्यादा निदानात्मक है। यह समाधान के लिए एकीकृत नहीं, बल्कि अनेक स्वीकार्य पद्धतियाँ प्रदान करता प्रतीत होती है, जो मूल रूप से एक दूसरे का खंडन करती हैं। इसके अतिरिक्त, यह काफ़ी सूक्ष्मता से काम करती है। यह अन्य तरह की समय प्रबंधन चिंताओं के बारे में कुछ नहीं कहती।

इसके अलावा, जहाँ आत्म-जागरूकता ख़ुद अपने आप में महत्त्वपूर्ण है, वहीं यह अधूरी भी है। अपने अतीत की स्क्रिप्टिंग को समझना सार्थक बदलाव करने का अंश मात्र है।

निम्न चार्ट इन आठ समय प्रबंधन पद्धतियों के बुनियादी योगदानों, ताक़त, और कमज़ोरियों को सार रूप में बताता है :

पद्धति	योगदान	ताक़त	कमज़ोरी
व्यवस्थित बनो	अनुशासन	• समय बचाती है • व्यर्थता को कम या समाप्त करती है। • ज़्यादा उत्पादकता के लिए क्षमता प्रदान करती है।	• स्वयं अंत बन जाती है, बजाय इसके कि महान अंत का साधन बने। • उत्पादकता संबंधी भ्रम उत्पन्न करती है। • लोगों की अनिवार्य रूप से वह पाने में मदद नहीं करती, जो महत्त्वपूर्ण है।
योद्धा	उच्च स्वतंत्र उत्पादन	• समय और परिणामों की व्यक्तिगत ज़िम्मेदारी लेती है। • लघु अवधि के उच्च-लाभ के स्वतंत्र कार्य के लिए निर्बाध समय सुनिश्चित करती है।	• मज़बूत, बल्कि दंभपूर्ण स्वतंत्रता को जन्म देती है • अक्सर लोगों को अप्रसन्न करती है। • हेरफ़ेर के व्यवहार को अग्रसर करती है। • अक्सर कपटपूर्ण व्यवहार होता है जिसका लोग भी वैसे ही जवाब देते हैं। • लंबी अवधि के लिए अनुपयोगी बना देती है।
लक्ष्य	प्रतिबद्ध व केंद्रित	• महत्त्व स्पष्ट करती है। • लक्ष्य पाने के लिए क्रमिक योजना बनाती है।	• यह भ्रामक उम्मीद जगाती है कि लक्ष्य पा लेने भर से जीवन की गुणवत्ता के परिणाम हासिल हो सकेंगे। • समय व ऊर्जा पर अत्यधिक केंद्रित रहकर जीवन में असंतुलन लाती है। • जीवन के समृद्ध पलों पर स्वाभाविक प्रतिक्रिया देने की जगह लक्ष्य हासिल करने को 'करो या मरो' की तरह तरज़ीह देती है। • स्वतंत्र उपलब्धियों की प्रशंसा करती है।

एबीसी	प्राथमिकता निर्धारण	• उपलब्धियों के लिए व्यवस्था व क्रम प्रदान करती है।	• प्राथमिकता को अक्सर अति-आवश्यकता, हालात या अन्य लोगों द्वारा परिभाषित करती है। • स्वाभाविक रूप से वास्तविक उच्चतर प्राथमिकताएँ उभरने के प्रति विश्वास भरी प्रतिक्रिया प्रदान नहीं करती। • जीवन की गुणवत्ता को शासित करने वाली बाहरी वास्तविकताओं को स्वीकार नहीं करती।
मैजिक टूल	लाभकारी	• संवाद, निगरानी प्रक्रिया और परिणामों तथा व्यवस्था के लिए प्रभावशाली साधन देती है। • उत्पादकता बढ़ाती है। • व्यक्तिगत क्षमता को विस्तार देती है। • उच्च-गुणवत्ता वाले उत्पादों और सेवाओं के सृजन को संभव बनाती है।	• भ्रम का निर्माण करती है कि साधन में ही शक्ति है। • कभी-कभी प्रतिबंधात्मक, कृत्रिम लगती है। • मानव से ज़्यादा 'मानव कार्यों' को प्रोत्साहित करती है। • अक्सर साधनों को मददगार सेवकों की जगह सताने वाले मालिकों में बदल देती है। • साधन की संभावनाओं को कमतर आँकती है क्योंकि लोग अक्सर शानदार कैलेंडरों जैसे उन्नत साधनों का उपयोग करते हैं। • अक्सर अति-आवश्यकताओं का दैनिक प्राथमिकता निर्धारण करती है।
टाइम मैनेजमेंट 101	दक्षता	• ऐसी दक्षताएँ विकसित करती है, जिनसे उद्देश्यों को अर्जित करना बढ़ता है। • प्रदर्शन में वृद्धि करती है।	• भ्रम का निर्माण करती है कि दक्षता ही प्रभावकारी है। • गुणवत्ता और 'सही दिशा' के अनुकूलन के निर्देशन में भिन्नता होती है। • संस्थान के लिए महत्त्वपूर्ण मानी जाने वाली दक्षताओं पर सीमित ध्यान देती है।

प्रवाह के साथ चलो	सामंजस्य	• अति-आवश्यकता के प्रतिमान से दूर होने लगती है। • जीवन की गति को हमारी स्वाभाविक लय से अधिक सामंजस्यपूर्ण बनाती है।	• ज़्यादा उद्देश्यपूर्ण दृष्टिकोण की शक्ति का अभाव। • अधिक एकीकृत दृष्टिकोण के संतुलन का अभाव। • अपाइंटमेंट्स, शिड्यूल और अन्य तरह की क्रमिक उत्पादकता के माध्यम से दूसरों से वादा निभाने के महत्त्व से असंगत।
रिकवरी	आत्म जागरूकता	• समय प्रबंधन की शिथिल आदतों की प्रकृति और स्रोत को पहचानने में मददगार	• कोई एकीकृत समाधान नहीं देती • अधूरी है- केवल आत्म-जागृति से ही जीवन की गुणवत्ता नहीं मिल सकती। • विषय के छोटे भाग पर केंद्रित • भविष्य से ज़्यादा अतीत पर केंद्रित।

हालाँकि इन सभी पद्धतियों में हर एक का महत्त्वपूर्ण योगदान भी है, अधिकांशतः ये नियंत्रण के एक प्रतिमान, स्वतंत्र प्रयास, दक्षता, और क्रोनोस समय से विकसित हुई हैं। निम्न चार्ट दर्शाता है कि ये पद्धतियाँ अध्याय 1 में वर्णित समय प्रबंधन की तीन पीढ़ियों से किस तरह संबंधित हैं।

पद्धति	पहली पीढ़ी	दूसरी पीढ़ी	तीसरी पीढ़ी
व्यवस्थित बनो (अनुशासन)		X	X
योद्धा (बचे रहना और स्वतंत्र उत्पादन)		X	X
लक्ष्य (उपलब्धि)		X	X
एबीसी (प्राथमिकता व महत्त्व निर्धारण)			X
मैजिक टूल (तकनीक)		X	X
टाइम मैनेजमेंट 101 (कौशल)		X	X
प्रवाह के साथ चलो (सामंजस्य व स्वाभाविक लय)	X[o]		
रिकवरी (आत्म-जागरूकता)	X[o]		

[o] किसी न किसी मायने में ये पद्धतियाँ पहली पीढ़ी में होती हैं, और अलग मायनों में ये हमें चौथी पीढ़ी में ले जाती हैं। ये ऐसे सवाल पूछती हैं, जो हमें समय के प्रतिमानों की प्रभावकारिता की सीमाओं के पार ले जाते हैं।

समय प्रबंधन की प्रत्येक पीढ़ी के अग्रणी लोगों ने इस तरह योगदान दिया है, जिससे अहम फ़र्क़ आया है। हम उनके तथा उन सबके प्रयासों की प्रशंसा करते हैं और उन्हें स्वीकार करते हैं, जो इस श्रमपूर्ण कार्य में शामिल रहे। उनके प्रयासों से जीवन की गुणवत्ता को शासित करने वाले प्राकृतिक नियमों पर आधारित समय प्रबंधन की नई पीढ़ी सामने आ सकी। हमें पूरा यक़ीन है कि यह बोध तथा अनेक लोगों की सहक्रिया हमें सूझबूझ और योगदान की नई ऊँचाइयों पर ले जाएगी।

लेखकों के बारे में

स्टीफ़न आर. कवी अंतरराष्ट्रीय स्तर पर सम्मानित लीडरशिप विशेषज्ञ व शिक्षक, तथा कवी लीडरशिप सेंटर के चेयरमैन व संस्थापक हैं। उन्होंने एमबीए हार्वर्ड से और डॉक्टरेट ब्रिघम यंग विश्वविद्यालय से किया, जहाँ वे बीस वर्ष बिज़नेस मैनेजमेंट व ऑर्गेनाइज़ेशनल बिहेवियर के प्रोफ़ेसर थे। उनकी किताब *द 7 हैबिट्स ऑफ़ हाइली इफ़ेक्टिव पीपल* की चालीस लाख से भी अधिक प्रतियाँ बिक चुकी हैं और इसका छब्बीस भाषाओं में अनुवाद हुआ है। उनकी पुस्तक, *प्रिंसिपल-सेंटर्ड लीडरशिप,* व्यापारिक बेस्टसेलर है।

ए. रोजर मेरिल, समय प्रबंधन और लीडरशिप डेवलपमेंट में जाने-माने लीडर हैं। कवी लीडरशिप सेंटर के वाइस प्रेसिडेंट व संस्थापक सदस्य हैं। इन्होंने बिज़नेस मैनेजमेंट में स्नातक किया है तथा ऑर्गेनाइज़ेशनल बिहेवियर व वयस्क शिक्षा में काफ़ी काम किया है। वे और उनकी पत्नी रेबेका, *कनेक्शन्स-क्वाड्रंट II टाइम मैनेजमेंट* के सह लेखक हैं। रोजर *प्रिंसिपल-सेंटर्ड लीडरशिप* में भी सह लेखक रहे हैं।

रेबेका आर. मेरिल एक सफल लेखिका हैं। उन्होंने समुदायिक, शैक्षिक, और महिला संस्थानों में अनेक अध्यक्ष पदों पर सेवाएँ दी हैं। वे *कनेक्शन्स-क्वाड्रंट II टाइम मैनेजमेंट* की सह-लेखिका हैं। उन्होंने स्टीफ़न आर. कवी की *द 7 हैबिट्स ऑफ़ हाइली इफ़ेक्टिव पीपल* के दौरान भी सहयोग प्रदान किया।

फ़्रैंकलिन कवी के बारे में

स्टीफ़न आर. कवी, चार-हज़ार सदस्यों वाली अंतरराष्ट्रीय फ़र्म फ़्रैंकलिन कवी कंपनी के को-चेयरमैन हैं, जो व्यक्तियों, संस्थानों, और परिवारों को प्रमाणित सिद्धांतों और प्राकृतिक नियमों के उपयोग के माध्यम से और अधिक प्रभावशाली बनने में मदद के लिए समर्पित है। व्यक्तियों और परिवारों के लिए कार्य करने और सामग्री उत्पादन के साथ ही कंपनी के क्लाइंट्स में फ़ॉर्च्यून 100 में से बयासी कंपनियाँ, फ़ॉर्च्यून 500 कंपनियों में से दो-तिहाई से ज़्यादा कंपनियाँ, हज़ारों छोटी और मध्यम आकार की कंपनियाँ, तथा स्थानीय, राज्य और राष्ट्रीय स्तर की सरकारी इकाइयाँ शामिल हैं। फ़्रैंकलिन कवी ने सिद्धांत-केंद्रित समुदाय बनने की इच्छा रखने वाले शहरों के साथ पायलट पार्टनरशिप की है, और फ़िलहाल वे वहाँ शिक्षकों और अधिकारियों को 7 हैबिट्स सिखा रहे हैं। इसके अलावा तीन हज़ार से भी अधिक जिला स्कूलों और देशभर के विश्वविद्यालयों तथा सत्ताइस राज्यों के शिक्षा प्रमुखों के साथ सभी राज्यों में काम कर रहे हैं।

फ़्रैंकलिन कवी का विज़न लोगों को यह शिक्षा देना है कि वे स्व-शिक्षण द्वारा ख़ुद को कंपनी से स्वतंत्र करें। वे संस्थानों को परिवार मित्रता सिखाते हैं तथा वे लोगों को कौशल सिखाकर व उत्पाद उपलब्ध करवा कर उन्हें कार्य और पारिवारिक जीवन में संतुलन बनाने में मदद करते हैं। लाओत्से का कालातीत वचन है, "किसी को मछली देने पर आप उसे एक दिन का भोजन देते हैं, उसे मछली पकड़ना सिखाकर आप उसके जीवनभर के भोजन का इंतज़ाम कर देते हैं।" वे आगे कहते हैं, "मछली पकड़ने की शिक्षा देने वाले तैयार करें, इस तरह आप सारे समाज का उत्थान कर देंगे।" सशक्त बनाने वाली प्रक्रियाएँ यूटा के रॉकी माउंटेन में आयोजित कार्यक्रमों में होती हैं। इनमें कस्टम कंसल्टेशन सर्विस, पर्सनल कोचिंग, कस्टम ऑन-साइट ट्रेनिंग, तथा क्लाइंट- फ़ेसिलिटेटिड ट्रेनिंग के साथ ही उत्तरी अमेरिका के तीन सौ शहरों से ज़्यादा के साथ ही दुनियाभर के चालीस देशों में ओपन एनरोलमेंट वर्कशाप्स में भी आयोजित किए जाते हैं।

फ्रैंकलिन कवी के सात हज़ार से ज़्यादा लाइसेंसधारी क्लाइंट शिक्षक हैं, जो अपने-अपने संस्थानों में इसका विषय पढ़ाते हैं, और सालभर में 750,000 सहभागियों को प्रशिक्षित करते हैं। क्रियान्वयन साधनों में फ्रैंकलिन डे प्लैनर, द 7 हैबिट्स ऑर्गेनाइज़र, तथा बड़ी संख्या में ऑडियो- और वीडियो टेप्स, पुस्तकें, और कंप्यूटर सॉफ्टवेयर प्रोग्राम शामिल हैं, जो क्लाइंट्स को इतना सशक्त बना देते हैं कि वे इन अवधारणाओं और कौशल का प्रभावी ढंग से उपयोग करते हैं। ये साधन और अन्य पारिवारिक सामग्रियाँ, जिन्हें फ्रैंकलिन कवी ने पूरी सावधानी से चुना है और उनका अनुमोदन किया है, वे पूरे उत्तरी अमेरिका व कुछ अन्य देशों के सौ से भी अधिक फ्रैंकलिन कवी 7 हैबिट्स स्टोर्स पर उपलब्ध हैं।

फ्रैंकलिन कवी के उत्पाद और सामग्री अब अट्ठाइस भाषाओं में उपलब्ध हैं, और इनके प्लैनर उत्पादों का उपयोग दुनियाभर में डेढ़ करोड़ से भी ज़्यादा लोग करते हैं। कंपनी की एक करोड़ 20 लाख मुद्रित पुस्तकें है, तथा हर वर्ष 15 लाख से भी ज़्यादा प्रतियाँ बिकती हैं। *बिजनेस वीक* ने डॉ. कवी की *द 7 हैबिट्स ऑफ़ हाइली इफ़ेक्टिव पीपल* को वर्ष की सबसे ज़्यादा बिकने वाली ट्रेड बिजनेस किताब बताया था तथा *फ़र्स्ट थिंग्स फ़र्स्ट* नामक समय प्रबंधन की किताब तीसरे स्थान पर रही थी।